KB071641

현대 일본 외교의 변용과 한일협력

이 도서의 국립중앙도서관 출판시도서목록(CIP)은 e-CIP홈페이지(http://www.nl.go.kr/ecip)에서 이용하
실 수 있습니다. (CIP제어번호: CIP2011002174)

세종연구소 세종정책총서 2011-3

—

현대 일본 외교의 변용과 한일협력

이면우 지음

한울
아카데미

발간사

　세종연구소 세종정책총서 시리즈는 세종연구소의 연구위원들이 그동안 발표한 논문들을 하나의 책자로 만든 것이다. 이는 대체로 두 가지 측면을 갖는다. 하나는 각 방면의 전문가인 연구위원들로 하여금 이제까지 연구한 것들을 하나의 일관된 주제로 정리할 시간을 제공하여 자신의 전공분야를 되새김으로써 향후 보다 발전된 방향으로 나아갈 수 있도록 하자는 것이다. 다른 하나는 이러한 정리 작업이 연구자 개인은 물론 연구소와 사회에도 도움이 되고 기여할 수 있을 것이라는 기대이다. 앞서 언급한 것처럼 연구소 연구위원들은 각자 자기 분야의 대표적인 전문가들이기에 이들의 성과를 하나로 모아 정리하는 것은 연구자 개인뿐만이 아니라 그가 속한 사회에도 기여하는 바가 클 수 있다는 것이다.

　이 책자는『현대 일본 외교의 변용과 한일협력』이라는 제목이 시사하듯이 그동안 일본의 국내정치 및 대외정책에 대해 연구해온 이면우 박사가 일본의 외교라는 주제를 중심으로 관련된 논문을 정리한 것이다. 주지하다시피 현재 한국이 위치해 있는 동북아지역은 다른 어느 때보다도 불안정한 국면에 처해 있다. 세계 제2위의 경제대국에 등극한 중국은 작년의 천안함 사건이나 연평도 사건에서 보듯이 자국의 안녕에만 몰두해 있고, 한국의 동맹국인 미국의 경제는 그 전도가 불확실한 상황이며, 북한은 김정은으로의 리더십 교체에 따라 평화공세보다는 천안함 사건과 연평도 사건 같은 위협상황을 연출하고 있다. 이런 가운데 미국과의 동맹을 공유하는 일본은 한편으로는 오랫동안의 장기불황에 더하여 최근에는 대지진의 발생으로 더욱 더 경제적 활력을 잃고 있으며, 다른 한편으로는 교과서검정 결과에서 보듯이 보수적 성향을 강화하는 방향을 보이고 있다.

이러한 측면을 고려하면 이면우 박사가 제시하듯이 일본이 과연 변화했는지, 어떤 방향으로 변화를 추구하는지 등의 질문은 매우 중요한 것이라고 하겠다. 미국이나 중국과의 협력도 중요하지만 일본과의 협력도 그에 못지않게 중요하기 때문이다. 이러한 질문을 던지기에 확실한 해답을 제공하지 못한다고 하더라도 생각할 재료를 제공하리라 생각된다. 이와 함께 이 책자가 나오기까지 수고해준 저자는 물론 연구지원팀과 출판사 측의 노력에 감사한다.

2011년 5월 15일
세종연구소 소장
송대성

머리말

　여기에 실린 논문들은 필자가 지난 16년간 발표한 논문들 중에서 일본의 외교 및 대외관계와 관련된 것들을 모아 『현대 일본 외교의 변용과 한일협력』이라는 주제로 정리한 것이다. 제목과 같은 "현대 일본 외교의 변용과 한일협력"을 주제로 정한 이유는 다음의 두 가지이다. 첫째는 서장에서도 언급하지만 한국에 있어서 일본이라는 나라가 과연 신뢰할 만한 나라인가 하는 것이 중요하기 때문이고, 이를 위해서는 일본이 변화했는지를 살펴보는 것이 핵심이라고 생각했기 때문이다. 과연 예전의, 전전의 군국주의와 민족주의, 일본주의에서 벗어나 진정한 평화주의와 국제주의, 민주주의를 지향하는가에 따라 신뢰 여부를 가릴 수 있다는 것이고, 이는 다시 말하면 한국으로서는 여전히 이 부분에서 의구심이 남아 있다는 것이라고도 할 수 있다.

　둘째는 냉전의 붕괴 이후 불확실성과 불안정성을 벗어나지 못하고 있는 동북아지역의 국제정세 속에서 일본과의 협력이 매우 중요하고, 현재는 한일 협력을 좀 더 능동적인 관점에서 고려해야 할 시점이라는 것이다. 2010년을 기점으로 일본을 제치고 세계 제2의 경제대국으로 성장한 중국은 천안함 사건과 연평도 사건에 대한 대응에서 보듯이 안정적 성장의 추구를 위하여 주변정세의 변화를 바라지 않고 있고, 북한은 그러한 중국을 배경으로 김정은으로의 리더십 교체를 위하여 천안함 사건이나 연평도 사건과 같은 위기상황의 연출도

서슴지 않고 감행하고 있다. 따라서 앞서 언급한 것처럼 일본을 과연 신뢰할 수 있는가 하는 문제가 여전히 존재하지만, 적어도 명목적으로나마 자유민주주의와 법치주의라는 가치를 한국과 공유하는 일본과의 협력은 긴요한 것이다. 이는 동맹국인 미국이 한국과의 안보협력을 중요하게 견지하고 있지만 그 경제상황의 전도가 불안정한 측면을 나타내고 있다는 점에서 더욱 그러하다. 그럼에도 일본은 1990년대 이후 지속되는 불황 및 저성장 속에서 최근에는 진도 9라는 사상 초유의 대지진을 겪음으로써 그 전도가 매우 불투명한 상황에 처해 있고, 교과서검정과정에서 보듯이 민족주의적 성향을 고취하는 방향을 보이고 있다. 일본과의 협력을 종전과는 달리 좀 더 능동적으로 추진해야 한다는 것은 바로 이러한 일본의 민족주의적 성향을 뛰어넘어 한국의 국익 및 안보라는 관점에서 고려하고 이끌어야 하다는 의미인 것이다.

이러한 전체적 방향에 따라 이 책자는 크게 네 부분으로 구성됐다. 첫 번째는 이 책자의 문제의식 및 그와 연관된 이론적인 맥락, 그리고 제도적 맥락을 검토한다. 앞서 언급한 것처럼 일본 및 일본 외교가 신뢰할 수 있을 만큼 변화했는가를 주요 질문 및 문제의식으로 제시했고, 이에 대한 해답찾기의 경로안내로서 일본 외교에 대한 정책결정과 관련된 이론들과 외교적 지침에 대한 기존 논의 등을 제시하고 있다. 이 부분은 이제까지 발표된 논문들에서 제시한 이론적 부분을 한데 모은 것이라고 하겠다. 이와 더불어 이 부분에서는 일본 외교를 담당하고 있는 외무성과 그를 둘러싼 국내외적 환경에 대해서도 검토하는데, 이는 변화 및 연속성을 파악하기 위해서도 변화 이전의 양상이 필요하기 때문이다.

두 번째 부분은 일본의 대외관계를 검토한다. 일본 외교의 지평은 전 세계에 펼쳐져 있는 것이지만 여기서는 미일관계, 일중관계, 그리고 일북관계를 중심으로 검토했다. 한국의 관점에서 이들 관계가 중요하기 때문이기도 하고, 바로 그러한 이유에서 이들 관계를 중심으로 연구가 진행되었기 때문이기도 하다. 세 번째와 네 번째 부분은 일본의 다자적 협력외교를 중심으로 검토한다. 본문에서 보다 구체적으로 언급하겠지만 냉전의 붕괴 이후 일본은 미국과의 관계강화라는 축과 더불어 다자적 협력의 장에서 적극적인 역할을 추구함으로 해서 일본안보의 보다 확고한 틀을 구축하고자 노력했다. 이러한 노력은 냉전의 붕괴 이전부터 일본에 제기된 역할증대요구에 부응한 것이라고 하겠는데, 1980년대에 이미 미국과의 관계에서 제기된 역할분담론(burden-sharing)이 그 예이다. 그럼에도 일본의 적극적 역할은 냉전의 붕괴 이후에 보다 본격화됐다고 할 수 있고, 이는 많은 사람들이 지적하듯이 걸프전에서의 충격이 일본으로 하여금 경제적 측면에서의 역할증대론만으로는 그러한 요구에 부응할 수 없다는 것을 확연히 깨닫게 만들었기 때문이라고 하겠다. 따라서 냉전의 붕괴 이후 나타나는 일본의 적극적인 역할로의 변화는 정치대국화라는 측면과 안보적 차원에서의 다자협력의 활용이라는 측면 두 가지가 배경으로 자리 잡고 있다. 이에 따라 세 번째 부분에서는 정치대국화의 양상, 네 번째 부분에서는 다자협력이라는 차원에서의 지역협력을 검토했다.

마지막의 다섯째 부분에서는 한일협력이라는 주제로 이 책자의 주제인 일본의 변화여부를 정리하고, 냉전의 붕괴 이후 일본이 보여준 변화와 연속성이라는 측면 및 환경에 대응하여 한국이 어떻게 대응할 것인지를 검토했다. 이를 위해서 한일 간에 놓여 있는 주요 이슈들은 무엇인지, 일본의 대한반도정책은 어떤 변화를 보이는지 등을 검토하고, 한국이 한일관계를 어떻게 이끌어 나가야 하는지에 대해서 논의함으로서 결론을 대신했다.

지난 16년간 발표된 논문들을 선택하는 작업은 지난 시간을 되돌아보는 계기가 됐다. 유사한 주제들이 많았다는 점은 연구의 질을 높일 수 있는 계기가 제공됐다는 의미하기에 결코 나쁜 일은 아니었지만, 오히려 그러한 기대를 충족시키지 못했다는 것을 확인하는 계기가 되어서 깊은 반성을 하게 되었다. 또한 보다 폭넓은 주제를 다루지 못했다는 점을 확인하는 계기이기도 했다. 예를 들어, 일본의 동남아정책이나 ODA정책, 그리고 에너지정책이나 우주개발정책 등은 일본 외교에 있어서 중요한 위치를 차지함에도 이에 대한 연구가 부족하고 새롭게 추진하기에는 너무 넓은 영역이어서 여기에 담지를 못했다. 이와 같은 부족함은 종합과제로서 정리하는 것이 늦어진 이유이기도 하다.

연구소에서 종합과제가 시작된 지도 벌써 10여 년이 되지만 지금에서야 이에 착수한 것은 우선은 필자의 전공을 일본의 국내정치에 두고 있었기 때문이기도 하지만, 그와 더불어 일본 외교와 연관된 연구가 아직은 부족하다는 생각 때문이기도 했다. 앞서 언급한 것처럼 지금에 있어서도 부족한 것이 많지만 냉전이 붕괴된 지 20년이 지난 현 시점이 정리를 위한 한 단락이 된다는 생각이 작용했다. 공교롭게도 2010년은 중국이 일본을 제치고 세계 제2위의 경제대국으로 성장한 해이고, 2011년은 진도 9라는 사상초유의 대지진이 일본을 휩쓴 해가 되었다. 앞으로 일본 외교가 어떻게 전개될 것인지, 그리고 그에 따라 동북아 국제질서가 어떻게 변할지를 검토하기 위해서도 지난 20년간의 궤적이 앞으로의 향방을 살펴보는 좋은 나침반이 될 것을 기대한다.

이 책자가 나오기까지 수고해준 연구지원팀의 원영주 씨와 난해한 원고를 보완해주는 데 고생이 많았던 김현대 씨에게 심심한 감사를 표한다. 또한 부족함이 여전히 많지만 이 정도로 추리는 데도 정신이 없어 소홀히 할 수밖에 없었던 가족에게도 미안한 감을 금할 수 없다. 부족하나마 새로운 시작을 위한 작은 결실로서 위안이 되길 바라며, 여기서의 부족함은 온전히 필자의 몫임을 밝힌다.

2011년 5월 10일

이면우

차례

제2부 현대 일본의 대외관계

서장

현대 일본 외교의 변용과 지속성

어떻게 이해할 것인가

현대 일본의 외교를 어떻게 이해해야 하는가. 전후 일본의 외교는 전전의 그것과는 다르다고 하는데 과연 그러한가. 어떻게 다른가. 냉전의 붕괴 이후 일본 외교가 또다시 변화하고 있다는데 그 방향은 무엇인가. 지리적으로 일본에 인접한 한국으로서는 일본 외교와 관련된 이들 질문을 제대로 파악하는 것이 매우 중요하다. 일본의 외교 및 안보정책이 한국의 안보에 직간접적으로 영향을 미친다는 것은 역사적으로도 익히 증명된 일이기 때문이다.

현대 일본의 외교정책에 대한 정확한 이해는 대체로 다음 두 가지 측면을 포함한다. 첫째는 표면상으로 제시된 정책의 내용만이 아니라 그것이 나오게 된 시대적 배경과 의도를 파악하는 것이다. 둘째는 그 역사적 배경을 이해하는 것으로, 어떤 변화가 나타나는지 그리고 지속성을 갖는 것은 무엇인지를 검토할 필요가 있다. 이 책은 특히 후자의 접근방식, 즉 변화와 지속성의 측면을 관찰하여 냉전의 붕괴 이후 일본의 외교정책에 대해서 검토한다.

변화와 지속성에 대한 검토에는 기준이 필요한데, 일본 외교와 관련해서는 다음과 같은 세 가지 기준을 제시할 수 있다.

첫 번째 측면은 일본 외교가 어떤 과정을 거쳐 결정되는가와 관련된다.

일본에서의 정책결정 과정은 일본연구에서 중심적인 부분을 차지한다. 특히 세간의 많은 주목을 받은 일본의 고도경제성장과 관련된 경제정책 및 산업정책의 결정과정에 대한 많은 논의는 결정과정에 참여한 많은 행위자들 중에서 어느 쪽의 영향력이 주효한지에 초점을 맞추고 있다. 외교정책결정 과정에 대한 관심은 상대적으로 적은 편이지만, 이에 대해서도 적지 않은 논의가 있었다. 이 장에서는 이에 대해 간략히 정리한다. 또한 이와 연관해서는 일본의 외교를 담당하는 외무성에 대한 별도의 점검도 필요한데, 그 내용은 제3장에서 검토한다.

두 번째 측면은 일본 외교의 특징 및 스타일에 대한 것이다. 일본 외교의 정책결정 과정은 앞서 언급한 것처럼 상대적으로 관심을 덜 받았다고 볼 수 있는데, 그럼에도 일본의 외교, 특히 외교 스타일상의 특징에 대해서는 많은 논의가 전개되었다. 따라서 이 장에서는 이에 대한 논의를 정리하고, 변화가 있다면 어떤 방향에서 나타났는지 검토한다.

세 번째 측면은 일본 외교의 지침과 관련된 것이다. 일본 외교가 표면상의 정책 제시와는 별도로 그 근저를 이루는 정향성을 갖고 있다는 주장은 지금까지 익히 알려져 있는 바다. 예를 들어 탈아론이나 입아론 등의 논의가 그것인데, 이외에도 일본 외교의 주요 지침과 관련된 논의를 여기에서 정리한다. 이와 더불어 1990년대 이후 제기된 일본의 외교 및 안보정책 방향에 대한 논의도 간략히 정리할 필요가 있는데, 이는 제1장에서 별도로 검토한다.

1. 일본 외교의 정책결정 과정

1) 일본의 정책결정 메커니즘 일반[1]

일본의 정책결정 과정에 대한 논의는 대체로 두 가지 방식으로 구분해볼 수 있다. 하나는 정책결정의 과정을 어떻게 패턴화할 수 있는가이고, 다른

〈그림 1〉 진영 간 대립형 정책결정패턴

하나는 그런 과정 속에서 누구의 영향력이 좀 더 지배적인가 하는 점이다. 여기서는 종래의 견해를 이러한 두 가지 측면에서 간략히 검토한다. 이후 외교정책과 관련하여 제기되는 외압론, 즉 외압이 어느 정도 영향을 미치는가 에 대한 논의와 외교정책 자체에 대한 논의의 순으로 정리한다.

(1) 일본의 정책결정 패턴에 대한 논의[2]

일본의 정책결정 과정에서 나타나는 여러 패턴은 대체로 다음 세 가지로 정리해볼 수 있다. 첫째는 진영 간 대립형(陣營間對立型)으로, 특정 이슈에 대해 여당과 야당 사이에 첨예한 대립을 보이는 패턴이다. 이를 그림으로 표현하면 <그림 1>과 같다.

익히 알려져 있다시피 1993년 이전까지 전후 일본의 정치는 보수진영을 대표하는 자민당(또는 여당)과 혁신세력을 대표하는 사회당(또는 야당. 사회당은 현재 사민당으로 개칭)이 첨예한 대립을 나타냈는데, 특히 안보 관련 문제나 헌법개정 문제 등에서 더욱 그러했다. 1993년 이후의 연립정권하에서는 다소 변동이 있기도 했지만, 자민당을 중심으로 한 여당 측과 민주당을 중심으로

---

1) 이 절의 내용은 일본의 정책결정에 대한 필자의 이론적 지침으로 대부분의 논문이 이에 기초하지만, 여기서는 다음을 출처로 함. 이면우, 「일본의 한반도 정책결정과정: 기제와 인물」, 정은숙 엮음, 『미·중·일·러의 한반도 정책결정과정』(세종연구소, 2010), 103~168쪽.
2) 이 절의 내용은 일본의 정책결정에 대한 제 연구에서 대체로 지적하는 것이기는 하나, 본문에 제시된 그림이나 아이디어 등은 특히 다음을 참조했다. B. M. Richardson and Scott C. Flanagan, *Politics in Japan* (Boston: Little, Brown and Company, 1984).

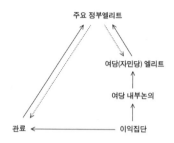

〈그림 2〉 이익조정형 정책결정패턴

한 야당 측의 대립 역시 때때로 이러한 극한 대립을 보였다. 1999년 8월, 「통신방수(감청)법안」을 포함한 조직적 범죄대책 3법안을 둘러싸고 나타난 여야 간의 첨예한 대립이 그 예다. 이 패턴의 특징은 이러한 패턴을 가져오는 이슈가 대체로 이념적 차이에 기초하며, 이에 따라 수상과 같은 주요 정부 엘리트에 의해 아이디어가 제시되는 측면이 다른 패턴의 경우보다 강하다는 점이다. <그림 1>에서 주요 정부 엘리트와 관료 사이를 연결하는 실선이 전자에서 후자로 향하는 것이 이러한 점을 잘 나타낸다.

둘째는 이익조정형(利益調整型)으로, 이익집단의 요구 등에 대한 조정이 중심이 되어 여야 간의 대립보다는 여당과 관료 간 또는 여당 내의 이견조정이 주를 이루는 것이다. 이를 그림으로 표현하면 <그림 2>와 같은데, 예산의 결정과정도 여기에 포함되지만, 이보다는 지역이기주의의 요구가 분출한 신칸센(新幹線)의 설치 문제 등이 이러한 패턴에 속한다.

세 번째는 관료 간 조정형(官僚間調整型)으로, 정책결정의 주요 무대가 관료 내에 국한된 것이다. 예산결정 과정에서 대장성과 각 성청 간의 부활절충이 이에 속하는데, 여기서도 알 수 있듯이 이 패턴은 진영 간 대립형이나 이익조정형의 초기단계에 나타나는 측면이 강하다. 이를 그림으로 표현하면 <그림 3>과 같다.

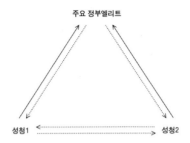

〈그림 3〉 관료 간 조정형 정책결정패턴

(2) 행위자의 영향력에 대한 논의

일본의 주요 정부정책이 어떻게 결정되는가, 특히 참여행위자 중 누구의 영향력이 지배적인가에 대해서는 비교정치학 일반에서 제시된 주요 견해들, 즉 엘리트주의적, 국가주의적, 조합주의적, 다원주의적인 관점들이 차용되어 그에 상응하는 다양한 견해들이 병존하고 있다. 그리고 이들 견해 중에서 어느 것이 더 우세한지에 대한 주장들도 분분하다. 예를 들어 오키모토(Daniel Okimoto)는 이들 중에서 엘리트주의적인 관점, 다원주의적인 관점, 그리고 관료 중심의 국가주의적인 관점을 주요한 시각으로 제기한다. 엘리트적인 시각을 대표하는 것으로는 흔히 거론되는 일본주식회사(Japan, Inc.)적인 주장을, 다원주의적인 시각을 대표하는 것으로는 후쿠이나 크라우스와 무라마츠가 제기하는 '제한된(limited)' 또는 '정형화된(patterned)' 다원주의론을, 그리고 관료 중심의 국가주의적인 시각으로는 존슨이 제기한 '발전국가(developmental state)'론을 예로 든다.[3] 그는 이 중에서 관료 중심의 국가주의적인 시각이 가장 포괄적이라고 주장하는데, 그 이유는 다음과 같다.

엘리트층의 핵심을 이루는 정치가와 관료, 재계가 하나로 응집되어 일관되

---

3) Daniel Okimoto, "Political Inclusivity: The Domestic Structure of Trade," in Takashi Inoguchi and Daniel I. Okimoto(eds.), *The Political Economy of Japan: Volume 2, The Changing International Context* (Stanford, Calif.: Stanford University Press, 1988), pp. 305~344.

고 이성적인 정책을 수행한다는 엘리트주의적인 시각은 정책사안에 따라 관료와 재계 간, 관료들 간, 그리고 정치가와 관료들 간에 이견이 속출하는 이유를 설명해주지 못한다는 것이다. 반면에 관료우위적인 측면을 인정하면서도 엘리트 집단 내, 즉 위에서 얘기한 정관업(政官業) 간에 갈등이 있고 그에 따라 정책이 결정된다는 다원주의론은 왜 특정 정책사안, 예를 들어 수출자율규제와 같은 경우에 관료나 국가가 재계와 같은 이익집단의 요구에도 자체의 논리를 이식시킬 수 있는가를 설명하지 못한다는 것이다. 이러한 주장들과는 달리 관료 중심의 국가주의론은 물론 그 자체도 문제는 있지만 정책결정 과정의 행위자들이 활동하는 제도적인 틀의 중요성을 주장함으로써 위에서 언급한 문제점들을 극복하고 있다고 설명한다.[4]

한편 캘더(Kent E. Calder)는 이들 견해들이 기본적으로 국가주의적인 입장에 서 있다고 파악하면서, 이를 국가 중심적인 입장과 정치 중심적인 혹은 이익주도형 입장이라는 두 가지로 대별하고 있다.[5] 국가 중심적인 입장으로는 정책결정 과정에서 관료를 위시한 국가의 역할이 중심이라고 보는 존슨과 지스만, 펨펠의 견해를 예로 들고, 이익유도형 입장으로는 관료의 역할이 중요하지만 정치가와 재계를 비롯한 이익집단의 역할도 정책적 합의에 중요하며 정책사안에 따라 관료 간의 경쟁도 나타난다고 주장하는 후쿠이, 크라우스와 무라마츠, 사뮤엘스의 견해를 예로 들고 있다.[6] 캘더가 후자의 이익유도형 입장도 기본적으로는 국가주의적 입장으로 파악하는 데는 이들이 다원주의적인 입장을 피력하면서도 기본적으로는 국가로서의 관료의 중요성을 인정하고 그에 따라 다원주의라는 용어 앞에 '제한된', '정형화된' 또는 '구획화된(compartmentalized)'이라는 수식어를 첨부하기 때문이다.[7]

---

4) 같은 글, pp. 307~310.

5) Kent E. Calder, *Strategic Capitalism: Private Business and Public Purpose in Japanese Industrial Finance* (Princeton, NJ: Princeton University Press, 1993).

6) 같은 책, pp. 8~10.

7) '구획화된(compartmentalized)' 다원주의론에 대해서는 사토 세이자부로와 마츠자키

반면에 리처드슨(Bradley M. Richardson)은 이 논의들을 조합주의적인 관점과 다원주의적인 관점으로 대별하고 있다.8) 오키모토가 조합주의적 관점을 배제한 데는 조합주의적인 관점에서 일본을 본 경우가 드물고 만일 그러한 경우에도 조합주의의 적용에 의문이 제기된다는 이유에서인데, 리처드슨은 조합주의가 기본적으로 중앙집권적인 구조를 상정하지만 그것을 수평선상에 놓고 볼 때는 국가주의적 혹은 권위주의적 입장과 다원주의적 입장 두 가지가 양 끝에 놓일 수 있다는 점을 상기시킨다. 따라서 그는 오키모토가 엘리트주의적인 입장으로 지적한 일본주식회사적 혹은 철의 삼각관계적 입장과 국가주의적 입장으로 지적한 존슨 등의 주장을 모두 조합주의적 입장으로 정리하고 있다.

정책 분야에서뿐 아니라 선거제도나 정당체계 등과 같은 광범위한 분야를 포괄한 리처드슨의 연구는 일본에서 비록 권위주의적 또는 수직적 관계가 우위를 차지하는 점들이 나타나고 있다고 지적하지만, 전반적으로는 다양한 행위주체들이 참여하는 다원주의적 양상이 주조를 이루고 있다고 주장한다. 이러한 주장을 캘더의 주장과 비교하면 흥미롭다. 앞에서도 언급했듯 그리고 『전략적 자본주의(strategic capitalism)』라는 책 제목이 시사하듯, 캘더는 기본적으로 일본을 국가주의적인 관점에서 고찰한다. 그러나 금융자원이 배분되는 과정들을 검토한 캘더는 그러한 국가주의적 토대 위에서도 다양한 행위주체들이 영향력을 행사하고 있음을 지적한다. 즉, 행위주체들의 영향력이 정책 분야 또는 정책사안에 따라 다르게 나타난다는 것이다. 이러한 점은 리처드슨의 주장과도 일맥상통하는데, 그런데도 이들 간의 상대적 강조점은 서로 상이하게 나타나고 있는 것이다. 위에서 살펴보았듯이 일본의 정책결정 과정에 대해서는 다양한 견해가 있으며, 이는 연구대상의 분야적 성격에 의해서만이 아니라 앞서의 캘더와 리처드슨의 비교에서도 나타나듯 연구자의 정향에 의해서도

데츠히사가 공저한 다음의 책을 참조. 佐藤誠三郎·松崎哲久, 『自民黨政權』(東京: 中央公論社, 1986).

8) Bradley M. Richardson, *Japanese Democracy: Power, Coordination, and Performance* (New Haven, NJ: Yale University Press, 1997).

영향을 받는다고 할 수 있다.

(3) 외압론9)

일본의 정책결정 과정에서 국제적 요인의 영향력이 어느 정도인가 하는 문제는 분야에 따라 다르게 취급된다. 비교정치학 내지는 지역연구의 관점에서 일본의 정책결정을 논의하는 경우에는 그 기본적인 관심사가 국내적 요인이므로 국제적 변수가 중요하게 다루어지지 않고 있다. 비교정치학 일반에서 제시되는 주요 견해들, 즉 엘리트주의, 국가주의, 조합주의, 다원주의 등과 같은 다양한 견해가 각 정책 분야에 적용되고는 있지만, 주요 관심대상은 국내 행위자들의 관계이고 국제적 요인의 영향력은 거의 논외로 다루어지고 있는 것이다.

예를 들어 앞서 언급한 오키모토 교수는 엘리트주의적인 관점, 다원주의적인 관점, 관료 중심의 국가주의적인 관점을 일본을 보는 주요한 시각들로 제시하면서, 국제적 요인에 대해서는 특별히 언급하고 있지 않다. 이처럼 국제적 요인의 영향력이라는 관점의 결여는 좀 더 최근에 출간된 캘더나 리처드슨의 경우에도 마찬가지다.10) 이러한 경향은 앞에서도 지적했듯이 비교정치학이라는 학문 분야의 성격에서 비롯되는 것인데, 그렇다고 일본의 정책결정에서 그것이 좀 더 국내적인 이슈이든 아니든 국제적 요인이 영향력을 발휘하지 않음을 의미하지는 않는다. 외교 및 방위정책 분야에서는 이전부터 국제적 요인, 특히 미국의 영향력이 주목을 받았고 최근에 들어서는 국내적인 이슈들, 예를 들어 행정개혁이나 대점포법 등의 논의에서도 국제적 변수가 영향력을 발휘한다는 지적들이 나오고 있다.

---

9) 이 절의 내용은 다음 논문에서 일부를 발췌한 것이다. 이면우, 「일본의 신안보정책: 국제적 변수의 영향력이라는 관점에서」, 진창수 엮음, 『전환기의 일본 안보정책』(세종연구소, 1999), 45~78쪽.

10) Kent E. Calder, *Strategic Capitalism: Private Business and Public Purpose in Japanese Industrial Finance*; Bradley M. Richardson, *Japanese Democracy: Power, Coordiantion, and Performance*.

그러나 이러한 지적들은 대체로 비교정치학 부문에서라기보다는 국제정치경제 부문에서 제기되는 것이다. 예를 들어 위에서 언급한 리처드슨의 경우에도 대점포법의 결정과정이 논의되고 있지만, 논의의 초점은 국내 행위자들의 역학관계이며 국제적 행위자에 대한 언급은 간단히 지나친다. 즉, 비교정치학의 관점에서는 국제적 요인의 영향력이라는 것이 동기부여 또는 환경조성의 역할을 하지만 정책결정의 최종적 모양새는 결국 국내적 요인에 의한 것으로 다루어지는 것이다.

반면에 국제정치경제 분야에서는 일본의 정책결정에서 국제적인 요인들이 단순한 동기부여만이 아닌 중요한 역할을 하는 것으로 보고 있다. 예를 들어 쇼파(Leonard J. Schoppa)는 일본에서의 정책결정에서 국제적인 요인, 즉 소위 말하는 '가이아츠(外壓)'가 중요한 역할을 한다는 것은 이미 널리 알려져 있으며, 외압이라는 것이 일본 소비자에게는 유사야당의 역할을, 그리고 정책변화를 추구하는 일본의 수상에게는 좋은 지지자의 역할을 담당해왔다고 주장한다.[11] 하지만 외압이라는 국제적인 요인이 어느 정도의 성과를 거두었는가 하는 점에서는 차이를 나타낸다.

앞서 언급한 쇼파는 부정적인 입장을 취하고 있다. 즉, 외압이 애초에 의도한 성과를 거두지 못하고 있다는 것이다. 그가 외압이 국내적인 요인이나 행위자들과 어떻게 연계되어 정책형성에 영향을 미치는가를 살펴보는 것이 중요하다고 주장하면서 일본을 상대하는, 즉 일본의 국내 행위자들을 동원하거나 이용할 수 있는 방안들을 제시하는 것도 이러한 입장에 기초한다. 그는 상승적 위협 전략, 상승적 연계 전략, 지지확대 전략 등을 예로 제시하는데, 이는 결국 국제적 요인들이 국내 행위자들에게 단순히 계기만을 제공하는 것이 아니라 그 운신의 폭을 확대하거나 축소시킴으로써 적극적인 역할을 할 수 있다고 본다는 점에서 위에서 언급한 비교정치학 분야에서의 입장과 차이를

---

11) Leonard J. Schoppa, *Bargaining with Japan: What American pressure can and cannot do* (New York: Columbia University Press, 1997), p. 4.

나타낸다.

반면에 뮬간(Aurelia George Mulgan)은 방위나 시장접근의 분야에서 성과를 거두고 있다는 입장이다. 농산물 수입개방 문제를 다룬 논문에서 그는 일본에서 외압이 변화의 요인으로 활용되는 이유로 다음 세 가지를 언급하고 있다.[12] 첫째는 전쟁의 역사적 유산으로, 일본이 외국의 비난이나 국제적 고립을 두려워하는 것은 이러한 유산에 의한 것이며 이에 따라 외압에 의한 변화가 가능해진다는 것이다. 둘째는 정치적 리더십의 취약성이다. 정부수뇌를 둘러싸고 있는 다양한 행위자들, 예를 들어 여당, 관료, 야당, 이익집단들에 의해 강력한 정치적 리더십이 발휘되지 못하며, 이에 따라 외압은 이들 정부수뇌들로 하여금 국내적 압박을 극복하는 수단으로 사용된다는 것이다. 셋째는 두 번째와 연관된 것으로, 상기한 리더십 부재를 조장하는 제도 및 이익집단의 강력한 역할이다. 예를 들어 55년 체제하에서 실시된 중선거구제는 여당 후보자들 간의 경쟁을 부추겨 이들로 하여금 이익집단의 요구에 취약하게 만들며 변화에 저항하게 만든다는 것이다. 즉, 외압이 이러한 이익연계의 고리를 깨드리는 역할을 했다는 것이다.

2) 일본의 외교정책결정에 대한 논의

이상에서 살펴보았듯 일본의 정책결정 과정에 대해서는 다양한 견해가 있는데, 이는 연구대상의 분야적 성격에 의해서만이 아니라 앞서 캘더와 리처드슨의 비교에서도 나타나듯이 연구자의 정향에도 영향을 받는다. 그럼에도 위의 논의는 관료, 정치가, 경제단체와 같은 민간단체가 공히 정책결정에서 일정한 지분을 갖고 있음을 보여주는데, 이는 외교정책과 관련해서도 유사한 주장이 가능하다고 볼 수 있다.[13]

---

12) Aurelia George Mulgan, "The Role of Foreign Pressure (Gaiatsu) in Japan's Agricultural Trade Liberalization," *The Pacific Review*, Vol. 10, No. 2(1997), pp. 165~209.

예를 들어 후쿠이(Haruhiro Fukui)는 일본 외무성의 최근 경향을 과정과 행위자라는 두 가지 측면을 중심으로 검토하면서, 외무성 관료들의 역할에 대한 서로 다른 견해가 있다고 본다.[14] 이들 다양한 견해를 두 가지로 대별하는데, 하나는 외무성 관료들의 역할이 중심적이며 압도적이고 증가한다는 견해이고, 다른 하나는 관료들의 역할은 특정한 정책결정의 경우에 한계를 갖는다는 것이다. 즉, 현상의 지속 또는 점진적인 변화와 같은 일반적 또는 갈등적이지 않은 이슈에 대해서는 그 결정이 대체적으로 정치인이나 이익단체에 의한 간섭 없이 관료들에 의해 관료적으로 진행된다고 하겠다.

반면에 정치적으로 민감하거나 논쟁적인 이슈에 대해서는 그 결정이 다분히 정치적 리더들에 의해 정치적으로 타결되고 관료들의 역할은 추종적·한계적인 것이 된다. 정치인들은 관료들보다 여론이나 언론의 압력에 민감하다는 것이다. 행정관료들은 전체적으로 헌법상 국회의 정치인들에게 개인적으로나 집단적으로 책임을 진다. 외무성 관료들은 정치인들보다 정치적인 힘에서 상대적으로 약하다. 다른 관료조직보다 예산이나 인원 규모에서도 작아서, 12개 성 중에서도 밑에서 두 번째의 규모를 가지고 있다. 외무성 관료가 국회나 자민당에 가질 수 있는 직접적인 영향력은 다른 성, 예를 들어 대장성이나 통산성에 비해 매우 제한적인 것이다.

하지만 이 경우에도 관료의 위치는 헌법에 의해 내정 및 외정을 담당하는

---

13) 외교정책 연구에서는 다양한 요인들이 외교정책에 영향을 미치는 것으로 제시하고 있다. 예를 들어 밸러리 허드슨은 근자의 저서에서 이들 요인을 개인지도자, 집단 역학, 문화 및 국가정체성, 국내정치 역학, 국제체제라는 다섯 가지 부분으로 정리하고 있다. 밸러리 허드슨, 『외교정책론』, 신욱희 외 옮김(서울: 을유문화사, 2008). 최근에는 국제안보연구 분야에서 활발한 논의가 진행되고 있다. 이와 관련해서는 배리 부잔·레네 한센, 『국제안보론』, 신욱희 외 옮김(서울: 을유문화사, 2010) 참조. 본 절에서는 일본의 외교정책에 대한 논의에 국한하여 간략히 검토한다.

14) Haruhiro Fukui, "Policy-Making in the Japanese Foreign Ministry," in Robert A. Scalapino(ed.), *The Foreign Policy of Modern Japan* (Berkeley, Calif.: University of California Press, 1977), pp. 3~35.

내각과 국회에서 다수를 점하는 여당 자민당의 상대적 중요성에 의해 더욱 강화될 수도 있다. 즉, 실질적인 수행에서 서로 이익이 맞아떨어진다면 결국 관료의 영향력이 발휘된다는 것이다. 이는 익히 알려져 있다시피 내각이나 자민당이 행동적이며 효과적인 정책결정자가 아니라는 점에 기인한다. 무엇보다도 주된 이유는 그들에게 효과적인 정책결정에 필요한 인원이나 능력이 부족하기 때문이지만, 또한 정당 내 파벌주의가 정책결정에 미치는 분열적 영향 때문이기도 하다. 내각이나 자민당은 공히 정보나 행정적 전문성, 그리고 인력에서 전문적인 관료에 의존할 수밖에 없는 것이다.

물론 실상에서는 다른 많은 요인들이 작용한다. 참여하는 정치인이나 관료들의 개성 및 다른 개별적 요인들, 정당정치 및 국민감정, 그리고 선거 등과 같은 일반적인 정치상황이 그런 요인의 예다. 일본의 대중국정책을 분석한 자오(Quansheng Zhao)는 예를 들어 자민당 정권이 가진 비공식적 메커니즘이 일본의 대중국정책, 특히 일본의 대중국 해외원조(ODA)를 결정하는 데 중요한 역할을 했다고 주장한다.[15] 이러한 측면은 일본의 외교정책에 대한 고전이라고 할 수 있는 헬먼의 연구에서도 나타난다.[16] 즉, 일소 국교정상화에서 국내정치가 중요하게 작용했다고 주장하는 것이다. 반면에 수도(Sueo Sudo)나 이노구치(Takashi Inoguchi)는 대외환경과 국내사정의 변화가 공히 외교정책에 영향을 미쳤다고 주장한다.[17] 카첸슈타인과 오가와라는 일본의 안보정책을 이해하는 데 있어 사회규범과 같은 일본의 국내적 맥락이 중요하다고 지적한다.[18]

---

15) Quansheng Zhao, *Japanese Policymaking: The Politics behind Politics* (Hong Kong: Oxford University Press, 1995).

16) Donald C. Hellmann, *Japanese Domestic Politics and Foreign Policy: The Peace Agreement with the Soviet Union* (Berkeley: University of California Press, 1965).

17) Sueo Sudo, *The Fukuda Doctrine and ASEAN: New Dimensions in Japanese Foreign Policy*(Singapore: ISEAS, 1992); Takashi Inoguchi, *Japan's Foreign Policy in an Era of Global Change* (London: Oinoer Puclishers Ltd., 1993).

18) Peter Katzenstein and Nobuo Okawara, *Japan's National Security: Structures, Norms and Policy Responses in a Changing World* (Ithaca, NY: Cornell University, 1993).

2. 일본의 외교 스타일

일본의 외교와 관련된 논의의 초점 두 번째는 외교 스타일과 관련된 것이다. 일본과 서구 사이의 무역마찰에 대해서 누군가는 일본의 정책이 매우 자유주의적이라고 지적하는가 하면, 다른 사람들은 매우 중상주의적이라고 지적한다. 그럼에도 일본이 국제정치체제에 어떻게 대응하는지에 대한 논의는 많지 않다. 캘더(Kent E. Calder)는 일본의 경제외교정책 행태를 전략과 망설임, 실리주의가 뒤엉킨 '반응적 국가'라는 개념으로 설명한다.[19]

캘더의 이러한 주장에 대해서는 찬반이 분분하지만, '반응적 국가'라는 개념은 일본의 외교 스타일을 제시하는 대표적인 것이 되었다고 할 수 있다.[20] 캘더에 따르면, '반응적 국가'의 핵심적 특징은 첫째, 그 국가가 힘이 있고 그것을 사용할 동기가 충분한데도 경제외교의 독자적인 이니셔티브를 쥐지 않는 것이고, 둘째는 비록 체계적이거나 완전한 형태는 아니더라도 변화를 위해 외압에 반응하는 것을 포함한다.

일본이 '반응적 국가'인 이유는 세 가지 측면에서 설명된다. 첫째는 일본의 국가전략으로서 전후 일본은 스스로 글로벌한 역할을 담당하거나 광범위하게 국제적으로 개입하기를 회피했다는 것이다. 소위 말하는 '요시다' 라인에 따라 주된 관심을 경제성장에 두었는데, 이는 미국의 월등한 힘의 우위에 따른

---

19) Kent E. Calder, "Japanese Foreign Economic Policy Formation: Explaining the Reactive State," *World Politics* (July, 1988), pp. 517~541.

20) 예를 들어 수잔 파(Susan J. Pharr)는 '반응적 국가'란 개념에 대응해 '전략적, 방어적 국가(Strategic Defensive State)'라는 개념을 제시한다. Susan J. Pharr, "Japan's Defensive Foreign Policy and the Politics of Burden Sharing," in G. Curtis(ed.), *Japan's Foreign Policy After the Cold War* (N. Y.: M. E. Sharpe, 1993), pp. 235~262. 커티스의 이 책은 '반응적 국가'론에 대해 검토하고 있다. 또한 일본의 ODA 정책에 대해 검토한 야수토모는 일본의 외교정책이 결코 수동적(passive)이거나 고정적(immobile)이지 않았다고 주장한다. Dennis T. Yasutomo, *The New Multilateralism in Japan's Foreign Policy* (London: MacMillan Press LTD, 1995).

것이기도 했지만 자본이나 시장, 외교적 지원 등에서 미국에 의존했기에 그에 따르는 것으로 만족했다는 설명이다. 예를 들어 상호방위조약, 항공협정, 어업협정, 소련이나 중국과의 무역 등의 경우에 일본은 대체로 미국의 요구를 받아들였다.

그러나 미일관계를 중심으로 한 국제체계적 설명은 닉슨 쇼크 이후의 '반응적' 행태를 설명하기에는 부족하다. 일본이 이전에 비해서 경제적으로나 기술적으로, 그리고 방위적으로도 다른 어떤 반응적 국가들보다 크게 성장했기 때문이다. 예를 들어 일본은 외채에 시달리는 다른 반응적 국가들과는 달리 세계 최고의 채권국가이고 국내 시장의 규모도 크다. 미국의 적자를 보존하는 천억 달러에 달하는 자금으로 미국에 대해 지대한 레버리지를 가지면서도 일본은 그 사용을 자제하고 있는 것이다. 캘더는 이와 관련하여 일본의 국내정치적 구조를 검토해야 한다고 주장한다.

일본의 국내정치 구조는 대체로 다음과 같은 몇 가지 측면에서 '반응적 국가'를 유지시키는데, 첫째는 정부의 권력이 분산되어 있다는 것이다. 기능적으로 정향된 행정조직과 부서별 책임의 권위적 분리가 부재한 가운데 관료들은 영역다툼에 분주하다. 일본의 중앙부처에는 통산성(MITI)이나 대장성과 같은 강력한 부처가 있지만, 그들 역시 국제경제체계나 새롭게 부상하는 기술적 분야에 대해서는 관할권을 둘러싼 분쟁에서 자유롭지 못하다. 이러한 권력분산은 전전 일본의 외교 및 방위의 효율성을 저해했고, 1986년에는 무역흑자 해소를 위한 개혁안(마에가와 리포트)이 제대로 실현되지 못하게 만들었다는 것이다.

둘째는 일본의 정치가들이 이익집단 정치에 취약하다는 점이다. 일본에서 가장 강력한 이익집단은 경제단체의 집합체인 경단련(게이단렌)을 제외하면 농민들과 중소기업들의 이익을 대변하는 단체들인데, 이 단체들은 그들의 지엽적인 이익에만 관심이 있고, 국제적인 측면에 대한 고려가 적어서 외국기업의 일본시장 침투에 적극 저항한다는 것이다. 이들 단체가 가진 집표력이 정치가들을 움직이는 힘이 되고, 이에 관료들을 포함해 소위 말하는 '철의 삼각형'을 형성한다. 또한 1980년대에 들어서 이러한 정치가들의 힘이 관료들에 비해 더욱 커졌다는 점도 경제외교정책이 제대로 결정되지 못하는 이유가 된다고 주장한다.

'반응적 국가'의 정책결정을 생산하는 이러한 권력분산에도 불구하고 외압에 유연성을 보이는 이유는 첫째, 그러한 권력분산 속에서 외국의 이익단체들과 교차적인 연대가 이루어지고, 그에 따라 타협점을 찾는 노력이 나타난다는 것이다. 예를 들어 1980년대의 오렌지 분쟁의 경우, 캘리포니아의 선키스트와 일본의 수입업자인 후지이가 연대하여 일본의 소비자와 미국 플로리다의 이익 단체들에 대항했다. 둘째는 일본 언론이 일본의 강력한 리더십을 저해하면서 유연성을 높이는 데 한 몫을 한다는 점이다. 일본의 언론은 신문과 텔레비전을 갖고 있는 강력한 권력인데, 이들의 힘에 의해 강력한 리더십이 처음부터 발휘될 수 없다는 것이다. 이 책에서는 이 '반응적 국가'의 성격에 대해서도 어떤 변화가 있는지 검토한다.

3. 일본 외교의 지침

일본의 외교와 관련한 논의에서 초점이 되는 세 번째는 과연 일본 외교에 주요 지침 및 전략이라는 것이 있는가 하는 점이다. 이와 관련해서는 크게 세 부분으로 나누어 정리할 수 있다. 첫째는 근대 일본의 외교를 담당했던 외무성이 추구한 방침은 무엇이었고 그 환경은 어떠했는지에 대해 간략히 살펴보는 것이다. 둘째는 일본의 대외정책에 대한 대표적인 개념인 '탈아론'과 '입아론'에 대해서 검토하는 것이고, 셋째는 냉전의 붕괴 이후 일본 내에서 진행된 외교안보 논쟁에 대해서 검토하는 것이다. 이 절에서는 처음 두 부분에 대한 것만 살펴보고 세 번째의 외교안보 논쟁은 다른 장(제1장)에서 검토하게 될 것이다.

1) 헤롯주의의 '가스미가세키' 전통외교[21]

이오키베 등이 공동집필한 『일본 외교: 어제와 오늘』은 근대 일본의 외교가 '헤롯주의'를 바탕으로 전개되었다고 본다. 헤롯주의란 역사가 토인비가 자신의 책 『역사의 연구』에서 제기한 용어로서, 로마 문명에 대항해 고대 이스라엘 민족이 보여준 두 가지 접근방식 중 하나이다. 고대 이스라엘 민족의 로마 문명에 대한 대응은 '제로트'형(열광파)과 '헤롯주의' 두 가지로 나뉘는데, '제로트'형은 "넘쳐나는 민족적 프라이드에 휘둘려 승산도 없는 철저 항전으로 치달아 모조리 옥쇄하고 마는" 방식이다. 이는 근대 이후 일본의 역사에서도 '양이파', '철저 항전파', '1억 옥쇄파', '반미 내셔널리즘' 등으로 유사하게 표현되었다.

반면에 당시 이스라엘의 헤롯왕은 "로마군에 대한 물리적인 저항이 이스라엘의 민족적 비극으로 귀결되리라는 사실을 통찰"해서, "이스라엘의 문을 열고 로마의 지배를 참고 받아"들이고 "자신은 왕에 머물러 간접통치를 하는 선"에서 로마군의 침입을 막았다. 이오키베 등은 근대 일본의 전통외교는 이러한 헤롯왕의 방식을 채택하여 성공한 사례라고 제시하며 우선 헤롯주의의 예로 「정한론에 관한 의견서」에서 나타난 다음과 같은 오쿠보의 주장을 제시하고 있다.

'치욕이 있더라도 참고, 의가 있더라도 취하지 않는다'며 민족적 긍지에 충동되어 파멸을 초래할 위험에 대해 경종을 …… '경중을 재어보고, 시세를 읽으며, 대기한다'는 사실을 명심하지 않으면 안 된다고 …… 그것은 리얼리즘에 입각한 전쟁반대론이었고, '세계를 앎으로서의 내치 우선주의' …… [22]

---

21) 이오키베 마코토 외, 『일본 외교: 어제와 오늘』, 조양욱 옮김(다락원, 1999), 서장 참조. 특별한 언급이 없는 한 이 절의 내용은 이 책 서장의 내용을 요약 및 토론한 것이다.
22) 같은 책, 13쪽.

물론 근대 일본의 외교가 이러한 헤롯주의만으로 일관된 것은 아니다. '제로 트'형의 예로도 제시했듯이, 이오키베 등은 곧 "러일전쟁으로부터 4반세기가 지난 1930년대의 일본은 협조를 통해 외부 문명을 배우는 것보다 '일본으로의 회귀'와 자주 외교로 축을 옮겨 '대동아 공영권'을 외치며 적나라한 군사적 배외주의로 기울었다"고 지적한다. 그런데도 근대 일본의 외교가 '헤롯주의'를 전통으로 삼는 것은 다음 두 가지 이유 때문인 것으로 보인다. 첫째는 이러한 군사적 배외주의 또는 일본으로의 회귀주의가 파멸로 완결되는 주기, 즉 '외부 문명의 학습 - 자기 혁신과 급속한 발전 - 일본으로의 회귀 - 파멸'이라 는 주기가 메이지 유신 이래 77년 만에 완결되었다고 보기 때문이다.

　또한 이처럼 한 주기가 완결되었다고 주장하는 데는 '본토 결전'이라는 이름으로 일본 전역의 옥쇄 전쟁을 주장한 '제로트'형의 전전 일본 육군이 이제는 없기 때문이기도 할 것이다. 두 번째 이유는 이처럼 파멸로 끝난 한 주기 다음에 재정립된 쇼와 정부가 간접통치로 외부 문명의 지배를 막고 장래 에 '부흥의 광명'을 기대하면서 다시금 '헤롯주의'를 취했다는 점이다. 즉, 미국에 패하여 지배당하면서 미국을 배우려는 종전의 자세로 돌아갔다고 보기 때문이다.

　이오키베 등의 이러한 주장, 즉 한 주기의 완결 및 새로운 시작으로서의 전후를 인정한다고 하더라도, 근대의 시작 이후 일본 외교에는 '헤롯주의'뿐 아니라 '제로트'형이라는 두 가지 대응형이 있었음을 알 수 있다. 이오키베 등은 이에 더해 '헤롯주의'를 문명적 대응의 기조로 삼은 메이지 이래 일본의 기본 목표는 "열강과의 협조의 틀 내에서 대륙으로의 발전"이라고 주장함으로 써, '헤롯주의' 내에서도 '협조'와 '발전'이라는 대립 가능성이 높은 두 방향을 제시한다. 이는 곧 근대 일본에는 민족주의 외에도 경제발전이라는 대외팽창 의 또 다른 요인이 있었음을 의미하는 것이기도 하다.

　'헤롯주의'로서의 가스미가세키 정통외교는 '영국을 중심으로 한 열강과의 협조'를 중시하는 입장이 이윽고 '영미 중심'으로 전개된 것으로, '아시아 대륙으로의 발전'을 위해서도 '열강과의 협조'가 불가결하고 메이지 전반기

최대의 외교 현안인 불평등조약의 개정을 위해서도 열강과의 '협조'에 유의해야 한다는 인식에 기초한 것이다. 열강과의 양해가 중요하다는 것을 극적으로 보여준 사건이 청일전쟁 후의 3국 간섭이었는데, 이와 같이 20세기로의 전환기에 일어난 의화단사건에서 일본이 보여준 국제관계의 주도면밀한 조심성은 영국의 높은 평가를 받아 1902년 영일동맹이 가능하게 되었다. 이러한 과정을 거쳐 앵글로색슨 국가와의 협조 노선이 일본 외무성의 본류로 여겨지게 되었고, 청일전쟁기의 '무쓰 외교'나 러일전쟁기의 '고무라 외교', 그리고 1920년대의 '시데하라 외교' 등으로 연결된 것이다.

이러한 가스가세키 전통외교가 변화 및 위기를 맞게 된 것은 1920년대부터 태동되어 1930년대부터 본격화된 국제적 흐름 때문이다. 즉, 제1차 세계대전이라는 총력전을 체험한 뒤, 세계사는 제국주의 시대에서 이탈하기 시작했다. 권력정치(power politics)를 허용해서는 어느 쪽이건 국민의 희생과 파괴가 너무 커서 전쟁이라는 수단이 합리성을 잃게 되었던 것이다. 그 대표적인 예가 민족자결과 정의 및 인도 등의 국제원칙을 설파한 윌슨 미 대통령의 '신외교'였는데, 이러한 상황은 일본 외교로 하여금 '협조'와 '발전'의 양립을 어렵게 만들었다. 또한 일본은 중국의 자결과 내정불간섭을 주장하는 미국과 '협조'하기 위해 제1차 세계대전 후 처음 10년 동안 중국으로의 '발전'을 삼가는 방침을 취했다. 하라 총리가 워싱턴 회의에 적극 참여한 것이나 1920년대에 전개된 '시데하라 외교'가 그 예다.

그러나 1931년의 만주사변 이후 일본은 반대의 양자택일을 한다. 아시아대륙으로의 군사적인 '발전'을 위해 '협조'를 포기했던 것인데, 이는 '협조'를 위한 '발전'의 자제가 육군을 위시한 일본 국내의 강경파로서는 견디기 힘든 '추종 외교'요 '연성 외교'로 받아들여졌기 때문이다. 여기에는 일본이 대립을 피하기만 해서는 지금까지 피를 흘려 획득한 기득권마저 잃어버리지 않을까, 시데하라 외교는 국익 상실 외교가 아닐까 하는 위기의식이 있었던 것이다. 또한 이러한 변화에는 군부의 발전주의를 제어할 수 있는 정치력의 부재와 군인의 지나친 사명감을 나무라기는커녕 도리어 부채질하는 '대외경' 우위의 국민 여론 등이 배경으로 작용했다고도 지적된다.

특히 이러한 '대외경' 우위의 국민 여론은 일본의 외교적 진출방향에 대한
또 다른 축, 즉 '해양국가' 대 '대륙국가'의 대립에서 '대륙국가'의 길로 가게
만들었다. 민간에서는 사카모토 료마의 '선중팔책', 이시바시 단잔의 '소일본
주의', 사토 데쓰타로 중장의 '제국국방사론' 등이 섬나라라는 특성을 살려
해상 루트를 개발하거나 세계적인 무역에 의해 경제입국을 꾀하거나 해군력의
증강에 따른 팽창의 길을 강조했다. 그러나 메이지 유신 이후의 근대 일본을
담당했던 야마가타 아리토모는 '주권선' 및 '이익선'의 개념 도입에서 알 수
있듯이 육군의 보병과 같은 국가관에 사로잡혀 있었고, 이러한 방향에서의
진행에 따라 '10만의 영령'에 의해 얻은 '만몽(滿蒙; 만주와 내몽고를 가리킴)의
생명선'을 버리자는 의견은 사회적인 거부반응을 각오하는 어려운 사안이었다
는 것이다.

2) 탈아론과 입아론의 대립축[23]

미국의 페리 제독이 '흑선(黑船)'을 이끌고 나타나 통상을 강요함에 따라
일본은 19세기 중엽까지 견지해온 쇄국정책을 철회하고 개항으로 방향을 선회
하게 되었는데, 그 후 140년 정도 경과된 시점에서 일본은 미국의 뒤를 잇는
세계 제2의 경제대국으로 부상했다. 이는 서구세력의 침략에 위기의식을 느끼
고 '부국강병'을 국가목표로 내걸어 이에 매진해 일궈낸 성과인데, 이러한
목표를 추진하는 과정 속에서 나타난 일본의 대외정책 구상은 아시아와의
관계라는 측면과 긴밀히 연결되어 있었다. 이러한 점은 일본의 대외전략상
자주 언급되는 입아론과 탈아론이라는 두 가지 주요 입장이 일본과 아시아의
관계를 근간으로 펼쳐졌다는 데서도 알 수 있다. 이 절에서는 일본의 대외정책

---

23) 이 절의 내용은 다음 논문에서 일부분을 발췌한 것이다. 이면우, 「일본의 대외정책과
　　동아시아」, 이홍표 엮음, 『동아시아 협력의 정치경제』(세종연구소, 1997), 247~289쪽.

에 대한 구상에서 기본적인 두 가지 틀로 자리 잡고 있는 입아론과 탈아론에 대해 살펴보고자 한다.24)

서구 제국주의 세력이 몰려오는 데 대한 일본의 대응은 대체로 두 가지로 나타났는데, 하나는 존왕양이(尊王讓夷)론이고 다른 하나는 공의여론사조(公義輿論思潮) 또는 공의사상(公義思想)이다.25) 존왕양이론은 서구세력의 침입에 대해 소극적이나마 현실로 받아들여야 한다는 도쿠가와(德川) 막부의 입장이 일본의 우수한 역사적·국가적 전통을 모멸했다고 비판하면서, 그 대신에 천황을 중심으로 뭉쳐 외세를 물리쳐야 한다는 주장이다. 이러한 주장은 한편으로는 유신 이후의 민주주의적 혹은 입헌주의적 경향을 견제하는 '군주적 간섭주의'의 성격을 가져왔으며, 다른 한편으로는 아편전쟁에서 중국이 서구세력에 의해 무너지게 되면서 화혼한재(和魂漢才)에서 화혼양재(和魂洋才)로 방향을 전환하게 하는, 또는 부국강병의 기치 아래 국가주의적인 방향으로 들어설 수 있게 하는 데 기초가 된 것이었다.26) 이러한 주장의 배경에는 도쿠가와 막부 말기부터 큰 세력을 얻게 된 천황중심주의적인 국학의 영향이 자리 잡고 있었다. 그리고 화환양재 또는 동도서기(東道西技)라는 슬로건에서 나타나는 이러한 존왕적 문명개화주의는 명치정부의 기본적 입장을 형성하는 것이라고 할 수 있다.

---

24) 입아론과 탈아론이 일본의 대외정책을 형성하는 두 가지 축이라는 점에는 커다란 이의가 없을 것으로 생각되는데, 이에 대해서는 吉村道男, 「日本外交の思想, 覺書」, 日本國際政治學會 編, 『日本外交の思想』(東京: 有斐閣, 1982), pp. 1~9를 참조. 또한 이 절에서의 입아론과 탈아론에 대한 논의는 차기벽·박충석 엮음, 『일본현대사의 구조』(한길사, 1980)에 실린 나카무라(中村菊男)의 논문과 마츠모토(松本三之介)의 논문에 기초함.

25) 마루야마(丸山眞男) 교수에 따르면, 명치유신의 정치사상적 거점은 존왕양이론과 공의 여론사조의 두 가지라고 한다. 이는 근대 일본 정치의 전개과정을 자유주의와 국가주의의 갈등으로 본 나카무라의 입장과 유사하다고 할 수 있다. 마루야마, 「명치국가의 사상」, 차기벽·박충석 엮음, 『일본현대사의 구조』, 194~225쪽; 나카무라, 「자유주의와 국가주의의 갈등」, 차기벽·박충석 엮음, 『일본현대사의 구조』, 62~96쪽.

26) 나카무라, 「자유주의와 국가주의의 갈등」, 62~64쪽.

공의여론사조는 공의여론(또는 여론)에 바탕을 두고 정치를 한다는 관념인데, 이는 책의 수입이나 유학의 경험에 의해 사회계약론이나 천부인권설 등이 소개되면서 형성되었다. 공의사상은 일본을 강력한 힘을 가진 혹은 높은 문명의 단계에 있는 서구와 같은 국가로 만들어야 한다는 측면에서 존왕양이론과 유사하나, 그 방법에서 기술적인 측면만을 취하려는 것이 아니라 그것을 배태시킨 서구의 정치적 제도와 사상을 흡수하려 한 것이 상이한 점이다. 이러한 주장은 계몽된 국민 대중의 확대가 곧 국가의 힘을 증진시킬 수 있다는 생각을 배경으로 하는데, 이는 "서구제국의 동양진출에 대해, 봉건의식 속에서 헤매는 국민으로서는 도저히 난국을 헤쳐 살아날 수 없다. 어떻게 해서든지 국민 전체가 '지덕의 연마'라는 근대적 장비를 몸에 지니고 이에 대응해야 한다"는 후쿠자와(福澤諭吉)의 주장에서도 알 수 있다.[27] 따라서 공의사상은 곧 자유주의사상이라고 할 수 있으며, 이는 차후에 민선의원 설립운동으로 연결된다.

전전기의 일본에서 나타난 대아시아관은 외세(서구세력)에 대한 이러한 두 가지의 기본적 대응방안과 그 발전양상에 따라 몇 가지의 다른 형태를 띠게 되었다. 서구제국의 침입을 처음 접하게 된 막말과 명치 초기에는 일본이 지리적·문화적으로 아시아에 속해 있다는 점이 고려되어 아시아 국가들의 연대론이 대두했다. 이는 서구 열강에 대한 공포의 반사작용으로 나타난 것이라고 할 수 있는데, 당시 일본이 느낀 위기의식은 단순히 관념적인 것에 그친 것이 아니라 흑선의 내항, 사쓰에이(薩-英) 전쟁, 시모노세키(下關) 전쟁 등의 사건들이 보여주듯 아주 실제적인 것이었다. 따라서 중국이 영국과 아편전쟁을 벌였을 때나 중국에서 일어난 태평천국의 난에 대해 영국과 프랑스 양국이 개입했을 때, 사쿠마(佐久間象山)나 요시다(吉田松陰)는 그 영향이 일본에도 미칠 것으로 우려했다.[28] 이러한 위기의식은 일본에만 국한된 것이 아니고 아시아 국가에 공통된 점일 것이라는 견해가 아시아연대론을 뒷받침하는 요인이었

---

27) 같은 글, 72쪽.
28) 마츠모도, 「아시아관의 형성과 그 특질」, 차기벽·박충석 엮음, 같은 책, 136~137쪽.

다고 할 수 있다.

그러나 이러한 연대론과 병행해 일본 내에서는 아시아의 이웃 국가들에 대한 멸시관도 함께 형성되었는데, 이는 일본이 서양의 기계문명에 착안하여 그것을 적절하게 받아들였다는 자부심에서 비롯된 것이었다. 아시아의 이웃 국가들에 대한 멸시적 태도는 중국에 대해서도 마찬가지였다. 공허한 관념에서 벗어나지 못한 채 여전히 서구 열강을 오랑캐로 보면서 서구의 문물을 배우려 하지 않는 중국의 태도를 고루한 것이라고 경멸했던 것이다.[29] 중국에 대한 이러한 견해는 청국 정부가 양무운동을 통해 적극적으로 서구의 공업기술을 도입하는 방향으로 나아간 이후에 서구 열강의 침입을 저지하기 위한 청·일 양국의 제휴에 따라 아시아의 연대를 모색하는 방향으로 나타났다. 1871년에 체결된 청·일 수호조약에서 서로의 치외법권을 인정하고 후진국으로서의 공동의 위기감과 불안감을 나타낸 것 등이 이러한 전환을 말해준다.

당시 아시아 국가들에 대한 일본의 멸시관은 한국(조선)에 대해 좀 더 극명하게 나타난다. 이는 앞에서 중국에 대해 언급했던 것과 마찬가지로 쇄국정책을 고수하는 당시의 한국을 고루하고 후진적으로 본 것에 기반을 두고 있지만, 여기에는 조선의 쇄국정책이 서구 열강과의 분쟁을 야기하고 그것이 일본에게 중대한 위협을 가하리라는 초조감이 어우러져 있다. 따라서 1876년 2월에 조인된 한일 수호조약은 일본의 치외법권적 특권만을 일방적으로 주장한 불평등조약으로서 청·일 수호조약과는 대조적인 것이었다.

이와 같은 우월감과 멸시감은 일본의 '아시아맹주론'과 연결된다. 예를 들어 후쿠자와는 「조선과의 교제를 논함」이라는 논설에서 한일 수호조약의 체결에 자부심을 나타내면서, 아시아의 단결을 유지하면서 서구 열강의 침략을 막기 위해서는 맹주가 필요한데 일본이 그 맹주로서의 역할을 할 수 있고 아직도 구태의연함과 고루함을 떨치지 못한 중국과 한국은 일본과 대등한 입장에서 협력자가 될 수 없다고 주장하고 있다.[30] 이러한 입장은 오자키(尾崎行雄)의

---

29) 같은 글, 138쪽.

「외교책」이나 우치무라(內村鑑三)의 「의전론」이라는 논설들에서도 나타난다. 청일전쟁 당시에 쓰인 우치무라의 의전론은 동양이 일본으로 대표되는 '진보주의'를 따를 것인지 아니면 청국이 대표하는 '퇴보의 정신'을 따를 것인지를 결정하는 것에 청일전쟁의 의의가 있고 이를 의전이라 주장하는 것을 주요 내용으로 한다.[31] 이와 같은 아시아관의 배경에는 일본이 동양에서는 문명의 으뜸을 이룬 문명개화의 선진국이라는 자부심이 자리 잡고 있는 것이지만, 이들도 아직은 아시아 국가 간의 연대를 주장한다는 측면에서 아시아연대론의 연장선상에 있는 것으로 이해할 수 있다.

아시아 국가 간의 연대라는 방안은 서구 열강의 침략에 대응해 일본의 국가적 독립을 유지해야 한다는 대외적인 목표를 위한 방법으로서도 제시되었지만, 일본 내에 존재하는 고루함을 타파해야 한다는 대내적인 목표를 위한 것으로서도 제시되었다. 즉, 고루함에 대한 문명의 싸움이라는 것이 국가를 단위로 국가 간에서만 행해지는 것이 아니고 일본 국내적으로도 전제적 통치에 대한 자유민권의 투쟁으로 인식될 수 있으며, 이는 똑같이 전제적 압제와 고루함에 시달리는 아시아 민중의 각성과 해방에 대한 요구처럼 대외지향적인 방향으로도 나갈 수 있다는 것이다. 예를 들어 "내국 인민의 자유권리를 억압하여 아시아의 진흥을 도모하는 것은 뿌리를 잘라버리고 꽃을 구하는 것과 같다"라는 우에키(植木枝盛)의 논문 제목은 그 자체로 이러한 방향을 잘 나타내주고 있다.[32] 이러한 자유민권파의 주장도 아시아연대론으로 구체화되는데, 다루이(樽井藤吉)의 '대동합방론'이 그 대표적인 예다. 대동합방론은 서양의 침략에 대항하는 아시아 국가 간 연대의 제1단계적인 시도로 한국과 일본 양국의 자주적 합방을 호소한 것으로, 인민의 생존·자유·명예·재산을 보존한다는 것을 합방의 기본전제로 하고 있다. 합방의 유인으로는 한일 양국이 낮은 빈도와

---

30) 같은 글, 143~144쪽.

31) 같은 글, 145~146쪽.

32) 같은 글, 147쪽.

미약한 국력 때문에 국민의 고통과 국가적 굴욕을 극복하지 못한다는 점이 언급되어 있다.[33) 따라서 국가를 초월한 국민들 간의 연대를 피력하는 이러한 주장은 세계정부론으로의 발전을 내포한다.

아시아연대론의 이와 같은 주장들은 기본적으로 국제관계의 본질을 약육강식으로 파악하는 사고방식과 그러한 기본적인 인식 위에서 일본의 문명화라는 이념을 배경으로 하고 있다. 그렇다면 문명화를 추구하는 일본이 아직도 고루한 틀을 벗지 못한 아시아 국가들에 대해 침략이 아닌 제휴를 해야 한다는 것은 모순이라고 할 수 있다. 이러한 모순에 대해 아시아맹주론이나 자유민권파의 아시아연대론은 위에서 본 바와 같이 모순된 두 가지를 어떻게든 융합하고자 했다. 즉, 아시아맹주론은 약육강식이 지배하는 국제사회에서는 '자국을 지키기 위해서라도 아시아 국가들과 연대해야 한다'는 생각과 '문명이 고루함을 지도하고 대체해야 한다는 것은 역사의 법칙'이라는 생각을 접합한 것이고, 자유민권파의 아시아연대론은 고루함에 고통받는 민중들 간의 합방이라는 형태를 주장한 것이다. 그러나 후쿠자와의 '탈아론'은 이러한 모순을 인정하고 모순의 한편, 즉 아시아 국가들과의 연대라는 측면을 과감히 단절한 시도라고 할 수 있다.

후쿠자와의 '탈아론'은 크게 두 가지 주요 논점으로 구성되어 있다.[34) 하나는 일본이 아시아에서 가장 먼저 문명(서구)의 기풍을 누릴 수 있었던 것은 문명의 길에 장애가 되는 고루한 정부를 붕괴시켜 문명을 과감히 채용했기 때문이라는 것이다. 다른 하나는 강력한 서구세력의 도래에도 중국과 한국은 고루한 것에 연연하여 문명의 기풍을 무리하게 거역하고 있어서 서구세력에 의한 분할을 자초하고 있다는 것이다. 이에 기초한 "아시아의 나쁜 벗을 사절하니라"라는 주장은 그가 이전에 주장한 아시아맹주론, 즉 이웃나라의 개명을 기다려 함께 아시아를 흥하게 하겠다는 입장에서 벗어난 것을 의미한다. 이는

---

33) 같은 글, 148쪽.
34) 같은 글, 150~151쪽.

일본에게는 이미 그러한 여유가 없음을 나타내며, 아시아 국가 간의 연대 필요성에 대한 근본적인 의문을 제기하는 것이다. 서양의 위협에 대해서 그는 "일본은 독립하여 동양에 한 기축을 이루어, 서양인으로 하여금 스스로 경계하게 하고 …… 벗으로는 사귈 수 있되, 적으로는 꺼려야 할 나라로서의 일본"을 인식시켜야 한다고 주장했다.[35]

이상에서 살펴본 일본의 대외정책에 대한 제 구상은 명치 초기에 논의된 것들이다. 이후에도 많은 구상들이 제기되었고 그에 따라 많은 논의들이 진행되었지만, 여기서는 이들 명치 초기의 논의들을 언급하는 것으로 그치려 한다. 그것은 이후의 논의들이 나름의 배경을 갖고 있지만, 아이디어라는 측면에서는 여기서 언급된 '입아론'(아시아연대론이나 아시아맹주론)과 '탈아론'에서 크게 벗어나는 것이 아니라고 생각하기 때문이다. 예를 들어 기타(北輝一)의 대아시아주의나 시데하라(弊原喜重郎)의 친서방외교, 군국주의하의 대동아공영권 구상 그리고 전후 일본의 환태평양연대구상이나 동앙시아공동체론 등은 입아론과 탈아론이 정부 내외에서 계속적으로 제시되었음을 시사한다. 이 책에서는 앞 절에서 언급한 헤롯주의와 함께 입아론과 탈아론이 1990년대 이후의 외교 지침으로서 수용 및 변용되었는지를 검토한다.

4. 이해의 틀과 책의 구성

지금까지 냉전 이후 일본의 외교를 이해하는 데 핵심적인 세 가지 논점 및 측면들에 대해서 검토했다. 이 절에서는 이 책의 초점이 일본 외교의 변화와 연속성에 있다는 점을 감안하여 정책변화를 이해하는 하나의 틀을 소개한다. 정책변화에 대한 이론은 다양하지만, 이 책에서는 공공정책 및 정책변화의 연구에서 제시된 '휴지통 모형(garbage-can model)', 그중에서도 특히 킹돈

---

35) 같은 글, 151쪽에서 재인용.

(Kingdon)의 '변형된 휴지통 모형'을 차용한다.36)

킹돈은 정책변화라는 것이 서로 독립적인 세 가지 흐름의 연관 속에서 형성된다고 주장한다. 세 가지 흐름이란 정책의 대상이 되는 문제군, 이러한 문제에 대한 해답군, 그리고 그러한 문제와 해답을 연결지으려는 정치가군으로 구성된다. 즉, 문제가 문제로 인식되고, 그에 대한 실행 가능한 해답이 있어야 하며, 이들 두 가지를 서로 연결지어 문제를 해결하려는 의지를 가진 정치가가 존재할 때 정책이 성립되거나 변화될 수 있다는 것이다. 휴지통에 담긴 쓰레기 더미는 무질서하게 섞여 있는 듯 보이지만, 위에서 살펴본 것처럼 세 가지 갈래를 통해 하나로 담긴다는 것이다.

이 모형은 리더십이 문제를 문제로서 인식할 수 있는 사회적 환경과 그 문제를 해결할 수 있는 해답이 있을 때 정책변화가 발생할 가능성이 높음을 시사하는데, 이는 냉전 이후 일본의 외교정책 변화에도 적용할 수 있다. 즉, 냉전의 붕괴라는 엄청난 국제질서의 변화, 특히 일본의 경우에는 걸프 위기에서의 참담한 경험이 일본 외무성은 물론 정치가들과 여론을 움직여 외교정책을 변화하게 만들었다는 것이다. 어떤 방향으로 변화가 일어났는가는 앞으로 살펴볼 사항인데, 이와 관련해서는 위에서 언급한 것처럼 탈냉전기 초에 많은 논의가 있었지만 결과적으로는 국제정세의 변화, 그에 대한 일본 외무성의 인식, 여론의 향배, 정치지도자들의 성향 등이 어우러져 '중층적·다각적 외교'라는 방향으로 자리 잡았다는 것이 이 책의 가설이다.

이러한 가설 위에 이 책은 크게 네 부분으로 구성된다. 첫 번째 부분은 우선 현대 일본 외교의 기본적인 틀에 대해서 제시하는 것이다. 따라서 제1장에서는 먼저 현대 일본의 외교안보정책이 무엇인가를 간략히 소개하는데, 이를 전후 일본의 외교에서 주요한 개념들을 중심으로 정리해본다. 또한 이와 함께 이 책에서는 논의의 초점이 외교정책이 주어지고 방위정책에 주어지지 않는

---

36) '가베지 캔' 모델에 대해서는 J. Kingdon, *Agendas, Alternatives and Public Policies* (Boston: Little, Brown, 1984)를 참조하기 바람.

점을 고려하여, 주요 개념을 소개한 후에 냉전의 붕괴를 전후한 방위정책의 변용에 대해서도 간략히 정리한다.

제2장에서는 냉전의 붕괴 이후 일본 외교가 국내외적으로 처한 환경의 변화에 대해 간략히 소개한다. 냉전의 붕괴는 국제질서상의 변화는 물론 각국의 국내적 환경에도 변화를 가져왔다. 예를 들어 일본의 경우 냉전의 붕괴는 소련 및 공산주의로부터의 위협이 해제됨을 의미하는 것이었는데, 자민당에 의한 일당우위 지배체제가 무너진 것도 이러한 연장선상에서 찾아볼 수 있다는 것이다. 또한 자민당의 붕괴에 의한 연립정권의 성립은 소선거구비례대표병립제의 도입이라는 제도의 변화를 가져와 이후 정치양상에 많은 영향을 미쳤는데, 제2장에서는 이러한 영향들에 대해 간략히 검토한다.

제3장에서는 일본 외교의 담당자라고 할 수 있는 일본 외무성과 주요 정치 엘리트에 대해 검토한다. 앞에서도 언급한 것처럼 일본의 외교를 누가 지배하는가, 또는 일본의 외교정책을 누가 만드는가에 대해서는 많은 의견이 있지만 일본 외무성이 주요한 행위자이며 담당자라는 점에서는 커다란 이의가 없다. 그러한 일본 외무성은 1990년대 중반 이후 국제질서의 변화라는 환경변화 등에 의해 개혁을 주문받았다. 따라서 일본 외무성의 국제정세 인식과 더불어 개혁을 통해 어떠한 정책 방향을 추구하는지 검토한다. 이와 더불어 외교와 관련된 일본 정치 엘리트들의 성향에 대해서도 간략히 정리한다. 관료의 힘이 크다고는 하지만, 결국 최종적 결정은 정치가의 몫이고 그 영향력을 무시할 수 없기 때문이다.

두 번째 부분에서는 우선 일본 외교에서 대외관계의 측면을 검토한다. 일본의 대외관계는 매우 폭넓지만, 그중에서도 일본뿐 아니라 한국에게도 중요한 세 개의 대외관계를 중점적으로 정리한다. 첫째는 일본과 미국의 관계로, 제4장에서 이를 다룬다. 익히 알려져 있다시피 전후 일본의 외교정책은 미국을 중심으로 혹은 축으로 전개되었다고 할 수 있다. 이러한 전후의 기본 방향이 냉전의 붕괴 이후 어떻게 변화 혹은 강화되었는지를 알아보는 것이다. 둘째는 일본과 중국의 관계로서, 제5장에서 이를 다룬다. 위에서도 언급했듯 최근 들어 중국의 존재는 아시아는 물론, 세계적으로도 주목을 받고 있다. 그러나 일본에게 중국은 최근의 부상뿐 아니라 근대에 접어든 19세기 중반 이후부터 항상 주목할 수밖에 없는 국가였다. 이는 한국을 식민지화하는 과정 속에서도 항상 중국의 간섭을 자국에의 위협으로 제기했다는 점에서도 알 수 있다. 그러한 중국을 최근의 부상에 더해 어떻게 인식하고 대응하는지를 검토하려는 것이다. 셋째는 일본과 북한과의 관계로서, 이는 제6장에서 다룬다. 핵실험, 불심선사건, 납치 문제 등 북한은 냉전의 붕괴 이후 일본으로 하여금 위협적인 존재로 인식하게 할 만큼 많은 과제들을 안겨주었는데, 일본이 여기에 어떻게 대응했는지를 간략히 검토한다.

  세 번째 부분에서는 다국 간 협력 문제에 대해 일본이 어떠한 외교를 펼쳤는지 검토한다. 대상이 되는 다국 간 협력의 과제들로는 첫째, 정치대국화의 명제와 관련된 이슈들이다. 정치대국화라는 명제 및 개념은 경제대국에 걸맞게 정치적으로도 역할을 다해야 한다는 주장으로, 이와 연관해서는 냉전의 붕괴 이전에도 제기된 안보무임승차론 등이 있었지만 냉전 이후에는 걸프전에서의 경험이 계기가 되어 일본으로 하여금 더 적극적으로 추진하게 만든 것이었다. 좀 더 구체적으로는 유엔 상임이사국에의 참여 노력, 유엔의 평화유지활동에의 참여, 그리고 아시아에서의 안보협력 논의 등이 대상이며, 제7장에서 이를 다룬다. 둘째, 경제적인 부분에서의 지역협력과 관련된 이슈들이다. 위에서도 언급한 것처럼 냉전의 붕괴 이후 진행된 자본주의의 세계화는 한편으로 자유무역의 활발한 움직임을 가져왔지만, 다른 한편으로는 보호무역의 움직임도 가져왔다. 유럽 통합이 그 대표적인 예인데, 이러한 움직임은 아시아에서도 나타나 아시아태평양경제협력체(APEC) 등의 창설로 이어진다. 일본은 이러한 지역경제협력체의 태동에 깊이 관여하여 그러한 것들이 보호무역화되지 않도록 노력했다고 할 수 있는데, 이처럼 일본이 세계화 시대에 어떻게 대응했는지, 즉 일본의 경제외교적 단면을 검토하는 것이 제8장의 초점이다. 셋째, ODA 등을 포함한 문화외교 및 공공외교의 측면이다. 전후 일본의 주요한 외교적 목표는 국제사회에 복귀하는 것이었다. 거기에는 전쟁 피해국과의 국교정상화가 포함되어 있었는데, 일본의 ODA도 이러한 과정 속에서 시작되었다. 일본의 문화외교 및 공공외교가 현재에도 ODA를 중심으로 진행되는 것은 기본적으로 경제력의 제공이 일본의 주요한 수단이기 때문이기도 하지만 이러한 전통에 입각한 측면도 적지 않기 때문이다. 이외에도 환경과 관련된 일본의 정책 및 노력을 공공외교의 측면으로 간략히 검토한다. 환경정책에 대한 관심은 여러 가지 이유가 있지만 일본의 이미지를 개선시킨다는 측면이 크다는 점에서 공공외교의 측면으로 고려할 수 있다.

마지막 부분은 한일관계를 다루는데, 특히 최근에 일어난 정권교체에 초점을 맞추어 검토한다. 한국과 일본 사이에는 많은 과제들이 있다. 잊을 만하면 터져 나오는 독도 문제를 비롯하여 야스쿠니 신사 참배 문제나 교과서 문제, 재일동포 관련 문제 등의 역사 관련 과제, 그리고 여전히 종종 제기되는 무역역조 문제 등 다종다양한 과제들이 한일 간에 놓여 있는 것이다. 서로 국익을 달리하는 두 나라 사이에 갈등이 없을 수는 없는데, 최근 정권교체로 집권한 민주당 정권은 한일관계에서 이전의 자민당 정권과는 다른 모습을 보인다. 즉, 한국을 비롯한 아시아 국가들과의 협력에 좀 더 진지하다고 볼 수 있는데, 이를 새로운 정권의 미숙함으로 보고 센카쿠를 둘러싼 중국과의 협의나 북방영토를 둘러싼 러시아와의 협의에서 나타난 최근의 외교적 낭패를 예로 들 수도 있겠지만, 한국으로서는 결코 나쁘지 않은 기회라고 생각된다. 이에 따라 민주당 정권의 면모를 검토하고 최근까지의 한일관계를 살펴보며 앞으로의 한일관계 연대강화라는 측면에서 각기 제10장, 제11장, 제12장에서 검토한다.

제1부

현대 일본 외교의 목표,
환경 및 담당자

제1장
전후 일본의 외교안보정책

1. 전후 일본의 외교안보정책상의 주요 개념 및 틀[1]

전후 일본의 외교안보정책을 이해하는 데 중요한 개념 및 틀로는 대체로
요시다 독트린, 평화헌법, 외교 3원칙, 전수방위, 비핵 3원칙, 무기수출 3원칙
등이 있다. 이 장에서는 전후 일본의 외교안보정책이 냉전 붕괴 이후 어떠한
변화를 겪고 있는지 점검하기 위해 이들 개념을 간략히 검토한다.

1) 요시다 독트린

전후 일본의 외교안보정책은 안보조약에 기초한 미일동맹관계를 근간으로

---

[1] 이 절에서 소개하는 개념들은 일본 외교에 대한 기본적인 것들로서, 여기에 대한 정보는
부분적이나마 관련 책자나 위키피디아 등과 같은 다양한 경로로 얻을 수 있다. 따라서
이 절에서는 특별히 출처를 명기하지 않기로 한다. 단, 본 절의 작성을 위해서는 이오키베
마코토 외, 『일본 외교: 어제와 오늘』, 조양욱 옮김(서울: 다락원, 1999); かんき出版編集
部·大勝文仁 共編, 『日本の外交問題』(東京:かんき出版, 1994); 인터넷 사이트 일본의
위키피디아(ja.wikipedia.org/wiki)와 한국의 네이버 지식백과(terms.naver.com)를 주로
참조함.

한다. 일본의 이러한 미국 중심적 외교안보정책은 흔히 요시다 독트린이라고 불린다. 요시다는 전후 초기의 일본을 이끌었던 수상으로, 독일의 아데나워와 비교되는 인물이다. 요시다 수상이 틀을 잡은 전후 일본의 국정방향, 즉 요시다 독트린이란 ① 미일동맹을 일본의 안정보장을 위한 기본 틀로 하고, ② 일본의 방위력은 최소한으로 억제하며, ③ 나머지 여력은 경제활동에 돌려 통상국가로서의 활로를 찾는다는 세 가지 구성요소를 기본내용으로 한다.

요시다 수상의 뒤를 이은 하토야마 수상, 이시바시 수상, 기시 수상이 민족주의적인 견지에서 각기 대소 접근, 대중 접근 및 미일안보의 개정을 시도했고, 1980년대의 나카소네 수상이 미국과의 고통분담 차원에서 방위비의 GNP 1%선을 붕괴시키는 등의 사건들이 있었지만, 냉전이 붕괴되기 이전 일본의 외교안보정책은 요시다 독트린의 틀을 크게 벗어나지 않았다. 물론 냉전 이후에도 일본이 요시다 독트린의 틀에서 얼마나 벗어나 있는가에 대해서는 논쟁적인데, 이처럼 요시다 독트린이 전후 일본의 외교안보 틀 혹은 국가전략의 틀로서 자리 잡을 수 있었던 것은 엄청난 반대에도 기시 수상의 미일안보개정이 성사되자 이에 대한 반감을 무마하고자 소득배가정책을 제시한 이케다 수상 때문이라고 하겠다.

요시다 수상에 의해 정계에 투신한 이케다 수상은 자신의 후임이 된 사토 수상(佐藤榮作)과 함께 요시다 수상의 제자 격이라 불린다. 정치세력적으로도 사토 수상과 함께 요시다 수상의 세력을 나눠가진 이케다 수상은 안보정책에 초점을 맞춘 기시 수상 등과는 달리 일본의 전략을 소득배가정책과 같은 경제정책에 맞추면서 요시다 독트린을 확고히 했다. 이는 그의 뒤를 이은 사토 수상의 경우에도 마찬가지였다.

2) 일본국헌법(전후 평화헌법) 제9조(평화조항)

전후 일본의 헌법은 맥아더헌법, 평화헌법, 전후헌법 등의 다양한 이름으로 불린다. 그러나 이 중에서도 평화헌법이라는 명칭이 흔히 쓰이는데, 이는 헌법

제9조가 전쟁을 방기한다는 내용을 포함해 평화조항으로 불리기 때문이다.

제9조는 두 개의 항으로 구성되어 있다. 제1항은 "일본 국민은 정의와 질서를 기조로 하는 국제평화를 성실히 희구하며, 국권을 발동하는 전쟁과 무력에 의한 위협 또는 무력의 행사는 국제분쟁을 해결하는 수단으로서는 영원히 그것을 방기한다"고 되어 있다. 이어서 제2항은 "전항(제1항)의 목적을 달성하기 위해서, 육해공군 그 외의 전력은 그것을 보유하지 않으며, 국가의 교전권은 그것을 인정하지 않는다"고 적시되어 있다. 다소 애매한 구석이 있지만 제9조의 주된 내용은 국제평화를 지키기 위해 전쟁을 하지 않을 것이라는 표현이라고 볼 수 있다. 이러한 해석에 따라 자위대의 존재가 평화헌법에 위배된다는 지적이 줄기차게 제기되었다. 그 대표적인 주장자가 일본사회당과 일본공산당이다.

평화조항이 냉전의 붕괴 이후 좀 더 주목을 받은 것은 국제활동의 요청을 받고 있는 자위대의 위상과 관련된다. 이는 특히 집단자위권의 문제로서 제기되었고, 이는 다시 헌법개정의 방향과 연관되어 논의되었는데 이와 관련해 다음과 같은 네 가지 견해가 있다.

첫째는 집단자위권의 행사가 헌법에 저촉되지 않는다는 견해다. 따라서 이제까지의 정부의 헌법해석을 고쳐 일본의 안전보장에 필요한 미일군사협력 등과 관련해서는 국민의 합의를 구해 적극적으로 추진해야 한다는 주장이다. 둘째는 집단자위권의 행사가 헌법에 저촉된다는 견해다. 이는 일본의 안전보장을 추구하기에는 헌법의 제약이 너무도 크다는 입장으로, 이를 극복하기 위해 헌법 해석의 변경이 아니라 헌법 조문의 개정을 시야에 넣고 국민적 논의를 거쳐 개정해야 한다는 주장이다. 셋째는 집단자위권의 행사가 헌법에 저촉된다는 입장으로, 미일군사협력 등의 문제는 헌법에 저촉되지 않는 범주의 행동을 구체적으로 검토하여 개별적으로 추진해야 한다고 주장한다. 마지막 역시 집단자위권 행사는 헌법에 저촉된다는 입장으로, 일본은 군사협력에 대해서 되도록 소극적인 자세를 취해야 하며 일본의 안전보장은 군사 외의 평화적 국제협력에 의해 추진되어야 한다는 주장이다.

3) 외교 3원칙

일본의 기본적인 외교방향은 1957년에 처음 나온 외교청서에 발표된 외교 3원칙에 의해 제시되었다고 할 수 있다. 이는 첫째, 자유주의 제국과 협조하며, 둘째, 아시아의 일원으로서의 입장을 견지하며, 셋째, 국제기구중심주의를 추구한다는 내용이다.[2]

여기서 제시된 국제기구중심주의는 국제기구라는 장에서 추구할 명확한 외교목적이 있었다기보다는 국제기구에 협력한다는 표면적인 슬로건에 불과하다는 지적이 많다. 이는 무엇보다 이후 일본의 외교가 자유주의 제국, 특히 미국과의 협조하에서 진행되었기 때문이다. 패전에 의해 유엔에서 적국으로 적시된 일본으로서는 경제적인 성장을 위해서도 국제사회에 복귀하는 것이 무엇보다 중요한 일이었다. 즉, 유엔헌장 제107조는 "이 헌장의 어떠한 규정도, 제2차 세계대전 중에 이 헌장의 서명국의 적이었던 국가에 관한 행동에 있어서 그 행동에 책임 있는 정부는 그 전쟁의 결과로서 취하거나 허가된 것을 무효로 하거나 배제하지 않을 것이다"라고 규정하고 있다.[3] 이는 소위 말하는 구적국 조항이라는 것으로, 일본의 유엔 개혁과 더불어 삭제하려는 부분인데, 이렇기 때문에 전후 초기 일본에게는 국제사회에의 복귀가 긴요한 일이었던 것이다.

일본으로서는 국제사회에의 복귀를 위해 국제기구에의 참여가 중요하다고 인식하는 것이 당연한데, 이를 위해서도 강력한 영향력을 발휘하는 미국과의 관계가 다른 무엇보다도 중요했다. 그럼에도 아시아생산성기구의 설립(1961년 5월)이나 아시아개발은행의 설립(1966년) 등에 적극적으로 참여한 것을 보면 아시아에서의 독자적인 역할에도 관심이 적지 않았던 것을 알 수 있다. 또한

---

2) 이오키베 마코토 외, 『일본 외교: 어제와 오늘』, p. 107.

3) "Nothing in the present charter shall invalidate or preclude action, in relation to any state which during the second World War has been an enemy of any signatory to the present charter, taken or authorized as a result of that war by the governments having responsibility for such action." www.un.org/en/documents/charter/chaper/7.shtml.

냉전 이후 최근에는 더욱 적극적인 대국제기구외교가 전개되고 있다. APEC의 창설이나 각종 기구(유엔계발계획, 유니세프 등)에서의 분담금이 증대되고 있으며, 아프카니스탄 유엔휴전감시단이나 나미비아 선거감시단 등에 열심히 참여하고 있는 것이다.

4) 전수방위

전수방위의 개념에 대해서는 앞서 지적한 요시다 독트린, 평화헌법, 외교 3원칙 등에서 어느 정도 언급된 것이지만, 이를 좀 더 명확히 알기 위해서는 1957년 5월의 국방회의와 각료회의에서 결정된 '국방의 기본 방침'을 검토할 필요가 있다. 이 문서는 국방이란 직접 혹은 간접의 침략을 미연에 방지하고, 만일 침략이 행해질 때는 이를 배제하며, 그렇게 함으로써 민주주의를 기조로 삼는 일본의 독립과 평화를 지키는 것을 목적으로 한다고 규정한다.[4] 그리고 이를 위한 기본 방침으로 ① 국제연합의 활동을 지지하고 국제적인 협조를 도모하며 세계평화의 실현을 기한다, ② 민생을 안정시키고 애국심을 고양시켜 국가의 안전을 보장하는 데 필요한 기반을 확립한다, ③ 국력과 국정에 따라 자위를 위해 필요한 한도 내에서 효율적인 방위력을 점진적으로 정비한다, ④ 외부로부터의 침략에 대해서는 장래 국제연합이 유효하게 이를 저지하는 기능을 다할 수 있을 때까지 미국과의 안전보장체제를 기조로 하여 이에 대처한다는 점들을 제시하고 있다.

필요최소한도의 실력의 구체적인 범위는 그때그때의 국제정세, 경제력, 군사기술 수준, 기타 제반 상황에 따라 변화한다고 전제하고 있다. 또한 자위대가 가진 개별적 병기에 관해서도 일본의 군사력 전체가 그 한도를 초과하는지의 여부에 따라 그 병기보유의 가부가 결정되는 것이라고 해석한다. 자위권의 발동에 관해서는 ① 불법적인 기습침공이 있으나, ② 이를 배제할 수 있는

---

4) 防衛廳 編, 『平成14年版 防衛白書』(東京: 財務省印刷局, 2002), p. 312.

다른 수단이 없으며, ③ 필요최소한도의 실력 행사에 한정한다는 소위 '자위권 발동의 3요건'에 충족되는 경우에 한한다고 주장하고 있다. 반면 실력 행사의 지리적 범위는 반드시 일본의 영토, 영해, 영공에 한정할 필요는 없지만 상황에 따라 달라지기 때문에 일괄적으로 단언하기는 어려우나, 해외파병이나 집단적 자위권 행사는 위헌이라고 해석함과 동시에 공격적 무기의 보유도 배제한다고 하였다.

5) 비핵 3원칙과 무기수출 3원칙

1960년대 말 미국으로부터 오키나와를 반환받으면서 핵무기와 관련된 세 가지 원칙이 수립되었다. 첫째는 핵무기를 생산하지도 않으며, 둘째는 핵무기를 보유하지도 않을 것이며, 셋째는 핵무기를 반입하지도 않는다는 것이다. 이는 1967년 12월 11일 중의원(衆議院) 예산위원회에서 처음 제기되었다. 사회당에서 오가사와라 제도(小笠原諸島) 반환과 관련하여 핵무기 반입 문제를 정부에 제기하자 사토 수상이 "본인으로서는 핵무기의 3원칙, 즉 핵무기를 제조하지 않고, 핵무기를 보유하지 않으며, 핵무기의 반입을 허용하지 않는다"고 발언한 데서 시작된 것이었다.[5]

이 원칙은 미일안보조약의 유지, 핵무기군축의 추진, 핵에너지의 평화적 이용과 함께 일본 정부의 핵정책을 지지하는 네 가지 가운데 하나였으나, 일반 국민에게는 주요한 핵정책의 원칙으로 인식되었다. 오가사와라 및 오키나와(沖繩)의 미군기지 반환에서 핵무기를 배치한 채 반환하는 것을 거부한다는 이런 폭넓은 여론의 지지에 힘입어 일종의 국시가 되었고, 그 후 1971년 11월 일본 중의원이 오키나와 반환과 관련해 비핵 3원칙 준수 결의를 채택하면서 오키나와 반환에 대한 동의를 미국에게서 얻어냈고, 1972년 5월 오키나와

---

5) 일본의 위키피디아(http://ja.wikipedia.org/wiki)에서 비핵 3원칙 검색, 재인용. 2010.10.5 검색.

의 본토 복귀가 실현되었다.

그러나 3원칙 가운데 핵반입 문제에 대해서는 그동안 미국 핵잠수함 등의 일본 기항을 둘러싸고 "제대로 준수되지 않고 있다"는 논란이 일어왔다. 또한 원자력발전소의 핵연료 리사이클 과정에서 상당량의 플루토늄을 확보하는 등 핵무기를 보유하려는 것이 아니냐는 의혹 또한 꾸준히 제기되어왔다.

무기수출 3원칙 역시 사토 수상이 1967년 4월에 중의원 결산위원회에서 표명한 것으로 일본이 평화국가로서 공산권 제국, 유엔 결의에 의해 무기 등의 수출이 금지되어 있는 국가, 국제분쟁 당사국 및 그러한 우려가 있는 국가에 대해서는 무기수출을 자발적으로 금지하겠다는 원칙이다.[6] 이 3원칙 은 미키(三木武夫) 내각에 의해 1976년 그 외의 지역에 대해서도 무기의 수출을 삼가고, 외국과의 무기 공동개발 및 기술제공과 무기제조 외국회사에 대한 투자 등도 금지한다는 정부방침으로 변경되었다.

그러나 1983년에는 나카소네(中曾根康弘) 내각에 의해 미국에 대한 무기기술 제공이 예외적으로 허용되었다. 이에 따라 2003년 고이즈미 내각에서 미국과 의 MD 공동개발 등에 따른 무기수출이 용인되었고, 2004년에는 일본의 미쓰비시 중공업이 요격미사일의 주요 부품으로 센서 등 정밀장치를 보호하는 '노즈콘'이라는 부품을 개발하여 미국에 수출하기로 합의한 것이 알려졌다. 이러한 흐름에 따라 2004년 1월에는 이시바(石波茂) 일본 방위청 장관이 현재 미국만을 상대로 추진된 무기의 공동개발 및 생산을 제3국으로까지 확대하는 방안을 검토하겠다고 밝혔고, 2004년 및 2010년의 방위대강 개정에서 공히 무기수출 3원칙의 변경이 제시되었다. 하지만 실질적으로 변경되지는 않고 여전히 논의 중인 사안이다.

---

6) 일본의 위키피디아(http://ja.wikipedia.org/wiki)에서 무기수출금지 3원칙 검색, 재인용. 2010.10.5 검색.

2. 냉전 이후의 안보정책 방향 논의

냉전의 붕괴는 크게 두 가지 측면에서 일본의 외교안보정책을 재고하도록 만들었다. 첫째는 경제력에 걸맞은 정치적·안보적 역할을 담당해야 한다는 국내외적 요구에 따른 것이다. 이와 연관해서는 특히 걸프전에서 총 100만 달러 이상의 분담금을 지불하면서도 국제사회의 비난을 받아야 했던 충격이 크게 작용했다. 따라서 유엔의 평화유지활동(PKO)에의 참여 결정과 유엔 안보리 상임이사국에의 진출 노력이 시사하듯이 다자주의적 기구에의 고려로 나타나게 되었다.

둘째로 냉전의 붕괴, 즉 소련의 몰락은 소련을 주적으로 간주한 냉전기의 안보정책이 변화되어야 함을 의미했다. 이에 대해서는 당초 동북아의 정황이 아직 불안정하다는 이유로 급작스런 변화를 추구하지 않았지만, 정계개편이 이루어진 1993년 후반부터 시작된 안보논의는 1995년 말의 신방위대강, 1996년의 미일안보신선언, 1997년 미일방위협력지침의 개정 등을 통해 안보정책의 재정립으로 이어졌다.

재정립된 안보정책의 최대 요점은 일본의 안보를 이전의 전수방위라는 수동적인 자세에서 벗어나 주변의 위기사태에 대응한다는 능동적인 자세에서 찾는다는 것이다. 이러한 변화에 대해 한국을 비롯한 주변국들은 일본이 군사대국화를 겨냥하고 있다며 반대 또는 부정적 의사를 표명하고 있다. 반면에 미국은 동아시아에서의 안정과 일본의 도발 가능성을 제어하기 위해서도 미일협력의 틀이 요구된다는 순기능적 측면을 강조한다. 이 중 어느 것이 더 예지력이 있을지는 현재로서는 불분명하다.

일본의 군사력이 질적으로는 이미 아시아 최강을 자랑한다는 데는 큰 이견이 없다. 현재 최고의 수준을 자랑하는 수백 대의 F-15나 '콩고우'와 같은 수척의 대형 호위함, 경항공모함으로 변조 가능하다는 대형 수송함 '오오수미'의 보유가 그 위력을 웅변한다. 그러나 전후에 진척된 다원주의적·평화주의적 사회환경은 전전 상태로의 회귀를 어렵게 만들며, 미일 간의 안보관계가 일본

〈표 1-1〉 미일관계의 전개 가능성

미국의 외교정책 목표

일본의 외교정책 목표		개입주의	고립주의
	탈아론적	세계적 동맹관계	일본의 우위적 미일관계
	입아론적	미국의 우위적 미일관계	지역적 정책관계

을 제어하는 역할을 한다는 데 주변국들이 수긍하고 있다는 것 역시 사실이다. 이러한 점들을 고려하여 탈냉전기라는 상황에서 일본의 안보정책상 중요한 역할을 하는 미일관계를 중심으로 일본이 어떠한 선택지를 갖는지 살펴본다.

1) 일본 안보정책의 선택지들

미일관계가 일본의 안보정책에서 중요한 축이라는 것을 고려하면, 향후 일본이 어떤 안보정책을 택할지 살펴볼 때도 중요한 것은 미일관계라고 할 수 있다. 가상적인 차원에서 향후의 미일관계는 네 가지 가능성을 내포하고 있으며, 이는 일본의 대미외교적 선택지와 미국의 대일외교적 선택지에 의해 만들어진다. 즉, 메이지유신 이후 흔히 거론된 탈아론과 입아론이라는 일본의 두 가지 외교적 선택지와 일본 내지 아시아에 대한 개입론과 불개입론이라는 미국의 두 가지 외교적 선택지에 의해서 미일관계는 세계적(또는 지구적) 동맹관계, 미국 우위적 관계, 일본 우위적 관계, 지역적 경쟁관계를 낳는다.[7] <표 1-1>은 이를 표로 나타낸 것이다.

세계적 동맹관계란 일본이나 미국이 공히 세계적 문제에 관심을 갖고 개입함으로써 발생하는 적극적 관계다. 미국 우위적 관계란 미국이 세계적인 문제

---

7) 이 절에서 논의하는 내용은 필자가 발표한 다음의 논문에 준한다. Myonwoo Lee, "Prospects for the U.S.-Japan Relationship in the Post-Cold War Era," in Jonathan D. Pollack and Hyun-Dong Kim(eds.), *East Asia's Potential for Instability and Crisis* (Calif.: RAND, 1995), pp. 229~247.

에 개입하는 반면, 일본은 입아적인 외교적 차원에서 행동할 때 발생하는 관계라고 하겠다. 일본 우위적인 관계란 미국이 국내적인 문제 때문에 세계적인 문제에 불개입 입장을 유지하는 가운데, 일본이 적극적으로 세계적인 차원의 문제들에 개입할 때 발생하는 관계다. 지역적 경쟁관계란 일본이나 미국이 공히 국내적 또는 지역적 문제에 골몰하여 소원한 가운데, 지역적 영주로서 경쟁할 때 발생하는 관계라 할 수 있다.

여기서 말하는 일본과 미국의 외교적 선택지들이란 자의적인 측면과 타의적인 측면을 고려한 것이다. 경제적 측면에서도 미국의 우위가 현저히 나타나는 현재의 상황에서 볼 때, 미일관계 현황은 표면적으로는 세계적 동맹관계의 측면이 있기는 하지만, 실질적으로는 미국 우위적 측면을 나타낸다. 이는 단순히 세계적 규모인 일본의 정치적 영향력이 아직은 제한적이라는 측면에서뿐 아니라, 군사력을 포함하는 실질적인 힘의 차원에서 볼 때도 그렇다는 것이다. 이러한 측면은 기존의 군사력에 더해 경제적으로도 부상하는 중국을 미국이 직접 상대해야만 하는 현실에서도 엿볼 수 있다. 이러한 선택지들 중에서 일본이 향후 어떠한 길을 선택할 것인지 들여다보기 위해서는 일본 내에서 안보정책에 대해 어떠한 논의들이 진행되고 있는지 살펴볼 필요가 있다. 이에 대해서는 다음 절에서 살펴보겠다.

2) 냉전붕괴 직후의 국내적 안보정책 방향 논의

탈냉전기라는 새로운 국제적 상황을 맞이하여 일본 국내에서는 다양한 견해가 피력되었다. 그리고 이들 논의를 분류하는 시각도 다양하게 시도되었다. 우리에게도 잘 알려진 오자와(小澤一郎) 자유당 당수의 '보통국가론'을 한 축으로 하고, 그와 반대되는 방향에서 전 대장대신을 지닌 다케무라(武村正義)의 '질실국가론'을 다른 축으로 잡은 것 역시 그러한 분류의 한 예라고 할 수 있다.[8] 여기서는 모치즈키 박사의 분류에 대해 간략히 소개한다.[9]

1984년과 1995년에도 일본 내 안보정책에 대한 의견들이 어떻게 분포되었는가를 검토했던 모치즈키 박사는 1997년에 다시 보통국가화 논자들과 탈냉전 평화주의 논자들로 대별해 의견을 살펴보고 있다.[10] 전자는 다시 집단안보에의 참가 주장, 집단적 자위권 주장, 독자전력 주장의 세 가지로 세분되며, 후자는 세계적 문민국가와 이상적 문민국가의 둘로 나누어지는데, 여기서는 이들 세분화된 그룹에 대해 간략히 살펴본다. 먼저 집단안보에의 참가 주장에서는 오자와 자유당 당수가 대표적인 논자이다. 오자와 당수는 헌법과 안보조약 모두 평화유지를 위해 다른 나라들과 협력하고 이를 통해 국제사회에서 영예로운 일원으로서의 지위를 확보하여 유엔의 강화를 위해 협력하도록 하는 공통의 목표를 설정하고 있다고 해석함으로써 자위대는 임시든 상설이든 유엔의 평화유지활동에 적극 참가해야 한다고 주장한다. 그는 이러한 활동이 현행의 헌법하에서도 가능하지만, 불필요한 논란을 피하기 위해 평화조항에 유엔 안보리의 의결사항을 집행하는 국제상비군 설치 조항을 첨가하자고 주장한다.

집단적 자위권 주장자들은 현실주의자라고 지칭할 수 있는 많은 정치가 및 논객들에 의해 제기되는 것으로, 오자와 당수의 유엔 중심주의에 의문을 제기한다. 즉, 미국이 원하더라도 상임이사국의 결의가 원치 않으면 유엔활동이 실현될 수 없음을 지적하면서, 미일 간의 안보협력에 의존할 것을 주장한다. 또한 일본의 개별적 자위권뿐 아니라 집단적 자위를 위해서라도 헌법의 해석 변화 혹은 필요하다면 헌법의 개정을 주장하고, 미국이 아시아태평양 개입을 지속할 수 있도록 미일안보동맹을 더욱 굳건히 함과 동시에 그를 위한 적극적인 방위분담에 나설 것을 촉구한다. 미일안보관계에 대한 이러한 의존은 군사력 강화의 필요성에 대해 부정적이라는 측면과 연관되며, 이에 따라 독자적

---

8) 이면우, 「일본의 정계개편: 정치적 배경과 그 전망」, 이숙종·이면우 엮음, 『일본의 정계개편과 정책변화』(세종연구소, 1996), 23~53쪽.

9) Mike Mochizuki, *Toward a True Alliance: Restructuring U.S.-Japan Security Relations* (Washington, D.C.: Brookings Institution Press, 1997).

10) 이 절에서 인용하는 모치즈키 박사의 1997년 논문은 최운도, 「일본 안보정책의 현재와 미래: 기회와 의지」, 『21세기 개혁국가: 일본』, 현대일본학회 국제학술회의 발표 논문(1999.8.25~27)에서 재인용.

전력보다는 집단적 자위권 행사에 대한 인정과 효과적인 위기관리 체제의 중요성을 강조하는 특징을 나타낸다.

독자전력의 주장자로는 도쿄도지사에 당선된 이시하라 신타로를 꼽을 수 있다. 그는 미국으로부터 독립적인 전략을 구사하면서 아시아 국가로서의 정체성(아이덴티티)을 유지할 것을 주장한다. 예를 들어 장차 미국이 경제적으로 쇠퇴하면 세계질서는 미국, 유럽, 동아시아에 의한 삼극체제로 변모하게 될 것이므로, 여기서 일본은 이전의 대동아공영권이나 엔 블록을 구축하여 세계질서에 적극적으로 참가해야 한다는 것이다. 이를 위해 일본은 헌법을 개정하여 독자적 군사력을 갖추어야 하지만, 우선은 유엔평화유지군(PKF)에 적극적으로 참가하여 일본 내의 미군기지를 점차로 줄여나갈 것을 주장한다.

세계적 문민국가론은 《아사히신문》 출신의 후나바시 요이치(船橋洋一)가 대표적인 주장자이다. 그 핵심은 불행했던 과거의 역사와 군국주의의 실수를 인정함과 더불어, 국내에서의 평화주의적 관습을 국제화하도록 해야 한다는 것이다. 또 평화헌법이라든가 세계의 유일한 핵피폭국이라는 역사적 경험, 경제적 상호 의존의 심화, 냉전 종식 등은 모두 일본이 비군사적·국제적·다자주의적 공헌을 할 수 있도록 하는 발판이며 기회라는 것이다. 미일동맹에 대해서는 당분간 유지하되, 영구주둔을 막아야 한다고 주장한다. 이는 확인되지 않은 다자주의로의 전환보다는 미일동맹이 동아시아의 안보에 더 확실한 구도가 될 수 있다는 생각에 기초한 것으로, 탈냉전기의 다양한 안보 문제에 대응하기 위해서는 미일동맹만으로는 부족할 수 있으므로 다양한 안보포럼을 통한 네트워크를 구축해야 한다고 주장하고 있다.

이상주의적 문민국가는 자위대의 군사력을 경찰이나 해안경비대와 같은 비군사조직으로 전환할 것을 주장한다. 또한 군사적 활동으로서는 유엔에 대한 참가도 반대하고 있다. 미일안보동맹이 경제협력과 분쟁의 평화적 해결, 일본의 재군비에 대한 제한, 지역국가들의 일본 경제지도력 수용 등과 같은 다양한 측면에서 도움을 준다는 데는 동의하면서도, 일본의 의도에 대한 안전망을 제공하는 방편이 되어서는 안 된다고 주장하고 있다. 일본의 군국주의적

과거에 대해서도 이웃국가들로부터 적극적으로 이해를 구하도록 노력해야
하며, 군사적인 의미의 협력은 최소화하는 반면 경제적·정치적·문화적 협력을
확대해나갈 것을 촉구하는 입장이다. 따라서 이제까지 살펴본 입장들 중에서
가장 평화주의적 사고를 내포한 것이라고 할 수 있다.

3. 냉전 붕괴 이후의 방위정책 변화[11]

본 절에서는 일본의 방위정책에 대해서 간략히 정리한다.

1) 전후 일본의 방위정책

1995년판 신방위대강의 제3장 제1절은 일본의 방위에 대해 다음과 같은
기본 방침을 제시하고 있다.

> 일본(우리나라)은, 일본국 헌법하에서, 외교노력의 추진과 내정의 안정에 의한
> 안전보장의 기반을 확립해나가고, 전수방위에 철저히 하며, 타국에 위협이 될
> 만한 군사대국이 되지 않는다는 기본 이념에 따라서, 미일안전보장체제를 견지
> 하고, 문민통제를 확보하며, 비핵 3원칙을 수호하면서, 절도 있는 방위력을 자주
> 적으로 정비해왔는데, 이러한 기본 방침은 계속해서 견지해나갈 것으로 한다.[12]

여기서 알 수 있듯 일본의 방위정책은 앞에서 검토한 헌법의 기초 위에
전수방위와 미일안보체제를 두 축으로 형성되어 있다.

---

11) 이 절의 내용은 다음 논문에 기초하여 이 책에 맞게 수정한 것이다. 이면우, 「2005년
   이후의 일본방위정책」, 정책보고서 2005-01, 통권 제58호(세종연구소, 2005).
12) 防衛廳 編, 『平成8年度 防衛白書: 新たな時代への對應』(東京: 大藏省 印刷局, 1996),
   p. 315.

평화헌법이라 불리는 전후 일본의 헌법은 전문과 제9조에서 전쟁과 군사력 보유의 포기, 교전권의 부인 등을 제시하고 있다. 그러나 전후 일본의 역대 정부는 필요최소한의 자위력 보유는 이러한 헌법의 정신에 위배되지 않는다고 해석하고, 공격력의 보유가 아닌 전수방위를 일본 방위의 기본적인 방침으로 삼아 자위대를 보유하고 있다. 위에서 언급된 비핵 3원칙이나 문민통제의 원칙 등은 이러한 자위대의 위험성을 견제하려는 차원에서 준비된 것이라 볼 수 있다. 또 다른 시도로 투명성을 확보하기 위해 발표한 방위대강은 방위백서와 함께 이러한 확보의 일환이다.

2) 1995년판 신방위대강에서의 변화

1995년 11월 28일에 발표된 신방위대강은 5장으로 구성되어 있다. 그중에서도 일본이 갖고 있는 국제정세에 대한 인식과 그에 대한 의도를 살펴보기 위해 책정 취지를 설명하는 제1장, 국제정세에 대한 인식을 드러내는 제2장, 방위력의 역할에 관해 논하는 제3장에 대해서 검토한다.

신대강 책정의 취지를 다루는 제1장은 먼저 이제까지 유지된 방위력의 보유와 미일안보체제가 어떤 효용성을 발휘했으며, 왜 다시 신대강이 필요한가에 대해 언급하고 있다. 즉, 전후 일본이 구대강의 방침에 따라 미일안보체제와 더불어 착실하게 방위력의 구축을 위해 노력해온 것이 일본에의 침략을 미연에 방지하는 데 기여했을 뿐 아니라 일본을 둘러싼 주변 지역의 평화와 안정을 이룩하는 데도 보탬이 되었다고 전제한다. 동시에 구대강이 책정된 지 20년이 지난 현재 이전과 비교해 국제정세가 많이 변화했고 그에 따라 자위대의 역할에 대한 요구도 국가방위뿐 아니라 대규모 재해와 국제평화협력 등으로 변화했음을 지적하면서, 이에 부응하기 위해 신대강이라는 새로운 지침이 필요하게 되었음을 지적하고 있다.

국제정세 변화에 대해 언급하고 있는 제2장은 탈냉전기에 나타나는 두 가지 상반된 조짐에 의해 현재의 국제정세가 불투명하고 불확실하다고 규정하고 있다. 즉, 냉전이 붕괴되면서 세계적인 규모의 무력분쟁이 일어날 가능성은 크게 저하되었지만, 국가 간의 대립이나 지역분쟁을 초래할 가능성이 있는 영토 문제나 종교 문제, 민족 문제 등이 엄존하고 있다는 것이다. 이러한 인식은 일본을 둘러싼 안보환경에 대한 분석에서도 동일하게 나타난다. 즉, 극동러시아군의 군사력은 양적인 감소를 나타내고 있는 반면, 아시아의 여러 국가들은 경제발전을 바탕으로 군사력을 확충 또는 근대화하는 방향으로 선회하고 있다는 것이다. 이에 더해 한반도의 긴장이 계속되고 있는 것도 일본의 안보환경이 불투명하고 불확실하다는 것을 나타낸다고 주장하고 있다.

제3장에서는 일본 방위력의 성격, 미일안보체제의 향상, 그리고 방위력의 구체적 역할에 대해 논하고 있다. 즉, 일본의 방위력은 군사적 위협에 직접적으로 대항하기 위해서라기보다는 스스로 힘의 공백을 만들어 주변 지역에 불안정 요인이 되는 것을 막기 위한 것이고, 이에 따라 독립국으로서 필요한 최소한의 기본적 방위력을 보유하려 한다는 묘한 설명을 하고 있다. 이러한 취지하에서 현행의 방위력을 규모나 기능 면에서 합리화·효율화·간소화(콤팩트화)하는 방향으로 가일층 진전시켜 나가는 한편, 미일안보체체의 신뢰성을 향상시키는 방향도 제시하고 있다.

제1장에서도 언급했듯이 미일안보체제가 일본의 안전확보와 주변 지역의 평화와 안정에 기여했고 앞으로도 중요한 역할을 할 것으로 평가하면서, 미일안보체제의 신뢰성을 향상시키기 위한 방안으로 다음과 같은 사항을 제시하고 있다. 즉, ① 정보교환과 정책협의를 충실히 하고, ② 공동연구 내지는 공동연습, 공동훈련 등에서의 상호 협력을 충실히 하기 위한 협력태세를 구축하며, ③ 장비와 기술의 측면에서도 폭넓은 상호 교류를 충실히 함과 동시에, ④ 재일미군의 주둔을 원활하고 효과적으로 하기 위한 각종 시책을 실행하는 것이 필요하다는 것이다.

방위력 또는 자위대의 역할에 대해서는 크게 일본의 방위, 대규모 재해와 각종 사태에 대한 대응, 더욱 안정된 안보환경의 구축을 위한 공헌 등 세 가지를 열거하고 있다. 먼저 일본의 방어를 위한 노력으로 세 단계를 제시하고 있는데, 침략의 미연 방지를 위한 노력, 간접 침략사태나 침략에 관련될 위험성이 있는 군사적 불법행위에 대한 조기 수습, 직접침략의 경우 미일안보체제하에서의 조기 배제가 그것이다. 또한 재해와 같은 각종 사태에 대해 언급한 부분에서는 자연재해나 테러리즘에 대한 출동뿐 아니라 주변국의 유사상황에 대한 대처도 지적하며, 안정적인 환경의 구축에 대한 부분에서는 국제기구에의 협력 등을 제시하고 있다.

신대강은 구대강과 비교해볼 때 다음 세 가지 특징을 갖는다.[13] 하나는 국제정세를 보는 시각이 크게 변하지 않았다는 점이다. 이는 신대강에 냉전의 종식이라는 커다란 상황의 변화가 언급되어 있지 않음을 지적하는 것이 아니다. 이에 대한 인식은 있지만, 이는 일본 방위의 필요성에 의문을 제기하는 국제정세 변화에 대한 인식은 아니라는 점이다. 오히려 현재의 국제정세를 좀 더 불투명하고 불확실한 것으로 봄으로써 일본의 방위력이 더욱 필요하다는 인식이 자리 잡았다.

다른 하나는 자위대의 역할을 좀 더 다양하게 정의하고 있다는 점이다. 구대강에서도 재해에 대한 출동을 언급하고는 있지만, 신대강의 경우에는 이에 대한 언급이 좀 더 늘었고, 재해 외에도 주변국의 유사상황에 대한 대처가 추가되어 있다. 또한 PKO에의 참여 등을 상정한 국제기구에의 협력이 안보환경의 구축이라는 차원에서 새롭게 포함되어 있다.

마지막으로 침략에의 대처에 대한 방안이 변한 것을 알 수 있다. 앞에서도 언급했듯 구대강에서는 간접적인 침략은 물론 직접적인 침략의 경우에도 그것이 소규모건 대규모건 간에 자력으로 우선 방어할 것을 제시하고 있다. 그러나 신대강은 이에 대해 "즉각 대응해 행동하면서도, 미국과의 적절한 협력하에서, 방위력의 총합적이고 유기적인 운용을 기도함으로써 조기에 배제"할 것이라고 밝힌 것이다.[14] 미일안보체제의 신뢰성을 높인다는 차원에서 미일 간의

---

13) 구대강에 대한 간략한 정초는 미일관계를 다루는 제4장에서 다룰 것이므로 여기서는 생략한다.

공동연구와 공동연습 등에 대해 많은 지면을 할애했다는 것도 이러한 방향전환의 한 예라고 볼 수 있다.[15] 이러한 방향전환의 이유에 대해 먼저 신대강의 작성을 준비했던 방위문제간담회의 보고서를 검토해본다.

방위문제간담회(이하 간담회)는 1994년 2월 호소카와(細川護熙) 수상이 방위대강(구대강)을 대신하는 새로운 사고방식의 골격에 대한 의견을 청취하기 위해 설치한 수상의 직속 자문회의다.

이 간담회는 1994년 8월에 「일본의 안전보장과 방위력의 향방」이라는 보고서를 제출했는데, 이 보고서는 구대강이나 신대강과 비교해볼 때, 그 내용상 대체로 다음과 같은 두 가지 특징을 내포하고 있다.[16] 하나는 구대강과는 달리 자력방어에 대한 언급이 미약해졌다는 측면이다. 따라서 이 시점에서 이미 신대강에 나타나는 자력방어 우선화에서의 탈피가 논의되었음을 알 수 있다. 이와 연관된 다른 하나의 특징은 신대강과는 달리 자력방어의 우선 노선을 대신하여 미일안보협력체제의 견고화만이 아니라 국제적인 협조 또는 다국 간의 다자주의적인 안보협력도 제기되고 있다는 점이다. 이는 자위대의 주요 업무로서 PKO를 제시하고, 또한 이를 위해 평화유지활동에 대한 법적 제한의 철폐를 권고한 것에서도 극명하게 드러난다. 이러한 특징들로 볼 때, 방위문제간담회의 보고서는 자력방어를 기본으로 제시한 구대강과 미일안보체제의 공고화를 내세운 신대강의 중간에 위치해 있는 것으로 판단할 수 있다.

국제협조 또는 다자주의적인 안보협력과 미일안보협력을 양축으로 제시한 간담회의 보고서가 미일안보협력을 주되게 내세운 신대강의 입장으로 변경된 배경에는 미국의 영향이 있었다고 한다. 후나바시에 따르면, 나이(J. Nye) 국방

---

14) 防衛廳 編, 『平成8年度 防衛白書: 新たな時代への對應』, p. 317.

15) 미일안보체제의 중요성이 신대강에서 강조되고 있다는 것은 미일안보체제라는 용어가 구대강에서는 세 번밖에 언급되지 않은 반면, 신대강에서는 열여섯 번이나 언급되어 있다는 점이 흔히 지적된다.

16) 방위문제간담회의 구성 및 이 간담회의 보고서 내용에 대해서는 미일관계를 다루는 제4장에서 다룰 것이므로 여기서는 생략한다.

차관보와 보겔(E. Vogel) NIC 동아시아담당관과 같은 클린턴 행정부 내의 주요 관리들은 간담회의 보고서가 미국을 중심으로 한 다자주의를 내세우고는 있지만 이는 다른 한편으로 미일동맹의 진전에서 미국의 개입(commitment)이 약해지는 것을 우려한 대안으로도 해석했다고 한다.[17] 그러나 이와 동시에 이들은 이러한 일본의 방안이 미국의 대일본 경시 또는 대중국 중시의 가능성에서 비롯된다고 파악하고, 미일 간에 긴밀한 접촉을 거쳐 소위 말하는 나이보고서를 먼저 작성한 뒤 그에 준한 미일안보 위주의 신대강이 나올 수 있게 했다는 것이다.

신방위대강의 내용에 대해서는 다양한 평가가 나왔지만, 대체로 다음 세 가지 문제점이 지적되고 있다. 첫째는 신대강이 표출한 국제정세에 대한 인식에 관한 것이다. 앞서 언급한 좌담회에 참석한 다쿠보(田久保忠衛) 교수는 신대강에서 나타나는 러시아나 중국, 한반도의 상황에 대한 인식이 미온적이라고 문제를 제기한다. 즉, 비록 동서 간의 군사적 대립이라는 구조가 소멸되었지만 러시아의 군사적 위협은 그 잠재력이 아직 상당하며, 중국 또한 군사비 증강이나 미사일 실험 등에서도 보듯이 그 위협의 정도가 상당하고 앞으로는 센카구 열도를 둘러싸고 일본과 분쟁을 야기할 가능성이 높은 나라라는 것이다. 또한 한반도의 경우 북한의 핵실험에 대한 의혹이 아직 미해결인 상태에 있다는 점도 지적하고 있다.

교토대 교수인 나카니시(中西輝政) 역시 국제정세의 인식에 대해 문제를 제기하고 있는데, 특히 그는 이러한 인식이 단기적이고 장기적이지 못하다고 비판한다.[18] 그에 따르면 현재의 아시아 상황은 세 가지의 조류가 혼재해 있는 특징을 갖는다. 하나는 냉전의 잔해가 여전히 남아 있다는 점이며, 다른 하나는 APEC이나 ARF와 같은 지역협력이 진전되고 있다는 것이고, 마지막은

17) 船橋洋一, 「日米安保再定義の全解剖」, ≪世界≫(1996.5), pp. 22~53.
18) 中西輝政, 「變質する日米安保: 「協調による自立」への選擇」, ≪潮≫(1996.5), pp. 86~95.

아시아의 주권국가 간에 세력균형이 형성되고 있는데 이것이 미국을 중심으로 미북, 미일, 미중, 미러 간에 나타난다는 것이다. 신대강에서 나타나는 인식이 장기적이지 못하다는 것은 이러한 아시아의 안보상황 속에서 앞으로 나타날 가능성이 있는 미국 부재에 대비한 측면이 엿보이지 않는다는 점이다.

둘째는 미일안보체제만을 강조한 부분에 대한 비판이다. 위에서 전개된 나가니시 교수의 비판은 미국이 과연 얼마나 아시아에 주둔해 있을 것인가, 그리고 주둔한다고 하더라도 그 역할이 예전과 같을 것인가에 기반을 둔다. 즉, 재정형편이 여의치 않은 미국에서는 계속해서 해외주둔에 대한 비판이 나올 것이고, 이에 따라 아시아보다는 상대적으로 더 중요한 지역, 예를 들어 중동과 같은 지역으로 관심이 옮겨갈 가능성이 있으며, 비록 미국이 주둔해 있다고 해도 그 역할은 지금까지와는 달리 아시아 각국 간의 이해를 조정하는 중재자(balancer)로 남을 가능성이 높다는 것이다. 나가니시 교수는 이러한 가능성에 대비해 아시아 국가 간의 다자적인 안보협력을 추구해나가야 한다고 주장하고 있다.

결국 방위문제간담회의 보고서가 제시한 미일안보체제의 공고화와 더불어 다자적인 안보협력의 필요성을 제기하고 있는 것인데, 이에 대해서는 앞에서 언급한 다쿠보 교수나 방위문제간담회에 참여했던 와타나베 교수도 동의하고 있다.[19] 즉, 와타나베 교수는 아태지역에 있는 국방관계자들 간의 모임이 이국 간에만 이루어질 것이 아니라 다국 간에도 이루어져야 한다고 주장하며, 다쿠보도 이국 간, 즉 미일 간의 안보동맹을 중심으로 하되 다국 간의 안보협의를 보조적으로 사용하는 것에 동의하고 있다. 이 둘은 일본의 안보에서 이국 간(미일)의 동맹이냐 다국 간의 동맹이냐 하는 것이 양자택일의 문제가 아니라고 강조한다.

미일안보체제의 강조에 대해서는 다른 각도에서의 비판도 제기되고 있다. 예를 들어 가메이(龜井浩太郞)는 앞으로의 전쟁은 지역이나 시간적으로 한정적

---

19) 「新防衛大綱をどう見るか」, ≪Securitarian(セキユリタリアン)≫(1996.3), pp. 10~11.

인 것이 특징이고 이러한 경우 초기 제압이 긴요한데, 자력에 의한 전쟁방지를 방기하는 것은 문제라고 지적한다.[20] 반면에 마에다(前田壽夫) 교수는 소규모 의 침략에 대한 자력대응에서 미일안보 위주로 옮겨간 것은 집단안보체제로의 이행을 의미하는데, 이는 평화헌법에서 크게 일탈한 것이며 주변국에도 위협 이 된다고 비판하고 있다.[21]

물론 미일안보체제의 강조에 대한 긍정론도 있다. 예를 들어 다음에 소개할 '미일안보 신선언'에 대한 평가이기는 하지만, 이노쿠치(猪口孝) 교수는 국제정 세에 대한 인식도 긍정적으로 받아들이면서 총체적으로 볼 때 일본과 아태지역 의 평화와 안정은 결국 현재의 미일안보를 축으로 하는 것 이외에는 없다고 주장하고 있다.[22] 또한 미일안보의 강조가 다국 간의 안보협력을 완전히 배제 하지는 않는다고 전제하면서, 집단자위권의 문제는 국제적인 문제라기보다는 국내적인 것으로 시간이 지나면 해결될 것이라는 낙관론을 펼치고 있다. 이러 한 낙관론의 배경에는 일본의 주변국들도 일본이 미국으로부터 독립해나가는 것보다는 미일안보체제하에 놓이는 것을 더 바랄 것이라는 시각이 자리 잡고 있다.

셋째는 신대강이 제시하는 방향이 불명확하다는 지적이다. 가노(假野忠男)는 국제정세에 대한 인식이 과격하지 않고 담담하게 서술되어 있는 것을 평가하면 서도 그 이후의 조치가 과연 이러한 인식에 기초한 것인지는 확실하지 않아 방향성을 상실한 듯한 인상을 준다고 지적한다.[23] 즉, 구대강에서는 명기되지 않았지만 구소련의 위협이라는 대상이 있었던 반면, 신대강에서는 그러한 것이 없어진 가운데 재해에의 대처와 한반도 위기상황에의 대응이 주요 대상이

20) 龜井浩太郞,「これでよいのか!? 新防衛計劃大綱」,≪軍事硏究≫(1996.4), pp. 126~ 138.
21) 前田壽夫,「安保本位の新「防衛大綱」」,≪軍縮≫, No. 186(1996.5), pp. 62~79. 고니 시 역시 이러한 견해를 피력하고 있다. 小西誠,「日米安保再定義 新防衛計劃 大綱」, 淺井基文·藤井治夫(編),『最新安保情報』(社會批評社, 1996), pp. 153~177.
22) 猪口孝,「「日米新安保」と日本の選擇」,≪潮≫, No. 449(1996.7), pp. 86~103.
23)「新防衛大綱をどう見るか」, pp. 7~8.

되었다는 것이다. 이럴 경우에는 방위력의 규모가 문제될 수 있는데, 신대강이 약간의 규모 축소를 하면서도 그 근거를 명확히 하지 않은 것은 문제라고 지적한다. 예를 들어 구소련의 위협이 줄어들었다면, 그에 따라 대잠초계기 등과 같은 장비 면에서의 축소가 있을 수도 있다는 것이다.

또한 가노는 "스스로 힘의 공백이 되지 않도록"이라는 부분이 가져올 의혹에 대해 지적한다.[24] 실제적으로 일본의 군사력이라는 것은 현재의 힘의 공백이라기보다는 아태지역 내에서 근대화가 가장 진척된 강력한 군사력이라고도 평가할 수 있기 때문에, 이러한 용어의 사용이 의미하는 차후의 정비방향이 주변국에게 불안을 조성할 우려가 있다는 것이다. 이와 함께 주변 지역에서 일본의 평화와 안정에 위협을 가져올 가능성이 높은 사태가 발생할 경우라는 식으로 표현하는 것도 결국 이것이 헌법에서 금지하는 집단자위권의 발동과 관련되기 때문에 국민에게 혼란을 줄 수 있으므로 좀 더 솔직하게 독립된 항목으로 만들어 국민에게 제시하는 것이 좋다고 주장한다.

이와 연관해 와타나베는 먼저 군사적인 태세나 준비를 구조적인(structural) 차원과 동원적인 또는 운용적인(operational) 차원으로 나누었다.[25] 냉전하에서는 대규모의 충돌을 상정하여 충돌에 대비해 장비 준비를 위주로 했던 것이 전자의 경우인 반면에, 냉전 후에는 불확실성에 대비해야 하기 때문에 여러 사태에 대한 준비가 필요하고 또한 기능성을 높이는 각종 훈련과 연구개발, 정보능력을 강화해야 한다고 지적하고 있다. 이러한 측면에서 신대강은 대체로 올바른 궤도에 오른 것이라 평가하면서도, 미국과의 협조를 어느 선까지 진행할 것인지에 대해 법제적으로도 명확히 할 필요가 있고, 또한 유사상황에 대한 언급이 재해에 대한 파병과 같은 항목에 놓여 있음이 불만이라고 지적하고 있다.

---

24) 같은 글, p. 9.
25) 같은 글, p. 9.

3) 2004년판 신방위대강에서의 변화

(1) 총평: '전수방위'에서 '주변 대응형 방위'로의 전환

2004년 12월 10일 일본 정부는 안정보장회의 및 각의에서 향후 10년에 걸친 일본 방위정책의 방향을 제시하는 '2005년 이후에 관한 방위계획의 대강에 대하여'(이하 신방위대강)를 결정, 발표했다.

2004년도 신방위대강도 1995년의 방위대강(이하 전방위대강)과 마찬가지로 세인의 많은 주목을 받았다. 전방위대강이 발표된 이후 그 후속조치로 「주변사태법」이 성립된 것은 물론, 미국에서의 9·11 사태를 기점으로 「대테러대책법」과 「무력공격사태3법」(통상 유사법제) 등이 신속히 통과되었고, 이라크라는 전투진행 지역에 처음으로 육상자위대가 파견되었으며, 북한의 위협과 관련된 선제공격 가능성 논의가 진행되는 등 일본의 방위정책과 관련하여 많은 변화가 있었기 때문이다. 미국의 해외주둔미군재배치계획(GPR)과 연관해 제기된 부분들도 이번 신방위대강을 주목하게 만든 요인이었다.

신방위대강의 내용에 대한 평가는 변화의 폭을 어떻게 보느냐에 따라 크게 두 가지로 나뉜다. 첫째는 앞서 살펴본 것처럼 이미 예상되었던 여러 가지 측면에서 볼 때 변화의 폭이 크지 않다는 견해다. 예를 들어 북한의 위협에 대한 선제공격이라든가 미국의 GPR에 대한 적극적인 수용 등과 같은 과격한 변화의 측면은 결국 언급되지 않았다는 것이다. 둘째는 비록 이제까지 추진된 것들을 공식화한 측면이 있지만 전방위대강과 관련해볼 때 그 변화가 결코 적지 않다는 견해다. 국제평화협력활동이 자위대의 본래 업무 중 하나로 지정된 것이나 무기수출 3원칙이 수정된 것 등이 그 예로 제기된다.

요약하면 2004년판 신방위대강은 탄도미사일방위체제의 도입과 국제평화협력활동의 본래 업무화 등을 제시함으로써 일본의 방위정책 및 안보정책이 커다란 전환점을 맞이했다고 본다. 즉, 종전의 '전수방위'라는 틀에서 '주변 대응형 방위'로 변화했다는 주장이다.

'주변 대응형 방위'에서 주변은 도서지역 등과 같은 일본의 외곽지역을

포함하는 개념으로, 그 대상범위가 유연하게 확장될 수 있다. 따라서 주변 대응형 방위란 일본 방위의 주 초점이 종전과는 달리 본토보다는 영토의 외곽 지역과 그 외의 주변 지역까지, 그리고 직접적 침략보다는 침략예방으로 옮겨질 수 있음을 강조하려는 것이다.

이러한 주장은 이번 신방위대강의 주된 특징이 유연성이라는 점에 근거한다. 방위의 기본적인 성격으로 기동성 등을 강조하면서도 이번 신방위대강의 시한을 처음에는 10년으로 제시한 뒤 그 기한 역시 변경할 수 있다고 부언하는데서 유연성을 확인할 수 있다.

이는 일본이 '전수방위'라는 방침을 전적으로 포기했다는 주장은 아니다. 국제평화협력활동의 자위대 본래 업무화와 기동성 제고 등이 제시되었지만, 이를 침략에의 예방이라는 차원에서 제시하고 인식한다는 것은 방어를 위주로 하는 전수방위의 개념을 유지하려는 것이라고 보기 때문이다. 현 단계에서는 오자와 의원이 '보통국가론'을 통해서 그리고 야당인 민주당이 최근 들어 제시한 국제상비군의 개념과 유사한 구상을 시도하는 것으로 보이는데, 그것이 내포하는 향후 변화 가능성의 측면에서 큰 전환점이라는 것이다.

(2) 신방위대강의 내용: 연속성과 변화의 측면

연속성의 측면에서 가장 중요한 것은 전후 일본 방위정책의 근간을 형성하는 전수방위 노선, 문민통제, 비핵 3원칙 등을 고수하겠다는 부분과 미일안보체제의 중요성을 부각시키는 부분이 포함되어 있다는 점이다. 둘째로는 미일 안보체제의 중요성을 지적하는 것에 더해 신방위대강이 전방위대강의 성립과정에서와 마찬가지로 미국과의 전략적 협의하에 진행되었다는 점이다. 이는 전방위대강의 경우와 유사하게 이번에도 올 2월(2005년 2월)을 전후하여 미일 안보신선언이 계획되어 있다는 것이나, 이번의 신방위대강이 현재 미국의 GPR에 맞추어 진행되는 협의 가운데 제출된 것에서도 알 수 있다. 이러한 차원에서 볼 때 일본에 대한 미국의 병마개론 주장이 과연 여전히 유효하냐는 질문도 가능하겠지만, 일본 방위에 대한 논의가 미국과의 협력하에서 진행된다는 엄존한 사실 또한 중요하다고 할 수 있다. 셋째로는 전방위대강에서 나타났던 인원 및 장비와 관련한 전반적인 삭감 및 근대화라는 방향이 이번에도 나타났다는 점이다. 탄도미사일방위시스템의 도입이나 해외전개 능력의 제고에서 보듯이 기동성과 유연성을 높이기 위한 장비 및 군사편제의 근대화 및 일원화가 추구되고 있고, 차기 중기방의 총예산은 약 24조 2,400억 엔으로 처음으로 마이너스 증가율을 보였다. 그런데도 예를 들면 육상자위대의 경우 그 인원은 1995년도 방위대강이 제시한 것에서 크게 줄어들지 않았다. 정원을 5,000명 정도 삭감할 것을 제시했지만, 이는 현재 보유한 인원을 그대로 유지할 것임을 나타낸다.

그러나 신방위대강은 대체로 다음과 같은 변화의 측면도 보인다. 첫째, 일본 방위의 주안점이 일본에의 직접적(본격적) 침략에서 사전(미연)방지로 옮겨지고 있다는 점이다. 이는 전수방위를 염두에 두고 그에 필요한 '기반적'인 방위력을 제시한 '기반적 방위력 구상'에서 벗어나 '다기능적이며, 탄력적이고, 실효적인' 방위력을 정비한다는 지침을 제시한 데서 알 수 있다. 즉, 신방위대강은 새로운 위협과 그에 따른 다양한 사태의 돌발 가능성에 대비하여 즉응성·기동성·유연성·다목적성을 살릴 수 있는 대응체제를 만들 것을 제시하고 있다.

이러한 측면은 '방위력의 존재형식'을 언급할 때 일본에의 직접적(본격적) 침략에 대한 부분이 '새로운 위협과 다양한 사태에의 실효적인 대응'이라는 부분의 뒤에 놓인 것이나, 양적인 차원에서 매우 간략히 언급된 것에서도 알 수 있다. 이는 또한 종래의 직접적인 침략에 대비한 장비들을 삭감하는 대신 해외전개 능력을 증대할 수 있는 장비들, 예를 들어 공중 급유기나 수송기 등의 도입에 더 중점을 두고 있다는 점에서도 나타난다.

이러한 방침의 변화는 첫째, 자위대 또는 일본 군사력의 역할에 대한 인식 변화에 기초한다. 즉, 이제까지 일본의 군사력은 자국방위라는 목표 외에도, 군사력을 유지함으로써 이 지역 내 군사적 균형을 붕괴시키지 않는 것에 초점을 맞추는 수동적인 의미가 중심적이었다. 그러나 이번의 신방위대강은 지역 내의 군사적 균형을 수동적인 의미에서가 아닌, 더 적극적인 역할에서 찾고자 한다. 즉, '국제평화협력활동'을 자위대의 부수적 업무가 아닌 본래의 업무로 전환시킨 데서도 알 수 있듯이 자국방위와 미일동맹 외에 국제적 활동의 폭을 넓히려는 것도 이러한 인식 변화에 기초한 것이라고 할 수 있다. 또한 이러한 방침의 변화에는 위협의 종류에 대한 인식 변화도 한 몫을 한다. 즉, 종래 일본 방위의 직접적인 이유로 제시된 일본 영토에의 직접적인 침략과 같은 사태가 발생할 가능성은 앞으로 그리 크지 않다는 인식이 자리 잡고 있다는 것이다. 영토적 직접침략보다는 탄도미사일 등에 의한 위협이나 테러 등과 같은 간접적인 위협의 가능성이 더욱 높아졌다는 인식에 따라 탄도미사일방위 시스템의 도입 및 게릴라전 등과 같은 국내적 방위 시스템 구축에 주안점을 두고 있는 것이다.

둘째, 국제평화협력활동을 자위대의 본래 업무로 제시함과 더불어 일본의 대미협력 및 국제평화협력활동에서 주체적으로 임하는 자세를 강조하고 있다는 점이다. 신방위대강은 유일한 초강대국인 미국이 테러와의 전쟁 등에 적극적으로 대처함으로써 세계의 평화와 안정에 기여하고 있으며, 미국과의 안전보장체제가 일본의 안전보장 및 아태지역의 평화와 안정에도 필수불가결한 요소라고 주장한다. 이에 더해 미일안전보장체제를 기조로 하는 미일 양국 간의 협력관계는 새로운 위협 및 다양한 사태의 예방 및 대응을 위한 국제적 체제를 효과적으로 추진하는 데 중요한 역할을 수행하므로 미국과의 공통인식을 높이고 전략적인 대화를 유지·강화하는 것이 중요하다고 주장한다. 이러한 주장들 속에는 일본이 '주체적'으로 임하고 노력해야 한다는 언급이 곳곳에 제시된다. 이는 미국과의 공동보조를 강화하는 데 대한 국내외적 비판을 의식한 대응이라고도 해석할 수 있겠지만, 다른 한편으로는 그만큼 미국과의 공동보조를 의식적으로 추진하고 있음을 보여주는 것이다.

셋째, 탄도미사일방위시스템의 도입에 따라 전후 일본의 방위정책에서 중요한 방침 중 하나가 무너졌다는 점이다. 위에서 언급한 무기수출 3원칙의 개정이 그것이다. 물론 신방위대강에서는 무기수출 3원칙의 개정을 직접적으로 언급하지 않고, 신방위대강의 책정에 따른 내각관방장관의 담화내용에 삽입하여 개정 방향을 제시했다. 그러나 무기수출 3원칙의 개정은 명확한 것이고, 오히려 무기수출 3원칙이 대강에 포함되지 않음으로써 그 적용에서 면제될 수 있는 폭이 더욱 커질 가능성이 있다는 지적이 나왔다. 이 원칙이 대강이 아닌 담화에 포함된 데에는 연립정권 내의 온건파인 공명당이 반대했기 때문이기는 하지만, 위에서 언급한 지적에서도 보듯이 그 효과는 미지수다. 그보다는 역시 이러한 변화는 변화 그 자체로서 이제까지 일본의 방위정책을 지탱해온 다양한 측면이 앞으로 이와 유사한 경로를 통해 변화될 수 있음을 시사한다는 점에서 더 큰 의미를 함축한다.

넷째, 일본이 위치한 동아시아 지역의 불안정 요인으로 북한과 중국을 직접 거명하고 있다는 것이 특징적이다. 이제까지의 방위대강에서는 동북아시아의 안보환경이 불안정하다는 측면에서 한반도 정세의 불안정 정도를 언급하는 데 그쳤는데, 이번의 신방위대강에서는 한반도위기는 물론 대만해협에서의 위기 가능성을 언급함과 더불어 북한 및 중국에 대해 직접적으로 언급하고 있다.

북한에 대해서는 대량살상무기 및 탄도미사일 등을 개발·배치·확산하는 위협요인으로, 그리고 중국에 대해서는 핵과 미사일 전력을 보유함과 더불어 근대화된 해·공군력을 바탕으로 해양에서의 활동범위를 확대하는 위협요인으로 지적하고 있다. 이러한 언급은 일본 방위의 억지대상이 누구인가를 가늠하게 하는 데 주요한 역할을 한다. 그러나 지금 중요한 것은 이제까지 예상되었던 것을 구체적으로 언급하는 이유가 무엇인가 하는 점이다. 즉, 이러한 구체적 언급이 좀 더 단기적인 어떤 사태를 상정하고 있는 것인지 아닌지에 초점을 맞출 필요가 있는 것이다. 그러나 이런 의문과 연관해서는 이러한 언급에 이어지는 "일본에 대한 본격적인 침략사태 발생의 가능성은 저하되는 한편 ……"이라는 다음 단락을 주목할 필요도 있다. 즉, 이러한 지적이 탄도미사일 방위시스템의 도입 및 미일 간의 공동보조를 강조하기 위한 부분일 수도 있다는 것이다.

마지막의 다섯 번째는 신방위대강 자체가 매우 유연성을 갖고 있다는 점이다. 이는 종전과는 달리 자위대의 구성 및 편제 개편 등에 대해서 구체적인 언급이 없고, 대강의 기간을 10년으로 지정했지만 그 기간 역시 변할 수 있다고 적시한 점에서 그러하다. 이제까지의 방위대강은 개별적 자위대의 구성 및 편제에 대해 간략하게나마 대략적인 개편 방향을 제시했다. 그러나 이번 신방위대강에서는 별표를 제외하고는 그러한 언급이 전혀 없고, 대신 중기방에서 이에 대해 언급하고 있다.

이러한 변화는 위에서 언급한 '기반적 방위 구상'에서의 탈각이라는 측면이 작용한 것이기도 하고, 전방위대강에서 지적한 부분과 크게 다르지 않기 때문일 수도 있다. 그럼에도 분명한 것은 이러한 변화에 따라 신방위대강의 전체적 주제인 유연성이 강조되었다는 점이다. 즉, 침략에 대한 개별 자위대의 대응이 주가 되지 않고, 침략의 유형에 따른 통합적인 대응이 주가 되고 있다는 것이다.

방위대강의 기한을 10년으로 정한 것은 이번이 처음이다. 첫 번째 방위대강(1976년, 원방위대강)은 20년 만에 개정되었고, 그 다음(1995년, 전방위대강)은 9년 만에 개정되었다. 10년의 기한을 정한 것보다 더욱 큰 함의를 갖는 것은 5년 후에라도 환경의 변화에 따라서는 대강을 수정할 수 있다는 인식이다. 이러한 변화들은 침략예방이라는 차원에서의 기동성 및 해외전개력(국제평화협력활동) 증대와 유연성의 제고라는 세 가지로 요약할 수 있다.

신방위대강은 그 목적 및 책정 취지에서 새로운 안전보장환경이 조성되고 있으며, 이에 따라 탄도미사일방위시스템에 본격적으로 참가할 필요성이 있다는 점을 제시한다. 9·11 사태에서 보듯 새로운 안전보장환경에 대해서는 국가 간의 갈등 외에도 비국가적 주체의 등장에 따라 새로운 위협이 형성되고 있으며, 그에 따라 앞으로는 좀 더 다양한 위협사태가 발생할 가능성이 있다고 본다. 다양한 사태에는 탄도미사일에 의한 위협, 도서지역에의 침략, 해상교통로에의 위협 등이 제시되고 있다.

그러나 일본에 대한 직접적(본격적)인 침략 가능성은 저하되었다고 판단하고, 이러한 판단의 근거로 북한 및 중국에 대해 언급하고 있다. 북한 및 중국의 위협적 부분이 대량살상무기 및 탄도미사일의 개발·배치·확산에 있다고 보기 때문이다. 앞서 북한 및 중국을 직접적으로 언급한 것도 탄도미사일방위시스템의 도입을 설명하기 위한 것이라고 지적한 이유가 바로 여기에 있다.

앞서 살펴본 것처럼 테러와의 전쟁 등에 대한 미국의 적극적인 대처가 세계평화와 안정에 기여하고 있으며, 미국과의 안전보장체제가 일본의 안전보장 및 아태지역의 평화와 안정에도 필수불가결한 것으로 주장된다. 이에 따라 미일안전보장체제를 기조로 하는 미일 양국 간의 협력관계는 새로운 위협 및 다양한 사태의 예방 및 대응을 위한 국제적 체제를 효과적으로 추진하는 데 중요한 역할을 수행하기 때문에 미국과의 공통인식을 높이고 전략적인 대화를 유지·강화하는 것이 중요하다. 이는 미일동맹 및 국제평화협력활동을 명분으로 일본 자위대의 국제적 활동 또는 해외파유(해외파병)가 빈번해질 수 있음을 시사하는 것이기도 하다.

이제까지 논의한 바에 기초하여, 일본의 방위정책이 종전의 전수방위에서 주변 대응형 방위로 전환하고 있다고 본다.[26] 전방위대강은 전수방위에 더해 재해대응과 국제평화협력활동을 자위대의 주요 업무로 제시했지만, 전자인 재해대응에 좀 더 초점을 두었다. 반면 이번의 신방위대강에서는 국제평화협력활동이 주된 업무로 천명되었고, 재해대응에 대한 언급은 그리 많지 않다. 이러한 변화가 곧 이번 대강의 성격을 나타내주는 것이라 생각된다.

---

26) 2010년 12월에는 「2011년 이후의 10년간의 방위력 방식에 대한 방위계획의 대강」(소위 신방위대강)이 발표되었다. 신방위대강은 중국을 "지역 및 국제사회의 우려사항"으로 제시하고 육상자위대의 연안감시부대를 신설한다는 등 새로운 내용을 담고 있으나, 여기서는 이 대강에 대한 좀 더 철저한 분석이 필요하고 이 절에서 제시하는 일본 방위정책의 '주변대우형 방위'로의 전환이라는 방향과 크게 다르지 않다는 점에서 2004년의 방위대강까지를 소개한다.

제2장

현대 일본 외교의 국내외적 환경 변화

1. 국제환경의 변화

1989년 11월 9일 베를린 장벽이 무너져 소위 말하는 냉전구조가 해체되었다. 그러자 이후의 탈냉전기적 상황에 부응해 나타날 국제질서의 양상에 대해 다양한 견해들이 피력되었고, 그에 준하는 다양한 움직임도 생겨났다. 예를 들어 미국 중심의 패권주의론, 유엔과 같은 국제기구의 역할증대론, 그리고 지역주의의 발호 등의 가능성이 제시되고, 또 실제로 나타났다.

탈냉전기에는 이외에도 다양한 현상들이 나타났다. 예를 들어 러시아나 체코 등과 같은 구동구권에서는 기존 국가의 분열이 나타났고, 아시아에서는 중국이 강력한 경제대국으로 부상했다. 또한 경제적 자유주의 내지는 자본주의의 세계적인 확산이 경제적인 측면에서뿐 아니라 그것이 가져오는 정치적인 파장을 고려할 때 탈냉전기하의 중요한 현상으로 지적되었다. 여기서는 냉전 이후에 일본이 당면한 탈냉전기적 국제상황으로 다음 세 가지 측면에 대해 간략히 검토한다.[1]

---

1) 이 절에서 검토하는 세계화, 자유주의, 그리고 아시아의 부상과 관련해서는 많은 2차

1) 세계화의 흐름

　냉전의 종식 이후 세계의 거의 모든 국가들은 자본의 초국적 이동에 따라 빠르게 잠식당했다. 특히 구공산권 국가와 제3세계 국가들은 국제통화기금에 근거한 단일한 경제적 규칙에 의해 움직이게 되었는데, 이러한 신자유주의적 경제의 틀 및 경제정책은 사회적 보호보다는 생산성을, 노동자와 농민의 이익보다는 기업가의 이윤을 고려하는 방향에서 진행된 것이었다. 사유화, 탈규제, 경쟁력 강화라는 틀에서 진행된 이들 신자유주의적 경제정책은 1990년대 초반부터 '워싱턴 합의'라 불렸으며, 냉전의 붕괴에 따른 자본주의 또는 신자유주의적 사고의 세계적 확산을 세계화라고 일컫게 되었다.[2]

　세계화가 더욱 극명하게 나타나는 분야는 금융 분야다.[3] 금융은 이제 국경을 넘어 세계적으로 이루어지고 있다. 일단 국제금융거래가 양적으로 엄청나게 성장했다. 1일 외환거래량은 1조 달러에 이르고 있고, 1일 주식 거래량은 1조 5,000억 달러를 육박하고 있다.[4] 이와 함께 자본의 국제적 흐름이 가속화되고 있다. 또한 해외투자가 전 세계적으로 눈에 띄게 늘어나고 있는데,[5] 주요 선진국의 국제증권거래 규모를 GDP에 대한 비율로 계산해보면 미국의 경우 1975년에는 국제증권거래 규모가 GDP의 4%에 불과했지만, 1997년에는 50배 이상 증가한 213%에 이르렀다. 이러한 GDP 대비 국제증권거래 규모는 1990년을 전후로 모든 선진국에서 비약적으로 증가했다. 또 1995년 기준 하루 외환거래액은 1조 2,000억 달러이며 연간 외환거래액은 세계 상품수출액의

　자료들이 있지만, 여기서는 간략히 소개한다는 차원에서 다음 두 책을 참조했다. 베일리스·스미스·오언스 편저, 『세계정치론』, 하영선 외 옮김(을유문화사, 2009); 유현석, 『국제정세의 이해』(한울, 2009).
2) 베일리스·스미스·오언스 편저, 같은 책, 147~148쪽.
3) 유현석, 『국제정세의 이해』, 65~67쪽.
4) 임혁백, 『세계화 시대의 민주주의』(나남, 2000), 60쪽. 유현석, 『국제정세의 이해』, 65쪽에서 재인용.
5) 유현석, 『국제정세의 이해』, 66쪽.

50배를 넘는다. 이 지표는 회환거래의 폭발적 증가를 잘 보여주고 있다. 이것은 자본 이동에 대한 국가의 통제가 느슨해졌음을 나타내는 것이기도 하다.

1990년대 이후 금융의 세계화가 나타난 것은 앞서 언급한 냉전의 붕괴라는 정치적인 이유 외에도 다음과 같은 몇 가지 이유가 있다. 가장 중요하게는 1980년대부터 주요 선진국에서 나타난 금융 및 자본의 자유화를 꼽을 수 있다. 이러한 자유화 조치로 금융업에 대한 통제가 약해져서 은행들이 전통적인 여·수신 업무에서 증권이나 보험 등의 업무로까지 진출하게 되었고, 금융기관에 의한 해외증권 발행과 국제적 거래도 증가하게 되었던 것이다. 1970년대부터 선진국에서 진행된 자본시장의 자유화는 1990년대에 들어 개발도상국에서도 급속히 진행되었다. 이러한 요인 외에도 정보통신 분야에서의 혁명적인 기술발전은 국제적 금융거래를 가능케 했다.[6] 현재와 같은 정보통신망이 없었더라면 컴퓨터 키보드를 통해 수억 달러가 왔다 갔다 하는 국제금융거래는 불가능했을 것이고 금융의 세계화도 불가능했을 것이다.

금융의 세계화는 헤지펀드로 알려진 투기성 초국적 자본으로 더욱 유명하다. 이 초국적 자본은 1970년대 이후 세계 자본시장에 중대한 세력으로 떠올랐는데, 이는 1973년과 1979년의 석유파동에 의해 유럽의 민간은행에 오일달러라는 대규모 달러가 모여들었고 이들 자본이 좀 더 높은 이윤을 찾아 이동하기 시작하면서 형성된 것으로 알려져 있다. 여기에는 총자산이 4조 달러에 이르는 것으로 알려진 미국의 뮤추얼펀드나 연기금 등도 포함되는데, 이는 안정적 국제금융질서에 커다란 위협이 되고 있다. 실제로 1997년의 아시아 금융위기, 1998년의 러시아 금융위기, 1999년의 브라질 금융위기, 2008년의 미국 발 금융위기는 금융의 세계화가 가져온 부정적 결과이자 향후 금융의 세계화가 어떠한 결과를 가져올지를 보여준 대표적 사건이라고 하겠다.

---

6) 같은 책, 66쪽.

2) 지역주의 및 경제블록화

세계화와 함께 관찰되는 탈냉전기의 주요 추세 중 하나는 지역주의다.[7] 세계무역기구(WTO)의 출범이 상징하는 범지구적 단일시장의 건설을 위한 노력이 있는가 하면 지역적 차원에서 국가들의 조직화를 추구하려는 움직임이 1980년대 후반부터 본격화되고 있다. 이러한 움직임은 유럽연합의 출범과 함께 더욱 가속화되고 있으며, 유럽뿐 아니라 전 세계적인 차원에서 이루어지고 있다. 유럽에서의 마스트리히트조약, 북미자유무역협정(NAFTA)의 조인과 비준, 아시아에서의 아시아태평양경제협력체(APEC), 남미에서의 남미공동시장(MERCOSUR) 등은 전 세계적인 지역주의의 확산을 보여주는 것이다.

유현석 교수는 지역주의가 전 세계적으로 확산되어가는 이유에 대해 우선 냉전의 종식이라는 국제환경의 변화를 제시한다.[8] 냉전의 종식은 국가 간 협력에 대한 국가의 인식을 바꾸어놓았다. 냉전의 종식은 국가 간의 반목의 분위기를 완화시킴으로써 지역협력을 비롯해 전반적인 국가 간 협력에 대한 관심을 제고시켰다. 예전의 적은 더 이상 적이 아니며 새로운 이해관계에 따라 협력을 할 수 있는 가능성이 열린 것이다. 냉전의 종식은 국제체제의 분산화를 가져왔다. 다극화 시대에는 양극화시대와는 전혀 다른 게임의 규칙이 적용된다. 냉전기에는 이념에 따라 국가 간 협력과 반목이 결정되었다. 특별한 공통의 이익이 없다 하더라도 이념의 동지이면 경제적·군사적 지원을 받을 수 있었다. 그러나 이와 같이 다극화된 탈냉전기의 시대에는 실질적 이해관계를 가진 지역 내 국가들과의 협력관계가 더 중시된다.

지역주의 대두에서 두 번째로 중요한 요인은 경제적 변화이다. 우선 세계화로 인한 세계시장에서의 경쟁 심화와 세계경제의 자유화가 지역주의에 대한 각국의 관심을 제고하는 중요한 동인이 되었다. 경쟁의 심화로 서구시장에

---

7) 같은 책, 97~100쪽.
8) 같은 책, 97~100쪽.

대한 접근이 어려워지면서 비서구 국가들이 그들만의 무역 블록을 형성하기 시작한 것이다. 그와 함께 결정적으로 유럽 단일시장의 출현은 유럽 외 지역의 국가들에게 위협으로 다가왔다. 미국이 GATT와 WTO를 중심으로 하는 다자주의에 대한 전적인 의존에서 벗어나 지역주의를 추구하여 북미자유무역협정을 체결한 것도 이러한 위협에 대한 대응으로 볼 수 있다.

세 번째 원인은 제3세계주의의 종말이다. 1970년대 이후 제3세계는 자신들의 목소리를 높이기 시작했다. 신국제경제질서(New International Economic Order: NIEO)에 대한 요구, OPEC에 의해 추진된 서구 석유 메이저들의 영향력을 거부한 자원민족주의, UN에서 후진국의 수적 우세를 이용하여 GATT체제에 대한 대안으로 추진된 유엔무역개발위원회(UNCTAD), G7(서방 선진 7개국)에 대항한 G77 등 1970년대에 정점을 이루었던 제3세계주의는 1980년대에 들어오면서 급속히 쇠퇴하게 된다. 이러한 제3세계 국가들 간의 협력을 위한 시도들이 대부분 단명하거나 실패로 끝나면서 제3세계 국가들은 생존을 위해 새로운 방향을 모색하게 되는데, 지역주의도 그러한 대안 중 하나로 볼 수 있다. 남미에서의 지역주의의 성공이 이러한 측면을 반영한다.

마지막 요인으로 정치적 민주화를 들 수 있다. 비민주적 정권은 대체로 폐쇄적이며 따라서 타 국가와의 협력에 부정적이다. 반면에 민주적인 정치체제에서는 국가 간 협력을 선호하는 국내세력이 존재하며 민주적 정권은 여러 가지 이유에서 (국제사회에서 인정을 받기 위해서 혹은 국민들에게 경제적 성과를 가져다주기 위한 하나의 노력으로서) 지역주의에 관심을 가지고 그러한 방향으로 정책을 추진하게 된다. 즉, 정치의 자유화와 민주화는 지역주의와 같은 국가 간에 협력이 일어날 수 있는 토양을 제공한다. 남미에서의 MERCOSUR 출범은 아르헨티나(1983년), 브라질(1985년)의 민주화와 무관하지 않다. 허나 민주화가 반드시 지역주의의 필요조건은 아니다. 비민주적인 국가들도 지역적 협력을 이뤄온 사례가 많다. 그러나 지역주의에 참여한 나라의 대부분이 자유민주주의 국가라는 것을 부정하기는 어렵다. 따라서 민주화와 지역주의와의 관계는 상호 보완적이라고 볼 수 있다.

3) 아시아 및 브릭스의 부상

냉전의 붕괴에 즈음하여 세계경제의 성장 축으로서 아시아경제권이 주목을 받았다. 성장 가능성의 측면에서 이미 중국이 주목을 받아왔지만, 그 이전부터 한국 및 대만을 비롯한 아시아의 용들이 경제성장에 성공했고 이를 이어 태국 등 새로운 아시아의 용들이 나타나 경제적 성공이 눈부신 지역으로 인식되었던 것이다. 아시아의 경제적 잠재력을 잘 설명해주는 것이 냉전 이후 아시아에 대한 미국의 관심이 새롭게 커졌다는 점이다. 미국 국내에서는 냉전의 붕괴 또는 이념적 대립의 종식에 따라 미국의 관심을 아시아에서 철수하여 유럽 지역에 초점을 맞추어야 한다는 지적도 있었는데, 나이보고서가 지적하듯이 이를 극복해 미일관계가 강화되고 미국의 관심이 아시아에 더욱 집중된 것은 아시아의 경제적 잠재력 때문이다.

중국의 급속한 성장에 대해서는 많은 예측들이 있어왔다. 그동안 많은 경제 전문가들이 2030년에 중국의 GDP가 미국을 따라잡을 것이라고 예측한 바 있다. 예를 들어 1998년 OECD의 앵거스 메디슨(Angus Medison)은 「중국 경제 의 잠재적 성과」라는 보고서를 통해 2030년이 아닌 2015년이면 중국이 미국을 경제적으로 따라잡을 수 있을 것이라고 주장했다.[9] 또 영국의 시사주간지 ≪이코노미스트(The Economist)≫도 1998년 신년호에서 군사력·경제력·외교 력·정치력 등 4개 항목을 놓고 2030년 세계 패권을 잡을 국가를 예측한 바 있는데, 미국이 20점 만점에 14점으로 1위, 중국이 13점으로 2위를 차지해 중국의 잠재력을 다시 한 번 확인했다.

중국의 장래에 대해서는 애초에 상반된 견해가 있어왔다.[10] 하나는 상반되 는 요소들, 즉 공산주의 내지는 공산주의 이념 속의 국가주의와 해외투자를 중심으로 진행되는 중상주의적 경제개혁의 혼합이 기본적으로는 오래 가지

---

9) 같은 책, 43쪽.
10) 베일리스·스미스·오언스 편저, 『세계정치론』, 152~155쪽.

못할 것이라는 견해다. 반면 다른 견해는 이러한 상반된 요소들이 별개로 존재할 수 있을 것으로 보았다. 강력한 국가의 주도하에서 약진하는 현재까지의 중국의 경제상황을 보면 후자의 견해가 좀 더 타당한 것으로 보이는데, 그럼에도 과연 중국의 성장이 어디까지 그리고 언제까지 지속될 것인지는 2008년의 금융위기로 위축된 미국의 영향력과 그 반대로 더욱 목소리가 커진 중국의 위상에도 불구하고 여전히 중요한 이슈이며 질문이라고 하겠다.

최근에는 중국의 부상에 더해 인도의 경제력 증대에도 많은 관심이 모아지고 있다. 인도 통계국은 인도 경제가 2008년에는 6.7%, 2009년에는 7.4%의 성장률을 보였다고 밝혔다.[11] 이는 2006년에 나타난 9.4%의 성장률에는 미치지 못하는 것이지만, 2000년의 4.4%보다는 월등히 높은 것으로 최근의 성장세를 잘 보여준다. 모건 스탠리는 인도가 2013년부터 9~10%의 성장률을 보일 것으로 예측했는데, 이는 8%대로 예측된 중국의 성장률을 앞서는 수치다. 또한 미국의 국가정보위원회(NIC)는 인도 경제의 규모가 2015년부터 평균 5년 간격으로 이탈리아와 프랑스, 독일, 일본을 차례로 추월할 것으로 전망했다.

인도 경제의 잠재력에 대한 최근의 관심은 대체로 다음과 같은 세 가지 점에 기인한다. 가장 중요하게는 경제성장에 따른 민간소비의 증가가 높다는 점이다. 국제통화기금(IMF)에 따르면 2009년 인도는 구매력 평가지수(PPP)에서 미국, 중국, 일본에 이어 세계 4위에 올랐다. 이러한 민간소비의 증가는 구매력이 높고 점차 고급화되는 젊은 중산층의 증가에 따른 것인데, 이러한 중산층이 2008년에 이미 2억 명을 넘었고 2015년에는 3억 명을 넘을 것이라고 전망되고 있는 것이다.

둘째는 인도의 경제성장이 내수 중심의 경제구조를 바탕으로 이루어졌다는 점이다. 인도 경제는 중국의 국가주도형 경제와는 대비되는 민간주도형 경제인데, 이러한 민간주도형 경제구조에서는 내수의 증가가 경제에서 차지하는

---

11) ≪조선일보≫, 2010.11.6, "포효하는 인도 경제", c2면. 이하 인도 경제에 대한 정보는 특별히 언급하지 않는 한 동 출처에 준한다.

비율이 매우 높다는 점이 강점으로 나타난다. 이는 특히 지난 2008년의 금융위기에도 인도 경제가 크게 흔들리지 않은 원인이 되어 그 잠재력이 더욱 높게 평가받고 있다. 셋째는 고도의 경쟁력을 갖춘 인도 기업들을 꼽을 수 있다. 타타, 리라이언스, 인포시스 등과 같은 기업들은 이미 세계적인 기업으로 발돋움했는데, 이러한 기업들이 등장할 수 있었던 데에는 우수하고 영어가 가능한 인재 풀이 중요하게 작용했다고 지적된다.

최근 친디아(Chindia)나 브릭스(BRICs)라는 말이 자주 언급되는데, 이는 중국 외 국가들의 성장 가능성을 잘 보여준다. 중국을 비롯해 인도, 러시아, 브라질의 발전 가능성에 대해서는 많은 언급이 있다. 이들 국가들이 보유한 천연자원 등이 앞으로의 경제발전에서 중요한 관건이 될 것이며, 따라서 이를 적극적으로 활용하려는 이들 국가의 성장 가능성도 높다는 것이다. 이에 더해 최근에는 마빈스(MAVINS: 멕시코, 호주, 베트남, 인도네시아, 나이지리아, 남아프리카공화국)라는 용어가 사용되어 새로운 국가들의 성장 가능성이 제시되고 있다.

2. 일본 국내의 변화

이 절에서는 현대 일본의 외교에 영향을 미치는 국내적 요인으로 다음 두 가지를 검토한다. 첫째는 경제상황의 변화이다. 평성불황으로 대표되는 1990년대의 경기후퇴는 직간접적으로 일본 외교에 영향을 미칠 수밖에 없었다. 간접적으로는 다음에 살펴볼 국내정치적 요인들에 영향을 미치고, 직접적으로는 자금부족으로 연결되어 ODA와 같은 정책에 영향을 미칠 수 있다는 것이다. 둘째는 국내정치적 변화의 움직임으로, 여기에는 서로 연관된 연립시대의 도래, 무당파층의 출현, 포퓰리즘의 융성 등이 포함된다.

1) 경제상황의 변화: 평성불황의 영향[12]

(1) 전후 일본의 경제상황

전후 일본의 경제적 상황은 대체로 다음 네 시기로 구분할 수 있다. 첫째는 전전의 수준을 회복하는 전후 복구시기로, 1945년부터 1950년대 초까지가 해당된다. 둘째는 고도성장을 구가하는 시기로, 1950년대 중반부터 1960년대 말까지가 해당된다. 셋째는 석유위기 등을 시작으로 성장률이 저하된 저성장 기로, 1970년대와 1980년대가 여기에 해당된다. 넷째는 불황기 또는 그것을 탈출하기 위한 구조조정의 시기로서, 1990대부터 현재에 이르기까지가 해당 된다.

<표 2-1>은 전후 일본의 경제성장률을 GDP(국내총생산) 증가율을 중심으 로 살펴본 것인데, 이를 토대로 위의 시대 구분이 타당함을 알 수 있다. 즉, 1950년대 중반 이후는 10% 대의 성장률을 보인 고도성장기였다. 특히 1960년 대의 경제성장률은 두 자리 숫자를 기록하고 있다. 그러던 것이 석유위기를 겪는 1970년대와 그 이후인 1980년대에는 4%대의 저성장률이 나타난다. 1980년대 후반에 형성된 버블경제가 붕괴하는 1990년대에는 불황으로 1%대 의 초저성장률이 나타나고, 고이즈미가 수상이 된 2001년에는 마이너스 성장 을 보였다. 물론 마이너스 성장률은 2001년만의 일은 아니다. 명목 GDP 성장 률의 측면에서는 1998년과 1999년에, 실질 GDP 성장률의 측면에서는 1998년 도에도 나타났다.

중요한 것은 정치변동이 일어난 1990년대의 경제사정이 좋지 않았다는 점인데, 그런 상황에서 1980년대 후반과 1990년대 초반에 발생한 정치부패 사건은 국민들에게 지탄받을 수밖에 없었다. 따라서 정치 변화를 촉구하는 목소리가 정치권 내외에서 있었던 것은 너무도 당연한 결과라고 하겠다. 하지

---

12) 이 절은 이면우, 『포퓰리스트 리더: 왜 일본은 고이즈미를 선택했는가』(삼성경제연구소, 2007), 82~95쪽을 활용하여 재구성했다.

<표 2-1> 일본의 경제성장률 변화추이

연도	GDP 성장률			총액** (단위=10억 엔)
	명목	실질		
1946~1955*				8,369.5
1956~1960*	13.96	8.78		16,009.7
1961~1965*	15.52	9.24	10.17	32,866.0
1966~1970*	17.42	11.1		73,344.9
1971~1975*	15.22	4.54	4.47	148,327.1
1976~1980*	10.12	4.4		243,235.4
1981~1985*	6.04	4.3	4.65	325,401.9
1986~1990*	6.38	5		442,781.0
1991~1995*	2.28	1.42	1.21	495,165.5
1996~2000*	0.34	1		502,989.9
2000~2005	−0.04	1.3		501,734.4
2006	1.1	2		507,364.8
2007	1.6	2.4		515,520.4
2008	−2.2	−1.2		504,377.6
2009	−6.6	−6.3		470,936.7

자료: 내각부 국민경제계산, 1946~1980; 진창수 엮음, 『1990년대 구조불황과 일본 정치경제시스템의 변화』(도서출판 한울, 2005), 240쪽에서 재구성. 1981~2009, 내각부 국민경제계산(www.esri.cao.go.jp/jp/sna/qe103-2/qdemenu-ja.html) 참조.
주*: 기간 내의 평균성장률임.
주**: 기간 중 마지막 년도의 GDP총액임. 예를 들어 1956~1960의 기간에서는 1960년의 액수를 나타냄.

만 더욱 중요한 것은 이러한 경제사정이 10년이 지난 1990년대 말에도 별다른 진전을 보이지 않았다는 점이다.

개인소비의 증가율 및 실업률 추이는 1990년대의 경제상황을 좀 더 극적으로 보여준다. <표 2-2>를 보면, 1990년대에 들어 개인소비가 점차 감소되는 것을 알 수 있다. 특히 1997년의 0%대를 시작으로, 1990년대 후반의 지속적인 마이너스 기록은 얼마만큼 개인소비가 위축되었는지를 상상할 수 있게 한다. 실업률에서도 1990년대 초반의 2%대가 후반에서는 4%대로 증가하고, 급기야 2001년에는 5%를 기록하고 있음이 드러났다.[13]

---

13) 2000년대에도 대체로 이와 같은 5%대의 실업률이 주를 이루었다. <표 2-1>에서 보듯이 실질성장률이 좋아진 2006~2008년을 제외하면 대체로 4%대 후반 및 5%대를

연도	전 세대 소비	실업률
1991	1.8	2.1
1992	0.6	2.2
1993	0.1	2.5
1994	-0.7	2.9
1995	-0.6	3.2
1996	0.6	3.4
1997	0.0	3.4
1998	-1.8	4.1
1999	-1.0	4.7
2000	-0.6	4.7
2001	-1.2	5.0

자료: 내각부 국민경제계산; 진창수 엮음, 『1990년대 구조불황과 일본 정치경제시스템의 변화』, pp. 239~241에서 재구성.

이러한 경기후퇴의 측면은 1990년대 후반부터 진행된 중류붕괴 논쟁에서도 잘 나타난다. 도쿄대 교수인 무라카미(村上泰亮)에 의해 제시된 중류론은 고도의 경제성장으로 일본이 계급적 구조로는 설명할 수 없는 '신중간대중'의 시대를 맞이했다는 주장으로 여기에 대한 의문이 1990년대 후반 제기되었던 것이다. 그 시작은 경제학자인 교토대의 다치바나키(橘木俊詔) 교수에 의해서였는데, 그는 1998년에 출간한 『일본의 경제격차』에서 "일본이 소득분배의 평등도로 볼 때 1980년대부터 불평등이 확대되어 서구의 대국과 같이 불평등국가가 되었다"고 주장했다. 이에 대해 경제학자인 오사카대의 오오다케(大竹文雄) 교수가 반론을 제기했다. 일본이 다른 서구국가에 비해 더 불평등하지도 않지만, 최근의 경향은 고령화사회로의 전환에 따른 것이라는 주장이었다. 사회학자인 도쿄대의 모리야마(盛山和夫) 교수 역시 SSM 조사(사회계층 및 사회이동전국

기록했다. 2002년(5.4%), 2003년(5.3%), 2004년(4.7%), 2005년(4.4%), 2006년(4.1%), 2007년(3.9%), 2008년(4.0%), 2009년(5.1%); 총무성 통계국, 『제60회 일본통계연감 평성23년』(總務省 統計局, 『第六十回 日本統計年鑑 平成23年』) www.stat.go.jp/data/nenkan/16.htm 참조.

조사)자료를 근간으로 불평등의 확대는 없었다는 결론을 제시했다.

그러나 같은 시기 도쿄대의 가리야(刈谷剛彦) 교수는 교육사회학적 견지에서 "학력이 저하된 어린이의 부모 학력이 낮다"는 점을 실증분석하면서 다치바나키 교수의 주장에 일조했다. 또한 2000년에는 도쿄대의 사토(佐藤俊樹) 교수가 모리야마 교수와 같은 SSM 조사자료를 기초로 하면서도 전혀 다른 결론을 제시한『불평등사회 일본』이라는 책을 출간해 중류붕괴 논쟁을 재연시켰다. 관리직 및 전문직의 세대 간 계층상속이 전전 시기 이상으로 강화되고 있다는 주장이었다. 그러나 이것으로 논쟁이 끝난 것은 아니었고, 현재까지 진행 중이라 해도 과언이 아니다. 같은 자료를 사용하면서도 서로 다른 결론을 도출한 모리야마와 사토의 논쟁에서 알 수 있듯이, 불평등 여부의 진실은 고령화의 확대와 같은 변화된 환경이나 변수의 선택 등을 어떻게 할 것이냐에 따라 달라질 수 있기 때문이다.

그럼에도 중요한 것은 베스트셀러가 된 사토 교수의 책이 시사하듯이 중류붕괴 또는 불평등확대론에 대한 동조론이 있다는 것이고, 이는 그만큼 앞서 검토한 경제상황 등에 대한 국민의 불만을 보여주는 대목이라고 할 수 있다. 이에 따라 다음에서는 여론조사의 결과를 중심으로 국민 개인의 경제상황에 대한 판단을 검토함으로써 그 불만의 정도를 살펴본다.

(2) 여론조사로 본 개인적 경제상황의 변화

1990년대에 나타나는 경제상황의 악화는 위의 거시경제적 지표 외에 개인에게 경제적 상황을 묻는 여론조사를 통해서도 나타난다. <표 2-3>은 일본의 내각부가 실행한 국민생활에 대한 여론조사의 결과를 부분적으로 발췌한 것인데, 이를 보더라도 1990년대 후반으로 갈수록 개인적 경제상황이 악화되고 있다는 인식이 국민들 사이에서 나타났음을 알 수 있다.

예를 들어 한 해 전과 비교해 현재의 생활이 향상되었는지의 여부를 묻는 질문에서 '향상되었다'고 답한 비율이 1996년을 기점으로 2001년까지 점차 감소한다. 이는 '거의 같다'고 답하는 사람들의 비율이 같은 기간 점차 감소하

〈표 2-3〉 국민생활에 대한 여론조사(%)

작년의 지금과 비교하면?

	88	90	92	94	96	97	99	01	02	04	06	08	09
향상되었다	10.6	10.6	7.6	5.7	5.6	4.7	3.3	3.0	3.8	4.1	6.2	4.4	2.8
거의 같다	73.2	73.7	76.0	70.6	75.6	72.0	67.0	66.0	66.9	66.9	71.4	61.3	63.1
저하되었다	14.3	13.7	5.1	22.2	17.7	22.1	28.5	30.1	28.5	27.8	22.1	34.1	33.6
모르겠다	2.4	2.0	1.3	1.5	1.1	1.2	1.2	0.9	0.8	1.3	0.3	0.3	0.4

현재의 생활에 대해 어느 정도 만족하고 있습니까?

	88	90	92	94	96	97	99	01	02	04	06	08	09
만족한다	6.2	7.1	9.3	8.3	10.3	9.8	9.5	8.1	7.9	7.2	6.3	5.6	5.9
겨우 만족	58.4	59.7	59.9	57.0	59.6	56.7	54.2	53.4	52.9	52.6	35.9	35.2	35.7
대체로 불만	30.4	27.8	21.0	23.3	21.6	22.8	23.8	26.1	26.1	26.8	37.6	37.4	35.9
불만	4.1	4.3	6.3	7.7	6.2	7.8	10.4	10.2	10.7	10.5	18.6	20.3	19.9
선택 곤란	0.8	1.1	2.9	3.3	2.0	2.5	1.8	1.8	2.1	2.4	1	1.1	2
모르겠다			0.5	0.4	0.4	0.4	0.3	0.4	0.3	0.4	0.6	0.5	0.6

소득과 수입에 대한 만족도

	88	90	92	94	96	97	99	01	02	04	06	08	09
만족한다	3.1	3.0	5.8	5.5	10.3	6.1	6.1	5.0	5.6	5.3	6.3	5.6	5.9
겨우 만족	38.9	40.2	43.6	38.7	59.6	40.6	37.9	35.8	37.3	36.2	35.9	35.2	35.7
대체로 불만	45.3	44.2	35.8	37.1	21.6	35.9	34.5	35.9	34.8	36.2	37.6	37.4	35.9
불만	9.1	8.6	10.9	14.6	6.2	14.0	18.3	19.7	18.9	18.6	18.6	20.3	19.96
선택 곤란	2.3	2.5	3.0	3.2	2.0	2.6	2.2	2.6	2.6	2.7	1	1.1	2
모르겠다	1.3	1.6	1.1	0.9	0.4	0.9	1.0	1.0	0.8	0.9	0.6	0.5	0.6

자기 생활의 정도는 어디에 속하는가?

	88	90	92	94	96	97	99	01	02	04	06	08	09
상	0.9	0.7	0.9	0.7	0.4	0.9	0.8	0.8	0.7	0.7	1.1	0.8	1.2
중상	6.8	8.2	10.4	10.3	10.8	9.6	9.3	9.4	9.7	9.6	11	11	11.9
중중	39.1	53.1	53.6	54.7	57.4	56.3	56.2	55.7	56.1	52.8	54.1	54.7	53.7
중하	31.7	27.7	26.2	24.8	23.0	25.1	24.6	25.6	24.0	27.1	26.3	25.7	25.2
하	15.4	7.2	5.1	6.4	5.2	5.5	6.4	5.9	6.5	6.5	6	6.6	6.3
모르겠다	6.1	3.1	3.8	3.1	3.1	2.6	2.7	2.6	3.0	3.3	1.5	1.2	2.2

자료: 內閣府 大臣官房政府廣報(弘報)室 世論(與論)調査擔當, 『국민생활에 관한 여론조사』, 각 연도; 인터넷사이트 www8.cao.go.jp/survey/index-all.htm에서 부분 발췌한 것임.

는 경향을 나타낸 것이나, '저하되었다'고 답하는 비율이 증가하는 경향을 나타낸 것과 괘를 같이하는 것이다. 이러한 경향, 즉 자신의 경제적 상황이 악화되었다고 답하는 경향은 다른 질문에서도 공히 나타난다. 즉, 현재의 생활

<표 2-4> 국가의 민의 반영도

	88	90	92	94	96	97	98	00	02	04	06	08	09
많이 반영	3.8	4.5	3.0	2.8	1.8	1.5	1.4	1.6	1.3	1.5	1.8	1.1	1.1
약간 반영	23.0	25.6	20.5	22.8	16.4	13.6	14.0	13.4	16.2	16.5	22.3	20.6	15.7
별로 반영 안 됨	48.3	47.7	49.3	52.6	51.8	51.4	52.0	52.9	54.0	53.6	53.1	56.3	55.9
거의 반영 안 됨	15.5	11.7	20.8	15.2	25.3	28.9	27.8	26.4	23.3	23.2	18.1	18.9	24.8
모르겠다	9.4	10.5	6.5	6.6	4.7	4.5	4.8	5.6	5.1	5.3	4.7	3	2.5

자료: 內閣府 大臣官房政府廣報(弘報)室 世論(與論)調査擔當, 『사회의식에 관한 여론조사』, 각 연도; 인터넷 사이트 www8.cao.go.jp/survey/index-all.htm 인용.
주: 질문내용은 "국가의 정책에 국민의 생각이 어느 정도 반영된다고 생각하십니까?".

수준에 대한 만족도, 현재의 소득 및 수입에 대한 만족도, 생활수준에 대한 자체 인식 및 평가에서 만족하는 사람들의 비율보다는 불만스럽게 생각하거나 낮게 평가하는 사람들의 비율이 높아지는 것이다.

이러한 경향에서 주목할 것은 1990년대만을 놓고 보더라도 국민들이 1993년의 정치변동에도 불구하고 해가 갈수록 개인적 경제상황을 더욱 불만스럽게 생각했다는 것이다. 그렇다면 국민의 정부 및 정치에 대해 어떤 생각을 갖고 있었는지 살펴볼 필요가 있다. 이는 거시적 경제지표나 개인적 경제상황에 대한 평가가 정치적 변동과 직접적으로 연관된다고 보기 어렵기 때문이다. 즉, 이러한 경제상황의 악화에 대해 정부가 제대로 대응하지 못한다고 보고 그에 따른 불만이 나타날 때 정치 변화의 욕구가 선거 등을 통해 나타날 수 있다는 것이다.

<표 2-4>는 "국가의 정책에 국민의 생각이 어느 정도 반영된다고 생각하는가"라는 질문에 대한 여론조사의 결과를 보여준다. 이는 다음과 같은 측면을 나타내는데, 첫째는 경제상황에 대한 조사와는 다르게 대체적인 만족보다는 불만이 주를 이루고 있다는 점이다. 즉, 경제상황에 대한 조사에서는 예를 들어 현재의 생활에 대한 만족도를 묻는 질문에 '겨우 만족' 할지언정 만족한다는 답이 주를 이루었지만, 민의 반영도에서는 '별로 반영되지 않는다'는 부정적인 답변이 대부분이었던 것이다. 이는 그만큼 정부 및 정치에 대한 불만이 크다는 것을 의미한다.

〈표 2-5〉 정당지지율 변화: 1955.11~1999.11

	자민당	제1야당	무당파 (지지정당 없음·무응답)
1955.11~1960.8	33.9	24.8	5.2
1961.3~1965.8	38.2	23.7	8.3
1966.4~1970.11	38.8	20	4.5
1971.5~1975.11	33.7	18.2	4.7
1976.3~1980.12	37.9	13.8	4.7
1981.3~1985.12	43	11.8	5.7
1986.3~1990.12	44	15.8	5.1
1991.2~1995.12	33.9	11/8.2*	8.4
1996.2~1999.11	31.6	4.4/5.6/5.3**	11.5
1999.12~2000.6	30.1	3.6/8.6/2.9***	37.1

자료: ≪朝日新聞≫, 각 일자; 松本正生, 『政治意識図説: 政党支持世代の退場』(東經: 中央公論新社, 2001), pp.
167~174를 재구성.
주: 조사방법은 면접조사, 질문내용은 "제일 좋아하는 정당은?".
*: 사회당/신생당, **: 사회당/민주당/신진당, ***: 사회당/민주당/자유당

둘째는 경제상황에서 나타난 것과 마찬가지로 민의 반영도가 낮다고 생각한
다는 답변의 비율이 점점 증가한다는 점이다. 이는 그만큼 정부 및 정치에
대한 실망이 커지는 것을 뜻하며 정당지지율에 대한 변화에서도 이러한 점이
나타난다. <표 2-5>는 1955년 이래로 매년 수차례에 걸쳐 진행된 ≪아사히신
문≫의 여론조사를 5년 단위로 나누어 평균한 수치를 제시하고 있다. 1990년
대에 들어 갑자기 감소한 자민당 지지 및 증가한 무당파층은 국민의 불만
및 실망을 대변하는 것이라고 하겠다.

2) 정치상황의 변화

앞서 검토한 경제상황의 변화에서도 예시된 것이지만, 냉전의 붕괴는 일본
의 국내정치에도 많은 변화를 가져왔다. 냉전 후 가장 큰 변화는 역시 1993년에
발생한 호소카와 비자민연립내각의 성립이라고 할 수 있다. 호소카와 비자민
연립내각은 1993년의 중의원 총선거에서 자민당이 과반수를 차지하지 못함으
로써 형성될 수 있었는데, 이러한 선거결과는 정치부패로 얼룩진 자민당 정치

와 그에 대한 국민의 염증이 직접적인 요인이었다. 그러나 간접적으로는 냉전의 붕괴가 공산주의에 대한 국민의 우려를 완화시켰기 때문이라고도 볼 수 있다. 이처럼 냉전의 붕괴는 앞서 살펴본 미소대립의 해소와 세계화 혹은 자본주의와 민주주의의 세계적 확산 등을 통해 국내정치에 변화를 가져왔다. 여기서는 앞에서 언급한 것처럼 연립정권 시대의 도래, 포퓰리즘의 부상, 무당파층의 등장에 대해 간략히 검토한다.

(1) 연립정권 시대의 도래

앞서 언급한 것처럼 냉전 후 일본 정치에 나타난 가장 큰 변화는 1955년 이후 지속된 자민당일당우위 지배체제(소위 55년 체제)의 종식과 그에 따른 연립정권 시대의 개막이다. <표 2-6>에서도 나타나듯이 일본은 1993년에 발생한 자민당 일당우위 지배체제의 붕괴를 경험한 이후에는 단 한 번의 소수 단독정권(처음 성립된 오부치 내각)을 제외하면 전부 연립정권의 성립을 보았다.

연립정권 시대의 가장 큰 특징은 <표 2-6>에서 보는 것처럼 잦은 내각교체에 의한 정치적 불안정성이다. 예를 들어 1994년 한해에는 호소카와 내각, 하타 내각, 무라야마 내각 등의 연립정권이 차례로 들어서는 혼란이 있었다. 또한 최근에는 내각이 일 년도 제대로 지탱되지 않는 불안정성을 보였다. 특히 무라야마 내각의 성립은 선거에서 비자민정권의 수립을 내건 정당들이 국민과의 소통 없이 자민당과 연립정권을 형성함으로써 국민을 정치로부터 가일층 소외시켰다는 비판을 받았으며, 이에 따라 빠른 시일 내에 선거를 다시 실행해야 한다는 주장이 여야당을 막론하고 제기되었다. 다음에서는 연립정권의 시대가 어떠한 불안정을 가져오는지 살펴보기 위해 오부치 내각의 성립과 붕괴에 대해 검토해보겠다.

가. 오부치 수상의 당선과 '자-자' 연립내각의 성립

1998년 12월 19일 자민당 총재인 오부치(小淵惠三) 수상과 자유당의 오자와(小澤一郞) 총재는 자민당과 자유당 양당에 의한 연립정권을 발족시킨다는 합의

<표 2-6> 1993년 이후의 연립정권 양상

연립내각명	기간	내각구성	세력분포
호소카와 내각	93.8~94.4	일본신당, 일본사회당, 신생당, 공명당, 신당사키가케 등 8개 정당 연립	
하타 내각	94.4~94.6	신생당, 일본신당, 민사당, 공명당 등 9개 정당 연립	소수여당
무라야마 내각	94.6~96.1	일본사회당, 자유민주당, 신당사키가케 등 3개 정당 연립	
하시모토 내각	96.1~96.11	자민당, 사회당, 신당사키가케	256
제2차 내각	96.11~98.7	자민당 (사회당, 신당사키가케는 각외협력)	
오부치 내각	98.7~99.1	자민당	소수내각
제1차 개조	99.1~99.10	자민당, 자유당 2개 정당 연립	
제2차 개조	99.10~00.4	자민당, 자유당(보수당), 공명당 3개 정당 연립	
모리 내각	00.4~00.7	자민당, 공명당, 보수당 3개정당 연립	
제2차 내각	00.7~01.4	자민당, 공명당, 보수당	
고이즈미 내각	01.4~03.11	자민당, 공명당, 보수당(보수신당) 3개정당 연립	275
제2차 내각	03.11~05.9	자민당, 공명당 2개정당 연립	327 (05년 9월 이후)
제3차 내각	05.9~06.9.	자민당, 공명당	
아베 내각	06.9~07.8	자민당, 공명당	
후쿠다 내각	07.9~08.9	자민당, 공명당	
아소 내각	08.9~09.9	자민당, 공명당	
하토야마 내각	09.9~10.6	민주당, 사회민주당, 국민신당 3개정당 연립	318
간 내각	10.6~현재	민주당, 국민신당 2개정당 연립	

를 도출해냈다. 수상관저에서 개최된 이날의 당수회담은 오전 중에 한 차례 진행되었으나 결말을 내지 못하고 밤에 재개되었는데, 이 날의 경과가 암시하듯 '자-자' 연립에 대한 논의는 단시일 내에 성사된 것이 아니다.

연립정권을 향한 자민당과 자유당의 논의는 10월 중순부터 본격적으로 시작되었다. 소수단독정권으로서 수적 열세를 헤쳐 나가기 어려웠던 자민당은 10월 중순부터 연립을 향한 구공명당 세력이나 자유당과의 정책협의를 모색했던 것이다. 이에 따라 11월 19일 자유당과 기본적인 연립정권에의 합의가 이루어졌다. 당시의 문서는 다음 국회에서 자유당이 정부 및 자민당에 협력하며, 다음 총선거에서도 협력한다는 간단한 내용이었다. 따라서 위에서 언급한 세 가지의 합의내용에 이르기까지 한 달의 시일이 소요되었던 것이다. 양당은

1999년 1월 7일에 들어 중의원의 비례구 정수를 현재의 200석에서 50석 감소시킨다는 것에 합의했고, 1월 14일에는 최종적으로 '자자' 연립을 출범시켰다.

오부치 내각은 1998년 7월 12일에 치러진 제18회 참의원 선거의 결과를 바탕으로 성립되었다. 1993년의 정치변동 이후 참의원 선거로서는 두 번째를 맞는 당시의 선거에서 자민당이 본격적으로 재집권에 들어서면서 처음으로 실시된 것이라는 점에서 그 결과가 주목을 끌었다. 그러나 결과는 자민당의 패배였다.[14) 이에 따라 하시모토 수상은 13일에 사임을 표명했고, 뒤이어 24일에 실시된 자민당 총재선거에서 오부치 당시 외상이 가지야마 전 관방장관과 고이즈미 전 후생상을 물리치고 당선되었다. 7월 30일에 진행된 수상지명 선거에서는 중원에서 오부치 자민당 총재가, 참원에서는 간 민주당 대표가 각기 지명되었으나, 중원을 중시하는 헌법의 규정에 따라 오부치 자민당 총재가 제84대 수상으로 선출되었다.

오부치 수상의 취임은 자민당 파벌의 영수가 수상의 자리에 올랐다는 측면에서 이전의 자민당 우위체제하에서 나타났던 파벌역학이 다시 나타날 것을 알리는 신호이며, 바로 그러한 점에서 가장 큰 의의를 찾을 수 있다. 1993년의 정치변동 이후 자민당 내에서는 파벌이 모습을 감추는 듯했다. 이는 1993년의 정치변동, 즉 자민당으로서는 파벌정치가 정권에서의 퇴락을 가져온 한 원인이었다는 전 당 차원의 인식에 기초하는데, 오부치 수상 이전에 총재직을 역임한 고노 전 외상과 하시모토 전 수상이 파벌의 영수가 아님에도 이전부터 자신들이 주장해온 정치적 색채와 그에 따른 국민적 지지를 배경으로 총재직에 오를 수 있었다는 점이 이러한 파벌 약화의 한 예라고 할 수 있다.

그렇다고 그동안 파벌이 존재하지 않았던 것은 아니다. 소위 말하는 YKK와

---

14) 참의원 선거의 결과나 그에 대한 원인분석은 이미 『주변 4강 1997-1998』에서 이루어졌기 때문에 여기서는 간략히 언급하는 선에서 그친다. 더 자세한 내용에 대해서는 이면우, 「하시모토 내각의 동아시아정책」, 최근선 엮음, 『주변 4강 1997-1998』(세종연구소, 1999), 119~168쪽; 김호섭, 「일본의 정치」, 서울대 국제지역원 엮음, 『아시아 태평양 1998-1999』(서울대출판부, 1999), 177~195쪽을 참조.

같이 파벌횡단적인 모임이 있기는 했지만 파벌은 예전처럼 있어왔다.[15] 그럼에도 오부치파를 제외한 다른 파벌에서는 새로운 영수를 내지 못한 채 구미야자와(宮澤)파니 구와타나베(渡辺)파니 하는 식으로 불렸다. 그러던 것이 오부치 수상의 취임 이후 변화를 맞이했다. 10월 30일에는 젊은 의원들의 지지를 받은 야마자키(山崎拓) 전 정조회장이 구와타나베파로부터 독립하여 야마자키파를 형성했다.[16] 또한 11월 11일에는 모리(森喜朗) 간사장이 구미츠즈카(三塚)파를 승계하여 새로운 회장으로 취임했고, 11월 20일에는 가토(加藤紘一) 전 간사장 역시 구미야자와파를 승계하여 새 회장에 취임했다. 이로서 자민당은 현재 오부치파, 가토파, 모리파, 에토·가메이파, 야마자키파의 5대 파벌로 구성되어 있다. 이전과 조금 다른 모습이라면 이들 외에도 고노 그룹와 구고모토(河本)파 등의 군소파벌이 수적인 열세에도 불구하고 역할을 담당할 수 있으리라는 점인데,[17] 이에 따라 이전과는 다른 파벌역학이 자민당 내에 나타날 것으로 생각된다.

　'자자' 연립 실현의 주요 담당자인 자유당의 오자와 총재와 오부치 내각의 노나카(野中廣務) 관방장관은 가네마루(金丸信) 전 자민당 부총재의 뇌물수수 관련 수사로 야기된 구다케시다파의 분열 때부터 줄곧 서로를 앙숙처럼 생각했

---

15) YKK란 당시 차세대 주자로 알려진 야마자키, 가토, 고이즈미의 영어 이름 약자를 딴 것이다.

16) 구와타나베파의 분열은 세대 간의 갈등으로 볼 수 있다. 와타나베(渡辺美智雄)의 서거 이후에도 나카소네 전 수상을 위시한 파벌 내의 노령층(예를 들어 사토 고코)은 야마자키에 의한 승계로 영향력이 감소될 것을 우려했던 것이다.

17) 구와타나베파는 1999년 1월 말 가메이(龜井靜香) 그룹과 신파벌 형성에 합의했다. 실질적으로 신파벌이 형성된 것은 3월 18일로, 파벌 이름을 '시수이가이(志師會)'라고 했으나 일반적으로는 무라카미(村上正邦) 회장과 가메이 회장대리의 이름을 따서 무라카미·가메이 그룹이라고 불린다. 무라카미·가메이파는 무라카미가 참원의장에 취임하면서 새 회장에 에토(江藤隆美)가 취임하여 에토·가메이파로 변경된다. 1999년 자민당 총재선거의 고시일(9일) 하루 전인 8일에 보도된 바에 따르면, 자민당 내의 파벌구도는 다음과 같다. 오부치파 94명, 가토파 70명, 에토·가메이파 63명, 모리파 62명, 야마자키파 31명, 구고모토파 17명, 고노그룹 16명, 무파벌 18명. ≪朝日新聞≫, 1999.9.8.

던 사이였다. 이러한 정적 간의 연합을 가능하게 만든 요인으로 다음 세 가지의 복합적인 작용을 제기해볼 수 있다.

첫째는 앞에서도 지적했듯이 현재 정권담당자들의 안정적인 정권운용의 필요성, 즉 연립정권 형성의 필요성이 심각하게 인식되었다는 점이다. 오부치 내각에서는 정책사안에 따라 연합의 상대를 바꾸는 부분연합이 시도되었다. 예를 들어 「금융재생법안」의 통과를 위해 제1야당인 민주당 및 신당평화(현 공명당)와 연립한다든지, 「금융시스템조기안정화법안」의 통과를 위해 신당평화 및 자유당과 연합하는 형태를 취했던 것이다. 이러한 부분연합이 가져온 여야 간의 정책조정은 당 지도부가 정권여당으로서의 역할을 제대로 하지 못하고 오부치 수상이라기보다는 간(菅直人, 민주당 대표) '수상'의 내각이라는 자민당 내의 반지도부 세력으로부터 비난을 받았던 것이다.

두 번째는 오부치 내각의 성립과 그에 따른 지도부의 개편에 의해 '자자' 연립의 가능성이 높아졌다는 점이다. 하시모토 내각에서는 '자사사' 연립을 이끌어냈던 '가토 간사장 - 야마자키 정조회장' 노선, 소위 말하는 YKK 노선이 구축되어 사민당과의 연립 유지에 노력하는 한편, 오자와 당시 신진당 총재와의 연립을 도모하는 '보-보' 노선을 견제 및 비판했던 것이다. 오부치 내각의 성립으로 등장한 노나카 관방장관이나 모리 간사장 역시 반오자와적 색채를 가진 인사들이기는 하지만, 이들 YKK 인사들보다는 상대적으로 그 성향의 사람들이었기 때문에 이러한 연립이 가능했다는 것이다.

세 번째는 오자와 자유당 총재의 환경 변화이다. 오자와 총재가 1996년의 중의원 총선거 패배라는 위기를 탈출하고자 시도했던 것이 소위 말하는 '보-보' 연합론이었는데, 이 역시 성공을 거두지 못하고 오히려 신진당이 와해되는 결과를 가져왔다. 신진당의 붕괴는 오자와 총재에게 42명의 중의원 의원과 12명의 참의원 의원들이 참여하는 군소정당인 자유당의 성립을 가져다주었다. 이는 세력의 감소를 가져왔다는 측면에서는 결코 성공이지 못하지만 애초에 의도한대로 자신의 노선을 추구할 수 있도록 순화되었다는 측면에서는 결코 실패라고만 할 수는 없는 것이었다.

나. 자유당의 분열과 '자-공-보' 연립의 출범

2000년 3월 29일에는 오자와 의원이 이끄는 자유당이 분열되는 사태가 벌어졌다. 이는 오자와 자유당 총재의 연립 탈퇴 입장이 빌미가 된 것으로, 이에 반대하는 노다(野田毅) 전 건설대신이나 니카이 현 운수상을 위시한 8인의 자유당연립조가 자유당을 탈당하여 4월 3일 보수당을 창당했다. 이에 따라 '자-자-공' 연립은 '자-공-보' 연립으로 바뀌었다.

자유당의 연립 탈퇴에는 정책적 요인과 정치적 요인 두 가지가 작용했다고 볼 수 있다. 자민당과 자유당, 공명당 사이에 선거제도, 개호보험제도, 선박검사 등의 정책들에 대한 입장 차이가 나타났고 그로 인해 연립이 불안정하리라는 것은 연립 형성의 초기부터 인지되었던 점이다. 예를 들어 선거제도의 경우 자민당과 자유당이 1998년 말에 연립을 형성하면서 중원의 비례구 정수를 50석 정도 삭감한다고 합의했었는데, 이에 대해 소선거구보다는 비례구에 강한 측면을 보인 공명당이 중선거구제의 재도입을 주장하면서 비례구의 정수를 삭감한다는 안에 강하게 반대했다. 하지만 선박검사의 경우는 이와 반대였다. 자유당은 주변사태에 해당하는 것이라면 유엔의 결의는 필요 없다는 입장이었는데, 자민당과 공명당은 유엔결의를 필수조건으로 주장했던 것이다.

비록 삭감의 정도가 50에서 20으로 축소되었지만 통상국회에서의 계속심의로 넘어간 「중원비례구삭감법안」이 통과된 2월 2일 이후에도 연립 탈퇴가 지속적으로 제기되고 결국에 실제로 진행되었다는 것은 정책적 차이보다 더 큰 요인이 작용했음을 짐작케 한다. 이는 '보-보' 연합론이라는 정략적인 움직임과 연관되는 것이다. 자유당의 오자와 총재는 이미 11월 중순에 자민당과의 합류를 시사한 바 있다. 그에 따르면, 다가올 총선거에서 소선거구의 후보자를 '당' 대 '당'으로 조정하는 것은 쉽지 않으며, 정책적 차이로 양당이 서로 갈등적으로 비춰지는 것 또한 선거를 앞두고 좋지 않다는 것이 합류를 타진하는 이유였다. 이러한 제안은 오자와 총재와 자민당의 가메이 정조회장 사이에 '보-보' 연합을 지향하는 움직임이 이전부터 있어왔기 때문에 야당들에게는 별다른 관심을 끌지 못했지만, 자민당 내에서는 부정적인 반응이 속출했다.

가토파와 같은 비주류파들은 이념이나 정책적 지향점이 다른 양당이 합류한 다는 것은 타당하지 않다는 입장을 분명히 했고, 에토·가메이파를 제외한 주류 측에서도 오자와 총재와의 구원 등과 같은 개인적 이유나 선거구조정과 같은 실질적인 이유로 신중한 입장이 견지되었다. 자민당 내의 이러한 분위기 는 보정(수정)예산의 처리 여하에 따라 연립이탈의 가능성을 제기한 자유당을 한발 후퇴하게 만들었고, 합류논의도 당분간 보류되었던 것이다. 이후 양당이 다가올 중의원 총선거에 대비하여 선거협력을 논의하는 중에 이견을 좁히지 못한 가운데 결국 자유당의 연립 탈퇴라는 파국과 자유당의 분열이라는 결과를 초래했다.

(2) 포퓰리즘의 부상

일본에서 포퓰리즘이 관심을 모으게 된 것은 고이즈미 수상의 등장에 기인 한다. 차후에 다시 언급하겠지만, 이것이 그 이전에 포퓰리스트 리더가 없었다 는 것을 의미하는 것은 아니다. 물론 전례가 있었지만 그들을 포퓰리스트 리더로 명확히 명명하지 않았던 반면, 고이즈미 수상의 등장을 계기로 그러한 지칭이 좀 더 명확하게 되었다는 것이다. 이는 포퓰리즘에 대한 대표적인 저서인 오다케(大嶽秀夫) 교수의 『일본형 포퓰리즘』이 2003년에 출판되었다는 데서도 알 수 있다.[18]

오다케는 일본에서 사용되는 포퓰리즘이라는 용어가 유권자를 유혹하기 위한 '달콤한' 정책들을 의미하는 것이지, 예전의 파시즘과 같이 우익적 수사로 대중을 동원하는 것은 아니라고 주장한다. 이처럼 포퓰리즘을 하나의 정치

---

18) 여기서 제시하는 오다케 선생의 논의는 2004년 서울에서 개최된 한국정치학회 연례학 술회의에서 발표된 Otake Hideo, "Cycles of Populism in Japan, 1975-2004: Prime Minister Koizumi in Historical and Comparative Perspective"에 기초한 것이다. 이 논문은 본문에서 제시한 大嶽秀夫, 『日本型ポピュリズム: 政治への期待と幻滅』(東京: 中央公論新社, 2003)의 일부분에 기초한 것이지만, 여기서는 이 논문의 논의를 중심으 로 한다.

스타일로 파악하는 오다케는 그것이 대중의 인기에 영합하는 정치적 기회주의이며, 대중민주주의의 한 병리학적 현상에 지나지 않는다고 보았다.

그는 포퓰리즘의 두 가지 전통을 지적하고 있는데, 첫째는 남미식 전통이다. 남미식 전통은 두 가지 특징을 갖고 있다. 하나는 밑으로부터가 아닌, 위로부터 시작된 대중운동이라는 측면이다. 다른 하나는 그 '위'의 정점에 있는 카리스마적 리더, 예를 들어 아르헨티나의 페론(Peron)이나 브라질의 바르가스(Vargas)와 같은 지도자들에 의해 대중의 입맛에 맞는 정책이나 슬로건이 제창되고 대중이 동원된다는 측면이다.

둘째는 미국식 전통이다. 오다케에 따르면, 미국식은 남미식과는 다르게 밑으로부터의 대중운동으로, 거대한 철도회사와 같은 산업자본에 의해 추진되는 독점적 자본주의에 대항하여 자신들의 이익을 지키고자 국민당(People's Party)을 형성한 농민, 공예가, 노동자들이 주축이었다.

일본에서의 포퓰리즘에 대한 이해는 종전까지만 해도 파시즘과 유사한, 전자의 남미식 전통을 따르는 것이었다. 따라서 비록 비합리적인 측면을 내포하지만 하부에서 시작되어 상부에 영향을 미치는, 대중의 이름하에 진행되는 민주적 운동으로서 긍정적으로 평가할 수 있는 미국식 전통은 일본에서 익숙하지 않은 것이었다. 그런데 최근 일본의 포퓰리즘이 이러한 미국식으로 이해되고 변용되고 있다는 것이 오다케의 지적이다.

오다케는 이러한 변용을 포퓰리즘을 성공적으로 변용 및 차용한 미국의 경험에서 유추한다. 미국에서는 이러한 포퓰리즘적 전통이 기존의 정당 및 그 지도자들, 특히 맥카시(McCarthy) 상원의원, 월러스(Walrus) 대통령 후보, 레이건(Reagan) 대통령과 같은 우파 정치가들에 의해 성공적으로 차용되었는데, 그 속성으로 다음 두 가지 측면이 나타난다.[19] 첫째로 포퓰리즘적 전통은

---

19) 오다케는 미국식 전통이 왜 이렇게 변용되었는지에 대해서는 설명하지 않고 있다. 포퓰리즘 정당이 지속될 수 없는 미국의 정치제도적 요인이나 기존 정당에 의한 포퓰리즘적 전략의 활용 및 차용이라는 요인 등을 상정해볼 수 있지만, 여기서는 이에 대한 논의는 별도로 하지 않고 다음의 기회로 미루고자 한다.

정치를 서로 다른 이해당사자들이 만나고 그 차이를 조정하는 장으로 보는 것이 아니라, 선한 사람이 대중의 이익을 위해 나쁜 사람과 싸우는 드라마와 같은 것으로 인식한다는 것이다. 따라서 둘째로 이러한 포퓰리즘적 정치관은 드라마적인 요소만이 아니라 윤리적인 요소까지도 포함한다. 즉, 그 '좋은 사람'은 일반 대중의 도덕적 우월성을 체화한 영웅이 되어 '악한'으로 상징되는 특권층과 형이상학적 전쟁을 벌이는 것으로 묘사되고 인식된다는 것이다.

이러한 두 가지 속성은 다시 다음 세 가지 속성을 유발하는데, 첫째, 정치를 강한 자와 약한 자 또는 부유한 자와 가난한 자 등과 같은 이분법적 갈등으로 해석하는 속성이다. 둘째, 이러한 이분법은 종래의 계급적 분화와는 별도로 작용하기 때문에, 다양한 계층을 아우르는 가운데 그 안에 잠재적인 갈등이 존재할 여지를 숨기는 속성이 있다. 마지막으로 이러한 이분법 속에서도 극우나 극좌에 대해서는 반대한다는 것인데, 이는 유기체적 사회관 내지는 전체 또는 하나로 이해되는 대중의 개념에서 비롯된다. 오다케는 이러한 속성들이 기본적으로 미국 민주주의 제도에 대한 순진한 믿음에 기초하며, 따라서 혁명적 이념과 대비되는 포퓰리즘적 요인이라고 주장한다.

이러한 속성을 지닌 미국의 포퓰리즘은 시대에 따라 그 정책적 내용이 다소 달라지지만 기본 속성은 유지되면서 반복되는데, 레이건 대통령의 경우에는 신자유주의적 포퓰리즘으로 나타났다. 이를테면 레이건 대통령의 경우 지속적인 세금인상에 대해 중간계층과 부유층이라는 이분법을 활용했다는 것이다. 즉, 한편에는 열심히 일하며 정직하게 세금을 내는 납세자가 있고, 다른 한편에는 정부와 긴밀한 관계를 가지며 세금을 피해가는 부유층이 있는 것이다. 이러한 레이건의 수사는 미국의 일반 시민과 단체를 하나로 뭉치게 하는 동시에 워싱턴의 집권세력과 월스트리트에 대항하게 만들었지만, 이와 더불어 계층갈등이나 인종갈등, 성별갈등을 은폐했다. 레이건의 이러한 이분법은 외교정책에서도 나타나는데, 악마적인 소련제국에 맞서 이상을 지키고자 하는 윤리적인 미국이라는 대립구도가 그 예다.

오다케는 이러한 미국식 포퓰리즘이 일본의 포퓰리즘에서도 관찰된다고 주장하면서 고이즈미 수상의 정치 스타일을 그 예로 든다. 즉, 고이즈미는 민영화, 탈규제, 분권화 등과 같은 신자유주의적 정책을 도입했을 뿐 아니라 자민당 정치가와 관료, 이익집단을 아우르는, 즉 소위 말하는 철의 삼각체제를 무너뜨리려 하며 지속적으로 '작은 정부'를 주창하고 있다는 것이다. 또한 이러한 신자유주의적 정책지향을 통해 종전까지 자민당에 의해 무시되거나 소외된 도시의 신중간계층을 동원하려 한다는 점도 공통된 점으로 지적하고 있다.

이상의 논의에서 살펴본 바와 같이 오다케는 현재 일본의 포퓰리즘을 대중의 이름으로 전체를 포괄하는 성향을 추구하면서도 이분법적 갈등구도를 활용하는 정치 스타일로 제시하고 있다. 이러한 오다케의 주장은 특히 다른 학자들과 비교할 때 매우 분석적이다. 예를 들어 야마구치(山口二郎)는 오다케가 처음 소개한 것처럼 포퓰리즘을 대중영합주의 정도로 제시한다.[20] 야마구치는 자신의 책에서 고이즈미 내각 출범 이전의 일본 정치 현황을 비판했기에 포퓰리즘에 대한 이해를 정확히 대변하는 것은 아니지만, 오부치 수상하의 자민당 정치를 포퓰리즘적인 것으로 묘사하고 있다. 물론 오부치 수상을 포퓰리스트 리더로 표현하지는 않지만, 권력유지를 위해 지역진흥권의 발행과 같은 이익 배분 정치를 행한다거나 연극 및 전람회에 나서서 사람들과 접촉하는 등의 행위가 대중영합적이고 따라서 포퓰리즘적이라고 주장한다.

반면에 야마우치(山內昌之)는 카리스마 리더에 의한 대중선동의 위험성을 제기하면서 다음과 같이 포퓰리즘을 이해하고 있다.[21] 즉, "세속적 카리스마는 미디어가 발달한 일본이나 미국에서 어떤 정치가가 '기득권층', '확고한 권력', '구질서'를 공격하는 경우 자신의 출세 및 존재감의 측면에서 대중적인 치장을 집중하는 포퓰리스트적 경향을 갖기도 한다. 일본이나 미국에서 이러한 유형

---

20) 야마구치의 논의에 대해서는 야마구치 지로, 『위기의 일본 정치』, 이원덕 옮김(일조각, 2002)을 참조. 원전은 1999년에 쓰인 것이어서 고이즈미 내각을 다루지 못하고 있다.
21) 야마우치의 논의에 대해서는 山內昌之, 『政治家とリーダーシップ: ポピュリズムを超えて』(東京: 岩波書店, 2001)를 참조.

<표 2-7> 제42회 중의원 총선거의 결과

	투표율	자민당 득표율
제36회(80년 6월)	74.57	47.88
제37회(83년 12월)	67.94	45.76
제38회(86년 7월)	71.40	49.42
제39회(90년 2월)	73.31	46.14
제40회(93년 7월)	67.26	36.62
제41회(96년 10월)	59.65	38.63
제42회(00년 6월)	62.49	40.97

자료: ≪每日新聞≫, 각 연도.

의 현상을 포퓰리즘이라고 한다"고 보았다. 이는 비록 간략하지만 오다케가 제시한 이분법적 구도의 활용이나 대중영합적 정치 스타일 등을 고루 살핀 정의라고 하겠는데, 카리스마 리더를 주요하게 본다는 특징을 가지고 있다.

포퓰리즘을 어떻게 정의할 것인가와는 별도로 포퓰리즘이 최근 일본정치에서 중요한 위치를 차지하고 있다는 것은 이러한 지적들에서 명확하다고 하겠다. 또한 이러한 비판들이 지적하듯이 포퓰리즘이 정책의 정당성보다는 인기영합의 정치를 초래한다는 측면에서 외교에도 영향을 미친다. 야스쿠니신사참배를 고집한 고이즈미 수상의 정치가 대표적인 예라고 하겠다.

(3) 무당파층의 등장

위에서 살펴본 것처럼 자민당 일당우위 지배체제의 종식은 자민당 정치에 대한 국민의 염증에 의한 것이었지만, 이는 결국엔 정치 자체에 대한 국민의 염증이었다고 할 수 있다. 그 대표적인 증거가 <표 2-7>에서 보듯이 투표율의 저하 및 자민당의 득표율 저하이고, 또한 무당파층의 등장 및 확산이다. 무당파층은 종전의 부동층이나 무관심층과는 달리, 정치에 대한 관심은 많지만 특정 정당에 대한 소속감을 갖고 있지 않은 유권자를 지칭한다.[22] 특히 종전의

---

22) 무당파층에 대한 대표적인 논의는 橋本晃和, 『無黨派 層の硏究』(東京: 中央公論新社, 2004)를 참조. 이외에 인터넷에서 'Mutouha(むとうは)'로 검색하면 간략한 설명이

<표 2-8> 제20회 일본 참의원 선거결과

	개선의석(선거대상)			선거 전 의석	비개선의석	선거 후 참의원의 신세력 분포
	선거구	비례구	합계			
자민	34	15	49↓	50	66	115
민주	31	19	50↑	38	32	82
공명	3	8	11↑	10	13	24
공산	0	4	4↓	15	5	9
사민	0	2	2	2	3	5
무소속	5	0	5↑	4	2	7
합계	73	48	121	119*	121	242

자료: ≪朝日新聞≫, 2004.7.12; ≪朝日新聞≫의 선거 후 출구조사 결과.
주: *는 미도리당의 1의석과 결원 2명 분을 포함하지 않음.

부동층이 정당소속감을 갖고 있음에도 선거별로 다른 정당에 투표했던 것에 반하여, 무당파층은 지속적으로 정당소속감을 갖지 않으면서 선거별로 투표정당을 정한다. 이러한 무당파층에 의해 결국 2009년에 민주당으로의 정권교체가 가능했다고 할 수 있는데, 이에 따라 본 절에서는 2004년의 참의원 선거결과에 대해서 간략히 검토한다.

2004년 7월 11일에 실시된 제20회 참의원 통상선거는 집권여당의 중심인 자민당이 제1야당인 민주당보다 1석이 적은 49석을 차지하는 참패였다.[23] 따라서 이 선거의 기본 특징은 자민당의 패배와 민주당의 승리로 요약할 수 있을 것이다. <표 2-8>에서 보듯이 자민당은 1석 감소한 49석을 획득한 반면에, 민주당은 기존의 38석에서 대폭 증가한 50석을 획득하는 데 성공했다. 그 외에도 공명당이 1석 증가한 11석, 공산당은 대폭 감소된 4석, 사민당은 여전히 2석에 머물렀다.

제공된다.
23) 2004년의 제20회 참의원 선거에 대한 좀 더 구체적인 분석은 다음을 참조: 이면우, 「제20회 일본참의원 선거와 향후 일본정치」, 세종연구소 정책보고서 2004-10, 통권 제57호(2004.10).

〈표 2-9〉 1인 선거구에서의 역대 선거결과: 1986~2004년

	2004	2001	1998	1995	1992	1989	1986
자민	14	25	15	12	24	3	23
민주	9	-	-	-	-	-	-
공명	-	-	-	-	-	-	-
공산	-	-	-	-	-	-	-
사민	-	-	-	1	-	9	-
자유	-	1	1	-	-	-	-
신진	-	-	-	4	-	-	-
사키가케	-	-	-	1	-	-	-
연합회	-	-	-	-	-	10	-
무소속	4	1	8	6	1	3	3
기타	-	-	-	-	1	1	-
합계	27	27	24	24	26	26	26

자료: ≪讀賣新聞≫, 2004.7.13.

　　자민당의 패배는 지방에 위치하여 오랫동안 자민당의 아성으로 알려진 1인 선거구에서의 결과를 보면 확연하게 나타난다. <표 2-9>에서 보듯이 자민당은 14석, 민주당은 9석, 무소속이 4석을 차지했다. 무소속 당선자의 경우, 3명이 민주당 추천인사인 것이 특히 자민당의 패배를 확인시켜준다.

　　이러한 결과의 의미는 이전의 선거결과와 비교할 때 두드러진다. 하시모토 수상은 1998년의 참의원 선거가 자민당의 패배로 나타나면서 퇴진하게 되었는데, 당시에도 자민당은 총 24개의 1인 선거구에서 15석을 차지했지만 민주당은 1석밖에 얻지 못했다. 지난번의 제19회 참의원 선거(2001년)에서는 고이즈미 수상의 인기에 힘입어 총 27석 중 25석을 자민당이 획득했다. 자민당이 지방에서 이렇게 패배한 것은 소비세의 도입이 주요 쟁점이었던 1989년 우노 정권하에서의 선거 때였다. 당시 자민당은 1인 선거구에서 3승 22패라는 참패를 기록했다.

　　지방별로 결과를 분석할 경우에도 자민당의 패배가 드러난다. 시코쿠 및 규슈 지방의 경우, 2001년 참의원 선거에서는 앞서 언급한 바와 같이 고이즈미 붐에 의해 자민당이 압도적인 강세를 보인 지역이다. 당시 비례구에서 자민당

<표 2-10> 정당별 득표율: 선거구 및 비례대표구

		자민	민주	공명	공산	사민	기타	무소속
비례구(의석수)		30.0(15)	37.8(19)	15.4(8)	7.8(4)	5.3(2)	3.6(0)	–
선거구	(의석수)	35.1(34)	39.1(31)	3.9(3)	9.8(0)	1.8(0)	0.2(0)	10.2(5)
	(득표수)	1969만	2193만	216민	552만	98만	12만	569만
총의석수		49	50	11	4	2	0	5

자료: ≪讀賣新聞≫, 2004.7.13.

이 40% 이상의 득표율을 획득한 현은 17개 현 중 15개였고, 의석수에서도 자민당이 재선 19의석 중 17석을 차지했으며 1인 선거구에서도 승리했다. 그러나 이번 선거에서는 비례구에서 자민당이 40% 이상의 득표율을 획득한 현은 3개에 그쳤고, 1인 선거구에서도 9승 6패를 기록했다.

동북 6개 현의 경우, 2001년 참의원 선거에서 자민당의 비례구 득표율 40% 이상을 획득한 곳은 이들 6개 현 중 4개 현이었고, 1인 선거구에서도 4개 의석 중 3개 의석을 획득했다. 그러나 이번에는 자민당의 비례구 득표율이 가장 높았던 아키다현에서조차 37%에 그쳤고, 4개의 1인 선거구에서도 추천 후보를 포함해 1승 3패의 결과를 기록했다. 이에 비해 민주당은 종래 강세를 보였던 도시지역뿐 아니라 지방에서도 고르게 득표율이 신장되었고, 그로 인해 약진 또는 승리를 이끌어낼 수 있었다. <표 2-10>에서 보듯이 비례구에서 민주당은 자민당을 상회하여 개선의석 비례구에서 제1당의 자리에 올랐다. 자민당의 패배와 민주당의 약진과 동시에 나타난 현상으로 공산당과 사민당의 의석이 크게 줄어든 점을 지적할 수 있다.

위에서 언급한 바와 같이 선거결과는 자민당의 패배와 민주당의 승리였는데, 이러한 결과는 대체로 다음 세 가지에 의한 것이라고 할 수 있다. 첫째는 고이즈미 수상의 인기 하락이다. 고이즈미 수상은 스스로 2003년 11월의 중의원 선거에서 내놓았던 정권공약의 93%가 실현되기 시작했다고 주장했다. 그러나 ≪요미우리신문≫의 조사에 의하면 국민의 70%는 고이즈미 수상이 공약으로 내걸었던 정책은 실행되고 있지 않다고 대답했다. 예를 들어 고이즈미 수상은 취임 직후 "자민당을 부수겠다"고 단언했는데, 3년이 지난 현재

이에 대한 성과가 크게 나타나지 않았고 따라서 일본 국민들은 기대보다는 실망을 하고 있다는 것이다. 또한 고이즈미 수상은 '구조개혁'이라는 슬로건을 내걸었는데, 이에 대한 성과 역시 나타나지 않았다.

둘째는 자민당 조직표의 붕괴이다. 선거가 시작될 때부터 "고이즈미 수상의 구조개혁 노선으로 업계의 표 동원력은 크게 저하될 것이다"라는 예상이 많았었는데, 선거 결과가 그러한 예상을 확인시켰다. 농림수산 식품산업계의 후보는 입후보한 현직 의원 두 명이 모두 낙선했고, 방위청의 전직 간부 3명도 입후보하여 낙선했다. 특히 우정국의 전 국장들이 지지하는 후보의 득표는 지난 선거보다 약 20만 표나 감소했다. 지난 선거보다 표를 많이 가져온 곳은 일본경단련과 일본의사연맹이 지원한 후보에 국한되었다.

셋째는 선거쟁점에 대한 자민당의 전략적 실패를 꼽을 수 있다. 앞서 언급했듯이 자민당은 경기 및 고용대책의 성과를 제시한 반면에, 민주당은 연금 문제 등과 같은 정부의 실책을 부각하는 데 주력했다. 이는 각 당의 후보자들이 중시하는 쟁점에서도 나타난다. 즉, 자민당 후보자들은 경기 및 고용대책을 중시한 반면 민주당 후보자들은 연금 문제를 중요시했는데, 유권자들도 민주당 후보자들과 같이 투표에서 연금 문제를 좀 더 중시했던 것이다.

민주당의 약진은 쟁점상에서의 전략적 우위 외에도 지난 참의원 선거에서 민주당을 이탈했던 무당파층이 민주당으로 회귀했다는 점에 기인한다. 2001년 선거와 비교할 경우 비례구에서 자민당에 투표한 유권자 중 무당파층이 차지하는 비율은 13%로 거의 비슷했지만, 민주당에 투표한 유권자 중 무당파층이 차지한 비율은 28%였다. 이는 지난 선거보다 9% 증가한 것이다.

또한 지난 선거에서 자민당은 비례구에서 무당파층의 27%를 차지하고, 민주당은 20%를 차지했다. 그러나 이번 선거에서는 민주당이 49%, 자민당이 15%로 큰 격차를 보였다. 특히 이번 선거에서 나타난 두드러진 현상은 민주당 지지층의 증가라 볼 수 있다. 민주당 지지층은 지난 참의원 선거에서 조사된 15%에서 23%로 증가한 반면, 자민당 지지층은 43%에서 33%로 하락했다. 자민당 지지층의 이탈표도 이번 선거에서는 큰 비중을 차지했다. 비례구의 경우 자민당 지지층이 자민당에 투표한 비율은 지난 선거의 77%에서 65%로 하락한 반면, 민주당에 투표한 비율은 지난 선거의 4%에서 19%로 크게 증가했던 것이다.

제3장

일본 외교의 담당자들

외무성과 정치 엘리트

1. 일본 외무성의 구조와 정책

일본 외무성은 1869년에 창설되었다.[1] 이후 일본의 국제적 위상이 향상되면서 일본 외무성도 제2차 세계대전 즈음에는 그 예산이 정부 총지출의 약 1퍼센트를 차지했을 정도로 정부 내에서 중요한 위치를 차지하게 되었다. 패전 직후에는 0.1퍼센트 아래로 떨어졌지만, 일본 경제의 빠른 회복에 따라 오늘날의 일본 외무성은 예산에서나 인적 자원에서나 우선적으로 예산을 배정받는 중요한 정부기관으로 자리 잡았다. 이번 장에서는 이러한 외무성의 현황에 대해 간략히 검토한다.

---

1) Kyoji Komachi, "Chapter 6, Japan towards a more proactive foreign ministry," in Brian Hocking(eds.), *Foriegn Ministries: Change and Adoptation* (N.Y.: St. Martin's Press, 1999), p. 102.

1) 서론: 외무성 관련 기존 논의

우선 일본 외무성에 대한 기존의 논의를 간략히 검토한다.[2] 고마치에 따르면, 전후 일본의 외무성이 본격적으로 활동하게 된 것은 1952년의 샌프란시스코 평화조약부터라고 한다.[3] 패전 직후에는 미군 주둔 문제의 처리로 외무 업무가 바빴기 때문에 1950년에 들어와서야 뉴욕과 샌프란시스코 등지에 연락 사무소를 개설하여 국제무대에 재등장했다. 그러다가 샌프란시스코 평화조약의 조인 이후인 1956년에 소련과의 국교 회복이나 일본의 유엔가입 승인 등이 있었다.

전후 일본의 외교는 삼중의 목표를 추구했다. 첫째는 국제적 지위 향상의 결과로 발생한 다면적 외교업무에 대처하기 위해 직원의 수를 늘리는 것이고, 둘째는 하나의 일관된 외교정책을 구축해 전쟁 전의 이중외교의 과오를 범하지 않는 것이며, 셋째는 빠르게 변화하는 국제정세 속에서 새로운 일본의 역할을 찾는 것이었다.

일본 외무성이 발간한 첫 외교청서는 일본의 '새로운' 외교정책으로 다음과 같은 세 가지 원칙을 발표했다. 첫째는 유엔 중심의 외교를 펼치고, 둘째는 미국을 비롯한 서구 자유진영과 긴밀하게 협조하며, 셋째는 아시아의 일원으로서 일본의 입장을 견지한다는 것이다. 앞서 언급한, 소위 말하는 외교3원칙 이다. 고마치는 이 중에서 미국과의 관계를 강조하는 두 번째 원칙과 아시아와의 관계를 강조하는 세 번째 원칙에 중점이 주어졌다고 보았다. 또한 일본은 전후에 저자세를 유지함으로써 침체된 일본 경제를 브레튼 우드(Bretton Wood)

---

2) 이 절에서는 고마치 교수와 후쿠이 교수의 논문을 간략히 정리한다. 고마치 교수의 논문은 전술한 것이고, 후쿠이 교수의 논문은 다음과 같다. Haruhiro Fukui, "Policy-Making in the Japanese Foreign Ministry," in Robert A. Scalapino(ed.), *The Foreign Policy of Modern Japan* (Berkeley, Calif.: University of California Press, 1977).

3) Kyoji Komachi, "Chapter 6, Japan towards a more proactive foreign ministry," pp. 102~116.

체제로 통합하는 데 주력할 수 있었다. 이러한 경위로 일본의 외교정책은 서구와의 경제·무역에 엄청난 비중을 두게 되었으며, 1973년 첫 석유파동 이후에는 G7 경제정상회담의 일원이 될 수 있었다.

고마치는 일본 외무성이 1970년대 이후 다음 네 가지 도전에 직면하면서 조직적 개편 및 개혁을 추진했다고 설명한다. 첫 번째 도전은 1973년의 석유파동으로, 이는 일본에 내재된 취약점을 드러냈다. 즉, 석유파동은 그동안의 외교업무가 중동의 석유생산국들과 긴밀한 관계를 유지하는 데 실패했다는 것을 보여준 사건으로, 이를 계기로 외교관들의 아랍어 교육을 확대시키게 되었다는 것이다.

둘째는 1979년에 개최된 G7 정상회의의 경험이다. 고마치에 따르면, 1979년에 일본에서 처음으로 개최된 G7 정상회의에서 일본은 그의 지위와 명성에 걸맞지 않는 빈약한 외교업무 구조를 보여주었다. 따라서 외무성은 같은 해, 직원 수를 3,400명 수준에서 5,000명으로 늘리기 위한 6개년 계획을 출범했다.

셋째는 1970년대 후반과 1980년대 초반을 휩쓴 행정개혁의 흐름이다. 1983년에 제출된 일본 정부의 행정개혁 보고서는 총리실과의 조정기능을 강화할 필요성을 강조하고 또한 내무, 외무, 안보 등의 세 분야를 총괄하는 부서의 설립을 권고했던 것이다. 이러한 환경과 함께 정책개발에서 질적 개선을 추구하는 외무성의 노력이 더해져 1984년에는 외무성 내에 국제정보분석연구국 (BIIAR)이 창설되었다.

넷째는 걸프전 신드롬의 하나로서, 일본의 공적개발원조(ODA)에 대한 기본적인 전제를 검토하려는 시도였다. 1991년 4월, 일본 정부는 ODA의 실행에 모든 주의를 기울일 것이라고 발표했고 이후 일본 정부는 1992년 6월 ODA 헌장을 채택했다. ODA 헌장은 다음 네 가지 요점을 포함한다. 첫째는 인도적 고려, 둘째는 국제사회의 국가 간 상호 의존성에 대한 인식, 셋째는 지구환경의 보전, 넷째는 국가들의 자조 노력에 대한 지원이다. 이 기본 이념을 확장하면, ODA 헌장을 구성하는 핵심적인 내용으로 다음과 같은 원칙들을 꼽을 수 있다. ① 환경보전과 개발의 호환성, ② ODA 자금을 군사 목적으로 사용하는

데 대한 방지, ③ 군사 지출 감시, ④ 개발도상국의 민주화 추진 활동 관찰이 그것이다.

특히 걸프전은 국제무대에서의 일본의 역할을 시험하는 계기가 되었다. 쿠웨이트 정부가 ≪뉴욕타임스≫를 통해 감사를 표명한 나라들 중에 일본이 빠졌다는 것은 다른 나라의 관점에서 일본이 걸프전의 위기상황에서 의무를 다 해내지 못한 것으로 비추어졌고, 국내적으로도 일본의 소극적이고 늦은 대응과 외무성의 위기대처 방식은 비판의 대상이 되었다. 이에 따라 세지마를 위원장으로 하는 위원회가 1991년 12월에 작성한 보고서는 다음과 같이 제언했다.

첫째, 외무성은 일관된 외교정책을 정립해야 하며, 정책들에 대해 정부와의 합의를 이끌어내는 중요한 역할을 해야 한다는 것이다. 둘째, 외무성은 총리실과의 관계를 강화해야 한다. 셋째, 외무성은 다른 차관급 부처와의 교류를 활성화해야 한다. 넷째, 외무부는 위의 개혁들을 이행하기 위해 직원을 1,000명 더 늘려야 한다. 다섯째, 각각의 외무고시는 지속시켜야 하나 면접에 더욱 중요성을 부여해야 한다. 여섯째, 외무성은 가능한 한 빨리 다음과 같은 조직개혁을 추진해야 한다. ① 정책통합국(policy coordination bureau)의 설립, ② 국제정보국(international information bureau)의 설립이고, ③ 테러와 같은 국가적 위기상황에서 대처능력의 강화, ④ 국제협력 촉진을 위한 체제 구축, ⑤ 해외에서의 외교적 성과 강화, ⑥ 직원 수의 증대 및 직원교육의 확대, ⑦ 여론의 역할에 주의를 기울이는 것이었다.

고노 외무대신은 이러한 제언에 대응하여 1995년 1월의 ≪가이코포럼(외교포럼)≫에서 다음과 같은 방향을 제시했다. 첫째는 민주주의의 기초를 강화하기 위한 국제적 협력의 촉진이고, 둘째는 핵확산의 방지와 군비축소 도모이다. 셋째는 평화유지활동에 적극 참여한다는 것인데, 이러한 방향에 따라 미일관계를 일본 외교정책의 기본으로 하고 아시아태평양 협력의 촉진이 필요하며, G7 회의와 유엔을 통해 국제적 협력의 수준을 강화하는 정책이 추구되었다.

반면에 후쿠이는 일본 외무성 내의 경향을 과정과 행위자라는 두 가지 측면을 중심으로 다음과 같이 검토하고 있다.[4] 우선 관료에 대한 연구의 이유에 대해서 다음 두 가지를 제시한다. 첫째는 관료들이 국내정치 및 외교와 관련된 결정적인 정책결정의 형성과 실행에 꼭 압도적인 역할은 아니지만 중요한 역할을 한다는 것이다. 둘째는 일본의 관료, 특히 외무성 관료에 대한 연구가 드물다는 것이다.

서장에서 언급한 것처럼 후쿠이는 일본 외교의 정책결정 과정에서 외무성이 차지하는 중요성에 대해서는 상반된 견해가 있다고 본다. 즉, 현상의 지속 또는 점진적인 변화와 같이 일반적이거나 갈등적이지 않은 이슈에 대해서는 그 결정이 대체적으로 정치인이나 이익단체에 의한 간섭 없이 관료들에 의해 관료적으로 진행된다는 것이다. 반면에 정치적으로 민감하거나 논쟁적인 이슈에 대해서는 그 결정이 다분히 정치적 리더들에 의해 정치적으로 타결되고 관료들의 역할은 추종적·한계적인 것이 되는 것이다. 따라서 정치인들이 관료들보다 여론이나 언론의 압력에 민감하다고 볼 수 있다.

물론 실제적으로는 다른 많은 요인들, 예를 들어 참여하는 정치인 및 관료들의 개성 및 다른 개별적 요인들이나 정당정치 및 국민감정, 선거 등과 같은 일반적인 정치상황들이 중요한 영향력을 발휘한다는 측면을 제기하면서, 후쿠이는 일본과 미국의 전문가들 대부분은 '전형적인' 정책결정의 경우에 관료들의 역할이 꼭 결정적이지는 않지만 중요하다는 것은 인정하고 있다고 주장한다.

후쿠이는 이러한 틀에 따라 일본 외무성의 정책결정 과정에서 나타나는 주된 패턴을 밝히고, 관료들의 집단적 프로파일을 다음과 같이 분석한다. 우선 외무성의 구조와 관련하여, 외무성의 부처(bureaus)는 지역적·기능적으로 나뉘어져 있다. 이국관계와 관련해서는 지역적 부서에서, 반면 다자적 문제는 기능적 부서에서 담당한다. 동일한 이슈와 관련하여 지역적·기능적 부서가 동시에,

---

4) Haruhiro Fukui, "Policy-Making in the Japanese Foreign Ministry," pp. 3~35. 일본 외무성에 대한 후쿠이의 논문은 이 외에도 이 논문의 틀에 'revisited'한 버전이 있으나 여기서는 외무성에 대한 분석의 틀이 이 논문에서 출발했다는 점에서 이 논문의 내용을 정리한다.

그러나 경쟁적으로 개입되는 경우는 불가능하지는 않지만 드물다.

통상적이고 논쟁적이지 않은 이슈에 대해서는 외무성 내 교섭(consultant)이 부서를 가로질러 진행되고, 민감한 이슈에 대해서는 좀 더 긴밀한 소수의 그룹이 즉흥적으로(ad hoc, but predictable basis) 형성되어 결정된다. 1969년 중반 오키나와의 반환과 관련된 정책결정과 관련하여 외무성은 차관, 북미국, 조약국 등의 국장급·과장급 인사들로 팀을 구성했다. 1972년 가을에 진행된 다나카 수상의 방중과 관련된 정책결정도 차관, 아주국, 조약국, 중국과, 조약과 등의 국장급·과장급 인사로 구성된 팀에 의한 것이었다.

차관의 역할은 가장 연장자로서 멤버들을 이어주는 연결고리와 같다. 그러나 실제로 활동적인 리더인 경우는 많지 않은데, 여기에는 개성 및 개인적 이익이 영향을 미치는 것으로 판단된다. 국장급은 행정 및 인사 문제, 그리고 국회와의 관계 등으로 업무가 바빠 개인적으로 특별히 관심을 가지지 않으면 정책이슈에 개입하지 않는다. 따라서 심의관들이 어느 정도 이러한 빈자리를 메우는 역할을 한다. 과장급은 실제로 항상 외무성 내의 정책결정에서 그것이 위기든 평상시든 핵심적인 존재이다.

전후에는 1955~1956년 사이에 진행된 일소국교정상화 교섭과 관련된 결정이 외무성 내 구주국 심의관과 동유럽을 담당하는 제6 구주과장 사이에서 이루어졌다. 과 내에서의 협의가 일차 완료되면 과장은 그것을 국장에게 직접 가져가거나 때로는 국내외의 과들이 개입되어 협의한다. 이 경우 좀 더 긴밀한 협의가 얼굴을 맞대고 이루어지고, 때때로 심의관 및 차관보들이 개입하게 되며, 이에 따라 재고된 제안사안들이 위로 올라간다. 차관보나 심의관들의 참여는 일정하지 않고 유동적이다. 정무차관의 역할은 대체로 미비하다. 해외에 있는 대사와 심의관들은 본부의 정책결정 과정에 직접적으로 참여하지는 않는다. 그들에게는 정보수집이 우선이다.

과들 중에서 총무과(coordinating desk)는 지역적으로 또는 기능적으로 나뉜 5~6개의 계를 효과적으로 연결하는 일을 담당한다. 각 국의 과장들은 일주일에 두 번 과장회의를 열어 공동 관심사에 대해 논의한다. 국장급 이상의 관료들은 일주일에 두세 번 열리는 고위직 회의에 참여한다. 그리고 해외공관장회의가 매년 열린다. 그러나 이러한 회의들이 정책결정력을 가지지는 않는다. 이들 회의는 정보나 아이디어를 교환하는 기회로 활용된다. 가와무라 등은 고위직 회의가 그저 국장들이 만나 자신들의 국 활동에 대한 공식문건을 읽는 형식적인 것이라고 했고, 반노는 이보다는 좀 더 긍정적인 정책결정의 기능을 수행한다고 보았다.[5]

이처럼 후쿠이는 일본 외무성의 중요한 전통 중 하나로 외무성 전체를 아우르는 정책결정 기제를 갖고 있지 않다는 점을 제시한다. 또 다른 전통으로 포괄적인 장기계획에 대한 불신을 제시하는데, 이에 따라 즉흥적인 정책결정에 대한 믿음을 갖고 있다는 것이다. 반면에 외무성 내의 국들 사이에는 확고한 책임소재와 임무 영역이 있음을 제시한다. 예를 들어 북미국은 북중미 지역과 남미 지역의 국가에 대한 정책과 관련된 사항들을 대상으로 하고, 일본과 중국 사이에 일어나는 이슈들에 대해서는 간섭하지 않는다. 그것은 아주국 소관이기 때문이다. 임무 영역의 확고한 분리라는 규범에서 제외되는 것은 조약국에 한한다. 조약국은 외무성 전체를 위한 법적인 자문 역할을 하기에 정책 및 행정상 폭넓게 관여한다. 미국에 비유하자면 일본의 조약국은 법적 자문과 의회관계국을 합한 기능을 담당한다. 이러한 역할 때문에 조약국장은 동료는 물론 외무대신이나 수상에게 자문한다. 국회가 개회 중일 때는 각료들을 자문하기도 하며 조약국장은 국제조약 등에 대해서 권위 있는 해석을 제공한다.

1970년에는 외무성에 2,600명의 관료들이 있었다. 이 중 22.5%인 585명이 HFSE(Higher Foreign Service Examination) 자격증을 가지고 있었고, 16.4%인 428명이 MFS/LT(Middle Foreign Service or Language Trainee) 자격증을, 그리고 11%인 287명이 LFS(Lower Foreign Service) 자격증을 갖고 있었다. 이 HFSE

---

5) Kawamura Kinji(ed.), *Gaimusho* (Tokyo: Hobunsha, 1956), pp. 41, 86; Banno Masataka, *Gendai gaiko no bunseki* (Tokyo: Tokyo Daigaku Shuppankai, 1971), p. 190. Haruhiro Fukui, "Policy-Making in the Japanese Foreign Ministry," p. 15에서 재인용.

시험인증은 승진 속도와 매우 긴밀한 관련이 있다. 310명의 고위직 사무관 가운데 206명(66.4%)이 도쿄대 법학부를 졸업했는데 도쿄대 법학부를 졸업한 것과 승진속도의 상관관계도 매우 높다.

커리어(career) 그룹 중에서 승진은 대체로 연공서열제(seniority)에 근거하며, 결정은 직속상관이 1월 1일과 7월 1일에 제출하는 평가서에 기초한다.

이들 커리어 그룹에 대해서는 전방위적인 제너럴리스트를 만드는 데 중점이 주어진다. 승진이나 인사이동에서 전문화는 고려의 대상이 되지 않는다. MFS(중간급 외무고시) 그룹 역시 전문가들은 아니다. 외무성 내에서 전문가는 '언어 전문가(language trainees)'이다.

외무성의 주요 갈등요인으로는 넌커리어 그룹을 차별하는 인사 시스템을 제시한다. 시험성적에 따라 커리어 그룹 또는 넌커리어 그룹에 배속되는데, 이후 열심히 일하거나 능력을 높이더라도 커리어 그룹에서 넌커리어 그룹으로 옮길 수 없다. 인사 시스템의 불평등성과는 별도로 넌커리어 그룹의 배제는 정책결정의 전략적 측면에서 인재의 부재를 가져오는데, 이 문제는 만성적이어서 전전이나 전후의 지금이나 마찬가지라고 지적한다.

인재의 부족이라는 문제는 내각이나 자민당, 그리고 다른 성청도 마찬가지여서 결국 '단일 이슈주의'와 '즉흥적인 정책결정'이라는 외교정책 결정의 특징을 낳는다고 주장한다.

'단일 이슈주의'와 '즉흥적인 정책결정'에 대한 대안으로서 여러 중요한 이슈들을 동시에 다룰 수 있는 능력을 갖추고, 이를 체계적인 사전 계획에 따라 추진할 것을 제시한다. 구체적으로 다음 네 가지를 제시하는데, 첫째는 넌커리어 그룹에 대한 차별을 전적으로 없애지 못한다면 실질적으로라도 줄여 나가야 한다는 것이다. 둘째, 몇몇 기능적·지역적 분야에 대해서는 선택적인 전문화를 장려해야 한다. 셋째, 경쟁과 다양성을 장려하는 절차가 필요하다. 넷째, 집중적인 정책기획이나 협력을 위한 기제의 창조가 필요하다. 이 책에서는 후쿠이의 이러한 제안이 현재 어느 정도 실천되어 외무성이 변화되었는가를 검토할 것이다.

2) 국제정세 인식과 대응태세

여기서는 냉전의 붕괴 이후 일본 외무성의 국제정세 인식이 어떻게 변화했는가를 검토하기 위해 1990년부터의 외교청서를 중심으로 검토한다.

베를린 장벽이 무너진 이후 처음 발간된 1990년판 외교청서는 대체로 다음과 같은 다섯 가지로 국제정세를 정리하고 있다.[6] 첫째, 동서 간의 이데올로기 대립이 적어졌다는 것이다. 그럼에도 둘째, 동서관계의 축 외에 있는 국가 간의 이해대립이나 그것에 동반하는 지역분쟁은 여전히 지속되고 있다. 따라서 셋째, 이라크의 쿠웨이트 침공에서 보듯이 새로운 분쟁이 발생할 가능성은 감소하지 않고 있으며, 넷째, 아시아태평양 지역에서도 이러한 대립적 상황이 전개되고 있다. 예를 들어 한반도에서의 대립구조는 여전하며 캄보디아 문제의 해결 전망도 여전히 불투명하고 카시미르를 둘러싼 인도와 파키스탄 간의 분쟁도 확대의 위험성이 있다.

이러한 측면을 고려할 때 유럽에서의 동서관계나 미소관계에서는 환영할 만한 역사적인 변화가 나타난 것이 사실이지만, 국제사회의 장래는 여전히 불투명하고 불안정성을 내포한다는 것이 일본 외무성이 냉전 붕괴 후 첫 해에 내보인 국제정세 인식이었다. 이에 따라 일본 외무성은 아시아태평양 지역을 포함하여, 글로벌한 시점에서 민주주의 및 시장경제체제로의 이행이나 대화 및 협조를 위한 전향적인 움직임을 일층 촉진하고 발전시키는 것이 필요하다고 제시하고 있다.

일본이 '국제협력 구상'을 특히 중시하는 배경에는 첫째, 해가 갈수록 국제사회의 안정과 번영을 위하여 일본이 그 경제력에 맞는 책임과 역할을 다하는 것에 대한 기대가 국내외적으로 높아지고 있다는 사실이 자리 잡고 있다.[7]

---

6) 일본 외교청서, 1990년판, http://www.mofa.go.jp/mofaj/gaiko/bluebook/1990/h02-1-1
htm, p. 2.
7) 일본 외교청서, 1990년판, 제1장, 제2절, www.mofa.go.jp/mofj/gaiko/bluebook/1990/
h02-1-2.htm, p. 1.

둘째, 국제분쟁의 해결을 위해서 군사력의 행사를 스스로 방기하는 일본으로서는 경제·기술협력에 의한 개발도상국의 발전 촉구 및 국제적인 상호 이해 촉진이 필요하다는 것이다. 또한 국제사회의 불안정 요인을 제거하기 위하여 유엔의 평화유지활동 등에 대한 인적·재정적인 협력을 통해 분쟁지역의 안정 유지에 노력하는 것이 특히 중요하다는 인식이 제기되고 있다.

1991년도의 외교청서 역시 걸프위기와 관련하여 유엔안보리의 역할이 증대된 것이나 미소 간의 협력체제가 안보리의 대응을 원활하게 만든 것은 획기적인 일이지만, 다른 한편으로 걸프위기는 냉전 이후의 위험성을 다음과 같이 보여준다고 주장한다.[8] 첫째는 국제사회가 여전히 지역분쟁의 위험을 안고 있다는 것이고, 둘째는 나미비아 문제의 경우처럼 냉전의 종언이 지역분쟁의 해결을 촉구한 예도 있지만 동서 간의 이념대립과는 직접적인 관계없이 발생하는 아랍과 이스라엘의 대립항쟁이나 사이프러스 문제 등도 존재한다는 것이다. 셋째는 대량학살무기 및 미사일 불확산 등의 통상무기 이전에 대한 규제가 중요하다는 사실이 부각되었다는 점이다. 걸프위기는 핵무기나 생화학무기 등과 그 운반수단으로서의 미사일의 확산, 그리고 통상병기의 무제한 이전 등이 가져오는 위험성에 대해서 강하게 인식하게 만들었다. 이와 관련해 5월 교토에서 개최된 군축회의가 국제사회의 관심을 불러일으켰고, 일본 정부로서는 통상병기의 이전에 관한 유엔에의 등록제도 등과 같이 구체적인 제안의 실행을 앞으로의 지향점으로 제시하고 있다.

이외에도 국경을 초월한 문제들이 제기되었다. 지구환경, 난민, 마약, 테러와 같이 그 영향이 국경을 초월해서 넓어지는, 즉 한 국가만의 노력으로는 해결되기 어려운 문제가 현재화되는 것도 근년 국제정세의 큰 특징이며, 따라서 이러한 문제를 해결하기 위해 국제협력의 중요성이 강조되고 있다. 특히 이들 문제의 다수가 개발도상지역의 경제적 후진성이나 정치적인 불안정에 기초한

---

8) 일본 외교청서, 1991년판, 제1장, 제1절, www.mofa.go.jp/mofaj/gaiko/blubook/1991/h03-1-1.htm, pp. 1~2.

것이어서 개발도상국에 대한 지원을 중시하는 일본으로서는 주목해야 할 사항으로 제시되고 있다.[9]

이에 따라 외교정책의 목표로 다음의 네 가지를 제시한다. 첫째는 세계평화와 안전보장을 높이는 정치외교를 적극적으로 전개하는 것이다. 둘째는 민주주의나 기본적인 인권과 같이 국제적으로 보편적인 가치를 지키기 위한 국제협력에 적극적으로 참가, 협력하는 자세를 명확히 하는 것이다. 셋째로는 보편적인 가치를 지키는 것과 중첩적인 측면도 있지만 지구환경, 난민, 대규모 재해복구부터 마약까지 포함한 인도상의 관점에서 중요한, 또는 국경을 초월한 협력을 필요로 한다는 것이다. 넷째로는 외교목표와 관련하여 국제경제의 측면에서 일본의 책임과 역할이 앞으로 커질 것이므로 이에 대한 해답으로 정책수단으로서의 경제협력과 ODA의 확충을 제시한다.

1992년판과 1993년판 역시 유사한 국제정세 인식을 보이는데, 1993년판 외교청서의 경우 "세계는 …… 계속 유동적이고 불투명한 상태"라는 국제정세 인식을 나타낸다.[10] 그 예로 선진국 경제의 회복 지연, 구유고 등의 지역분쟁, 북한의 핵무기 개발, 대량파괴무기 및 미사일의 확산, 그리고 구소련의 불안정성 등이 제시되고 있다. 이에 따라 일본을 비롯한 미국과 유엔 등의 국제사회가 다양한 장에서 평화 및 번영을 위한 새로운 구조를 모색 중이며, 구동구권 및 개발도상국을 대상으로 한 파트너십 형성을 위해 노력 중이라고 보았다.

이러한 국제정세 인식에 변화가 나타나는 것이 1996년이다. 1996년판 외교청서는 새로운 국제질서가 나타나고 있다고 말하기는 어렵지만, 조금씩 이미지를 형성하고 있다는 인식을 드러냈다.[11] 이에 더해 국제정세는 주어진 것이 아니라 스스로 형성 가능한 것이라는 인식을 나타내고 있다는 점에서 특징적이

---

9) 같은 글, p. 10.

10) 일본 외교청서, 1993년판, 제1장, 제1절, www.mofa.go.jp/mofaj/gaiko/bluebook/1993
_1/h05-1-1.htm, p. 1.

11) 일본 외교청서, 1996년판, 제1장, www.mofa.go.jp/mofaj/gaiko/bluebook/97/1st/chapt
1-1.html, p. 1.

며, 일본이 적극적이고 독자적인 방향으로 외교를 전개해나가는 변화를 보인 시발점으로 평가할 수 있다.

1996년판 외교청서는 냉전 이후의 국제정세에 대해 다음과 같은 여섯 가지 특징을 제시하고 있다. 첫째는 글로벌화의 진전과 상호 의존관계의 심화이다. 무역·투자 등을 통한 시장의 일체화나 정보통신·운송수단의 비약적인 발전에 따라 세계가 점점 더 좁아짐과 동시에 경제적인 측면과 군사·안전보장의 측면을 포함해 다양한 분야에서 다양한 주체 간의 상호 의존이 심화되고 있다는 것이다. 둘째는 통치 원리로서의 자유민주주의와 시장경제 원리가 보편화되었다는 것이다. 셋째는 국제정치구조의 중층화와 다각화이다. 냉전 후의 세계가 미국 중심의 일극구조인가 아니면 미국·유럽·아시아 등 다수가 중심이 되는 다극구조세계인가 그리고 그러한 세계 가운데 유엔을 시작으로 하는 국제기관이 어떤 역할을 할 것인가 등에 관한 논의는 끊이지 않는다. 또한 이전에 남으로 분류되었던 개발도상국의 내부에서도 다양화 현상이 보여 '북'과 '남'의 분류가 애매하게 되었고 지역통합·지역주의의 움직임도 현저하다. 넷째는 지구규모 문제의 중요성 심화이다. 6월의 리옹 정상회담(Summit)에서는 종래의 경제 문제, 정치 문제에 더해 지구규모 문제가 그간 진행된 것보다 훨씬 큰 폭으로 논의되어 의장성명에서는 '지구적 규모의 문제'라는 항목이 별도로 제시되었다.

다섯째는 민족의식의 고취이다. 이제 동서대립의 종결에 따라 이데올로기적인 대립은 국제사회를 움직이는 주요한 요인이 되지 않고 있으며 이것을 대신해 민족으로서의 의식이나 일체감의 영향력이 국제사회에서 높아지고 있는 것이다. 마지막 여섯째는 국가 역할의 상대화이다. '국가' 혹은 '국가주권'의 의미가 변화하여 상대화되고 있다는 것인데 그럼에도 사람들의 생활 가운데 '국가'의 존재는 여전히 압도적으로 중요하다는 인식을 보인다.

이러한 변화에 대한 인식과 더불어 1996년판 외교청서는 어느 한 국가도 세계 전체의 안정과 번영과 동떨어져서 자국의 안정과 번영을 추구할 수는 없다는 인식을 제시한다. 이러한 점들이 일본 외교가 변화하고 있음을 확연히 보여주는데, 이러한 변화는 일본 외교의 국제화라고 요약할 수 있을 것이다. 그리고 이는 일본이 유엔안보리 비상임이사국에 선출된 것이 이러한 변화의 증거라고 제시하는 데서도 나타나듯이, 일본 외교의 자신감이라는 것을 특징으로 한다. 미국과의 신선언과 신방위대강의 책정 후에 이러한 인식과 자신감이 나타났다는 것이 흥미롭다.

1997년판 외교청서는 상기한 1996년판의 국제정세 인식 및 대응을 그대로 반복하고 있다. 즉, 일본의 외교방침으로 다음 네 가지를 제시하고 있는 것이다.[12] 첫째, 상호 의존관계가 심화되어 한 국가와 세계의 번영 및 안정이 연관되어 있다는 것이며, 둘째, 이에 따라 국제사회의 안정과 평화는 이전에도 그렇지만 앞으로도 중요하다는 것이다. 셋째, 앞서 언급한 것처럼 일본은 국제질서의 구축에 능동적으로 대처해야 한다는 것이다. 넷째, 능동적인 대처를 위해 다각적이고도 중층적인 외교를 추구하는 것이 필요하다는 지적이다.

또한 일본의 다각적·중층적 외교와 관련해서는 아시아태평양 지역에서의 안정적인 국제질서의 구축이 전제이며, 일미관계를 시작으로 한국이나 중국 등과의 이국 간 관계를 긴밀히 하고 강화하는 방향을 제시하고 있다. 또 다양한 지역협력의 형성 및 추진에 공헌해야 한다는 것과 글로벌한 노력에도 적극 참가해야 한다는 것을 제시하고 있다.

그러나 1997년판의 외교청서는 국제질서에 대한 희망만을 제시하지는 않는다. 즉, 냉전 이후 1990년대 국제사회의 과제는 새로운 안정적인 국제질서의 구축이었지만, 민족적 또는 종교적 이유에 의한 분쟁이 빈발하고 동서군비 확장의 부산물로서 대량파괴무기의 확산이라는 과제를 안고 있다는 것이다. 그럼에도 1996년 이후 냉전적 사고를 넘어서 국제질서의 구축이라는 문제에 적극적으로 나서야 한다는 주장이 계속 제시된 것은 외교 및 국제관계에 대한 일본의 인식 변화에 따른 것이다.

---

12) 일본 외교청서, 1997년판, 제1장, www.mofa.go.jp/mofaj/gaiko/bluebook/98/1st/bk98
_1.html, p. 1.

즉, 위에서 언급한 국제질서를 주어진 것으로 파악하지 않고 스스로 질서의 형성에 적극 참여해야 한다는 인식 변화가 나타났던 것이다. 하지만 이런 인식 변화에도 불구하고 일본의 안보정책은 ① 일미안전보장체제의 견지, ② 적절한 방위력의 정비, ③ 국제평화와 안전을 확보하기 위한 외교노력이라는 세 개의 축이 유지되었다.

2000년판 외교청서는 21세기를 시작하는 2000년에 들어 국제사회의 흐름을 다음과 같은 세 가지로 요약하고 있다. 그 첫 번째 흐름으로 보편적 가치관 및 그에 기초한 제반제도가 한층 더 넓어지고 있다고 지적한다.[13] 일본을 포함해 새로운 민주주의 국가들이 20세기 후반에 달성한 자유주의, 민주주의, 기본적 인권의 존중, 시장경제, 다각적 자유무역체제라는 가치관이나 제도가 오늘날의 국제사회에서 높은 보편성을 획득했다는 것이다. 비록 여전히 민족분쟁이 빈발하고 종교적 과격주의가 활성화되는 등 혼란이 나타나는 것도 사실이지만, 총체적으로는 상기한 자유민주주의적 가치 및 시장경제적 제도가 냉전을 넘어 1990년대를 통해 구동구제국, 구소련권, 중남미, 아시아, 중동, 아프리카 등의 각지에서 넓게 공유되었다.

두 번째로는 과학기술의 진보와 그에 따른 인류 활동의 진전이 글로벌한 문제들을 발생시키고 있다는 것이다. 과학기술은 인류의 행복 증진에 큰 도움을 주었지만, 다른 한편으로는 지구온난화 문제나 오존층 파괴 문제 등과 같이 한 국가의 한계를 넘어 지구적 규모로 대응하지 않으면 안 되는 문제들, 예를 들어 환경 문제 등을 대두시켰다. 또한 군사기술의 진전에 따른 대량파괴무기나 그 운반수단인 탄도미사일의 확산이 가속화되어 새로운 위협을 초래하고 있다. 세 번째로 이러한 초국가적 문제들의 출현에 의해 21세기에는 한층 더 긴밀한 국제협조가 요구된다는 것이다. 미국은 이후에도 강력한 힘을 유지하겠지만 21세기의 다종다양한 문제에 대처하기 위해서는 한 나라만이 아닌

---

13) 일본 외교청서, 2000년판, 제1장, www.mofa.go.jp/mofaj/gaiko/bluebook/01/1st/bk01
 _1.html, p. 1.

국제적인 협조가 불가결하다. 따라서 자유민주주의와 기본적 인권, 시장경제 원리와 같은 가치와 제도를 공유하는 나라들이 협력해서 책임을 공유해야 한다는 것이다.

이러한 국제사회의 전반적 흐름에 대하여 일본은 앞서 언급한 일미관계를 기축으로 한 중층적·다각적 외교를 추진하여 현행의 자유민주주의 및 시장경제 체제를 유지해야 한다고 주장한다. 이는 일본이 제2차 세계대전의 패배 이후 역사상 가장 높은 수준의 번영을 달성할 수 있었던 것은 일본 국민이 '각고정려(刻苦精勵)'했기 때문이기도 하지만 자유민주주의와 시장경제를 바탕으로 한 국제 시스템에 힘입은 바가 크다는 인식에 기초한다. 따라서 일본은 21세기에도 성숙한 선진민주주의 국가로서 이러한 국제적 시스템이나 규칙의 창설 및 강화에 한층 더 적극적으로 참획해가지 않으면 안 된다고 주장한다. 이러한 주장은 21세기에 들어 일본이 더욱 국제적인 역할의 중요성을 인식하고 추구할 의지를 보인 것이라고 판단할 수 있다.

일본 외교청서는 미국에서 동시다발 테러사건(소위 9·11 사태)이 일어났던 2001년에 대해 일단 국제사회의 안정과 번영을 위한 글로벌한 대처가 강하게 요구되었던 해라고 설명한다.[14] 9·11 사태를 국제정세에 큰 영향을 주고 매우 충격적인 사건으로 묘사하면서 선진민주주의국의 주요한 일원으로서 테러대책을 시작으로 하는 글로벌한 제 과제의 해결이나 국제사회에 큰 영향을 줄 수 있는 지역정세의 안정화를 위해 적극적으로 대처하는 방향을 제시하고 있다. 이와 함께 일본 외교의 기축인 미국과의 관계를 한층 더 강화하고 주요국 등과의 협력관계를 촉진해나가는 것이 필요하다고 제시한다.

좀 더 구체적으로 일본은 9·11 사태 발발 후 긴급과제가 된 테러대책에 대해 테러와의 전쟁을 자국의 문제로 여기고 「테러대책특별조치법」을 제정했고, 동법에 기초하여 미군 등에 대한 협력지원 활동 및 피해민 구조 활동을

---

14) 일본 외교청서, 2001년판, 제1장, www.mofa.go.jp/mofaj/gaiko/bluebook/2002/gaikou/ html/honpen/chap01_01.html, p. 1.

적극적 또는 주체적으로 실시했다. 또한 테러방지를 위한 대처와 관련해서는 군사행동만이 아니라 지속적인 대처가 필요하다는 인식 아래 폭탄테러방지조약, 테러자금공여방지조약, 유엔안전보장이사회 결의 1373의 이행을 위한 법정비의 준비를 착실히 해왔다. 또한 핵·생물·화학병기 등의 대량살상무기가 테러조직의 손에 넘어가는 것을 방지한다는 관점부터 군비관리·군축·불확산 분야에서의 대처는 테러대책의 문맥에서도 매우 중요한데, 일본은 이와 관련해 수출관리체제의 강화 등의 대처를 실시했다.

2002년판 외교청서는 테러와의 전쟁 등과 같은 과제에 대해 국제사회의 연대를 강조한다는 점에서 앞서와 유사하다.[15] 국제사회에 큰 충격을 안겨준 9·11 테러는 테러가 국제사회 전체의 평화와 안전에 심각한 위협임을 다시금 강하게 인식시켰고, 국제테러대책은 국제사회가 최우선으로 노력해야만 하는 과제가 되었다는 것이다. 2002년을 거쳐 오면서 국제사회는 테러와의 전쟁에 대처하기 위해 아프가니스탄 내외에서 미국 등에 의한 테러리스트 소탕작전, 테러방지 관련 조약의 체결을 시작으로 하는 국제적인 법적 틀의 강화, 테러자금대책이나 출입국 관리의 강화, 개발도상국의 테러 대처능력 향상(Capacity Building)을 위한 지원 등 폭넓은 분야에서 국제협조를 해나가며 착실히 테러대책망을 구축해왔다. 그러나 2002년 후반에는 인도네시아 발리 섬, 필리핀 민다나오 섬에서의 폭탄테러 사건, 모스크바에서의 극장점거 사건, 케냐에서의 폭탄테러 사건들이 연달아 발생하는 등 테러의 위협은 여전히 심각하다. 테러위협을 완전히 제거하고 사람들이 안심하고 지낼 수 있는 환경을 실현하기 위해 이후에도 계속 대처해나갈 필요성이 강조되고 있다.

이러한 국제정세를 바탕으로 국익을 확보하기 위해서는 불가결한 국제사회 전체의 평화·안정과 번영을 실현하기 위해 미국을 시작으로 국제사회와 협조하면서 국제테러대책이나 대량살상무기 등의 확산 문제, 그리고 지속 가능한

---

15) 일본 외교청서, 2002년판, 제1장, www.mofa.go.jp/mofaj/gaiko/bluebook/2003/gaikou/html/honpen/chap01_00.html, p. 1.

개발을 시작으로 하는 제 과제의 해결에 적극적인 역할을 다해야 한다고 주장한다. 2002년 2월 부시 대통령의 방일과 9월 고이즈미 총리대신의 방미, 일·ASEAN 간의 미래를 위한 협력 '5개 구상'의 구체화, 그리고 7월의 일·EU 정기수뇌협의 등을 그러한 노력의 예로서 제시한다.

흥미로운 것은 북한 핵에 대한 언급이 나타나고 있다는 점이다. 즉, 무엇보다도 일본 및 일본 국민의 안전과 번영의 확보를 목적으로 적극적인 외교에 몰두해야 한다며, 먼저 일본 및 일본 국민의 안전에 직접적으로 관련된 북한을 둘러싼 문제에 관해서는 최중요의 외교과제로서 전력을 다할 것을 제시하고 있다.

이러한 국제정세 인식에 변화가 나타난 것은 최근의 일이다. 예를 들어 2009년판 외교청서는 1991년의 냉전종언에 따라 세계는 역사의 전환기에 접어들어 이데올로기에 따른 동서대립 대신 국제관계를 규정하는 축이 다양화·복잡화되었다고 제시한다.[16] 또한 정보통신기술의 급속한 진전이나 글로벌화에 동반하여 지구규모의 과제가 국제관계에 점하는 비중이 급속히 커져서 이러한 변화에 대응해 국제적인 과제에 대처하기 위한 협의의 장도 변화해왔다고 지적하고 있다. 예를 들어 주요 선진국 모임인 G7 정상회의에 러시아가 합류해 G8이 되었고, 아프리카 등 기타 국가들의 정상과의 대화의 장인 '아웃리치'도 개최되었다. 더욱이 최근 경제성장이 현저한 브릭스(BRICs: 브라질·러시아·인도·중국)로 대표되는 신흥국이 대두하고 세계경제에서 그 비중이 상대적으로 높아지고 있다는 점도 강조되었다.

또한 선진국의 성장여력이 한정되고 있는 가운데 아시아제국이 세계경제·금융위기의 영향에서 탈피해 회복기조에 들어섰고, 이에 따라 아시아가 성장센터로 자리를 잡아 가고 있다는 점도 지적하고 있다. 이러한 가운데 국제사회에서 합의 형성·의사결정의 메커니즘을 재구축하는 움직임이 현재화되어,

---

16) 일본 외교청서, 2009년판, 제1장, www.mofa.go.jp/mofaj/gaiko/bluebook/2010/pdfs/yoshi.pdf, p. 3.

2009년 주목해야만 하는 움직임으로 G20 정상회의의 개최와 정례화를 제시한다. 그러나 G20에 신흥국이 참가한다는 점에서, 예를 들어 G8에 비해 더 넓은 대표성을 가진 틀이지만 그만큼 참가국의 이해가 다양해져서 과제에 응하는 의론의 틀로서의 유효성은 달라질 것이라는 점도 지적한다.

이러한 국제질서의 변화에 대하여 2009년판 외교청서는 일본의 노력으로 빈곤과 기아, 전염병, 환경·기후변동 문제, 세계경제·금융위기 등의 복잡 다양한 문제에 직면한 세계에 공헌하는 것을 주요 과제로 제시하고 있다.[17] 많은 사람들이 생명의 위험이나 힘든 생활환경에 놓이게 되었고, 그러한 가운데 누구나 인간답게 살 수 있는 평화롭고 풍요로운 사회에의 실현을 향해 국제사회 전체가 협력할 필요성이 증대되었기 때문이라고 설명하면서 일본이 이러한 과제에 대응하기 위해 스스로의 경험과 구상력에 기초해 리더십을 발휘하고 문제 해결을 위해 공헌하는 것이 매우 중요하다고 강조한다. 이와 관련해 하토야마 총리대신이 2009년 9월 제64회 유엔총회에서 연설한 것을 그 예로 들고 있다. 일반토론 연설에서 하토야마 총리대신은 개발·빈곤의 문제에 대해 일본이 선진국과 개발도상국의 '가교'의 역할을 하기 위해 전력을 다하겠다고 밝히며 "국제기구나 NGO와도 연대해 질과 양의 양 측면에서 도상국 지원을 강화해나갈 것이다. 도쿄아프리카개발회의(TICAD: Tokyo International Conference on African Development)를 지속·강화하면서 밀레니엄개발목표(MDGs: Millennium Development Goals)의 달성과 인간의 안전보장의 추진을 위해 노력을 계속해나가길 바란다"라고 표명한 바 있다.

---

17) 일본 외교청서, 2009년판, 제1장, www.mofa.go.jp/mofaj/gaiko/bluebook/2010/pdfs/ yoshi.pdf, p. 17, 19.

3) 외무성의 조직상 변화: 외무성 개혁

(1) 외무성 개혁의 과정 및 내용

가. 외무성 개혁의 과정[18]

일본 외무성은 2001년 연초부터 명백해진 일련의 불상사를 깊이 반성하고, 보상비 지출절차를 포함해 공금의 부정한 사용 및 유용을 가져온 종래의 회계 및 예산 절차를 개선했다. 또한 재범 방지를 철저히 하고 내부의 감시기능을 강화하기 위해 같은 해 9월 이후 공인회계사 등 외부 전문가의 개입을 가능하게 만들고 재외공관의 사찰을 강화하는 한편 외무본성에 대한 감찰제도를 새롭게 도입했다.

외무성 개혁은 2002년 2월에 취임한 가와구치 외무대신 아래 다시 강화되었다. 가와구치 외무대신은 취임 직후 투명성, 신속성, 실효성을 키워드로 하는 열린 외무성을 위한 10대 개혁을 발표하고, 일련의 불상사로 잃게 된 국민의 신뢰를 한시라도 빨리 되돌릴 수 있도록 개선해야 할 점은 개선하고 봉사자로서의 의식을 외무성원에게 철저하게 심어주며 국익을 지키는 강건한 외교가 될 수 있는 체제를 정비하겠다는 방침을 내놓았다.

이를 기초로 2002년 3월, 외부 전문가들로 구성된 '변화회(変える会)'가 발족되었으며, 5월 9일에는 열린 외무성을 위한 10대 개혁에 돌입해 10개 주제에 관한 검토 결과를 중간보고로서 발표했다. 발표 전날 5명의 북한 주민이 재심양 일본총영사관에 침입한 사건이 발생한 것을 계기로 그 후 변화회는 위기관리체제 정비와 정책구상력의 강화라는 두 개의 테마에 관해서도 의논을 거듭해, 7월 22일 이것들을 포함한 최종보고서를 가와구치 외무대신에게 제출했다.

---

18) 본 절은 다음을 참조함. 外務省 編, 『外交青書: 平成15年版』, 第4章, 第1節; www.mofa.go.jp/mofaj/gaiko/bluebook/2003/gaikou/html/honpen/chap04_01.html; 『外交青書: 平成16年版』, 第6章, 第1節; www.mofa.go.jp/mofaj/gaiko/bluebook/2004/hakusho/h16/html/g6100200.html.

또한 여야당으로부터도 외무성의 조직 재검토를 포함한 외무성 개혁안이 제시되었다. 더욱이 3월 이후에는 외무성 내에서 스스로의 손으로 외무성을 개혁하겠다는 자주적인 그룹이 활동을 시작해 7월 12일 보고와 제언을 정리해 발표했다. 이러한 움직임을 계기로 외무성은 변화회 최종보고서 발표 직후부터 외무성의 독자적인 개혁안 책정작업에 착수했으며, 8월 21일 외무성 개혁 행동계획을 발표했다. 동시에 가와구치 외무대신을 본부장으로 외무부대신, 외무대신정무관, 각 국장(부장) 등으로 구성되는 외무성 개혁추진본부 및 사무국을 설치해 행동계획에 기초한 개혁 작업에 착수했다.

외무성은 2월의 '열린 외무성을 위한 10대 개혁'의 발표 이후, 가능한 것은 즉시 실시한다는 방침에 따라 경쟁원리에 기초해 유능한 인재를 적극적으로 기용하는 데 초점을 맞추었다. 예를 들어, 가와구치 외무대신의 취임 이후, 외무본성의 간부 및 재외공관의 대사·총영사 등에 외부 인사 16명(2003년 1월 말)을 기용했다. 또한 4월 이후 국민과의 대화를 목적으로 가와구치 외무대신 스스로가 참가하는 외무성 타운미팅을 전국 각지에서 개최했다. 또한 7월 9일에 발표한 ODA개혁·15개의 구체책에는 투명성 확보, 효율성 향상, 국민참가를 축으로 한 감시와 평가, 인재의 발굴·육성·활용, 정보공개·공보, NGO와의 연대가 포함되었다.

나. 외무성 개혁의 내용

외무성 개혁과 관련해 변화회의 중간보고서는 크게 열 개의 장으로 구성되어 있다. 첫 번째 장은 부당한 압력의 배제에 관한 것이다. 이는 동 개혁이 외무성 관료의 스캔들과 관련되어 있음을 인정한 것으로, 이에 따라 외부와의 접촉에 대한 규정 등이 포함되었다. 두 번째 장 역시 잘못된 엘리트 의식의 배제와 고객지향을 제시하고 있다. 이와 관련된 제안은 크게 두 가지로 나뉘는데, 먼저 즉시 실시할 사항으로는 외무성 직원에 대한 '사명'감 부여, 직원의 언어사용 개선, 「공무원윤리법」과 동 규정 취지의 준수가 제시되었다. 다음은 추후 검토할 것으로, 재외연수원에 대한 외교여권 부여 폐지와 부인(夫人) 간의 상하관계를 없애는 것이 제시되었다.

세 번째 장은 인사제도를 재구축하는 것이다. 구체적으로는 ① 경쟁성의 철저, ② 공평성·객관성·투명성·예측 가능성 있는 인사제도의 확립, ③ 연수제도의 근본적 강화, ④ 인사와 관련된 체제의 재검토 등이 제시되었다. 흥미롭게도 이는 앞서 후쿠이가 지적한 것과 거의 동일하다. 네 번째 장은 철저한 비밀유지에 대한 것으로 ① 각종 연수 등을 통해 전 직원의 보안의식을 철저히 하고, ② 비밀보전에 관한 규칙을 재검토하며, ③ 비밀유지가 가능한 범위 내에서의 적극적인 정보개시 노력이 제시되었다. 다섯 번째 장은 ODA의 효율화 및 투명화에 대한 것이다. 구체적으로는 목적·전략의 책정, 투명성의 확보, 효율성의 확보가 제시되었다.

여섯 번째 장은 외무성 예산의 효율적 사용 및 투명성의 확보와 관련된 것이다. 구체적으로는 ① 조달의 재검토, ② 예산 지출수단의 개선, ③ 보상비에 관한 설명책임, ④ 감사의 강화가 제시되었다. 일곱 번째 장은 NGO와 새로운 관계를 형성하는 것이다. ① NGO와의 간담회의 활성화, ② 'ODA종합전략회의'의 인선에 배려, ③ NGO 활동지원을 위한 기반정비, ④ NGO에의 정보발신 기능 향상이다. 여덟 번째 장은 공보 및 공청체제를 재구축하는 것으로 홍보체제의 확충, 공청활동의 강화가 제시되었다. 아홉 번째 장은 대사관 등의 업무 및 인원을 재검토하는 것이고, 열 번째 장은 정책입안 과정 등의 투명화와 관련된 것이다.

변화회가 제출한 최종보고서는 열두 개의 장으로 구성되어 있는데, 대부분이 중간보고서와 동일하다. 예를 들어 첫 번째 장은 부당한 압력을 배제해야 한다는 것이고, 두 번째 장은 잘못된 엘리트 의식을 배제하고 고객을 지향해야 한다는 것이다. 세 번째 장에서 열 번째까지도 인사제도의 재구축, 밀실 보존·지속의 철저, ODA의 효율화·투명화, 외무성 예산의 효율적 사용 및 투명성의 확보, NGO와의 새로운 관계, 공보·공청체제의 재구축, 대사관 등의 업무·인원의 재검토, 정책입안 과정 등의 투명화 등 제목에서 알 수 있듯이 거의 대동소이하다.

하지만 구체적인 차원에서는 다소 차이가 있다. 예를 들어 ODA와 관련된 다섯 번째 장은 좀 더 구체적으로 ① 무상자금협력의 선정·실시과정의 투명성을 확보하고, ② ODA의 평가를 확충하며, ③ 엔차관의 채권방기에 관해 국민에의 설명책임을 다하고, ④ ODA의 선정·실시과정의 효율성을 확보하는 것 등이 제시되어 있다. 열 번째 장인 정책입안 과정의 투명화에 대한 것도 정보공개와 설명책임, 정책평가, 외부의견의 정책에의 반영 등이 제시되었다.

그러나 가장 큰 차이는 위기관리체제의 정비에 대한 열한 번째 장으로, 영사업무와 위기관리에 대한 부분이 제시되어 있다. 또한 열두 번째 장에서는 정책구상력의 강화를 제시하고 있다. 구체적으로는 종합외교정책국의 권한 및 기능 강화, 국제정보국의 기능 강화, '정책평가'의 적극적인 활용, 외무대신 보좌관제도의 도입, (재)국제 문제연구소의 적극적 또는 전략적인 활용, 미국 국무성과 같은 '디센트 채널' 제도의 시험적 도입, 정책입안과 공보의 연대강화, 외무성 직원의 자기개발 장려 및 연수제도 정비, 정책정보·노하우 등의 공유, 그리고 정상외교체제의 강화를 제시하고 있다.

이러한 보고서들의 제출을 거쳐 외무성 개혁이 최종적으로 지향한 것은 다음과 같은 다섯 가지라고 할 수 있다. 제1 목적은 외교전략의 책정기능 강화이다. 이는 또한 크게 여섯 부분으로 나뉘는데, 첫째는 종합기능과 관련된 것이다. 종합외교정책국에서 복수의 외교정책조정관을 배치하여 유니트제를 도입하고 중요정책에 관여해 종합적인 관점에서 조정을 행한다. 국제 문제연구소 등 국내외의 연구소·연구기관과의 협력과 연대를 강화한다. 군축 불확산, 북조선 문제 등 일본의 안정보장에 직결되는 문제인 대량파괴무기·미사일 등의 불확산 문제에 효과적으로 대처한다. 이를 위해 확산에 대한 안전보장구상(PSI)에 적극적으로 참가하고, 또한 아시아나 중동 등 군축·불확산의 문제를 안고 있는 특정 지역이나 국가에 대해 적극적으로 개입한다. 또한 이란, 파키스탄, 리비아 등과 군축·불확산에 관한 협의를 개최하고, 아시아에서 불확산에 관한 대화와 적극적인 자세를 강화한다는 방안도 제시되고 있다. 둘째는 경제협력과 관련된 것이다. 구체적으로는 정부개발원조 정책의 입안·실시에서 국별 접근 전략을 강화하며 국별로 2과 체제를 추진한다. 셋째는 정책입안에 대한 것으로, 개발도상국의 개발정책이나 원조수요의 종합적 또는 정확한 파악에 따른 전향적인 국별 원조정책의 입안이다. 넷째는 정책 실시로서, 각국의 섹터별 원조 프로그램을 책정함으로써 각종 원조형태의 연대를 강화한다는 것이다. 다섯째는 지역국과의 연대를 강화하는 것으로, 지역국에 대한 원조·조언의 강화(외교 툴로서의 ODA)이다. 여섯째는 현지기능의 강화로서 현지 ODA 태스크 포스[재외공관경협반, 일본국제협력기구(JICA)·일본국제협력은행(JBIC) 현지사무소, JICA 전문가 등], 현지 베이스 정책협의의 충실, 그리고 현장에서의 원조협조에의 대응강화이다.

제2 목적은 영사기능과 위기관리의 강화이다. 영사기능의 강화와 관련해서는 ① 영사이주부를 영사국으로 승격해 영사기능을 강화하고, ② 영사 서비스 본부를 설치해 전성(全省)적인 관점에서 영사 서비스를 확충시키며, ③ 해외 일본인의 안전확보를 위한 체제를 강화한다. 위기관리체제의 정비와 관련해서는 ① 위기관리 담당 참사관을 중심으로 평시에서부터 비상시나 위기에 강한 체제를 정비하고, ② 긴급사태가 발생한 때에는 다른 부국과 함께 신속하고 효과적으로 위기에 대응한다.

제3 목적은 정보수집·분석기능의 강화이다. 더욱 적확한 정보수집·분석을 위해 유연한 조직체제로서 '전문성', '기동성(신속성)', '효과성', '종합성(집약성)'을 기대한다는 것이다.

제4 목적은 새로운 국제적 틀의 구축이다. ① 다국 간(멀티 분야)에서 일본의 이니셔티브 강화(지구규모전략문제본부 설치), ② 국제약속·국제법상의 규범을 만들기 위한 기동적인 역할을 강화하며, 이를 위해 조약국을 기능적·기동적인 국제법구에 개편, ③ 일본 경제 및 세계경제 강화(일본 국민의 이익의 보양·증진)가 제안되었으며 이를 위해 경제국의 전략적 재편이 제시되었다.

제5 목적은 일본 이미지의 향상(공공외교)이다. ① 문화교류와 해외공보를 유기적으로 연대시켜 매력적인 일본을 알리고 상호 이해의 강화를 지향한다. ② 민족적 정체성과 자신감의 원천인 문화를 지원함으로써 발전을 향해 노력을 계속하는 국민을 정신적으로 지원하고 국민에게 착상을 전한다. 이를 위해 일본·이라크 친선 축구경기(2월 12일)를 지원하고, 아테네 올림픽 등에 참가하는 이라크 선수 지원하며, 이란·바브유적의 보전·수리를 지원한다는 것이다.

(2) 외무성 조직: 개혁 전후의 비교

가. 외무성의 조직 개편

외무성의 조직 개편은 2004년 8월에 본격적으로 궤도에 올라 실행되었다. 이에 따라 <그림 3-1>은 개편 전의 조직도이고, <그림 3-2>는 조직개편이 계획된 2002년의 계획안이다.[19)

<그림 3-1>과 <그림 3-2>를 비교하면 개편에 의해 다음과 같은 변화가 추진되었음을 알 수 있다. 첫째는 대신관방의 변화이다. 대신관방에 속한 영사이주부가 영사국으로 확대된 반면, 종합외교정책국에 속했던 국제사회협력부가 대신관방에 속하게 되었다. 영사국의 확대는 개편안에서 제시된 바와 같은데, 대신관방에 공보문화교류부로 이름을 변경한 종전의 문화교류부와 국제사회협력부를 둔 것 역시 일본 외교에서 ODA와 같이 소프트한 부문을 중시하려는 계획이 나타난 것이라고 볼 수 있다.

둘째는 중동아프리카국의 변화이다. 중동아프리카국에 아프리카심의관을 설치했는데, 이는 아프리카에 대한 관심을 표명한 것이라 볼 수 있으며 발전도상국 또는 저개발국이라고 할 수 있는 아프리카에 대한 이러한 관심은 일본 외교의 중요 수단으로 ODA를 제시한 것과도 일맥상통한다. 이외에도 조약국의 국제법국으로의 변경과 국제정보국의 국제정보총괄관 체제로의 변형이 제시되었다.

이러한 변화는 개편안에서 제시하는 '선택과 집중'으로 요약할 수 있다.

---

19)『外交青書: 平成17年版』, 第5章, 第1節; www.mofa.go.jp/mofaj/gaiko/bluebook/2005/html/honmon5102.html.

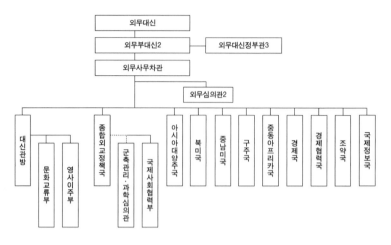

〈그림 3-1〉 외무성 조직도: 2004년 8월 2일 이전

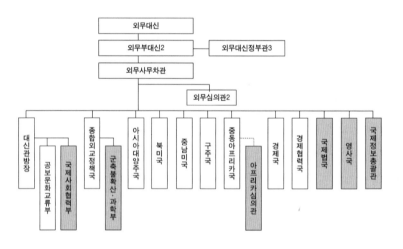

〈그림 3-2〉 외무성 조직도: 2002년 8월 개혁의 제시안

대신관방에 공보문화교류부와 국제사회협력부를 함께 둔 것이나 아프리카심의관을 설치한 것은 그러한 선택과 집중의 방향을 잘 보여준다. 영사업무의 확대는 국민과의 거리를 좁히려는 선택과 집중의 또 다른 예라고 할 수 있다.

<그림 3-3>은 2010년 7월 현재 유지되고 있는 일본 외무성의 조직표이다.[20] 이를 <그림 3-2>와 비교했을 때 가장 큰 변화는 경제협력국의 국제협력

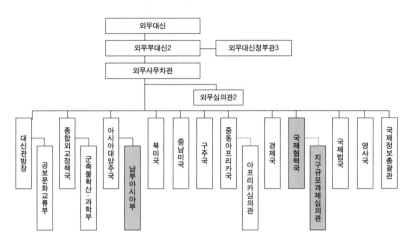

〈그림 3-3〉 외무성 조직도: 2010년 7월 현재

외무대신

외무부대신2 ── 외무대신정부관3

외무사무차관

외무심의관2

대신관방장 / 공보문화교류부 / 종합외교정책국 / 군축불확산·과학부 / 아시아대양주국 / 남부아시아부 / 북미국 / 중남미국 / 구주국 / 중동아프리카국 / 아프리카심의관 / 경제국 / 국제협력국 / 지구규모과제심의관 / 국제법국 / 영사국 / 국제정보총괄관

국으로의 전환이다. 대신관방에 위치할 예정이었던 국제사회협력부가 없어진 것을 볼 때, 기존의 경제협력국에 더하여 국제협력국에 국제사회협력 부문이 추가된 것으로 보인다. 또한 국제협력국에는 지구규모과제심의관이 신설되었는데, 이는 최근 들어 관심을 모으고 있는 전염병이나 환경 문제와 같은 주제에 대한 관심의 표현이라고 할 수 있다.

또 다른 변화는 아시아대양주국에 남부아시아부가 추가, 신설된 것이다. 종전에는 과 단위였던 남부아시아과가 남부아시아부로 확장된 것은 역시 남부아시아 지역에 대한 배려이고 관심의 표현이라 할 것이다. 이러한 변화에 더하여 아시아대양주국 내에 포함되어 있는 중국과 한국의 관련 부서가 확충된 것을 함께 고려한다면, 이는 일본 외교에서 아시아의 위상이 높아진 것을 의미한다.

이외에도 개편안에서 제시된 중동아시아국 내 아프리카심의관 설치나 국제정보국의 국제정보총괄관으로의 변경, 그리고 영사이주부의 영사국으로의 확장은 그대로 유지되어 실행되었다.

---

20) www.mofa.go.jp/mofaj/annal/honsho/sosiki/index.html.

〈표 3-1〉 외무성 관료의 구성: 과장급 이상(각 연도)

1991년도	경력		학력			
국장급	30년 미만	30년 이상	도쿄대	국립대	조·경·일	그 외
	3	10(77%)	11(85%)	–	2	–
과장급	20년 미만	20년 이상	도쿄대	국립대	조·경·일	그 외
	42	29(41%)	35(49%)	5	21	11
1997년도	경력		학력			
국장급	30년 미만	30년 이상	도쿄대	국립대	조·경·일	그 외
	10	3(23%)	12(92%)	–	–	1
과장급	20년 미만	20년 이상	도쿄대	국립대	조·경·일	그 외
	47	14(23%)	35(57%)	8	10	8
2002년도	경력		학력			
국장급	30년 미만	30년 이상	도쿄대	국립대	조·경·일	그 외
	2	11(85%)	6(46%)	1	5	1
과장급	20년 미만	20년 이상	도쿄대	국립대	조·경·일	그 외
	31	47(60%)	38(49%)	7	17	16
2009년도	경력		학력			
국장급	30년 미만	30년 이상	도쿄대	국립대	조·경·일	그 외
	–	17(100%)	11(65%)	–	4	2
과장급	20년 미만	20년 이상	도쿄대	국립대	조·경·일	그 외
	14	89(86%)	55(53%)	10	21	17

주 1: 국장급에는 국장 및 부장 포함, 과장급에는 과장 및 실장 포함.
주 2: 국립대에는 도쿄대를 제외한 교토대 등의 국립대가 포함되며, 조·경·일은 와세다대, 게이오대, 그리고 히토츠바시대를 나타낸다.

나. 외무성 관료의 충원 과정

<표 3-1>은 1991년 이후 지난 20여 년간 외무성 관료의 배경이 어떠한 변화를 나타내는지 간략히 보여주는데, 이와 관련해서는 대체로 다음과 같은 여섯 가지 특징이 나타난다.[21]

첫째는 2009년에서도 종전과 같이, 또는 후쿠이가 지적한 것처럼 국장급에서는 도쿄대 출신이 단연 우위를 차지한다는 점이다. 하지만 그 와중에도

---

21) <표 3-1>은 해당년도의 『政官要覽』이 제공하는 외무성 관료자료에 기초하여 작성함: 政官要覽社, 『政官要覽』, 平成3年春号; 平成9年春号; 平成14年春号; 平成21年春号.

와세다대나 게이오대 출신 관료들이 차지하는 비율이 최근 들어 증가했다는 점이 눈에 띤다. 예를 들어 1991년에는 국장급 총 13명 중 11명(85%)이 도쿄대 출신이었으나, 2009년에는 그 비율이 총 17명 중 11명(65%)이었다. 둘째는 국장급이 되기 위한 기간이 갈수록 더 길어진다는 점이다. 1991년의 경우 30년 이상의 경력으로 국장급에 오른 사람들의 비율이 총 13명 중 10명이었는데, 2009년에는 총 17명 모두 30년 이상이 지난 후 국장급에 올랐다. 하지만 총 14명 중 3명만이 30년 이상의 경력을 보인 1997년의 경우는 다른 측면을 보여주고 있는데, 이는 30년 미만이라고 하더라도 거의 그것에 가까운 연수의 경력을 보이는 것으로 이해할 수 있다. 셋째는 과장급에서도 도쿄대 출신이 다수를 차지한다는 점이다. 예를 들어 도쿄대 이외의 출신자들이 1991년에는 49%이었지만, 2009년에 들어서도 53%를 점했다. 넷째는 과장급과 관련해서 도쿄대 이외의 출신자들이 다양하게 포진하고 있다는 점이다. 특히 종전에 높은 비율을 점했던 와세다대 등의 사립대 출신보다는 도쿄대 이외의 국립대 출신들이나 다른 사립대 출신들이 좀 더 높은 비율을 보이고 있다. 다섯째는 과장급이 되기 위한 기간이 예전보다 좀 더 길어졌다는 점이다. 1991년에는 20년 이상의 경력을 가진 과장급이 41%였지만, 2009년에는 86%를 차지했다. 이는 소위 말하는 넌커리어들의 과장급 승진이 많아진 것으로 이해할 수 있고, 그러한 변화가 외무성에서 나타난다고 할 수 있다. 마지막으로 과장급의 자리가 1990년대 말에 잠시 줄었다가 2000년대에 들어 다시 증가했다는 점이다. 이는 새로운 국제환경에 적극적으로 대응하기 위해 외무성의 조직 및 규모를 변화시키려는 노력이 나타난 것이라고 볼 수 있다.

다. 외무성의 예산

<표 3-2>에서 보듯이 외무성의 예산 규모는 2000년대 후반 정부부처 총 17개(국회와 재판소 등을 포함) 중 9위에서 10위를 전후한 위치를 차지했다. 2005년에는 9위를, 2010년에는 11위를 차지했는데 이는 방위성이 내각부의 방위청에서 독립했기 때문이다. 그러나 그보다는 외무성의 예산 자체가 감소

〈표 3-2〉 외무성 예산: 2005~2010(억 엔)

성청/연도	2005년	2006년	2007년	2008년	2009년	2010년
황실비	687	68.5	68.2	67.7	67.0	64.8
국회	1,317.4	1,294.6	1,307.0	1,296.0	1,311.7	1,490.1
재판소	3,259.5	3,331.1	3,303.9	3,275.8	3,247.3	3,231.8
회계감사원	204.0	203.0	215.1	175.1	174.0	178.2
내각	919.5	904.4	908.8	963.0	972.7	1,040.7
내각부	56,072.4	8,015.3	7,963.9	7,946.7	7,839.0	7,272.9
총무성	174,876.0	158,286.3	161,845.5	167,509.7	177,359.3	185,936.1
법무성	6,203.6	6,279.5	6,511.2	6,551.8	6,721.5	6,798.2
외무성	7,072.0	6,912.4	6,709.3	6,793.7	6,699.7	6,571.9
재무성	201,124.4	204,221.5	226,540.5	218,255.2	229,083.2	240,100.3
문부과학성	57,332.7	51,324.2	52,705.5	52,738.7	52,816.5	55,926.2
후생과학성	208,178.3	209,417.4	214,768.9	221,222.6	251,568.5	275,561.0
농림수산성	26,603.7	24,858.7	24,201.0	23,746.5	23,030.7	22,784.1
경제산업성	8,175.2	7,828.2	10,272.7	10,258.3	10,163.3	9,921.7
국토교통성	68,066.7	63,604.9	61,554.0	59,818.5	64,521.3	56,139.3
환경성	2,355.1	2,174.3	2,199.5	2,197.4	2,162.9	2,071.8
방위성	-	48,136.0	48,013.1	47,796.5	47,741.4	47,902.9
합계	821,829.2	796,860.2	829,088.1	830,613.4	885,480.0	922,992.0

자료: www.mof.go.jp/budget/report/46_report의 각 연도를 취합 재구성함.

했기 때문이라고 볼 수 있는데, 이는 앞서 외무성의 규모가 커진 것을 고려하면 의외라고 생각된다.

일본 외교에서 중요한 위치를 차지하는 ODA는 정부예산에서 약 1% 정도의 비율을 차지하고 있는 것으로 나타났다. <표 3-3>에서 보듯이 2007년부터 2010년까지 ODA는 평균 0.8% 정도의 비율을 차지했는데, 특이한 점은 그 비율이 줄어드는 경향을 보인다는 것이다. 이는 일본 경제가 여전히 불황에서 벗어나지 못했고 그에 따라 재정상태가 좋지 않기 때문이라고 하겠다.

<표 3-3> 일반회계세출예산의 주요 경비별 내역(억 엔)

연도/항목	2010		2009		2008		2007	
	당초액	구성비	당초액	구성비	당초액	구성비	당초액	구성비
사회보장	272,686	29.5	248,344	28.0	217,829	26.2	211,409	25.5
문교과학	55,860	6.1	53,104	6.0	53,119	6.4	52,856	6.4
과학진흥	13,321	1.4	13,777	1.6	13,628	1.6	13,477	1.6
국채	206,491	22.4	202,437	22.9	201,632	24.3	209,988	25.3
은급 관련	7,144	0.8	7,872	0.9	8,522	1.0	9,235	1.1
지방교부	174,777	18.9	165,733	18.7	151,401	18.2	146,196	17.6
방위관계	47,903	5.2	47,741	5.4	47,796	5.8	48,013	5.8
공공사업	57,731	6.3	70,701	8.0	67,352	8.1	69,473	8.4
경제협력	5,822	0.6	6,295	0.7	6,660	0.8	6,913	0.8
ODA	6,187	0.7	6,722	0.8	7,002	0.8	7,293	0.9
중소기업	1,911	0.2	1,890	0.2	1,761	0.2	1,640	0.2
에너지대책	8,420	0.9	8,562	1.0	8,655	1.0	8,643	1.0
식료안정	11,599	1.3	8,659	1.0	8,582	1.0	8,555	1.0
기타	51,968	5.6	50,842	5.7	49,070	5.9	49,345	6.0
경제위기	10,000	1.1	–	–	–	–	–	–
경제예비비	–	–	10,000	1.1	–	–	–	–
예비비	3,500	0.4	3,500	0.4	3,500	0.4	3,500	0.4
합계	922,992	100	88,5480	100	830,613	100	829,088	100

자료: www.mof.go.jp/budget/report/46_report의 각년도를 재구성함.

2. 일본의 정치 엘리트[22]

2009년 8월의 총선거와 그에 따른 정권교체로 일본 외교에 영향을 미치는 일본 정계의 지형이 변화했다. 하지만 이 절에서는 구자민당 정권하의 정치엘리트가 나타내는 정책성향을 간략히 검토해보기로 한다. 이는 첫째, 현재의

---

22) 이 절의 내용은 이면우, 「고이즈미 내각하의 정치구도: 정치 일리트의 배경 및 성향 분석」, 이면우 엮음, 『정치 엘리트 연구 2002: 중국, 일본, 러시아를 중심으로』(성남: 세종연구소, 2002), 67~100쪽을 절의 구도에 맞게 정리한 것임. 원 논문에는 정치엘리트의 소속파벌과 같은 정치적 배경과 학력 및 경력과 같은 사회적 배경에 대해서 검토했으나 여기서는 정책성향에 초점을 맞춘다.

민주당 정권에 대한 성향은 차후 분석할 것이고, 둘째 자민당 정권으로의 교체는 현재로서는 확실하지 않지만 항상 가능한 것이며, 셋째 자민당 정권의 재등장을 상정할 때 여기서 검토하는 고이즈미 내각은 앞으로 민주당 이외로의 정권교체에서 많은 시사점을 주는 것이라고 생각되기 때문이다.[23]

1) 일본 외교에 대한 고이즈미 수상의 입장

고이즈미 수상은 내각 출범 이후 국회에서 실시된 첫 수상 소신표명연설에서 '신세기 유신'을 모토로 내걸었다. 1990년대 이후 일본이 겪고 있는 장기불황은 전후 눈부신 경제발전을 가능하게 했던 경제적·사회적 틀이 21세기라는 새로운 시대에는 제대로 작동하지 않음을 보여주는 것으로, 이에 따라 새로운 세기에 걸맞은 새로운 경제적·사회적 틀(또는 시스템)이 필요하다는 것이다.

고이즈미 수상의 소신표명연설은 크게 두 부분으로 나뉜다. 하나는 국내적인 측면으로, 새로운 경제적·사회적 틀을 만들어나가기 위해 추진되어야 할 경제·사회·행정 등의 분야에 대한 개혁의 방향이다. 다른 하나는 국제적인 측면으로, 국제사회에서 일본이 추구해야 할 자세 및 방향, 그리고 주요 국가들과의 관계에 대한 부분이다. 따라서 '신세기 유신론'이라는 시스템 재구축의 견지에서는 국내적 측면이 주를 이루는데, 다음에서는 일본 외교와 관련된 후자의 국제사회에 대한 자세 및 성향에 대해서 간략히 검토한다.

소신표명연설의 전문은 고이즈미 수상 및 그 내각의 시급한 과제로 경제재생을 위한 대책마련을 언급함과 동시에, 일본이 국제사회의 일원으로서 역할을 다해야 한다고 강조하고 있다. 이는 일본 경제가 세계 경제에서 중요한 부분을 차지하고 있기 때문에 일본 경제가 제대로 회복되는 것 자체만으로도 중요한 역할을 다하는 것으로 해석되지만, 일본이 외교의 다양한 측면에서

---

23) 2010년 현재 정권을 담당하고 있는 민주당 정권의 주요인사에 대해서는 이 책의 제11장에서 검토한다.

국제사회에 좀 더 적극적인 역할을 담당해야 한다는 방향을 지적한 것이기도 하다.

이는 21세기의 외교 및 안보정책이라는 마지막 부분에서도 확인된다. 즉, 21세기의 외교 및 안보정책이라는 부분은 "일본이 평화 속에서 번영하기 위해서는 국제협조를 일관되게 추진하는 것이 중요하다. 두 번 다시 국제사회로부터 고립되어 전쟁을 행하는 일이 있어서는 안 된다"라고 시작되는 것이다. 또한 "우리나라(일본)는 국제사회를 담당하는 주요국의 하나로서 21세기에 걸맞은 국제적 시스템의 구축에 주도적인 역할을 담당해야 한다"고 주장하고 있다. 구체적으로는 유엔의 개혁 실현, 세계무역기구를 중심으로 한 자유무역 체제의 강화, 지구환경 문제 등에 주체적으로 참여하는 것을 꼽고 있다.

그러나 이러한 국제사회에의 적극적인 참가는 미일관계의 공고화와 중국·한국·러시아와 같은 주변국과의 우호관계가 전제된 이후의 것으로 제시하고 있다. 즉, 일본의 번영은 이제까지 유효하게 기능해온 미일관계에 의해 성립된 것이며, 따라서 미일동맹관계를 기초로 중국 등 주변국과의 관계를 우호적으로 이끌어가야 한다는 입장인 것이다. 이는 국제사회에의 적극적 참여를 미국을 비롯한 주변국과의 우호적 관계를 유지하기 위한 하나의 방편으로 제시한 것이라고도 해석할 수 있다.

2) 고이즈미 수상의 외교노선에 대한 반응

미일관계를 우선시하고 주변국과의 우호적 관계를 강조하며 유엔을 외교의 중심으로 고려한다는 고이즈미 수상의 이러한 외교적 노선은 전후 일본이 지속적으로 추구해온 바다. 좀 더 정확히 말하면 보수정당인 자민당하의 일본이 전후에 정립해온 외교적 노선으로서, 1996년 미일안보신선언이나 1990년대 유엔 상임이사국에의 참여 노력 등에서 보듯이 냉전의 붕괴 및 1993년의 정치변동 이후에 형성된 연립정권하에서도 유지되어온 것이다. 따라서 소신표명연설에서 나타난 고이즈미 수상의 외교노선이 크게 새로운 것은 아니다.

외교적 노선에 대한 고이즈미 수상의 입장이 주목을 받는 것은 위에서 언급한 바와 같은 전반적인 모양새보다도 그 저변을 형성하는 가치관 때문이다. 이는 국내정치와도 연관되는 부분인데, 이와 관련하여 문제시된 것이 '야스쿠니(靖國) 신사'에의 공식참배였다. 고이즈미 수상이 자민당 총재선거를 전후하여 '야스쿠니 신사 공식참배'를 공언했던 것이다. 이에 대해 우선 고이즈미 수상의 입장이 과연 일본 정치 내에서 어떠한 위치에 놓여 있는지를 알아보기 위해 위에서 소개한 자민당 총재선거에서의 공개 토론회와 참의원 선거의 신진의원들의 입장과 비교해본다.

먼저 공개 토론회에서의 답변내용을 보면 다음과 같다. 아소 후보는 "국가를 위해 죽은 사람을 국가가 최고의 영예로서 맞이하는 것을 금지하는 국가가 일본 외에 있는가. 그런 국가가 이상한 것이다"라고 야스쿠니 신사 공식참배에 대해 당연하다는 입장을 표명했다. 하시모토 후보 역시 "갈 수 있다면 나라도 가겠다"라고 답하여 야스쿠니 신사 참배 자체를 부정하지 않았다. 가메이 후보도 "나는 솔직하게 참배하겠다"며 간단명료하게 답하고 있다.

수상재임 시절 야스쿠니 신사 참배 문제로 곤혹을 치렀던 하시모토 후보가 다소 유보적인 입장을 보이긴 했지만, 고이즈미 후보는 물론 여타 후보 3인 모두 야스쿠니 신사 공식참배 문제에 대해 긍정적임을 알 수 있다. 여기에는 두 가지 시사점이 내포되어 있다. 첫째는 일반적으로 국제파 또는 온건파라고 알려져 있는 고노그룹에 소속된 아소 후보가 신사 참배에 적극적이라는 점은 보수정당인 자민당 내에서 파벌 간의 미소한 이념적 차이는 큰 의미가 없다는 점이다. 물론 아소 후보의 입장이 고노그룹의 다른 구성원과는 차이가 있을 수 있다. 둘째는 이러한 의견일치가 야스쿠니 신사 참배를 민족주의적 시각에서 본다는 데서 기인한다는 점이다. 이는 아소 후보의 언급에서 자세하게 피력된다. 즉, 전범 여부를 떠나 국가를 위해 희생된 사람들의 장소로서 신사를 언급하고 당연시하는 것이다.

이들 후보의 입장은 참의원 선거에서 첫 당선된 자민당의 신진의원들에게도 거의 동일하게 나타난다. 앞서 언급했듯이 ≪요미우리신문≫은 2001년 7월에 실시된 참의원 선거에서 새롭게 당선된 자민당 의원들에게 수상의 야스쿠니 신사 참배에 대해 질문했는데, 63%가 공식참배에 찬성한다고 답한 것이다. 반대는 겨우 2%에 그쳤고, 사적 참배라면 괜찮다는 의견이 26%였으며, 무응답은 10%에 머물렀다. 이러한 결과는 이 문제에 관한 한 파벌 간의 미소한 이념적 차이는 별 의미가 없다는 앞서의 지적과 일맥상통한다. 이와 관련해 재미있는 것은 이 문제에서 자민당과 민주당의 차이가 확연하게 나타난다는 점이다. 자민당 신진의원의 63%가 찬성했던 것과 정반대로, 민주당 신진의원의 69%가 반대(공식참배해서는 안 된다)를 표명한 것이다.

제2부

현대 일본의 대외관계

제4장

탈냉전기의 도래와 미일관계의 변용*

　이 장에서는 냉전의 붕괴 이후 전개된 미일관계의 변용에 대해 살펴본다. 냉전의 붕괴, 즉 소련이라는 위협의 해소는 일본과 미국의 외교안보적 환경의 변화를 의미하는 것이어서 1990년대 초반에는 특히 냉전 붕괴 이후의 국제질서가 어떻게 변할 것인지, 그리고 그에 대해 어떻게 대응해야 하는지가 초미의 관심사였다. 이는 미국이나 일본도 마찬가지였는데, 이 장에서는 일본의 대응이라는 측면에서 일본 외교의 주축인 미일관계 또는 일본의 대미관계를 검토한다.

I. 탈냉전의 도래와 일본의 신안보정책

　이번 절에서는 신방위대강(1995년판), 미일안보의 신선언, 미일방위협력지침

---

* 이 장은 필자의 다음 두 논문을 수정, 보완, 정리한 것이다. 이면우, 「일본의 신안보정책: 국제적 변수의 영향력이라는 관점에서」, 진창수 엮음, 『전환기의 일본 안보정책』(세종연구소, 1999), 45~78쪽; 「미일 간의 안보 쟁점」, 현대일본학회 엮음, 『21세기 한일관계와 동북아시아의 새로운 비전』(한울, 2007), 340~359쪽.

의 개정 등의 성립으로 모습을 드러낸 탈냉전기 일본의 신안보정책이 과연 어떠한 배경과 과정으로 성립되었는지 살펴본다. 이 중에서도 특히 이러한 일본의 정책노선이 냉전붕괴 이후의 국제정세 변동이나 클린턴 행정부 성립에 의한 미국의 안보정책 변화와 어떻게 연동되었는가에 대해 검토한다. 다시 말해 이러한 정책노선의 형성이 과연 미국의 일방적인 요구에 의한 선택인지 아니면 일본의 적극적인 자세에 의한 것인지에 초점을 맞추고자 한다. 이러한 관심은 무엇보다 향후 일본의 외교적 움직임을 가늠하는 데도 중요한 지침이 될 것이다.

서장에서도 언급한 것처럼 일본의 정책결정 과정에서 국제적 요인의 영향력이 어느 정도인가 하는 문제는 분야에 따라 다르게 취급되고 있다. 비교정치학 내지는 지역연구의 관점에서 일본의 정책결정을 논의하는 경우에는 그 기본적인 관심사가 국내적 요인이므로 국제적 변수가 중요하게 다루어지지 않고 있다. 비교정치학 일반에서 제시되는 주요 견해들, 즉 엘리트주의, 국가주의, 조합주의, 다원주의 등과 같은 다양한 견해가 각 정책 분야의 경우에 적용되고는 있지만, 주요 관심대상은 국내 행위자들의 관계이고 국제적 요인의 영향력은 거의 논외로 다루어지고 있다는 것이다.

반면에 국제정치경제 분야에서는 일본의 정책결정에서 국제적인 요인들이 단순한 동기부여만이 아닌 중요한 역할을 하는 것으로 보고 있다. 예를 들어 쇼파는 일본에서의 정책결정에서 국제적인 요인, 즉 소위 '가이아츠(外壓)'가 중요한 역할을 한다는 것은 이미 널리 알려져 있으며, 외압이라는 것이 일본 소비자에게는 유사야당의 역할을 그리고 정책변화를 추구하는 일본의 수상에게는 좋은 지지자의 역할을 담당해왔다고 주장한다.[1] 하지만 외압이라는 국제적인 요인이 어느 정도의 성과를 거두었는가 하는 점에서는 차이를 나타낸다. 앞서 언급한 쇼파는 부정적인 입장을 취하고 있다. 즉, 외압이 애초에 의도한

---

1) Leonard J. Schoppa, *Bargaining with Japan: What American pressure can and cannot do* (New York: Columbia University Press, 1997), p. 4.

성과를 거두지 못하고 있다는 것이다. 반면에 물간은 방위나 시장접근의 분야에서 성과를 거두고 있다는 입장을 보이고 있다. 농산물 수입개방 문제를 다룬 논문에서 그는 일본에서 외압이 변화의 요인으로 활용되는 이유로 전쟁의 역사적 유산, 정치적 리더십의 취약성, 이익유도 정치 등 세 가지를 언급하고 있다.[2]

여기서는 일본의 신안보정책 성립이라는 사례를 가지고 상기한 주장들에 대해서 검토해보고자 한다. 즉, 일본의 정책결정에서 국제적인 변수는 영향력을 발휘하는지, 발휘한다면 어느 정도인지를 살펴보고자 하는 것이다. 이에 따라 다음 내용은 세 부분으로 구성되어 있다. 첫 번째 부분은 신안보정책의 내용을 간략하게나마 정리하는 것으로, 이는 내용의 파악 자체보다는 그러한 내용에 의해 일본 국내적으로 혜택을 받게 될 행위자들을 살펴보기 위한 것이다. 두 번째와 세 번째 부분은 신안보정책이 성립되기까지의 과정을 점검하는 부분으로, 전자에서는 일본의 신안보정책에 대한 논의가 시작되기 전의 상황을 점검한다. 즉, 일본에서 신안보정책이 본격적으로 논의되기 이전에 미국과 일본에서 제기된 정책 방향 및 상황 인식에 대해서 검토하는 것이다. 후자에서는 신안보정책이 본격적으로 논의된 기간의 진행과정, 즉 방위문제간담회 보고서, 나이보고서, 신방위대강, 신지침 등이 제출되는 과정을 살펴본다.

1. 신안보정책의 개요 및 특징

구소련의 붕괴에 따른 냉전체제의 소멸은 동북아 지역에도 다양한 영향을 미쳐 복잡한 구도를 연출했다. 1989년 4월의 중소 국교정상화를 시작으로, 1990년 9월의 한소 국교수립, 1991년 9월의 남북한 유엔 동시가입, 1992년

---

[2] Aurelia George Mulgan, "The Role of Foreign Pressure (Gaiatsu) in Japan's Agricultural Trade Liberalization," *The Pacific Review*, Vol. 10, No. 2(1997), pp. 165~209.

8월의 한중 국교수립, 1994년 7월의 김일성 주석 사망 등이 이러한 복잡한 구도의 단면을 보여주는 사건들이라고 할 수 있다. 여기서는 이렇게 변화하는 동북아 지역의 정세에 대해 일본이 어떻게 인식하며 대응하고 있는지 간략히 정리하고자 한다.

탈냉전기에 접어든 동북아 지역의 정세에 대한 일본의 인식과 대응은 1995년 말에 제시된 '1996년도 이후에 관한 방위계획의 대강(이하 신대강)'과 1996년 4월에 발표된 '미일안보공동선언: 21세기를 향한 동맹(이하 신선언)', 그리고 1997년 9월의 '미일방위협력을 위한 지침(이하 신지침)에서 엿볼 수 있다.

신대강은 냉전 후의 국제질서에 대해 동서 간의 군사적 대치구조가 소멸되면서 세계적인 규모의 무력분쟁이 일어날 가능성이 대폭 저하되었다는 인식을 표출하고 있다. 그러나 그와 동시에 영토 문제를 비롯한 각종 문제들이 여전히 존재하여 지역분쟁의 발생 가능성이 있으며 대량파괴무기와 군사 관련 기술의 확산 등과 같은 새로운 위협요소 또한 증대일로에 있으므로, 국제정세는 아직도 불투명하고 불확실하다고 분석했다. 이러한 사정은 특히 동북아 지역에서 두드러지게 나타난다고 보았다. 비록 러시아의 극동군사력이 양적으로 축소되고 그에 따른 군사태세도 변화하고 있지만, 그 외의 지역국가에서는 경제발전을 배경으로 한 군사력의 확충 및 근대화가 진행되고 있다는 점이 그러한 분석의 기초를 이루고 있다. 이와 같은 정세 인식에 기초하여 신대강은 일본이 갖추어야 할 군사력태세로서 다음 두 가지 방향을 제시하고 있다. 하나는 미일안보체제를 더욱 강화한다는 것이며, 다른 하나는 냉전구조의 붕괴에 따라 전투능력을 콤팩트화(10% 삭감)하면서도 이러한 삭감의 방향을 무기체계의 근대화(최신무기로의 대체)로 대체한다는 것이다.

지역정세에 대한 이러한 인식과 방식은 신선언에서도 나타난다. 신선언의 특이한 점이라고 할 수 있는 것은 신대강에서 제시한 미일안보체제의 강화를 좀 더 구체적인 방안으로 제시하고 있다는 점이다. 즉, 미일안보체제가 지금까지 지역질서의 안정에 이바지한 것을 높이 평가하는 동시에 이후에도 이를 유지·강화한다는 것으로, 이를 위한 방안으로 지침 또는 가이드라인(방위협력을 위한 지침)의 개정, ACSA(물품과 역무의 상호제공에 대한 미일 간의 협정)의 체결, 오키나와 주둔문제의 해결 등을 통해 미일 간의 방위협력체제를 강화한다는 것이다. 또한 이에 더해 아세안지역포럼과 같은 다자안보대화에 대해서도 지속적으로 노력하며 평상시에도 재해구조나 유엔의 평화유지활동(PKO) 등에 대한 정부 간의 협조를 긴밀히 할 것을 제시하고 있다.

이러한 일련의 움직임에서 확연히 나타나는 점은 일본이 적어도 단기적으로는 미국과의 연대를 더 견고히 하여 지역 내의 위기적 상황에 대응해나가겠다는 자세이며, 그 방안으로 일본의 역할 또는 협조를 증대시키겠다는 태도이다. 이러한 태도는 무엇보다도 '미일방위협력을 위한 지침(이하 가이드라인 또는 지침)'의 개정에서 나타난다. 1978년에 책정된 구지침은 미일안보조약의 5조에 언급된 일본에서의 위기(유사, 有事)상황과 6조에 언급된 극동에서의 위기상황에 대하여 미국과 일본이 방위상 협력해나가는 데 필요한 기본적인 지침을 정한 것이었다. 구지침과 신지침의 차이는 구지침이 일본 방위의 초점을 전자, 즉 일본 유사에 맞춘 반면, 신지침은 후자, 즉 극동 유사 내지는 좀 더 포괄적인 일본 주변 지역의 유사에 초점을 맞추고 있다는 점이다.

1997년 9월 23일에 최종적으로 발표된 신지침은 지금까지의 개정작업에서 논의된 내용을 수렴한 것으로 6월에 발표된 제2차 중간보고서와 커다란 차이가 없다. 즉, 가이드라인의 전제로서 일본의 행동이 헌법의 범위 내에서 진행된다는 것을 밝혔으며, 본 지침이 입법이나 예산 내지는 행정적 조치를 의무화하는 것이 아니고 정책이나 조치에 적절히 반영하면 되는 것임을 언급했다. 또한 구성에서도 제1차와 제2차의 중간보고서에서와 같이 평상시, 일본에서의 유사상황, 일본의 주변 지역에서의 유사상황에 대한 3개 부문으로 나뉘어져 있다. 차이가 있다면, 주변의 유사상황에 대한 관심이 높은 것을 감안하여 주변에서의 유사상황에 대해서 정의하고 있다는 점인데, 이에 대해 '지리적인 것이 아닌 사태의 성질에 착안한 개념'으로 규정하고 있다. 또한 후방지원의 차원에서 실시될 선박 검사에 대해서도 유엔의 결의에 준할 것임을 밝힌 점이나 효율성의 제고를 위해 방위협력 추진을 위한 '포괄적인 메커니즘'과 '조정

메커니즘'을 설치하고 공동작전계획과 상호 협력계획의 수립을 향후 과제로서 제기한 점 등이 차이로 나타났다.

이상에서 우리는 일본이 탈냉전기에 접어든 동북아 지역에 대해서 어떠한 인식을 표출하고 있으며 그에 대해 어떻게 대응하고자 하는가를 중심으로 일본의 신안보정책을 살펴보았다. 이를 간단히 요약하면, 첫째로 냉전의 붕괴에도 불구하고 동북아 지역에서는 한반도에서의 남북한 대립이나 중국과 대만 간의 대치에서 나타나듯 위험요소가 여전히 존속한다는 것이다. 둘째로 이러한 상황에 대처하기 위해서 냉전시기에 생성된 미국과의 안보협력을 그대로 유지할 뿐 아니라 이를 더욱 증진시킨다는 것이며, 셋째로 관계증진의 한 방향으로서 일본의 역할을 증대해나간다는 것이다. 마지막으로 일본의 이러한 인식과 대응이 국내는 물론 주변국으로부터 일본의 재군국주의화에 대한 우려를 낳고 있다는 측면을 고려하여 조심스러운 움직임을 보인다는 점이다. 즉, 앞에서 언급했듯이 지침의 내용에 여러 가지 단서가 붙어 있다는 것이 이를 나타내준다.

결국 일본의 방위 개념이 이전의 전수방위보다 포괄적으로 변화했다고 요약할 수 있는데, 이러한 방위개념의 확장은 결국 일본 내의 행위자들 중에서도 보수주의적인 세력에게 명분을 제공할 것으로 생각된다. 따라서 이하에서는 이러한 방향전환의 과정을 검토하는 가운데, 특히 미국의 요구와 일본 국내의 보수적 움직임 사이에 어떠한 연계가 있었는지를 중점적으로 살펴보고자 한다.

2. 미국과 일본의 탈냉전기 상황 인식

1) 탈냉전기 미국의 동아시아 안보 인식과 정책 방향

(1) 냉전의 붕괴와 초기 클린턴 행정부의 안보정책 방향

탈냉전기의 도래에 즈음하여 미국이 선택해야 할 외교정책의 목표는 1990

년대를 전후한 시기에 학자나 정책담당자들에게 가장 중요한 쟁점 중의 하나였고 다양한 의견들이 제시되었다. 이를 미국의 동아시아 또는 대일정책과 연관해서 살펴보면 크게 두 가지로 요약할 수 있다. 하나는 미국이 일본이나 동아시아의 안보적 관심사에 초연해야 한다는 입장이다. 예를 들어 올슨은 미국이 동아시아의 국제경찰과 같은 역할을 할 필요성이 없으며, 따라서 이 지역에서 군사적으로 철수해야 한다는 주장을 펴고 있다.[3]

다른 하나는 이와는 대비되는 입장으로, 이는 다시 크게 둘로 나눌 수 있다. 첫째는 미국이 더 확실하고도 장기적인 목표, 즉 경제적 효율성의 제고나 민주주의를 위한 환경조성 등을 확립하고, 그러한 관점에서 이 지역에 관여할 것을 주장하고 있다.[4] 둘째는 미국과 일본을 비롯한 동아시아 지역 간에 증대하는 무역량을 예로 들면서 미국이 이 지역에 대해서 좀 더 긍정적이고도 진전된 역할을 담당해야 한다고 주장한다.[5] 일본이 미국의 가장 중요한 파트너라고 본 타노프나 가르텐의 주장이 그 예다.[6]

이러한 논의의 와중에 발족된 클린턴 행정부는 초기에는 전자에 좀 더 치중하는 양상을 보였다. 즉, "재정과 경상수지의 적자에 직면하여 냉전시대와 같이 군축경쟁에 열을 올리고 세계의 경찰관으로서 과중한 부담을 지는 것은

3) Edward A. Olsen, "A New American Strategy for Asia," *Asian Survey*, Vol. 31, No. 12(December 1991), pp. 1139~1154.

4) 예를 들어 Theodore C. Sorensen, "Rethinking National Security," *Foreign Affairs*, Vol. 69, No. 3(Summer 1990), pp. 1~18; James Schlesinger, "Quest for a Post-Cold War Foreign Policy," *Foreign Affairs*, Vol. 72, No. 1(Spring 1993), pp. 17~28.

5) 예를 들어 Robert Scalapino, "Asia and the United States: The Challenges Ahead," *Foreign Affairs*, Vol. 69, No. 1(1990), pp. 89~115; Robert B. Oxnam, "Asia/Pacific Challenges," *Foreign Affairs*, Vol. 72, No. 1(Spring 1993), pp. 58~73; Howard H. Baker, Jr., and Ellen L. Frost, "Rescuing the U.S.-Jajpan Alliance," *Foreign Affairs*, Vol. 71, No. 2(Spring 1992), pp. 97~113.

6) Peter Tarnoff, "America's New Special Relationship," *Foreign Affairs*, Vol. 69, No. 3(Summer 1990); Jeffrey E. Garten, "Japan and Germany: American Concerns," *Foreign Affairs*, Vol. 68, No. 5(Winter 1989).

물리적으로 불가능하다. 유엔의 장에 참가함으로써 가맹국에 경비를 분담시켜 부담을 가볍게 해야 한다"는 글로벌 멀티레터럴리즘(multilateralism)을 시도했던 것이다.[7] 이러한 생각은 1992년에 진행된 미 대통령 선거 캠페인 기간에서나 대통령 취임 직후 1993년에 걸쳐 행해진 여러 연설에서 나타난다. 예를 들어 1992년 4월의 캠페인 연설에서 클린턴은 평화와 인도원조를 위해서는 요원의 생명을 위험하게 해도 좋다고 하는 국제적인 군대의 창설을 제창하면서 "이 부대는 침략자에 위협받는 국가의 국경을 지키며, 일반 시민에 대한 집단폭력을 미연에 방지하고, 인도적 구원을 행하며, 테러리즘에 맞서 싸울 것"이라는 구상을 밝혔다.[8]

1992년 8월의 연설에서도 "내각 정권을 잡으면 안전보장과 절약을 병립시키겠다"고 밝힌 클린턴은 1993년 1월의 대통령 취임연설에서도 "미국은 국제사회의 도의가 위협받는다고 하면 무력을 행사할 것"이라고 밝혔다.[9] 이러한 클린턴의 생각은 결국 유엔을 미국의 국익추구를 위해 사용하겠다는 것이며, 그에 더해 경비절감이라는 효과도 노리겠다는 것으로 파악할 수 있다. 이는 최고의 미군 또한 유엔의 지휘하에 넣어 진정한 멀티레터럴리즘을 추구했던 당시 갈리 유엔총장과의 생각과는 거리가 있는 것이었다. 이러한 사고에 따라 유엔 안전보장이사회가 발족시킨 제2차 유엔소말리아 활동에 참가한 미군은 처음으로 그 지휘권을 유엔 아래에 두었다.

그러나 미국의 보수세력은 이러한 클린턴 행정부의 움직임에 비판을 가했다. 예를 들어 1993년 9월 초 ≪워싱턴포스트≫에 실린 글에서 키신저는 "소위 말하는 평화유지활동(peace making)의 경우 만약 다국적 기구가 미국의 군사관여와 관련하여 어떤 것을 결정한다면 일을 크게 확대할 위험이 있다. 또한 만약 이러한 기관이 거부권을 갖게 된다면 위험을 피하려는 경향을 갖게 될

---

7) 佐佐木芳隆, 『新秩序への道: 多國間安保と日米同盟』(東京: 中央公論社, 1995), p. 175.
8) 같은 책, p. 180.
9) 같은 책, p. 178.

것이다. 소말리아의 경우는 전자와 같은 위험성의 예고, 보스니아는 후자의 예다"라며 클린턴 행정부의 다자주의에의 경사를 비판했던 것이다.[10]

소말리아에서의 미군활동에 대한 비판은 국내의 보수파에서만 제기된 것이 아니었다. 함께 다국적군으로 참여했던 이탈리아군 등이 미군의 강경책에 항의하는 서한을 유엔총장에게 송부하는 사태까지 발생했던 것이다. 비록 그 비판의 성질은 다른 것이었지만, 이러한 내외적인 비판에 직면하여 클린턴 대통령은 9월 27일의 유엔총회 연설에서 "모든 것에 우선하는 우리들의 목적은 세계에 시장경제에 기초한 민주주의 사회를 확대하고 강화하는 것이다"라고 말함으로써 냉전붕괴라는 새로운 상황에 직면한 미국의 신전략, 즉 봉쇄(containment)에서 확대(enlargement)로의 변화를 정식으로 제기했다.[11] 그리고 이어서 10월 7일에는 1994년 3월까지 소말리아에서 미군을 철수시킬 것이라고 발표했다.

레이크 당시 대통령보좌관에 의해 좀 더 구체적으로 밝혀진 확대전략의 내용은 다음 네 가지로 구성되었다.[12] 첫째는 미국 자신을 포함한 주요 시장경제·민주주의 국가를 강화하여 그것이 확대의 중핵이 되도록 한다는 것이다. 둘째는 원하는 곳에서는 새로운 민주주의 국가 및 시장경제를 육성하고 강화시켜야 한다는 것인데, 특히 그중에서도 특별한 의의가 있고 호의를 갖고 임하는 국가들에게는 힘을 주어야 한다는 것이다. 셋째는 민주주의와 시장경제를 적대시하는 국가에 반격하여 자유화의 움직임을 지원해야만 한다는 것이었다. 그리고 마지막으로 네 번째는 원조의 공여에 의한 것만이 아니라 인권 문제에 최대의 관심이 있는 지역에 민주주의와 시장경제를 뿌리내림으로써 인도주의의 과제를 추구할 필요가 있다는 것이었다.

확대정책의 제기에 따라 미국, 즉 클린턴 행정부의 다국주의에 대한 열정은

---

10) 같은 책, p. 185.
11) 같은 책, p. 183.
12) 같은 책, p. 184.

가라앉게 되었고, 반면 애스핀(Les Aspin) 장관에 의한 '바텀-업 리뷰(bottom-up review)'의 제창과 같은 경제적 사고가 안보정책에서도 우선적으로 고려되기 시작했다. 다음에서는 애스핀의 '바텀-업 리뷰'와 그에 이어 제출된 나이보고서를 살펴본다.

(2) '바텀-업 리뷰'와 나이보고서

미하원 군사위원회 위원장 시절부터 부시 행정부의 '기반전력계획'을 비판해온 애스핀은 자신의 '전력옵션 C'의 전력 삭감폭이 더 크다고 주장했는데, 이러한 그의 구상은 그가 클린턴 행정부하에서 국방장관으로 임명되면서 1993년 9월에 발표된 '바텀-업 리뷰'와 1994년 1월의 국방부 연례보고서로 실현될 기회를 갖게 되었다. 그의 구상이란 위협을 근거로 전력계획을 세워야 한다는 것으로, 위협요인을 올바르게 평가하면 전력을 단축할 수 있으며 그에 따라 미국의 전력도 재편되어야 한다는 내용이었다.

그가 부시 대통령하의 체니 국방장관을 비판하면서 제시한 새로운 위협은 대체로 다음 네 가지로 구성된다.[13] 첫째는 새로운 핵위험으로서 세계의 테러집단이나 말썽을 부리는 국가들에게 핵무기 등이 확산될 위험성이 있다는 것이다. 둘째는 지역전쟁의 위험으로, 호전적인 국가들이 미국을 직접 위협하지는 않지만 미국의 이익 및 동맹국들을 위협할 위험이 있다는 것이다. 셋째는 구소련 및 기타 지역에서의 개혁 실패에 따른 민주주의의 실패이다. 넷째는 군사력을 지탱하는 경제적 위험이다. 이러한 위험요인들을 바탕으로 군사력 규모를 결정하는 데 애스핀이 특히 중요시했던 것은 미국이 대비해야 하는 지역전쟁의 수였고, 그에 따라 두 개의 지역에서 동시에 전쟁이 발생하는 경우를 가정하여 그에 대해 결정적인 승리를 이끌어낼 수 있는, 즉 동시승리 (Win-Win) 전략을 위한 규모를 추구했다.[14] 그리고 전쟁발생 가능성이 높은

---

13) 현인택, 「미국 클린턴 행정부의 대한 안보정책: 평가와 전망」, ≪전략연구≫, No.1 (1994), 48~78쪽.

지역으로 중동과 한반도가 제시되었다.

이어서 1995년 2월에 나온 「미국의 아태지역에서의 안보전략」이라는 제목의 보고서, 즉 소위 말하는 '나이보고서(Nye Report)'는 미국의 대아시아 전략을 크게 세 가지로 나누고 있다.[15] 첫째는 탈냉전 이후에도 아시아 지역에서 기존의 동맹관계를 재확인한다는 것이다. 즉, 기존에 미국과 동맹관계를 맺고 있는 한국, 일본, 아세안 국가들에 대한 지속적인 개입을 표명했다. 둘째는 아시아 주둔 미군의 전진배치를 계속 유지한다는 것이다. 즉, 동아시아 지역안 정과 대일본 방위를 위한다는 미국의 공약을 지키기 위해서 현재 동아시아 지역에 있는 3만 6,000명의 주한미군, 4만 7,000명의 주일미군을 포함한 10만 명의 미군을 유지한다는 것이다. 또한 이 지역에서의 자유무역 보호 및 중동에서의 거리적 근접성 때문에도 주둔의 필요성이 있다고 언급되었다. 셋째는 미일동맹 및 한미동맹에 더해 역내 다자 간 안보체제의 구축에도 노력해야 한다는 것이다. 즉, 역내 국가들과의 신뢰구축을 위해서도 '아시아태평양경제 협력체(APEC)'나 '아세안지역안보포럼(ARF)' 등에 적극 참여하며, 동북아 지역에서의 다자간안보협의체 형성을 위해서도 노력을 경주할 것이라는 내용이다. 물론 이러한 다자주의에 대해서는 기존의 양자관계를 보조하는 부차적인 것이라는 언급이 있었다.

애스핀의 '바텀-업 리뷰'나 나이보고서에 나타나는 특징은 클린턴 행정부 초기에 나타난 다자주의적 경향이 쇠퇴하고 기존의 동맹관계를 중심으로 한 양자주의가 우선되었다는 점이다. 이는 결국 경비절감이라는 차원에서 강구된 다자주의가 국내외적으로 문제에 봉착하자 생겨난 방안으로, 경비절감의 부담

---

14) 이에 따라 1999년까지 미국의 군사력을 10개 사단 육군; 11개 항공모함, 1개 예비 및 훈련용 항공모함, 45개에서 55개의 공경용 잠수함, 346개의 함정 등으로 구성된 해군; 13개 전투비행대, 7개 예비 전투비행대, 184개 폭격기 등으로 구성된 공군; 3개 해병원정군과 17만 4,000명의 병력 및 4만 2,000명의 예비병력으로 구성된 해병; 4만 3,000명의 특수작전군 등으로 구성할 것을 제시하고 있다. 같은 글, 59~60쪽.
15) 김우상, 「미국의 동북아시아 지역질서 구상」, ≪전략연구≫, Vol. 5, No. 2(1998), 65~95쪽.

이 유엔이라는 다자기구에서 동맹상대국으로 전이되었음을 의미하는 것이다.

2) 탈냉전기 일본의 안보 인식과 정책 방향

(1) 1993년 총선거 전 각 정당의 입장

신방위대강이 책정되기 이전에 일본 국내적으로 안보와 연관해 어떠한 논의들이 진행되었는지 살펴보기 위해, 지난 1993년 중의원 총선거 중에 ≪아사히신문≫이 각 정당을 대상으로 실시한 앙케트 조사의 결과를 검토해본다.[16] 앙케트 조사에는 외교 및 안보와 연관된 주제 외에 다른 것들도 포함되지만, 여기서는 외교 및 안보와 연관된 것들을 대상으로 정리한다. 외교 및 안보에 해당되는 질문으로는 PKO에 대한 인적 공헌 문제와 상임이사국으로의 진출 문제, 자위대의 합헌 여부 등 세 가지 항목들이 포함되어 있다. 이들 항목이 외교 및 안보 분야에 대한 일본의 전반적인 생각을 대표한다고 할 수는 없겠지만 그에 대한 일반적인 성향을 나타내줄 수 있다고는 판단되는데, 각 정당들의 회답을 정리하면 다음과 같다.

유엔의 평화유지활동에 대한 인적 공헌 문제에 관해서 가장 적극적인 답변을 한 것은 "「PKO협력법」을 개정하여 유엔평화유지군(PKF)의 동결을 해제해야 한다"고 주장한 민사당이었다. 자민당이나 신생당 역시 "안전성에 대한 배려를 하면서"라는 조건을 달았지만, "앞으로도 참가해야 한다"는 적극적인 입장을 표명했다. 반면에 공산당은 캄보디아와 모잠비크에서의 즉각적인 철수를 요구했으며, 사회당 역시 "자위대의 업무가 정부 해석 여하에 따라 자의적으로 확대되어서는 안 되고 「PKO협력법」의 엄격한 적용이 필요하다"고 역설했다. 이들의 중간에 공명당, 신당사키가케, 일본신당, 사민련 등의 입장이 놓여 있었는데, 이들은 대체로 국민적인 합의를 바탕으로 또는 현재 헌법의 테두리

---

16) 이 앙케트 조사는 ≪아사히신문≫이 1993년 6월 25일부터 7월 2일까지 실시한 것으로, 문장으로 회답을 요청한 것이다. 이 장에 나오는 인용부분에 대해서는 별도의 주를 달지 않았다. 조사결과에 대해서는 ≪朝日新聞≫, 1993.7.7일자를 참조.

안에서, 즉 비군사적인 의료나 건설 혹은 치안 유지 등의 부문에서 공헌을 수행해야 한다는 신중한 자세를 취했다.

상임이사국에의 진출 문제에 대한 각 당의 입장 역시 비슷한 분포를 보이고 있다. 일본 자체가 우선적으로 대국으로 변신을 해야 한다거나 유엔의 조직이나 기능이 변화되어야 한다는 조건들을 내걸지만 자민당이나 신생당, 민사당은 진출 자체에 대체적으로 긍정적인 혹은 적극적인 입장을 표명했다. 반면 "헌법에 위배된다"고 확언한 공산당이나 상임이사국이 "유엔의 대국주의에 기초하는 운용의 상징"이라고 대답한 사회당은 반대 입장을 밝히고 있다. 신당사키가케와 일본신당도 이 부분에서는 좀 더 신중한 자세를 취했다. 일본신당은 "대국주의의 기치를 휘날리면서 특권적인 지위를 구할 필요가 없다"고 했고, 신당사키가케도 "현 상태의 유엔에서 상임이사국의 자리를 지원할 것이 아니라" 명분보다는 실질적인 공헌을 하는 국가로서 새로운 유엔의 창조에 이바지해야 한다고 주장했다. "적극적으로 상임이사국에의 진출을 목표로 할 이유가 없다"고 하지만, 여타 국가들이 추천하는 경우에는 재고할 여지가 있다는 단서를 단 공명당의 입장이 중간적이었다.

자위대의 위헌 여부에 대한 견해는 좀 더 복잡했다. 공산당이 "명백한 위헌"이라고 대답한 반면에, 사회당은 "현재의 자위대는 위헌상태"라고 판단하면서도 "세계적인 군축의 방향에 따라 축소해야 한다"고 하여 실질적으로는 인정을 하는 다소 완화된 견해를 피력하고 있었던 것이다. 자민당, 신생당, 민사당, 신당사키가케는 자위권이 국가 고유의 원한이라는 측면에서 합헌임을 명백히 했다. 사민련과 공명당이 전수방위라는 분야에 국한시킬 때에는 합헌이라고 답한 반면에, 일본신당은 비록 자위권이 국가의 고유권한이지만 현행 헌법과의 관계에서 보면 합당치 않은 점이 있다며 중간적인 입장을 취했다.

이러한 논의를 이념적인 차원에서 정리하면 적극적인, 즉 무력사용을 포함한 국제적 공헌론과 평화적인 국제적 공헌론으로 나뉜다고 할 수 있을 것이다. 이러한 측면에서 볼 때 정당 간의 이념적 분포는 오자와(小澤一郞) 자유당 총재의 보통국가론과 다케무라(武村正義) 전 대장상의 질실국가론으로 크게 대별된다.

한국에도 잘 알려져 있는 오자와의 보통국가론은 간단히 말하면 현재 일본이 누리는 경제적 번영과 그에 수반된 풍족하고 안정적인 생활을 다가오는 21세기에도 유지하기 위해서는 국제환경의 평화와 안정에 기반을 둔 자유무역체계가 존속되어야 하며, 이를 위해서는 일본이 국제환경의 평화와 안정에 공헌하는 진정한 의미에서의 국제국가로 전환되어야 하는데 국제국가란 곧 보통국가가 되는 것이라는 주장이다.[17] 그가 말하는 보통국가란 국제사회에서 당연시되는 것을 당연히 스스로의 책임하에서 행하는 것을 의미하는데, 여기에는 일본이 방위상에서도 국제적으로 공헌해야 한다는 것이 함의되어 있다. 따라서 그는 유엔과 같은 국제기구하에서의 적극적인 자위대 활동을 지지한다.

반면 다케무라의 질실국가론은 군사적으로는 '작지만' 국내적으로나 국제적으로 질적이고도 실질적인 공헌을 하는 국가로서의 길을 일본이 택해야 한다는 주장이다.[18] 그가 말하는 질적이고도 실질적인 공헌이란 개발도상국에의 원조를 통해 지역분쟁의 원인이 되는 빈곤을 퇴치하는 것이며, 환경보호와 같은 전 세계적 관심사에 적극적으로 동참 및 개입한다는 것이다.

방법론에서의 커다란 차이에도 오자와의 구상이나 다케무라의 구상에는 두 가지의 공통점이 나타난다. 하나는 걸프전에서의 경험이 이들 구상이 나오게 된 배경이라는 점이다. 즉, 일본이 걸프전에서 130억 달러 상당의 경제적인 지원을 했으면서도 일국평화주의적 국가로 비난받은 것에 대한 충격이 이들로 하여금 일본의 진로에 대해 언급하게 했다는 것이다. 다른 하나는 이들 모두 국제적 공헌을 언급하고 있으며, 그에 더해 국제기구 내지는 다자적 기구를 활용하는 데 주목하고 있다는 점이다.

(2) 향후의 진로에 대한 지식인들의 구상

냉전의 붕괴 이후 일본 내에서도 자국의 외교 및 안보가 향후 나아가야

---

17) 小澤一郎, 『日本改造計劃』(東京: 講談社, 1993).
18) 武村正義, 『小さくともキラリと光る國: 日本』(東京: 光文社, 1994).

할 방향에 대해 다양한 논의가 표출되었는데, 와인스타인은 이를 여섯 가지로 요약하고 있다.[19]

첫째는 경제적·사회적 변화를 감수하더라도 미일동맹을 유지해야 한다는 주장으로, 이러한 주장의 대표적 인물로 사토 전 도쿄대 교수를 꼽고 있다. 사토 교수는 1990년 ≪주오코론(中央公論)≫에 게재된 논문에서 일본이 국내적인 사회·정치 구조의 변화뿐 아니라 국제적인 경제정책에서도 급격하고도 실질적인 변화를 추구해서라도 미일동맹을 유지해야 한다고 주장했다. 그의 근거는 두 가지였다. 하나는 당시 소련이 혼란에 빠져 있기는 했지만 여전히 핵무기를 보유한 강대국이므로 혼란의 수습 여하에 따라 언제라도 미국 및 일본에 위협을 가할 수 있는 존재라는 것이었다. 또 다른 하나는 비록 소련이 결국에는 붕괴한다고 하더라도 미국 경제와 일본 경제는 매우 긴밀히 연결되어 있고 상호 의존적이기 때문에 동맹의 유지가 양국 경제에 득이 될 것이라는 판단이었다.

둘째는 일본이 미일 간의 경제마찰이 내포한 위험성을 과소평가하고 있다는 주장이다. 이는 위에서 언급한 사토 교수의 주장과 연장선에 있다고 볼 수 있는데, 이러한 주장을 한 사람으로 오카자키(岡崎久彦) 전 태국대사를 소개하고 있다. 1990년 ≪분게이슌주(文藝春秋)≫ 1월호에 실린 글에서 오카자키 대사는 17세기 말에 발생했던 영국과 덴마크의 전쟁을 분석하면서 미일 경제마찰이 가져올 악영향에 대해 일본이 과소평가하고 있다는 점을 지적한다. 그에 따르면, 덴마크는 경제적 마찰에도 불구하고 영국과의 관계가 기본적으로 우호적임을 믿었기에 전쟁을 전혀 예상하지 않았다는 것이다. 덴마크가 그렇게 믿었던 데에는 양국 간의 전쟁 이전에 스페인이나 합스부르크공국과의

---

19) Martin E. Weinstein, "Japan's Foreign Policy Options: Implications for the United States," in Gerald L. Curtis(ed.), *Japan's Foreign Policy After the Cold War: Coping with Change* (New York: M.E. Sharpe, 1993), pp. 218~234. 일본 지식인들의 구상에 대한 논의는 다양하게 분류되는데, 여기서는 1990년대 초에 제시된 견해들을 중심으로 검토하고 있으므로 와인스타인의 글을 인용했다.

전쟁을 함께 이겨낸 동맹관계라는 것이 작용했다. 오카자키 대사의 주장이 상기한 사토 교수의 그것과 연장선에 있다고 하는 이유는 일본이 덴마크와 같은 우를 범하지 않기 위해서라도 미일 간의 경제적 마찰을 가볍게 보지 말고 미일관계를 유지하기 위한 사회경제적 구조의 개선을 추구해야 한다는 결론이 그 글에 내포되어 있었기 때문이다.

셋째는 동맹을 유지하되 동등한 동반자로서 유지해야 한다는 주장인데, 이시하라 전 국회의원이 그 대표적 주창자로 언급되었다. 한국에서도 잘 알려져 있는『'노'라고 말할 수 있는 일본』이라는 책에서 이시하라 의원은 미국과 일본 양국 간에 증대하는 경제적·기술적 동등성과 상호 의존성이 동맹정책과 연관해서 좀 더 동등한 영향력과 조정력을 동반하지 않으면, 일본의 분노와 미국의 자만심이 지금까지 성공적으로 유지되고 호혜적이었던 양국관계를 망칠 위험이 있다고 주장했던 것이다. 예를 들어 이시하라 의원은 차세대전투기(FSX)의 미일 공동개발을 일본에의 기술공여라고 비난한 워싱턴 정계의 의원들과 비판자들에 대해 분개하면서, FSX를 독자적으로 개발해야 한다거나 일본의 우위적인 전자칩 생산기술을 미국이 아닌 소련에 팔아야 한다는 식으로 위협했다.

넷째는 미국이 동맹의 효용성을 더 이상 필요로 하지 않기 때문에 미일동맹이 유지되기 어렵다는 주장인데, 평론가인 다하라가 그 대표적인 인물로 제시되었다. 1990년 1월 ≪우시오(潮)≫라는 잡지에 실린 글에서 다하라 역시 미일관계가 유지되어야 한다고 주장하면서도, 과연 미일관계가 유지될 것인가에 대해서는 회의적인 입장을 나타냈다. 이러한 입장은 이제까지 미국이 미일동맹을 유지했던 것은 소련의 위협 때문이었다는 인식에 기초하며, 소련의 위협이 현저히 감소한 지금이나 감소될 가능성이 높은 미래에는 미국이 동맹유지에 열중하지 않을 것이라는 예견에 따른 것이다. 이에 따라 다하라는 일본이 성공적이고도 산업적이며 도시적인 국가로서의 규범을 보여주어야 한다고 주장했다.

다섯째는 일본이 경제적인 대국, 즉 헤게모니 국가화될 것이라는 주장인데,

그 대표적인 인물로 미국 일리노이대학의 타이라 고지 경제학 교수를 제시하고
있다. 타이라 교수는 기본적으로 21세기 내지 탈냉전기하의 국제관계는 상대
적으로 평화로운 것이어서, 군사력 위주의 정치는 점차 경제력 위주의 정치로
치환될 것이라고 본다. 그리고 바로 그러한 국제적인 상황에서 일본이 이제까
지의 경제력을 바탕으로 헤게모니 국가로서의 역할을 발휘할 것이라는 주장이
었다. 또한 영국이나 미국이 장기간의 파괴적인 전쟁을 거쳐서 헤게모니의
위치에 올라선 반면에, 일본은 그와 같은 극적인 대결 없이도 그러한 위치에
오를 것이라고 주장한다. 그러나 이러한 일본의 지위 상승을 과연 미국이
용인할 것인지는 의심스럽다고 하지 않을 수 없다.

   여섯째는 미국, 일본, 유럽이라는 세 개의 국가 내지는 지역이 새로운 세계질
서를 창조하고 유지할 것이라는 주장으로, 구리야마 다카가즈 외무사무차관을
그 대표적인 주창자로 제시했다. 외무성에서 발간하는 잡지 ≪가이코포럼(외교
포럼)≫에 실린 글에서 구리야마는 탈냉전기에 대한 매우 냉철한 견해를 피력
했다. 즉, 새로운 질서가 급속하게 사라지는 미소대결의 양극구도를 대체하지
않으면 세계는 불안정과 폭력으로 빠져들 것이라는 내용이었다. 또한 1990년
대에는 미국이 이전과 같은 세계의 경찰관 노릇을 하는 것도 어렵다는 견지에
서 그는 생산력에서 세계의 삼분의 이를 차지하는 미국, 일본, 유럽이 서로
파트너십을 형성하는 삼각구도를 주장했던 것이다. 이러한 주장 뒤에는 일본
을 향한 세계의 지탄을 피하려는 측면도 포함된 것이 사실이지만, 일본이
이러한 삼각구도를 형성하는 데 적극적인 역할을 해야 한다고 주장한다는
측면에서 외무성의 주장으로서는 새로운 것이라고 할 수 있겠다.

   지금까지 논의된 와인스타인의 요약을 정리하면, 일본 내 지식인들의 구상
은 대체로 미일관계 우선주의, 경제적 우월주의, 삼각구도주의로 크게 대별되
는 것을 알 수 있다. 그리고 이러한 분포는 앞 절에서 언급한 정당 내지는
정치가들의 구상과는 사뭇 다른 특징을 보인다. 즉, 오자와나 다케무라의 경우
에도 미일관계의 유지를 부정하지 않지만 그에 더해 다자적 기구에서의 공헌이
새로운 방안으로 제시되었는데, 이들 지식인의 경우에는 그러한 방안이 크게

부각되지 않았다는 것이다. 이는 와인스타인의 조사가 불충분한 데도 이유가 있겠지만, 흥미로운 차이점이라고 생각된다.

3. 미일 간의 신안보정책 협의과정

1) 방위문제간담회 보고서와 신방위대강

방위문제간담회(이하 간담회)는 1994년 2월 호소카와(細川護熙) 수상이 방위대강(구대강)을 대신하는 새로운 사고방식의 골격에 대한 의견을 청취하기 위해 설치한 수상의 직속 자문회의이다. 재계, 학계, 관계의 식자들로 구성된 본 간담회는 1994년 2월부터 1994년 8월까지 20회에 걸친 모임을 가졌고, 8월 12일에는 '일본의 안전보장과 방위력의 향방: 21세기를 향한 전망'이라는 제목의 보고서를 당시의 수상이던 무라야마(村山富一)에게 제출했다.[20]

보고서의 내용은 크게 다음과 같은 일곱 가지로 구성되어 있다.[21] 첫째는 냉전 후의 상황에서 국제적인 안전보장의 축이 되는 것은 UN의 분쟁처리 기능과 미국을 중심으로 하는 국제협조인데, 일본은 '능동적인 질서 형성자'로서 이에 적극적으로 참가해야 한다는 것이다. 둘째로 일본의 안전보장정책은 ① 세계적·지역적인 규모에서 다각적인 안전보장협력을 추진하고, ② 미일 간

---

20) 본 간담회는 9명의 위원으로 구성되었는데, 히구치 고타로(通口廣太郎) 아사히맥주 회장(간담회 회장)을 비롯한 후쿠카와 노부츠구(福川伸次) 신호제강 부사장, 모모이 켄(諸井) 질부시멘트 회장, 그리고 교텐 도요오(行天豊雄) 도쿄은행 회장이 경제계를 대표해서 포함되었고, 학계에서는 이노구치 구니코(猪口邦子) 상지대학 교수와 와타나베 아키오(渡邊昭夫) 전도쿄대 교수가 소속되었으며, 이외에도 오가와라 요시오(大河原良雄) 전 주미대사, 사쿠마 하지메(佐久間一) 전통합막료회의 의장, 그리고 니시히로 세이키(西廣整輝) 전방위차관이 관계를 대표해 소속되었다.

21) 방위문제간담회의 보고서에 대해서는 防衛問題懇談會, 『日本の安全保障と防衛力のあり方: 21世紀へ向けての展望』(東京: 大藏省印刷局, 1994)을 참조.

의 안보관계가 기능적으로 충실할 수 있도록 노력하며, ③ 신뢰성이 높고 효율적인 군사력을 유지하는 것을 기본 방향으로 삼아야 한다고 언급하고 있다.

셋째는 상기한 두 가지의 취지에 준하여 PKO를 자위대의 본 업무로 삼아야 하며 이에 따라 PKF에 유보적으로 참가하도록 한 방침을 취소해야 한다는 것이다. 넷째는 미일안보조약의 의의를 긍정적으로 재인식하여 한층 더 유연하고 적극적인 협력관계를 만든다는 것이다. 이를 위해서는 예를 들어 ACSA를 시급히 체결할 필요가 있음을 지적했다. 다섯째로는 자위대의 정원을 현재 27만 명 선에서 24만 명으로 감축하며(주로 육상자위대를 대상으로), 대잠수함 능력과 전투기를 삭감할 것을 권고했으며 다른 한편으로는 전역 미사일방위(TMD) 구상을 적극 추진할 것을 권고했다. 여섯째로는 무기생산의 자주성과 자립성은 계속 유지할 것을 지적했으며, 마지막으로는 이러한 내용을 10년 정도에 걸쳐 실시할 것을 제시했다.

동 보고서는 그 내용을 구대강이나 신대강과 비교해볼 때, 대체로 다음과 같은 두 가지의 특징을 내포한다. 하나는 구대강과는 달리 자력방어에 대한 언급이 미약해져 있다는 측면이다. 따라서 이 시점에서 이미 신대강에 나타나는 자력방어 우선화의 탈피가 논의되었다는 것을 알 수 있다. 이와 연관된 다른 하나의 특징은 신대강과는 달리 자력방어 우선 노선을 대신하여 미일안보 협력체제의 견고화만이 아니라 국제적인 협조 또는 다국 간의 다자주의적인 안보협력도 제기되고 있다는 점이다. 이는 자위대의 주요 업무로 PKO를 제시하고, 또한 이를 위해 평화유지활동에 대한 법적 제한의 철폐를 권고한 것에서도 극명하게 드러난다. 이러한 특징들로 볼 때, 방위문제간담회의 보고서는 자력방어를 기본으로 제시한 구대강과 미일안보체제의 공고화를 내세운 신대강의 중간에 위치해 있는 것으로 판단할 수 있다.

후나바시(船橋洋一)에 따르면, 국제협조 또는 다자주의적인 안보협력과 미일 안보협력을 양축으로 제시한 간담회의 보고서가 미일안보협력을 주되게 내세운 신대강의 입장으로 변경된 배경에는 미국의 영향, 좀 더 구체적으로는 나이(J. Nye) 국방차관보가 이끄는 그룹의 역할이 지대하게 작용했다고 한다.[22]

1980년대 말부터 미국 내의 수정주의자들에 의해 제기된 일본위협론의 반대 입장에 있던 나이 국방차관보와 보겔(E. Vogel) 국가정보회의(NIC) 동아시아 담당관과 같은 클린턴 행정부 내의 몇몇 주요 관리들은 미국의 대외정책에서 일본이 차지하는 비중이 무역마찰이나 기타 지역에서의 갈등 노정 등에 의해서 저하된 것을 우려했다. 이에 따라 보겔에 더해 국방성 일본부장인 지알라, 국방대학 국가전략연구소 주임연구원인 크로닌, 그리고 방위분석연구소 연구원인 그린으로 구성된 지알라 연구회가 가동되었는데, 이러한 연구회 활동의 한 결과물이 크로닌과 그린에 의해 제출된 「미일동맹재정의」라는 논문(미 국방대학의 맥내어 페이퍼 31)이었다.

크로닌과 그린의 논문은 일본 정책담당자들이 미국의 동아시아 지역에서의 철퇴 및 피로징후에 대응하는 대체 상대로 유엔이나 지역다각주의 등을 고려하면서 좀 더 강하고 독립적인 능력 제고에 관심을 갖고 있다고 보았다. 그리고 그 근거 중 하나로 간담회 보고서가 '미국 중심'의 다각주의를 제창하고는 있지만 미일동맹의 역할이 새로운 다각주의 정책과 어떻게 연관되는가 하는 부분에 대한 설명이 없다는 점을 지적했다. 이러한 인식 위에 시동된 나이 이니셔티브는 이외에도 많은 인사들의 조언 및 개입 등에 의한 것이지만, 본격적인 가동은 나이의 일본 방문(1994년 11월) 때 미일 고관들에 의해 구성된 안전보장대화부터라고 한다. 이 회의는 난상토론으로 진행되었는데, 이러한 격의 없는 논의형식은 나이보고서 및 신방위대강의 작성에서도 나타났다. 즉, 나이보고서의 초안은 미 군부 내에서 회람되기 전에 일본 측에 제시되었으며, 미국 측도 신방위대강에 대해 발표하기 전에 이미 내용을 거의 파악하고 있었다. <표 4-1>은 후나바시의 논문 등에 기초하여 나이보고서와 신방위대강이 나오기까지의 과정을 간추린 것이다.

사사키(佐佐木芳隆) 역시 1994년 11월에 있었던 나이의 일본 방문을 예로

---

22) 船橋洋一,「日米安保再定義の全解剖」, ≪世界≫(1996.5), pp. 22~53. 나이보고서가
   제출되기까지의 과정에 대한 다음의 내용은 별도의 언급이 없는 한 이 논문에 기초한다.

〈표 4-1〉 일본의 신안보정책 성립까지의 주요 사건

연월일	주요 사건의 내용
1992년	미국의 대통령 선거: 클린턴의 선거유세
1993년 1월	미국 클린턴 행정부의 발족 미군의 소말리아 파병
8월	일본의 총선거
9월	키신저의 다자주의 비판(워싱턴포스트지의 기고문에서)
9월 27일	클린턴의 유엔 연설[확대(enlargement)로의 변화 시사]
10월	Bottom-up Review(Win-Win 전략)
1994년 1월	미 국방부의 연례 보고서
7월	무라야마 내각 성립, 지알라 연구회 첫 가동
8월	일본에서 방위간담회의 보고서 발표(무라야마 수상에의 제출)
9월	하타케야마 방위청사무차관의 방미, 나이의 국방차관보 발령
10월	페리 국방장관의 동아시아(일본 포함) 및 중동 순방 - 나이의 동행
11월	크로닌과 그린의 '일미동맹재정의'라는 정책보고서 나이의 일본 재방문
1995년 2월	나이보고서
9월	오키나와 미군의 소녀 강간사건
11월	신방위대강
1996년 4월	미일안보 신선언
1997년 9월	미일방위협력지침(신가이드라인)의 성립

들며 신방위대강의 성립 이전에 미국이 적극적인 개입을 보였다고 주장한다.[23)] 즉, 1994년 11월 15일에 일본을 방문한 나이와 보겔은 외무 및 방위 분야의 관계자 다수를 만나 미일안보조약의 재정의에 대해서 타진하고 다녔다고 한다. 그들이 미일안보를 새롭게 할 필요성이 긴박하게 제기되고 있으므로 서로 긴밀히 협의해야 하며, 경제력을 염두에 둔 미국쇠퇴론은 사실과 다르다고 주장했다는 것이다. 또한 이들은 1995년 11월 오사카에서 개최될 예정이었던 아시아태평양경제회의 수뇌회의에서 미일안보의 중요성에 대한 공동선언을 하자고 제의했다고 한다.

사사키의 보고는 미국의 대일접촉이 있게 된 배경에서 후나바시의 주장과

---

23) 佐佐木芳隆, 『新秩序への道: 多國間安保と日米同盟』(東京: 中央公論社, 1995), pp. 321~355.

다르다. 즉, 후나바시에 따르면 미국은 일본의 다자주의 강조가 미국의 이탈을 우려한 일본의 대응이었던 것으로 파악하는 반면에, 사사키는 미국의 경제력 약화에 따른 일본의 미국 이탈이라는 인식을 제시했다. 양자 중 어느 것이 더 정확한지는 현재로서 판단하기 곤란하지만, 일본의 새로운 안보정책 방향이, 즉 간담회가 제시한 방향이 미국의 적극적인 개입에 의해서 변화된 것만은 확실하다.[24]

물론 이러한 결론에도 한 가지 단서가 필요하다. 후나바시에 따르면, 탈냉전기라는 상황이 시작되는 1980년대 말과 나이 이니셔티브가 본격 가동되기 이전인 1994년 9월에 일본 측의 움직임이 있었다고 한다. 부시 정권 시절인 1980년대 말 당시 방위청 사무차관이었던 니시히로(西廣整輝)가 스코우크로프트 대통령보좌관에게 소련, 중국, 한반도, 중동을 염두에 둔 미일 간의 '전략대화'를 제기했지만, 이는 부시 정권의 중국 경사 및 유럽 문제 중시 경향에 의해 실현되지 못했다고 한다. 또한 1994년 9월 중순에 미국을 방문한 하타케야마 방위청 사무차관은 미국 측 누구와 접촉하면 되는가 하는 질문을 던짐으로써 미국의 담당자들로 하여금 그들의 대일정책이 미비함을 일깨우는 계기를 마련하여 나이 이니셔티브의 도화선을 구축했다는 것이다. 이러한 측면들을 위에서 언급한 과정의 상호 긴밀한 의견교환이라는 측면과 더불어 고려한다면, 신안보정책의 성립에는 일본의 역할도 결코 작지 않다고 할 수 있을 것이다.

2) 지침개정의 과정과 개정내용에 대한 반응 및 평가

'신선언'이 발표된 이후 가이드라인의 개정작업에 착수한 미국과 일본은 1996년 9월 초의 제1차 중간보고와 1997년 6월의 제2차 중간보고를 거쳐

---

24) 방위문제간담회에 대한 미국의 간섭 내지 관심은 필자가 방위문제간담회에 참여했던 와타나베(渡辺昭夫) 교수와 가진 인터뷰(1998.9.10)에서도 확인된다. 와타나베 교수에 따르면 방위문제간담회에서는 다자주의 등을 포함한 폭넓은 주제가 논의되었는데, 이러한 논의 중에도 다자주의에 대해 재고해달라는 미국의 요구가 있었다고 한다.

1997년 9월 23일에는 최종보고를 발표했는데, 그 주요한 내용은 제2차 중간보고서에 포함되어 있다. 미국과 일본의 외무 및 방위 담당 고관들에 의해 구성된 '미일방위협력 소위원회(SDC)'에 의해 1997년 6월 초 하와이 호놀룰루에서 발표된 중간보고서는 일본 측이 먼저 제안하여 1997년 봄부터 그 작업이 시작되었다.[25] 이에 대해 미국 측의 요망항목이 정해진 것은 5월 19일 미국에서 진행된 SDC 대리회의에서였다. 5월 21일에는 미일 간의 안보관계자 약 40명이 모여 대리회의에서 결정되지 못한 점들을 비공식적으로 논의하는 회의가 열렸다. 일본 방위청의 제복조(制服組)가 준비한 원안에 더해 '수색', '구난', '비전투원 퇴피활동' 등과 연관된 개념도를 지참해 진행된 이 회의에서는 '무기 및 탄약'의 운반과 보급을 어떻게 취급할 것인가가 초점이 되었다. 방위 담당자들은 검토항목으로 보급까지 취급할 예정이었으나, 내각법제국이 거기에 난색을 표했다.

23일에는 일단 문안작성이 끝났는데, 이 시점에도 주변 유사에 대응하는 작전계획에 대한 부분은 여전히 과제로 남게 되었다. 이는 공동작전계획을 되도록 숨기려는 일본 측에 대해 미국 측이 실효성을 높이는 차원에서 명확히 할 것을 요구한 데 따른 것이었는데, 이에 중간보고서의 최대 특징이라고 할 수 있는 '상호 협력계획'이라는 방안이 일본 측 내부에서 수렴되었다.

이러한 논의의 끝에 6월 9일에 발표된 중간보고서는 일본 국내에서 많은 논란을 불러일으켰는데, 6월 10일 중의원 안전보장위원회에서의 논의를 중심으로 이들 쟁점을 정리하면 다음과 같다.[26]

첫째는 지침개정과 동반된 법제 정비, 즉 유사법제 정비와 연관된 것이다. 이에 관한 질문에 대해서 이케다 외상은 "만약 미일 간에 물품 및 서비스의 상호 융통이 필요한 경우가 생기면, 새로운 협정을 체결하거나 현재의 협정을 개정해야 하는 일이 생길 것"이라는 입장을 취함으로써 현행의 ACSA을 대신

25) ≪朝日新聞≫, 1997.6.9.
26) ≪朝日新聞≫, 1997.6.10.

하는 유사 ACSA의 체결이 필요하다는 의견을 제시했다. 구마 방위청장관 역시 "가이드라인이 중간보고의 선에서 정리된다면 어떤 형태로든 법적인 정비를 필요로 하지 않겠는가"라는 입장으로, 유사를 상정한 국내 법제 정비의 필요성을 제기했다. 둘째는 신가이드라인을 국회 승인사항으로 할 것인가의 여부였다. 이케다 외상은 이에 대해 "국회승인의 대상이 되지 않는다"고 말하고, "책정 후에 법률 및 예산상의 조치가 적절하다고 판단되면 법안 및 예산안으로서 국회의 판단을 기다린다"는 입장을 취했다. 셋째는 불심선박 검사(임검)의 범위에 대한 것이었다. 외무성의 하야시(林暘) 조약국장은 이에 대해 "기본적으로는 유엔결의가 나온 경우를 상정하고 있다"고 답변했다. 넷째는 주변 또는 지원의 적용범위에 관한 것이다. 외무성의 세스다 북미국장은 중동이 여기에 포함되느냐는 질문에 대해 "극동 이외의 지역은 가이드라인과는 별도의 차원에서 말해야 한다"고 언급함으로써, 가이드라인 이외에도 주변 이외의 지역에서의 대미지원이 있을 수 있다는 견해를 제시했다. 또한 전투지역과는 구별되는 지역에 대해서는 "전투에 말려들어가지 않는, 통상 예측되지 않는 지역을 말한다"고 답했다. 마지막으로는 신가이드라인의 집단적 자위권에의 저촉 여부로서, 오오모리 내각법제국장관은 이에 대해 "협력검토 항목 자체에는 헌법상 실시가 인정될 만한 여지가 없는 것은 포함되지 않았다"고 답변했다.

이러한 논의를 거쳐 미일방위협력지침 개정의 최종보고서는 22일 오후에 개최된 SDC에서 그 최종문안이 결정되고 23일 오전에 개최된 미일안전보장협의 위원회(2+2)에서 승인 및 공표되었다. 앞에서도 지적했듯 최종보고서는 중간보고서와 큰 차이가 없는데, 새롭다고 할 수 있는 것은 주변사태에 대한 정의의 추가, 임검의 유엔결의 한정, 외국의 일본인 구출에 대한 미일 간의 협력방향 제시 등에 대한 합의가 도출된 것이다.

최종보고서의 내용에 대한 반응은 중간보고에 대한 그것과 유사한데, 여기서는 24일 국회 내에서 개최된 여당 3당 간의 '여당가이드라인문제협의회'에서 논의된 내용을 중심으로 살펴본다.[27] 사회당은 "지리적 개념이 아니라는 주변사태는 미일안보조약과 괴리"가 있으며, "무기 및 탄약의 수송은 집단적 자위권의 행사에 저촉될 우려가 있다"고 지적했다. 이러한 지적에 대해 정부는 무기 및 탄약의 수송은 전투지역과 선을 긋는 지역에서 행해지는 것으로 미군의 무력행사와 일체화되는 것은 아니라고 답변했다.

또한 사회당은 유사법제의 정비는 헌법에 저촉될 우려가 있다고 반대하는 입장을 취했고, 대만해협은 제외되어야 한다는 자세를 고수했다. 이에 대해 자민당은 신속히 유사법제의 정비를 위해 협의를 시작해야 하며, "일본의 안전보장에 직결되는 문제는 정치의 논리['나카다쵸(영전)의 논리']로 해결해서는 안 된다고 주장했다. 서로 대립적인 입장 때문에 사회당과 자민당 내에서는 각기 연립체제의 해체를 불사한다는 발언들이 나왔다.

이러한 일본 국내의 논의에 대해 미국 측은 대체로 지침개정을 긍정적으로 평가하는 자세를 보였다. 예를 들어 최종보고서 공표 당시 일본을 방문 중이던 아미티지 전 미 국방장관은 한 연설에서 지침개정이 매우 중요한 결정이었으며, 이를 의미 있는 것으로 만들기 위해서는 일본 정부의 강력한 의지가 필요하다고 주장했다. 또한 집단적 자위권의 행사에 대해서도 헌법해석으로 충분히 대응할 수 있다는 견해도 피력했다.

지식인들의 신지침 내지는 신안보정책의 성립에 대한 평가는 크게 둘로 나뉜다. 하나는 진보적인 입장의 견해로서, 지침의 개정 및 신안보정책이 일본의 자주성을 발휘하지 못한 데서 온 것이며 일본을 이전과 같이 국제적 소용돌이에 파묻히게 만드는 것이라고 비판한다. 예를 들어 고바야시 도쿄대 명예교수는 신지침의 성립이 일본의 자유와 평화주의를 방기시키는 무서운 위험을 내포한 합의이며 미일안보조약의 개정으로도 볼 수 있는 중대한 변화라고 주장한다.[28] 그는 그 이유로 다음과 같은 세 가지를 제시하고 있다.

첫째는 안보조약의 목적이 변경되었다는 것이다. 즉, 신선언이나 신지침은

---

27) '여당가이드라인문제협의회'에서의 논의내용은 ≪産經新聞≫, 1997.9.25에 기초함.
28) 小林直樹, 「新ガイドラインは'絶望への道': 日米安保の根本的轉換を」, 『軍縮問題資料』(1997.11), pp. 4~13.

안보조약의 목적이 이전에 제창된 일본의 안전에서 '아시아태평양 지역의 평화와 안정'으로 변화되었다고 보았다. 중간보고서에 대한 ≪아사히신문≫의 평가도 이와 같다. 즉, 타국의 '유사'에 대한 자위대 해외 파병이 다루어지고 있다는 차원에서 '방위정책의 대전환'이며 지침이 아니라 '신안보선언'이라는 평가를 내렸던 것이다.[29] 둘째는 미일안보와 평화헌법 사이의 괴리가 가일층 커졌다는 것으로, 신지침은 종래의 미일안보 노선에 벗어나 평화헌법에 위배되는 측면이 있다는 것이다. 셋째는 신지침이 일본의 주권과 입헌주의 원칙에 심각한 모순을 낳았다는 것으로, 이는 신안보정책이 그 성립과정의 측면에서 미국의 이니셔티브에 크게 영향을 받았다는 것을 지적하고 있다. 고바야시 교수는 신안보정책이 소련이 붕괴된 지금에도 거대한 군사력을 바탕으로 우월적 지위를 유지하려는 미국의 계산에 의한 것이라고 주장하면서, 이러한 미국에 동조하는 일본의 정치가들을 비판하고 있다. 또한 신지침에 따라 아시아는 안정을 찾는 것이 아니라 오히려 다시금 전화에 휩싸일 위험이 증대했다고 주장한다. 한 예로 이러한 움직임이 중국을 자극할 수 있다는 설명이다. 이를 대신할 방법으로 고바야시 교수는 평화외교에 철저해야 한다고 주장한다.

이러한 입장은 마에다(前田壽夫) 전 방위연구소 제1실장도 공유한다. 마에다 역시 신지침의 성립은 미일안보조약의 전면개정과 같은 것이며, 이에 따라 일본은 전쟁에 휘말릴 수도 있다고 경고한다.[30] 즉, 중국이나 북한을 자극하여 일본 국토가 그들의 미사일에 의해 공격받을 빌미를 제공하고 있다는 것이다. 또한 1997년도 방위백서를 검토한 한 글에서는 본 백서가 설명하는 정도의 위험이 일본 주변에 있다고 할 수는 없으며, 미국과 일본이 기본적인 가치를 공유한다는 것도 어불성설이라고 주장한다. 또한 이러한 모든 설명이 일본의 주변사태를 강조하기 위한 것인데, 주변사태가 발생해도 일본에는 난민의 도래나 재외일본인의 피난, 기뢰의 제거 이외에는 실질적으로 걱정할 것이

---

29) ≪朝日新聞≫, 1997.6.9.
30) 前田壽夫, 「ガイドライン見直し＝戰爭への道」, 『軍縮問題資料』(1997.8), pp. 18~25.

없다고 말한다. 즉, 이러한 측면에서도 신지침의 개정은 미국의 국익에 동승하여 전전의 체제를 복구하려는 생각이 담겨 있다는 것이다.[31]

다른 하나는 일본도 국제적인 책임을 다하는 보통국가화할 필요가 있으며, 신지침도 그러한 맥락에서 이해되어야 한다는 신보수주의적 견해이다. 예를 들어 기타오카(北岡伸一) 도쿄대 교수에 따르면, 일본은 오자와 자유당 총재가 표명했듯 종국에는 보통국가로 나아갈 수밖에 없다고 주장한다.[32] 그러한 차원에서 신선언이나 신지침이 제시한 방향은 안보재확인이라기보다는 재정의라고 보아야 한다는 것이다. 기타오카 교수의 이러한 주장은 위에서 언급한 국제적 책임을 다하는 것 외에도 집단적 자위권보다는 개별적 자위권이 군사대국으로의 길을 더 충동질할 수 있다는 생각에 기초한다. 즉, 집단적 자위권하에서는 행동을 서로 제어할 수 있지만, 개별적 자위권하에서는 자위라는 이름으로 방위력의 증강을 도모할 수 있다는 것이다. 이러한 사고의 기초 위에서 기타오카 교수는 일본도 언젠가는 신지침 등이 암시하는 집단자위권을 공표해야 한다고 주장한다.

보수적인 입장을 가진 사람들 중에는 신지침이 불안전하다는 점 때문에 불만을 토로하는 경우도 있다. 한 좌담회에서 오카자키(岡崎久彦)는 신지침이 일본의 국내적인 사정을 고려하여 생겨난 정치적 산물이라고 주장하면서, 그 내용에 불만을 토로했다.[33] 그의 주장은 실질적으로 신지침에서 상정하는 주변사태 등이 발생했을 때 신지침이 예시하듯이 '이것 이상은 금지되어 있으므로 안 된다고 할 수 있겠는가'라는 의문에 기초한다. 즉, 기타오카 교수와 같은 맥락에서 좀 더 본격적으로 집단자위권의 제창을 주장하고 있는 것이다. 기왕에 재정의된 바에는 좀 더 적극적으로 일본의 입장을 정리할 필요가 있다

---

31) 前田壽夫, 「'97年版防衛白書を問う: 新ガイドラインに向けて」, 『軍縮問題資料』(1997. 11), pp. 38~45.

32) 北岡伸一, 「橋本外交の現狀と課題」, ≪アジア時報≫(1998.8), pp. 20~47.

33) 「政治季評: 日米防衛協力 新ガイドラインは政治的踏み繪だ」, ≪中央公論≫(1997.8), pp. 32~41.

는 주장은 이외에도 많은 사람들에게서 피력되었다. 예를 들어 방위문제간담회에 참여했던 와타나베(渡辺昭夫) 전 도쿄대 교수와의 대담에서 이가라시(五十嵐武士) 도쿄대 교수는 신지침에서 중요한 것은 신지침 내용 자체라기보다는 그것을 갖고 무엇을 할 것인가라고 주장한다.[34] 즉, 신선언이나 신지침에서 안보의 대상 내지 목적이 바뀐 바에는 적극적으로 그에 동반된 방침 및 위치선정을 제시했어야 한다는 것이다.

이러한 논의에서 특히 주목되는 것은 신안보정책의 구체적인 실행방안이라고 할 수 있는 지침의 성립에 대해 보수주의자, 예를 들어 오카자키와 같은 인사도 불만스럽게 생각한다는 점이다. 물론 이러한 불만은 고바야시와 같은 진보주의자들의 그것과는 다르다. 진보주의자들은 신지침이 너무 지나치다고 비판하는 반면, 보수주의자들은 부족하다는 견지에서 비판하는 것이다. 지침에 대한 그 밖의 불만에는 다쿠보(田久保忠衛)가 피력한 것처럼 미국의 일본 불신에 대한 것도 있다.[35] 다쿠보 주장의 요지는 미국이 지침을 개정할 때 '헌법의 틀 내에서'라는 단서를 단 것이 일본의 국내사정을 이해한 조치일 수도 있지만, 일본의 군사대국화를 우려하는 대일 불신감의 발로라고도 해석된다는 것이다. 흥미로운 것은 오카자키의 경우 이러한 조치의 책임을 국내의 정치적 여건에 돌리고 있다는 점이다. 이를 종합해서 볼 때, 현재의 단계에서 만족해하는 것은 기타오카 교수와 같은 현실론자라는 점 역시 또 하나의 특징이다.

---

34) 「對談: '가イドライン'見直しは憲法を超えるか」, ≪潮≫(1997.9), pp. 124~133.

35) 田久保忠衛, 「日本の'自主性'認めた新日米同盟」, 田久保忠衛·新井弘一·平松茂雄 編, 『戰略的日本外交のすすめ』(東京: 時事通信社, 1998), pp. 3~23.

4. 안보정책 수립에서의 국제적 요인의 역할과 그 함의: 일본의 경우

지금까지 우리는 탈냉전기라는 새로운 국제질서의 상황에 즈음하여 일본이 수립한 신안보정책이 어떠한 과정을 거쳐 성립되었는지 살펴보았다. 특히 이 과정 속에서 국제적 요인, 그중에서도 미국의 역할이 어느 정도인가를 검토하기 위해 미국의 안보정책 변화, 일본 내에서의 논의, 미일 간의 협의과정 등을 살펴보았다. 이는 대체로 다음과 같은 세 가지로 요약해볼 수 있을 것이다.

첫째, 일본이 탈냉전기라는 새로운 국제질서를 맞아 독자적으로 내놓은 구상은 방위문제간담회의 보고서에 담겨 있다. 재계, 학계, 관계의 식자들로 구성된 본 간담회의 보고서는 UN의 분쟁처리 기능과 미국 중심의 국제협조를 탈냉전기의 국제안전보장에서 주요한 두 축으로 보면서 일본 역시 '능동적인 질서 형성자'로서 이에 적극적으로 참가해야 한다고 주장했다. 또한 적극적인 참가의 방안으로 유엔평화유지군(PKF)에의 유보조항 취소, 미일안보조약에의 좀 더 적극적인 협력, 전역 미사일방위(TMD) 구상의 적극적 추진을 권고했다.

이 보고서의 특징은 1973년에 작성된 구대강과는 달리 자력방어에 대한 언급이 미약해진 반면, 그를 대신하여 미일안보협력체제의 견고화만이 아니라 국제적인 협조 또는 다국 간의 다자주의적인 안보협력도 제기되었다는 점이다. 이 보고서가 일본의 독자적인 방향을 제시했다는 것은 주요 특징으로서 다자주의 제창 외에도 이러한 주장이 당시 일본에서, 특히 정계에서 많이 표명된 것을 반영한다는 측면에 기인한다. 예를 들어 본론에서 이미 언급했듯이 서로 상반된 방법을 선호한 오자와 현 자유당 총재나 다케무라 전 대장상의 논의 속에서도 다자적 기구를 통한 국제공헌이 제기되었다.

둘째는 동 간담회 보고서의 이러한 특징이 신대강의 단계에서는 사라지는 데, 이러한 전환의 배경에는 미국의 노력 내지는 미일 간의 협력이라는 측면이 작용했다는 것이다. 앞서도 언급했듯 간담회 보고서는 미일안보협력의 중요성과 다자주의의 긴요성을 동등하게 또는 후자를 우선시하는 경향을 보였는데, 이것이 전자를 더 우선시하여 그 내용에 미일안보의 중요성을 강조하는 부분이 열군데 넓게 나타나는 신대강으로 전환되었다.

이러한 변화에는 미국의 적극적이고도 지속적인 개입 내지는 관심이 작용한 것인데, 미국의 이러한 움직임 뒤에는 두 가지 측면이 작용했다고 할 수 있다. 하나는 탈냉전기에 접어들어 양국 간의 무역마찰과 유럽 우선시 등의 요인에 의해 미일안보관계가 소원해지는 것을 우려하는 인사들이 있었다는 것이다. 나이 국방차관보와 보겔 국가정보평의회 연구원이 포함된 지알라 연구회의 구성원들이 그 예라고 할 수 있다. 다른 하나는 다자주의를 통해 안보와 경비절감이라는 두 마리 토끼를 쫓았던 클린턴 행정부가 국내외적 여건상 그것을 실행하기 곤란하게 되면서 선택한 양자주의를 살리기 위한 압박으로 이해할 수 있다.

그러나 미국의 개입 내지는 관심에는 일본 측이 관여한 면도 있다. 즉, 위에서 언급한 미일안보관계가 소원해지는 것을 우려하는 인사들의 등장에 즈음하여 일본의 요구도 있었다는 것이다. 1994년의 하다케야마 일본 방위청 사무차관의 방미는 미국의 외교정책에서 일본이 잊히고 있었다는 것을 일깨워 준 사건으로 알려져 있다. 이런 측면과 더불어 나이보고서 및 신대강의 작성과 정에서 미일 간에 긴밀한 협의가 진행되었다는 점을 고려하면 일본의 신안보정책은 미국이 주도가 된 미국과 일본 간의 공동작품이라고 할 수 있다.

그런데도 셋째로 신안보정책의 구체적인 실행방안이라고 할 수 있는 지침의 성립에 대해 일본의 보수주의자나 진보주의자 공히 불만을 토로하고 있다는 점이다. 물론 이들의 불만은 위에서도 언급했듯이 서로 성질을 달리하는 것이다. 진보주의자들은 너무 지나치며 자주적이지 못하다는 측면을 비판하는 반면, 보수주의자들은 부족하다는 견지에서 그렇게 될 수밖에 없는 현실을 비판하는 것이다. 이와 연관해 현재의 단계에서 만족해하는 사람은 기타오카 교수와 같은 현실론자라는 점이 시사하는 바가 크다.

신안보정책의 개요를 살펴본 2절에서 우리는 신안보정책이 이전의 수동적인 전수방위와는 다른 좀 더 적극적인(집단자위권 논쟁까지 불러일으킨) 것이라는 관점에서, 신안보정책의 수립을 원하는 미국으로서는 그 실현을 위해 그러한 변화를 선호하는 보수적 인사들을 겨냥할 가능성이 있다는 가설을 제시했다. 신안보정책의 성립과정을 검토한 이 글에서는 이러한 가정이 타당성이 있음을 보여준다. 즉, 본문에서 언급했듯이 일본을 두 번째 방문한(1994년 11월) 나이나 보겔은 정치가들과의 접촉을 꺼려하는 일본 외무성 관료들의 우려에도 불구하고 관료들 이외의 인물들과도 폭넓은 의견교환을 가졌던 것이다.

그러나 이러한 접촉이 얼마만큼의 성과를 거두었는가에 대해서는 의문이 제기된다. 첫째는 나이나 보겔이 관료들 외에도 보수적 정치가들을 포함한 사람들과 폭넓은 접촉의 기회를 가진 것이 사실이지만, 접촉의 주된 대상은 관료들이었다는 점이다. 둘째는 위의 요약에서 지적하듯이 이러한 접촉에도 불구하고 보수주의자들은 신안보정책의 방향에 대해서는 동조할지라도 그 내용에 대해서는 불만을 토로했다는 점이다. 현실주의자 또는 점진주의자들만이 현 상태를 인정하고 만족해했던 것이다.

이러한 의문들은 이 글의 출발점인 일본의 정책결정에서의 미국 혹은 국제적 변수의 역할과 연관된다. 앞에서도 언급했듯이 일본의 신안보정책에서 주도권을 발휘한 미국은 주요한 행위자임에는 틀림없다. 그러나 미국이 그러한 주도권을 발휘하게 만든 요인으로는 일본의, 좀 더 정확히는 방위청의 움직임이 있었다. 또한 그 형성과정에서도 일본의 외무성이나 방위청은 일본의 국내적 논의구조를 고려함으로써 수동적인 행위자의 역할에 그치지 않았다. 이러한 측면은 신안보정책이 국내법으로 좀 더 구체화되는 시기에 더욱 뚜렷이 나타나리라고 생각된다.

물론 미국이 일본 내의 이러한 논의구조를 수용한 것은 그들이 애초부터 지나친 방향으로의 전환을 바라지도 않았기 때문이라고 파악할 수 있다. 즉, 다쿠보 교수가 불만을 제기하듯이 미국 내에 뿌리 깊은 일본에 대한 불신이 자리하고 있다고도 볼 수 있는 것이다. 하지만 이는 결국 이 글의 관점에서 보면 미국의, 또는 국제적 영향력의 한계로 해석할 수 있는 부분이라고 생각된다. 따라서 국제정치경제 분야의 학자들이 제시하듯 일본의 정책결정에서 미국을 비롯한 국제적 요인이 영향력을 발휘하는 것은 사실이지만, 그것은 비교정치 또는 지역연구 분야의 학자들이 제시하듯 역시 계기를 마련하는 측면이 강하고 좀 더 '일본적인' 정책의 모양새가 나타나게 만드는 것은 국내 행위자 간의 역할관계라고 할 수 있다.

II. 탈냉전기 미일안보 쟁점과 미일관계 전망

냉전의 붕괴 이후 미소 간 또는 자본주의와 공산주의 간의 대립이 사라졌다는 것 때문에 평화적 세계에 대한 열망이 넘쳐났지만, 15년 이상이 지난 시점에서 국제관계를 보면 그것은 결국 지나친 바람이었음을 알 수 있다. 동북아시아를 놓고 보더라도 역내 국가들 간의 군비경쟁이 감소되기는커녕 증대되고 있고, 북핵 문제가 대표하듯이 정권의 생존을 위해 역내 국가 전체를 협박하는 국가까지 나타나고 있는 실정이다.

이와 같은 냉전 이후의 국제관계가 갖는 불안정성 및 불확실성은 특히 9·11 사태 이후 더욱 증가되었는데, 미일 간의 안보협력 강화 및 군사력 일체화 움직임도 바로 이러한 상황의 전개 속에서 진행되었다. 흥미로운 것은 한국에 이러한 미일 간의 안보협력 강화 및 군사력 일체화 움직임이 지역적 불안정성 혹은 대립을 초래하고 있다는 인식이 존재한다는 것이다.

이번 절에서는 미일 양국 간의 안보적 쟁점을 정리하면서 과연 안보와 관련하여 미일 간의 긴밀성이라는 것이 어느 정도인지, 즉 양국 간에 별다른 이견은 없는지, 그리고 미일 간의 이견은 앞으로 어떻게 조정될 것인지를 검토하고자 한다. 이는 무엇보다도 상기한 한국 내의 인식이 미일 간의 안보협력 논의가 별다른 이견 없이 긴밀히, 일사천리로 진행되는 것처럼 보았기 때문이다.

〈표 4-2〉 미일 간의 안보쟁점 정리

		미일 양국 간의 이견 존재 여부	
		없다	있다
국내적 어려움 정도	없다	(1) 예: 북핵 문제 및 대만 문제 대응, 일본의 상임이사국 진출	(2) 예: 기후협약, 다자안보
	있다	(3) 예: 안보정책 조율 - 이라크 파병	(4) 예: 주한미군 재배치, 집단자위권

주: 안보와 관련하여 미일 양국 간에 이견이 아주 없지는 않으리라 생각되지만 단순화를 위해 없다와 있다의 두 종류로만 분리했고, 이는 일본에서의 국내적 어려움 여부에 대해서도 마찬가지다. 처음엔 '유'와 '무'보다 는 '다'와 '소'의 두 가지를 고려했지만 그럴 경우 더욱 많은 혼선을 초래할 것으로 생각되어 앞서 언급한 바와 같이 단순화하는 방향으로 정리했다.

1. 미일 간의 안보쟁점

미일 간에는 다양한 안보적 쟁점들이 논의되고 있다. 여기서는 이를 간략히 정리하기 위해 미일 간에 이견이 도출되는가와 일본 내에서 혹은 일본 정부가 국내적으로 문제에 봉착할 가능성이 있는가라는 두 가지 축을 중심으로 분류하고, 각 유형에 속하는 쟁점들에 대해 간략히 설명한다. 이러한 분류에 따라 작성한 것이 <표 4-2>이다.

첫 번째 유형은 안보와 관련하여 미일 양국 간에 별다른 이견이 존재하지 않음은 물론, 국내적으로도 별다른 문제에 봉착하지 않는 이슈다. 이에 속하는 것으로는 표에서 제시한 바와 같이 북핵 문제나 대만 문제, 안보리 상임이사국의 확대 등을 제시할 수 있다. 부시 대통령의 집권 2기에 있어서 북핵 문제에 대한 미국의 기본입장은 CVID(complete, verifiable, irreversible dismantlement; 완전하고 검증 가능하며 되돌릴 수 없는 폐기)이다. 이는 특히 북핵 문제와 관련한 6자회담의 초기에 유지된 입장이다. 비록 최근 들어 미국이 이러한 입장을 표면적으로 내세우거나 표명하지는 않고 있지만, 이러한 입장에 근본적인 변화가 있는 것은 아니다.

일본은 이러한 미국의 입장에 동의한다. 미일 간에 차이가 있다면 그것은 전술적인 것이라고 할 수 있는데, 즉 상기한 원칙의 고수를 강조하는 미국과는 달리 일본은 회유 등의 유연책을 활용하는 여지를 좀 더 많이 갖고 있다.

이는 북한과의 사이에 납치자 문제 등과 같은 여타의 해결과제가 있고, 북핵위기의 직접적 피해당사자일 수 있다는 일본의 상황 때문이다. 부시 정부의 등장으로 미국의 대북정책이 다시 경색되기 시작한 2002년에 고이즈미 수상의 방북에 의해 일북정상회담이 성사되었다는 점이나 6자회담 초기 한국의 유화적 입장에 일본이 동의한 사정 등이 양국 간의 이러한 전술적 차이를 나타낸 대표적 예라고 하겠다. 핵연료봉 재처리 및 핵실험과 같은 북한의 최근 움직임 및 정황에 대해서도 미국과 일본 양국은 북한의 6자회담 복귀와 더불어 사태악화 시 안보리에의 회부 등과 같은 강경한 입장을 보이고 있다.[36]

대만 문제에 대해서도 미국과 일본은 같은 입장을 보인다. 즉, 중국이 주장하는 '일국양제'를 기본적으로 인정한다는 측면에서도 미일 양국은 동일하지만, 양국은 중국과의 관계와는 별도로 대만과의 접촉을 추진하고 있다. 이는 1996년의 미일안보신선언에 따른 미일방위협력지침이나 그와 연관된 일본의 「주변사태법」의 성사에서도 나타나는데, 그 대표적인 예가 2005년 2월에 진행된 미일안보협의체(2＋2)의 공동발표문에서 대만 문제를 언급한 부분이다.[37]

안보리 상임이사국의 확대 및 일본의 진출에 대해서도 미국은 기본적으로 지지하는 입장이다.[38] 예를 들어 반즈 미 국무부 차관은 방미 중인 일본의원단

---

36) 북한의 원자로 가동 중단 및 연료봉 추출, 6자회담 불참이나 핵실험 징후 등에 대한 미국과 일본의 입장, 즉 6자회담에의 복귀를 촉구하는 것이나 사태악화 시 안보리에의 회부 등에 대해서는 많은 보도들이 있다. 한 예로 ≪조선일보≫, 2005.2.22; 또한 최근의 미일외무장관 회담에서도 같은 내용이 개진되었는데 이에 대해서는 ≪朝日新聞≫, 2005.5.20을 참조.

37) 미일안보협의위원회(2＋2)의 공동발표문은 중국과의 관계 발전을 제시하면서도, 대만 문제와 관련해서는 "대만해협을 둘러싼 문제를 대화를 통해서 평화적으로 해결할 것을 촉구"한다는 내용을 지역 내의 공동 전략목표로 제시하고 있다. www.mafa.go.jp/mofaj/area/usa/hosho/2＋2_05_02.html.

38) 일본의 안보리 상임이사국 진출에 대해서 국내적으로 전혀 문제가 없는 것은 아니다. 비판적인 전문가들은 집단자위권 문제 등과의 연관성을 제기하고 있는데, 국민여론의 측면에서 보면 지지율이 높고 이것이 정부로 하여금 비판 속에서도 추진하게 만드는 요인 중 하나이다. 이에 대한 좀 더 구체적인 논의에 대해서는 이면우, 「일본의 다자외교」, 김성철 엮음, 『일본의 외교정책』(세종연구소, 2000), 63~71쪽을 참조.

과의 회담에서 미국이 중국에게 일본과의 관계개선을 촉구하고 일본의 안보리 참여에 대해 지원해줄 것을 요청했다고 밝히면서 미국의 지지입장을 명확히 했다. 또한 방한 중이던 라이스 국무장관도 노무현 대통령에게 일본의 안보리 참여를 지지해줄 것을 요청한 것으로 알려졌다. 최근에 개최된 한미 학술 세미나에 참석한 리비어 미 국무부 수석부차관보도 일본의 안보리 참여가 지역안정에 도움이 될 것이라면서 한국의 반대 입장 대해서 비판적인 시선을 보냈다.

일본의 안보리 참여와 관련해서 이견이 있다면 참여의 조건에 대한 것인데, 이것도 큰 문제가 되지 않을 것으로 보인다. 즉, 미국은 안보리 참여를 추구하는 일본을 비롯한 4개국에 대하여 거부권을 추구하지 않을 것을 통고했다고 전해진다.[39] 이에 대해서는 고이즈미 수상이 "현재의 5개국과 같이 (거부권을) 가지는 것이 바람직하다"는 입장을 밝혔고, 일본을 포함한 4개국이 5월 16일 60개국 대표들에게 제시한 초안에서도 거부권을 가질 것을 명시했다.[40] 하지만 이와 관련해서 이제까지 일본이 제시한 제안들에는 거부권을 행사하지 않는 상임이사국의 조건이 포함되어 있기에 큰 문제가 되지 않을 것으로 보인다. 이는 상기한 제안과 연관해 일본의 오오시마 대사가 "원칙은 그렇지만 그것이 안보리 개혁을 방해해서는 안 된다"고 지적한 것에서도 알 수 있다.[41]

두 번째 유형은 일본 국내적으로는 별다른 반대가 없지만, 미일 양국 간에 이견이 나타나는 이슈들이다. 이에 속하는 이슈들로는 교토의정서와 다자안보 문제를 제기할 수 있다. 환경 문제와 연관된 교토의정서는 38개 선진국이 8개 그룹으로 나뉘어 2008년에서 2012년까지 5년 동안의 온실가스 배출 감축 목표율을 차등 규정한 것이다.[42] 이에 따르면 유럽연합의 경우 8%, 미국 7%,

---

39) 15일자 ≪뉴욕타임스≫를 인용 보도한 ≪朝日新聞≫, 2005.5.17.
40) 수상관저에서 열린 기자회견에서 표명된 고이즈미 수상의 입장에 대해서는 ≪朝日新聞≫, 2005.5.17 참조, 그리고 4개국의 제안 초안과 관련해서도 동일자 신문 참조.
41) ≪朝日新聞≫, 2005.5.17.
42) 이숙종, 「일본의 국제환경협력과 환경외교」, 김성철 엮음, 『일본의 외교정책』(세종연구

일본 6% 등이며, 러시아나 우크라이나 등과 같은 국가들에 대해서는 2010년에 1990년의 배출량 수준 유지라는 여유를 주고 있다. 일본은 교토회의의 주요 참가국임은 물론 의장국으로서 동 의정서 채택에 적극적이었지만, 미국은 기후협약이 제기된 초기부터 배기가스 감축에 소요되는 비용과 과학적 근거의 부족 등을 이유로 소극적이었다.

위의 예에서 나타나는 다자협력에 대한 미국의 유보적 혹은 소극적인 자세는 안보와 관련된 분야에서도 찾아볼 수 있다. 예를 들어 아시아에서 유일한 정부 간 다자안보협의체인 아세안지역안보포럼(ARF)의 경우, 미국은 그 출범에 대해서 회의적이었으며 지난 과정에서도 적극적인 제안을 제시하지 않은 것으로 알려져 있다.[43] 반면에 일본은 ARF의 출범이나 그 과정에의 참여에서 매우 적극적인 역할을 하고 있다. 한 예로 2004년 회의에서 일본은 자국의 개념설명서를 통해 안보 문제의 논의 격상 및 ARF의 위상 강화를 위해 ARF 정상회의를 제안했다.[44]

미국의 이러한 소극적 자세는 다양한 이유에서 비롯된다. 예를 들어 아시아 지역주의에 장애가 되는 다양한 지역적 조건들이나 아세안의 주도적 입장, 양자주의를 중심으로 하는 미국의 전통적 혹은 기존의 아시아 전략 등이 복합적으로 작용한다는 것이다. 이러한 미국의 입장이 반영되어 1995년에 발표된 일본의 방위대강이 국제협력과 미일동맹의 두 축을 강조하는 내용에서 후자를 위주로 하는 것으로 전환된 것은 이미 잘 알려진 사실이다.[45]

세 번째 유형은 미일 양국 간에 별다른 이견은 없지만 일본 국내적으로 많은 비판 및 반대에 부딪히는 이슈들이다. 그 예로는 일본 육상자위대의

소, 2000), 133~136쪽에서 재인용.

43) 이대우, 『국제안보 환경변화와 한미동맹 재조명』(도서출판 한울, 2008), 332~334쪽 참조.

44) 이서항, 「ARF의 발전방향: 동아시아 다자안보 협력체 실태분석과 관련하여」, 정책연구 시리즈 2004-07(외교안보연구원, 2005), 17~18쪽 참조.

45) 이면우, 「일본의 신안보정책: 국제적 변수의 영향력이라는 관점에서」, 진창수 엮음, 『전환기의 일본 안보정책』(세종연구소, 1999), 65~69쪽 참조.

이라크 파병을 가능하게 한 안보정책의 조율을 들 수 있다. 1996년에 발표된 미일안보신선언은 이후 미일 양국의 안보협력을 공고히 했다. 미일방위협력지침이나 「주변사태법」의 제정 등이 양국 간의 안보협력 공고화를 대표하는 예인데, 이러한 공고화는 9·11 사태 이후 특히 더욱 강화되었다고 볼 수 있다. 「대테러대책법안」이나 유사법제가 예전보다, 예를 들어 앞서 언급한 미일안보지침이나 「주변사태법」의 논의와는 다르게 신속하게 처리된 것에서도 좀 더 강화된 공고화의 모양새를 알 수 있다.

상기한 미일 양국의 안보협력 공고화는 여러 요인들이 작용한 결과인데, 그중에서도 고이즈미 수상의 리더십이 큰 역할을 담당했다고 할 수 있다.[46] 고이즈미 수상의 대중주의적 리더십은 신보수주의적 이념성향 및 정책성향과 함께 어우러져 국민으로부터 높은 인기와 지지율을 획득했다. 즉, 이러한 높은 인기와 지지율을 바탕으로 미국의 새로운 세계전략에 적극 협조한다는 다소 논란의 여지가 있는 노선이 신속히 처리되었다는 것이다.

그러나 고이즈미 수상의 높은 지지율이 정책내용까지 포함하는 것은 아니다. 이는 이라크 파병 연장과 그에 따른 내각지지도에 대한 여론조사에서 알 수 있다. 예를 들어 2004년 10월 23일과 24일 양일에 걸쳐 실시된 ≪아사히신문≫의 여론조사에 따르면 응답자의 63%가 파병연장에 반대하고, 이라크전쟁을 다시금 정당화한 고이즈미 수상의 국회 답변에 대해서도 납득되지 않는다는 응답이 67%나 되었다.[47] 이라크파병 연장이 각의결정된 직후의 여론조사에서도 반대가 58%였고, 고이즈미 수상의 설명이 충분치 않았다는 의견이 76%였다.[48] 후자의 경우 반대의 이유로 미국과의 관계를 지나치게 중시한다

---

46) 예를 들어 테러라고 하는 위협요인의 수긍 수월성이나 중국의 부상에 대한 대처의 필요성, 그리고 이와 같은 탈냉전기 국제관계의 불안정성에 대한 대처에의 국민지지 등이 제기될 수 있을 것이다. 또한 정당구조상 사회당과 같은 혁신정당의 퇴색과 그에 따른 보수양당체제의 형성도 한 몫을 한다.

47) ≪朝日新聞≫, 2004.10.26.

48) ≪朝日新聞≫, 2004.12.21.

고 응답한 비율이 18%로 두 번째를 기록했는데, 이는 이라크 파병 및 미일 간의 안보협력에 대한 국민 다수의 불만 및 불안을 나타내는 것이다.[49]

이런 가운데 2005년 1월의 여론조사에서는 내각지지율이 33%로 고이즈미 내각이 출범한 이래 가장 저조한 지지율을 기록했지만, 고이즈미 수상의 임기 말까지 유임에 대해서는 53%가 긍정적으로 응답했다.[50] 이는 고이즈미 수상을 대신할 후계자가 마땅히 나타나지 않았다는 것과 연관되는데, 바로 이러한 점에서 위의 비판에도 불구하고 고이즈미 수상이 미일안보협력을 추진할 수 있었다고 생각된다.[51]

네 번째 유형은 미일 양국 간에 이견이 나타남은 물론, 일본 국내적으로도 많은 비판 및 반대에 부딪히는 이슈들이다. 대표적인 예가 미일 간에 협의 중인 주일미군의 재배치 문제다. 주일미군 재배치 문제는 기본적으로 미국의 세계군사전략에 따른 것이지만, 일본 국내에서 많은 반론이 제기되고 있으며 그에 따라 일본 정부도 매우 신중한 대응을 하고 있는 사안이다. 이에 대해서는 다음 절에서 좀 더 구체적으로 검토하고자 한다.

---

49) 첫 번째 이유는 파병된 곳이 너무 위험하다는 것이었다. ≪朝日新聞≫, 2004.12.21. 또한 이러한 수치는 10월의 조사에서 고이즈미 수상의 이라크 파병 정당화 설명(미국 등에 의한 무력행사를 지지한 것은 정당했다는 것)이 납득된다는 응답이 18%에 그친 것과 상응한다. ≪朝日新聞≫, 2004.11.26.

50) ≪朝日新聞≫, 2005.1.31.

51) 2005년 4월 16일과 17일 양일에 걸쳐 ≪아사히신문≫이 진행한 여론조사에 따르면, 임기 말까지 고이즈미 수상의 유임을 기대하는 응답자가 63%로 나타난 반면, 차기 수상에 대한 질문에 대해서는 72%의 응답자가 이름을 거명하지 않았다. ≪朝日新聞≫, 2005.4.19.

2. 주일미군 재배치의 사례[52]

1) 주일미군 재배치 관련 제 논점

(1) 기지 이전 및 재배치

2001년 1월을 기준으로 주일미군의 병력은 육군 1,757명(일본 본토 925명, 오키나와 832명), 해군 1만 8,217명(육상 5,449명, 해상 1만 2,768명), 공군 1만 3,392명(본토 6,584명, 오키나와 6,808명), 해병대 1만 8,212명(본토 2,712명, 오키나와 1만 5,500명)으로 총 5만 1,578명이다.[53] 이는 아시아태평양 지역에 주둔한 미군 약 10만 명의 절반을 차지하는 숫자다. 기지의 개요를 살펴보면 태평양 육군사령부 휘하의 제9전구지원사령부(주일미육군)가 주둔하는 캠프 자마, 태평양 함대사령부 휘하의 제7함대가 주둔하는 요코스카 및 사세보, 태평양 공군사령부 휘하의 제5공군이 주둔하는 요코다, 그리고 태평양 해병대사령부 휘하의 제3해병원정군이 주둔하는 오키나와 등에 위치한 기지들이 사용되고 있다.[54]

기지 이전 및 재배치와 관련해서는 요코다 공군기지, 아츠키 해군항공기지, 캠프 자마, 오키나와 해병대, 후텐마 해병대 항공기지 등이 거론되고 있는데, 현재까지(2005.5) 확정된 것은 없어 보인다.[55] 다양한 논의가 진행 중인 것으로

---

52) 이 절의 기록 및 내용은 대체로 다음 논문들을 참조하여 재인용한 것임을 밝힌다. 송화섭, 「주일미군 재편과 지역안보」, 한일군사문화학회 2005년도 춘계 세미나 프로시딩(2005.5.13), 23~50쪽; 남창희, 「미일동맹관계의 강화와 주일미군 재배치의 배경과 전망: 한국의 동맹전략에 대한 함의」, 주한미군대책기획단 워크숍 프로시딩(2005. 4.9).

53) 송화섭, 「주일미군 재편과 지역안보」, 20쪽에서 재인용.

54) 같은 글, 20쪽에서 재인용.

55) 후텐마 기지의 경우 특히 많은 우여곡절을 겪었다. 2005년 10월의 「2+2」의 공동발표에서는 캠프 슈와브 해안선과 오우라 만을 연결하는 L자형이 승인되었으나 2006년 5월의 「2+2」 공동발표에서는 헤노코 만을 연결하는 V자형이 최종 승인됐다. 이것이 민주당으로의 정권교체에 의해 재고되었으나 2010년 5월의 「2+2」 공동발표에 의해

보이며, 따라서 이 절에서는 현재까지 제시된 다양한 주장들을 정리한다.

우선 요코다 공군기지와 관련해서는 요코다의 제5공군사령부를 축소하여 요코다에 남기고 제374 공중수송항공단의 C-130은 괌으로 이전한다거나 태평양의 괌에 소재하는 미 제13공군사령부를 없애고 요코다 기지에 소재한 제5공군사령부로 통합한다는 등의 보도가 있었다.[56] 최근 이와 관련해 미국이 괌의 제13공군사령부를 요코다 기지의 제5공군사령부로 통합한다는 입장을 일본 측에 전달했다고 한다.[57]

이럴 경우 요코다 기지는 아시아태평양에서 인도양에 이르는 미 공군사령탑으로 기능하게 되며, 육군 제1군단사령부, 해군 제7함대와 함께 육해공 3군의 사령탑이 일본에 집중하는 체제가 갖춰지는 것으로 평가되기도 했다. 그러나 이러한 통합안은 백지화되고, 오산(한국)의 7공군과 하와이 히캄을 중심으로 항공단을 재편한다는 계획이 수립된 것으로 알려졌다.[58]

또한 도쿄의 자위대 항공총대사령부를 요코다 기지로 이전하여 동 기지를 미일 공동사용 기지로 만든다는 주장과 예전부터 도쿄도가 희망하는 요코다 기지의 군민공용화도 검토되고 있다고 한다. 요코다 기지의 미일 공동사용 문제의 경우, 2005년 4월 초에 있었던 미일 양국의 심의관급 회의에서 공동사용이 합의된 것으로 전해졌다.[59] 즉, 양측은 항공자위대 항공총대사령부를 주일미군 제5공군사령부가 있는 요코다 기지로 옮겨 극동을 관할하는 양측 공군사령부의 공동기지로 사용하기로 합의했다는 것이다. 이에 따라 주일미공군이 가지고 있던 도쿄 상공의 항공관제권이 일본 항공자위대로 반환될 것으로 전망된다.

원안대로 재확인됐다. 자세하게는 『平成22年版 防衛白書』, 第3部, 第2章, 第4節; www.clearing.mod.go.jp/hakasho_data/2010/2010/html/m324130.html.

56) ≪연합뉴스≫, 2004.7.18.

57) ≪연합뉴스≫, 2005.2.28; ≪産經新聞≫, 2005.2.28.

58) ≪연합뉴스≫, 2005.4.1.

59) ≪每日新聞≫, 2005.4.9.

요코다 기지의 민군겸용 사용 문제는 이시하라 도지사의 강력한 요청이 배경이 되어, 2003년 11월부터 그 타당성에 대한 연구가 미국의 허드슨 연구소에 의해 진행되었다.[60] 이러한 검토에는 요코다 기지가 도쿄를 비롯한 8개 인근 현에 걸쳐 동서 140km, 남북 290km 구간의 영공관제권을 갖는 것에 대한 공유 요구도 포함된다. 최근의 보도에 따르면 이러한 요구에 의해 기본적인 합의가 달성될 것으로 전망되고 있다.[61]

아츠키 해군항공기지는 항공모함 키티호크의 함재기가 사용하고 있는 곳이다. 이와 연관된 이전문제는 이들 함재기들이 아츠키가 아닌 이와쿠니 기지로 이전할 것이라는 내용이며, 함재기의 임무 중 하나인 야간 이착륙 훈련도 앞으로는 이와쿠니 기지에서 실시한다는 것을 포함하고 있다. 현재 이와쿠니는 해병대가 사용하고 있고, 바다를 매립하여 활주로를 근해에 이설하는 공사를 진행 중이다. 이에 따라 소음피해 등을 경감할 수 있다는 판단이 작용한 것으로 보인다.

캠프 자마에는 현재 주일 미 육군사령부가 소재하고 있다. 이와 연관된 이전 문제는 워싱턴 주에 소재한 제1군단사령부가 이전될 것이라는 내용이다.[62] 제1군단사령부 예하에 있는 제1군단은 현역과 예비역이 각각 2만 명이나 되는 실전부대로, 아시아 전역에 유사시 급파하는 증원전력이다. 이러한 제1군단사령부의 이전은 주일미군의 역할이 크게 변화할 가능성을 내포하기에 많은 관심을 유발했는데, 현재로서는 자마 기지로 이전될 사령부는 군단사령부보다는 규모가 작은 이른바 사단과 군단 기능을 통합한 '미래형 사단(UEX: Unit of Employment X)'으로 결정될 것이라는 전망이 우세하다.[63]

오키나와 해병대에 관해서도 다양한 안들이 제시된 것으로 알려져 있다. 제3해병원정군의 포병부대(약 5,900명)를 홋카이도의 야우스베츠 훈련장으로

---

60) 《연합뉴스》, 2003.11.19.

61) 《日本經濟新聞》, 2005.5.1.

62) 《연합뉴스》, 2005.5.1.

63) 송화섭, 「주일미군 재편과 지역안보」, 44쪽.

이전한다는 안과 포병부대 및 보병대대 일부를 시즈오카의 캠프 후지로 이전하고 제3해병원정군 사령부는 캠프 자마로 이전한다는 안 등이 나왔다. 이와 관련하여 일본 정부는 2004년 10월에 오키나와 나고시에 소재한 제3해병사단 제4연대를 국외로 이전할 것을 요구했는데, 미국은 이에 반대의사를 보인 것으로 알려져 있다.[64] 최근의 해외시설검토위원회(OSBC) 보고서도 오키나와의 미 해병대를 괌으로 이전하려는 계획과 관련하여 오키나와에서의 병력 재배치 논의가 동아시아에서의 미국 안보이익과 관련한 우려를 적절히 반영한 것인지 확실할 수 없다며 반대 입장을 표명했다.

대신에 이 보고서는 오키나와의 후텐마 해병대 기지를 가테나 공군기지나 이와쿠니 공군기지로 이전할 것을 권고하고, 다른 미 해병대 전력은 오키나와에 계속 남아 있어야 한다고 주장했다. 후텐마 기지는 1996년에 있었던 '오키나와 시설 및 구역에 관한 특별행동위원회(SACO)'에서 나고시로의 이전이 합의된 바 있다. 그러나 이에 대해서는 앞서 언급한 바와 같이 재검토가 진행 중이다. 즉, 후텐마 기지의 기능을 가테나 기지로 통합하거나 시모지시마와 이에지마로 이전하는 안 등이 검토되고 있다.

(2) 탄약 비축과 보급기지·유휴시설 반환

주일미군은 미군 보급기지에 탄약을 비축해놓고 있는데, 비축량이 줄어들면 본토에서 수송해 채워 넣는 방식으로 재고 수준을 유지한다. 이와 관련하여 미국은 유사시를 대비한 공동작전을 원활히 수행하기 위해 미군이 사용할 탄약을 자위대가 비축해달라고 주일미군 재배치와 관련한 정부 간 협의에서 요청한 것으로 알려졌다.[65] 현재로서는 미군의 현 비축량이나 미국의 구체적인 요청내용 등에 대해서는 알려져 있지 않지만, 이러한 방법을 통해 미군에의 후방지원 부담을 크게 줄이려 한다는 것은 명확하다고 볼 수 있다.

---

64) ≪연합뉴스≫, 2004.10.7.
65) ≪東京新聞≫, 2005.4.29.

일본 정부는 미군의 보급기지를 일본에 반환한다는 조건하에서 긍정적으로 검토하고 있는 것으로 알려졌다.[66] 이는 현재도 일본 자위대가 미군과의 공동 훈련 때 탄약을 제공하고 있으며, 2004년에 개정된 '미일물품역무상호제공협정(ACSA)'에서 일본이 무력공격을 받거나 무력공격이 예상될 경우 미군의 요청에 따라 탄약을 제공할 수 있도록 한 기존의 규정이 크게 작용한 것으로 보인다. 그러나 이는 일본 정부에게 새로운 재정부담의 요인이 되기에 순조롭지만은 않을 전망이다.

2004년 4월 8일에 있었던 심의관급 회의에서는 미군기지 중 사용빈도가 높지 않은 유휴시설 및 기지에 대해 일본 정부가 미국 측에 반환을 요청했던 것으로 알려졌다.[67] 그러나 미국 측이 평소에는 별로 사용하지 않더라도 긴급 시에 사용하기 위해 확보해놓을 필요가 있다는 입장을 밝혔다고 한다. 따라서 이에 대한 절충 역시 쉽지 않을 것으로 보인다.

(3) 항공모함 배치

주일미군의 항공모함과 관련해서는 다음의 두 가지가 쟁점이었다. 첫째는 주일미군이 가나가와현 요코스카 해군기지에 보유하고 있는 재래식 항공모함 키티호크와 관련된 것이다. 2008년 키티호크의 퇴역에 따른 후계 항공모함의 성격이 문제시되었다. 미국은 당초 핵추진 항공모함을 배치하려고 했으나, 비핵 3원칙을 갖고 있는 일본이 원자력 항공모함의 기항에 난색을 표했기 때문이다.

미국은 9만 7,000톤의 니미츠급 원자력 항공모함 10척과 8만 9,000톤의 엔터프라이즈호급의 원자력 항공모함 11척을 보유하고 있는 반면, 통상동력의 항공모함으로는 1961년에 취역한 키티호크와 1968년에 취역한 존 F. 케네디호 등 총 2척을 보유하고 있을 뿐이다. 따라서 미국으로서는 재래식 항공모함이

---

66) ≪東京新聞≫, 2005.4.29.
67) ≪연합뉴스≫, 2005.4.6.

아닌 핵추진 항공모함의 배치를 계획했던 것인데, 일본의 난색에 계획을 변경하여 항공모함 JFK를 업그레이드한 후 키티호크를 대체하는 방안을 검토 중인 것으로 알려졌다.[68] 문제는 앞으로 10년 정도 후에 업그레이드된 JFK가 퇴역하는 경우인데, 이때에는 미일 간에 새로운 방법의 모색이 필요할 것으로 보인다.

둘째는 나가사키현 사세보 기지를 서태평양에 배치하는 항공모함 2척의 기항지로 활용하는 방안에 대한 것이다. 미국은 서태평양에 2척의 항공모함을 배치한다는 계획하에 하와이의 진주만을 유력후보로 검토 중인 가운데, 일본과 필리핀의 기지를 상대로도 기항지 물색작업을 벌이고 있다. 이 과정에서 동중국해로 신속히 진출할 수 있는 사세보 기지가 유력후보로 떠오르고 있으며, 이와 근접해 있는 이와쿠니 기지를 항공모함 탑재기 승무원의 숙소로 내줄 것을 일본 측에 요청한 것으로 알려졌다.[69]

2) 미일 간의 협상과정

(1) 2004년 9월의 미일정상회담 이전

현재 진행 중인 주일미군 재편 문제는 2002년의 미일안보협의위원회(2+2)에서 일본에 주둔하는 병력 및 그 구성에 대한 논의가 시작된 데 기인하는 것으로 알려져 있다.[70] 동 위원회에서는 국제테러리즘이나 대량살상무기의 확산이라는 새로운 위협을 재인식하고, 이러한 새로운 안보환경에서 미일 양국의 역할이나 병력구성 등 방위태세를 재검토할 필요성에 대해 협의하기로 했던 것이다.

그러나 당시의 논의는 단순히 아이디어를 검토하는 차원이었던 것으로 알려

---

68) ≪연합뉴스≫, 2005.3.23.

69) ≪조선일보≫, 2005.5.5. ≪도쿄신문≫ 보도에 대한 재인용.

70) 송화섭, 「주일미군 재편과 지역안보」, 34쪽.

져 있다. 이는 2003년 봄에 진행된 미일 간의 심의관급 회의에서 주일미군 재편에 대한 공식적인 입장 전달이 없었던 것에서도 나타난다.[71] 또한 미국의 부시 대통령이 해외주둔 미군의 재배치 계획을 추진하겠다고 밝힌 것이 2003년 11월 25일이었던 점에서도 알 수 있다.

이는 다시 말하면 미국이 주일미군의 재배치에 본격 착수한 것이 2003년 후반이라는 것을 의미한다. 부시 대통령의 발표에 이어 럼스펠드 국방장관이 주일미군기지를 시찰했고, 11월 하순에는 하와이에서 미일안보사무레벨회의(미니 SSC)가 개최되었던 것이다. 동 회의에서 미국의 롤리스 국방부 부차관보는 육군 제1군단 사령부의 캠프 자마로의 이전, 요코다와 괌의 공군사령부 통합 등을 자세히 설명했다고 한다.

이에 대한 일본 측 반응은 외무성과 방위청이 다소 상반되게 나타났다. 외무성의 나가미네 북미국 참사관은 미일 간의 공통 전략목표로서 중국에 대해 언급하는 것은 곤란하며, 제1군단 사령부의 이전은 극동조항과의 관계 때문에 쉽게 응할 수 없다는 입장이었다. 반면에 방위청은 전략목표나 기지재편에서 전향적으로 추진하려는 입장이었다. 이러한 상반된 입장은 정치적인 고려에 의해 정리된다.

당시의 후쿠다 관방장관은 기지 문제를 서두를 필요가 없다는 입장이었다. 이는 이라크 파병, 국민보호 관련 유사법제 심의, 방위계획 대강의 개정 등을 앞두고 있어서 기지 문제를 처리할 여유가 없었고, 다가올 참의원 선거(2004년 7월)를 대비하는 차원에서도 이 문제를 건드리기 어려웠기 때문이다. 이에 따라 2004년 2월에 개최된 협의에서 일본 측은 참의원 선거가 끝날 때까지 기다려달라는 회답을 보냈고, 미국 측은 일단 이러한 의사를 수용했다.

그러나 참의원 선거 후에도 일본의 입장은 매우 미온적이었다. 예를 들어 2004년 7월 중순 샌프란시스코에서 개최된 심의관급 협의에서 일본 측은

---

71) ≪讀賣新聞≫, 2004.6.9. 하지만 ≪産經新聞≫, 2004.11.7에 따르면 이때 이미 미국 측은 복수의 재편안을 일본 측에 타진했고, 이러한 내용은 외무 및 방위 당국을 거쳐 수상관저에까지 보고되었다고 한다. 같은 글, 34쪽에서 재인용.

정부 내의 조정이 아직 진행되지 않아서 미국 측과 논의를 진행할 수 없다는 입장을 보였고, 2004년 8월의 방미에서도 일본 측은 아직 시기상조이므로 앞으로 1~2년을 더 기다려달라고 요구했다.[72] 이는 사실상 주일미군 재편 문제의 백지화 요구였는데, 이에 대해 미국 측은 매우 불만을 표시했다고 한다.[73]

일본 정부의 미온적 입장에 대해 미국 측은 전략을 바꾸어 관료들이 아닌 정치가들을 움직이는 작전을 취하게 된다. 부차관보에서 부차관으로 승진한 롤리스는 2004년 9월의 방일에서 야마사키 전 부총재와 누카가 정조회장 등 국방족(國防族) 의원들을 만나 미국 측의 불만을 전달했다. 한편 미국 측의 제의에 긍정적이었던 방위청도 수상의 사적 자문기관인 '안전보장과 방위력에 관한 간담회'를 열고 고이즈미 수상에의 직소(直訴)를 통해 주일미군 재편 협의를 진행시키고자 했다.

이러한 노력으로 '안전보장과 방위력에 관한 간담회'의 보고서 원안에 미군 재편 문제에 대해 적극적으로 협의해야 한다는 내용이 포함되었고, 고이즈미 수상으로 하여금 관계 장관들에게 재편과 관련한 협의를 추진토록 만들었다. 그럼에도 호소다 관방장관, 가와구치 외상, 이시바 방위청장관, 후타바시 관방 부장관의 9월 14일 회동은 "요코다 기지의 미 공군사령부를 괌으로 이전하는 문제만 받아들인다. 미 육군 제1군단 사령부의 캠프 자마 이전은 거부한다"는 방침으로 나타났다.[74] 이는 국내정치에의 영향을 최소화하려는 제안으로, 초기 협상에서 나타난 일본 측의 미온적 입장을 대변하는 것이다.

---

72) 에비하라 외무성 북미국장과 이하라 방위청 방위국장의 방미. 같은 글, 36쪽.
73) 당시 일본 측의 설명에 따르면 롤리스 등과 같은 국방부 간부들에 의해 논의가 지나치게 주도되었고 국무부나 국가안전보장회의를 배제하려는 인상도 있었으며, 국방부와 미군의 설명이 서로 틀리는 등 미국 측의 제안도 충분한 논의에서 나온 것이 아니라는 판단이 들었다는 것이다. ≪讀賣新聞≫, 2005.4.7; 송화섭, 「주일미군 재편과 지역안보」, 36쪽에서 재인용.
74) 송화섭, 「주일미군 재편과 지역안보」, 36쪽.

(2) 2004년 9월의 미일정상회담 이후

일본 측의 미온적 입장 및 미일 간의 부진한 협상은 2004년 9월 21일에 개최된 미일정상회담을 계기로 변화한다. 이는 동 회담에서 "억지력을 유지하면서 오키나와를 비롯한 기지가 주둔하는 지역의 부담 경감을 고려해야 한다"는 기본원칙의 합의에 따른 것이다.[75] 즉, 주일미군의 재편 문제에 소극적이었던 고이즈미 수상이 '기지부담의 경감'과 '억지력의 유지'라는 원칙을 확인하면서 재편 협상을 승인했다는 것이다.[76]

이에 따라 2004년 10월 12일, 도쿄에서 다케우치 외무차관과 아미티지 국무차관 사이에 차관급 전략대화가 개최되어 미군 재편 문제에 대한 협의를 가속화하는 데 합의가 이루어졌고, 같은 날 워싱턴에서도 심의관급 회의가 개최되었다. 10월 19일에는 자민당 내에 외교부회와 국방부회에 의한 합동조사회인 '안보·기지재편조사회'가 신설되었다.

그러나 당시 일본 국내에서는 육군 제1군단 사령부의 캠프 자마로의 이전을 둘러싸고 이것이 미일안보조약의 극동조항에 위배되는 것은 아닌가에 대해 많은 논란이 제기되었다. 이에 따라 10월 24일 도쿄에서 개최된 마치무라 외상과 파월 국무장관의 미일장관급전략회의에서는 미군 재편 문제에 대한 접근방식의 재검토가 합의되었다.[77] 즉, 미군 재편 문제와 관련해 정세 인식, 전략목표, 미일 간의 역할분담 등에 대해서 논의한 후 구체적인 사안에 대해서는 개별적으로 논의하기로 합의했던 것이다.

이러한 변화는 미 육군 제1군단 사령부의 자마 기지 이전과 같은 개별부대의 재배치안이 먼저 제의되는 바람에 해당 지방자치단체 및 국내 여론의 반발이 선행되고, 일본 정부 내에서도 엇갈린 주장이 나오는 등 혼란이 초래되어 전체적인 협의가 위험할 수 있다는 판단에 따른 것으로 알려져 있다.[78] 새로운

---

75) 《讀賣新聞》, 2004.9.22.

76) 《産徑新聞》, 2004.11.7.

77) 《讀賣新聞》, 2004.10.25.

78) 《연합뉴스》, 2004.10.21; 한 예로 미 1군단의 자마 이전과 관련해서 자마시를 중심으

방침은 논의과정을 크게 세 단계로 나누는데, 제1단계는 세계 각지에서 벌어지는 테러와의 전쟁 동향이나 중국의 군사적 존재, 북한의 위협에 대한 대처, 그리고 미사일방어시스템의 공동 개발 등을 논의하는 가운데, 쌍방의 인식을 확인하는 '전략적 합의'를 도출해내는 것이다.

제2단계는 제1단계에서 합의한 전략목표를 달성하기 위한 주일미군의 재배치 방안을 협의하여 기본계획을 작성하는 것이고, 제3단계는 재배치 기본계획에 대한 해당 지자체의 수락여부를 정밀 타진하고 필요한 경우 대체안을 검토한다는 것이다. 이러한 계획에 따라 2004년 12월 초에 일본의 '2005년도 방위대강'이 책정되었고, 2005년 2월에는 지역 차원의 공통전략 목표로서 열두 가지가 제시된 미일안보협의위원회의 공동발표문이 제시되었다. 주일미군의 재편과 관련하여 전자의 경우 자위대와 미군의 역할 및 임무를 조정하기 위해 자위대로 대체 가능한 임무는 자위대가 담당한다는 점을 제기한 것이 특징적이다.

이것이 갖는 의미는 뒤이어 자민당의 안보·기지재편조사회가 12월 22일에 발표한 '일본의 안전보장과 미일동맹의 장래'를 통해 그 지향점이 좀 더 명확해진다. 즉, 이 문건은 "미군의 재편 문제에 대해 단지 수동적으로 기지 문제로서 대응하는 것이 아니라, 주체적으로 일본의 장기적인 안전보장의 관점으로 종합적인 전략방침하에서 문제를 제기하고 토의를 실시해, 미일안보체제의 실효성을 높임과 동시에 오키나와를 비롯한 미군시설 및 구역의 과중한 부담을 경감하는 호기로 활용"한다고 선언하고 있다.[79]

로 한 캠프 자마 지역주민들은 지자체의 의견도 묻지 않고 양국 중앙정부끼리 협의를 시작한 것에 민감한 반응을 보였고, 이에 따라 자마시 의회는 1군단의 이동배치에 반대 입장을 표명하고 11월 16일에는 '캠프 자마 미 육군 제1군단사령부 등의 이전에 따른 기지강화에 반대하는 자미시 연락협의회'를 결성했다. 남창희, 「미일동맹관계의 강화와 주일미군 재배치의 배경과 전망」, 9쪽에서 재인용.

79) 송화섭, 「주일미군 재편과 지역안보」, 38~39쪽에서 재인용.

3) 주일미군 재편과 관련된 중간보고서 내용의 함의

이러한 과정을 거쳐 2005년 10월 29일에 실시된 미일안전보장협의위원회(속칭 2+2)에서는 주일미군의 재편과 관련된 중간보고서가 공동발표문의 형식으로 발표되었다.[80] 동 보고서의 발표에 의해 주일미군의 재배치 방안과 관련한 미일 간의 협의는 위에서 언급한 단계론의 제2단계를 마무리지었다고 할 수 있을 것이다. 다음에서는 동 보고서의 내용을 간략히 정리함으로써 미일 간의 협의가 어떻게 정리되었는지 검토한다.

「미일동맹: 미래를 위한 변혁과 재편」이라는 동 보고서는 크게 세 부분으로 나뉘어져 있다. 첫째는 미일동맹의 중요성을 재차 강조하는 서론부분이다. 둘째는 미일동맹 및 양국 간의 방위협력이 지향하는 역할, 임무, 능력에 대해 기초적인 사고, 협력분야, 지향점을 제시하는 '역할·임무·능력'이라는 부분이다. 셋째는 주일미군의 재편과 관련하여 좀 더 구체적인 방향을 제시한 '병력태세의 재편'이라는 부분이다. 이제 지금까지의 논의가 어떻게 정리되었는지 살펴보기 위해 재편에 관한 권고사항을 포함하는 세 번째 부분을 간략히 정리해보겠다

이 보고서의 3부는 재편에 대한 지침적 사고를 제시하는 것으로 시작된다. 즉, 미일 간의 상호 운용성 향상을 기본 지침 및 목표로 하는데, 이를 위한 사령부 사이의 연계 향상이나 시설 및 구역의 공동사용이 제시되고 있다. 이러한 지침에 따라 요코다 비행장에 주일미군사령부의 공동통합운용조정소가 설치되며, 미 제5공군사령부가 함께 이용하게 되었다. 또한 일본 자위대와의 연계성을 높이기 위해 항공자위대 항공총사령부 및 관련 부대를 요코다 비행장에 병치하는 방안이 결정되었다.

---

80) 이 보고서의 내용에 대해서는 www.jda.go.jp/j/com_go/2005/10/29에 실린 것을 참조했다. 이의 번역본은 ≪국가전략≫, 제11권 제4호의 자료란에서 볼 수 있다. 원문에서는 중간보고서라는 용어가 없으나, 신문지상 등을 통해 중간보고서로 통칭되기에 여기서도 이에 따른다.

주일 미 육군사령부가 주둔하는 캠프 자마에는 통합업무가 가능하도록 더욱 근대화된 작전사령부조직이 설치되고, 일본과의 연계성과 관련하여 육상자위대의 중앙즉응집단사령부가 설치될 예정이다. 캠프 자마에 미 육군의 작전사령부조직이 추가 설치됨에 따라 시설 및 구역의 조정 또한 권고되었는데, 이로서 캠프 자마의 확대 가능성이 높아지게 되었다고 한다.

가장 큰 주목을 받았던 미 해병대의 재편과 관련해서는 첫째, 오키나와 주민의 강력한 반대를 감안하여 그 피해를 최대한 줄일 수 있도록 후텐마 기지의 이전을 추진하고, 둘째 다른 군조직과의 연관성을 고려해 이전되더라도 오키나와 내에서 진행하도록 한다는 결론이다. 후자와 관련하여 이 보고서는 캠프 슈와브의 해상지역을 그 대상으로 제시하고 있다. 또한 오키나와 주둔의 미 해병대부대를 해병기동전개여단으로 축소하여, 장교나 장병 및 그 가족을 포함해 약 7,000명의 병력을 감축한다는 방안도 제시한다. 이러한 이전과 축소 방안에 따라 축소되는 사용토지를 반환하고, 반환에 따른 시설의 공동사용에 대해서도 논의하기로 했다.

이외에도 항공모함 및 함재기를 현재의 아츠기 비행장에서 이와구니 비행장으로 이전하여 훈련한다는 내용이 포함되었다. 이에 따라 해상자위대의 EP-3 비행대 등을 현재의 이와구니 비행장에서 아츠기 비행장으로 이주하는 조치가 제시되었다. 또한 하네다 공항의 확장을 고려하여 요코다 비행장에 일본관제관을 두는 것이나 미군의 새로운 X밴드 레이더 시스템을 도입하는 방안 등도 제시되었다.

지금까지 살펴본 미일안보협력위원회의 중간보고는 언급한 바와 같이 '축소', '공동사용', '연계성' 및 '상호 운용성'의 향상이라는 핵심용어들로 요약할 수 있다. 이러한 내용의 중간보고는 지금까지 미일 간의 논의를 비추어볼 때 크게 달라진 것이 없다는 점이 특징이다. 즉, 거의 변화 없이 현재에 이르렀다고 하겠는데, 현재의 단계는 주일미군의 재배치 방안을 협의하는 제2단계다. 그리고 재배치 방안에 대한 협의의 구체적인 내용은 앞에서 논의한 바와 같다. 따라서 지금까지의 협의내용으로 볼 때 주일미군의 재배치 문제는 미일 양국

〈표 4-3〉 미일안보협력의 상황전개 시나리오: 주일미군 재배치의 경우

		계기적 사건의 발생 가능성	
		없다	있다
포퓰리즘의 존속 여부	없다	(1) 미해결 또는 파국	(2) 미온적·소극적 대미추종
	있다	(3) 현상유지, 강압적 대미협력	(4) 적극적 대미협력

간에 이견이 노출되고, 일본 국내적으로도 비판받는 제4유형의 쟁점이다. 또한 상기한 네 가지 유형 중에서 가장 풀기 어려우면서도 중요한 쟁점이 바로 제4유형의 주일미군 재배치 문제다. 따라서 다음 절에서는 이러한 문제를 어떻게 풀어나갈 것인가에 대해 전망해본다.

3. 미일안보 협력의 전망: 결론을 대신해서

주일미군 재배치에 대한 지금까지의 논의과정이나 유형화된 안보쟁점의 내용을 보면, 미일 간의 안보협력에 중요한 요인들이 있음을 알 수 있다. 첫째는 안보를 위협하는 특정한 사건의 발생이다. 예를 들어 북핵 문제 및 북한의 미사일 발사 등과 같은 사건들이 일본으로 하여금 이제까지 금기시되었던 것들, 즉 유사법제 등과 같은 것을 가능하게 하고 있다. 9·11 사태 역시 미국은 물론 일본이 국제안보협력에 적극적으로 참여할 수 있는 길을 열고 있다. 둘째는 추진력을 발휘할 수 있는 리더십의 존재다. 앞에서도 언급했듯 일본의 외교안보정책이 변화할 수 있었던 것은 신보수주의적 포퓰리스트인 고이즈미 수상의 존재에 크게 힘입었다. 즉, 미국과의 안보협력에 적극적이며 국민적인 인기를 얻고 있는 고이즈미 수상이 등장했기에 정책추진이 원활할 수 있었다는 것이다.

이러한 두 개의 축을 중심으로 상황을 정리하면 <표 4-3>과 같다. 첫째는 미일안보협력을 더욱 강화할 계기적 사건도 발생하지 않고 대중주의적 지도자도 존재하지 않는 상황이다. 현재로서는 고이즈미 수상이 있기에 이러한 상황

을 고려하는 것이 비현실적이지만, 이것은 앞서도 언급했듯이 고이즈미 이후를 담당할 후보자가 크게 부각되지 않는다는 점을 고려할 때, 이번에 재배치 문제가 해결되지 못하면 미일안보협력이 큰 위험에 빠질 위험도 있음을 시사해 준다.

둘째는 대중주의적 지도자는 없지만 계기적 사건이 발생하는 상황이다. 이러한 경우에는 비록 추진력을 발휘할 지도자는 없지만, 일본 정책결정 과정에서 중요한 역할을 담당하는 관료들에 의해 상황 자체의 논리가 이용되면서 미일안보협력의 강화라는 방향이 비록 소극적이라고 하더라도 추진될 가능성이 있다는 것이다.

셋째는 계기적 사건이 발생하지는 않지만 대중주의적 지도자는 존재하는 상황이다. 아마도 현재의 상황이 이와 같을 것이다. 즉, 비록 북핵 문제 등이 있지만 현재로서는 위협으로 전개되고 있지는 않고, 반면 고이즈미 수상이라는 대중주의적 지도자는 존재한다. 현재와 같이 신보수주의자인 고이즈미 수상이 존재하는 경우에는 계기적 상황이 발생하지 않는다 하더라도 미일안보협력에 이념적으로 동의하기에 강압적으로라도—즉, 국회나 시민단체 등의 반대에도—강하게 밀어붙이는 대미협력노선이 채택될 것이다. 그러나 노선에 대한 동의가 확실하지 않으면 현상유지를 추구할 가능성도 배제할 수 없다.

넷째는 대중주의적 지도자의 존재는 물론 계기적 사건이 발생하는 상황이다. 예를 들어 현재와 같은 고이즈미 수상하에서 북한의 핵실험이 실시된다거나 미사일이 발사되는 등의 상황전개를 상정해볼 수 있다. 이러한 경우에는 반대론자들을 설득, 무마할 수 있는 상황이 전개되기에 적극적인 대미안보협력이 가능할 수 있을 것으로 생각된다.

제5장

중국의 부상과 일중관계의 변용

I. 중국의 부상에 대한 일본의 대응[1]

1. 서론

중국은 개혁개방의 노선이 자리 잡은 1980년 이후 거의 매년 두 자리 숫자에 가까운 경제성장률을 보이면서 급속도로 성장하고 있다. 1993년에는 13.4%, 1994년에는 11.8%, 1995년에는 9.8%의 성장률을 보였다. 이러한 성장에 기초하여 중국은 1995년의 중국공산당 14기 5중전회(五中全會)에서 신5개년계획과 2010년까지의 장기경제발전목표를 발표했다. 이는 1996년부터 2000년까지 5년간 8%의 경제성장률을 유지해 2010년에는 GNP를 2000년의 두 배에 달하는 수준으로 증대시키는 것을 골자로 하고 있었다. 즉, 2010년까지 1995년의 경제규모를 4배나 증가시키겠다는 것으로, 이것이 현실화된다면 중국은

---

1) 이 절은 이면우, 「중국의 부상에 대한 일본의 대응」, ≪現代中國≫, 창간호(1997), 227~260쪽을 재조정함.

가히 세계적인 경제대국으로 발돋움할 수 있을 것이다.[2]

　급속도로 성장하는 중국 경제에 대한 평가는 양분되어 있다. 이미 경제대국을 이루었다는 경계심이 있는가 하면, 브레이크가 없는 덤프차에 비유하며 발전 도중에 파생되는 다양한 문제들로 어려움을 겪을 것이라는 부정적인 견해도 있다. 전자의 예로 흔히 지적되는 것이 세계은행의 보고서다. 1993년 4월에 나온 이 보고서는 중국 경제권, 즉 중국, 홍콩, 대만의 실질성장률이 지금까지의 수준을 유지한다면 2002년에는 구매력 평가라는 차원에서 미국을 제치고 세계 제일의 시장규모를 이룰 것이라고 전망했다. 그보다 조금 늦게 나온 IMF의 보고서 역시 1992년 중국의 경제규모가 구매력 차원에서 2조 달러에 달하여 이미 미국과 일본에 이어 세계 제3의 경제대국이라고 평가했다.

　반면에 후자의 입장은 중국이 현재, 그리고 앞으로 당면할 다양한 문제들, 즉 국유기업에 대한 개혁의 정체나 농업의 구조적 문제와 식량부족, 연해부와 내륙부 간의 격차 확대 등을 제시하면서 향후의 발전 가능성에 대해서는 부정적이다. 중국만 언급한 자료는 아니지만 폴 크루그먼의 견해를 그 예로 제시할 수 있을 것이다. 크루그먼 교수에 따르면, 경제발전에는 투입의 증가와 효율의 향상이라는 두 가지 조건이 필요한데, 아시아의 여러 국가들은 지금까지 투입을 증가시키는 방향으로 경제발전을 이룩해왔다고 한다.[3] 그러나 앞으로의 경제발전은 효율을 향상시켜야 가능하므로 어려움을 겪을 것이라는 주장이다. 또한 와타나베(渡辺利夫) 교수는 세계은행의 보고서에 대해 구매력 평가라는 것이 과연 신빙성이 있는가라는 의문과 더불어 중국 경제권의 실현 가능성에 대해서도 의문을 제기한다.[4]

---

2) 7,570억 달러였던 중국의 1995년 GDP는 2009년에 이미 6배가 넘는 4조 9,090억 달러에 달했고, 2010년에는 일본을 뛰어넘어 세계 제2위의 경제대국이 되었다. 경제통계와 관련해서는 통계청 사이트, kosis.kr/abroad/abroad_04List.jsp 참조.

3) 이와 같은 크루그먼의 주장은 1994년의 *Foreign Affairs*에 게재된 논문에 나오는 것이지만, 여기서는 그의 "What ever happened to the Asian miracle?"이라는 논문에서 재인용했다. 이 논문은 http://web.mit.edu/krugman/www/perspire.htm에서 볼 수 있다.

4) 毛里和子,「不定形のアジア: 中國は'脅威'か?」, ≪世界≫(1996.3), p. 43.

중국은 경제발전이라는 과제 외에도 정치의 안정화라는 숙제 또한 안고 있다. 예를 들어 미 국방성의 의뢰하에 형성된 프로젝트 팀은 중국의 현 지도체제가 붕괴할 가능성이 50%, 현상유지 가능성이 30%, 개혁개방노선으로의 진전 가능성이 20%가 된다는 보고서를 지난 1995년에 발표한 바 있다. 이러한 견해의 타당성 여부는 차치하고서라도, 이 보고서는 정치안정이라는 측면에서 중국이 앞으로 헤쳐 나가야 할 길이 험난하다는 것을 말해준다.

이처럼 중국의 장래에 대해서는 다양한 견해가 있다. 이 절에서는 이렇게 다양한 가능성을 갖고 있는 중국의 장래에 대해 일본이 어떻게 대응할 것인가를 검토하고자 한다. 이 절은 네 부분으로 구성된다. 첫째는 중국의 부상에 대한 일본의 대응에 영향을 미치는 요인들을 파악할 수 있는 준거의 틀을 살펴보는 부분으로, 우선 지금까지의 일중관계를 분석한다. 두 번째는 첫 번째에서 제시한 준거의 틀에 의거하여 현재의 동북아 정세에 대한 일본의 인식, 중국의 부상에 대한 일본 지식인들의 견해, 일본 정계개편의 향방에 대해서 살펴본다. 또한 일본의 대응에서 중요한 부문을 차지하는 국제정세와 중국 내의 동향이 일본에 어떠한 영향을 미칠 것인가에 대해서도 살펴본다. 세 번째 부문에서는 상기한 분석이 최근에 진행된 미일안보협력지침의 형성과정에는 어떻게 반영되었는지 점검한다. 그리고 마지막 부문에서는 결론을 대신하여 위의 틀에 비추어볼 때 일본과 중국 사이에서 문제시되는 현안들이 어떻게 처리될 것인가를 검토한다.

1) 준거의 틀

앞에서도 살펴보았듯이 중국은 이제까지 달성한 고도의 경제성장은 물론 앞으로도 급속한 경제성장을 이룩할 가능성이 있다는 차원에서 동북아의 지역질서에 커다란 영향을 미칠 것으로 생각된다. 과연 일본은 이러한 중국에 대해서 어떻게 대응할 것인가. 이 절에서는 향후 일본이 부상하는 중국에 어떻게 대응할 것인지 알아보기 위해 전후의 일중관계가 어떻게 변천해왔으며 어떠한 요인들이 그러한 변화를 가져왔는지 간략하게나마 살펴보고자 한다.

(1) 전후의 일중관계

전후의 일중관계에 대해서는 다양한 시기 구분이 있지만, 주요한 변화에 기초하면 대체로 다음과 같은 세 가지의 시기로 구분해볼 수 있다. 첫 번째 시기는 전후의 시발점인 1945년부터 일중국교정상화가 이루어지는 1972년 이전까지의 기간으로, 대립의 시기라고 할 수 있을 것이다. 당시 일본은 소위 말하는 요시다(吉田茂) 라인을 정책적인 기반으로 하여 안보의 측면에서는 미국에 의존하면서 경제발전에 매진했다.[5] 냉전의 심화는 이러한 일본으로 하여금 미국의 의도에 따라 대만과 관계를 수립하는 대신 중국과의 관계는 소원하게 만들었다. 이 기간 동안 중국 역시 미 제국주의를 주적으로 삼고, 그러한 미국의 아시아 전략을 추종하는 일본 또한 적으로 간주했다. 예를 들어 중국이 소련과 체결한 중소동맹조약의 전문에는 "일본제국주의의 부활 또는 일본국의 침략에 대해 어떠한 형태로든 일본과 연합하는 국가의 침략적 행위를 공동으로 방지할 것을 결의한다"고 되어 있다.[6] 그러나 일본과 중국 간의 접촉이 전혀 없었던 것은 아니다. 요시다 수상의 뒤를 이어 수상이 된 하토야마나 이시바시는 중국과의 관계수립에 노력했으며, 이 기간 동안 민간 간의 무역은 나가사키(長崎) 국기게양 사건을 거치면서도 정경분리 차원에서 소규모나마 유지되었다.[7]

---

5) 요시다 라인이란 요시다 수상에 의해 펼쳐진 정책노선을 지칭하는 것으로, 그 주요 내용은 본문에서 지적하는 바와 같이 안보는 미국에 의존하면서 경제성장에 주력한다는 것으로 간략히 요약할 수 있다.

6) 友田錫, 「對中戰略 最良のシナリオ最惡のシナリオ」, ≪中央公論≫(1995.12.), p. 55에서 재인용.

7) 나가사키 국기 사건은 나가사키에 있는 한 백화점의 중국 상품 전시 전에 설치된 중국 국기를 한 남자가 내린 사건이다. 이 남자는 곧바로 체포되었으나, 곧 석방되었다. 경찰은 정식 국교관계가 없는 중국의 국기이므로 국기훼손에 저촉되지 않는다는 입장이었는데, 이에 대해 중국이 반발했던 것이다.

두 번째 시기는 1972년의 일중국교정상화부터 1980년대 말까지인데, 우호 관계의 시기로 볼 수 있다. 닉슨 행정부하의 미국은 소련과의 군비경쟁과 베트남 전쟁 등에 의한 과다한 군사비 지출, 그에 따른 경제 쇠퇴를 극복하기 위해 영토 문제 등으로 소련과의 관계가 소원해진 중국에 접근했다. 이러한 미국의 대중국 접근은 일본에게도 중국과 접촉할 수 있는 기회를 제공하여 1972년에는 국교정상화가, 그리고 1978년에는 평화우호조약이 일중 간에 성립되었다. 이에 따라 중국의 주적은 소련으로 대치되었고 이에 대항하기 위한 전략으로서 미국과 일본과의 연대가 모색되었다. 또한 미일안보에 대한 평가에서도 일본의 팽창주의를 막을 수 있다는 긍정적인 면이 부각되었다. 물론 이 기간 동안의 일중관계가 결코 순탄했던 것만은 아니다. 패권조항을 둘러싼 의견차이로 일중 간의 평화우호조약 체결은 긴 시간을 필요로 했으며, 경제마찰과 야스쿠니 신사 참배에 대한 공방, 그리고 광화요(光華寮) 사건 등에 의해 분쟁이 야기되었다.[8] 하지만 꾸준한 무역의 증가에서 나타나듯이 이 시기에는 대체적으로 우호적인 관계가 유지되었다.

마지막으로 세 번째 시기는 1989년에 있었던 천안문 사태부터 현재까지인데, 새롭고도 적극적인 대응을 모색하는 시기라고 할 수 있다. 천안문 사태에 대한 일본의 대응이 여타 선진국과는 다르게 온건했다는 것이 대체적인 평가이므로 천안문 사태를 이 시기의 시작으로 잡는 것에 의문을 제기할 수도 있지만, 다나카(田中明彦) 교수가 지적하듯이 일본 역시 여타 선진국과 함께 중국에 대한 제재조치에 동참했다는 차원에서 천안문 사태를 시발점으로 잡을 수 있다고 생각한다.[9] 중국으로서도 천안문 사태와 그것을 전후로 발생한 일련의 사태들, 즉 베를린 장벽의 붕괴와 소련 및 동구권의 몰락에 의해 대외인식의 변화가 있었다. 즉, 서구의 '화평연변(和平演變)'에 대해 심각한 우려가 나타났

---

8) 광화요 사건이란 광화요의 소유와 관련된 것으로, 광화요란 중국 유학생을 위한 기숙사를 지칭한다. 이에 대한 소유권이 일중국교정상화에 의해 문제시되면서 재판에까지 회부되었는데, 몇 차례의 재판 끝에 대만의 소유라는 판결이 나 논쟁이 되었던 것이다.
9) 田中明彦, 『日中關係: 1945-1990』(東京: 東京大學出版社, 1991), pp. 173~177.

으며, 일본을 잠재적인 제일의 적으로 지칭하는 내부문서가 작성되었다는 보도도 있었던 것이다.[10] 천안문 사태 외에도 이 시기의 일중관계는 1995년에 있었던 중국의 핵실험과 1996년 초의 대만해협 위기에 대한 일본의 대응 및 그에 대한 중국의 반응에서 잘 나타난다. 1995년에 두 차례에 걸쳐 중국이 감행한 핵실험에 대하여 일본은 무상원조 동결이라는 조치를 취했고, 1996년 초의 대만해협 위기에서도 일본은 미국의 7함대 파병에 적극적으로 협조했던 것이다. 이러한 일본의 대응에 대하여 중국은 극우적인 경향에 비난을 보내는 등 맞대응을 펼쳤다. 즉, 이제까지와는 다르게 양국은, 특히 일본은 좀 더 분명한 자기주장을 피력했던 것이다. 이러한 일본의 입장변화에는 대체로 중국의 경제성장에 대한 경계, 특히 일본에서의 세대교체에 따른 중국에 대한 친밀감 및 인식의 변화, 그리고 민족주의의 대두 등에 기인한다고 지적된다.[11]

이상에서 살펴보았듯 전후의 일중관계가 전개된 양상을 보면, 일중관계 또는 일본의 대중국정책에는 세 가지 차원, 즉 국제관계의 변화라는 측면, 상호작용으로서의 중국 내 동향, 그리고 일본 내의 동향 등이 영향을 미쳤음을 알 수 있다. 예를 들어 전후 초기에는 냉전의 심화가 일본과 중국의 관계를 소원하게 했으며, 그러한 가운데서도 중국에의 접근을 요구하는 일본 내 여론 이 정경분리라는 차원에서 민간 간의 무역을 가능하게 했던 것이다. 또한 미중관계의 개선은 일중관계의 개선으로 연결된 반면, 천안문 사태와 핵실험 등과 같은 중국 내의 움직임은 냉전 후라는 새로운 국제정치의 상황하에서는 일본으로 하여금 더욱 강경한 자세를 취하게 만들었다.

---

10) 友田錫, 「對中戰略 最良のシナリオ最惡のシナリオ」, p. 56.

11) 제3시기에, 특히 1995년을 전후로 일본의 대중국정책이 이전과는 다르게 변화했다고 하는 중국 측의 인식은 여러 논문에서 주장되며, 필자가 1997년 6월에 중국에서 진행했던 인터뷰 과정에서도 드러났다. 예를 들어 Ling Xing-guang, 「'中國威脅論'は日本が つくったと中國のインテリは思い始めた」(1996.6.11.), pp. 76~79; 友田錫, 「對中戰略 最良のシナリオ最惡のシナリオ」, pp. 54~62; Banning Garrett and Bonnie Glaser, "Chinese apprehensios about revitalization of the U.S.-Japan alliance," *Asian Survey*, Vol. XXXVII, No. 4(April 1997), pp. 383~402.

여기서 주목할 부분은 위에서 언급한 세 가지 차원이 차지하는 상대적 중요성이 냉전 후 또는 탈냉전으로 묘사되는 최근의 국제정치 상황에서 변화되고 있다는 측면이다. 즉, 냉전이라는 국제정치의 고정적 틀이 존속되었던 지금까지의 경우에는 국제관계의 변화가 일중관계에 가장 중요한 영향을 미치는 변수였지만, 이러한 국제정치의 틀이 와해된 현재는 중국에 대한 일본의 인식과 그에 따른 중국의 움직임이 차지하는 상대적 중요성이 증대되었다는 것이다. 이는 앞서 언급했듯이 냉전이 붕괴된 이후 최근 몇 년 사이에 일본의 대중정책이 중국의 움직임과 그에 대한 일본의 판단에 의해 더욱 강경하게 변했다는 점에서도 알 수 있다. 이러한 점에서 볼 때 앞서 제시한 세 가지 차원은 향후 10년이라는 단기간 내에 가능한 일본의 대중국정책을 고찰하는 데는 미흡한 점이 있다. 일중관계를 규정하는 국제관계의 틀이 향후 10년 후에도 가변성을 주된 특징으로 하는 현재의 탈냉기적 상황으로 유지된다면, 일본의 대중국정책에는 일본이 중국에 대해 갖고 있는 이미지들이 중요하게 작용하리라 생각되기 때문이다. 이에 따라 다음에서는 일본의 중국 이미지를 살펴본다.

(2) 일본에서의 중국 이미지

일본에서 중국은 다양한 이미지로 투사되어왔는데, 이는 대체로 다음 다섯 가지로 요약해볼 수 있다. 첫째는 시장 또는 경제적 이득의 획득 대상국으로서의 중국이다. 이러한 측면은 전전의 일본이 중국으로 침투해 들어간 것에서도 알 수 있는데, 이는 전후의 일본에서도 엿볼 수 있다. 앞에서도 간략한 소개가 있었지만 전후의 일본이 소위 말하는 요시다 라인을 정책의 기반으로 하여 발전해왔다는 것은 이미 널리 알려져 있는 사실이다. 요시다 라인은 전후에 성립된 평화헌법에 기초하여 일본의 방위 및 안보를 미국에 의존하는 대신, 국민생활의 향상을 위한 경제발전에 몰두한다는 입장이다. 그러나 이러한 요시다 라인의 정착은 엄밀히 말해 요시다 수상의 정책적 근간에 따라 소득배가정책이라는 슬로건을 내걸고 경제발전에 몰두한 이케다(池田勇人) 내각 이후라고 할 수 있고, 그 이전에는 노선의 책정을 둘러싼 국제파(비둘기파)와 민족파(매파)의 대립이 보수진영에서 격렬하게 진행되었다. 요시다 수상의 퇴진에 따라 정권을 잡은 하토야마(鳩山一郎) 수상은 미 군정하에서 성립된 평화헌법의 개정과 더불어 미국 일변도의 외교정책에서 탈피하고자 했다. 후자와 관련해 하토야마 수상과 그의 뒤를 이은 이시바시(石橋湛山) 수상이 추진한 것이 중국과의 관계정상화 노력이었다. 이들의 노력은 냉전의 심화로 결국 좌절되었지만, 이러한 추진의 뒤에는 방대한 시장으로서 중국이 갖는 매력이 자리 잡고 있었다고 볼 수 있다.

중국에 대한 두 번째 이미지는 협력 대상자로서의 위치다. 앞서 시장으로서의 중국을 설명하는 가운데서도 언급했듯이, 중국은 일본에게 미국 일변도의 외교적 방향에 대한 대안으로 제시되었다. 이것은 결국 협력 대상자로서의 중국의 면모도 드러내는 것인데, 중국과의 협력 또는 연대는 이미 이전부터, 즉 서구의 동점(東漸)이 시작된 19세기 중반 이후부터 일본 내에서 논의되고 모색된 것이라고 할 수 있다. 일본 외교의 정책적 방향과 연관해 자주 언급되는 입아론과 탈아론 중에서 전자인 입아론이 중국을 비롯한 아시아 국가들과의 연대를 주장하는 것인데, 이는 서구열강이 침략해 들어오는 상황에 대처하기 위해서는 일본이 아시아의 여러 나라와 행동을 같이해야 한다는 주장이다. 이는 일본의 역할에 따라 아시아연대론 그리고 아시아맹주론 등으로 전개되었는데, 이러한 논의 속에서 중국은 지리적 근접성이나 문화적 유사성, 피침략국이라는 특성이 이유가 되어 협력 대상국으로 비춰지고 있음을 알 수 있다.

중국은 또한 경쟁상대로 인식되기도 한다. 이러한 성격은 여러 방면에서 찾아볼 수 있다. 예를 들어 센카구(尖閣, 중국명 조어도) 열도를 둘러싼 영토문제에서 중국은 경쟁 또는 경계의 대상이며, 동남아 진출이라는 측면에서도 경제적으로나 외교적인 영향력 확장이라는 차원에서 경쟁상대라고 할 수 있을 것이다. 또한 미국과의 근접성 또는 그에 따른 지역구도 형성이라는 차원에서 중국은 일본의 경쟁상대이다. 이는 특히 '1996년도 이후에 관한 방위계획의 대강(이하 신대강)'이 나오게 된 배경에서도 노정되었다. 부시 정권 말과 클린턴 정권 초의 미국이 중국을 중시하는 방향으로 선회하는 듯한 인상을 보이자 일본 내에서는 불안감이 조성되었다고 한다. 이는 '신대강'의 전체적인 방향에 대해서 자문했던 '방위간담회'의 보고서가 자주방위에 대한 논의를 심도 있게 진행했다는 데서도 나타난다. 이러한 미국의 방향은 일본의 우려를 고려한 나이(J. Nye)나 보겔(E. Vogel) 등의 참여로 변화되었다. 이에 따라 공식적으로 최종 결정된 '신대강'이나 미일수뇌회담에서 공동발표된 '미일안보공동선언: 21세기를 향한 동맹(이하 신선언)'에서는 미일 간의 동맹이 강조되었다. 이러한 에피소드는 일본이 아직 그 과정에 있는 지역질서의 형성에서 배제될지도 모른다는 점과 그것이 중국의 부상에 의한 것이라는 점에 우려를 표명하고 있음을 나타내주는 예라고 하겠다.

네 번째는 중국이 '중화'라는 자기중심적 사고의 보유자로 비춰지고 있다는 것이다. 앞서 언급한 '입아론'에 대응하는 '탈아론'은 바로 중국을 비롯한 아시아 국가들이 고루한 전통적 사고에서 벗어나지 못하여 새로운 문명을 받아들이지 못한 채 낙오되었으므로, 일본으로서는 이들을 과감히 탈피하고 힘을 길러 서구의 일원으로 받아들여질 수 있도록 노력해야 한다는 주장이다. 즉, 중국은 전통주의를 고수하는 시대착오적인 측면에서 각인되어 있는 것이다. '중화'라는 것에 내포되어 있는 자기중심적인 측면은 위협으로도 인식되고 있다. 뒤에서 더욱 자세히 논의하겠지만, 중국이 현재의 경제성장을 유지하고 그것을 기반으로 하여 지역질서의 형성에서 '중화'적인 세계관을 고집한다면, 이는 일본을 비롯한 여타 아시아 국가들에게도 위협적인 존재가 될 수 있음을 뜻한다.

마지막으로는 위협적 존재로서의 중국의 이미지다. 이는 사상적인 측면과 군사력이라는 두 가지 차원에서 살펴볼 수 있다. 사상적인 차원에서는 앞에서 언급했듯이 '중화'적인 세계관이 투영될 위협과 더불어, 중국의 공산주의 침투를 우려했던 측면도 있다. 위에서 언급한 하토야마 수상이나 이시바시 수상의 대중접근 노력에도 전후 초기의 일본과 중국 간의 관계는 냉전이 심화되는 가운데 대립적이었다. 특히 일본 내의 민족주의적 보수진영에서는 중국의 공산주의가 일본의 공산당 등을 통해 침투할 것이라는 위기의식을 갖고 이에 대한 대비가 필요하다고 주장했다.[12] 군사력이라는 차원에서의 위협은 중국이 보유한 핵무기를 염두에 두는 것이다. 1995년에 있었던 중국의 핵실험에 대하여 일본은 이전과는 다르게 강력히 항의했는데, 이는 중국이 경제성장과 더불어 군의 현대화 등을 추진하는 것에 대해 군사적 위협으로서의 중국이 더욱 심각하게 받아들여지고 있음을 보여주는 예다.

위에서 살펴본 일본의 대중국 이미지는 다음 세 가지로 재분류해볼 수 있다. 하나는 협력자적 이미지로, 앞에서 언급한 것들 중 입아론에서 나타난다. 또 하나는 기회로서의 이미지로, 이는 시장이나 원료를 제공할 수 있는 가능성에서 나타난다. 마지막은 경쟁자적 이미지로, 이는 핵무기나 자기중심적 사고를 보유한 위협으로서의 이미지나 미국과의 우호적 관계를 경쟁하는 가운데서 나타난다. 일본의 대중국 이미지를 이와 같이 재구축하는 것은 허만(Herrmann)의 논의를 참고하기 위해서다.

허만은 소련이 미국 또는 미국의 행동에 대한 이미지나 인식과 상대방인 미국의 능력에 대한 평가에 기초해 미국에 대응한다고 주장한다.[13] 즉, 위협적으로 인식되는 가운데 상대방의 능력이 동등하다고 한다면 적대자적인 이미지가 부상하여 방어적인 대응수단이 나타나고, 상대방의 능력이 동등하지만 기회를 제공하는 것으로 인식하면 쇠퇴하는 이미지가 부각되어 그 기회를 활용하려는 팽창적인 대응수단이 나타난다는 것이다. 또한 능력이 저하됨은 물론 기회가 제공되고 있다고 인식하면 하수로서의 이미지가 부상하여 제국주의적 대응수단이 강구된다는 것이다. 이러한 허만의 논의를 일본의 대중국

---

12) 여기서 언급한 민족주의적 보수진영은 나카소네 전 수상이 소속되어 있던 자민당 내의 고노파나 시케미추 등의 그룹을 지칭한다. 이들은 같은 민족주의적 파벌인 하토야마파나 이시바시파가 정권적인 차원에서 중국과의 관계를 정상화하려고 노력했던 것에 반하여, 중국의 공산주의에 대한 위기의식을 나타내고 방위청의 성(省)으로의 승격이나 국방회의 설치 등과 같은 노력을 주도했다.

13) Richard K. Herrmann, *Perceptions and Behavior in Soviet Foreign Policy* (Pittsburgh, Pa.: University of Pittsburgh Press, 1985).

이미지와 연관해 적용하는 데에는 여러 가지 곤란한 점이 있다. 무엇보다도 긴 역사 속에서 형성된 일중관계는 미소관계보다 복잡하여 앞에서도 살펴보았 듯 다양한 이미지로 서로에게 투영되어 있다. 또한 국제관계의 틀을 조성하는 미소관계와는 다르게 일중관계는 그러한 국제관계의 기본 틀에 의해 일차적으로 주된 영향을 받고 있다. 이러한 이유들 때문에 비록 상대방에 대해 유사한 이미지를 갖고 있다고 해도 중국에 대한 일본의 대응방식은 미국에 대한 구소련의 대응방식과 다르게 나타날 수 있다는 점도 지적된다.

그러나 앞에서도 언급했듯이 단기적인 차원에서 좀 더 영향력을 발휘할 일본의 국내적인 요인을 고려한다면, 상기한 허만의 논의를 기초로 일본의 대중전략에 대해 다음과 같은 세 가지 가설을 설정해볼 수 있을 것이다. 첫째는 위협으로서의 이미지만 강할 경우에는 일본 역시 방어적인 대응수단을 강구하여 대립적인 입장을 취할 것이라는 가설이다. 둘째는 위협으로서의 이미지에도 불구하고 기회 제공자로서의 이미지 또한 강하다면 그 기회를 활용하기 위해 팽창적인 대응수단이 방어적인 대응수단에 동반되어, 전반적으로는 조심스런 유화적 입장이 취해질 것이라는 가설이다. 마지막으로 위협으로서의 이미지보다 기회 제공자나 협조자적인 이미지가 강할 경우에는 팽창적인 대응수단보다는 전반적인 차원에서 적극적으로 협조적인 입장이 취해질 것이라는 가설이다. 다음 절에서는 이와 같은 가능성 중 일본이 어떠한 선택을 할 것인지 살피기 위해 현재 일본 내에서 중국에 대한 인식이 어떻게 분포되어 있는지 검토해본다.

2. 일중관계의 제 변수

앞 절에서도 언급했듯이 일중관계 또는 일본의 대중국정책에는 다양한 요인들이 영향을 미치고 있는데, 이 절에서는 이를 크게 두 부분으로 나누어 고찰한다. 먼저 일본 국내적으로 중국의 부상에 대해 어떠한 반응들을 보이고 있는지 점검함으로써 국제정치의 영향이 일정하다고 가정할 때, 즉 단기적으로 볼 때 가능한 일본의 대응에 대해서 살펴본다. 다음으로는 국제관계의 변화와 중국 내의 변화에 따른 일본의 대응 가능성에 대해서 검토한다.

1) 일본 내의 동향

중국의 부상에 대해 일본이 어떻게 대응할지 파악하기 위해 우선 일본의 국내 동향을 살펴본다. 이는 다양하게 검토될 수 있겠지만, 다음의 세 가지 측면에서 고찰해볼 수 있을 것이다. 첫째는 일본 정부가 취하는 공식적인 입장을 살피는 것이고, 둘째는 일본 지식인들이 중국의 부상과 그에 대한 대처를 어떻게 생각하고 있는가이며, 셋째는 일본 정치가들과 그들의 운신의 폭에 영향을 미치는 국민여론의 반응을 검토하는 것이다.

(1) 탈냉전상황에 대한 일본 정부의 인식

탈냉전기에 접어든 동북아 지역의 정세에 대한 일본 정부의 인식은 1995년 말에 제시된 '1996년도 이후에 관한 방위계획의 대강(신대강)'과 1996년 4월에 발표된 '미일안보공동선언: 21세기를 향한 동맹(신선언)'에서 찾아볼 수 있다. 이에 대해서는 앞에서 이미 검토했지만, 논의의 전개상 간략히 점검한다.

신대강은 냉전 후의 국제질서에 대해 동서 간의 군사적 대치구조가 소멸하고 세계적인 규모의 무력분쟁이 일어날 가능성이 대폭 저하되었다는 인식을 표출하고 있다. 그러나 그와 동시에 각종 영토 문제는 여전히 존재하여 지역분쟁의 발생 가능성이 있으며, 대량파괴무기와 군사 관련 기술의 확산 등과 같은 새로운 위협이 증대하여 국제정세는 아직도 불투명하고 불확실하다고 분석하고 있다. 이러한 사정은 특히 동북아 지역에서 두드러지게 나타난다고 보았다. 비록 러시아의 극동군사력이 양적으로 축소되고 군사태세가 변화하고 있지만, 그 외의 지역국가에서는 경제발전을 배경으로 한 군사력의 확충 및 근대화가 진행되고 있다는 점이 그러한 분석의 기초를 이룬다. 이에 따라 신대강은 일본의 군사력태세로서 미일안보체제의 강화와 전투능력의 콤팩트화(10% 삭감) 및 근대화(최신무기로의 대체)를 제시한다.

이와 같은 지역정세에 대한 인식은 신선언에서도 나타난다. 신선언의 특이한 점은 신대강에서 제시한 미일안보체제의 강화를 좀 더 구체적인 방안으로 제시하고 있다는 점이다. 즉, 미일안보체제가 그간 지역질서의 안정에 이바지한 것을 평가하는 동시에, 이후에도 이를 유지하고 그것을 위한 방안으로 미일 간의 방위협력체제의 강화[가이드라인(방위협력을 위한 지침)의 개정, ACSA(물품과 역무의 상호 제공에 대한 미일 간의 협정)의 체결, 오키나와 주둔문제의 해결 등을 통해], 아세안지역포럼과 같은 다자안보대화에 대한 지속적 노력, 그리고 PKO 등에 대한 정부 간 협조를 제시하고 있는 것이다.

신대강과 신선언이 중국을 직접적으로 지칭하지는 않았지만, 지역 내의 군비증강 등을 우려하는 부분이 삽입되어 있다는 것은 중국을 염두에 두고 있음을 나타내준다. 앞에서 언급했듯이 중국이 신대강 및 신선언에 대해 일본 군국주의의 부활이라고 비판하는 가운데, 일본 역시 중국의 핵실험과 장거리 미사일 등에 대한 우려를 표명하고 중국 군사력의 투명성을 요구하는 자세를 보였다는 것은 중국을 염두에 두고 있음을 나타내는 예라고 할 수 있다.

(2) 중국위협론에 대한 일본 지식층의 제 시각

급속도로 성장하는 중국에 대한 대응과 관련된 논의는 일본 내 식자층 사이에서도 한창이다. 다양한 주장들이 제기되지만, 중국 측에의 고려를 우선으로 하는 입장과 미국과의 관계유지를 우선으로 하는 입장 두 가지로 분류해볼 수 있을 것이다. 전자는 중국위협론에 과장된 면이 있다는 입장에서 출반한다. 예를 들어 모리(毛里和子) 교수는 국력, 특히 공업력이나 군비와 같은 하드파워적인 차원에서는 현재의 중국이 결코 위협이 되지 못한다고 주장한다.[14] 중국이 경제력·군사력이라는 측면에서 미국이나 일본에 대항하기 위해서는 현행의

---

14) 毛里和子,「不定形のアジア: 中國は'脅威'か?」, pp. 41~48.

근대화 계획을 질과 양의 양 측면에서 더욱 발전시켜 나가야 하는데, 그러기 위해서는 오랜 시간과 각고의 노력이 필요하다는 것이다. 물론 중국이 영토 문제나 핵병기의 보유 등으로 여타 아태지역 국가들과의 분쟁을 야기할 소지가 있다는 것은 인정하고 있다. 그러나 이 경우 중국 외교의 질, 즉 중국의 대외적 의도를 살펴야 하는데, 개혁개방시대의 중국은 이데올로기나 애매한 영향력을 추구했던 이전의 모습에서 탈피하여 좀 더 구체적인 국익을 지키기 위해 노력하고 있다고 주장한다. 즉, ARF에의 참여나 영토 문제에 대한 당사국과의 이국 간 교섭에서도 나타나듯이 중국의 외교행동이 종전의 선전공세 위주에서 이국 간 교섭이나 다국 간 교섭을 통한 문제 해결로 바뀌고 있다는 것이다. 오히려 문제는 중국이 경제성장을 하는 가운데 극복해야 할 것들, 예를 들어 식량이나 에너지의 부족에서 위기가 파생될 수 있다고 본다. 따라서 일본은 이러한 성격의 위협을 감소시키기 위해서라도 중국이 이러한 문제들에 대처해 나갈 수 있도록 도와주어야 한다고 주장하고 있다.

오카다(岡田充) 역시 '중국위협론'의 근거가 희박하다고 주장하면서, 지금까지 경제관계를 위주로 했던 일중관계에서 벗어나 안전보장을 포함한 정치적 대화의 장을 갖고 신뢰구축을 위한 정보공개를 서로 진행할 필요가 있다는 입장을 제시한다.[15] 오카다에 따르면, 리덩후이(李登輝) 총통의 미국 방문이나 대만의 독립에 대해 중국의 ≪인민일보≫ 등이 강경한 입장을 취한 것과는 달리 중국 군부는 냉철한 판단을 하고 있었다고 한다. 즉, 오카다 자신이 수행한 인터뷰를 토대로 살펴보면 중국의 군 간부들은 리덩후이 총통이 선거에서 재선될 것이며, 1995년의 군사연습은 커다란 효과가 있었으나 그 이상의 대규모 연습은 역효과를 가져오고 대만해협의 봉쇄는 실제 군사적으로 행할 필요가 없이 선언하는 것으로 족하며, 대만의 독립을 좌시할 수 없지만 통일은 중국이 중진국이 되는 다음 세기의 과제라는 견해를 갖고 있다는 것이다. 이러한

---

15) 岡田充, 「'中國脅威論'と中臺關係の展望: 日美安保再定義にも波紋」, 『軍縮問題資料』, pp. 32~37.

군 간부들의 인식은 중국이 대만의 총선을 전후로 실행한 군사연습에서도 확인된다고 보았는데, 그 전 해인 1995년 7월에 실시된 군사연습에서는 발사된 미사일의 수가 6발이었던 반면에 총선거를 전후한 이번 연습에서는 4발에 그쳤으며 이와 함께 수행된 3군 합동연습이나 실탄연습도 이전에 비해서는 소규모였다는 것이다. 이러한 실제적인 규모에도 중국이 군사연습을 감행한 이유는 첫째, 대만 문제에 대한 중국의 결의를 대만 및 국제사회에 강하게 알리기 위해서이며, 둘째는 권력기반이 허약한 장쩌민(江澤民) 주석이 대만 독립에 강한 입장을 표명함으로써 민족주의를 고양시켜 입지를 강화하려는 시도로 볼 수 있다는 것이다. 또한 비록 국내 문제라고 주장하는 대만 문제를 국제 문제화시킨 측면도 있으나, 대만으로부터 통상 및 통항의 개방에 대한 언질을 받은 것이나 미국의 대응을 시험해볼 수 있었다는 성과를 올린 것으로 평가내리고 있다. 중국의 의도에 대한 이와 같은 판단에 기초하여 오카다는 미일안보를 재정의하는데 중국을 가상 적으로 만들기보다는 적극적인 대화와 정보공개 등에 의한 신뢰구축에 더 노력해야 한다고 주장한다.

도모다(友田錫) 교수는 일본의 대응에 대해서 좀 더 다각적인 방안을 제시한다.[16] 도모다 교수에 따르면, 단기적인 차원에서 볼 때 일중관계의 전개는 다음 네 가지 방향 중 하나로 현재화될 가능성이 있다고 한다. 첫째는 상대방에 대한 경계심과 자기주장을 직선적으로 주장하여 대립이 극단적으로 격화되는 '대결의 코스', 둘째는 경계심 속에서 자기주장을 하면서도 억제력을 발휘하여 관계악화를 방지하는 '현상유지의 코스', 셋째는 상대방에 대한 경계심을 완화할 수 있는 조건을 만들어 건전한 이국 간 관계를 구축하는 '이성적 코스', 그리고 마지막으로는 일본과 중국이 정치나 경제, 안보의 모든 면에서 연대하는 '일중협상 코스'이다. 도모다 교수는 20세기 전반에 있었던 동북아시아의 패권경쟁을 재현할 '대결의 코스'나 일본과 중국을 제외한 여타 아태지역국가들로 하여금 위협을 느끼게 하는 '일중협상코스'는 바람직하지 않다고 보고,

---

16) 友田錫, 「對中戰略 最良のシナリオ最惡のシナリオ」, pp. 54~62.

'현상유지의 코스'에서 '이성적 코스'로 점진적으로 발전해나가는 것이 바람직하며 이를 위해서 노력해야 한다고 주장한다. 이를 위해서는 무엇보다도 중국이 정치나 경제, 군사 등의 측면에서 국제사회의 제도적 틀에 깊이 참여하여 스스로 건설적인 구성원이 되는 것이 중요한데, 중국이 이러한 방향으로 나아가는 도중에 직면할 장애들에 대해서도 인식하고 있다. 장애들이란 곧 최근 강하게 나타난 중국 내의 민족주의적 성향, 중국군부의 영향력 증대, 대만 문제의 심각성을 지칭하는 것이다. 도모다 교수는 중국이 직면할 곤경을 최소화하는 것이 일본의 역할이지만, 이는 일본 혼자서는 역부족이므로 중국에 대한 '중층적(重層的) 외교전략'을 구축해야 한다고 주장한다. 그가 주장하는 '중층적 외교전략'이란 첫째로 아시아태평양 지역에서 최대의 영향력을 갖고 있으며 일본과 함께 이 지역의 안정적 발전에 대해 이해를 같이하는 미국과 정책적으로 협조하며, 둘째로 향후 인도차이나반도 전체를 포괄하게 될 확대 ASEAN과의 관계를 가일층 강화하고, 마지막으로 APEC을 발전, 강화시키려는 노력을 병행하는 것을 의미한다. 그러나 이러한 중층적 외교전략이 중국의 봉쇄라는 인상을 주지 않기 위해서도 그 목적을 중국에 이해시키도록 노력해야 한다고 제안하고 있다.

오카자키(岡崎久彦)는 일본이 더욱 적극적으로 미국과 협력할 것을 주장한다.[17] 즉, 미국의 대중국정책에 일본이 적극적으로 동참해야 한다는 것이다. 이러한 주장에는 체제나 이념이 서로 다른 일본과 중국이 외교적으로 협력한다는 것은 어려우며, 또한 미국이 결코 대만을 포기하지 않으리라는 시각이 배경으로 자리 잡고 있다. 따라서 유사시를 대비한 미국과의 네트워크에 일본이 그 역할을 다해야 한다는 주장인데, 이러한 차원에서 1996년의 대만해협 위기에서 일본이 미국의 제7함대 파병에 적극적으로 협력한 것을 높이 평가하고 있다.

---

17) 岡崎久彦·中嶋嶺雄,『日本にアジア戦略はあるのか: 幻想の中國·有事の極東』(PHP 연구소, 1996).

이토(伊藤憲一) 교수 역시 일본의 대중국정책 수립에서 미일관계를 강조한다는 측면에서는 도모다 교수나 오카자키와 의견이 일치한다.[18] 이토 교수에 따르면, 서구의 동점에 의해 당시 아시아지역 내에서 유지되었던 중화세계가 붕괴된 이후 최근까지 중화세계를 대체하여 아시아지역을 통합하려는 노력이 세 차례에 걸쳐 진행되었다고 한다. 첫 번째 시도는 바로 서구문명에 의한 아시아지역의 식민지화인데 이는 노일전쟁을 분수령으로 좌절되었고, 두 번째 시도는 일본의 군국주의에 의한 대동아공영권의 건설인데 이 역시 제2차 세계대전을 계기로 좌절되었다. 마지막 세 번째 시도가 현재 진행되고 있는데, 이는 아시아 국가들에 의해 시도되고 있다는 것이 특징적이다. 즉, 미국의 절대적인 우위가 소멸되고 소련이 붕괴된 가운데, 정치대국으로서의 중국, 경제대국으로서의 일본, 지역대국으로서의 ASEAN, 그리고 가능성으로서의 통일 한국 등에 의해 이러한 시도가 진행되고 있다는 것이다. 그러나 이토 교수는 이러한 노력이 역내에서 외부세력의 힘을 빌리지 않고 스스로의 힘에 의해 '공통의 평화' 또는 세력균형의 구조로서 결실을 맺기 위해서는 중국의 행방이 관건이라고 주장한다. 이와 같이 중요한 위치를 점하고 있는 중국은 개혁개방 노선을 택하고 있지만, 대만해협에서의 미사일 훈련, NPT의 무기한 연장 결정 후의 핵실험, 남사군도의 해결에 대한 다국 간 협의의 거부 등에서도 나타나듯이 전통주의적인 중화사상을 버리지 못하는 인상을 준다는 것이다. 중국의 이러한 성향을 억제하고 아시아지역의 안정을 도모하기 위해서는 유럽안보협력회의(Conference on Security and Cooperation in Europe: CSCE)와 같은 기구가 필요한데, 현존의 ARF가 과연 그러한 역할을 할 수 있을까에 대해 이토 교수는 회의적인 입장이다. 따라서 그는 적절한 수준에서 미국을 아시아에 존속시킴으로써 중국의 부상과 조화시킬 수밖에 없으며, 일본으로서는 양 대국 간의 균형이 유지되도록 노력해야 한다고 주장한다.

아마다(山田辰雄) 교수도 강한 중국은 결국 전통적인 중화사상과 결부될 가능

---

18) 伊藤憲一, 「'アジアを再考する」, ≪諸君≫(1995.10), pp. 98~107.

성이 있음을 시사한다.[19] 다나카 교수와 아마코(天兒慧) 교수와의 좌담회에서, "강한 중국이 국제질서를 어떻게 정의할 것인가"라는 다나카 교수의 질문에 대해 야마다 교수는 조공체제를 기반으로 했던 중국 중심의 세계관이 서구열강의 침략에 의해 붕괴되었는데, 그 굴욕의 역사가 중국으로 하여금 강한 국가의 건설, 즉 부국강병을 국민적 염원 또는 정체성(아이덴티티)으로 만들었기 때문에 강해질수록 전통적 정체성(중국 중심의 세계관)에 의해 보강될 가능성이 있음을 시사했다. 좌담회에 동석한 아마코 교수 역시 중국이 머릿속으로는 호혜평등한 국제질서를 그리면서도 심정적으로는 자신들이 권위주의적인 위계질서의 최상위에 자리 잡고 싶어 한다고 본다. 이러한 아마코 교수의 견해에는 그가 겪은 에피소드 — 중국은 왕도의 길을 걷지 결코 패도의 길을 가지는 않을 것이라는 한 중국인 국제정치학자의 언급에 대해 아마코 교수가 왕도란 그 자체가 권위주의적 질서를 말하는데 그것이 중국이 주장하는 평화공존의 5원칙과 어떻게 조율되느냐고 질문하자 그 중국인 학자가 답을 하지 못했던 일 — 가 그 배경에 있다. 다나카 교수도 현재 강해진 중국이 약한 위치에 있었던 시기에 주장했던 주권절대론에 대해서 명확한 언급을 하지 않는 것이 바로 중국에 불안한 시선을 보내는 이유가 된다고 보았다. 따라서 이러한 성향을 가진 중국에 대해 이들은 온건하면서도 다각적인 대처를 주장하고 있다. 즉, 핵실험과 같은 문제에 대해서는 일본이 자체적으로 좀 더 많은 외교적 수단을 강구해야 한다고 주장하는 반면에, 대만 문제에 대해서는 그것이 비록 중국 국내적인 문제이기는 하지만 그것을 처리하는 방안에 대해서는 미국이나 아세안국가들과 다각적인 포럼을 형성하여 대처해나가야 한다고 주장하는 것이다.

지금까지 살펴본 일본 지식인들의 견해는 다음과 같이 요약해볼 수 있다. 첫째는 중국 전문가들일수록, 예를 들어 모리 교수나 오카다와 같은 지식인들은 중국을 이해하는 측면에서 중국의 위협론이 경제적으로나 군사적으로 과장

---

19) 山田辰雄・天兒慧・田中明彦, 「變容する?中國というシステム: 日本は'强い中國'といかに連帯すべきか?」座談會, ≪世界≫(1996.3), pp. 23~40.

된 측면이 있고, 따라서 지나친 중국위협론의 강조보다는 중국이 당면한 문제들을 헤쳐 나갈 수 있도록 일본이 도와주어야 한다는 주장을 펴고 있다. 둘째로 그 외의 사람들, 예를 들어 이토 교수나 야마다 교수는 중국에 내재되어 있는 가치관 또는 세계관, 즉 중화사상과 같은 것이 가져올 파장에 대해 우려하면서 좀 더 다차원적인 대처를 주장하고 있다. 셋째는 전반적으로 미일관계를 축으로 중국에 대한 대응을 모색하고 있다는 점이다. 마지막으로는 대만 문제와 같은 것은 중국이 주장하듯 국내 문제로 인정하는 측면이 나타나는 반면, 핵실험과 같은 것에 대해서는 더욱 다양한 외교적 대응책을 요구하고 있다는 점이다.

(3) 일본 정치의 이념적 분기점과 일본 정국의 향방

그렇다면 정치가 및 여론은 어떤 반응을 보이는가. 일본 정치는 이념적으로 볼 때 다양하게 나뉘어져 있다. 사회 전체적으로는 자본주의적 시장경제를 추구하는 세력과 사회주의적 재분배를 강조하는 세력으로 크게 양분되어 있으며, 이는 일본의 정당체계가 자민당과 사회당이라는 양대 정당에 의해 유지되어왔다는 것에서도 알 수 있다. 각 정당도 이념적 또는 정책적으로 분기되어 있는 것을 알 수 있다. 예를 들어 사회당의 경우 마르크스레닌주의를 추종하는 좌파와 사회민주주의를 추종하는 우파로 나뉘어 때로는 격렬한 대립을 보였다. 이러한 당내 대립은 1951년에 좌파사회당과 우파사회당으로 양분된 것이나 1955년에 통합된 이후 1960년에 다시 사회민주주의를 추종하는 우파의 일부분이 탈당하여 민사당을 형성한 데서도 나타난다. 자민당의 경우에도 1955년의 자민당 성립에 참여했던 보수진영의 정당들은 당내 파벌을 형성하면서 존속하는 가운데 각자의 이념적인 성향도 그대로 유지했다. 앞에서도 언급했듯이 그 대표적인 분열이 요시다 수상 또는 이케다 수상의 파벌을 중심으로 한 국제파(비둘기파)와 하토야마 수상 또는 기시수상의 파벌을 중심으로 한 민족파(매파) 간의 대립이라고 할 수 있다. 자민당은 집권여당이라는 성격에 의해서 사회당과 같은 대규모의 분열상은 보이지 않았지만, 이념적 상이성을 동반한 파벌 간의 대립은 격렬한 것이어서 1993년의 총선거를 전후한 상황에서는 자민당에 의한 장기집권을 종식시키는 하나의 요인이 되었다.

1993년 이후의 일본 정국은 이념적인 차원에서 볼 때 상반된 두 가지 평가가 가능하다. 하나는 자위대나 일장기를 인정하기로 한 사회당의 변신 등을 예로 들어 일본 정치가 총보수화되었고 앞으로도 그럴 것이라는 평가이고, 다른 하나는 보수라는 동일한 성향 내에서도 다양한 파벌로 나뉘어졌던 자민당을 예로 들어 향후 일본의 정치도 그와 같이 다양하게 분기될 것이라는 평가이다. 현존하는 일본의 정당들이 각자의 색채를 선명히 하기 위해 노력하고 있다는 것은 전자인 총보수화 경향의 반증이라고도 하겠지만, 정책을 결정하는 과정에 현재 연립여당을 구성하고 있는 자민당과 사회당의 대립과 협조만이 나타나는 것이 아니라 여야 간 또는 야당진영 내에서도 대립과 협조가 나타난다는 것은 미세한 차이지만 각 정당들 간의 차이가 드러날 것이라는 후자의 평가에 힘을 실어준다.

복잡한 일본 정국을 파악하기 위한 시도로서 신진당 총재였던 오자와(小澤一郞)의 '보통국가론'과 신당사케가키의 전 대표였던 다케무라(武村正義)의 '질실국가론'을 대비해볼 수 있다. 오자와는 다가오는 21세기에도 현재 일본이 누리는 경제적 번영과 그에 수반된 풍족하고 안정적인 생활을 유지하기 위해서는 국제환경의 평화와 안정에 기반을 둔 자유무역체계가 존속되어야 하며, 이를 위해서는 일본이 국제환경의 평화와 안정에 공헌하는 진정한 의미에서의 국제국가로 전환되어야 한다고 주장한다. 그가 제시한 국제국가란 곧 국제사회에서 당연시되는 자국의 안정보장에 대해 스스로 책임지며 지구환경 보호와 같은 인류공통의 과제에 대해서 최대한의 협력을 하는 '보통국가'를 의미한다. 반면 다케무라가 주장하는 질실국가론은 전후의 일본이 원래 수단에 불과했던 경제를 목적화하여 고래로부터 일본에 있었던 화합의 사상을 잊고 있다는 반성에 기반을 둔다. 따라서 군사적으로는 '작지만' 국내적으로 그리고 국제적으로 질적이고도 실질적인 공헌을 하는, 예를 들어 제3세계에의 ODA가 수혜국의 발전에 실질적으로 도움이 될 수 있도록 강구하는 그러한 일본을 만들자는 것이다.

현재 일본 정국은 이러한 양자의 논지를 축으로 분기되어 있다고 볼 수 있는데, 여기에는 일본의 국제공헌에 대한 방법상에서의 차이뿐 아니라 그를 위한 국내적 수용의 문제에서도 차이를 드러내고 있다.[20] 즉, 헌법개정을 통해서라도 경제적으로나 군사적으로 국제공헌에 이바지해야 한다는 오자와식의 주장에 신진당이나 자민당의 일부가 속해 있다고 할 수 있고, 군사적인 것보다는 다른 방면에서의 국제공헌을 주장하는 다케무라식의 입장에 신당사키가케, 민주당, 사민당(구사회당) 등이 포함된다. 자민당 내에는 이러한 양자의 입장이 혼재해 있다고 할 수 있는데, 이는 가이드라인의 개정에 즈음하여 대만 문제에 대한 입장의 차이에서도 나타난다. 국제파의 전통을 이어온 구미야자와파의 가토(加藤紘一) 간사장은 가이드라인이 한반도를 염두에 둔 것이지 중국을 염두에 두고 작성되는 것은 아님을 분명히 했다. 자민당 방중단을 이끌고 중국을 방문한 가토 간사장은 자민당의 이름으로 중국공산당과 앞으로의 교류와 협력을 증진시킨다는 내용의 각서도 교환했다.[21] 이에 반하여 보-보연합의 가능성을 제기하는 가지야마(梶山靜六) 관방장관은 중대분쟁이 일어나면 당연히 일본이 개입하게 될 것이라고 언급했다. 즉, 이는 중대분쟁 시 미국이 군사적 행동을 한다면 일본이 그 행동을 지원하지 않고서 어떻게 미일안보가 유효하다고 할 수 있겠는가 하는 입장으로, 대만해협이 일본 주변에 해당됨을 시사한 것이었다.[22]

---

20) 10년 이상의 시간이 지나 이 논문을 재정리한 2010년의 시점에서도, 오자와의 신진당과 다케무라의 신당 사키가케는 모두 사라지고 오자와는 민주당으로 옮겼지만, 현행의 자민당과 민주당 대립구도는 이러한 축을 중심으로 여전히 설명가능하다고 할 수 있다.

21) 각서의 내용은 다음과 같다. 첫째로 일중공동선언과 일중평화우호조약의 정신에 따라 역사를 교훈으로 삼고 미래를 향한 우호관계의 추진에 노력한다. 둘째로 독립자주, 완전평등, 상호 존중, 상호 내정불간섭의 원칙에 기반을 두고 교류와 협력을 가일층 강화하며, 특히 청년정치가들의 교류를 촉진한다. 셋째로 양당은 매년 필요한 교류사업에 대해 협의한다. ≪朝日新聞≫, 1997.7.15.

대만 문제를 둘러싼 가토 간사장과 가지야마 관방장관의 의견 차이에는 이념적인 상이함 외에도 다양한 측면이 함께 내포되어 있다. 가토 간사장은 자민당, 사민당, 신당사키가케에 의한 연립여당체제를 성사시키고 유지해온 장본인으로서 구다케시다파의 횡포에 대항하여 파벌횡단의 YKK라는 그룹을 형성했던 인물이며, 요시다 수상 이후 국제파의 명맥을 유지해온 온건보수파로서 젊은 층을 대변하고 있다. 반면에 가지야마 관방장관은 이념적으로는 중간파에 속하는 구다케시타파에 소속되어 신진당 내 보수층과의 연합, 즉 소위 말하는 보-보연합을 주장하는 인물이며, 나카소네나 다케시다와 같은 자민당 내의 원로들을 대변하는 위치에 있다. 그러나 양자 간의 확연한 구분에도 가토가 참여하는 YKK 그룹이 이념적으로 꼭 행동을 같이하지는 않을 것이라는 점에서 현 일본 정국의 복잡성을 파악할 수 있다. 예를 들어 YKK의 Y에 해당하는 아마자키(山崎拓) 정조회장은 민족파로 알려져 있는 구나카소네파 소속의 인물로 군사적 국제공헌을 위한 헌법의 개정에 긍정적이며 보-보연합의 가능성에 대해서도 부정하지 않고 있다.

앞으로 일본 정국이 어떠한 양상을 나타낼 것인가를 예상하기란 보통 곤란한 일이 아니다. 여기에는 위에서 언급한 이념적 분기가 어떻게 작용할지의 여부와 현행의 소선거구비례대표병립제가 선거에서 어떠한 결과를 가져오는가 하는 점 등이 복잡하게 얽혀 있다. 그러나 정당체계라는 차원에서 볼 때 보-보연합의 성립에 따른 반보-보연합의 형성으로 양당제적인 양상을 나타내는 것과 현재의 상태와 같은 다당제를 유지하는 가능성을 상정해볼 수 있다. 또한 후자의 경우 현재와 같은 상태, 즉 자민당이 다수당의 위치를 점하여 연립정권을 유지해나가는 경우와 자민당이 과반수의 의석을 차지하여 이전의 단독정권으로 돌아가는 경우, 그리고 현재의 자민당이나 신진당 또는 민주당이 대등한 세력을 유지하는 경우 등 세 가지를 생각해볼 수 있다.

이러한 다양한 가능성에도 불구하고 향후 10년이라는 기간적인 제한을 설정

---

22) ≪朝日新聞≫, 1997.8.17.

해본다면 일본의 대중국정책은 정권담당자가 보다 보수적이냐 아니면 온건하냐에 따라 다소의 차이는 있겠지만, 미국과의 관계를 기본적으로 중시한다는 차원에서는 커다란 차이가 없을 것으로 생각된다. 대부분의 정치가들이 보수나 온건을 막론하고 미일관계를 기본적인 외교정책의 축으로 생각하고 있기 때문이다.

정치가들의 외교적 입장은 미국이라는 기본적 외교 축 외에도 국민여론이나 이익집단의 요구에 영향을 받는다. 예를 들어 일북국교정상화에 대해 일본이 최근 미온적인 자세를 견지하는 것은 북한에 대한 일본 국민의 인상이 좋지 않아 정치가들이 움직일 수 없기 때문이다. 또한 최근 한일 간에 쟁점이 되고 있는 어업협정의 개정 문제에서 일본이 협정 파기라는 강경한 입장을 내세운 것은 민족주의적 감정 외에도 어민의 이익을 대변하려는 정치가들의 입장에서 비롯된 것이라고 할 수 있다.

일중관계는 한일관계와 다른 차원의 요인들이 작용하는 것이기는 하지만 국민여론에 영향을 받는다는 점에서는 크게 다르지 않다. 예를 들어 천안문 사태 이후의 중국에 대한 일본 정부의 입장이 다른 서국제국에 비해 유화적이었다고는 하지만, 서구의 제제조치에 동참하고 제제조치의 철회에 주저했던 것은 미국을 비롯한 서구제국의 의향을 의식한 것도 있지만 국민의 대중국관이 변화한 것에도 기인한다고 할 수 있다. 최근의 일중관계가 소원한 것도 국민여론조사에 비추어 알 수 있다. 1986년에는 일중관계가 양호하다고 응답한 일본인의 비율이 76.1%였는데, 이는 계속 하강하여 1996년도에는 35.6%로 나타났다.[23] 중국에 대한 친근감 조사에서도 친근감을 느낀다는 의견이 그렇지 않다는 의견보다 줄곧 높은 비중을 차지했지만, 1996년에는 역전되어 친근감을 느끼지 않는다는 사람이 51.3%, 느낀다는 사람이 45.0%로 나타났다.

이러한 하강국면은 1997년에 들어 진정되는 양상을 나타내고 있다. 일중관계를 양호하다고 본 일본인 응답자의 비율이 1996년의 35.6%에서 1997년에

---

23) 總理府弘報室 編, 『月刊 世論調查: 外交に關する世論調查』(東京: 大藏省印刷局, 1997).

는 40.3%로 약간 호전된 것이다. 친근감에서도 친근감을 느끼지 않는 사람의 비율이 아직 높게 나타났지만, 1996년의 결과와 비교해볼 때 호전된 결과가 나왔다. 즉, 친근감을 느끼지 않는 사람이 1996년의 51.3%에서 50.2%로 감소한 반면, 친근감을 느끼는 사람이 1996년의 45.0%에서 45.9%로 약간의 증가를 나타낸 것이다. 여기서 중요한 것은 미세한 수치의 변화보다는 호전되는 것으로 나타난다는 사실 자체라고 할 수 있을 것이다. 이와 같은 변화는 중국에 대한 정치가들의 운신의 폭을 넓혀준다고 할 수 있지만, 여전히 친근감을 느끼지 못하는 사람의 비율이 높다는 것을 고려하면 적극적인 대중 접근보다는 이미 중국에 투자한 경제단체들의 이익을 옹호하려는 실리적인 접근이 주를 이루리라고 생각된다.

이상에서 중국 또는 중국의 부상에 대한 일본 내의 반응을 정부 측 견해, 지식인들의 견해, 그리고 정치가와 국민여론의 입장으로 나누어 살펴보았다. 이러한 내용은 다음과 같이 요약해볼 수 있다.

첫째는 일본 정부가 체제적 이질성에 더해 핵무기를 비롯한 강대한 군사력의 보유와 주변국과의 분쟁 가능성이라는 문제점을 내포하고 있는 중국을 그 자체로서 위험시하고 있다는 점이다. 즉, 중국 경제의 발전이 이러한 문제점들을 더욱 증폭시킬 가능성이 있지만, 그것을 차치하고서라도 이들 문제 자체만으로도 위험시하고 있다.

둘째는 일본 전문가들 대부분이 경제적 발전이 가져올 안보상의 영향력보다는 그 과정에서 발생 가능한 정치적 불안정이나 환경적 파급효과 등을 더욱 위험시하고 있다는 점이다. 따라서 소수의 강경론자를 제외하면 중국을 국제사회의 일원으로 만들기 위해 조심스러우면서도 다양한 방안을 강구할 것을 제시하고 있다. 일본 정부의 견해도 이러한 측면에서 크게 벗어나지 않는다.

셋째는 일본 정치가들이 보수진영과 혁신진영으로 크게 나뉘어 있고 이에 따라 중국에의 대응에 대한 견해 역시 양분되어 있지만, 이들 간의 정권교체가 가능하다고 하더라도 그에 따른 변화의 폭은 크지 않을 것이라는 점이다. 정당 간의 이념적 차이보다는 국민여론의 향배가 변화의 폭을 결정하는 데 더욱 중요할 것이며, 이러한 차원에서는 국민들이 중국과 관련하여 관심을 표명할 인권 문제나 환경 문제, 영토 문제 등이 영향을 미치리라고 생각된다.

위에서 요약한 것을 서론에서 제시한 가설에 비추어보면 다음과 같은 추론이 가능하다. 즉, 다양한 문제를 내포하고 있는 중국에 대해 '위협적'이라는 이미지를 기본적으로 가지고 있지만, 그 위협의 성격이 적어도 단기적으로는 군사력이나 경제력의 증가에 따른 직접적인 것이라기보다는 체제 불안정에 따른 우발적 또는 간접적인 것으로 받아들여지고 있다는 것이다. 따라서 위협으로서의 이미지 외에 기회 제공 가능성으로서의 이미지도 동반되어, 일본으로서는 대립적이라기보다는 조심스런 유화적 입장이 대세를 이룰 것으로 보인다. 이러한 가능성은 최근에 미국과 일본 사이에서 논의된 미일방위협력지침의 개정과정을 통해서도 엿보이는데, 그 과정에 대해서는 3절에서 검토한다.

2) 외부환경의 변화와 일본의 대응

앞에서는 일본의 대중국정책을 둘러싼 외부환경, 즉 국제관계의 기본 틀이나 중국의 국내적 동향에 변화가 없다는 가정하에, 즉 단기적인 관점에서 일본이 중국의 부상에 대해서 어떻게 평가하고 그에 따른 일본의 대응은 무엇인지 살펴보았다. 그러나 장기적인 차원에서는 외부환경이 변화할 가능성이 없다고 가정하는 데는 무리가 있다. 현재와 같은 냉전 붕괴 이후의 복잡한 국제정세 속에서는 단기적인 차원에서도 이러한 변화의 가능성이 있는데, 장기적인 차원에서는 더욱 그러하리라고 생각된다. 따라서 일본의 외부환경이 어떻게 변화할지 상정해보고, 그에 따라 일본의 대응 또는 일중관계의 양상에 대해 살펴본다.

(1) 국제관계의 변화 가능성

국제관계의 차원에서는 미중관계, 중소관계, 미일관계와 같은 이국 간의 관계들이 앞으로 어떻게 변화할지가 일중관계에 영향을 미칠 것으로 생각된다.

〈표 5-1〉 미일관계와 미중관계의 변화에 따른 일본의 대중정책 방향

		미일관계	
		우호적	대립적
미중관계	우호적	① 협력노선	③ 독자노선
	대립적	② 중재노선	④ 지역주의

미중관계의 변화, 즉 개선 또는 악화는 그 변화의 요인이 무엇인가에 따라 다르기는 하겠지만, 그 변화 자체로 중국에 대한 일본의 정책에 영향을 미칠 것으로 생각된다. 중소관계의 변화 역시 중국으로 하여금 미국이나 일본을 대체하거나 견제할 수 있는 선택의 폭을 좌우하는 것이기 때문에 일본에 대한 중국의 정책에 영향을 미칠 뿐 아니라, 그 영향력이 일본의 대중국정책에도 파급될 것으로 생각된다. 일본과의 경제협력이 심화되는 가운데에도 중국이 1980년대 중반 이후 일본에 대한 정치적 공세, 즉 역사인식 문제나 영토 문제와 관련하여 비판의 강도를 높였던 배경에는 중소관계의 개선이 자리 잡고 있다는 주장이 이러한 가능성을 시사한다.[24]

미일관계의 변화 역시 일중관계에 영향을 미칠 것으로 생각된다. 현재의 미일관계는 잦은 경제적 마찰에도 미국의 나이보고서, 일본의 신방위대강, 미일안보신선언, 미일방위협력지침과 같은 일련의 움직임에서 나타나듯이 군사안보적인 측면에서는 강화되는 방향으로 나아가고 있다. 그러나 미일 간의 경제적 마찰이 증대되는 가운데 중국의 체제적 안정이 지속된다면, 이는 미국이나 일본으로 하여금 미일관계에 대해 재고하게 만드는 계기로 작용할 것이므로 일중관계에도 영향을 미칠 것으로 생각된다. 이들 세 가지 관계 중에서도 미일관계와 미중관계는 그 변화 여부에 따라 일본의 대중정책에 특히 영향을 미칠 것이다. 이를 두 축으로 하여, 각 관계가 우호적인가 대립적인가에 따라 일본의 대응을 살펴본 것이 <표 5-1>이다.

①은 미일관계와 미중관계가 공히 우호적인 경우이다. 이러한 경우 일본은

---

24) 友田錫, 「對中戰略 最良のシナリオ最惡のシナリオ」, p. 56.

중국에 대해 경쟁자적인 이미지는 고수한다고 하더라도 위협으로서의 이미지는 갖지 않게 될 것이다. 이러한 이미지의 부각은 일본으로 하여금 좀 더 우호적인 대중정책을 추진하게 할 것이며, 따라서 최근 들어 논의되고 있는 미·중·일 삼국 간의 안보협의가 공고화되는 방향도 상정해볼 수 있다. ②는 미일관계가 우호적인 가운데 미중관계가 대립적인 경우로, 현재의 미·중·일 삼각관계와 유사한 상황이다. 이러한 경우 일본은 ①에서보다는 중국을 더 위협적인 것으로 인식하겠지만 앞에서 논의된 바와 같이, 그리고 현재 일본의 대응과 같이 더 큰 위협요인, 즉 정치불안 등을 지양하기 위해 현상유지 또는 미국과 중국을 중재하는 역할을 담당하리라고 생각된다.

③은 미일관계가 대립적인 가운데 미중관계가 우호적인 경우로, ②와는 반대되는 상황이다. 미일안보체제가 재천명된 현재의 상황에서는 상정하기 곤란한 경우지만, 이러한 경우가 가능하다면 일본은 지리적으로 가까운 중국에 대한 위협감을 더 심각히 고려하게 될 것이며, 따라서 자조적인 차원에서도 재무장과 같은 독자적인 노선을 강구하게 될 것이다. 물론 이러한 경우를 상정한다고 하더라도 일본이 중국에 대해 무조건적인 대립노선을 천명하지는 않겠지만, 위협으로서의 중국이 더욱 가시화되고 그에 따라 재무장의 필요성이 커진다는 측면에서는 대립이 불가피해질 가능성이 크다.

④는 미일관계와 미중관계가 공히 대립적인 경우이다. 이 경우 일본은 중국에 대해 지역 내의 주도권을 다투는 경쟁자로서의 이미지를 가지겠지만, 양국에 대립적인 미국의 존재 때문에 위협적인 중국의 이미지는 감소할 것으로 생각된다. 따라서 지역주의적 협력이라는 차원에서는 우호적인 정책이 가능하리라고 생각해볼 수 있다.

(2) 상호작용으로서의 중국 내의 동향

일중관계는 국제관계의 변화 외에도 국내적으로 발생하는 변화에 의해 영향을 받을 것으로 생각된다. 따라서 이러한 차원에서 중국 내의 변화 가능성을 살펴보고자 한다. 상호작용이라는 차원에서는 일본 내의 변화 가능성도 검토

<표 5-2> 중국 내의 동향에 대한 일본의 대응

		경제발전	
		안정적	불안정적
정치안정	안정적	①	③
	불안정적	②	④

해야 하지만, 여기에 대해서는 일본의 대응을 검토하는 다음 절에서 다루고자
한다.

일중관계에 영향을 미치게 될 중국 내의 변화는 중국 경제가 지속적으로
발전할 것인가와 현존 정치체제를 안정적으로 유지해나갈 수 있는가에 달려
있다. 중국 내의 민족주의 성향에 대한 우려가 있지만, 이는 정치안정의 확보라
는 차원에 부수되는 측면이기 때문에 민족주의의 대두 여부보다는 정치안정이
라는 축을 설정했다. 경제발전과 정치안정이라는 두 개의 축을 놓고 중국
내의 동향과 그에 대한 일본의 대응을 살펴본 것이 <표 5-2>이다.

표에서 나타나듯이 ①은 경제발전과 정치안정이 지속되는 경우이고, ②는
경제발전에도 불구하고 정치적으로는 민주화에의 요구나 불균등발전 등에
의해 정치안정이 저해되는 경우이며, ③은 크루그먼이 지적하는 이유 등에
의해 경제발전이 저해되는 가운데 정치안정은 유지되는 경우이고, ④는 경제
적으로나 정치적으로 불안정한 경우이다.

첫 번째 경우는 중국체제의 안정을 의미하므로 일본이 중국에 대해 위협으
로 느끼는 체제불안정이라는 부정적인 이미지를 일소하여 긍정적으로 작용하
리라 생각된다. 중국의 성장이 경쟁상대로 부각될 수 있겠지만 이는 시장이라
는 가능성 또한 동반할 것이므로, 그 자체만으로는 위협으로 인식하지 않으리
라고 본다. 단, 앞에서 언급했듯 중국의 성장이 미국과의 관계개선과 더불어
미일관계의 소원에까지 이른다면, 일본은 대중국정책에서가 아닌 근본적인
노선변경을 고려할 수 있을 것이다.

두 번째 경우는 천안문 사태하의 중국이나 대만해협 위기하의 중국을 예로
상정해볼 수 있을 것이다. 이는 중국정부로 하여금 정권유지 차원에서 민족주

의적 감정에의 호소와 위기상황 조성 등의 수단을 강구하게 만들고, 이에 따라 일본과의 관계에서는 영토 문제 등에 강경한 입장을 취하게 하여 일중관계를 악화시킬 가능성이 있다. 그러나 이러한 중국의 정책도 경제발전이라는 더 큰 정책목표를 저해하지 않는 범위 내에서 행해질 것이므로 일본과의 관계를 근본적으로 변화시키지는 않으리라고 생각된다. 일본 정부로서도 중국 내정의 불안정 자체가 위협으로 인식될 것이므로 되도록 민족주의적 대응을 자제하는 가운데 실리적인 점진적 대응을 취할 것이라고 생각된다.

경제발전의 정도가 미미한 가운데 정치적 안정이 유지되는 세 번째 경우는 현재로서는 그 가능성이 미미하다고 생각되지만, 이는 개혁개방 이전의 상태로 상정해볼 수 있다. 이러한 방향전환은 이제까지의 경제협력을 위협한다는 차원에서는 일중관계에 영향을 미치겠지만, 경제발전의 불안정이 정치적 불안정을 가져올 가능성을 고려한다면 일본으로서는 두 번째 경우보다 더욱 유화적인 입장을 취하게 만들 것이라고 생각된다. 중국의 경제발전이나 정치안정이 어려움에 부딪히는 네 번째 경우는 중국의 현 체제에서는 총체적인 위기를 의미하고, 이에 따른 우발적 사태의 발생 가능성은 일본에게 가장 큰 위협으로 인식될 것이기 때문에 신가이드라인이 예시하듯이 일본으로서는 미국과의 공동대응과 같은 적극적인 자세를 나타내리라고 생각해볼 수 있다.

3. 일본의 대응: 가이드라인 개정의 예

앞에서도 언급했듯이 냉전 이후의 동북아 정세에 대처하기 위해서 일본은 신방위대강을 책정하고 미일안보신선언을 발표했다. 이러한 일련의 움직임에서 확연히 나타나는 것은 일본이 적어도 단기적으로는 미국과의 연대를 더욱 견고하게 하여 지역 내의 위기적 상황에 대응해나가겠다는 것이며, 미일관계를 보다 견고히 하는 방안으로 일본의 역할 또는 협조를 증대시키겠다는 것이다. 이러한 측면은 무엇보다도 '미일방위협력을 위한 지침(이하 가이드라인 또는 지침'의 개정에서 나타난다. 이 절에서는 미국과 일본 사이에 진행된 미일방위협력지침의 개정과정을 검토함으로써 일본이 앞으로 중국에 어떻게 대응할지 유추해본다.

'신선언'이 발표된 이후 가이드라인의 개정작업에 착수한 미국과 일본은 1996년 9월 초의 제1차 중간보고와 1997년 6월의 제2차 중간보고를 거쳐 1997년 9월 23일에는 최종보고를 발표했다. 미일안전보장협의위원회(일명 2+2, 이후 미일안보협)에 설치된 방위협력소위원회(이하 소위원회)가 미일안보협에 제출한 제1차 중간보고서는 개정의 기본목표와 주요연구 분야 및 협의사항에 대한 대체적인 논점을 정리한 것이다. 지침개정의 목적을 살펴보면, 새로운 시대에서의 미일방위협력의 존재 방식을 대내외적으로 좀 더 명확히 하고 각종 공동작업을 원활히 하며 그러한 작업들이 나가야 할 방향을 보여주기 위한 것이라고 한다. 아울러 이러한 작업이 결코 안보조약이나 미일동맹관계의 기본구조를 변경시키는 것이 아니라 일본의 평화헌법 틀 내에서 진행되도록 하는 것이 기본적인 방침이라고 밝혔다. 이에 따라 동 보고서는 평소의 협력사항으로 정보교환이나 공동작업, 방위와 안전보장에 대한 대화를 계속 추진해 나갈 것을 권고하고 있으며, 일본에의 직접적인 무력공격이나 주변 지역에서의 위기상황 발생 시 대처해나가야 할 사항들에 대해서도 언급하고 있다. 특히 주변 지역에서 발발할 사태에 대해서는 인도적 원조활동, 비전투원의 수송, 미군에 의한 시설사용, 미군활동에 대한 후방지원, 자위대의 운용과 미군의 운용 등과 같은 세부적인 사항들에 대해서도 다루게 될 것이라고 표명했다. 즉, 제1차 중간보고서는 지침의 목표와 골격을 제시하는 데 중점을 둔 것이었다.

반면 1997년 6월 초에 발표된 중간보고서는 이러한 골격에 준하여 더 구체적인 협력분야를 제시했다. 예를 들어 평상시의 협력사항으로 PKO와 같은 국제구원활동에서의 정보교환 등을 강조하며, PKO 활동 외에도 재해 시 긴급원조활동에서의 협력에 대해서도 폭넓게 다루고 있어서 현행의 가이드라인, 즉 미일안보조약에 기초한 군사행동을 중심으로 한 것과는 다른 모양새를 제시했다. 그러나 제2차 중간보고서는 이제까지 공백으로 남아 있던 일본 주변 지역에서의 유사상황과 연관된 미일협력에 대해서 더 구체적으로 기술하고 있으며 좀 더 많은 지면을 할애하고 있다는 점에서 특징적이다. 즉, 후방지역에서의 지원이나 기뢰제거 등과 같이 40개의 검토항목을 제시하고 있는 것이다. 이는 결국 일본에의 직접적인 공격보다도 "일본의 평화와 안전에 중요한 영향을 미치는" 일본 주변 지역에서의 사태를 중시하고 있음을 나타내는 것인데, 주변에서의 유사상황에 대해 "일본에 대한 무력공격으로 파급될 가능성이 있는 경우"와 "동시에 발생하는 경우"에 대한 대비를 강조한 것이나, 일본 유사에 대한 '공동작전계획'을 수정하여 주변 유사에 대응하는 '상호 협력계획'의 검토에 착수한다는 것이 이러한 중심 이동을 보여주는 예다. 또한 실효성을 강조하기 위한 구체적인 조치가 거론되었다는 점도 이 보고서의 특징이다. 즉, 유사상황을 상정한 일본 국내에서의 법제 정비와 이를 위한 성청 간의 협조를 권고하며, 후방지원에 대해서는 중앙정부만이 아니라 지방자치체나 민간의 협력도 촉구하는 내용을 담고 있다. 이에 덧붙여 미일 간의 새로운 '조정메커니즘'을 구축해야 한다는 것도 제시되었다. 그러나 이러한 일련의 조치가 일본의 군사대국화로 연결되는 것이 아니냐는 대외적인 우려를 고려하여 집단적 자위권에 저촉될 수 있는 부문에 대해서는 조심스럽게 접근한 흔적도 보인다. 예를 들어 집단적 자위권에 저촉되지 않도록 '전투행동과의 일체화'를 피하기 위해 후방지원의 범위를 일본 영역 이외의 지역으로 '전투지역과는 구분되는(한 획을 긋는) 일본의 주변 지역으로 규정하고 있는 것이다. 또한 보급물자의 대상에서 "무기, 탄약을 제외한다"는 것을 명기했으며, 소해정의 파유에 의한 기뢰의 제거도 경우에 따라서는 무력행사로 볼 수 있다는 점에서 그 범위를 '일본 영역과 주변 공해상'으로 제시하고 있다.

위에서도 지적했듯이 가이드라인의 개정은 주변 유사상황에의 대처에 중점을 두고 있다는 측면에서 일본이 이제까지 유지해온 방위정책의 성격을 전환시키는 커다란 변화라고 할 수 있다. 즉, 종전의 전수방위라는 기본 방향에서 탈피하여 좀 더 폭넓은 방위 개념이 도입된 것인데, 일본 국내에서는 물론 국외에서도 집단적 자위권에의 확대와 헌법개정에의 가능성, 나아가 군사대국화에의 우려가 표명되는 까닭이 여기에 있다. 예를 들어 중국공산당의 당기관지인 ≪인민일보≫는 제2차 중간보고서에서 가이드라인 개정을 냉전의 붕괴 이후 여러 가지 이유로 아시아의 기지를 축소해야 하는 미군과 아시아에서의 역할을 확대하려는 일본이 소위 말하는 신정세를 기반으로 안보 면에서의 협력을 확대하기 위한 모색의 시작이라고 분석하고, 일본의 군사적 영향력을 일본 이외의 지역으로 확대하려는 것이 개정의 주요점이라고 지적했다.[25] 그러나 중국으로서는 가이드라인이 대상으로 하는 것이 과연 무엇인지, 좀더 구체적으로는 대만 문제를 일본 주변의 유사상황으로 포함하고 있는가의 여부에 초점을 맞추고 있었다. 예를 들어 중국 외교부의 대변인인 센구오팡은 "일본과 미국의 이국 간 방위협약이 쌍무적인 원래의 취지를 벗어나지 않기를, 그리고 그에 따라 다른 제3국을 대상으로 하지 않기를 바란다"는 성명을 발표했던 것이다.[26] 이는 아시아지역 내에서 민주주의와 인권을 추구하기 위해 미국과 일본이 공동대처한다는 내용을 포함한 '신선언'이, 일본의 팽창주의를 억제하려는 의도 또한 포함되어 있던 종래의 미일안보의 틀에서 벗어나 중국을 새로운 공동의 적으로 지목하고 있다는 인식에 기반을 둔 우려라고 할 수 있다.[27]

이러한 중국의 우려를 감안하여 하시모토 수상은 1997년 4월의 미일수뇌회담에서 '신선언'에 언급된 "국제적인 안전보장 정세의 변화에 대응하여 일본에 있는 미군의 병력구성을 포함하는 군사태세에 관해 미 정부와 긴밀하고도

---

25) ≪朝日新聞≫, 1997.6.14.

26) Banning Garrett and Bonnie Glaser, "Chinese apprehensions about revitalization of the U.S.-Japan alliance," p. 387에서 재인용.

27) 미일안보의 목적 중에 하나가 일본의 팽창주의를 견제하기 위한 것이고, 그에 따라 중국이 미일안보의 효용성을 인정하고 있다는 지적은 여러 논문에서 나타난다. 예를 들어 위에서 언급한 Banning Garrett and Bonnie Glaser의 논문과 Ling Xing-guang, 「'中國脅威論'は日本がつくったと中國のインテリは思い始めた」, pp. 76~79 참조. 또한 필자가 1997년 6월에 중국에서 진행한 인터뷰에서도 이러한 견해가 피력되었다.

적극적인 협의를 행한다"는 조항을 확인하면서도, 대중관계에 대해서는 "미일 안보체제에 불신감을 갖고 있는 것으로 아는데, 오해를 해소할 필요가 있다"고 술회하고 신뢰육성을 위한 국방장관급의 상호방문 등과 같은 안보대화의 필요성을 강조했다.[28] 또한 그는 코엔 미 국방장관과의 회담에서도 "중간보고의 공표에서 일부의 오해 여지를 해소하는 것이 중요하다"는 의견을 피력했고, 코엔장관으로부터 "미국은 중국에 대해 균형 잡힌 관여정책을 택하고 있으며", "군과 군 간의 교류 등을 통해 중국의 우려와 오해를 해소하는 것이 중요하다"는 입장을 들었다.[29] 이러한 하시모토 수상의 입장 또는 일본 정부의 공식적인 입장은 앞에서 언급한 가지야마 관방장관의 발언, 즉 중대분쟁의 경우 일본이 당연히 개입해야 한다는 입장이 일으킨 물의를 조기에 수습코자 노력한 것이나 9월 초 방중 전에 내놓은 '대중국 외교에서의 네 가지 원칙'에서도 나타난다. 상호 이해, 대화의 강화, 협력관계의 확대, 공통의 질서 형성이라는 네 가지 원칙에 기초하여, 하시모토 수상은 가이드라인의 개정에서 미국과 일본이 "중국을 포함한 특정 지역이나 국가에 대비한 사태를 상정하여 논의하고 있지 않다"고 설명하고 특히 중국을 적대시하려는 것이 아님을 밝혔다.[30] 또한 대만 문제에 대해서도 그것은 중국인들의 문제이며 평화적 해결을 추구하고 있다는 것을 믿는다는 입장을 표명하면서, 일본이 일중국교정상화를 통해 지지하는 '하나의 중국'이라는 견해를 유지하고 있음을 밝혔다.

이러한 과정을 통해 9월 23일에 최종적으로 발표된 신가이드라인은 그간의 논의를 수렴한 것으로 제2차 중간보고서와 커다란 차이를 보이지 않는 것이었다. 차이가 있다면 주변의 유사상황에 대한 높은 관심을 감안하여 주변에서의 유사상황에 대해 '지리적인 것이 아닌 사태의 성질에 착안한 개념'으로 규정하고, 후방지원의 차원에서 실시될 선박 검사에 대해서도 유엔의 결의에 준할

---

28) ≪朝日新聞≫, 1997.4.25.

29) ≪朝日新聞≫, 1997.4.26.

30) ≪朝日新聞≫, 1997.9.4.

것임을 밝힌 점이나 효율성의 제고를 위해 방위협력 추진을 위한 '포괄적인 메커니즘'과 '조정 메커니즘'을 과제로 제기한 점 등이라고 하겠다.

지금까지 '미일방위협력지침'이 개정되는 과정을 통해 미국과 일본이, 특히 일본이 중국에 대해 어떻게 실제적으로 대응하고 있는지 살펴보았다. 이러한 과정에서 일본의 대중국정책은 다음 두 가지를 기반으로 하고 있음을 알 수 있다. 하나는 방위협력의 범위가 주변 유사상황에까지 넓혀져 있다는 데서도 알 수 있듯 현재의 중국을 위험스럽게 인식하고 있다는 것이다. 이는 앞 절에서 도 언급했듯이 중국의 발전 가능성에 대한 경계라기보다는 현재의 중국이 내포하고 있는 문제점들, 예를 들어 정치적 불안정이나 경제발전에 따른 주변 국과의 분쟁이 돌발적으로 발산될 가능성에 대한 경계라고 생각할 수 있다. 중국의 견제 속에서도 일본이 미국과 더불어 가이드라인의 개정에 몰두한 것은 결국 이러한 가능성에 대비하기 위한 것으로 파악된다. 다른 하나는 그러한 기본적 인식과 대응책의 준비 중에도 중국을 자극하지 않으려 한다는 점이다. '지침'을 개정하는 과정에서 중국의 우려를 고려하여 지침의 개정이 의도하는 바를 설명하고자 수차례의 사전설명을 실시하고, 최종안에서도 주변 의 정의를 새롭게 한 것 등이 이러한 시도로 파악될 수 있다. 이러한 두 가지의 측면에서 볼 때 일본은 경제발전으로 상징되는 중국의 부상 자체보다는 그 과정 속에서 나타날 정치적 불안정과 주변국과의 분쟁에 대해 경계할 것으로 생각된다. 즉, 전자에 대해서는 중국에 되도록 협조적인 자세를 취할 것이지만, 후자에 대해서는 대립적인 또는 강경한 입장에서 대응하리라고 판단된다.

II. 중국의 '공세적' 부상과 일중관계의 변용[31]

1. 서론: 중국의 '공세적' 부상

2010년에 발생한 천안함 사태에 대한 중국의 입장이나 센카쿠열도를 둘러
싼 일본과의 갈등에서 보여준 중국의 공세적 자세 등은 중국이 단순히 경제적
으로 부상하는 것이 아니라 외교안보적으로도 공세적인 방향으로 나가고 있다
는 것을 보여주는 구체적인 예다. 공세적이란 '합당한' 이유 없이 단순히 자기
의 이익에 기초하여 자기 입장을 주장하는 것을 의미하는데, 최근의 중국이
그러하며 천안함 사태나 센카쿠 분쟁은 그러한 모습을 완연히 드러낸 예라고
하겠다. 2010년 11월에 일어난 북한의 연평도 폭격사태에 대해 '6자회담'을
제안한 중국의 모습도 또 다른 예라고 할 수 있다. 사태가 왜, 어떻게 진행된
것인지에 대한 고려 없이 자국의 경제발전이라는 최대의 목표를 유지하기
위해서는 한반도에서의 긴장을 회피하는 것이 중요하다는 계산에서 한국의
자제를 촉구한 중국의 입장이 여기서 드러나는 것이다.

중국의 부상은 다양한 지표로 제시되고 있다. 가장 대표적인 것이 2030년쯤
에는 중국의 GDP가 미국의 그것을 따라잡을 것이라는 예측이다. 또한 지난
2008년의 금융위기 이후 미국과 중국의 글로벌 불균형이 제기되면서 G2라는
용어가 널리 사용되는 것도 중국의 부상을 보여주는 좋은 예다. 군사적으로도
인민해방군 총병력 224만 명, 예비역 50만 명, 인민무장경찰 66만 명이라는
세계최대의 규모에 더하여, 2009년의 군사비는 849억 달러에 달하여 미국에
이어 세계 제2위를 기록하고 있다.[32] 이는 지난 10년 사이에 중국의 군사비가

---

31) 이 절의 내용은 필자가 국방대학교 세미나(2010.12.1)에서 발표한 내용이나 활자화되지
    않았기에 출처를 별도로 제시하지 않음.
32) 군사비는 스웨덴의 스톡홀름 평화연구소의 조사에 의한 것. 古是三春, 「人民解放軍の
    實力」, *SAPIO*, 2010.12.15, pp. 12~15에서 재인용.

두 배로 증가했음을 보여주는데, 군사력과 관련해서는 특히 해군력이 크게 증강했다는 점에서 중국의 부상이 공세적임을 알 수 있다. 예를 들어 대만과의 통일을 위한 것으로는 생각하기 어려운 잠수함과 항공모함의 도입이 실행되었거나 계획 중인데, 전자인 잠수함의 경우 10년간 10배로 늘어서 60척을 유지하고 있고 후자인 항공모함의 경우도 앞으로 6척을 도입할 계획이라는 얘기가 나오고 있다.[33)]

다음에서는 중국의 이러한 공세적 부상에 대해서 일본이 어떻게 인식하고 있으며, 어떠한 대응을 고려하고 있는지 간략히 검토한다. 한 국가가 다른 국가에 대해 어떻게 인식하고 대응하는지와 관련해서는 다양한 논의가 있을 수 있지만, 여기서는 그러한 인식과 대응이 결국에는 외교정책이라는 결과물로 귀결된다는 차원에서 외교정책에 영향을 미치는 요인들을 검토한다. 외교정책에 영향을 미치는 요인들도 매우 다양한데, 여기서는 크게 전문가집단, 여론 및 정치가, 정부를 외교정책에 관여하는 주요 행위자로 보고 이들 행위자가 중국에 대해서 어떠한 인식과 대응을 고려하는지 검토한다.

2. 일본 내의 인식 및 대응 논의

앞서 언급한 것처럼 중국의 부상에 대해 일본이 어떻게 대응할 것인가를 파악하기 위해 일본의 국내 동향을 살펴본다. 이를 전문가 집단, 일본 정치가들과 그들의 운신의 폭에 영향을 미치는 국민여론의 반응, 일본 정부의 공식적인 입장으로 나누어 간략히 살펴본다.

---

33) 櫻井よしこ, 「平和は力を背景に勝ち取るもの」, *SAPIO*, 2010.12.15, No. 19, pp. 8~11.

1) 최근의 일중관계

21세기에 들어 첫 10년의 일중관계는, 특히 그 전반기는 고이즈미 수상의 등장과 그의 야스쿠니 신사 참배 강행에 의해 매우 소원하고 대결적이었다. 이러한 양상이 변화한 것은 고이즈미 수상의 뒤를 이어 야스쿠니 신사 참배에 대해 공언하지 않았던 아베 수상이 등장하면서부터였다. 2006년 10월 아베 수상의 중국 방문은 이러한 화해 분위기의 첫 단추를 끼운 것이었고, 2008년 5월 후진타오 주석의 일본 방문은 화해 분위기를 궤도에 올려놓은 것으로 받아들여졌다. 특히 와세다 대학 강연에서 "역사를 말하는 것은 미래를 위한 것"이라고 언급하여 일본의 근대화 및 전후 민주화 과정을 긍정적으로 평가함으로써 일본에서 높게 평가되었다. 특히 이러한 후진타오의 모습은 장쩌민의 방일 때와는 사뭇 다른 것이어서 더욱 환영받았는데, 이러한 분위기를 바탕으로 2008년 6월에는 서로의 배타적 경제수역이 중첩되는 동중국해에서 영유권 문제와는 별도로 가스전을 공동개발한다는 합의가 이루어졌다.

그러나 가스전 공동개발이라는 역사적인 프로젝트는 중국의 내부사정으로 현재까지 실현되지 못하고 있다. 중국의 내부사정이란 가스전의 공동개발에 대해 강력한 비판이 제기된 것인데, 공동개발 합의가 일청전쟁에서 대만을 할양한 시모노세키 조약을 잇는 매국외교라는 비난이 당과 군에서 제기되었던 것이다. 이러한 비판에 의해 일본의 출자를 둘러싼 조약교섭은 2년이 지난 후에서야 시작되었지만, 시작된 지 얼마 되지 않아 센카쿠열도 분쟁에 휘말려 결국 중지되었고 오늘에 이르고 있다.

2) 지식인 및 전문가의 분석

중국 부상에 대한 최근 일본의 논의에서 나타나는 주된 특징은 당연한 것으로 들리겠지만 대국으로서의 중국을 인정하는 것이다. 즉, 위에서 살펴본 것처럼 1990년대 후반의 중국위협론에 대해서는 그것이 다소 과장된 측면이 있다

는 의견이 다수를 차지했는데, 최근에는 과장이 아닌 현실로서 경제대국으로
서의 중국을 인정한 가운데 거기에 어떻게 대응할 것인가에 초점이 맞추어져
있다는 것이다.[34] 이들 의견은 다음과 같이 크게 두 가지로 나누어볼 수 있다.

첫째는 보수진영의 입장으로 중국에 맞서 방위력과 국방의식을 정비하고
미일관계를 더욱 견고히 해야 한다는 것이다. 예를 들어 사쿠라이는 평화는
힘을 배경으로 해서 지켜지는 것이며, 국민의 국방의식이 상실되면 결코 평화
를 달성할 수 없다고 주장한다.[35] 그녀에 따르면 지금의 일본은 열강에 의해
영토가 침범당하고 국민은 비분강개해 있지만 정부가 아무 것도 하지 않는
청조 말기의 중국과 유사하다는 것이다. 이는 센카쿠열도에 대한 중국의 강경
자세를 질타하고, 또한 그에 대한 일본 민주당 정권의 대처를 강력히 비판한다.

이러한 비판은 일본 최대의 위협은 중국이라는 횡포국가 중국이라는 인식이
배경에 자리 잡고 있다. 그리고 그러한 중국의 팽창을 억제하기 위해 미국의
관여가 절대적으로 필요하며, 이러한 이유로 미일동맹을 더 강력하게 만들
필요가 있다고 지적한다. 또한 본토에서 멀리 떨어진 동중국해나 남중국해,
인도양에서의 미군활동은 항공모함에 의존할 수밖에 없는데, 재정 악화에
의해 예산삭감의 상황에 처해 있기에 이러한 측면에서 일본이 담당할 역할이
있다고 주장한다. 민주당 정권이 주장하는 대등한 미일관계를 추구하기 위해
서도 이러한 역할을 일본이 담당해야 한다고 주장하는 것이다.

둘째는 좀 더 리버럴한 입장으로 중국의 공세적 부상에 대하여 포괄적인
관여전략으로 대응하자는 주장이다. 마쓰다는 ≪세카이(世界)≫에 실린 「불확
실성으로서의 중국과 만나다」라는 글에서 중국 문제는 정치사회적으로나 외
교안보적으로도 중국이 안고 있는 불확실성이 핵심이라고 주장한다.[36] 즉,
중국의 경제적 발전은 지역 내 격차, 지역 간 격차, 정치부패, 사회보장제도의

---

34) 오오하시의 논문이 최근의 이러한 경향을 잘 보여준다. 大橋英夫, 「米中經濟G2時代の
    到來」, ≪中央公論≫(2009.7), pp. 68~75.

35) 櫻井よしこ, 「平和は力を背景に勝ち取るもの」, pp. 8~11.

36) 松田康博, 「不確實性으로서의 中國과 만나다」, ≪世界≫(2010.9).

부족 등과 함께 진행되고 있다는 것이다. 외교안보적으로도 경제발전을 위해 안정적인 국제환경이 필요하지만 한반도의 비핵화에 적극적이지 않고 군사대국을 추구하는 이중성을 보이고 있다는 것이다.

마쓰다에 따르면 이러한 불확실성을 안고 있는 중국이 앞으로 나아갈 가능성은 협조대국, 패권대국, 파탄국가, 깡패국가의 네 가지다. 이는 중국 대외관계의 성향이라는 첫 번째 축과 경제성장 가능성이라는 두 번째의 축을 중심으로 설정한 것이다. 경제발전 및 근대화가 진전되는 가운데 협조적 대외관계를 지향하면 협조대국, 경제적으로 발전하면서 강경한 대외관계를 추구하면 패권대국, 경제적으로 위기에 직면하면서 협조적인 대외관계를 추구하는 경우에는 파탄국가, 경제적으로 위기에 봉착하면서도 강경한 대외관계를 추구하는 경우에는 깡패국가로 추락할 가능성이 있다는 것이다.

마쓰다는 미국 및 일본을 비롯한 서구의 대중정책이 1980년대 이후 소련에의 균형정책에서 중국의 가치 및 이익을 서구와 공유하게 만드는 관여정책으로, 그리고 중국의 부상에 따라 최악의 사태에 대비하는 헤지전략으로 변해왔다고 주장하면서, 앞으로는 향후 일본이 포괄적 관여전략을 취해야 한다고 제시하고 있다. 포괄적인 관여전략이 이전의 관여전략과 다른 것은 "단순히 교류의 증대를 통해 중국 국내의 변혁을 촉진하는 것이 아니라, 지역안전보장을 포함한 국제업무에서 생산적인 형태로 책임을 갖고 참여시키는 것을 지향" 해야 한다고 주장한다.

이와 함께 소프트 발랜싱(soft balancing)이라는 전략을 제시한다. 소프트 발랜싱이란 방위력 강화나 대중 포위망의 형성 등과 같은 하드 발랜싱과는 달리, 중국과 같은 신흥대국이 국제적인 규약을 무시하고 파괴할 경우를 대비하여 국제사회가 대응할 수 있는 국제적 협력의 틀을 만든다는 것이다. 마쓰다의 주장이 특히 주목을 끄는 것은 이 논문이 진보적 잡지로 알려져 있는 《세카이》에 실렸다는 점이다. 중국과의 대결을 주장하지는 않지만 중국의 위험성에 대해서 염려하면서 그에 대한 대비를 제시하고 있는 것이다.

최근의 논의에서 나타나는 또 하나의 특징은 최근에 발생한 일본과의 센카쿠 분쟁과 관련하여 중국 권력 내부의 갈등을 제기하고 있다는 점이다. 시미즈는 이번의 센카쿠 분쟁이 군부의 독주를 억제할 수 없고 군부에 의존할 수밖에 없는 후진타오의 정치적 상황에 기인한다고 주장한다.[37] 후계를 시진핑에게 넘겨준다고 해도 한동안은 군사위 주석직을 유지하여 영향력을 확보하려는 후진타오로서는 군의 요구를 무시할 수 없다는 것이다. 특히 후진타오의 경우 혁명세대와는 달리 군 경력이 없는 공청단 출신이라는 것도 지적되는데, 이는 장쩌민의 경우에도 마찬가지였다고 본다. 그리고 이러한 이유로 2009년 7월의 제11회 주외사절회의에서 후진타오가 종전의 '도광양회(韜光養晦), 유소작위(有所作爲)' 입장을 '견지(堅持) 도광양회, 적극(積極) 유소작위'로 수정했음을 지적한다. 실력을 감추고 힘을 저축하지만, 좀 더 적극적으로 외교를 전개한다는 것으로 군의 압력에 의해 수정이 이루어졌다는 주장이다.

중국군의 강경노선 추구에 대해서는 다음과 같은 몇 가지 예를 제시한다. 첫째는 중국군이 강경노선을 주도한다는 것이다. 예를 들어 천안함 사태에 대하여 한국과 미국이 합동군사훈련을 준비했을 때 중국군은 미국의 항공모함이 오는 것을 강력하게 반대했는데, 이에 대한 중국 외무성의 첫 반응은 군의 반대를 주목한다는 것이었다. 이와 유사한 경우로 일중관계가 양호했던 2008년 12월의 센카쿠 분쟁을 제시한다. 이는 중국의 해감(해안보안청에 상당하는)에 소속된 순시선 2척이 센카쿠 부근에서 9시간 동안 배회하면서 센카쿠에의 주권을 주장한 사건인데, 당시 본부의 회귀명령을 어기고 행동한 사령관은 본부와 연락을 끊고 행동한 것을 자랑스럽게 보고했고, 그 이후에도 사령관에 대한 처분은 없이 '영웅적 행동'으로 추인되었다는 것이다.

---

37) 清水美和, 「管政權が見逃した中國'强氣の中の危さ」, ≪中央公論≫(2010.11), pp. 62~69. 이외에도 정부와 군부의 갈등 또는 권력 내부의 갈등에 대해서는 다음을 참조. 宮崎正弘, 「魔窟の不協和音」; 佐藤優, 「インテリジェンス」. 이들 논문은 *SAPIO*, No. 18, 2010.11.24에 실린 것이고, 이 잡지에는 이외에도 다수의 관련 논문이 게재되어 있다. 또한 *SAPIO*, No. 19, 2010.12.15에도 중국과 관련된 논문이 특집으로 실려 있다.

<표 5-3> 각국과의 친근감을 느낌

	1999	2000	2001	2002	2003	2004	2005	2006	2007	2008
미국	75.6	73.8	76.5	75.6	75.8	71.8	73.2	75.3	75.6	73.3
한국	48.3	51.4	50.3	54.2	55.0	56.7	51.1	48.5	54.8	57.1
중국	49.6	48.8	48.1	45.6	47.9	37.6	32.4	34.3	34.0	31.8
동남아시아	39.2	38.8	38.5	38.0	36.2	41.5	45.4	45.5	44.1	-
러시아	15.8	14.2	17.9	15.1	20.0	16.3	16.2	15.4	14.7	13.0

자료: 內閣府大臣官房政府広報室, 「外交に關する世論調査」, 각년도, www8.cao.go.jp/survey/h21/h21-gaiko/index.html에서 재구성.

지금까지 일본에서 전개된 중국의 부상에 대한 최근의 논의를 정리했는데, 글머리에서 언급한 것처럼 대체로 다음과 같은 세 가지로 요약할 수 있다. 첫째는 이전과는 달리 중국의 부상을 인정한다는 것이다. 둘째는 현재의 중국 부상이 위험하다는 것이다. 중국의 위험성에 대해 진보진영은 그 불확실성에서 찾고, 보수진영은 그 군사적 모험주의에서 찾는다는 점에서 차이가 나타난다. 셋째는 이러한 차이가 중국에 대한 대응에서도 차이를 나타낸다는 점이다. 진보진영이 포괄적 관여주의를 제시하는 반면에, 보수진영은 미일관계나 방위력의 강화를 제시한다.

3) 여론의 움직임

<표 5-3>에서 보듯이 중국에 대한 일본의 친근감은 1998년부터 2008년까지 10여 년간 지속적으로 감소했음을 알 수 있다. 2000년대 초반의 관계악화는 고이즈미 수상의 야스쿠니 신사 참배에 의한 것으로 이해할 수 있지만, 아베 수상의 취임으로 관계가 호전되었음에도 지속적으로 감소했다는 것은 중국에 대한 일본 국민의 신뢰감이 기본적으로 매우 약하다는 것을 의미한다.

<표 5-4>는 일중관계의 현황을 파악한 것인데, 위에서 언급한 것처럼 고이즈미 수상의 언동으로 2005년에는 최저를 기록했음을 알 수 있다. 그러나 이후 중국과의 협력을 추구한 아베 수상이나 후쿠다 수상의 취임에도 일본 국민의 대중국 인식은 2000년대 초반으로 돌아가지 못했다. 흥미로운 것은

<표 5-4> 각국과의 관계가 좋다고 생각

	1999	2000	2001	2002	2003	2004	2005	2006	2007	2008
미국	77.7	76.0	81.8	79.7	79.1	76.7	80.9	82.7	76.3	68.9
한국	52.1	51.4	42.0	58.3	59.8	55.5	39.6	34.4	49.9	49.5
중국	44.6	42.5	41.3	47.2	46.9	28.1	19.7	21.7	26.4	23.7
동남아시아	43.3	42.1	44.6	42.3	44.1	50.4	54.3	52.3	51.2	
러시아	21.6	17.8	30.3	29.0	32.4	28.5	28.2	21.0	21.5	20.5

자료: <표 5-3>과 동일.

친근감 정도와 관계평가 사이의 수치적 차이다. 즉, 비록 대중국 친근감의 수치가 하락하는 경향을 보이지만, 관계양상에 대한 평가의 수치보다는 높다는 점에서 일중관계의 개선이 가능하다는 것을 알 수 있다.

비록 출처는 다르지만 <표 5-5>의 조사결과는 2009년 들어서 일중관계가 어느 정도 복구되었음을 보여준다. 즉, 현재의 일중관계가 좋다('매우 좋다'를 포함)고 평가한 응답자의 비율이 45%에 달해서 앞서 본 수치를 크게 상회함을 알 수 있다. 이러한 경향이 중국에서도 나타난다는 측면에서 일중관계가 안정적임을 알 수 있다. 비록 불신도가 더 높긴 하지만, 38%라는 중국에 대한 신뢰도도 결코 낮게 평가할 것은 아니다. 따라서 앞으로의 일중관계에 대한 평가도 긍정적이었다고 볼 수 있다. 비록 앞으로의 일중관계가 크게 변하지 않을 것이라는 평가가 일본의 경우 절반을 차지하지만, 악화될 것이라는 평가보다는 개선될 것이라는 평가가 더 많이 나타났다.

이러한 양상이 2010년 10월에는 완전히 역전됨을 알 수 있다. 이는 무엇보다도 센카쿠열도를 둘러싼 분쟁의 양상이 미친 영향 때문인데, 일본의 경우 나쁘다는 평가('나쁘다'와 '매우 나쁘다'를 합한 것)가 90%라는 압도적인 수치를 나타냈다. 상대국에 대한 불신도 일본의 경우 대중국 불신도('별로 신뢰하지 않는다'와 '전혀 신뢰하지 않는다'를 합한 값)가 87%로 나타났다.

또한 <표 5-5>는 2010년의 조사결과가 보여주는 대결적 또는 갈등적 양상이 앞으로도 지속될 가능성이 있음을 보여준다. 우선 앞으로의 일중관계에 대해서 일본의 경우에는 별반 큰 변화 없이 그대로 유지될 것이라는 평가가

		2009년 11월		2010년 10월	
		일본	중국	일본	중국
현재의 일중관계	매우 좋다	4	4	1	0
	좋은 편이다	41	46	4	7
	나쁜 편이다	39	34	45	44
	매우 나쁘다	8	9	45	37
	무응답	8	6	5	11
신뢰하는가	크게 신뢰	3	3	1	1
	다소 신뢰	35	31	6	14
	별로 신뢰	46	41	48	41
	전혀 무신뢰	23	22	39	38
	무응답	3	3	6	6
앞으로의 일중관계	매우 좋게 된다	5	7	1	3
	좋게 된다	29	46	17	33
	별반 변화 없다	50	31	58	23
	나쁘게 된다	10	8	13	21
	매우 나쁘게	2	3	6	6
	무응답	4	5	4	14
중국 경제성장의 영향	플러스 영향	29	31	38	42
	마이너스 영향	17	12	49	14
	거의 동일	41	35	6	30
	무응답	13	22	8	14
향후 경제에 중요한 국가	중국(일본)	46	6	58	12
	미국	28	52	31	60
	모두 중요	24	41	5	20
	무응답	2	2	7	8

자료: ≪요미우리신문≫, 「日中共同世論調査」, 2010年 10月臨時電話調査, www.yomiuri.co.jp/feature/fe 6100/koumoku/20101109.htm; 2009年 11月 實施, www.yomiuri.co.jp/feature/fe6100/koumoku/ 20091208.htm을 기초로 재구성함.

절반 이상(58%)인 가운데 개선될 것이라는 평가가 악화될 것이라는 평가보다 높게 나타나 개선의 가능성을 좀 더 높게 보고 있다. 중국의 경제성장이 미칠 영향에 대해서도 부정적으로 보는 견해가 더 많은 가운데, 긍정적으로 보는 견해도 38%로 높게 나왔다. 더욱이 향후 자국의 경제에 중요한 국가가 어디냐는 질문에 대해서 일본의 경우 중국이라는 답이 미국이라는 답보다 높게 나왔다. 중국의 경우 일본이라는 답보다 미국이라는 답이 더 높게 나타나서 일중

간의 상대국 비중이 다름을 알 수 있는데, 이는 결국 향후 일중관계의 양상이 중국 주도로 진행되어 갈등국면이 조장될 가능성을 보여주는 것이다.

4) 정치권의 반응

2008년 이후의 일본 정국을 그 이전과 비교할 때 가장 큰 변화는 야당이었던 민주당이 정권교체를 달성하여 정권을 잡은 것이다. 따라서 다음에서는 민주당 정권의 실세라고 할 수 있는 주요 정치가들에 대해 간략히 소개한다.

일본 민주당은 그 형성과정에서 이념적 또는 정책적으로 매우 복잡한 구도를 가지고 있다. 예를 들어 민주당 내에는 약 9개의 정책그룹이 있는 것으로 알려져 있다. 이는 자민당의 파벌에 해당되는 것으로, 오자와 그룹과 마에하라 그룹처럼 보수적인 성향을 가진 그룹이 있는가 하면, 요코미치 그룹처럼 진보적인 성향을 가진 그룹도 있다. 민주당 내에 이렇게 많은 정책그룹이 존재하는 것은 민주당이 몇 차례에 걸친 여러 성향의 정당들의 해체과정 속에서 새롭게 거듭났기 때문이다.

이러한 변화에도 9월 16일의 내각 인사에서 보듯이 현재 민주당 정권에서는 간 나오토 수상, 오카다 간사장, 마에하라 외무대신, 오자와 전 대표가 실세라고 할 수 있다. 이들은 총재직을 한번쯤 경험해본 사람들인데, 당 내 핵심인물에 해당하는 이들에 대해 간략해 검토해보겠다.

1946년 10월 야마구치현 우베시(宇部市)의 우베흥산공장장이었던 간 히데오 (菅秀雄)의 장남으로 출생한 간 나오토 수상은 1970년에 도쿄공업대학 이학부 응용물리학과를 졸업하고, 1971년에 변리사시험에 합격하여 이치가와(市川邦 紀)의 선거사무소 대표로서 활약했다. 이것이 정계와의 인연이 되어 1976년 제34회 중의원 총선거에 도쿄 7구에서 무소속으로 입후보했으나 낙선했고, 이후 에다(江田三郎)의 권유로 사회시민연합에 참가하여 두 차례 더 국회의원 선거에 도전했으나 실패한 뒤 1980년 제36회 중의원 총선거에서 첫 당선을 이루었다.

1993년에 성립된 호소카와 비자민연립정권에서는 중의원 외무위원장에 취임했고, 1994년에 사회민주연합이 해산되자 신당사키가케에 입당하여 무라야마 자·사·사(自社さ) 연립정권에서 신당사키가케의 정책조사회장을 맡아서 자민당의 가토(加藤紘一) 정조회장과 함께 소위 말하는 KK라인을 형성하여 '주전(주택전문회사)' 문제의 처리 등을 결정했다. 1996년에는 제1차 하시모토 내각에서 후생대신으로 첫 입각하여 '약해(藥害) 에이즈' 문제의 과감한 처리로 국민의 신뢰를 얻었다. 관료들의 반대에도 에이즈에 감염된 혈액제제의 리스트 파일을 찾아내 과감히 공개하고 행정 실수 및 책임을 인정했던 것이다.

1996년에는 하토야마 유키오가 신당사키가케를 이탈하여 민주당을 형성하는 데 참여하여 민주당의 이념 및 정책을 구체화하는 데 주요 역할을 담당했다. 민주당에서는 처음에 하토야마와 공동대표를 역임했고, 1998년에는 민우연(民友連, 민주우애태양국민연합)과의 합류로 형성된 신민주당에서 대표로 취임했다.

외교안보정책에 대한 간 나오토의 입장은 온건한 국제주의로 요약된다. 자위대와 관련해 그 치안유지 활동을 용인하고, 이에 더해 국제협력을 수행할 부대의 창설을 주장하고 있다. 대만 문제와 관련해서는 중국이 대만의 유엔가입을 용인하고, 유엔가맹국으로서 대만 문제를 평화적으로 해결해야 한다는 입장을 가지고 있다. 북한의 납치 문제와 핵 문제에 대해서는 납치피해자 전원의 원상회복, 핵 문제의 해결, 국교정상화, 경제지원을 하나의 패키지로 해서 실행할 것을 주장하고 있다. 그는 북한 체제에 대해 매우 비판적으로 "후세인이나 스탈린의 동상이 무너진 역사 속에서 북한의 저 큰 동상도 무너질 날이 올 것이라고 확신한다"고 발언한 바 있다.

외무대신을 담당하고 있는 마에하라 의원은 1962년에 교토시에서 출생했다. 가정형편상 고등학교 1학년 때부터 대학 졸업까지 장학금을 받으며 공부한 것으로 알려져 있는데, 교토대 법학부 졸업 후 마쓰시타정경숙(松下政經塾)에 들어간 것으로 봐서는 정치에 일찌감치 뜻을 둔 것으로 보인다. 마쓰시타정경숙 졸업 후 1991년에 도쿄부 의회선거에 출마하여 부의회 사상 최연소로 당선되었다.

이듬해인 1992년에 나가하마(長浜博行)의 권유로 노다(野田佳彦), 야마다(山田宏), 나카다(中田宏) 등과 함께 호소카와(細川護熙)의 일본신당에 참여하여 같은 해에 치러진 제16회 참의원의원 통상선거에서 신당 붐을 조성하는 데 큰 역할을 담당했고, 1993년에는 제40회 중의원의원 총선거에서 일본신당의 공인과 신당사키가케의 추천을 받아 교토 1구에서 입후보하여 첫 당선되었다. 호소카와 내각의 총사직 이후에 에다노(枝野幸男), 아라이(荒井聰) 등과 함께 일본신당을 이탈하여 '민주의 바람(民主の風)'라는 원내회파를 결성했으나, 2개월 후에는 다른 의원들과 함께 신당사키가케에 합류하여 정조부회장과 원내부간사 등을 역임했다. 이후 1996년의 구민주당 결성과 1998년의 민주당 결성에 참가했다.

민주당 내에서는 2005년의 우정선거 이후에 치러진 대표선거에서 노다 의원의 지지를 얻어 간 후보자를 제치고 대표로 당선되었다. 대표로 취임한 뒤 당내 인사에서 세대교체를 추진하는 한편, 대여(對與)활동에서 반대만 하는 정당이라는 이미지를 불식시키고자 '대안, 제안노선'을 추구했다. 즉, 여당의 중요 법안에 대해서는 대안을 적극적으로 제안하여 민주당의 '정책대안 능력', '정권담당 능력'을 어필하는 데 주력했다. 또한 민주당의 주요 지지단체인 일본노동조합총연합회(렌고, 連合) 등과의 관계 재정립을 주장하면서, 노조의존체제로부터의 탈각을 시도했다. 그러나 그의 리더십 추구는 '호리에 메일 문제(堀江メール問題)'라는 어처구니없는 문제로 반년 만에 좌절되었다.

외교안보정책과 관련된 마에하라의 입장은 종종 '일본판 네오콘'으로 불린다. 이는 미일동맹 중시노선, 중국위협론, 집단적 자위권 등의 주장에서 알 수 있다. 2005년 12월 도쿄의 한 대학에서 진행된 강연에서 그는 "미일안보와 방위에 일방적으로 의존하는 것은 미국에 대한 과도한 응석"이라며 자민당의 대미 추종을 비판했다. 그러나 2007년 7월의 임시국회에서 오자와의 민주당이 자민당과 대결한다는 방침에 따라 「태러대책특별조치법」 연장 문제에 반대를 표명한 것에는 부정적이었다. 마에하라는 "테러와의 전쟁에는 75개국이 참가하고 있으며, 일본이 빠지는 것은 국익에 반한다. 어떤 형태로든 참가하는 것이 좋으며, 해상급유는 현 단계에서 최고"라며 미일관계를 고려해서도 연장에 찬성하는 입장이었다. 또한 오자와 등이 주장하는 유엔 중심주의에 대해서도 "일본 외교의 기본은 미일동맹이며 '유엔지상주의'가 되어서는 안 된다"고 지적했다.[38]

2005년 12월 방중 때에는 "중국의 군사적 위협에 대해서 일본은 의연한 태도를 취해야 한다"면서, 중국의 군사력 증강은 현실적인 위협이며 수송로 안전 확보를 위해서도 일본은 집단적 자위권을 인정하는 방향으로 헌법을 개정해야 한다고 주장했다.[39] 이로 인해 중국 당국과의 회담이 취소되었는데, 이와 관련해 마에하라는 기자회견에서 "(솔직하게 말하지 않는 가운데 진행되는) 우호는 사상누각이 된다"고 지적했다. 또한 2006년 10월에는 북한의 핵실험에 대해서 주변사태로 인정되는 여섯 가지 유형 중 여섯 번째 유형에 매우 가깝다면서 「주변사태법」을 적용할 것을 주장했다. 이처럼 보수색이 강한 마에하라지만 「국기국가법안」의 채결에 반대하고, 야스쿠니 신사 참배에 대한 소극적인 자세나 부부 별성과 외국인참정권에의 찬성에서 보듯이 외교안보 분야를 제외한 부분에서는 리버럴한 입장을 보인다.

당내 실세인 간사장직을 담당하고 있는 오카다 의원은 1953년 미에현에서 출생하여 오사카교육대학부속고등학교를 거쳐 도쿄대학 법학부를 졸업했다. 어려서부터 공직에 뜻을 두었기에 1976년 통상산업성에 들어가 중소기업대책 및 석유문제 등을 다루었다. 1985년 미국 하버드대학 국제 문제연구소에 파견되어 연구원으로 1년간 체류했는데, 이때부터 정치에 문제의식을 갖게 되었다고 전해진다. 이에 따라 1988년 통산성 대신관방총무과의 기획조사관을 마지막으로 통산성을 퇴직하고, 1990년 제39회 중의원 총선거에 자민당 후보로 출마하여 당선되었다.

자민당에서는 다케시다파인 경세회에 소속되었지만, 경세회가 「정치자금규

---

38) ≪産經新聞≫, 2009.1.24.
39) http://ja.wikipedia.org/wiki/... '前原誠司' 부분의 p. 3, p. 12, 2009.8.26 검색.

정법」과 선거제도의 개정과 관련하여 분열되자 하타파의 형성에 참가했다. 이와 함께 하타(羽田 孜), 고토다(後藤田正純) 등과 함께 정치개혁을 호소하여 젊은 국회의원들 중에서 대표 격으로 두각을 나타나게 되었다. 1993년의 미야자와 내각에 대한 내각불신임안에 찬성하여 자민당을 집단 이탈했다. 이후 하타와 오자와를 따라 신생당 결당에 참가했고, 1994년에는 신진당에 합류했다. 그러나 1997년에 오자와가 신진당의 해체를 선언하자, 유권자에 대한 배신행위라고 비판하면서 해당에 강력히 반대했다. 신진당 해체 이후에는 '국민의 소리', '민정당'을 거쳐 민주당의 결당에 참가하여 정책조사회장에 취임했다.

대표에 취임한 이후에는 '야당'이 아닌 '정권준비당'이라는 캐치프레이즈로 선거에서 정권교체를 내걸었다. 2004년 7월 참의원 선거에서는 자민당보다 1석 많은 50석을 획득했고, 이에 따라 2004년 9월의 대표선거에서 무투표로 재선되었다. 2005년 7월의 도쿄도의회선거에서도 민주당의 약진을 가져왔지만, 2005년 9월의 중의원 총선거, 소위 말하는 우정선거에서는 고이즈미 열풍에 휘말려 64석이 감소한 113석을 획득하는 참패를 기록했다. 이에 책임을 지고 대표직을 사임했다.

일본의 외교안보정책과 관련해서는 적극적인 국제공헌론과 아시아 중시론이라는 다소 상반된 두 가지 입장을 가진 것으로 알려져 있다. 우선 적극적인 국제공헌론과 관련해서는 헌법 9조를 개정해 유엔을 중심으로 한 집단적 안전보장에 참가하고 무력사용도 용인하자는 주장을 견지하고 있다.[40] 이는 고이즈미 수상의 외교안보정책을 미일 추종적이라고 비판하면서 자위대가 미군과 공동으로 군사력을 행사하는 집단적 자위권을 추구하는 데 반대하는 입장에서 나온 것인데, 그럼에도 일본이 미일동맹을 기축으로 해야 한다는 데는 동의하고 있다.

---

40) ≪朝日新聞≫, 2004.7.30; 榊原夏, 『岡田克也, 父と子の野望』(扶桑社, 2004)에서 재인용.

정치자금 문제로 정치적 위기를 맞고 있는 오자와 전 대표는 여전히 지난 총선에서 많은 신인의원들(오자와 칠드런)을 배출하여 여전히 민주당 내에서 가장 영향력 있는 정치가라고 볼 수 있다. 1942년 5월 현재의 도쿄도 다이토구에서 변호사 겸 도쿄도의회 의원이었던 오자와 사에키(小澤佐重喜)의 장남으로 출생한 오자와 의원은 게이오대학 경제학부와 일본대학대학원 법학연구과를 졸업했다. 대학원 재학 중이던 1969년에 부친의 갑작스런 죽음으로 제32회 중의원 총선거에서 이와테 2구에서 자민당의 공인을 얻어 입후보하여 27세의 젊은 나이로 당선되었다. 당선 이후 자민당 내의 다나카파에 소속되어 자민당 총무국장, 중의원의원운영위원장 등을 역임하고 1985년에는 제2차 나카소네 내각에서 자치대신 겸 국가공안위원장으로 첫 입각했다.

이후 오자와는 1980년대 후반 이후 지금까지 정치변동의 중심에 선 대표적인 일본 정치가의 행적을 보인다. 다나카파에서 다케시다파가 성립되는 데 일익을 담당하여 다케시다 내각에서 관방부장관 등의 요직을 거치고, 제1차 가이후 내각에서는 자민당 간사장 직을 맡으면서 고전할 것으로 예상되었던 제39회 중의원 총선거를 승리로 이끌어 '선거의 오자와'라는 별명을 얻었다. 1990년에는 가네마루(金丸信)를 대표로 하는 가네마루 방북단에 참가했으며, 걸프전이 발발했을 때에는 자위대의 페르시아만 파병을 모색하기도 했다.[41] 1992년에는 가네마루 경세회장이 사가와 규빈(佐川急便) 사건에 연루되어 사임하자 후계 회장 자리를 놓고 오부치(小淵惠三)와 대립하면서 소수파로 전락했지만, 상대방을 '수구파'로 몰면서 정치개혁을 주장했다. 이러한 과정에서 '일본개조계획'을 발표하고, 1993년 6월에는 야당이 제출한 미야자와 내각 불신임안에 결석함으로써 불신임안이 가결되도록 하여 1993년의 정치변동이 태동될 수 있는 계기를 마련했다.

외교 및 안보 정책과 관련된 오자와의 성향은 적극적 국제공헌론과 현실주의로 요약할 수 있다. 개헌과 관련해서 헌법 전문의 평화주의와 헌법 9조의

---

41) 동 법안은 야당의 반대로 폐안되었지만, 이후 「PKO협력법」으로 제정됨.

제1항 및 제2항은 보존할 것을 주장한다. 이에 따라 '전수방위'를 철저히 할 것을 주장하지만, 제9조에 평화를 위한 국제협력과 유엔대기군의 설치를 명기하는 9.5조와 같은 항목의 부가를 제안하고 있다. 따라서 자위대가 유엔하에서 국제치안지원부대(ISAF)에 참가하는 것을 용인하는 유엔 중심주의도 강조하고 있다.42) 또한 걸프전과 같은 전쟁, 즉 유엔이 승인한 유엔군 및 다국적군에 참가하는 것은 찬성하지만, 이라크 전쟁과 같이 타국이 자위권을 발동해서 시작된 전쟁에는 반대하고 있다. 이는 전자를 집단안전보장형이라고 보고, 후자를 집단적 자위권의 행사로 보기 때문이다.

이러한 측면들을 볼 때 오자와의 외교안보정책은 전수방위라는 틀 내에서 군사적 공헌까지를 포함한 적극적 국제공헌론이라고 할 수 있다. 그리고 이러한 입장의 연장이 다음과 같은 세계전략론이다. 즉, "군사전략적으로 극동에서의 미군 주둔은 제7함대로 충분하다. 다음은 일본이 스스로의 안전보장과 극동에서의 역할을 확실히 담당해야 한다고 생각한다. …… 미국에 유유낙락 따라가는 것이 아니라 우리들도 확실한 세계전략을 가지고 적어도 일본과 관련된 사안에 대해서는 좀 더 역할을 분담해야 한다. 그러면 미국의 역할을 감소시킬 것이다"라는 견해를 보였던 것이다.43) 이러한 입장은 민주당 정권이 선거유세 때 매니페스토(manifesto)를 통해 제시한 대등하고 주체적인 미일관계와 일맥상통하는 것이다. 즉, 대등한 미일관계는 일본의 적극적인 국제역할을 전제로 한다는 입장으로 볼 수 있다.

대등한 미일관계와 일본의 적극적 국제공헌론은 아시아 중시 또는 아시아에 대한 고려와 연관되는 것으로 보인다. 그는 1999년 4월에 한국을 방문했는데, 이때 일본의 각료급 정치가로서는 처음으로 김구 등의 항일운동가 묘지를 참배하여 '새로운 한일관계를 위해 한국에 접근하려는 노력의 일환'으로 평가

---

42) "自衛隊のアフガン派遣, 政府が'合憲'解釋," ≪讀賣新聞≫, 2007.12.22.

43) "駐留米軍は第7艦隊で十分", 民主·小澤代表, 産經ニュース, 2009.2.25; sankei.jp.msn. com/politics/situation/090225.

받았다. 또한 일본 정치가로서는 처음으로 한국인 비서(私秘)를 정식으로 받아들였다. 중국과의 국제교류에서는 매년 청년지도자나 대학생을 수십 명 초청하고 있는데, 이는 민간 차원에서의 국제교류가 중요하다는 생각에서 개인적으로 추진하고 있는 것이다. 영주 외국인의 지방참정권과 관련해 그들의 역사적 사정을 감안하여 참정권을 부여해야 한다는 입장을 보이는 것도 이와 연관된 아시아 중시의 또 다른 예라고 하겠다.

그러나 오자와의 아시아 중시정책이 일본의 국익이나 민주주의라는 가치를 초월한 무조건적인 것은 아니다. 2008년 2월 ≪조선일보≫와의 인터뷰에서 "야스쿠니 신사 문제는 일본 측이 크게 잘못하고 있다. 민주당이 정권을 잡으면 전쟁책임자를 야스쿠니 신사에서 분사하여 한국과 중국에 강력한 신뢰관계를 구축"하겠다고 했지만, 1986년 4월의 국회답변에서는 야스쿠니 신사 참배와 관련하여 "누구나가 자연스런 마음에서 가야 한다고 생각한다. 나도 그런 마음을 가졌을 때 지금까지 참배"했고, "국무대신이든 아니든 앞으로도 가겠다"라는 입장을 표명했다. 또한 한국인 일부가 영유권을 주장하는 대마도에 한국 자본이 침투하는 것과 관련해서는 엔고를 이용하여 제주도를 살 수 있는 절호의 찬스라는 아이디어를 제기한 것으로 알려져 있다. 티베트 사태와 관련해서는 "중국의 정권이 안고 있는 모순이 민족문제를 계기로 터졌다. 공산주의 독재정권과 정치의 자유는 원리적으로 성립되지 않는 것"이라고 비판했다.

그러나 외교안보정책과 관련된 오자와의 또 다른 주요 성향은 현실주의라고 할 수 있다. 이는 핵무장이나 「주변사태법」의 적용 등에서 살펴볼 수 있는데, 핵무장과 관련해서 오자와는 일본이 수천 발의 핵병기를 제조할 능력이 있지만 그것이 군사적으로나 정치적으로 득이 되는 측면이 없다며 핵무장에 부정적인 입장을 나타냈던 것이다. 또한 2006년의 북한 핵실험과 관련해 당내에서 「주변사태법」을 적용해야 한다는 주장이 제기되었을 때 당내 중심인물인 하토야마 간사장과 간 대표대행과 함께 「주변사태법」이 적용되지 않는다는, 소위 말하는 트로이카체제의 견해를 발표했다. 납치 문제와 관련해서는 "북한에 무슨 말을 해도 해결되지 않는다. 논을 잔뜩 가져가서 '몇 명 달라'고 하는 것이

좋을 것이다"라는 견해를 보이기도 했다.[44]

5) 정부의 대응

현재 신방위대강 2010년판이 준비 중에 있다.[45] 원래는 작년 말에 거의 완성되어 나올 예정이었으나 정권교체가 이루어지는 바람에 일 년 늦추어지게 되었다. 2010년판의 내용에 대해서는 최근 일본의 방위가 대러시아 전략에서 대중국 전략으로 전환될 것으로 보인다는 언론보도가 있었지만, 앞에서 살펴보았듯 일본의 방위가 중국을 대상으로 변화한 것은 이미 1996년의 신선언이나 신대강에서부터 나타난 것이다. 중국의 반발을 우려해 지리적인 개념이 아니라는 단서가 붙었지만, 급변사태는 중국의 움직임을 고려한 것임에 분명하기 때문이다.

2010년판은 1970년대에 처음 방위대강이 작성된 이후 세 번째로 개정되는 것인데 주목되는 것은 2008년의 금융위기를 거친 후 나타난 중국의 부상과 2010년의 센카쿠열도 분쟁을 겪은 후에 나온다는 점이다. 즉, 중국을 예의 주시한 것은 이전부터이지만 종전과는 다른 중국의 위상 및 성격에 어떻게 대처할 것인가를 보여준다는 점에서 관심을 모으고 있다. 특히 현재의 민주당 정권은 지금까지 살펴본 것처럼 대등한 미일관계와 아시아중심주의를 표방하는데, 이러한 주장이 중국의 공세적 부상과 센카쿠열도 분쟁을 어떻게 소화시켰을 것인가 하는 점에서 주목받는다.[46]

---

44) "(民主黨解剖) 第1部 '政權のかたち' (1) '小澤首相'は大丈夫か", 産經ニュース, 2009. 3.2; sankei.jp.msn.com/politics/sitation/090302.

45) 2010년판 방위대강에 대해서는 방위성 사이트, www.mod.go.jp/j/approach/agenda/ guideline/2011/taikou.html을 참고 바람.

46) 대등한 미일관계와 아시아중심주의라는 일본 민주당 정권의 외교안보정책에 대해서는 이면우 엮음, 『일본 민주당 정권의 정책성향과 대외정책』(세종연구소, 2010)을 참조. 여기서는 중복을 피하기 위해 대등한 미일관계 및 아시아 중심주의를 언급하는 선에서 그친다.

III. 변화와 연속성

지금까지 중국의 부상에 대한 일본의 인식 및 대응을 전문가, 여론 및 정치가, 정부라는 세 종류의 행위자들을 중심으로 검토했다. 이들의 인식과 대응은 대체로 다음과 같이 요약할 수 있다.

첫째는 중국의 부상을 매우 위험시하고 있다는 것이다. 전문가들의 경우 그 이념적 성향과는 상관없이 현재 부상한 중국이 위험성을 내포하고 있다는 데 동의한다. 단, 위에서 언급한 것처럼 진보진영의 경우 중국이 앞으로 어떻게 나아갈지 모른다는 불확실성에서 그 위험성을 찾는 반면, 보수진영은 해양진출에서 나타나는 군사적 모험주의를 경계한다. 여론 또한 중국의 부상이 경제적으로 도움이 된다기보다는 위협으로 느끼고 있었다. 이러한 인식은 2008년 이전, 즉 냉전 종결 후 20세기 초반까지 중국위협론이 과장되었다는 의견이 좀 더 강했던 것과는 다르다고 볼 수 있다. 정부의 반응은 아직 명확하지 않다고 보았다. 중국의 부상이 정확히는 어제 오늘의 일이 아니기 때문에, 2009년에 정권교체에 성공한 민주당 정권이 대등한 미일관계를 주장하면서 한국과 중국을 비롯한 아시아에 중점을 두는 아시아중심주의를 제시한 것도 중국의 부상에 부응한 정책적 선택이라고 볼 수 있다. 그러나 이러한 정책이 최근의 사태인 센카쿠 분쟁을 포함하지 않은 것이고 그에 대한 반응이 명확한 문서(신방위대강)로 제시되지 않았다는 측면에서 일본 정부의 공식반응은 아직 명확하지 않다고 보는 것이다. 예를 들어 민주당 정권은 후텐마 기지의 이전 문제로 미국과 불편한 관계를 유지하다가 결국엔 실현시키지 못했고, 그 여파로 하토야마 수상은 퇴진하게 되었다. 적극적이고 대등한 미일관계의 주창자이고 아시아중심주의의 주창자인 하토야마 수상의 퇴진은 정부의 대응에도 영향을 미칠 중요한 변수이기도 하다.

둘째는 이러한 인식에 기초하여 향후 일본의 외교안보정책은 대중정책을 중심으로 전개될 가능성이 높다는 것이다. 위에서도 지적한 것처럼 진보성향의 잡지인 《세카이》에 실린 논문에서조차 중국의 위협 가능성이 지적되고 그에 대한 대비가 제언되고 있는 것이다. 물론 이미 지적한 것처럼 보수진영이 일본의 방위력 정비 및 강화와 미일관계의 강화를 중점적으로 제시하는 반면, 진보진영은 국제적 협력의 틀에 묶어두는 '포괄적 관여전략'을 제시하는 측면에서 전략 차이를 보이고 있다. 진보진영 역시 방위력 정비 등의 하드한 측면을 부정하는 것은 아니지만 그에 대한 한계를 지적하면서 국제적 협력의 틀이 가지는 효용성을 지적하는 것이다.

셋째로 흥미로운 것은 보수진영의 미일관계 강화 주장도 현 민주당 정권이 내세웠던 대등한 미일관계의 측면과 맞닿는 부분이 있다는 것이다. 즉, 일본의 역할을 증대시켜 앞으로 감소가 예상되는 미국의 전개능력을 보완하고 실질적인 대등성을 미일관계에서 찾자는 주장이 보수진영의 논문으로 소개되었는데, 이는 오자와 의원이 제시하는 미일관계의 대등성과도 상통하는 측면이 있다. 이는 물론 오자와 의원이 원래 보수진영 인사라는 전력에서 그리 놀라운 일도 아니지만, 현재 민주당 정권의 실세인 인물이 야당인 자민당의 보수적 사고와 접점을 찾을 수 있는 지점에 있다는 것은 향후 일본의 대중국정책에서 시사하는 바가 크다고 할 것이다.

제6장

일북관계의 동인과 가능성*

이 장에서는 일본과 북한의 관계가 앞으로 어떻게 전개될 것인지, 일북 간의 국교정상화는 과연 가능한지, 가능하다면 어떠한 양상으로 전개될 것인지, 그리고 우리는 그에 대해 어떻게 대응해야 할지에 대해 살펴보고자 한다. 그중에서도 특히 전자의 세 가지 질문에 대해 먼저 다루고, 다음에서 우리의 대응 부분에 대해 살펴보겠다.

I. 해방 후 일북관계의 전개과정과 주요 변수

현재로서 일북 간의 국교정상화가 성사되느냐 마느냐 하는 주요한 관건은 북한과 일본 양국이 국교정상화의 필요성을 얼마만큼 느끼는가에 달려 있다.

---

* 이 장은 다음의 두 논문을 재정리한 것임: 이면우, 「북일국교정상화 전망과 우리의 대응」, 안보정책연구소회의 발표문, 1999.6.23; 「북일 간의 수교교섭 전망: 제1회 포괄병행협의의 시사점을 중심으로」, ≪한일군사문화연구≫, 제4집(2006).

즉, 양국이 국교정상화의 필요성과 그에 수반될 정치적 부담감이라는 양자를 놓고 비용계산을 한 뒤 어느 쪽에 무게를 더 둘 것인가에 따라 국교정상화의 실현 여부가 결정된다는 것이다.

여기에는 일북관계가 국제적·지역적·이국 간, 그리고 국내적 차원의 요인들에 의해서 영향을 받았다는 점이 고려되었는데, 이는 해방 후 일북관계가 전개된 다음의 양상을 살펴보면 알 수 있다.

1. 해방 후 일북관계의 전개과정

해방 이후 일북관계는 다양한 변동을 거쳐 왔다. 바람직하고 화해하는 방향으로 움직이는 듯하다가도 그와 정반대되는 경색의 국면으로 치닫는 순환을 보여 온 것이다. 이러한 관계변화를 한 주기로 해서 보면 일북관계는 다음과 같은 다섯 시기로 나눌 수 있다. 1945~1960년, 1961~1980년, 1981~1987년, 1988~1992년, 그리고 1993~현재이다. 그러나 여기서는 1991년 이후의 정상화회담을 중심으로 좀 더 간략하게 다음과 같은 세 시기, 즉 1991년 이전, 1991~1992년 정상화회담, 1992년 이후의 시기로 나누어 고찰해본다.

1) 1991년 이전의 일북관계

앞에서도 나타나듯 1991년 이전의 시기는 세 시기로 나누어볼 수 있다.[1] 첫 번째 시기는 한국이 해방된 1945년부터 미일안보조약이 갱신된 1960년까

---

1) 해방 후의 일북관계에 대해서 논의한 많은 논문들은 여기서 언급하듯이 대체로 1991년 이전의 시기를 세 시기로 구분한다. 이에 대해서는 다음을 참조. 小此木政夫, 『日本と北朝鮮: これからの5年』(東京: PHP出版社, 1991); 이종석, 「북에서 본 한일협정과 조일회담」, ≪역사비평≫, No. 28(1995), 57~69쪽; 山本岡史, 「日朝不正調關係史」, ≪世界≫, 日本關係: その歷史と現在(特輯), 1992.4.

지이다. 이 시기는 전후 중단되었던 양국관계를 회복하기 위해 노력한 예비적 단계라고 할 수 있을 것이다. 당시의 접근에서는 관계정상화를 위한 본격적인 문제들은 거론되지 않았고, 단지 무역 재개와 상대방 국적을 가진 사람들의 귀환 허가에 초점이 맞추어졌기 때문이다.

일북관계의 진전을 향한 첫 번째 움직임은 1955년 북한 총리인 남일의 성명에서 시작되었다. 그는 미군정하에 있었던 일본인들에게 유감을 표시했고, 북한에 우호적인 나라와는 기꺼이 관계를 수립하겠다고 밝혔던 것이다. 이러한 남일의 발언은 스탈린 사후 미국과 구소련의 화해적인 분위기에 부응하여 자본주의 체제와 사회주의 체제의 공존에 대해 긍정적인 입장을 표명한 김일성의 발언을 따른 것이었다.[2]

일본 정부는 북한의 이러한 태도 변화를 기꺼이 받아들였다. 물론 일본이 북한의 제의에 수긍한 것은 북한의 자세변화뿐 아니라 당시 일본 정부를 담당한 하토야마(鳩山一郎) 수상의 성격에서 비롯되는 측면이 강하다. 하토야마 수상은 그의 정치적 라이벌인 요시다(吉田茂)와는 달리, 미국편향적인 외교적 입장을 지양하고 자주적 또는 독립적 외교방향을 추구하는 보수적인 성향을 띠고 있었다. 따라서 그는 구소련과의 관계정상화를 추구함과 동시에 북한과의 경제관계 회복의 필요성도 제안했던 것이다.[3] 또한 당시 한일 간의 관계정상화 노력이 구보다(久保田貫一郎) 발언에 의해 악화되었다는 것도 일본이 북한에의 접촉을 좀 더 용이하게 만든 요인이라고 할 수 있을 것이다.

이러한 요인들을 배경으로 일북 간의 접근이 시작되었는데, 앞서도 언급했듯이 당시에는 교역개시와 귀환하지 못한 일본인 또는 귀환을 원하는 일본 거주 한국인의 북송부터 전개되었다. 북한과 일본의 교역은 1956년 3월에 체결된 일북 간의 무역협정에 의해서 간접적으로 시작되었다. 이는 중국의

---

2) 山本岡史,「日朝不正調關係史」, p. 162.

3) 이원덕, 『한일과거사 처리의 원점』(서울대출판사, 1996), 81~84쪽; 小此木政夫, 『日本と北朝鮮: これからの5年』, pp. 93~94.

대련항을 통해 진행되었었는데, '나가사키(長崎) 국기계양 사건' 이후에는 그 거점이 홍콩으로 바뀌었다.[4] 이와 동시에 북한과 일본의 적십자 간에 이루어진 합의에 따라 1956년 4월에는 북한에 거주 중인 36명의 일본인들이 일본으로 돌아올 수 있었다. 또한 양국의 적십자는 1959년 8월 일본에 살고 있는 북한인의 귀환에도 합의했다. 이 합의는 남한의 거센 반발에 부딪혔으나 1961년 말까지 일본에 거주 중이던 7만 5,000명의 한국인들이 북한으로 돌아갔다.

이러한 교류에도 당시의 접근이 경제적·문화적 측면에 국한되었다는 것이 특징이라고 할 수 있다. 무엇보다도 접근의 시작에서 이러한 한계가 표명되었다. 즉, 위에서 언급한 하토야마 수상이나 남일 총리의 성명은 경제관계의 회복이나 문화교류에 의한 관계 확대에 중점을 두고 있었던 것이다. 또한 여기서 눈여겨봐야 할 부분은 북한의 대일정책이 한국을 국제적으로 고립시키거나 제한시키기 위한 정책의 하나로 채택되었다는 점이다. 예를 들면 김일성은 대일접근에 대해 당시 국제적 차원에서 나타난 탈이데올로기적 분위기를 이유로 내걸었지만, 그러한데도 남북한 간의 공존을 제안하는 입장에 대해서는 비판을 가했던 것이다.

두 번째 시기는 미일안보협정의 개정에 합의한 1960년부터 한국에서의 미군철수를 주장한 카터 미국 대통령이 등장하는 1977년까지이다. 이 시기 일북관계는 경색과 화해의 국면을 오가는 특징을 나타낸다. 1960년 미일 간에 안보협정이 개정되자 일북관계는 경색되었다. 북한은 이러한 일본과 미국의 움직임에 대해 미국의 제국주의를 따라 일본의 군국주의가 부활되어 남한을 경제적으로 침략하고 있다고 비판하고, 1961년에는 구소련 및 중국인민공화국과 상호 원조조약을 체결했다. 북한이 일본의 군국주의를 비판한 것은 이때가 처음이었다. 물론 이 시기 초반에는 이전 시기의 연장선상에서 관계가 진전된 측면은 있다. 예를 들어 1961년 4월부터는 직접교역이 시작되었고,

---

4) 나가사키 국기계양 사건에 대해서는 제5장의 각주 7을 참고. 좀 더 자세한 내용에 대해서는 田中明彦, 『日中關係: 1945-1990』(東京: 東京大學出版社, 1991), pp. 49~51.

1962년 11월에는 일반 화물선도 취항하게 되었으며, 앞서 언급했듯 1961년 말까지도 일본 거주 한국인들이 대거 북송되었다. 그러나 이러한 초기적인 움직임에도 이 시기의 전반적인 분위기는 미일안보조약의 개정을 시작으로 경색된 모습이라고 할 수 있다.

북한이 일본을 비방했던 첫 번째 이유가 미일 간의 안보강화에 따른 위기의 식이라고 한다면, 또 다른 주된 이유는 미국의 보호 아래 한일 간의 정상화 교섭이 진전을 나타내고 있었다는 점일 것이다. 북한은 1962년 말 한일 간의 문제는 통일 이후에나 해결되어야 한다는 입장을 발표했다. 즉, 한일 간의 문제를 해결하기 위해서는 북한도 함께 참여해야 한다는 것이었고, 그렇지 못하다면 북한은 일본의 식민지배에 대한 손해배상 청구권을 유보하겠다는 주장이었던 것이다.[5]

흥미롭게도 두 번째 시기의 초반에 주목할 수 있는 것은 일북관계가 악화되면서 북한의 대내적 정책 및 대남정책이 좀 더 호전적인 양상을 보인다는 점이다. 예를 들어 북한 노동당의 중앙위원회 총회는 1962년 12월에 전 인민의 무장화, 전 국토의 요새화, 전 군의 장교화, 전 군의 현대화라는 4대 군사노선을 발표하여, 경제계획의 재검토와 군사력 증강에 박차를 가했다. 또한 1964년 2월에는 한반도에서의 혁명을 위해 북한의 혁명세력, 한국의 혁명세력, 국제적 혁명세력을 강화하고 결합시켜야 한다는 김일성의 '삼대 혁명 역량론'이 동 위원회에서 발표되었다.

일북 간의 악화된 관계는 닉슨 미 대통령과 사토(佐藤榮作) 일본 수상의 공동성명이 발표되면서 정점에 달했다. 이는 일본 자체의 안보를 위해서도 남한의 안보는 필수적이라는 조항이 공동성명에 포함되었던 것에 기인한다. 북한은 이를 일본이 남한뿐 아니라 북한에 대해서도 그들의 입장을 명확히 표명한 것으로 인식했던 것이다.[6]

---

5) 이종석, 「북에서 본 한일협정과 조일회담」, 58~59쪽.
6) 山本岡史, 「日朝不正調關係史」, p. 162.

그러나 이러한 긴장은 미국의 대중국 접근에 따라 점차 누그러졌다. 1971년 9월 25일에 있었던 ≪아사히신문≫ 고토(後藤基夫) 편집국장과의 인터뷰에서 김일성은 수교교섭의 필요성을 인정하며 그 전 단계적 시도로서 양국이 교역이나 자유여행, 기자교환과 같은 일들을 진행할 수 있을 것이라는 입장을 피력했던 것이다. 한 달 후에 있었던 미노베(美濃部) 도쿄 시장과의 대담에서도 김일성은 비록 한일조약의 폐지를 여전히 전제로 두면서도 고토 편집국장과의 인터뷰에서와 비슷한 내용을 전달했다.

일본은 이러한 북한의 유화 제스처에 부응하여, 북한과의 우호적인 관계를 증진하기 위한 1971년 11월에 국회의원 연맹을 결성했다. 약 240명의 국회의원으로 구성된 동 연맹은 1972년 1월에는 북한에 대표단을 파견하여, 양국 간의 무역증진에 대한 합의서를 받아냈다. 또한 상호 의존에 입각한 경제적·문화적 교류의 필요성을 인정하는 공동성명서를 발표했다. 일본의 대북관계 변화에 대한 좀 더 공식적인 인식은 1972년 10월 일본 정부가 북한의 '국제무역증진기구' 파견단을 받아들임으로써 타났다. 일북관계는 1973년에 더욱 활발해졌다. 북한 기자단과 '만수대 예술단'이라고 불리는 문화단체가 각각 5월과 8월에 일본에의 입국이 허락되었고, 이즈음 북한과의 무역을 추진하는 무역회사도 설립되었다.

위에서와 같이 두 번째 시기의 후반기에 나타난 북한의 대일접근은 미중 간의 접근이라는 국제적 상황의 변화에 따른 것이기도 하지만, 이 또한 첫 번째 준비기와 마찬가지로 남한에 대한 정책의 일부로 수행된 측면도 있다. 예를 들면 김일성이 1972년 1월에 있었던 ≪요미우리신문≫과의 기자회견에서 일북 간의 관계정상화가 한일조약의 자동적인 소멸로 연결될 것이라는 견해를 나타냈던 일이 그 반증이라고 할 수 있을 것이다.[7] 일본 정부 또한 북한의 이와 같은 전략을 인지하면서도 북한과의 관계증진에 노력했음이 그

---

7) 小此木政夫, 『日本と北朝鮮: これからの5年』, p. 107; 이종석, 「북에서 본 한일협정과 조일회담」, 64~65쪽.

후의 사건전개에서 나타난다. 즉, 미중접근에 따라 남북한관계도 일시적으로 완화된 분위기에 접어들었지만, 이에 따른 남북한 간의 회담은 곧 결렬되었고 종래에는 '문세광' 사건에 의해 악화일로로 접어들었는데, 그러한데도 일본은 위에서 본 바와 같이 북한과의 교류를 계속적으로 진행시켰다. 일본의 이러한 움직임은 미얀마에서 아웅산 테러사건이 일어났던 1983년까지 지속되었다.

일북관계는 일본이 1985년 1월에 아웅산 사건과 관계된 제재를 철회한 것을 기점으로 세 번째 시기를 맞는다. 이러한 조치에 따라 양국관계가 회복되었는데, 5월에는 일본 사회당의 대표단이 북한을 방문했고 8월에는 북한의 유니버시아드 대표단이 일본의 나리타공항에 입국했다. 당시 나카소네(中曾根康弘) 내각하의 일본은 일본의 국제적 역할을 증대시키기 위한 방법으로 한반도, 즉 한국과 북한에 대해 좀 더 적극적인 정책을 폈다. 예를 들어 서울을 방문한 나카소네 수상은 남한 관계자들에게 이미 그 전해(1984년)부터 진행되어 온 적극적인 대북관계에 대해 설명했고, 쿠라나리(倉成正) 외상도 한일외상회담에서 한반도의 안정을 위한 세 개의 원칙을 제안했다.

아이러니컬하게도 일본의 이러한 적극적인 움직임에도 북한과 일본의 관계는 급진적인 발전을 보지 못했다. 오히려 후지산 마루 선원들의 판결에 의해 관계가 악화 또는 정체되었다.[8] 일본은 다시 북한에 제재를 가했고, 북한도 이에 대해 비난을 퍼부었다. 비록 북한 선수들에게 일본에서 열린 아시아탁구선수권 대회에의 참가가 허락되었지만, 일본 정부관계자는 그들의 환영행사에서 물러났다. 일본의 제재는 한국의 노태우 대통령이 특별 담화를 발표한 다음인 1988년 9월에 들어 해제되었다. 노 대통령은 이 담화에서 남북한관계 재개를 제안했고, 북한과 관계를 맺고자 하는 국가들에 대해서도 적대적인 입장이 아님을 밝혔던 것이다. 일본은 앞에서 언급했듯이 북한에의 제재를 해제함으로써 한국 측의 입장변화에 대한 그들의 입장을 밝혔다. 그러나 수교

---

8) 후지산 마루의 선원들은 1983년 11월 북한의 남포항에서 체포되었는데, 이들은 1987년 12월에 간첩활동의 혐의로 15년의 강제노동에 처해졌다. 外務省, 『外交青書』, No. 32(1988), p. 177.

교섭과 같이 일북 간의 긴밀한 접촉은 이 시기에 곧바로 이루어지지 않고 다음에 논의할 1990년대까지 기다려야 했다.

2) 제1차 일북수교회담 시기(1991~1992)

일북 간의 정상화회담 가능성은 카네마루 신을 대표로 한 자민당과 사회당의 방북단이 북한을 방문했을 때 직접적으로 언급되기 시작했다. 후지산 마루 선원들의 석방을 주된 안건으로 생각한 일본 방북단에게 김일성은 놀랍게도 정상화회담의 가능성을 시사했다.[9] 그러나 이러한 북한의 변화는 당시 급변하던 국제정세의 변화에 영향을 받은 측면이 강했다.

구소련을 비롯한 동유럽 사회주의 국가들의 붕괴는 북한을 공산주의를 고수하는 몇 안 되는 국가 중의 하나로 만들었다. 반면 한국은 지난 30년간 눈부신 경제성장을 달성했고, 그러한 성공에 기초하여 구사회주의 국가들과도 유대관계를 맺음으로써 국제적 위상의 신장을 얻어냈다. 이러한 외부환경의 변화가 북한으로 하여금 정책 방향을 전환시키도록 압박했다고 볼 수 있다. 말할 필요도 없이 북한의 이러한 태도 변화는 북한과의 관계회복을 추구하던 일본에게 좋은 기회를 제공하는 것이었다. 나중에 밝혀지지만, 물론 북한은 당시의 위기상황을 극복하기 위해 일본과의 관계회복 이외에도 이미 핵무기 개발이라는 또 다른 선택지를 가지고 있었다.

후지산 마루 사건과 관련된 대북제재를 해제한 후인 1989년 1월 20일에 일본은 '우리나라의 대북정책'이라는 제목으로 정부의 입장을 발표했다. 이는 곧 3월 다케시타(竹下登) 수상의 대북 정부견해에 관한 성명으로 이어졌다. 이들 모두 과거 식민지 역사에 대한 유감을 표명함으로써 기꺼이 북한에 접촉할 의사를 나타냈는데, 김일성은 사회당 방문단과의 회담에서 이러한 다케시타 내각의 노력을 긍정적으로 평가하고 있음을 표명했다.

---

9) 小此木政夫, 『日本と北朝鮮: これからの5年』, p. 125.

이와 같이 일단 긍정적인 분위기가 조성되자, 파친코 사건의 북한 연계 의혹 및 핵무기 개발과 같은 갈등요소에도 불구하고 양국관계는 계속 진전되었다. 예를 들어 대북관계에서의 우호증진을 위해 결성된 국회의원단이 북한을 방문했으며, 이에 따라 양국은 어업분야에서 서로 협력하자는 데 동의했다. 또한 가네마루 부총재의 방문을 위한 예비적 절차도 진행되었다. 다나베(田邊誠) 전 사회당위원장은 1989년 11월 베이징에서 북한의 고위관계자와 접촉했으며, 북한과 일본의 외무실무자들도 1990년 3월 파리에서 접촉한 것이 드러났다.

가네마루를 위시한 일본 방문단의 방북으로 자민당과 사회당, 그리고 북한 노동당 간에 작성된 3당 공동성명서가 발표되었다. 공동성명서는 8개의 항목으로 구성되어 있는데, 이를 간략히 간추리면 다음과 같다.

첫째 항목은 일본이 36년간의 식민지 통치와 전후 45년간의 고통에 대해 사과하고 그에 의한 손해를 배상한다는 것이다. 둘째는 양국(일북) 간의 관계정상화를 가능한 한 조기에 실현한다는 것이다. 셋째는 양국 간의 통신위성 사용과 직접 노선의 필요성에 대해 인식을 같이한다는 것이다. 넷째는 일본 정부가 일본에 거주하는 북한 주민의 합법적인 권리를 보장하며, 일본 여권에 기재되어 있는 북한에 대한 적대조항을 철폐한다는 것이다. 다섯째는 한국이 하나이며, 남북 간 대화를 통한 평화적 통일을 위해 최선을 다한다는 것이다. 여섯째는 핵위협을 폐지할 필요성이 있다는 데 의견을 같이했으며, 일곱째는 11월부터 정상화를 위한 협상이 개최되도록 정부에 제안한다는 것이었다. 마지막 여덟째 항목은 양국 간의 협력개발에 동의한다는 내용으로 이루어져 있다.

가네마루의 방북은 정치적인 의도에서 나온 지나친 행동이었다고 국내적으로 비판받았지만, 방북에 의해 10월에는 후지산 마루 선원들의 귀환이 실현되었고 11월부터는 3당 공동성명서에서 예정했듯 수교교섭 회담이 시작되기에 이르렀다. 우선 11월부터 12월까지는 수교교섭의 본 회담을 준비하기 위한 예비회담이 세 차례에 걸쳐 열렸는데, 여기에서 수교교섭 본회담에서 논의되어야 할 다양한 이슈들이 '기본 문제', '경제 문제', '국제 문제', 그리고 '기타 문제'의 네 가지 항목으로 묶였다.[10]

'기본 문제'는 과거 식민지 역사와 관련된 것으로, 이와 연관해 2개의 이슈가 양국 간에 부상했다. 그중 하나는 한일합방조약의 종결시점을 언제로 잡는가 하는 것이었다. 북한은 1910년에 체결된 합병조약 및 그 외의 조약과 합의는 일본 제국주의하에 강압적으로 이루어진 것이므로 무효라고 주장했다. 이에 반해 일본은 그 조약들이 해방과 더불어 철폐되었지만 당시에는 합법적이었다고 주장했다. 또 다른 이슈는 북한의 합법적인 권리와 주권이 미치는 범위가 어디까지인가 하는 것이었다. 북한 역시 자체의 주권이 실질적으로 미치는 범위가 한반도의 북쪽에 국한된다는 것을 모르는 바는 아니었지만, 선전적인 또는 전략적인 차원에서 3당 공동성명서에 피력된 한국은 하나라는 입장을 주장했던 것이다.

'경제 문제'는 과거 역사에 대한 손해보상과 연관되어 있다. 여기서도 두 개의 이슈가 대두되었는데, 하나는 북한에게 얼마나 배상해야 하는가였다. 일본의 기본적인 입장은 적절한 증거가 제시되면 지불하겠다는 것인 반면, 북한은 당시 북한이 일본과 전쟁상태에 있었으므로 전쟁배상을 청구 받아야 한다고 주장했다. 다른 하나는 전후에 대한 보상이 이루어져야 하는지 아닌지에 관한 문제이다. '3당 공동성명서'에서도 나타났듯이 전후의 배상은 합의의 일부분이라는 것이 북한의 논리였던 반면, 일본은 그 성명서는 정치적인 것으로 구속력을 갖지 못하며, 한국과의 관계를 고려해 배상은 불가능하다는 자세를 취했다. 북한은 전후의 배상을 요구하는 근거로 한반도의 분단에 대해 일본은 책임이 있으며, 한국전쟁 당시 미군을 원조한 것 등을 제기하고 있다.

'국제 문제'는 북한의 핵개발 의혹에 관한 것이다. 일본은 북한이 핵의혹을

---

10) 수교회담의 네 가지 의제에 대한 자세한 내용은 다음을 참조. 전동진, 『일본의 대북한정책』(민족통일연구원, 1993); 이원덕, 『북일국교교섭과 일본의 대북정책』(SNU IAS, 1996); 小此木政夫, 「朝鮮半島情勢と日韓.日朝關係」, ≪アジア時報≫(1996.8), pp. 44~60.

근절하기 위해서도 국제원자력기구(IAEA)의 시찰을 받아들여야 한다는 입장이었다. 반면 북한은 핵미사일과 같은 것은 없다고 부인하면서, 오히려 일본이야말로 플루토늄을 저장하는 의도에 대해 명확히 해야 한다고 주장했다. 또한 북한은 '국제적'이라는 용어가 의미하듯이 수교교섭과 핵의혹은 별개라는 입장을 보였다. 마지막으로 '기타 문제'에는 '이은혜'를 비롯한 일본인 피랍자 문제, 북한에 거주 중인 일본인 처의 귀국 문제, 그리고 히로인 거래에의 북한 관련 의혹 등이 포함된다. 북한은 일본인 처의 귀국 문제에 대해서는 해결하겠다는 의사를 어느 정도 표명했지만, '이은혜' 및 그 밖에 납치된 사람들의 존재와 히로인 취급에 관한 문제는 강하게 거부했다.

수교교섭을 위한 본 회담은 1991년 1월 30일과 31일, 양일에 걸쳐 평양에서 진행된 제1차 회담을 시작으로 '이은혜' 문제로 제8차 회담이 돌연 중단된 1992년 11월까지 이어졌다. 앞에서 언급했듯 네 가지 문제군들에 대해 양국 사이에는 현격한 견해차가 존재했는데, 이러한 양국 간의 차이는 제3차 회담에서부터 본격적으로 나타났다. 1991년 5월의 제3차 회담에서 일본은 북한이 IAEA의 시찰을 받아들이지 않으면 수교교섭이 진전될 수 없다고 밝혔다. 이와 동시에 남북한이 유엔에 동시가입할 것을 제안했으며, '이은혜' 문제에 대해서도 확인을 요구했다.

북한은 '이은혜' 문제의 제기나 핵 문제와 연관된 IAEA 시찰 수락과 같은 요구는 회담을 방해하는 음모라고 강력히 비난했다. 하지만 이러한 비난과 동시에 이번의 수교교섭에서는 기본 문제에 대해 우선적으로 합의하여 공식적인 외교관계를 출범해나가고, 좀 더 논란의 여지가 있는 '경제 문제'나 '국제 문제'에 대해서는 차후에 거론하자며 태도 변화를 나타냈다. 일본은 이러한 제안에 따라 북한의 태도 변화를 긍정적으로 평가하면서도, 핵개발 의혹과 관련된 IAEA의 시찰 수락을 강력히 주장했다. 이와 같은 극심한 의견차로 제3차 회담은 하루가 연장되었음에도 아무런 성과 없이 끝났을 뿐 아니라 다음 회담일정도 결정하지 못했다.

제3차 회담에서 나타났듯이 '이은혜' 문제와 IAEA의 시찰에 대한 수용 문제 등은 본 회담의 주요한 주제였으며 논란의 대상이었고, 결국은 회담이 결렬된 주요 원인이 되었다. 물론 이 두 가지 문제만이 양국 간에 합의를 도출하는 데 장애로 작용했던 것은 아니다. '기본 문제'와 '경제 문제'에서도 양국은 서로 의견차를 좁히지 못한 채 평행선을 유지했던 것이다. 그러나 일본이 '이은혜' 문제와 '국제 문제'의 해결을 우선시함에 따라 그 중요성과 의견차가 현저하게 부각되었다. 예를 들어 '이은혜' 문제는 제4차 회담이 시작되기 전에 일정에 없었던 예비회담을 갖게 했으며, 이는 적어도 표면적으로는 제8차 회담을 중도에 결렬시킨 주요 원인이라고 할 수 있다. IAEA 시찰에 대한 일본의 강력한 주장은 제7차 회담에서 플루토늄을 추출하는 데 성공했다는 북한 측의 시인을 얻어내기는 했지만, 크게 확대되지 않은 채 제8차 회담이라는 막다른 길로 접어들었다.[11]

이러한 문제들에 관한 일본의 입장은 회담 전에 마련한 원칙을 고수하는 것이었다.[12] 1월 26일 일본 정부는 네 가지 기본 방침을 발표했는데 그 내용은 다음과 같다. 첫 번째로 본 회담은 한반도 전체의 평화와 안전에 이바지하도록 진행한다. 두 번째로 일북국교정상화가 한일 우호관계를 손상시키지 않도록 한다. 세 번째로 36년간의 식민지 통치에 대한 청구권 문제에는 성실히 대응하지만 전후 보상에 대해서는 응하지 않으며, 네 번째로 북한의 IAEA에 의한 핵사찰 수용이 일본의 안전보장에서 중요하다. 이러한 일본의 자세는 흥미롭게도 미국에 동조하는 태도를 보이고 있다.

예를 들어 1990년 10월 15일 ≪요미우리신문≫에 따르면 미국은 일본에 네 가지 요구사항을 전달했는데 이는 앞에서 언급한 일본의 입장과 부합한다. 미국의 요구사항은 다음과 같다.[13] 첫째, 일본은 북한이 회담 중에 핵사찰 수용을 받아들이도록 한다. 둘째, 북한이 요구하는 전후 보상은 받아들여질

---

11) ≪朝日新聞≫, 1992.5.15.

12) ≪朝日新聞≫, 1991.1.26.

13) 양기웅, 「북일국교정상화 교섭: 1991~1995」, 통일원 엮음, 『통일환경 및 통일교육 분야』(통일원정보분석실, 1995), 151~200쪽.

수 없다. 셋째, 식민지 통치에 대한 보상이 군사적인 목적으로 사용되지 않는다는 것을 보장한다. 넷째, 일북 간의 정상화로 남북 간의 지속적인 대화가 위협받지 않도록 한다.

한편 일본 외상은 제5차 회담 직후인 1991년 11월 26일 미국으로부터 북한의 핵물질 제조시설에 관한 정보를 받았다고 밝혔다.[14] 결국 일북정상회담은 미국이 높은 관심을 갖고 있던 북한의 핵무기개발 의혹으로 중단되었다.

3) 1992년 이후의 전개상황

1992년 11월에 수교교섭이 돌연 중단된 이후 일북 간의 접촉은 긴 공백기를 갖게 되었다. 위에서 살펴보았듯이 이러한 공백기는 현안들에 대한 의견차에서 비롯된 측면도 있지만, 그 외에도 다음과 같은 두 가지의 상황적 이유들이 자리 잡고 있었다. 하나는 일본 측 사정으로, 일본 국내정치의 변화를 들 수 있다. 즉, 1993년 일본에서는 38년간의 자민당 정권이 붕괴되자, 비자민을 내세우는 정당들에 의하여 호소가와(細川護熙) 수상의 연립내각이 출범한 주요한 정치변동이 있었다. 다른 또 하나의 이유는 북한 측에서 찾아볼 수 있다. 즉, 북한은 핵개발 의혹이 증폭되면서 그 해결을 위해 미국과의 직접적인 접촉에 몰두하고 있었던 것이다. 그러므로 새 연립내각의 하타 외상이 1993년 말부터 1994년 초까지 회담 재개를 위한 노력을 보였음에도 북한 측은 아무런 응답이 없었다. 오히려 1994년 6월 북한이 일본해를 향해서 미사일 실험을 실시했다는 보도가 전해졌다. 비록 이 실험이 일본을 직접적으로 겨냥한 것은 아니었지만, 미국과의 협상 중에 일어난 북한의 이러한 움직임은 일본을 당황하게 만들었다.

그러나 재미있는 것은 이러한 북한의 움직임이 일본으로 하여금 좀 더 적극적으로 회담재개를 위해 노력하도록 만들었다는 것이다. 예를 들어 이제까지

---

14) ≪朝日新聞≫, 1991.11.26.

북한과의 접촉에서 주요한 창구역할을 해왔고 바로 지난(1994년) 4월에도 북한 관계자와 접촉했던 사회당은 1994년 6월 8일에 와타나베(渡辺美智夫)를 대표로 하는 여당방북단을 파견할 것이라고 발표했다. 이외에도 미키 전 수상의 부인이 방북하여 김일성과 만났으며, 외무성도 실무자급 접촉을 계속 시도했던 것으로 알려지고 있다. 특히 사회당은 관계개선의 모색을 위해 방북한 후카다(深田肇) 의원의 움직임에서도 알 수 있듯이 회담재개를 위해 적극적으로 나섰다. 그러나 이러한 일본 정부의 노력에도 일북 간의 본격적인 접촉은 1995년 3월이 되어서야 이루어졌다.

이러한 지연은 여러 가지로 설명될 수 있다. 하나는 일본 외무성의 부정적인 태도에서 비롯된다. 앞서도 지적했듯이 사회당은 대북접촉에 적극적이었는데, 특히 사회당 출신의 무라야마 수상이 취임한 이후에는 일북수교라는 숙원을 이룩한다는 차원에서 더욱 이러한 노력을 기울였다. 그러나 일본 외무성은 당시 북미 간의 협상이 진행 중이라는 것을 이유로 시기적으로 적절하지 못하다고 생각했다. 따라서 외무성 관계자는 1994년 10월 정치인들의 방북 노력에 대해 신중한 자세를 보였다.[15]

또 하나의 이유는 자민당 내의 갈등을 제기할 수 있다. 자민당 내에서 사회당과의 연립을 지지했던 가토(加藤紘一) 간사장은 정치인들의 방북에 적극적인 태도를 보였으나, 자민당의 몇몇 의원들은 전후 보상 문제와 같은 문제가 내포된 '3당 공동성명서'를 문제 삼았던 것이다.[16] 그리고 이러한 당내 갈등이 어떠한 결말을 보았다고 하더라도 이는 다시 사회당과의 타협을 필요로 했다.

그러나 1994년 말 핵의혹과 관련해 제네바에서 북미합의가 이루어지고 1995년 초에는 한반도에너지개발기구(KEDO)가 발족되면서 일북 간에도 수교교섭을 위한 회담 재개가 다시 거론되었다. 이러한 상황변화에 의해 마침내

---

15) ≪朝日新聞≫, 1994.10.25.
16) 가토의 입장에 대해서는 加藤紘一,「北朝鮮を積極的に支援すべきた: 加藤紘一, 自民黨 幹事長にきく」, ≪現代コリア≫(1995.5), pp. 16~21을 참조.

1995년 3월 28일에는 연립여당을 구성하는 자민당, 사회당, 사키가케당 소속 의원들로 구성된 여당방북단의 방북이 실현되었고, 이에 따라 '4당 공동성명 서'가 나왔다.

'4당 공동성명서'는 네 부분으로 구성된다.[17] 첫 번째는 조기 회담 재개는 양국에 이익이 될 뿐 아니라 아시아의 평화에 이바지한다는 점을 확인한 것으로, 이는 이전의 3당 공동성명서와 유사하다. 그러나 과거 역사에 대한 인식과 그에 대한 보상을 다룬 두 번째 부분은 이전과는 달리 과거 역사와 관련된 문제의 해결 필요성만을 명기했을 뿐 전후 시대에 대한 언급은 없었다. 북한의 핵개발 의혹과 관련된 세 번째 부분과 남북관계에 대한 네 번째 부분에서는 서로 이견을 좁히지 못하고 쌍방이 각자의 의견을 병기하는 선에서 합의를 보았다. 세 번째를 예로 들면 북한 노동당의 김영순이 한국형 경수로와 같은 것은 없다고 명기한 한편 일본 측의 와타나베는 북한이 북미 간의 협약을 성실히 수행해야 한다고 명기했던 것이다.

비록 회담의 성과는 의문점을 남겼지만 방북 이후 일본은 좀 더 적극적인 태도를 취했다. 예를 들면 일본 정부는 1995년 4월 4일 수교교섭을 위한 준비일 정을 세우기로 결정했고, 외무성은 베이징의 일본대사관 관계자가 북한 인사 와 접촉했다고 밝혔다. 이러한 일본 측의 움직임에도 수교교섭의 재개는 북한 이 5월 26일에 들어 정식으로 쌀 지원을 요청함에 따라 다시 지연되었다.

쌀 지원과 관련해서도 북한과 일본은 마찰을 빚었다. 북한은 '4당' 간의 회담에서 합의를 본 것이라고 주장하면서 100만 톤을 요구했으나, 일본은 쌀 비축량을 고려할 때 30만 톤 정도만을 제공할 수 있다고 대응했다.[18] 또한 일본은 지원의 절반은 무상으로 다른 절반을 유상으로 한다고 제안했으나, 북한은 빠른 지원을 위해서도 모두 유상으로 할 것을 주장했다. 이러한 양국 간의 줄다리기는 결국 6월 30일에 유상·무상 15만 톤씩으로 최종 합의되었다.

---

17) ≪朝日新聞≫, 1995.3.31.
18) ≪朝日新聞≫, 1995.6.26.

1차 지원이 제공된 후 일본의 쌀 지원이 사죄의 표현이라는 식으로 발언한 김정일의 언급은 또 다른 마찰을 일으켰다. 그러나 이러한 갈등은 곧 김정일의 감사편지에 의해 누그러졌으며, 9월 말 쌀 추가지원에 대한 협의에서 일본은 20만 톤을 제공하겠다는 결정을 내렸다.

쌀 지원의 결정에 따라 진전을 보일 것으로 기대되었던 일북 간의 정상화회담 재개는 예상과는 달리 빠른 진전을 보지 못했다. 이에는 대체로 다음과 같은 두 가지 이유를 들 수 있다. 하나는 1995년 와타나베와 파견단들의 북한 방문 목적과 관련 있다. 몇몇 사람들은 이들 방문이 회담 재개와는 관계없이, 일본의 쌀 보유량 조정을 위한 것이었다고 의심한다.[19] 또 다른 이유는 내각의 변화로, 1996년 1월 무라야마 내각이 하시모토 내각으로 바뀌었다는 점을 들 수 있다. 비록 양측 모두 동일한 정당을 기반으로 한 연립내각이었지만, 자민당의 보수파에 속한 하시모토 수상은 사회당 출신으로서 회담의 재개를 추구했던 무라야마 수상과는 달리 좀 더 신중할 수밖에 없었을 것이다.

이러한 이유들로 한동안 소원한 관계를 유지하던 일북관계는 1997년 중반에 들어 급속한 진전을 보였다. 일북 양국이 1997년 8월 21일과 22일의 양일에 걸쳐 수교교섭 예비회담을 개최하기로 결정했던 것이다. 물론 이 회담이 돌발적으로 성사된 것은 결코 아니다. 앞에서 언급했듯 북한에의 쌀 지원이 실시된 1995년에도 수교교섭의 재개에 대한 기대가 사뭇 높았고, 그 후 별다른 진전을 보지 못하는 가운데서도 양국은 정부의 실무 차원에서 지속적인 접촉을 가졌던 것이다. 1997년 5월 21일 베이징에서 있었던 과장급 접촉이 한 예라고 할 수 있다. 즉, 8월의 예비회담은 이러한 실무차원에서의 지속적인 의견교환이 초석이 되어 가능해진 것이었다.

예비회담에 이어서 일본은 와다(和田靜夫) 전 국회의원을 단장으로 하는 '일조우호연대일본회의'라는 북한 방문단을 파견하여, 북한에 거주하는 일본

---

19) 田中明, 「北朝鮮コメ援助は平和ボケ」, ≪諸君≫(1995.9), pp. 68~77; 重村敏光, 「外交をあそんだ與黨訪朝團騷動」, pp. 99~105.

인 처들의 상황에 대한 조사를 23일부터 31일까지 9일에 걸쳐 실시했다. 또한 9월 6일과 7일에는 양국 적십자사 간의 연락회의가 베이징에서 개최되어, 일본인 처의 일시귀국과 관련된 구체적인 문제들, 즉 일시귀국자의 인원, 방일 경로, 그리고 방문에 필요한 비용부담선 등과 같은 문제들에 대해 구체적으로 논의한 것으로 알려졌다. 이러한 일련의 움직임은 예비회담에서 도출된 합의, 즉 북한거주 일본인 처의 일시귀국 문제를 조속한 시일 내에 해결한다는 내용의 합의에 준하는 것이었다. 이러한 와중에 북한의 김용순 아시아태평양평화위원회 위원장은 8월 23일부터 3일의 일정으로 북한을 방문한 후카다(深田肇) 의원에게 국교정상화에 앞서 '우호선언'을 발표하고, 상호 간 대표부를 조기에 개설하자는 내용의 관계개선책을 비공식적으로 제안했다고 전해진다.[20]

이렇듯 1997년 중반에 들어서 급속한 진전을 보인 일북관계의 전망은 11월 8일에 실행된 일본인 처 제1진의 고향방문과 1998년 초에 실현된 일본인 처 제2진의 고향방문으로 더욱 밝아 보였다. 그러나 일본인 처의 방문은 한 시기의 절정을 나타내는 데 그쳤고 후속적인 결과, 예를 들어 수교교섭의 재개와 같은 본격적인 관계개선을 가져오지는 못했다. 여기에는 몇 가지 이유들이 있었다. 예를 들어 일본인 처들의 방일 시 행동이나 귀국 후의 언동이 일본 국민 및 정부를 실망시켰다. 또한 피랍의혹에 대한 일본 국내의 목소리가 커진 가운데, 북한이 약속한 것으로 알려진 공동조사가 실현되지 않았고 북한이 일방적으로 피랍자가 없다는 조사결과를 발표한 것도 또 하나의 이유라고 하겠다. 이러한 가운데 1998년 후반에 발발된 북한의 대포동 미사일 발사사건과 1999년 전반에 발생된 괴선박사건은 일북관계를 더욱 경색되게 만들어 오늘에 이르게 되었다.

---

20) ≪朝日新聞≫, 1997.9.5.

4) 일북정상회담의 예(2002년)

2002년 9월, 고이즈미 수상의 평양 방문으로 역사적인 일북정상회담이 열렸다. 여기서는 부시 미 행정부의 강경한 대북정책하에서 대화와 압박이라는 선택지 중 압박에 좀 더 무게를 실었던 고이즈미 정부가 어떤 생각과 과정으로 북한과의 정상회담을 추진했던 것인지 간략하게나마 검토한다.

다나카에 따르면 2002년의 일북정상회담은 자신이 아주국장으로 취임하고 얼마 지나지 않아 추진되었다고 한다.[21] 흥미로운 점은 다나카 이전의 아주국장들도 일북 간의 정상회담을 추진하려고 했지만 여건이 맞지 않았다는 것이다. 다나카는 여건의 미완숙이라는 차원에서 두 가지를 언급하고 있다. 첫째는 국제정세 및 주변상황이 맞아야 한다는 것으로, 자신이 아주국장으로 취임했을 때는 미국 부시 행정부의 대북강경책이 엄존했지만 한국의 햇볕정책 등으로 여건이 나쁘지 않았다는 것이다. 둘째는 미국의 강경책에도 불구하고 일본이 독자적으로 북한과 접촉을 추진할 수 있었던 데에는 북한의 위협에 대비할 수 있는 사전준비가 진척을 보였다는 것이다. 예를 들어 유사법제의 도입으로 북한의 미사일 위협 등에 위축되지 않고 직면할 수 있는 제도적 준비가 되어 있었다는 설명이다.

다나카의 이러한 언급, 특히 전자의 외교환경의 중요성은 일북정상회담 이전의 일북관계를 검토하면 충분히 긍정할 수 있는 부분이다. 전후의 일북관계는 대체로 1950년대부터 북한과의 가교역할을 해오던 사회당이 일본 정부를 대신해 앞장서왔는데, 그 중심이 정부로 넘어오게 된 것도 한국 정부의 대북정책 변화에 따른 것이기 때문이다. 즉, 1989년 3월, 중의원 예산위원회에서 다케시타 총리가 북한과 관련하여 과거사에 대한 사죄발언과 교섭의향을 밝혔는데, 이는 당시 노태우 정부의 북방정책이 계기가 되었다.

물론 여전히 초기에는 사회당이 중심이 되어 움직였다. 예를 들어 1989년

---

21) 田中均·田原總一朗, 『國家と外交』(講談社, 2005), p. 30.

사회당의 다나베 위원장이 방북했는데 그 자리에서 북한 측은 일본과의 관계개선 의사를 표명했고, 이것이 1990년의 가네마루 자민당 부총재와 다나베 사회당위원장을 공동대표로 하는 방북단의 방북실현을 가져왔다. 동 방북단의 '자민·사회·조선노동당 3당 공동선언'은 너무 앞서 나간 측면 때문에 비판을 받기는 했지만, 북한의 전격적인 국교정상화 요구로 일북 간 국교정상화 협상이 이루어지는 계기가 되었던 것이다. 하지만 1991년부터 2000년 10월까지 총 11차례에 걸쳐 진행된 수교회담은 납치 문제나 북핵 문제 등을 둘러싼 이견으로 결국 좌절되었고, 그 뒤를 이은 것이 정상회담의 개최를 둘러싼 협상이었다.

일북정상회담의 개최가 공식적으로 발표된 것은 2002년 5월의 과장급 회담에서였다.[22] 이후 2002년 7월 브루나이에서 열린 아세안지역안보포럼(ARF)에서 일본과 북한 양국의 외무상이 만나 외무성 국장급 회담의 개최에 합의했다. 이에 따라 2002년 8월 평양에서 열린 국장급 회담에서는 정상회담의 개최가 최종적으로 결정되었고, 이때 관계개선을 희망하는 고이즈미의 친서가 김정일에게 전달된 것으로 알려졌다. 이에 따라 2002년 9월의 역사적인 고이즈미 일본 수상의 평양 방문과 그에 따른 일북정상회담이 이루어졌던 것이다. 그 성과로 작성된 일북평양공동선언은 납치자 문제와 북핵 및 미사일 문제, 그리고 경제 문제와 관련된 사항들을 포함하고 있었다.

---

22) 다나카에 따르면 이러한 공식적인 발표 및 과장급 회담이 있기 전까지 다나카 및 일본 외무성의 아주국은 2001년 9월부터 2002년 5월까지 북한의 소위 말하는 '미스터 X'와 근 30여 차례에 걸친 물밑접촉을 진행했다고 한다. 또한 이러한 접촉사실 및 그 협의내용은 정책결정 라인, 즉 아주국장 이후의 사무차관, 외무대신, 관방장관, 수상의 순으로 보고가 되고 그에 따라 지시가 이루어졌다는 것이다. 그리고 고이즈미 수상이 북한에 가도 좋다는 의사를 분명히 한 것은 2002년 6월경이라고 한다. 田中均·田原總一朗, 『國家と外交』, pp. 25~50.

2. 해방 후 일북관계의 주요변수 및 특징

1) 해방 후 일북관계의 주요변수

위에서 살펴본 바와 같이 해방 후 전개된 일북관계를 보면, 양국관계에는 네 가지 요인들, 즉 국제적 변수, 지역적 변수, 이국 간 변수, 국내적 변수가 영향을 미친 것을 알 수 있다. 국제적 변수란 곧 데탕트와 탈냉전, 북미관계와 같이 북한과 일본 양국의 행위를 규정하는 국제적 차원의 요인들을 의미한다. 이러한 요인들이 일북관계에 중요한 역할을 한다는 것은 1991년의 일북국교정 상화 회담이 북한의 핵 문제 및 북미관계에 의해 그 진전에 장애를 입었다는 점에서도 알 수 있다. 이외에도 1950년대 말의 데탕트 분위기가 북한과 일본 양국의 거리를 좁히는 데 일조를 했다는 점 등 많은 예가 있다.

지역적 변수란 북한과 일본 양국의 행위를 규정하는 국제적 요인 중에서 전 세계적인 차원의 것이 아닌 동북아 지역에서 발생하는 요인을 의미한다. 특히 일북관계에 영향을 미치는 지역적 변수로는 양국의 대한국관계를 들수 있다. 예를 들어 한일 간의 관계정상화가 위기에 봉착한 1950년대에 북한은 대남전략의 차원에서 일본과의 관계 복구를 시도했다. 또한 하시모토 내각에서 일북관계가 소원했던 이유 중 하나는 한국과 보조를 맞추기를 주장하는 한국 정부를 고려한 측면이 있었다. 지역적인 변수를 국제적인 변수에서 독립시키는 이유는 국제정세의 변화에도 일북관계가 각국의 대한관계와 같은 지역적인 요인에 의해 영향 받는다는 것을 고려해야 하기 때문이다.

이국 간의 변수는 양국 간에 해결해야 할 문제들을 말한다. 지난 1991년의 국교정상화 회담에서 제기되었던 4개의 문제들, 즉 기본 문제, 경제 문제, 국제 문제, 기타 문제가 그 예다. 기본 문제에 속했던 청구권의 유무 및 범위나 기타 문제에 속했던 일본인 납치 문제 등에 대한 양국의 입장 차가 적어도 표면적으로는 회담의 진척 및 성패에 영향을 미쳤던 것이다. 또한 최근에 발생한 대포동 발사 문제나 괴선박사건 등도 양국관계에 영향을 미치며 해결해야 할 사항들이다.

국내적 변수란 양국 정부가 관계정상화를 위해 노력하는 데 영향을 미치는 국내적인 요인들을 의미한다. 이에는 일본 국민들의 대북인식, 정부 또는 여당 내의 시각차 및 갈등, 리더십의 유무 등이 포함된다. 하시모토 내각하에서 소원했던 일북관계는 앞서 언급했듯 한국의 입장에 대한 고려도 작용했지만 일본인 납치 등으로 악화된 국내의 대북 이미지나 그러한 이미지를 뒤엎고 강력하게 관계개선을 추진할 리더십이 부재했던 것에도 원인이 있다고 할 수 있는데, 바로 이러한 요인들이 국내적 변수라는 것이다.

2) 일북관계 전개의 특징

해방 후에 전개된 일북관계는 그것이 상기한 네 가지 변수들에 의해 영향을 받는다는 점 외에도 다음과 같은 특징들이 있다. 첫째는 국제적 변수나 지역적 변수의 영향을 전제로 할 경우 일북관계의 주도권을 갖는 측은 북한이라는 점이다. 즉, 일북관계가 개선과 경색의 양방향 중 어느 쪽으로 전개되느냐의 관건은 일본이 아니라 북한이라는 것이다. 1955년 남일의 성명에 의해 일북관 계가 개선의 방향으로 전환된 것이나 1991년의 일북국교정상화회담이 김일성 의 돌연한 제의에 의해 진행될 수 있었던 점 등이 바로 북한의 이니셔티브가 좀 더 크게 작용해왔음을 나타내주는 예다.

둘째는 위의 첫 번째 특징이 최근에 들어 역전되는 듯한 움직임을 보인다는 점이다. 이는 특히 최근 일본 정부의 대북정책이 국민의 대북 이미지를 중시하 여 결코 서두르지 않는다는 점에 기인한다. 예를 들어 1997년 11월에 실현된 일본인 처 제1진의 일본 방문에서처럼 미온적인 반응을 보인 일본 대신 관계개 선의 필요성을 느낀 북한의 양보에 의해 관계 개선이 가능해졌던 것이다. 하지만 1994년의 미사일 발사사건에서처럼 북한의 강공은 일시적으로 일본의 강경한 자세를 유도하면서도, 궁극적으로는 일본으로 하여금 대화의 필요성을 더욱 인식하도록 만드는데, 이러한 상황은 1998년의 대포동 미사일발사 이후 오늘에 이르는 양국관계에서도 나타난다. 이러한 일본의 대처는, 특히 후자의 예는 한국의 포용정책에 영향을 받은 측면도 있지만, 한국과 마찬가지로 일본으로서도 북한이 강공으로 나올 때 거기에 대처할 수 있는 효과적인 수단이 대화 확충 외에 별다른 것이 없다는 점이 작용한다.

세 번째는 일북관계의 개선이 북한의 대남전략을 완화시키는 것은 아니라는 점이다. 예를 들어 1960년 이후의 악화된 일북관계가 북한의 대결적인 대남전략을 가져오기는 했지만, 반대로 호전양상을 보이던 1980년대 말과 1990년대 초의 일북관계가 북한으로 하여금 완화된 대남전략을 가져오지는 않았다는 것이다. 오히려 1995년에 진행된 일북 간의 쌀 협상 이후 얼마 안 되어 남북한 관계는 북한의 잠수정 소동으로 경색되었다. 이러한 점은 일북관계의 진전이 약이 될 수도 있는 동시에 독이 될 수도 있는 양면성에 기인한다. 즉, 체제유지라는 측면에서 급격한 일북관계의 진전 또는 자본주의 물결의 도래는 북한 정권에 짐이 될 수 있으며, 그러한 짐이 대남전략에 반영된다는 것이다.

일북관계의 진전 여부가, 양국이 각각 느끼는 국교정상화의 필요성 정도나 그 과정에서 양국 정부가 지불해야 하는 비용에 대한 정치적 부담감 중 어디에 더 비중을 두느냐에 달려 있다고 하는 것은 위의 네 가지 변수들 중에서도 후자의 두 가지 변수들, 즉 이국 간의 요인과 국내적 요인에 크게 좌우될 것이다. 최근 금창리 사찰에 대해 북미 간에 합의가 이루어져 진행되고 있으며 한국 정부가 햇볕정책을 표방함으로써 일본으로서도 한국을 고려해야 하는 부담감이 줄어들었다. 따라서 일북관계에 영향을 미쳐온 국제적 변수와 지역적 변수의 영향력은 이미 발휘되어 있거나 현저히 저하된 상태라고 볼 수 있다.

II. 일북수교교섭 전망: 제1회 포괄병행협의의 시사점

납치 문제 등으로 한동안 소원했던 일북관계는 2005년 11월의 접촉을 시작으로 다시금 활성화되었고, 2006년 2월 4일에는 종전에 없었던 '포괄병행협의'라고 하는 새로운 형식의 협의과정을 실행했다. 2월 8일에 막을 내린 5일간의 협의과정은 비록 새로운 결과를 가져왔다거나 기대 이상의 성과를 거두지는 못했지만, 양국 간에 산재한 문제들을 포괄적으로 거론하고 협의할 수 있는 형식을 찾았고, 따라서 앞으로도 이러한 회의가 진행될 수 있는 가능성을 열었다는 점에서 큰 의의를 갖는다.

여기서는 지금까지 일북관계, 특히 일북 간의 수교교섭 과정에 비추어 이번 회의에서 나타난 연속성과 특수성을 고찰하고, 이를 기초로 앞으로의 일북수교교섭에 대해서 어떠한 시사점이 제시되는지 검토하고자 한다. 이를 위해 이 글은 크게 세 부분으로 구성된다. 첫 번째 부분은 도입부로, 이번 포괄병행협의에 대해 간략히 정리하는 부분이다. 두 번째 부분은 이번 회의가 가지는 의미를 검토하기 위하여 해방 후의 일북관계사를 간략히 정리함으로써 일북관계에 영향을 미치는 변수들과 그 특징을 제시하는 것이다. 여기서의 해방 후 관계사는 정상회담를 중심으로 두 시기로 나뉘어 검토된다. 이는 정상회담의 성립배경 및 내용이 이전과는 다르다고 생각되기 때문이다. 세 번째 부분은 포괄병행회의의 진행상황 및 협의내용이 그 이전과 비교하여 나타내는 연속성과 변화를 기초로 향후 일북관계 및 일북수교교섭이 어떻게 전개될 것인지를 간략히 검토하는 것이다.

1. 포괄병행협의의 과정 및 협의내용

북한과 일본 양국정부에 의한 포괄병행협의가 2006년 2월 4일부터 8일까지

5일간의 일정으로 북경에서 개최되었다. 첫째 날인 2월 4일의 전체회의에서는 각국의 주된 관심사가 표명되었다. 일본 측 단장인 하라구치(原口幸市) 일조국 교정상화 교섭 담당대사는 "납치 문제는 매우 중요하다. 이것이 해결되지 않으면 국교정상화는 어렵다"는 종전의 일본입장을 밝혔고, 북한 측 단장인 송일호 외무성대사는 납치 문제에 대하여 "여러 가지 할 말이 있다"면서도 자신들의 주된 관심사는 과거청산을 포함한 국교정상화문제임을 밝혔다.[23] 이는 곧 이번 회의가 어떤 이유에서 개최되었는지를 제시하는 것이기도 하다. 즉, 일본 측은 자국 내에서 가장 문제시되고 있는 납치 문제를 해결하기 위해 북한과의 만남이 필요했던 것이고, 북한은 자국의 경제난 등을 해결할 수 있는 국교정상화 문제를 한시라도 빨리 타결하기 위해 일본과의 만남이 필요했다는 것이다.

둘째 날인 2월 5일의 회의에서는 일본 측의 관심사인 납치 문제에 대한 논의가 진행되었다. 일본 측에서는 우메다(梅田邦夫) 일본 외무성아시아대양주국 참사관 등이 참석하여 "납치 문제의 해결은 국교정상화에서 아주 중요하다"며, 이것이 해결되지 않는 한 국교정상화의 실현은 없다는 종래의 일본 입장을 확인했다. 이와 관련하여 일본은 다음과 같은 세 가지 요구를 북한 측에 전달한 것으로 알려졌다. 첫째는 생존하는 피랍피해자 전원의 귀국이고, 둘째는 납치 경위에 대한 진상 규명이다. 일본 정부가 납치피해자로 인정하고 있는 요코다(橫田)와 아리모토(有田惠子) 등 총 11명의 조기귀국을 요청했으며, 그들이 어떠한 경위로 납치되었는지에 대해서 설명할 것을 요구한 것이다.

셋째는 납치에 관여한 것으로 알려진 북한 공작원 등의 신변양도이다. 일본 정부는 시무라(地村保志) 씨와 요코다 씨 등의 납치에 용의자 신광수가, 구메(久米裕) 씨의 납치에 용의자 김세호가, 그리고 아리모토 씨의 납치에 용의자 우오모토가 관여된 것으로 파악하고, 이들의 신변양도를 요청했다. 또한 요도

---

23) 이하에서 제시하는 제1회 포괄병행협의의 과정은 다음의 자료를 참고하며, 별도로 표기하지 않음. ≪朝日新聞≫, 2006.2.4~8.

호의 하이재킹범인 고니시(小西隆裕), 와카바야시(若林盛亮), 아카키(赤木志郎) 등과 이시오카(石岡亨)와 마쓰모토(松木薰)의 납치경위에 대해서 알고 있는 것으로 알려진 와카바야시 용의자의 처인 사키코(佐喜子)와 모리(森順子) 용의자들에 대한 신병양도도 요청한 것으로 알려졌다.

이에 더하여 일본 측은 일본 정부가 인정하는 납치피해자 외에도 납치의 의혹이 짙은 약 40명의 '특정실종자'에 대한 안보정보도 제공해줄 것을 요구한 것으로 알려졌다. 또한 1970년대 태국에서 발생한 태국인 납치사건에 대해서도 북한이 관여한 의혹이 있다고 해서 그에 대한 정보도 요청했다고 한다.

그러나 북한 측의 답변은 이러한 일본 측의 요구에 제대로 대응한 것이 아니라고 알려졌다. 북한 측 대표로 출석한 김철호 북한 외무성 아시아국부국장은 협의 후에 가진 기자회견에서 "납치해결에 대한 견해와 입장에 여전히 커다란 차이가 있다"면서, "우리는 요코다 메구미 씨의 유골감정 결과에 대한 우리들의 입장을 전달했다"고 전했던 것이다. 이에 더하여 김 부국장은 구체적인 이름을 밝히지는 않았지만 "우리도 일본으로부터 양도받을 범죄자가 있다"는 점을 제시했다. 따라서 납치 문제와 관련된 5일의 회의는 별다른 성과 없이 서로의 아젠다를 상대방에게 제시한 차원에서 끝을 맺었다고 할 수 있다.

셋째 날인 6일의 회의에서는 북한 측의 관심사인 국교정상화 교섭에 대한 논의가 진행되었다. 2002년 10월의 제12회 회의 이후 근 3년 반 만에 개최된 제13회 국교정상화 교섭이었지만, 이 논의 역시 일본의 식민지 지배 등과 연관된 '과거청산' 방식에 대한 양국의 입장이 개진되는 선에서 그쳤다. 이러한 상황은 교섭에 들어가기 전에 양국 대표가 기자들에게 밝힌 입장에서 이미 예고된 것이라고 할 수 있다. 즉, 송일호 북한 측 대사는 "과거청산은 역사적·도덕적으로 필히 해결해야만 하는 문제다. 오늘 일본 측이 이러한 역사적 잔재를 청산할 의사가 있는지 없는지를 확인할 것으로 생각한다. 일본의 경제협력 문제, 재일조선인 지위 문제, 문화재 반환 문제가 논의될 것으로 믿는다"고 밝힘으로써 국교정상화 교섭에서 과거청산을 중심으로 다양한 안건들을 해결하고자 하는 목표가 있음을 시사했던 것이다.

반면에 하라구치 일본 측 대사는 "경제협력방식으로 쌍방의 공통인식을 확립한다는 목표다. 과거청산은 상대방이 강하게 기대하고 있지만, 이는 국교 정상화의 틀 내에서만 가능한 것이며 국교정상화는 납치 문제 등의 해결이 없이는 어렵다"는 입장을 밝혔다. 국교정상화를 위한 전제로 납치 문제의 해결이 필요하고, 경제협력을 중심으로 과거청산 문제를 해결한다는 입장을 시사했던 것이다. 즉, 북한과 일본 사이에는 국교정상화를 위한 전제 및 방식의 내용과 폭이 매우 다름이 확연히 나타났던 것이다.

양측의 이와 같은 입장은 교섭 중에도 그대로 나타난 것으로 알려졌다. 먼저 북한 측은 교섭이 진행되는 동안 위에서 제시된 세 가지 사항을 요청한 것으로 알려졌다. 즉, 식민지 지배에 대한 일본의 사죄, 과거청산으로서의 보상, 그리고 재일조선인의 법적지위 개선이 그것이다. 이에 대해 일본 측은 2002년의 공동선언 내용을 중심으로 응한 것으로 알려졌다. 즉, 사죄와 관련해 서는 2002년의 공동선언에서 이미 "통절한 반성과 마음으로부터의 사죄를 표명했다"는 점을 제시했고, 식민지 지배시대에 발생한 손해 등과 관련된 과거청산에 대해서는 무상자금협력이나 저금리의 장기차관공여, 국제기구를 통한 인도주의적 지원 등과 같은 경제협력 방식이 "해결의 유일하고도 현실적 인 방식"이라고 답했다고 한다.

이에 대해 북한 측의 송 대사는 경제협력 그 자체를 부정하지는 않았지만, "그 방식만으로는 안 된다. 다양한 예외적인 문제가 발생할 가능성이 있다"면 서 경제협력 이외의 '보상'이 필요하다는 인식을 드러냈다고 한다. 또한 재일조 선인의 법적지위 개선 및 문화재의 반환에 대한 요구와 더불어, 송 대사는 협의 이후에 정리회수기구(RCC)의 부당성 문제를 제기한 것으로 알려졌다. 이는 RCC가 파산된 재일조선인계신용조합으로부터 인계된 불량채권을 재일 조선인총연합회(조총련)에 대한 대출금으로 인식하여 조총련 등에 반환할 것을 요구했던 사안을 지적한 것이다. 북한 측의 이러한 두 가지 주장은 북한 측이 국교정상화 및 그 협의과정을 통해 자금의 유입을 절실히 필요로 하고 있음을 보여주는 예다.

넷째 날인 7일의 회의에서는 안정보장 문제와 함께, 납치 문제가 다시금 논의되었다. 오전 중의 회의에서 논의된 안정보장 문제와 연관해서 일본 측은 북한의 무조건적이고도 조속한 6자회담 복귀를 촉구했다. 이에 대해 북한 측은 6자회담의 중요성을 인정하면서도, 복귀를 위해서는 미국이 자금세탁 문제와 연관하여 추진하고 있는 금융제재조치가 해제되어야 한다는 종전의 주장을 반복했다고 전해진다.

오후에는 납치 문제와 관련한 제2차 협의가 진행되었다. 일본 측은 둘째 날에 제시한 세 가지 사항을 재차 제시하면서, 경제제재를 요구하는 목소리가 강하여 "이대로 간다면 엄중한 조치가 강구될 가능성이 점점 더 커진다"며 일본 국내의 사정을 전달한 것으로 알려졌다. 그러나 북한 측은 오히려 요코다 씨의 유골이라고 알려진 것에서 다른 사람의 DNA가 검출되었다는 일본의 검정결과에 대해서 해명을 요구하고, 가짜라고 주장하면 유족에게 반환해야 한다고 주장했다.

북한 측은 이에 더하여 탈북자지원 등으로 북한의 민주화를 지원하는 시민 단체(RENK: 구하자! 북한의 민중/긴급행동네크워크)의 대표 이영화와 북한난민구 원기금의 가토(加藤博) 사무국장 등 7명에 대해 북한주민을 납치하고 유괴했다 고 주장하면서 자국의 형법을 위반한 혐의로 일본 측에 이들의 신변양도를 요구했던 것으로 전해졌다. 이와 같은 대립적인 견해로 두 번째 회의도 별다른 성과를 거두지 못했는데, 이는 양측 대표의 기자회견에서도 나타난다. 우메다 참사관은 협의 후 기자단에게 "북한으로부터 납득할 만한 답이 없었다. 매우 유감"이라는 입장을 밝혔고, 김 부국장도 "납치 문제와 관련하여 일북 사이에 견해 차이가 매우 크다는 것을 확인할 수 있었다"고 말했다.

닷새째인 8일의 회의는 마무리를 위한 전체회의로 진행되었다. 40분 만에 끝난 것에서도 알 수 있듯이, 이 회의는 이제까지의 협의가 대립적인 견해 차이를 좁힐 수 있는 접점을 찾지 못했기에 기존의 입장이 개진되는 정도로 간략히 끝을 맺었다. 유일한 성과는 이러한 방식의 협의를 앞으로도 계속한다 는 데 양측이 의견을 같이했다는 점이라고 하겠다.

2. 일북정상회담 이후의 전개양상 및 특징

해방 후의 일북관계는 다양한 요인들에 의해 많은 변화를 겪었는데, 이 중에서도 1990년대 초의 수교교섭 실시와 2002년의 정상회담 실시가 가장 중요한 사건으로 꼽힌다. 이 절에서는 지난 2006년 2월의 포괄병행협의가 지니는 의의를 검토하기 위해 우선 정상회담 이전의 일북관계에 영향을 미친 변수들 및 그에 따라 주요하게 제시되는 특징들을 정리한다.

1) 정상회담과 공동선언문[24]

2002년 9월 17일 역사적인 일북정상회담이 개최되었다. 1991년 1월에 제1회 일북국교정상화 교섭이 시작된 지 11년만의 일이기에 결코 놀랍기만 한 것은 아니었다. 하지만 이제까지 교섭의 장에서 노정된 각종 이슈에 대한 양국 간의 의견 차이가 너무도 현격했기에 정상회담의 개최는 요원한 것으로 보였고 따라서 놀라움으로 다가온 것이 사실이다.

일본은 정상회담 발표 전까지만 해도 납치 문제나 미사일 문제, 그리고 괴선박(불심선) 문제 등에 대해 강경한 입장을 취했다. 이는 일본이 결코 일북수교교섭에 대해 서두를 필요가 없고, 다급한 것은 북한이라는 견해에서 비롯된 것이다. 반면에 북한 역시 수교 교섭의 타결에 따른 경제원조 등의 필요성은 있으나, 그것을 위해 과거사(사과) 문제 및 납치 문제에서 양보한다는 것은 국가적 자존심을 침해당하는 것으로 불가능하다는 입장이었다. 이처럼 각자 입장후퇴가 결코 용이한 것이 아니었기에 정상회담 개최의 성사는 갑작스럽고도 놀라운 것으로 받아들여졌던 것이다. 또한 그만큼 정상회담 개최의 성사는 각자 입장의 후퇴를 전제로 한 것이기에 많은 기대를 모으기도 했다.

---

24) 정상회담의 내용 및 공동선언문은 일본 외무성 홈페이지, www.mofa.go.jp/mofaj/area/ n-korea/add/index.html에서 참조함. 이에 따라 별도로 언급하지 않음.

2002년 9월 17일 오전과 오후에 걸쳐 진행된 정상회담의 결과 발표된 공동선언문의 내용은 다음 네 부분으로 구성되었다. 첫째는 양국이 "국교정상화를 빠른 시일 내에 실현키 위해 모든 노력을 기울일 것"이며, 이를 위해서 "2002년 10월 중에 일북 국교정상화 회담을 재개"한다는 내용이다.

둘째는 과거사 문제 및 그와 연관된 보상 문제와 관련된 부분으로, 먼저 일본은 과거 식민지 지배에 대해 "통절한 반성과 마음속으로부터의 사죄의 뜻"을 표명했고, 이에 따라 일본이 북한 측에 대해 "국교정상화 후 쌍방이 적절하다고 간주하는 기간에 걸쳐" "인도주의적 지원 등의 경제협력"을 실시한다는 것에 인식을 같이했다. 특히 후자와 연관해서는 "1945년 8월 15일 이전에 발생한 과거사"에 대해 양국 인민의 모든 재산 및 청구권을 상호 포기한다는 기본원칙에 따라 앞으로의 회담에서 구체적으로 협의하기로 했다. 또한 재일조선인들의 지위 문제와 문화재 문제에 대해서도 수교교섭의 자리에서 성실히 협의키로 했다.

셋째는 납치 문제 및 괴선박(불심선) 문제와 연관된 부분으로, 납치라는 구체적인 용어가 사용되지는 않았지만 양국은 "국제법을 준수하며 서로의 안전을 위협하는 행동을 하지 않겠다는 것을 확인"했다. 이에 따라 북한은 "일본 국민의 생명 및 안전과 관련된 현안 문제"에 대해 양국의 비정상적인 관계 속에서 발생한 이러한 유감스런 문제가 "앞으로 다시 발생하지 않도록 적절한 조치를 취할 것을 확인"했다.

넷째는 핵 문제와 미사일 문제에 대해 언급한 부분으로, 양국은 동북아 지역의 평화와 안정을 유지 강화하기 위하여 상호 협력해나갈 것을 확인하며, 유관국들 간의 상호신뢰에 기초한 협력관계의 구축과 신뢰조성을 도모해나가는 것이 중요하다는 데 인식을 같이했다. 또한 한반도 핵 문제의 포괄적인 해결을 위해 모든 국제적 합의들을 준수할 것과 핵 및 미사일 문제를 포함한 안보상의 제 문제와 관련된 해결에서 유관국들 사이의 대화 촉진이 필요함을 확인했다. 이러한 정신에 입각, 북한은 2003년 이후에도 미사일 발사의 보류를 더 연장할 의향을 표명했다.

정상 간의 회담에서는 양국 간의 쟁점에 대한 보다 구체적인 언급이 오고 갔던 것으로 알려졌다. 먼저 납치 문제와 관련해서는 정상회담 전에 전달된 피랍자의 소식에 충격을 받았고 이에 항의한다는 고이즈미 수상의 발언이 있었다고 한다. 이에 대해 김정일 국방위원장은 일부 특수기관이 망동주의 혹은 영웅주의의 발로에서 일본어 학습과 일본인 신분의 사용을 위해 자행한 사건이라는 설명과 함께, 유감과 솔직한 사과를 표명하고, 앞으로는 그런 일이 없을 것이라고 화답했다고 한다.

괴선박(불심선)의 경우도 역시 특수부대에 의한 일이지만 앞으로는 그런 일이 없을 것이라는 김정일 국방위원장의 확언이 있었다. 고이즈미 수상은 북한 측이 핵의혹과 관련, 국제적 합의를 지킬 것과 미사일 문제와 연관해 2003년 이후에도 미사일발사 모라토리엄을 계속할 것을 밝혀야 한다고 요구했다. 이에 대해 김정일 국방위원장은 경수로의 건설이 지연되는 것이 핵 관련 문제의 핵심사항이며, 미사일 문제와 관련해서는 일본의 우려를 충분히 이해하고, 일북관계가 순조롭게 진행된다면 해결될 것이라는 입장을 밝혔다. 동북 아시아의 평화 및 안정이나 동 지역의 신뢰육성과 연관해서는 북한이 미국이나 한국과 대화해야 한다는 고이즈미 수상의 요구가 있었고, 이에 대해 북한은 대화에 참여할 용의가 있다는 김정일 위원장의 입장표명이 있었다.

과거사 인식과 연관해서는 고이즈미 수상이 "식민지배로 조선 사람들에게 다대한 손해와 고통을 안겨주었다는 역사적 사실을 겸허히 받아들이며 통절한 반성과 마음으로부터의 사죄를 표명한다"고 언급했다. 또한 "대국적 견지에서 재산과 청구권을 상호 방기하는 대신에 국교정상화 이후에 경제협력을 실시하자"고 제안했다. 이에 대해 김정일 위원장은 보상 문제와 연관해서는 자신도 대국적으로 판단할 용의가 있고 일본식 방식을 따를 것임을 밝히면서 성실한 협의를 기대한다고 발언한 것으로 알려졌다.

이상에서 정상회담의 결과에 대해 간략히 검토했는데, 납치사건의 인정 등이 나타난 회담결과는 결국 일본 측에 일정한 정도의 성과를 가져왔다고 평가할 수 있을 것이다. 다음 절에서 살펴보겠지만, 이후의 교섭이 납치자 문제를 중심으로 이루어지는 것도 이러한 성과에 기초했다고 볼 수 있다.

2) 정상회담 이후의 전개양상[25]

정상회담 이후 일북 간의 수교교섭은 납치 문제를 중심으로 진행되었다고 해도 과언이 아니다. 이는 정상회담에 이어서 곧 납치 문제와 관련한 일본의 사실조사단이 구성되어 현지조사에 들어가고, 이러한 진척에 따라 제12회 일북국교정상화 교섭이 실시된 것에서도 알 수 있다. 또한 어렵사리 개최된 수교교섭에서도 북핵 문제 등과 함께 납치 문제가 주요 내용으로 다루어졌다는 점 역시 이러한 측면을 감지하게 한다.

흥미로운 것은 납치 문제와 핵 문제를 위시한 안보 문제를 최우선 과제로 협의하자는 일본 측 주장에 대한 북한 측의 반응이다. 북한은 국교정상화 교섭에서는 정상화 자체가 중요하고, 경제협력이 중심적인 과제라는 입장을 표명하면서도 평양선언에 따라 현안문제를 해결할 필요성이 있다는 점에 대해 이해를 나타냈던 것이다. 이에 따라 일본 측은 2002년 10월 15일에 귀국한 납치생존자 5명의 가족에 대해서 북한 측의 전향적인 대응을 강력하게 요구했으나, 북한 측은 가족들에 대해서는 걱정할 필요가 없고 납치 문제를 원만히 해결하려는 입장을 보이면서도 귀국일정에 대해서는 확답하지 않았다.

또한 북핵 문제 등의 안보 관련 사항에 대해서는 일본 측으로부터 농축우라늄에 대한 우려가 표명되었다. 즉, 한·미·일 3국 정상회담에서 언급된 바와 같이 농축우라늄프로그램이 평양선언에서 약속된 '국제적 합의의 존수'에 위배된다고 강력하게 비판하고, 프로그램 내용을 명확히 하며, 해결을 위한 구체적 조치를 밝히고 즉시 폐기할 것과 시설동결 등의 조치를 실행할 것을 요구했다. 이에 대해 북한 측은 북핵 문제 등은 미국의 대북적대시정책이 문제의

---

25) 본 절의 정상회담 이후에 전개된 양상에 대해서는 아사히신문 각 일자 및 일본 외무성 홈페이지사이트를 기초로 하여 재구성한 것임.

근원이라는 입장을 피력하면서, 일본 측의 우려에 대해서는 알고 있지만 궁극적으로는 미국과의 협의 속에서 해결이 가능하다는 입장을 밝혔다.

제12회 수교교섭의 한 가지 특징은 상기한 바와 같이 북핵 문제와 같은 안보 문제와 관련해 궁극적으로 미북 간의 문제라는 북한 측의 입장에도 불구하고, 북한이 일본과의 안전보장협의를 개최한다는 데 합의했다는 점이다. 이 회의는 당초 11월 중에 진행할 예정이었으나, 켈리 미국무부차관보의 방북에 의해 북핵 문제에 대한 새로운 상황이 전개되어 개최되지 못하고 현재에도 별다른 진전이 없는 것으로 보인다.

이에 따라 이후의 일북수교교섭은 납치자 문제로 초점이 완전히 옮겨갔다고 해도 과언이 아닐 정도가 되었다. 2004년 2월에 개최된 양국 간의 고위급회의를 시작으로, 5월의 제2차 일북정상회담이나 세 차례에 걸친 일북실무자협의에서도 납치자 문제가 최우선과제였다. 고위급회의에서 일본은 종전과 같이 납치피해자 가족의 무조건적인 귀국과 행불피해자에 대한 진상규명을 요구했고, 이에 대해 북한은 일본의 「외환법」 개정은 힘으로 압박하려는 것이라고 강력히 반발함과 더불어 납치 문제와 관련해서는 5명의 일본 방문자들을 북한으로 귀환시키는 것이 선결이라고 맞섰다.

고이즈미 수상의 제2차 방북은 이러한 대치국면을 일시적으로 타결한 것이었다. 납치자 가족과 함께 방북에서 돌아온 고이즈미 수상은 행불자에 대해서 철저한 재조사를 요구했고, 핵 문제와 관련해서는 완전한 폐기가 불가결하다는 입장을 전달하는 등 평양선언의 이행을 촉구했으며, 이에 대해 김정일 위원장의 전향적인 언급이 있었다고 밝혔다. 이어서 2004년도 후반기에 개최된 세 차례의 실무자협의는 행불피해자들에 대한 파악이 주안점이었다. 8월과 9월, 북경에서 개최된 1차, 2차 실무자협의에서는 북한의 조사상황에 대한 설명이 이루어졌으나 별다른 증거의 제시는 없었고, 이에 따라 평양에서 열린 11월의 제3회 실무자협의에서는 북한 조사위원장과의 협의는 물론 증인들의 발언을 직접 들어볼 수 있는 기회가 주어지게 되었다.

또한 제3회 실무자협의에서는 요코다 메구미 씨의 유골이라는 것이 전달되었다. 하지만 이러한 진척은 해결에 서광을 비춘 것이 아니라, 불신의 수렁을 더욱 깊게 만들었다. 요코다 메구미 씨의 유골이라고 건네진 것이 본인이 아닌 다른 사람의 것이라는 유골의 진위 논란이 제기되었기 때문이다. 이후 2005년 11월에 심의관급 협의가 재개되기까지 1년여 동안 일북 간의 수교교섭은 별다른 진전을 보지 못한 채 답보상태에 머물렀다. 6자회담의 진전에 따라 11월 북경에서 심의관급 회의가 개최되었으나 별다른 성과 없이 협의를 계속한다는 정도의 합의만이 이루어졌고, 12월로 예정된 회의도 심양에서의 비공식 접촉으로 막을 내렸다.

3) 정상회담 이후의 연속성 및 변화

앞서도 언급한 바와 같이 1991년 1월의 제1차 일북국교정상화 교섭 이후 11년 만인, 2002년 9월 17일에 개최된 일북정상회담은 갑작스럽고 놀랍다는 표현이 어색하지 않을 정도의 사건이었다. 그러나 납치 문제가 인정되고 조속한 시일 내의 국교정상화를 위해 최대한 노력한다는 내용 등이 담긴 정상회담 이후의 공동성명에도 불구하고, 그 이후의 전개양상은 탈냉전기하의 국제질서에 새로운 국면을 몰고 온 9·11 사태 등의 영향에 의해 앞서 언급한 네 가지 특징들이 여전히 유효함을 보여준다.

먼저 첫 번째 특징, 즉 일북관계의 진전이 북한의 태도에 달려 있다는 점이 여전히 유효하다는 것이다. 이는 북한체제의 특성상 그리고 북한에 대한 정보의 부족 등에 의한 것이라고 하겠는데, 2002년 9월의 정상회담이 갑작스럽게 성사된 것이나 그 회담에서 납치사건이 획기적으로 인정되는 등의 결과가 나온 것이 그 증거다. 그럼에도 일본 또한 결과물을 좌우할 수 있는 힘이 있다는 것 역시 보여주었다. 즉, 두 번째 특징 역시 여전히 유효하다는 것인데, 이는 김정일의 획기적인 납치사건 인정에도 불구하고 일본이 북한에게 크게 제공한 것은 없다는 데서 알 수 있다. 최근의 왕래에서 상대적으로 이득을 보는 것은 일본이라고 생각되는데, 이는 북한 및 북한과의 교류를 계기로

<표 6-1> 일북 간 접촉 일지: 정상회담 이후

일북관계		국제정세	
일자	일북 간 접촉 및 그 내용	일자	동북아 및 세계정세
2002년도			
9.17~18	일북정상회담: 공동선언 발표	10.6	켈리 미 국무부 차관보 방북/결과를 일본에 통보
9.28~10.1	납치 문제 관련 사실조사 실시	10.27	APEC정상회의/한미일정상회담; 북한 관련 APEC정상성명
10.2	납치 관련 현지사실조사 결과 발표	11.5	ASEAN+3정상회의/한·중·일 정상회담
10.15	납치자 5명 귀국	11.11	한일외상회담
10.28	일본 정부, 일북국교정상화 교섭 기본방침 발표	12.9	아미티지 미 국무부 장관 방일
10.29~30	제12회 일북국교정상화 교섭 실시	12.16	미일2+2개최; 공동발표문
2003년도			
		1.7.	한·미·일 3국조정그룹(TCOG)회의; 합동프레스발표
		2.22	파월 미 국무부 장관 방일
		2.25	고이즈미 수상의 방한; 한일정상회담
		4.26~5.2	고이즈미 수상의 유럽방문
		6.13	TCOG회의; 공동프레스 발표
		7.28	미일정상전화회담
		8.22	일본 가와구치 외상 방한; 한일외상회담
		8.27~29	제1회 6자회담
		10.7	한·중·일 수뇌회의; 협력촉진에 관한 공동선언 발표
		10.8	일본과 ASEAN제국 회의; 포괄적 경제연대 발표
2004년도			
2.11~14	일북고위급회의	3.1	제2회 6자회담
5.22	제2차 일북정상회담		
7.18	소가 히토미 씨 가족 귀국	6.26~27	제3회 6자회담
8.11~12	제1회 일북실무자협의; 북경에서, 행불자 재조사에 대한 북한 보고		
9.25~26	제2회 일북실무자협의; 북경에서		
11.9~14	제3회 일북실무자협의; 평양에서; 북한, 요코다 메구미 씨 유골 제공		
12.8	일본 정부, 요코다 씨 유골이 다른 사람의 것이라고 발표		
12.25	일본 정부, 북한의 신속 대응 촉구		

2005년도			
1.26	북한, 일본 측 감정결과가 날조라는 비망록 전달	2.10	북한 외무성, 핵무기보유 및 6자회담 참가 무기한 중단 표명
2.10	일본 정부, 북한 측의 비망록에 대해 반론 제기	5.11.	북한, 실험용흑연감속노로부터 8,000개의 연료봉 추출 발표
3.1.	일본 정부, 선박유탁손해배상보장법 시행; 보험미가입 선박의 입항을 금지하는 법	6.1.	6자회담의 미일대표, 북한이 협의에 복귀하면 유연대응에 합의
11.3~4	일북 정부 간 교섭; 북경에서 심의관급으로 진행; '납치 문제'와 '과거사 청산' 중심으로	7.26~27	제4회 6자회담; 9.13~19, 제2차 회의 속개
12.6.	일본 정부, 사이카 전 노르웨이대사를 인권담당대사에 임명	11.9~11	제5회 6자회담
12.15.	일북 간의 비공식접촉; 심양에서; 북한 측, 협의계속의 중요성 언급	11.14	부산APEC/한일외상회담
		11.18.	유엔총회, 북한의 인권상황을 비난하는 결의안 채택

납치자 문제나 군사력 증강 등과 같은 전후 일본의 숙원사업을 하나둘 해결해 나가는 데서 알 수 있다.

한국의 입장이 일북관계의 진전에 걸림돌이 되지 않는다는 점 역시 여전히 유효하다. 이는 노무현 정부가 김대중 정부와 연속성을 갖기 때문이기도 하지만, 대북포용이라는 정책적 대전환에 대해 국민적 공감대가 한국 내에 형성되었기 때문이다. 현재 한국 국내에서 진행되는 이견은 완급의 차이 정도다. 일북관계의 진전이 북한의 대남전략이나 남북관계의 진전에 큰 도움을 가져오지 않는다는 점 역시 여전히 유효하다. 즉, 그동안 진행된 두 차례에 걸친 고이즈미 일본 수상의 방북이나 납치자 문제에 의한 일북관계의 파국은 공히 남북관계나 북한의 대남전략에 별다른 변화를 가져오지 않았다는 것이다.

그러나 정상회담 및 그 이후의 전개가 제시하는 제일 두드러진 측면은 일북관계에서 미북관계와 같은 국제적 변수의 영향력 또는 규정력이 여전히 크다는 점이다. 이는 무엇보다도 정상회담으로 화해국면이 조성되었던 일북관계가 북핵 문제의 새로운 국면 전개에 지장을 받았다는 것에서도 알 수 있다. 즉, <표 6-1>에서 보는 바와 같이 정상회담에도 불구하고 미북 간의 긴장 고조로

인하여 2003년은 물론 제3회 6자회담이 개최된 이후인 2004년 후반기부터 2005년 전반기까지의 기간 중에도 별다른 접촉이 없었던 것이다.

상기한 측면들이 일북관계의 연속성을 나타낸 것이라면, 정상회담 이후의 과정은 다음과 같은 세 가지 측면에서 변화가 나타남을 보여준다. 첫째는 이미 앞서도 언급한 바와 같이 일북수교교섭의 주요 대상이 납치자 문제라고 하는 양국 간의 과제로 좁혀졌다는 점이다. 물론 정상회담의 결과에서도 보듯이 양국 간의 논의대상은 납치자 문제에 국한된 것은 아니다. 북핵 문제, 괴선박 문제, 채권미지불 문제 등 다양한 과제들이 협의의 대상이 되고는 있지만 교섭의 진전을 좌우할 정도의 심각성으로 부각되지는 않고 있다.

이는 일북관계 및 수교교섭이 지금까지 그래왔던 것처럼 북핵 문제의 진전에 기본적으로는 영향은 받겠지만, 그럼에도 납치자 문제의 해결을 추구하는 일본의 노력에 의해 교섭은 간헐적이나마 지속적으로 추구되고 진행될 가능성이 높다는 것을 뜻한다. 북한 역시 「외환법」 개정이나 「선박유탁손해배상보장법」의 경우에서와 같은 일본의 강경한 자세가 경제적으로 결코 바람직하지 않기 때문에 일본이 요구하는 교섭을 적절히 유지해나갈 것으로 생각된다. 정상회담 이후 지난 3년간의 과정이 이러한 측면을 잘 보여준다.

둘째는 북한의 태도 변화다. 정상회담 이전만 해도 북한에게 수교교섭은 핵 문제를 둘러싼 미북 간의 협의에 따른 부차적인 것이었다고 해도 과언이 아니다. 그러나 이러한 북한의 관점은 처음부터 그랬던 것은 아니었다. 즉, 김일성의 전격적인 제의로 일북수교교섭이 시작되었던 것에서도 알 수 있듯이 1990년대 초만 하더라도 북한에게 일본은 미국과 거의 동일하게 중요한 대상이었는데, 1990년대 초 일본과의 수교교섭이 북핵 문제 또는 미국에 의해 좌절되자 교섭의 우선순위가 일본보다는 미국으로 확실하게 옮겨졌다는 것이다.

이러한 전환이 최근 들어 다시금 조정되는 듯한데, 이는 납치자 문제를 전격적으로 인정한 정상회담에서 그 가능성을 엿볼 수 있다고 생각된다. 핵 문제 등이 기본적으로는 미국과의 협의대상이라고 하면서도 수교교섭의 의제로 인정한 북한의 변화된 태도도 이러한 전환의 가능성을 시사하는 대목이다.

여기에는 다양한 이유가 자리 잡고 있겠지만, 무엇보다도 미국과의 협의가 지지부진하자 일본의 경제적 역할이 다시금 부상되었기 때문으로 해석된다.

셋째는 수교교섭에서 정치가의 역할이 다시금 부각되었다는 점이다. 1990년대 초의 일북수교교섭을 가능하게 했던 가네마루 전 자민당 부총재의 방북이나 1990년대 중반의 교섭을 이끌어냈던 와타나베 전 자민당의원의 방북 등과 같은 사건들을 최근에는 찾아볼 수 없었다. 이는 무엇보다도 납치자 문제로 일북수교교섭이 국내적으로 민감한 사안이 되었기 때문인데, 이에 더하여 자민당 정치의 변화로 이러한 장애를 극복할 만한 거물정치가가 부재하기 때문이기도 하다.

이러한 사정은 고이즈미 수상의 등장으로 새로운 가능성을 갖게 되었다. 고이즈미 수상은 국민적 인기만을 내세우는 포퓰리스트적인 정치가인 것만이 아니라, 필요한 일에 대해서는 돌아가지 않고 직선적으로 대응하는 적극성을 보이고 있다. 그러한 측면이 국민적 인기를 끄는 요인이 된 것인데, 이러한 측면은 외교안보적 차원에서 좀 더 분명히 나타난다. 야스쿠니 신사 참배나 납치자 문제 해결을 위한 전격 방북 등이 그 예인데, 이는 앞으로의 수교교섭에서 장애요인으로 작용하리라고 생각했던 큰 정치가의 부재라는 측면을 보완하는 긍정적 요인이라고 생각된다.

3. 제1차 포괄병행협의 과정상의 특징 및 시사점

상기한 포괄병행협의의 과정 및 내용은 이제까지의 협의과정과 비교할 때 다음과 같은 네 가지 특징을 지닌 것으로 정리할 수 있다. 첫째는 바쁜 일정 중에서도 이틀에 걸쳐 협의했다는 점에서도 알 수 있듯이 납치 문제가 협의의 중점주제였다는 점이다. 이는 정상회담 이후 일본 정부가 북한과의 접촉을 유도했던 주요 요인이었기에 이전과의 연속성을 나타내는 측면이라고 할 수 있다. 이는 수교교섭 시작 이후의 협의에서 일본의 위치가 점차 강화된다는 앞의 주장을 뒷받침하는 것이기도 하다.

둘째는 협의에 있어 납치 문제의 중요성이 점점 더 강화되는 것과는 반대로, 안전보장 문제는 크게 다루어지지 않았다는 점이다. 이는 이틀, 정확히는 1.5일에 걸쳐 논의된 납치 문제와는 달리, 안보 문제는 반나절 정도로 그친 데서도 나타난다. 이는 북한 핵 문제가 일북 양국 간에 다루어지고 해결되기에는 한계가 있다는 것을 공히 인정했기 때문이라고도 하겠지만, 여하튼 이 문제에 대한 양국의 협의에서는 의례적이라는 느낌이 강하게 나타났다. 예를 들어 앞서 살펴본 정상회담에서도 '대화와 압박'이라는 정책방침에 따라 북한 핵 문제나 미사일 문제 등에 대해 강력히 주장했던 것인데, 이번에는 단순히 북한의 6자회담 복귀만을 요청한 데 그쳤다.

또한 이와 연관해 국교정상화의 기본 전제가 납치 문제의 해결이라고 누차 강조되었다는 점을 눈여겨볼 만하다. 이 역시 수교교섭에서 안보 문제가 차지하는 비중이 감소했음을 시사하는 점인데, 과연 안보 문제의 중요성이나 그와 연관해 미국의 영향력이 감소되었다고 할 수 있는지는 아직 의문이다. 이들의 중요성에 대해서는 일본 역시 주지하고 있기 때문이기도 하지만, 최근 효과를 나타내는 것으로 보이는 미국의 금융제재와 또 다른 연계작전의 측면이 있는 것은 아닌가 하는 생각도 들기 때문이다. 그러나 무엇보다 확연한 것은 수교교섭을 양국 간의 문제에 좀 더 국한시키려고 하는 측면이 이번 협의에서 나타났다는 점이다. 이런 측면만으로도 미국의 영향력 및 규정력이 예전과 같지는 않다고 할 수 있을 것이고, 그만큼 일본의 규정력이 커졌다고 생각되는데 이 부분이 이번 회의에서 나타난 가장 큰 변화의 부분이라고 생각된다.

이러한 변화는 세 번째 특징과도 연관된다. 즉, 국교정상화 교섭의 의미 및 폭이 좁아진 느낌이 든다는 점이다. 이는 포괄병행협의라고 하는 협의방식의 명칭에서 제시되는 것이기도 하다. 납치 문제와 국교정상화문제, 그리고 안전보장 문제 등이 동시에 그러나 개별적으로 진행된다고 해서 붙은 이름이지만, 이제까지의 국교정상화 교섭에서도 이들 문제는 모두 다루어졌던 것들이다. 차이가 있다면 이번 협의에서는 국교정상화 교섭이라는 주제가 과거청산과 연관된 사죄 및 보상 등의 문제, 즉 이전의 용어로 하면 기본 문제에 해당되는 것들을 주로 의미하여, 기존의 기타 문제나 국제 문제라는 것들과는 별도로 간주되었다는 것이다. 이러한 차이는 국교정상화 교섭을 좀 더 단순화시키는 것이기에, 그 타결을 용이하게 만들 가능성이 있다.

네 번째 특성은 북한의 입장이 정상회담에서 보여준 대폭적인 양보에서 다소 후퇴했다는 것이다. 과거사 문제와 연관된 보상에 대해 경제협력만으로는 부족하다는 입장을 피력한 것이나 납치자 문제를 제기하는 시민단체의 대표들을 거론함으로써 북한의 새로운 공세점을 제시했다는 것이 그 예다. 이러한 새로운 쟁점의 부각은 협의과정을 다시 어렵게 만드는 측면이라고 할 수 있기에 주의를 요한다. 그러나 이번 회의가 납치 문제를 중심으로 거론될 것을 인지한 가운데 참여했고, 앞으로의 회의 속개에 대해서도 결코 비관적이라거나 비판적이지 않은 입장을 보였다는 것은 이러한 새로운 입장이 교섭상의 전략이라는 차원에서 제시되었다는 점을 시사한다. 이는 달리 얘기하면 미국의 금융제재가 거세지는 지금 북한이 수교교섭에 대해 기대하는 바가 그만큼 크다는 것을 시사하는 것이라고 하겠다.

4. 일북국교정상화 전망에의 시사점: 결론을 대신해서

일북 간의 국교정상화는 다양한 요인들에 의해 영향을 받는다. 그러나 상기한 바와 같이 최근에 들어서 그 주요한 요인들의 영향력에 다소의 변화가 감지된다. 무엇보다도 미국의 영향력이 납치 문제에 대한 일본의 적극적인 자세로 다소 완화되고 있는 것이다. 물론 이는 미국의 영향력을 완전히 무시할 수 있다는 것을 의미하지는 않는다. 그럼에도 일북 간의 협의 여하에 따라서는 해결의 실마리에 대한 시야가 넓어지고 있다는 것이 포괄병행협의와 같은 최근의 예가 시사하는 바다. 이에 따라 본 절에서는 결론을 대신하여 이제까지 일본이 행한 타국과의 국교정상화 양상을 기초로 일북국교정상화에 대해 조심

〈표 6-2〉 일월 및 일중 간의 국교정상화 과정 추이 비교

일월관계(1945~현재)	일중관계(1972~1990)
1945년 베트남민주공화국 성립 1949년 베트남국(친불) 성립 1954년 주네브협정, 남북분할 1955년 남부에서 공화제 성립 1959년 양국 배상 및 차관협정 조인 1965년 미군 직접개입 개시; 1965년 배상협정에 의한 공급기간 종료(총 약 140억 엔) 1973년 파리화평협정 1973년 일월화평협정 조인(1월) 1975년 남베트남 붕괴(4월, 사이공 함락); 일본대사관 설립(7월); 전쟁배상으로 135억 엔 무상원조 합의(8월-75년도 분으로 85억 엔 제공 결정) 1976년 남북통일; 후쿠다독트린 발표(8월, 마닐라에서); 40억 엔의 무상원조 및 100억 엔의 유상원조 공여 약속 1979년 베트남의 캄보디아 침공; 캄보디아 침공을 계기로 경제협력실시 연기; 그전엔 78년도와 같은 액수의 원조 약속 1986년 제6회당대회에서 시장경제시스템과 대외개방(도모이노선) 도입 1992년 455억 엔 한도의 엔차관 공여 결정(11월); 경제협력 재개(11월 이후) 1993년 베트남일본축제(10월); JETRO사무소개설(9); 게이단렌대표단 방문(2); 키엣 수상 방일(3) 1994년 항공협정; 청년해외협력대 파유 1995년 미국과 외교관계 수립; ASEAN 정식가맹; 문화교류 '헬로우 베트남'; 조세협정; OECF(현 JBIC)사무소개설; JICA사무소개설 1998년 기술협력협정 체결 1999년 일본 황족 첫 베트남 방문(6월) 2003년 일월외교수립 30주년; 문화교류 베트남 페스티벌(9월); 투자협정 체결	1972년 일중국교정상화 공동성명 조인, 일화평화조약종료 발표, 대만의 대일단교 선언(9월); 일중경제협회 설립(11월) 1973년 재일중국대사관 업무개시(2월); 일중해저케이블 건설관련 협정 조인(5월) 1974년 일중무역협정 조인(1월); 일중항공협정(4); 일본수출입은행, 대중플란트수출융자 재개선언, 일중정기항공로 정식개통(9월) 1975년 일중평화우호조약 예비회담(1월); 제2회 일중섬유교섭 시작(3월) 1977년 경단련방중단, 일중장기무역계약 추구(3월) 1978년 일중장기무역계약 조인(2월); 일중평화우호조약 조인(8월) 1979년 일중장기무역계약 연장 및 수출확대의 개정각서 조인(3월); 석유·천연가스 공동개발 합의서 조인(12월) 1980년 일중과학기술협력협정 조인(5월) 1981년 제3회일중장기무역계약 정기협의 및 회담의 사록 조인(7월) 1982년 일중산업기술교류협회 발족(3월); 일중경제협력실무자협의 개최, 1982년도 대중엔차관 650억 엔으로 결정(8월) 1983년 83년도 대중엔차관 690억 엔 합의(2월); 일중우호병원건설에 일본 72억 엔 원조(7월) 1984년 대중무상원조 3,350만 엔 계약 결정(1월); 제2차 엔차관 공여 및 '일중우호21세기위원회' 발족을 결정(3월) 1986년 일중장기무역협의위원회, 86-90 장기무역계약 정식 조인(1월) 1987년 중국의 3사업에 대한 무상원조 약 43억 공여(6월); 국교정상화 15주년에 따라 중국의 수출신흥 위해 천억 엔까지의 특별엔차관 공여 표명(9월) 1988년 일중무역확대협의회 제2회 정기협의 개최(3월); 제3차엔차관 공여 및 일중투자보호협정 체결(8월) 1989년 89년도 엔차관공여 서한 교환(5월); 천안문 사태 발생(6월); 제3차 대중엔차관 등 대중신규원조 동결 결정(6월); 제3차 대중엔차관 동결 해제 표명(12월) 1990년 제3차 대중엔차관 후속협의 재개 표명(7월); 제3차 대중엔차관 동결 해제(11월); 제3차 대중엔차관 1990년도 제2회분 공여 서한 교환(12월)

스럽게 전망해본다.

이제까지 일본이 진행한 국교정상화 양상은 대체로 다음과 같은 두 가지 시나리오가 가능한데, 그 기초가 되는 것이 중국과 월남 사이에 진행된 양상이다. 따라서 일월 간 그리고 일중 간에 진행된 국교정상화 과정에 대해서 간략히 살펴본다.26)

<표 6-2>는 일본과 베트남, 그리고 일본과 중국 사이에 국교정상화가 이루어진 전후의 과정을 비교한 것이다. 일월관계와 일중관계의 추이를 비교하는 가운데 나타나는 특징은 국교정상화의 방식이 다르게 진행되었다는 점이다. 일월 간의 국교정상화 과정은 중간에 발생한 베트남의 캄보디아 침공으로 장기간의 정체기가 있었지만, 1973년의 일원화평협정을 시작으로 전쟁배상금과 원조자금 등의 제공이 먼저 진행되고 차후에 항공협정이나 기술협정 등과 같이 무역 및 교류의 활성화를 위한 조치들이 뒤따르는 방식이었다.

반면에 일중 간의 국교정상화 과정은 일월 간의 그것과는 다른 수순으로 진행되었다. 일중관계는 1978년의 일중평화우호조약을 전후로 나눌 수 있는데, 전기에는 무역활성화 및 교류활성화를 위한 기초적인 행정협정 등(해저케이블 건설 협정, 무역협정, 항공협정 등)이 주를 이룬다. 반면 후기에는 엔차관 및 무상원조 등과 같은 적극적인 경제협력이 주를 이루는 것을 알 수 있다. 이러한 두 가지 상이한 방식은 일북 간의 국교정상화가 전개될 양상에 대해서 다음과 같은 두 가지의 시나리오를 가능하게 만든다.

첫 번째 시나리오('시나리오 1')는 북한과 일본 사이에 놓여 있는 산적한 과제, 즉 기본 문제, 경제 문제, 국제 문제, 그리고 기타 문제 등의 해결에 많은 시일이 걸리는 것을 고려하여, 양국이 공동선언 등의 형식을 통하여 선언적으로나마 국교정상화를 달성하는 방식이다. 양국 간의 과제해결을 논의하는 가운데서도 무역협정이나 항공협정과 같이 교류의 활성화를 위한 행정적

---

26) 일본의 대월남 및 대중국 관계에 대해서는 일본 외무성 홈페이지, www.mofa.go.jp/mofaj/area/china/index.html와 www.mofa.go.jp/mofaj/area/vietnam/index.html 참조.

절차에 대한 협의를 우선시한다는 측면에서 상기한 중국식과 유사한 것이라고 하겠다.

이는 현재의 일본 측 상황, 즉 일북국교정상화의 선결과제로 북핵 문제 및 납치자 문제 등의 해결을 주장하는 일본 정계의 강경노선을 고려할 때는 예상하기 어려운 시나리오라고 하겠는데, 북핵 문제의 해결 및 미국과의 관계를 별도로 한다면 북한 측 사정을 고려할 때 그 가능성이 전혀 없는 것도 아니다. 즉, 어려운 경제사정을 극복하기 위해서나 대외 이미지 제고를 위해서도 북한으로서는 이러한 방식의 노력을 추구할 가능성이 있다는 것이다. 긴 협상을 피하고자 일본 측에 차관의 형태로라도 빠른 시일 내에 쌀지원을 요구한 1995년도의 쌀협상이나 전격적으로 납치자 문제를 시인한 2002년의 정상회담 등이 이러한 가능성을 제시하는 예다.

이 방안에 따르면, 국교정상화 이후의 전개양상으로 두 단계가 상정 가능하다. 첫 번째 단계는 공동선언으로 성립된 국교정상화에 따라 앞서 언급한 바와 같이 무역협정이나 항공협정 등과 같은 교류 활성화를 위한 행정적 절차에 대한 협의가 중심적으로 진행되는 것이다. 두 번째 단계는 첫 번째 단계의 과정을 통해서 얻어진 신뢰성 회복 및 증대로 인하여 문제해결에 대한 전반적인 합의가 기본조약 혹은 평화우호조약 등의 형태로 달성되는 것으로, 양국관계가 안정화되고 경제적으로도 좀 더 활발한 교류가 진행되는 상태다.

두 번째 시나리오('시나리오 2')는 시일을 요하더라도 문제해결을 우선시하여 국교정상화까지 장기간의 시일을 필요로 하는 경우로, 이에 따라 이 과정 중에는 일본의 경제원조 등도 실현되지 않는 경우다. 앞서도 언급했듯이 현재 일본 정계 내에서 주를 이루는 강경노선이나 북핵 문제의 진행상황을 고려할 때 이 시나리오의 실현 가능성이 높은데, 여기서의 초점은 북핵 문제 등을 별도로 한다고 해도 납치자 문제 등으로 인한 갈등으로 이러한 사태가 진전될 가능성도 높다는 점이다.

물론 서두에서부터 언급했듯이 북핵 문제가 해결된다면 납치자 문제와 같은 양국 간의 문제는 의외로 손쉽게 해결될 가능성이 높다. 이는 납치자 문제가 중요하지 않아서가 아니라, 예를 들어 첫 번째 시나리오와 같이 납치자 문제는 점진적 혹은 장기적으로 해결해나간다는 식의 조정이 가능할 수 있다는 것이다. 따라서 이 시나리오와 관련해서도 국교정상화의 과정을 두 개 내지는 세 개의 단계로 나누어 상정할 수 있다.

첫 번째는 수교교섭이 여전히 난항을 거듭하는 현재의 시점에서부터 각종의 문제에 대한 타결이 이루어지기 직전의 단계다. 두 번째 단계는 문제의 타결에 따라 국교정상화가 기본조약 등의 성립으로 실현되어, 일본의 경제원조 및 일북 간의 무역 증진에 대한 노력이 본격적으로 실시되는 단계다. 앞서 언급했듯이 북핵 문제의 해결에 따라 납치자 문제가 장기적 과제로 전환되는 가운데 양국 간의 기본조약이 성사된다면 두 번째 단계를 기본조약이 성립되는 시점을 전후로 하여 나눌 수 있을 것이다.

일북 간의 국교정상화가 과연 이러한 두 가지 시나리오 중에서 어느 것을 택하게 될 것인지 현재로서는 확실하지 않다. 그러나 북핵 문제의 전도가 불확실하고 이에 따라 금융제재라는 새로운 미국의 제재수단이 실행되는 지금의 상황에서 북한이 더욱 일본을 필요로 하게 되었다는 것은 최근의 접촉에서 나타나는 점이다. 이는 곧 협의상에 있어서 북한의 입지가 이전보다도 좀 더 좁혀졌다는 것을 의미할 것이기 때문에, 일중 간의 방식이 진행될 가능성을 좀 더 높이는 것이라고 하겠다. 그러나 이에 임하는 일본이 결코 미국과의 협조를 간과할 수 없기에, 미북관계가 더욱 어려워진다면 북한의 새로운 쟁점 제시는 일본이 국교정상화 교섭에서 퇴장하는 표면적 이유로 다시 등장할 가능성을 내포한다.

제3부

현대 일본의 다자외교

제7장

일본의 정치대국화

I. 일본의 다자외교: PKO 및 유엔안보리 진출 노력을 중심으로[1]

냉전의 붕괴 이후 새로운 국제질서가 모색되는 상황에 직면하여, 일본은 경제적으로나 안보적인 차원에서 다양한 대응 노력을 시도해왔다. 경제적인 차원의 대표적인 예는 아시아태평양경제협력체(APEC)의 출범에 기여한 것을 들 수 있다. APEC의 출범은 표면적으로 호주의 제창과 한국을 비롯한 아시아 국가들의 호응에 의한 것이지만, 이러한 표면적인 움직임의 이면에는 일본이 주도적인 역할을 담당했던 태평양경제협의회(Pacific Basin Economic Council: PBEC)나 태평양경제협력회의(Pacific Economic Cooperation Conference: PECC) 등과 같은 비정부기구의 역할이 크게 주효했다.[2] 한 예로 APEC의 모토인 '열린

---

1) 본 절은 다음의 논문을 재정리한 것임. 이면우, 「일본의 다자외교: PKO, 유엔안보리, 그리고 ARF에의 입장을 중심으로」, 김성철 엮음, 『일본의 외교정책』(성남: 세종연구소, 2000), 45~81쪽.

2) APEC 출범에 대해서는 다수의 저작이 있으나 여기서는 다음을 주로 참고함. Lawrence T. Woods, *Asia-pacific Diplomacy: Nongovernmental Organizations International Relations*

지역주의(Open Regionalism)'는 일본이 그동안 아시아의 발전모형으로 제시해온 '기러기형 발전 모델'에서 크게 벗어나지 않는다.[3]

안보적인 차원의 노력으로는 미일동맹의 재확인을 대표적인 예로 들 수 있다. 1996년 클린턴 대통령의 방일 때 제시된 '미일안보 신선언'은 그 이전부터 상호 논의 속에서 발표해온 일련의 작업들, 즉 나이보고서나 신방위대강 등을 기초로 한 것으로, 미일안보를 재정의함으로써 양국의 동맹관계를 앞으로도 굳건히 지켜나갈 것이라고 천명했다. 하지만 미일동맹의 강화라는 양국의 선택은 냉전기하에 유지되어온 것을 그대로 답습한 것은 아니었다. 탈냉전기 초에 나타난 미국의 중국 중시 경향과 그에 대한 일본의 위기감 및 그에 따른 일본의 다자주의에의 경도 움직임, 그리고 그에 대한 미국의 반응 등이 상호작용하면서 양국의 긴밀한 접촉을 낳았고, 그 결과로 미일안보 신선언이 나온 것이다.[4]

이와 같이 일본은 탈냉전기에 접어들면서 미국과의 양자적 관계와 함께 자의 반, 타의 반으로 다양한 외교적·안보적 노력을 도모해왔다. 유엔안보리 상임이사국에의 진출 노력 및 PKO에의 적극적 참여 등도 이러한 노력의 대표적 예라고 할 수 있다. 이러한 노력에는 자국의 안보를 공고히 한다는 측면 외에도 자국의 외교적·정치적 역량을 대외적으로 제고한다는 의도가 작용했는데, 여기에는 걸프전에서의 경험, 즉 130억 달러라는 거대한 자금을 지불하고도 국제적으로 비난을 면치 못했던 점이 크게 작용했던 것으로 알려져

(Vancouver: UBC Press, 1993); 菊池努, 『APEC: アジア太平洋新秩序の摸索』(東京: 日本國際問題硏究所, 1995).

3) '기러기형 발전모델'에 대해서는 다음을 참조 바람. Ippei Yamazawa, *Economic Development and International Trade: The Japanese Model* (Honolulu: East-West Center, 1990).

4) 미일안보의 재정의를 가져온 '미일안보신선언'이 나오기까지의 과정, 즉 방위간담회 보고서, 나이보고서, 신방위대강, 그리고 미일안보신선언 등으로 이어지는 일련의 작업 과정에 대해서는 이면우, 「일본의 신안보정책: 국제적 변수의 영향력이라는 관점에서」, 진창수 엮음, 『일본의 신안보정책』(세종연구소, 1999), 45~78쪽과 이 책의 제4장을 참조하기 바람.

있다. 안보의 측면 외에 정치대국화의 요인이 작용한다는 것이다.

다음에서는 일본의 외교 및 안보상에서 미일안보의 강화라는 이국 간(二國間) 관계와는 축을 달리하는 다국 간 협력외교, 즉 유엔과 같은 국제기구에 대한 외교노력으로서 유엔안보리 상임이사국에의 진출 노력과 유엔평화유지활동에서의 활동상황에 대한 입장에 대해 검토해본다. 일본이 펼치는 다국 간 협력외교의 대상은 물론 위에서 언급한 것들에만 국한되지는 않는다. 외무성의 종합외교정책국 국제사회협력부만을 예로 들더라도 지구온난화 등과 관련된 지구환경 문제나 국제조직범죄, 마약, 여성 문제, 대인지뢰 등에 대응하는 3과(課) 3실(室)이 있어 다양한 다국 간 협력외교를 펼치고 있다.[5] 그러나 이러한 분야에 대해서는 부분적으로나마 이 책의 다른 부분에서 다룰 것이므로 여기서는 언급하지 않는다.

1. 일본의 PKO 활동

1) 유엔평화유지활동

전통적으로 유엔평화유지활동(U.N. Peace-Keeping Operations: 이하 PKO)이란 유엔이 가맹국으로부터 제공받은 요원들로 구성되는 평화유지대 내지는 정전감시대를 관계 당사자의 동의를 얻어 현지에 파견하여 정전감시 또는 치안 유지 등의 임무를 수행하는 것을 지칭한다.[6] 이러한 활동은 유엔의 창설과 함께 오랜 역사를 갖는 것이기는 하지만 미소 간의 대립에 의한 냉전구도하

---

5) 이들 분야에 대한 일본 정부의 활동소개 및 입장을 정리한 것으로는 上田秀明, 「日本のマルチ外交の最前線: ‘人間の安全保障の視點より’」, ≪國際問題≫, No. 470(1999.5), pp. 2~15를 참조.

6) 여기에서 소개하는 일본의 유엔평화유지활동 내용은 www.mofa.go.jp/mofaj/index.html 을 참고한 것임.

에서는 큰 주목을 받지 못하다가, 냉전의 종결에 따라 국제평화와 안전 유지에서 유엔의 역할증대가 요구되면서 활발한 움직임을 보이고 있다. 유엔평화유지활동이 활발히 전개되고 있다는 것은 두 가지 측면에서 알 수 있는데, 하나는 PKO 설립 숫자가 월등히 늘었다는 점이다. 즉, 1948년 이후 1999년까지 총 49건의 PKO가 설립되었는데, 이 중 36건이 1988년 이후에 설립된 것이다. 또한 유고와 르완다에 파견된 대형 PKO가 종료되었음에도, 1997년 1월 말까지 17건의 PKO에 70개국 약 2만 5,000명이 참가했다.[7]

다른 하나는 평화유지활동의 내용이 다양하게 변화되고 있다는 점이다. '유엔캄보디아잠정기구(UNTAC)'와 같이 선거를 실시하는 것부터 시작하여 소말리아나 유고에서의 PKO처럼 강제적 요소를 포함하는 활동에 이르기까지 다양한 형태로 진행되고 있다. 하지만 후자의 강제적 요소를 포함한 활동이 직면해야 했던 곤란함을 반성하면서 최근에는 받는 측의 동의, 중립성, 자위에 한하여 무기를 사용하는 전통적 PKO로 회귀한다는 입장이 주를 이루고 있다. 이러한 반성에 따라 현재 유엔에서는 PKO의 효과적인 실시를 위한 논의가 진행되고 있는데, 대기부대제도의 확충, 긴급전개사령부의 설립과 같은 긴급전개능력의 강화, PKO 요원의 훈련을 통한 자질향상, 그리고 유엔과 지역기구와의 연대강화 등이 그 예다.[8]

2) 일본의 PKO 참여현황

유엔의 평화유지활동에 일본이 본격적으로 참가한 것은 1989년 나미비아에서의 유엔독립지원그룹(UNTAG)에 29명의 선거감시요원을 파견한 일이다.

---

7) 2010년 3월 현재, 15개의 PKO가 전개 중이고, 115개국에서 약 10만 명 이상의 군·경이 파견되었다. http://www.mofa.go.jp/mofa/gaiko/pko/mission.html.
8) 2007년 2월에는 반기문 사무총장에 의해 PKO국을 미션운용을 담당하는 국과 병참을 담당하는 필드지원국 두 개로 분할하는 안(PKO의 강화를 위한 결의)이 총회에서 채택되었다. http://www.mofa.go.jp/mofa/gaiko/pko/mission.html.

<표 7-1> 유엔활동에 대한 일본의 협력

「외무성설치법」 등에 기초한 파견(예)

*	활동기간	활동명칭	참여내용
1	1988.6–1989.11	유엔아프간·파키스탄중개미션 (UNGOMAP)	정무관 1명
1	1988.8–1989.11	유엔이란·이라크군사감시단(UNIIMOG)	정무관 1명
1	1989.10–11	유엔나미비아독립지원그룹(UNTAG)	선거감시요원 27명
0	1990.2	유엔니카라구아선거감시단(ONUVEN)	선거감시요원 6명
1	1991.5–11	유엔이라크·쿠웨이트감시단(UNIKOM)	정무관 1명
1	1991.12–1993.9	유엔캄보디아선견(先遣)미션(UNAMIC) 유엔캄보디아잠정기구(UNTAC)	정무관 1명
0	1993.5	미주기구선거감시단	선거감시요원 2명
1	1994.3–1995.12	유엔보호대(UNPROFOR)	정무관 1명
0	1994.4	일본선거감시단(남아프리카 제헌의회선거)	선거감시요원 22명
0	1995.6	미주기구선거감시단(하이티 의회선거)	선거감시요원 5명
0	1996.1	일본선거감시단(팔레스타인 평의회선거)	선거감시요원 59명, 중참양원의원 18명
0	1996.10–1998.6	유엔아프카니스탄특별미션(UNSMA)	정무관 1명
0	1996.9	OSCE선거감시단 (보스니아·헤르체고니아 총선거)	선거관리요원 29명, 선거감시요원 5명, 장기전문가 2명
0	1996.11	일본선거감시단 (루마니아 대통령·국회의원 선거)	선거감시요원 4명
0	1997.7	일본선거감시단(리베리아 통일선거)	선거감시요원 3명
0	1997.9	OSCE선거감시단 (보스니아·헤르체고니아 지방선거)	선거관리요원, 12명, 선거감시요원 15명, 장기전문가 2명
1	1998.4–7	유엔타지키스탄감시단(UNMOT)	정무관 1명

「국제평화협력법」에 기초한 파견

1	1992.9–10	제2차 유엔앙골라감시단(UNAVEM II)	선거감시요원 3명
1	1992.9–1993.9	유엔캄보디아잠정기구(UNTAC)	정전감시요원 8명, 문민경찰요원 75명, 시설부대 600명, 선거감시요원 41명
1	1993.5–1995.1	유엔모잠비크활동(ONUMOZ)	사령부요원 5명, 수송조정부대 48명, 선거감시요원, 15명
1	1994.3–4	유엔엘살바도르감시단(ONUSAL)	선거감시요원 15명
0	1994.9–12	르완다 난민구원활동	난민구원대 283명, 공수파견대 118명
1	1996.2–現在	유엔병력철수감시대(UNDOF)	사령부요원 2명, 수송부대 43명
0	1998.8–9	OSCE선거감시단	선거관리요원 25명, 선거감시요원 5명

자료: 일본 외무성의 인터넷사이트 www.mofa.go.jp의 PKO 관련 부분에서 재인용.
주*: 1은 유엔평화유지활동, 0은 그 외의 활동.

<표 7-1>에서 보듯 그전에도 참가하기는 했으나, 나미비아의 경우는 다수의 선거감시요원이 파견되는 활동이었다. 그 후 특히 걸프전 이후 일본은 국제공헌에서 자금이나 물자만이 아니라 인적인 차원에서도 적극적인 역할을 담당하는 것이 필요하다는 판단하에 '국제연합평화유지활동 등에의 협력에 관한 법률'(이하 「국제평화협력법」)을 1992년 6월에 제정했다. 이로써 일본은 유엔평화유지활동에 문민만이 아니라 자위대도 파유할 수 있게 되었다. 이 법률에 기초하여 '제2차 유엔앙골라감시단(UNAVEM II)', '유엔캄보디아잠정기구(UNTAC)', '유엔모잠비크활동(ONUMOZ)', '유엔엘살바도르감시단(ONUSAL)' 등에 요원이 파유되었으며, 1996년 2월 고란고원의 '유엔병력철수감시대(UNDOF)'에는 자위대원이 파유되었다. 또한 이 법에 기초하여 자위대부대 등이 르완다 난민구원활동을 위해 자이레의 고마에 파유되었다.9) 1998년 6월에는 이 법이 개정되어 PKO협력활동에 대한 법적 규제도 약간 완화되었는데 거기에 대해서는 다음 절에서 논의한다.

<표 7-1>은 탈냉전기를 전후로 한 시점부터 현재까지 일본이 유엔평화유지활동 및 그와 연관된 활동에 참여한 상황을 정리한 것이다. 이는 크게 둘로 나뉜다. 하나는 1992년의 「국제평화협력법」에 기초한 파견이며, 다른 하나는 「외무성설치법」 등에 기초한 파견이다. 이들을 보면 대체로 다음과 같은 세 가지 특징을 찾을 수 있다.

첫째는 무엇보다 「국제평화협력법」이 성립된 1992년 이후 평화유지활동에 더욱 적극적으로 참여하고 있다는 점이다. 둘째는 「국제평화협력법」 성립 이후의 유엔평화유지활동에 더 많은 숫자가 파견되고 있다는 것이다. 예를 들어 1992년 9월부터 1993년 9월까지 캄보디아의 총선거와 관련하여 파유된 유엔캄보디아잠정기구에는 8명의 정전감시요원과 75명의 문민경찰요원 외에도 600명의 시설부대요원과 41명의 선거감시요원이 참여했다. 즉, 이는 「국제

---

9) 2010년 3월 현재 일본은 '유엔아이티안정화미션(MINUSTAH)', '유엔수단미션(UN-MIS)', '유엔동티모르통합미션(UNMIT)', '유엔병력철수감시대(UNDOF)'의 4개 미션에 총 268명(군요원 266명, 감시요원 2명)이 참여하고 있다. 출처는 앞의 각주와 동일함.

평화협력법」의 성립에 의해 자위대의 파견이 가능해진 데 따른 결과라고 할 수 있을 것이다. 셋째는 「국제평화협력법」의 성립 이전에는 유엔평화유지활동이 주된 참여대상이었던 반면에, 그 이후에는 PKO 외에도 다양한 관련 분야에서 활동하고 있다는 것을 알 수 있다. 이는 특히 「외무성설치법」 등에 의한 파견에서 드러난다.

(1) 「국제평화협력법」의 성립 및 그 내용

앞서도 언급했듯이 1992년 6월에 「국제평화협력법」이 성립되어 일본의 국제공헌 내지는 유엔에 대한 협력이 물적인 차원에서만이 아니라 인적인 차원에서도 이루어지게 되었는데, 이 법의 성립은 수차례의 시도와 대립 속에서 가능했다.[10] 일본 정부가 「국제평화협력법」을 국회에 제출한 것은 1990년의 일이다. 그해 8월 걸프만의 위기가 고조되자 미 의회에서 일본의 참전을 요구하는 목소리가 높았는데, 이에 당시 가이후 내각이 자위대조직의 참가와 다국적군의 후방지원 참가 등을 내용으로 하는 「유엔평화협력법안」을 국회에 제출했던 것이다. 이 법은 거센 여론에 밀려 결국 1990년 11월에 폐안되었는데, 폐안에 앞서 자민당, 공명당, 민사당은 자위대와는 별도의 조직으로 PKO에 참가한다는 데 합의하기에 이른다.

그러나 걸프전의 후속조치로 일본 자위대의 소해정이 페르시아만에 파견되고 캄보디아의 후센 수상이 일본 자위대의 파견을 요청하는 등 정세변화에 따라 자민당은 이전의 3당 합의와는 다르게 자위대의 참가를 내용으로 하는 「PKO협력법안」을 1991년 9월에 재차 국회에 제출한다. 그러나 이 역시 자민당과 공명당의 독주를 우려하는 야당의 반발로, 참원에서 연속심의가 결정된

---

10) 여기서 소개하는 과정은 1992년 6월 16일자 ≪아사히신문≫에 기초함. 자세한 과정설명은 Milton Leitenberg, "The Participation of Japanese Military Forces in United Nations Peacekeeping Operations," *Asian Perspective*, Vol. 20, No. 1, pp. 5~50; Young-sun Song, "Japanese Peacekeeping Operations: Yesterday, Today, and Tomorrow," *Asian Perspective*, Vol. 20, No. 1, pp. 51~69를 참조.

다. 이에 따라 자민당이 1992년 6월에 제출한 법안의 내용은 공명당의 유엔평화유지군(PKF) 동결론과 민사당의 국회승인론을 포함시키는 방향으로 수정된다. 이 수정안은 사회당과 사민련이 불참한 가운데 가결되어 성립된다.

이러한 과정을 거쳐 1992년 6월 16일에 제정된 「PKO협력법」은 대체로 다음 여섯 가지로 요약할 수 있다. 첫째는 유엔 및 안전보장이사회의 결의에 기초해서 평화유지활동 등을 수행한다는 것이다. 둘째는 소위 말하는 5원칙으로서 ① 정전합의, ② 분쟁당사자의 동의, ③ 중립, ④ 독자판단에 의한 철수, ⑤ 대원의 생명 및 신체보호에 한정된 무기사용이 그것이다. 셋째는 파견하는 자위대원의 신분은 병임(倂任)으로 하고, 부대로서의 참가를 인정한다는 것이다. 넷째는 PKF의 국회승인론으로, PKF의 본 업무에 자위대부대가 참가하는 경우 국회의 사전승인을 필요로 한다는 것이다. 다섯째는 소위 말하는 PKF 동결론으로서 국회의 승인을 필요로 하는 업무에의 참가는 별도의 법률로 정할 때까지 동결한다는 것이다. 마지막 여섯째는 법 시행으로부터 3년 후에 실시방식을 검토하여 개정한다는 것이다.

(2) PKO에 대한 일본 내의 논의 및 평가

「PKO협력법」에 대한 일본 내의 평가는 대체로 두 가지 측면을 갖는다. 하나는 그 필요성을 인정하는 것이고, 다른 하나는 그런 필요성에도 불구하고 그 성립절차의 불충분성이나 협력방법상의 문제로 비판하는 것이다. 다음에서는 비판적인 견해를 중심으로 살펴보겠는데, 이는 비판적인 견해를 피력하는 경우에도 그 필요성을 완전히 부정하지는 않기 때문이다. 예를 들어 차후에 좀 더 자세하게 소개할 쥬우마(中馬清福)의 경우 비판적인 견해를 피력하면서도 현재로서 유엔에 의한 평화유지활동 그 자체를 부정하는 사람은 없을 것이라고 말하고 있다.[11]

「PKO협력법」에 대한 비판은 대체로 다음 세 가지로 압축할 수 있다. 첫째는

---

11) 中馬清福, 「PKO 第2次論戰へ: 何がポイントか」, ≪世界≫(1993.7), p. 35.

그 성립과정에서 논의가 제대로 진행되지 않았다는 것이다. 이는 정부가 캄보디아 사태를 염두에 두고 그것에 맞추기 위해서 허둥지둥 서두른 데 대한 비판이다. 예를 들어 ≪아사히신문≫의 쥬우마 논설부 주간은 「PKO협력법」의 성격을 다음 세 가지로 압축하면서, 그러한 성격 때문에 민간인 자원봉사자나 문민경찰관의 사상에 대한 대정부비판이 나타나고 정부 내에서도 혼란이 일고 있다고 지적한다.[12] 그가 지적하는 「PKO협력법」의 성격이란 ① 해외파병을 금지한 헌법을 회피하는 형식으로 만들어졌다는 점이고, ② 시작부터 캄보디아 총선거라는 도착시점을 설정하여 그것에 맞게 무리하게 만들어졌다는 점이며, ③ '위험한 곳에는 파유하지 않는다'라는 식으로 유엔 PKO의 일원으로서는 생각하기 힘든 정부의 설명하에 성립된 법률이라는 것이다.

논의과정에 문제가 있었다는 것을 나타내는 예로는 다음 두 가지가 제시되고 있다. 하나는 앞에서 언급했듯이 「PKO협력법」의 성립에 앞서 추진된 「국제평화협력법안」이 1990년 11월에 폐안되고 그에 따라 자민당, 공명당, 민사당 3당이 자위대와는 별도로 유엔의 평화유지활동에 협력하는 조직을 만든다는 데 합의했음에도 전혀 닮지도 않은 「PKO협력법」을 만들어냈다는 것이다. 다른 하나는 이러한 과정 중에 평화유지군에의 자위대참가가 헌법이 금지하는 무력행사에 저촉될 가능성이 있다고 말해온 내각법제국이 자민당 수뇌의 노골적인 압력에 의해 1991년 8월 그러한 견해를 철회했다는 것이다.

「PKO협력법」의 졸속성에 대해서는 쥬우마 외에도 많은 사람들이 지적하고 있다. 예를 들어 사사키 역시 정부가 주장했던 '안전성'은 「PKO협력법」을 성립시키기 위한 방편이었다고 주장한다.[13] 분쟁당사자인 4개 파의 무장해제가 진행되지 않은 채, 예를 들어 폴포트파가 게릴라전을 시도하는 상황에서는 미야자와 수상이 말하는 안전성이라는 것은 확보될 수 없다는 것이다. 이와미

---

12) 같은 글, pp. 31~38.
13) 佐佐木芳隆,「政界流動と大國.國軍志向: 國連PKOと自衛隊」, ≪世界≫(1993.8), pp. 86~99.

역시 사상자의 발생 자체보다는 그러한 것에 대비해 충분한 논의가 없었음을 지적하면서, 이러한 졸속성의 저변에 정치개혁의 긴급성이 자리 잡고 있다고 지적한다.[14] 즉, "「PKO협력법」의 심의과정이나 실제로 캄보디아에 요원을 파견하는 단계에서 국민이나 참가자에게 '희생을 감수한다'라는 결의와 인식을 확실히 심어주었느냐"가 문제인데, 정부 측은 어느 단계에서도 그렇게 하지 못했으며 그에 따른 정치적인 책임을 물어야 한다는 것이다.

쥬우마는 제대로 된 논의를 위해서는 다음과 같은 주제들이 다루어져야 한다고 주장하면서 가능한 조속히 제2차 논의를 준비해야 한다고 제시한다.[15] 그가 말하는 제대로 된 논의의 주제란 국제공헌이란 무엇인가, 유엔 중심주의란 무엇인가 등을 국제적 시야로 넓혀서 논의해야 한다는 것이다. 또한 일본인의 의식 및 역사 감각을 되묻고, 그에 따라 일본국 헌법과의 정합성 문제나 민주국가로서의 정책결정 과정 및 방식 등과 같은 국내적 시각에 준한 논의도 추구되어야 하며, 무력행사에 대한 국제적 상식과 일본의 상식에 차이가 있는지도 살펴보아야 한다는 것이다.

둘째는 「PKO협력법」을 실행에 옮기는 과정에서 점차 그 임무가 법의 범주를 벗어나는 지점까지 확대되고 있다는 비판이다. 쥬우마는 임무확대의 대표적인 예로 일본인선거감시원의 경호라는 명목으로 자위대원을 파견하는 것을 들고 있는데, 그에 따르면 이는 법률상 동결된 임무다. 또한 유엔평화유지활동에 대한 가이드라인에 의하면 참가요원은 일본 정부가 아닌 유엔사령관의 명령을 따라야 하는데 정부는 이를 의도적으로 감추었다. 마에다는 1995년 초까지 실시된 자위대의 파견실적을 볼 때 두 가지 경향이 나타난다고 지적한다.[16] 하나는 파견대의 대규모성이다. 「PKO협력법」하에서 실시된 자위대의 해외파유 실적은 다음과 같다. 1992년 9월부터 1993년 9월까지 실시된 캄보디

---

14) 岩見隆夫, 「'PKO'が浮き彫りにした政治改革の緊急性」, ≪潮≫(1993.7), pp. 132~
    135.
15) 中馬清福, 「PKO 第2次論戦へ: 何がポイントか」, pp. 32~33.
16) 前田哲男, 「PKO協力法の3年間」, ≪世界≫(1995.6), pp. 260~264.

아 PKO에 도로보수 및 정전감시를 위해 1차(1,216명) 및 2차에 걸쳐 파견되었다. 또한 1992년 5월부터 1995년 1월까지는 모잠비크 PKO에 수송통제 및 사령부요원으로 154명 규모의 1차부터 3차에 걸친 파견대가, 그리고 1994년 9월부터 그해 12월까지는 르완다 난민구원활동을 위해 의료, 급수, 방역, 공수 등에 260명의 육상자위대원과 115명의 항공자위대원이 파견되었다. 3회에 걸쳐 모두 1,745명이라는 자위대원이 파견되었는데 이는 같은 시기 진행된 파견실적상 세계 상위 10위 안에 들어가는 규모다. 특히 이외에도 파견을 위해 해로 및 공로에서 수송지원업무에 종사한 자위관의 수가 파견대원의 수와 맞먹는다는 것을 고려하면 상당한 규모다.

다른 하나는 파견횟수가 거듭되면서 그 수행임무의 성격이 변하고 있다는 점이다. 유엔캄보디아잠정기구(UNTAC)와 유엔모잠비크활동(ONUMOZ)의 경우, 유엔 사무총장이 지명한 현지대표의 지위하에 국제평화협력업무를 수행했다. 그러나 캄보디아 파견부대의 경우에는 UNTAC 본부활동에 관여하지 않은 반면, 모잠비크에서는 군사부문 전반을 통괄하는 ONUMOZ 사령부 업무분야에 처음부터 막료 5인이 참가하는 변화가 있었다. 이것이 문제시되는 이유는 수송통제와 같은 후방임무에 머물지 않고 상황에 따라서는 무력행사나 무장해제임무까지 현행법하에서 관여하려는 결의를 나타내는 것으로 볼 수 있기 때문이다. 또한 르완다 난민구원활동에서는 유엔 PKO와는 별도의 분야에서 자위대의 임무가 설정되었다. 즉, 법안의 또 다른 축인 '인도적 국제구원활동'에 기초한 평화협력업무에의 파견이 그것이다. 일본 단독의 자발적인 국제구원활동을 유엔의 요청 없이, 그리고 그것을 위해 설정된 국제긴급원조대를 사용하지 않은 채 무장한 자위대부대에 의해 실시되었다는 것이다.

세 번째 비판은 PKO에 대한 생각이 국제적으로 변화하고 있는데도 군사적인 공헌에 중점을 두고 있다는 것이다. 앞서 언급했듯이 쥬우마는 제2차 논의를 조속히 준비해야 하는 이유로 제1차 논의의 불충분성에 더해 갈리 사무총장의 언동에서 나타났듯 PKO 자체가 질적으로 변화하고 있다는 점을 지적한다. 마에다 역시 PKO를 둘러싼 국제환경이 그동안(법 성립 이후 3년 동안) 변화한 점을 들어 1995년에 「PKO협력법」의 개정을 주장한다. '평화유지활동(Peace Keeping Operation)'을 평화강제(Peace Enforcement)활동으로 확대 강화하여 유엔 헌장 제7장의 강제조치를 대체하려 했던 갈리 유엔 사무총장의 시도('평화에의 과제')가 소말리아에서의 비참한 실패와 유고에서의 불투명한 과정으로 좌절되었고, 르완다 구원활동에서 보듯이 강제행동을 동반한 '인도적 개입' 방식도 새로운 국제협동행동의 모델로 정착되지는 못했다는 점을 지적하는 것이다. 이에 따라 강제능력을 갖춘 PKO로 냉전 후 세계의 국제적 위기관리 역할을 도모한 갈리 유엔 사무총장이나 미국 정부는 전면적인 괘도 수정에 직면했는데, 1995년 1월에 발표된 '평화의 과제에의 보유(補遺): 유엔 창설 50주년에 즈음한 사무총장의 견해'가 그 예다. 즉, "분쟁의 예방은 조기경보와 조용한 외교, 그리고 경우에 따라서는 예방전개를 실시하는 방법이 분쟁 발생 후에 그 해결을 위해 커다란 정치적·군사적 노력을 해야 하는 것보다는 분명히 좋다"라는 갈리 총장의 언급에서 나타나듯이, 지난 3년 동안 '싸우는 PKO'나 분쟁의 사후정리를 위한 파견이 아닌 분쟁의 원인제거와 예방조치를 위한 협력태세의 필요성이 중시되는 쪽으로 변화하고 있다고 지적한다.

쥬우마나 마에다가 생각하는 대안 중 하나는 자위대와는 별도의 조직으로 유엔평화유지활동에 참여하는 것이다. 예를 들어 쥬우마는 자위대와는 별도로 문민이 주체가 된 PKO 대기대를 창설하는 방안을 제시한다. 좀 더 구체적으로는 주 임무를 비군사 부문으로 한정하고, 자위대의 축소로 생기는 기존의 시설과 퇴직자위관의 일부를 활용하여 포함시키는 방안을 제시하고 있다. 마에다는 구체적으로 언급하지는 않았지만, 앞서 언급한 PKO에 대한 최근의 변화는 '자위대활용론'에 대응해 평화주의와 국제협조주의의 견지에서 제시된 '비군사·문민·민생'의 기초 위에 선 별도 조직론의 논거가 아직 살아 있다고 주장한다. 두 사람 모두 우려하는 점이 일방적인 자위대활용론임을 여기서 알 수 있다.

3) 「국제평화협력법」 개정의 내용, 배경 및 영향

「국제평화협력법」은 1998년 6월에 개정되었다. 4월 30일에 제출된 개정안이 5월 15일 중의원 통과(사민당과 공산당을 제외한 여타 정당의 찬성다수)를 거쳐 6월 초에 성립된 과정에서도 알 수 있듯이, 이번 개정은 동 법이 처음 도입될 때와는 달리 순탄했다. 동 법의 개정은 위에서 마지막으로 언급한 '3년 후에 실시방식 등을 검토하여 개정한다'는 규정에 기초한 것이다. 3년 후의 기한을 정확히 한다면 1995년 6월이 해당 기한이었으나, 당시에는 커다란 논의 없이 연장되었다. 이번 개정의 주된 초점은 그동안 문제시되었던 자위대의 대응방식, 즉 부대로서가 아니라 개인적 차원에서만 자위를 위해 무기사용을 가능하게 했던 조항이다.

그러나 이외에도 더욱 폭넓은 활동의 길이 열리게 되었는데, 이번 개정으로 변화된 내용은 다음과 같다. 첫째는 국제적인 선거감시활동과 연관된 것으로, 종래에는 유엔 PKO에 관계된 것만이 협력 대상이었는데 이번에는 그 외의 형태도 포함되었다. 즉, 유엔총회 및 안보리의 결의 외에도 국제적인 선거감시 실적 등을 가진 지역적 기관(예를 들어 OSCE나 OAS) 등으로부터의 요청이나 분쟁에 의해 혼란이 발생한 지역에서 민주적인 수단에 의한 통치조직의 설립을 목적으로 선거 등의 공정한 집행을 확보하기 위해 진행되는 활동에도 참여할 수 있게 된 것이다.

둘째는 인도적인 물자협력과 연관된 부분으로, 종래에는 유엔총회나 안전보장이사회 또는 경제사회이사회의 결의에 기초했던 것이 좀 더 완화되었다. 즉, 인도적인 국제구원활동에 종사하는 국제기구로부터의 요청이나 분쟁에 의한 피재난민의 구원 내지는 분쟁에 의해 발생하는 피해의 복구, 그리고 인도적 정신에 기초해 진행되는 활동 등에 대해서도 적용되게 되었다. 특히 유엔난민고등변무관사무소(UNHCR), 유엔아동기금(UNICEF), 세계식량계획(WFP) 등과 같은 국제기구에 의해 실시되는 인도적인 국제구원활동을 위한 물자협력에 대해서는 정전합의가 없더라도 수행할 수 있게 된 것이다.

<표 7-2> 유엔평화유지활동(PKO) 참가에 대한 국민의식 변화(%)

	지금보다 적극적으로	지금 정도에서	참가하되 되도록 적게	참가해서는 안 된다	그 외	모르겠다
1994년	15.5	43.4	25.0	8.6	0.9	6.6
1995년	23.5	46.4	18.3	5.7	0.4	5.7
1996년	24.0	46.2	18.8	3.9	0.5	6.6
1997년	25.5	47.9	15.0	3.3	0.4	7.8

자료: 總理府廣報室 編, 『月刊: 世論調查, 外交』, 平成 10年 5月号, p. 11.

셋째는 앞서 언급한 무기의 사용과 연관된 내용이다. 즉, 종래에는 부대로 참가하는 자위관도 개별의 판단에 의해 무기를 사용하도록 되어 있던 것을 전환하여, 개별적인 대응이 아니라 현장에 있는 상관의 명령에 의해 사용할 수 있게 되었다. 이러한 개정내용에서도 알 수 있듯이, 앞으로 일본의 PKO 참여는 좀 더 폭넓게 진행될 것으로 생각된다. 즉, <표 7-1>에서 제시된 「외무성설치법」에 기초한 파견들이 앞으로는 「PKO협력법」에 준하게 됨으로써 더 많은 인원이 참여할 수 있는 변화 가능성을 예상해볼 수 있게 되었다.

앞에서도 지적했듯이 「PKO협력법」은 커다란 갈등 없이 개정되었는데, 이러한 양상의 저변에는 PKO에 대한 국민들의 긍정적인 인식이 자리 잡고 있다. <표 7-2>는 PKO에 대한 국민의식의 변화를 보여준다. 표에서 확연히 나타나는 것은 긍정적 인식(적극적 찬성과 현상유지)이 상승하는 반면, 부정적인 평가(적극적 반대와 최소한의 참가)는 감소하고 있다는 점이다. 특히 주목되는 것은 적극적인 찬성이 1994년의 15.5%에서 1997년의 25.5%로 10%나 증가한 반면, 적극적 반대는 1994년의 8.6%에서 1997년의 3.3%로 감소했다는 점이다. 증감률에서 적극적인 반대가 적극적인 찬성을 훨씬 상회하여 반 이상으로 줄었다는 것은 자위대의 PKO 참여에 대한 국민의 인식이 완화되어가는 것을 의미한다.

이러한 관점에서 1998년의 개정이 커다란 갈등 없이 통과된 이유를 짐작할 수 있다. 물론 인과관계상 논점을 제시할 수 있는 사회당의 세력감소와 그에 따른 일본 정계의 총보수화 경향 등을 제기할 수는 있겠지만, 그것만이 이유는

아니며 앞서 지적했듯 앞으로 PKO나 인도적 구원활동에서 자위대의 참여가 확대될 가능성은 높다.[17]

2. 일본의 유엔안보리 상임이사국 진출 노력

1) 일본의 유엔안보리 진출 노력: 배경 및 과정

유엔의 안전보장이사회(이하 안보리) 상임이사국은 익히 알려져 있는 것처럼 제2차 세계대전 이후 창설된 유엔의 실질적인 결정기구로서 승전국으로 편성되어 있다. 그러나 냉전시기의 안보리는 앞에서 소개한 유엔평화유지활동에서도 알 수 있듯이 미소 간의 격렬한 대립으로 그 기능을 십분 발휘할 수 없었다. 미소대립 속에서 상임이사국이 보유한 거부권은 세계 각지에서 미소 간의 직접적 충돌을 방지하기는 했지만, 유엔 독자의 적극적인 평화유지활동이 기능하는 데는 장애요인으로 작용했던 것이다. 이러한 대립구도의 종결을 가져온 소련을 비롯한 구동구권의 붕괴는 유엔, 곧 안보리의 역할이 확대될 수 있는 계기를 제공했는데 이와 함께 안보리의 개혁, 나아가 유엔의 개혁 필요성이 제기되었다. 이러한 배경에는 현재의 유엔가맹국이 창설 당시와 비교할 때 3배 이상 증가되었음에도 안보리 의석수는 1965년에 비상임이사국의 수가 6개국에서 10개국으로 변화한 것뿐이라는 불균형이 자리 잡고 있다.

---

17) 2001년 12월에 「국제평화협력법」은 재차 개정되었다. 1998년의 개정이 상관의 지시하에 방어를 위한 무기사용을 가능하게 만들었다면, 2001년의 개정은 자위대가 방어하는 무기 등의 보호나 민간요원의 보호를 위해서도 무기사용을 가능하게 했다. 防衛廳 編, 『防衛白書』(東京: 大藏省印刷局, 2002), pp. 210~214. 이처럼 법 개정에 의해 일본 자위대의 무기사용에 의한 방위대상은 확대되었는데, 2003년 12월에 총 18개 미션에 4,000여 명이 파견되었으나 2010년 3월에는 앞의 각주에서 언급했듯이 4개의 미션에 268명이 참여하고 있다. 外務省 編, 『外交靑書 第47號(平成16年版)』(東京: ぎょうせい, 2004), pp. 158~161.

그러나 더 직접적인 원인은 경제적으로나 정치적으로, 그리고 국제적으로 커다란 영향력을 갖고 있는 일본이나 독일이 제2차 세계대전의 패전국이라는 이유로 상임이사국에 참여하지 못하고 있다는 또 다른 불균형이다. 유엔 내에서 본격적인 개혁의 논의가 진행되기 이전에 일본이 상임이사국 진출 의사를 타진했다는 점에서 더욱 그러하다.

일본이 안보리 상임이사국에 진출하기 위해 본격적으로 유엔 개혁의 검토작업을 시작한 것은 1990년과 1991년 사이에 있었던 걸프 위기 및 전쟁 전후였다고 한다.[18] 즉, 이 시기에 상임이사국에의 진출 필요성을 절실하게 만든 일련의 사건들이 있었던 것이다. 첫째는 걸프전에서 다국적군에게 130억 달러라는 자금을 내놓았음에도 이라크에 대한 안보리의 제재결의 등과 같은 중요한 결정에 전혀 관계할 수 없었다는 점이다. 둘째로는 1989년 7월부터 시작된 캄보디아의 평화정착 과정에도 일본은 관여하지 못한 채 상임 5개국이 독단적으로 내린 결정을 전해 들어야 했다는 점이다. 셋째로는 유엔에 대한 일본의 거출금이 상임 5개국과 비교해 전혀 손색이 없다는 인식이 강력하게 대두되었다는 점이다. 예를 들어 1992년 10월 시즈오카현에서 열린 자민당전국연수회 강의에서 와타나베 당시 부총리겸 외상은 "일본은 유엔자금의 12.45%를 부담하고 있다. 이는 영국·프랑스·중국 3개국을 합한 것보다 많다. 미국에 이어 제2위다. 상임이사국이 될 자격은 충분하다"고 언급했다.[19]

야마다에 따르면, 일본 외무성은 처음에는 2단계의 유엔 진출구상을 가지고 있었다고 한다.[20] 즉, 첫 번째 단계로 유엔헌장에 기재된 구적국조항을 삭제하고, 이것이 달성된 후에 유엔안보리 상임이사국에 진출한다는 것이었다. 일본이 구적국조항의 철폐를 요구한 것은 1970년부터이기는 하지만, 1991년 9월 제46회 유엔총회에서 나카야마(中山太郎) 당시 일본 외상이 구적국조항의 폐기

18) 山田勉, 「'常任理事局'入り: 外務省の執念」, ≪世界≫(1993.1), p. 230.

19) 같은 글, p. 231.

20) 다음에서 소개하는 유엔안보리 상임이사국의 진출을 위한 일본 외무성의 노력은 별도의 언급이 없는 한 山田勉, 「'常任理事局'入り: 外務省の執念」, pp. 229~233을 참고함.

를 주장하는 일반연설을 하면서 이러한 구상의 실제적인 가능성을 암시했다. 나카야마 외상은 이에 앞서 걸프전 종료 후 그 처리 문제로 베이커 미 국무장관 및 하드 영국 외상 등을 만난 자리에서도 '적국조항의 삭제'를 요청했고, 출석자들로부터 긍정적인 반응을 얻었던 것으로 알려지고 있다.

이에 따라 일본 외무성은 1991년 여름 이후 상임이사국에의 진출을 위한 본격적인 작업에 돌입했다. 즉, 안보리 개혁을 위해 유엔헌장의 개정을 향한 노력을 경주했는데, 이를 위해서는 상임 5개국을 포함한 가맹국 3분의 2의 찬성이 필요했다. 일본 외무성은 특히 미국의 후원을 기대하고 있었다. 이는 미국이 닉슨 정권 이후, 즉 1972년 이래로 일본의 상임이사국 참여를 지지하는 입장을 지속적으로 표명한 데 따른 것이다. 그러나 미국은 막상 일본의 요구를 접하자 망설이게 되었는데, 그 주된 요인은 유엔 및 안보리의 개혁이라는 '판도라의 상자'를 열 경우 일본 외에도 기타 많은 국가들의 요구가 쇄도하게 될 것이 분명했기 때문이었다. 이러한 미국의 고려는 존 볼튼 국무차관보의 언급에서도 알 수 있다. 즉, 1992년 4월 미국국제법협회의 강연에서 볼튼 국무차관보는 "미국의 입장은 일본이 적당한 시기에 상임이사국이 되어야 한다는 것이지만, 지금은 적당한 시기가 아니다. 일본이 의욕을 보이면 인도, 이집트, 독일, 나이지리아, 브라질 등도 관심을 나타낼 것이다"라고 말했던 것이다.[21]

이러한 미국의 우려에 따라 외무성은 새로운 시나리오를 작성하는데, 그것이 다음과 같은 네 가지 방면에서의 환경조성이다. 첫째는 1991년 가을 선거에서 비상임이사국 참가를 달성한다는 것이고, 둘째는 「유엔평화유지활동협력법」을 성립시켜 캄보디아의 화평 및 부흥 협력에 실적을 쌓는다는 것이다. 셋째는 표밭인 아시아, 아프리카, 중남미 등 개도국과의 관계를 긴밀하게 한다는 것이며, 넷째는 상임 5개국을 자극하지 않는 한에서 안보리 개혁을 지향하는 국제여론을 형성한다는 것이다. 이 중에서도 일본 외무성이 가장 고심한 부분

---

21) 같은 글, p. 231.

은 마지막의 국제여론 형성이다. 첫 번째와 두 번째는 이미 달성되었다고 할 수 있으며, 세 번째는 ODA를 지속적으로 추진하는 가운데 큰 무리가 없을 것으로 생각되기 때문이다.

마지막의 국제여론 형성도 1992년에 들어 본격화됨으로써 어느 정도는 달성되었다고 할 수 있다. 즉, 1992년 가을 제47회 유엔총회에서 안보리 개혁을 향한 움직임이 본격화되어, 1993년에는 개혁방향에 관한 각국의 기본적인 견해가 제출되었고 그에 따라 실질적인 토의를 진행하는 작업부회가 설치되었다. 이들 작업부회는 1994년 초부터 8월까지 안보리 개혁의 필요성과 의석확대 방식, 그리고 심의결정 과정의 투명성 확보 등에 대해 본격적으로 논의했으며, 9월에는 중간보고를 제출했다. 또한 그동안 조용했던 독일도 1992년 가을 총회에서 안보리의 구성이 본격적으로 검토된다면 상임이사국을 추구하겠다고 명확히 언급했던 것이다. 그러나 미국이 우려한 바대로 유엔 및 안보리의 개혁이라는 '판도라의 상자'가 일단 개봉되자 분출되기 시작한 각국 간의 이해조정이라는 커다란 장벽이 가로놓여 있다.

그 예가 안보리의 개조에 대한 다양한 안들의 속출이다.[22] 미국의 안은 대체로 다음 세 가지로 구성된다. 첫째는 일본과 독일을 상임이사국으로 한다는 것이며, 둘째는 비상임이사국의 연속재선금지조항을 철폐하고, 셋째는 현재의 비상임이사국 의석수를 3석 늘린다는 것이다. 이에 대해 개도국들만이 아니라 이탈리아도 반대하고 있다. 이탈리아의 안은 자신들이 상임이사국이 되지 않는다면 현재의 비상임이사국 10개국은 그대로 두고 유력한 20개국을 준상임이사국으로 하여 두 그룹으로 나누고 2년 교대로 안보리에 들어가게 해야 한다는 것이다. 이외에도 네덜란드는 상임이사국의 증가를 반대하고 있으며 뉴질랜드, 스페인, 스웨덴 등은 거부권 없는 의석의 증가를 제안하고 있다.

---

22) 안보리의 개조에 대한 안들에 대해서는 植木安弘,「こうすれば日本は常任理事局になれる」, ≪世界週報≫(1995.1.31), pp. 62~68을 참조.

또한 인도와 같은 유력한 개도국들은 상임이사국의 수를 5개국 더 증가시킬 것을 주장하지만, 미국 및 영국은 과도한 개도국의 영향력 확대를 명확히 반대하고 있는 실정이다. 일본 역시 거부권을 갖지 않는 상임이사국을 4개국 정도 신설한다는 독자안을 최종적으로 정리했다. 현재의 상임 5개국의 거부권을 보증하면서 신설될 4개국에 일본 외에 지역적 안배에 따라 인도, 브라질, 나이지리아 등을 상정한 것인데, 과연 이러한 절충안이 각국의 이해가 엇갈린 상황 속에서 효력을 발휘할지는 두고 볼 일이다.

2) 상임이사국 진출에 대한 전문가 논의

외무성이 제시하는 상임이사국 진출 당위성은 대체로 다음 세 가지로 요약된다. 첫째는 정치대국으로서 인정되며, 정치대국의 추진을 위해서도 상임이사국 진출이 필요하다는 것이다. 예를 들어 일본 외무성의 인터넷 사이트에 게재된 상임이사국 진출에 대한 일본 정부의 입장을 보면, 일본이 상임이사국이 되면 유엔의 중요한 의사결정기구인 안보리에 항시 참가하여 일본의 입장을 안보리의 결정에 효과적으로 반영시키는 것이 가능하게 된다고 적고 있다.[23] 1990년부터 1994년까지 일본유엔대사를 역임한 하다노 역시 일본의 유엔외교에서 중요한 것은 선거에 승리하고 중요한 위원회에서 발언의 장을 가져야 한다는 점이라고 주장한다.[24] 특히 안보리가 중요한데, 그 이유는 다른 장소에서는 청중들이 별로 없고 안보리야말로 세계 각국이 주목하는 장소이기 때문이라는 것이다. 또한 발언의 장이 필요한 것은 국익을 보전하기 위해서이며,

---

23) 여기서 소개하는 일본 정부의 입장은 인터넷 사이트 www.mofa.go.jp/mofaj/index.html 에서 인용한 것임.

24) 하다노의 주장에 대해서는 다음 대담을 참조. 波多野敬雄·佐佐木毅, 「對談: 柵上げできない日本の國連安保理入り」, ≪世界週報≫(1994.8.16), pp. 23~31; 粕谷一希, 波多野敬雄, 「對談: 日本の常任理事局入りどう考えるか」, ≪GAIKO FORUM≫(1994.9), pp. 40~55.

<표 7-3> 주요국의 유엔 통상분담금 추이(%)

	미국	프랑스	러시아	영국	중국	일본	독일	이탈리아	그 외*
1946	39.89	6.30	6.62	11.98	6.30	–	–	–	25
1957	33.33	5.70	13.96	7.81	5.14	1.03	–	2.03	25
1970	31.57	6.00	14.61	6.62	4.00	3.78	–	3.24	27
1980	25.00	6.25	11.10	4.46	1.62	9.58	8.31	3.45	26
1990	25.00	6.25	9.99	4.86	0.79	11.38	8.08	3.99	26
1995	25.00	6.32	5.68	5.27	0.72	13.95	8.94	4.79	26
1996	25.00	6.40	4.45	5.31	0.73	15.43	9.04	5.19	26
1997	25.00	6.42	4.27	5.32	0.74	15.65	9.06	5.25	26

자료: 일본 외무성의 인터넷사이트(www.mofa.go.jp)에서 재인용.
주 1: 러시아의 경우 1990년 이전은 소련의 수치임. 단, 우크라이나 및 벨로루시 분담금 제외.
주 2: 독일의 경우 1990년 이전은 서독의 분담금임.
주*: 그 외의 경우에는 대략의 수치임.

명확한 주장을 하지 않는 국가에 대해서는 존경이 없기 때문이라는 점도 덧붙였다.

둘째는 일본이 참여하지 않는 안보리는 신뢰성을 결여하고 있다는 것이다. 이는 특히 재정적인 측면에서 일본이 차지하는 위치를 지목하는 것으로, 앞서 소개한 와타나베 외상의 강연에서도 피력된 바 있다.[25] <표 7-3>에서 나타나듯 유엔에 대한 일본의 분담금은 미국을 제외한 여타 상임이사국보다 많을 뿐만 아니라, 그들의 분담을 합한 규모와도 비슷한 수준이다. 이러한 일본의 분담

25) 한 예로는 1998년 9월, 제53차 유엔총회 일반토론에서 행한 오부치 수상의 연설을 들 수 있다. 그는 일본의 상임이사국 진출에 대한 가맹국의 결단을 촉구하면서 일본의 재정적 기여와 그에 따른 세계발전에의 기여를 다음과 같이 설명하고 있다. "'평화'와 '개발'은 표리일체의 관계에 있습니다. 또한 유엔이 국제사회가 안고 있는 제 문제에 효과적으로 대응하기 위해서는 가맹국이 각자의 분담금 지원의무를 성실하게 이행하는 것을 포함한 '건전한 재정기반'의 확보가 긴요합니다. 일본의 분담률은 20%를 초과하고 있습니다. 이것은 미국을 제외한 상임이사국 4개국의 분담률 합계보다 높은 비율입니다. 이러한 상황에 따라 재정분야의 개혁에 적절한 조치를 취할 필요가 있습니다. 또한 유엔변화를 위한 개혁실행에서는 정치 분야에서의 개혁, 개발 분야에서의 개혁, 그리고 그것을 지지하기 위한 재정분야에서의 개혁과 상호 관련된 3개 분야의 개혁을 균형 있는 형태로 추진하지 않으면 안 됩니다."

〈표 7-4〉 유엔 PKO에의 각국 분담금(1996년)

국가명	미국	일본	독일	프랑스	영국	러시아	이탈리아	캐나다	스페인	네덜란드	그 외
%	30.97	15.49	9.07	7.94	6.58	5.51	6.21	3.11	2.37	1.59	12.15

자료: 일본 외무성의 인터넷사이트(www.mofa.go.jp)에서 재인용.

정도는 유엔 PKO에 대한 각국의 분담금을 제시한 <표 7-4>에서 나타난다.

셋째는 대량파괴병기의 확산방지나 통상병기의 투명성 확보, 그리고 환경보호 문제 등에서도 일본의 참여가 도움이 된다는 것이다. 이는 일본의 상임이사국 진출에 따라 일본 자위대의 해외전개 등을 우려하는 국내의 반대를 겨냥한 것이다. 앞서 소개한 하타노는 일본이 상임이사국이 될 경우 PKO에 적극 참가하게 될 것이라는 우려에 대해서 잘못된 전제 위의 논의라고 일축한다.[26] 즉, 그 우려는 상임이사국이 되지 않으면 PKO에 적극적으로 참가하지 않아도 된다는 생각에 기초하는 것이지만 상임이사국이 되지 않아도 일본은 대국으로서의 입장 때문에 참여해야 하며, 오히려 상임이사국이 되는 것이 어떤 PKO를 만들 것인지 주장하는 데 도움이 된다고 밝힌다.

이러한 정부 측의 주장에 대해서 반대하는 세력은 다음과 같은 세 가지 근거를 들고 있다. 첫째는 유엔 PKO에의 참가 경우와 마찬가지로 상임이사국 진출의 목적이 불명확하다는 것이다. 예를 들어 가와베는 일본이 어떠한 세계를 추구하며 문제를 어떠한 방향에서 해결해나갈 것인가 등에 대한 진지한 논의가 진행되어야 함에도 그렇지 못하다는 점을 제기하고 있다.[27] 또한 상임이사국이 되면 일본이 얻게 될 이점에 대해서만 논의되는 경향에 대해 이러한 주장에서 과연 약소국을 배려하는 측면을 찾을 수 있는가 하는 반문과 함께,

---

26) 상임이사국 진출과 PKO는 별개라는 주장을 하면서, 1993년 12월에 방일한 갈리 총장이 표명한 메시지, 즉 "일본이 상임이사국이 되는 것은 유엔과 세계를 위한 것이다. 그것을 위해서는 일본이 입후보해야 한다. 상임이사국에의 참여와 PKO에의 적극 참여는 별개 문제다"라는 발언을 인용하고 있다. 波多野敬雄·佐佐木毅, 「對談: 柵上げできない日本の國連安保理入り」, p. 26.

27) 河辺一郎, 「論議拔きの常任理入りに反對する」, ≪世界≫(1994.11), pp. 105~109.

정보수집의 이점이 오히려 국내 대책상 역이용될 가능성에 관해서도 우려를 나타내고 있다.

다카하시 교수 역시 상임이사국 진출에 대한 논의가 안보리 개혁 문제에만 국한된 것은 논의구조가 의도적으로 왜곡된 것이라고 문제를 제기한다.[28] 독일의 경우 자국을 둘러싼 국제정세, 국내정세, 그리고 앞으로의 독일외교라는 논점 위에서 상임이사국에의 진출 여부를 다루고 있다는 독일인 지인의 이야기를 토대로, 일본의 경우에도 좀 더 커다란 문맥에서 유엔안보리 진출 문제를 정리해야 한다고 주장한다. 즉, 상임이사국 진출 문제를 유엔 개혁 문제까지 넓힘과 동시에 앞으로의 세계정치의 방식 및 앞으로의 일본 외교의 이념 등과도 연관된 논의를 추진해야 한다는 것이다.

그가 주장하는 유엔 개혁은 유엔이 세계내정정치를 향해, 그리고 장래의 담당자가 될 수 있도록 진행되어야 한다는 이를 위해 상임이사국의 거부권 폐지와 같은 유엔집행체제의 강화, 유엔의 입법 및 사법기능의 강화, 지역적 분업, 사회에 의한 세계의 공동책임 등을 주요 내용하고 있다. 이는 독일에서 진행되는 '세계내정정치론'이나 후나바시가 주장하는 '지구민생대국론'을 배경으로 하며, 인권·환경·개발·평화의 분야에서 세계에 관여하고 경제력 및 기술력을 수단으로 유엔 등의 보편적·다각적인 기구 및 포럼을 무대로 글로벌한 영향력을 행사한다는 것과도 연관되는 논의다. 즉, 본래 정글의 법칙이 지배적인 국제관계를 문명화 내지는 민생화한다는 입장에 선 것이다.

무샤고지 역시 상임이사국 진출의 찬부를 가리기에 앞서, 어떻게 하면 탈냉전기라는 새로운 상황에서 유엔 전체가 신속하고도 유효한 대응을 할 수 있는지가 논의되어야 한다고 주장한다.[29] 그렇지 않고서는 일본이 상임이사국이 되어 어떠한 방법으로 공헌을 할 수 있을지 방향을 정할 수 없기 때문이라는

---

28) 高橋進, 「'地球民生大國'の視點からの論議: ドイツでも同樣の論爭が」, ≪エコノミスト≫(1994.11.22), pp. 72~75.

29) 武者小路公秀, 「常任理事局を望む日本が考えるべきこと」, ≪世界週報≫(1993.8.31), pp. 10~13.

것이다. 현재 세계에서 발생하는 많은 분쟁이 경제위기, 집단 간의 빈부격차, 에스닉 집단의 자기주장 분출, 대량의 난민과 노동자의 대규모 인구이동 등에 의한 것이라는 관점에서, 그는 군사적 강제력의 확대만으로는 이러한 분쟁을 해결할 수 없으므로 안보리의 지리적인 분배균형 등이 이루어져야 한다고 주장한다. 지리적인 분배균형에 의해 비상임제도를 강화하여 세계 각 지역의 내부사정에 대한 더 깊은 이해와 분쟁당사자 간의 화합이 시도될 수 있다는 것이다. 이외에도 그는 사법재판소의 권한 강화나 거부권의 부정을 제시하고 있다.

두 번째 비판 대상은 이제까지 유엔정책이 제대로 논의된 적이 없다는 것이다. 위에서 언급한 가와베는 일본이 유엔에 가맹한 지 40년이 지났지만 그동안 일본이 무엇을 했으며 어떤 영향을 끼쳤는지, 그리고 그러한 영향력이 국민의 합의에 의한 것인지 등이 명확하지 않다고 지적한다. 이에 더해 일본은 유엔에 대한 비용분담률의 측면에서 제2위국으로서 이미 강력한 발언권을 갖고 있다는 점도 지적한다. 예를 들어 1993년의 경우 일본은 유네스코 및 세계은행 등 유엔 전문기관의 이사국으로 활동하고 있으며, 안보리 당선 실적만 봐도 유엔가맹국 중 최다인 7회나 된다는 것이다. 또한 일본이 상임이사국이 됨으로써 국제평화에 이바지할 것이라는 주장에 대해서는 PKF에 대한 논의가 진행되었던 1992~1993년 기간에도 일본이 비상임국으로서 일했는데 과연 그때 군사화를 강화하려는 안보리에 대해 비판을 했었는지 꼬집고 있다.

세 번째의 비판 대상으로는 헌장을 둘러싼 법률론의 문제가 지적된다. 가와베에 따르면 유엔의 군사참모위원회는 상임이사국의 참모총장 내지는 그 대표가 구성하여 유엔군의 전략적 지휘를 맡는데, 이를 기초로 할 경우 상임이사국의 진출은 일본국 헌법, 즉 평화조항으로 지칭되는 제9조와 배치된다는 것이다. 외무성이 1994년 8월 22일에 작성한 「일본의 상임이사국 참여에 관한 법적논점의 정리」를 보면 "이 병력의 지휘에 관한 문제는 후에 해결한다는 취지로 규정하고 있으며 학설상으로도 전략적 지도는 병력을 직접 지휘하는 것과는 다른 것으로 해석된다"고 말하고 있지만, 이로서는 설명이 부족하다는 입장이

<표 7-5> 일본의 유엔안보리 상임이사국 진출에 대한 국민의식(%)

	찬성			반대			그 외	모름
	합계	찬성	찬성 쪽	합계	반대 쪽	반대		
1994년	56.0	18.7	37.3	18.0	13.3	4.7	0.6	25.3
1995년	60.7	23.2	37.5	15.7	11.8	3.9	0.2	23.4
1996년	64.6	27.1	37.5	13.0	9.5	3.4	0.4	22.0
1997년	64.4	28.7	35.7	12.2	9.7	2.5	0.0	23.4

자료: 總理府廣報室 編, 『月刊: 世論調査, 外交』, 平成 10年 5月号, p. 12.
주: '찬성 쪽'이란 '어느 쪽이냐 하면 찬성'이라는 답변을 표에 맞게 축소한 것이고, '반대 쪽' 역시 '어느 쪽이냐 하면 반대'라는 답변의 축소형이다.

다. 특히 최근 들어 헌장의 해석에 대한 상임국의 영향력이 커지는 것을 감안할 때 일본 정부는 상임이사국 진출에 앞서 상기한 조항에 대해서 어떻게 대응할 것지를 명확히 해야 한다는 것이다. 이와 관련해 가와베는 상임화 논의가 미일관계 속에서, 또는 미국의 영향하에서 진행되는 것에 주목하면서 정부 내에 이에 대한 충분한 인식이 결여되어 있는 것은 아닌지 비판한다. 즉, 유엔군 사활동에 대한 일본의 참가를 요청한 미국 상원의 결의를 간과하고 있다는 것이다.

3) 상임이사국 진출을 향한 정치권 동향

앞에서 살펴보았듯이 일본의 상임이사국 진출에 대한 의견분포 내지 논의구도는 유엔 PKO의 경우처럼 상임이사국 진출 자체에 대한 반대라기보다는 그것을 어떤 식으로 추진할 것인가에 맞추어져 있다. 물론 상임이사국 진출논의의 경우 그 목적에 대한 비판이 더욱 강하게 제기되는 감이 없지만, 그 자체에 대한 부정이 아니라는 점에서는 유사하다는 것이다. 이러한 사정은 국민의식의 변화에서도 엿볼 수 있다. <표 7-5>는 1994~1997년 상임이사국 진출에 대한 국민의식의 변화를 살펴본 것이다. 가장 큰 특징은 유엔 PKO의 경우와 마찬가지로 강한 부정이 감소한 반면 강한 긍정이 증대한 점이다. 즉, 찬성이라고 확실히 답한 응답자의 비율이 1994년의 18.7%에서 1997년의

28.7%로 10%나 증가한 반면에, 반대라고 확실히 답한 응답자의 비율은 1994년의 4.7%에서 1997년의 2.5%로 반 정도 감소했다. 유엔 PKO의 경우와 마찬가지로, 상대적인 증감률에서 강한 부정의 입장이 더 크게 변화했음을 알 수 있다. 이러한 국민의식의 변화는 동 주제에 대한 정치인들의 의견분포가 아직도 양분되어 있음을 고려할 때 더욱 의미 있는 것이다. 예를 들어 가바시마 교수의 연구팀이 ≪요미우리신문≫과 함께 정치인들을 상대로 진행한 설문조사에 따르면, 상임이사국 진출 문제는 정당들을 분리시키는 쟁점으로 나타났다.[30]

국민의식의 이와 같은 변화는 앞에서 언급된 비판적 논의에도 일본 정부가 상임이사국 진출을 지속적으로 추진하게 하는 주요 요인 중의 하나라고 할 수 있을 것이다. 하타노가 지적했듯 유엔 창립 50주년이 되는 1995년이라는 호기를 맞아 상임이사국으로 진출한다는 계획이 실현되지는 않았지만, 일본 정부는 지속적으로 그리고 적극적으로 진출의사를 표명하고 있다. 또한 위에서 살펴본 비판점들이 전혀 효과를 낳지 않은 것은 아니라고 생각된다. 1990년 이후의 대표적인 유엔총회 연설의 목차를 대조해 살펴보면 알 수 있듯이 일본 수상 및 외상의 유엔총회 연설을 보면 최근 들어 특히 개발 문제를 들고 나오는 것을 알 수 있다. 예를 들어 1996년 9월 24일, 제51차 유엔총회 일반토론연설에서 하시모토 전 수상은 일본의 유엔가맹 40주년에 즈음하여 다시 유엔을 중시하는 자세를 표명함과 동시에 일본의 외교목표를 '미래의 세대를 위해 더 나은 세계의 창조'로 제시했다. 즉, 세계의 평화와 안정의 확보, 개발도상국의 안정과 발전을 위한 개발의 촉진, 그리고 지구사회에서의 개별 시민의 안정 확보라는 세 가지 축을 중심으로 외교적인 노력을 다하겠다고 제창했던 것이다. 또한 유엔 역시 21세기를 향하여 이러한 세 가지 축을 중심으로 한 역할을 담당하기 위해서도 개혁이 필요하며, 일본은 무력행사를 금지한 헌법을 기본

---

30) 蒲島侑夫, 「全國會議員イデオロギー調査: 連立時代の議員と政黨」, ≪中央公論≫ (1999.5), pp. 46~61.

으로 하여 많은 국가들의 협조를 바탕으로 안보리 상임이사국으로서의 책임을 다할 용의가 있음을 표명했다.31)

오부치 수상이 1998년 9월 21일 제53차 유엔총회에서 행한 일반토론연설은 보다 직설적이다.32) '평화와 개발, 그를 위한 개혁'이라는 제목이 암시하듯이, 그는 현재의 국제사회가 빈번히 일어나는 지역적 분쟁에 신음하고 있으며, 그것과 불가분의 관계 속에서 빈곤의 도전을 받고 있다고 보았다. 이러한 문제에 유효하게 대응하고 새로운 질서에 대응하기 위해서도 유엔의 개혁이 필요하다고 지적한 후, 1997년에 개혁의 기운이 높았는데도 실현되지 못한 것을 애석해하면서 일본의 상임이사국 진출에 대한 가맹국의 결정을 다음과 같이 촉구하고 있다.

…… 금년은 일본이 안보리 개혁의 구체적인 논의를 시작한 지 5년째가 되는 해입니다. 이미 논점은 나와 있고, 각국이 정치적 결단을 단행할 시기에 와 있습니다. 일본은 대다수 국가의 정직한 관심에 따라, 또한 국제사회 전체의 이익에 맞는 포괄적 합의를 성립시키는 것이 가능하다고 믿고 있습니다. 일본이 그러한 포괄적 합의를 향한 결정력과 행동력을 갖지 않는다면, 유엔이 차세기에 국제사회가 직면한 과제에 유효하게 대응할 수 있겠습니까. 이번 총회의 회기 중에 개혁에 대한 합의를 도출하여 모든 가맹국이 유엔의 변화를 위한 정치적 영단을 내릴 것을 요청하는 바입니다. ……

이러한 방향전환이 일본의 상임이사국 진출에 어떠한 효과를 가져올지는 아직 미지수다. 앞에서 언급했듯이 안보리 개혁을 향한 각국의 이해가 복잡하게 얽혀 있기 때문이다. 하지만 상임이사국 진출 문제는 국내적인 갈등보다는

31) 外務省,『外交靑書 1997: 相互依存の深まる世界における日本の外交』(東京: 大藏省印刷局, 1997), 第40号, 第1部, pp. 213~222.

32) www.kantei.go.jp/jp/souri/981001kokuren.html.

국제적인 것에 의해서 지연되고 있다는 측면에서 유엔 PKO와 다르며, 특징이라 할 수 있다.

일본은 2004년부터 독일, 인도, 브라질과 함께 소위 말하는 'G4'국을 형성하여 안보리 개혁 및 안보리 진출을 추구하면서 'G4'안이라는 것을 준비했는데, 그 내용은 다음과 같다.

첫째는 안보리 구성국을 현행의 15개국에서 25개국으로 확대한다는 것으로, 이 중에서 상임이사국에 6개국을 추가하고 비상임이사국에 4개국을 추가한다는 내용이었다. 또한 선거의 횟수를 제한하지 않고, 새롭게 상임이사국에 들어갈 6개국이 정해질 때까지 선거를 계속한다는 내용도 포함되었다. 둘째는 신임 상임이사국의 거부권과 관련된 것이다. 즉, 신임 상임이사국은 현재의 상임이사국과 동일한 책임과 의무를 지지만, 신임 상임이사국에 대한 거부권 확대 문제가 결정될 때까지 거부권을 행사하지 않는다는 내용이다. 셋째는 리뷰에 대한 규정으로, 헌정개정이 발효된 지 15년 후에 이번의 헌정개정에 의해 발생하는 상황을 리뷰한다는 것이다. 안보리상임이사국의 숫자를 확대한다는 'G4'안에 대해서는 상임이사국이 크게 비대해지면 의사결정에 장애를 초래한다는 미국의 입장에 반하는 것이라고 할 수 있다. 따라서 앞서 언급한 바와 같이 미국은 명확한 반대의사를 표명했고, 결국 'G4'안은 유엔총회의 채결까지도 가지 못한 채 폐안되었다.

이후 일본은 신임 상임이사국을 크게 확대하는 것에 반대하는 미국의 입장을 고려하여 G4안과는 다른 독자 안을 미국에 제시한 것으로 알려져 있는데, 이는 그만큼 일본의 진출의지가 강하다는 것을 보여준다.

II. 민주당 정권의 환경정책: 변화와 연속성[33]

1. 서론

본 절에서는 최근 들어 일본이 외교에서 역점을 두고 있는 환경정책에 대해 검토한다. 환경정책의 대상 분야는 매우 다양하다. 예를 들어 현재 다국 간에 체결된 환경 관련 조약들은 습지 등과 관련된 람사르조약, 멸종위기의 동식물 규제와 관련된 워싱턴조약, 오존층 보호를 위한 비엔나조약, 유해성폐기물과 관련된 바젤조약, 온실효과가스 삭감과 관련된 기후변동틀조약 등 9개 정도다.[34] 일본 외무성이 제시하는 '지구환경 문제에 대한 일본의 대응'이라는 제하의 웹사이트에서도 환경정책과 관련된 분야로 기후변동 문제를 비롯해 생물다양성의 보존 및 지속 가능한 개발의 문제, 야생동식물의 보호, 사막화 대처, 오존층 보호, 폐기물 및 화학물질 처리 문제 등에 대해 언급하고 있다.[35]

다음에서는 이러한 다양한 환경정책 분야 중에서도 기후변동과 관련된 부분에 대해 검토한다. 이는 무엇보다도 현재의 일본 민주당 정권이 제시한 기후변동과 관련된 정책을 자민당 정권의 정책과 비교함으로써 민주당 정권의 정책적 특성 및 일본 외교의 변용을 검토할 수 있기 때문이다. 그에 더하여 민주당 정권의 환경정책은 여기서 다룰 일본의 정치대국화와도 연관된 측면이 있기 때문이다.

---

33) 이 절은 이면우, 「민주당 정권의 환경 정책 및 외교: 변화와 연속성」, 이면우 엮음, 『일본 민주당 정권의 정책성향과 대외관계』(성남: 세종연구소, 2010), 73~126쪽을 재정리한 것임.
34) 日本 外務省, "地球環境問題.國際環境協力と我が國の外交: 現狀と課題"(2005.2), www.mofa.go.jp/mofa/gaiko/kankyo/pdfs/mon_gaiko.pdf, 2010년 6월 30일 재검색.
35) 일본 외무성의 팸플릿, "地球環境問題に對する日本の取組," 2010년 3월, www.mofa.go.jp/mofaj/press/pr/pub/pumph/t_kankyo.html에서 재인용, 2010년 6월 30일 재검색.

2. 하토야마 내각의 환경정책

하토야마 내각에서 환경정책은 중단기과제로서, 이는 오카다 외무대신의 기자회견 내용에서도 엿볼 수 있다. 2009년 10월 7일의 외신클럽(FCCJ) 연설에서 오카다 외무대신은 100일 내의 단기과제 세 가지와 300일 내의 중기과제 네 가지를 제시했다.[36] 단기과제 세 가지는 첫째, 일본 내의 미군을 재배치하고 오키나와의 미군기지를 재배치하며, 둘째는 아프가니스탄과 파키스탄을 지원하고, 셋째는 기후변화에 대해 대응한다는 것이다.

중기과제 네 가지를 살펴보면, 첫째는 상호 신뢰에 기초해서 미일관계를 심화한다는 것이다. 둘째는 동아시아공동체의 형성을 시야에 둔 아시아지향의 외교정책을 추구하고, 셋째는 납치와 핵 및 미사일 문제를 안고 있는 북한 관련 대응이며, 넷째는 핵 문제 및 지구온난화에 대한 대응이다.

이처럼 하토야마 내각의 환경정책은 기후변화와 지구온난화로 분리되어 중단기적으로 주목을 받고 있다.

하토야마 수상의 민주당 정권이 추구하는 환경정책은 크게 두 가지로 나누어 살펴볼 수 있다. 첫째는 2009년 선거에 즈음해 준비한 매니페스토를 검토하는 것이고, 둘째는 정권형성 이후에 실질적으로 추진되는 내용을 검토하는 것이다. 여기서는 목표와 현상을 구별하는 차원에서 이 두 부분을 나누어 검토한다.

1) 2009년의 민주당 매니페스토

2009년의 민주당 매니페스토를 보면, 하토야마 내각의 환경정책은 지구온난화 대책을 중심으로 한다.[37] 하토야마 내각이 2009년 중의원 총선거에서

---

36) 오카다 외상의 연설에 대해서는 www.mofa.go.jp/mofaj/press/enzetsu/21/eokd._1007.html을 참조.

제시한 매니페스토는 지구온난화 대책과 관련한 정책목표로 "국제사회와 협조하여 지구온난화를 막고 다음 세대에 양호한 환경을 잇도록 한다"는 점을 제시하고 있다. 또한 CO_2 등의 배출량에 대해 2020년까지 25%를 감축하고, 2050년까지는 60%를 감축한다는 목표를 제시했다.

이러한 정책목표를 실현하기 위한 구체책으로 다음과 같은 네 가지 사항이 제시되었다. ① 온난화가스 억제를 위한 국제적 틀로 '포스트 교토의정서'를 채택해 미국, 중국, 인도 등 주요 배출국의 참가를 촉구하고 주도적인 환경외교를 전개한다는 것이다. ② '갭 & 트레이드' 방식을 도입하여 실효성 있는 국내 배출량 교역시장을 창설한다는 것이다. ③ 지구온난화 대책을 위한 세금 도입을 검토한다는 것이다. 이를 위해 지방재정을 고려하여 특정한 사업에 과도한 부담이 가지 않도록 유의하여 제도를 설계한다는 것이다. ④ 가전제품의 공급 및 판매에서 CO_2 배출과 관련된 정보를 통지하는 등 'CO_2의 표면화'를 추진한다는 것이다.

지구온난화 대책과 관련해서는 '전량구매방식의 고정가격 구매제도'를 도입한다는 계획도 제시되어 있다. 이는 국민생활에 뿌리내린 지구온난화 대책을 추진하기 위한 것으로, 온난화에 대한 국민의 의식을 고취시키고 에너지 분야에서의 새로운 기술개발 및 산업육성을 추진하여 안정된 고용을 창출하기 위한 것이기도 하다.

이를 위한 구체책으로는 ① 재생 가능한 에너지에 대해서 고정가격 구매제도를 조기에 도입하고 효율적인 전력망(스마트 그리드)의 기술개발 및 보급을 촉진한다. ② 주택용 등의 태양광 패널, 환경 대응차, 에너지 절약형 가전 등의 구입 조성이 제시되었다.

또한 환경분야 등에서의 기술혁신이 환경정책의 주요 부분으로 제시되었다. 즉, 제1차 에너지의 총공급량에서 재생 가능 에너지가 차지하는 비율을 2020

---

37) 일본 민주당이 2009년 중의원 선거를 앞두고 제시한 매니페스토의 명칭은 '民主黨の政權政策 Manifesto 2009'로 이는 다음을 참조. www.dpj.or.jp/special/manifesto2009/index.html, 2010년 6월 30일에 재검색.

년까지 10% 정도 인상한다는 것과 환경기술의 연구개발 및 실용화를 추진하여 일본의 국제경쟁력을 유지 및 향상시킨다는 목표를 제시하고 있는 것이다.

이를 위한 구체책으로 ① 세계를 리드할 수 있는 연료전지, 초전도, 바이오매스 등 환경기술의 연구개발 및 실용화를 추진한다는 것이다. ② 신에너지 및 에너지 절약기술을 활용하여 이노베이션에 의한 신산업을 육성한다는 것이다. ③ 국립대학법인 등 공적연구개발 법인제도를 개선하고, 연구자 장려금제도를 창설하는 등의 방법으로 대학이나 연구기관의 교육력 및 연구력을 세계 상위 수준으로까지 증진시킨다는 것이다.

위에서 언급한 에너지정책의 부분 외에도 에너지의 안정적 공급체제를 확립한다는 것이 환경정책의 일환으로 제시되어 있다. 즉, 국민생활 및 경제의 안정성장을 위한 방안으로 에너지의 안정적 공공체제를 확립한다는 목표하에 에너지의 안정 확보, 신에너지의 개발 및 보급, 에너지 절약 추진 등을 일원화하여 추진하는 방책이 제시되어 있다. 또한 희소금속 등의 안정적 확보를 위한 체제를 확립하고 재이용 시스템을 구축하며, 자원국과의 외교를 추진하는 것도 구체책의 하나로 제시되어 있다. 또 안전을 제일의 모토로 하여 국민의 이해와 신뢰를 획득하면서 원자력이용에 대한 체제 확립을 착실히 추진한다는 것이다.

2) 민주당 정권 출범 이후

다음에서는 민주당 정권 출범 이후의 환경정책 방향에 대해 검토하는데, 이와 관련해 유엔기후변동정상회의와 코펜하겐회의에서 행한 하토야마 수상의 연설 및 발언, 이후 진행된 실무자급 회의에서 제시된 입장 등을 살펴본다.

2009년 9월 22일 뉴욕에서 개최된 유엔기후변동정상회의에 출석한 하토야마 수상은 연설을 통해 민주당 정권 및 향후 일본의 환경정책에서 기본이 될 방향을 다음 세 가지 측면에서 제시했다.[38] 첫째는 온실효과가스의 삭감목표를 제시한 것이다. 장기적으로 삭감목표를 정해나가는 데 적극적으로 참여하겠다는 의사를 표명함과 동시에, 중기적인 목표로서 2020년까지 1990년 대비 25%를 삭감한다는 목표치를 제시했다. 그는 이 목표치가 선거에서 제시된 정권공약이라는 점을 밝히며 이와 함께 제시된 국내배출량거래제도 등도 소개하여 실현의지를 보였다. 물론 이러한 목표치는 "모든 주요국의 참가에 의한 의욕적인 목표의 합의가 우리나라(일본)의 국제사회에 대한 약속의 전제"라는 점을 강조하는 것도 잊지 않았다.

둘째는 기후변동과 관련하여 발전도상국에 대한 지원방향을 제시한 것이다. 하토야마 수상은 기후변동 문제는 지구적 차원의 문제이기에 효과를 얻기 위해서는 선진국뿐 아니라 발전도상국의 참여가 필수적이라고 밝혔다. 발전도상국의 향후 발전이 기후변동에 영향을 줄 것이고, 또한 기후변동에 좀 더 큰 피해를 입기도 하는 것이 발전도상국이라는 설명이다. 이러한 인식 위에서 하토야마 수상은 다음 네 가지 원칙을 '하토야마 이니셔티브'로 제시했다.

① 일본을 포함한 선진국이 상당한 규모의 새로운 추가 자금을 제공하는 공헌을 할 필요가 있다는 것이다. ② 도상국의 배출삭감과 관련해서는 우선 지원자금에 의해 실현되는 부분에 대해 측정 가능, 보고 가능, 검정 가능한 형태로서 국제적인 인식을 얻기 위한 규범 만들기가 요구된다는 것이다. ③ 도상국의 자금지원과 관련해서는 예측 가능한 형태의, 혁신적인 메커니즘의 검토가 필요하다는 것이다. 또한 자금사용의 투명성 및 실효성을 확보하고, 유엔의 기후변동에 관한 틀의 감독하에서 현재 세계적으로 존재하는 양자 간 및 다자 간 자금에 대한 일괄(완스톱) 정보제공 및 연결을 제공하는 국제적인 시스템을 만들어야 한다는 것이다. ④ 저탄소기술의 이전을 촉진하기 위한 방도로 지적 재산권의 보호와 양립하는 제도를 창조하자고 제창한 것이다.

셋째 부분은 기후변동 등의 환경정책에서 일본이 추구할 국제적 협력방향의 기본이 제시된 점이다. 예를 들어 상기한 삭감목표치와 '하토야마 이니셔티브'

---

38) "國連氣候變動首腦會議の鳩山總理大臣演說," 平成 21年 9月 22日, www.kantei.go.jp/jp/hatoyama/statement/200909/ehat_0922.html 참조.

<표 7-6> 세계 각국의 에너지기원 CO_2 배출량(2007년)

국가 및 지역 명	%
중국	21.0
미국	19.9
EU 27개국	14.7
러시아	5.5
인도	4.6
일본	4.3
아시아 그 외	7.1
남미	3.5
아프리카	3.0

자료: IEA, "CO_2 Emmissions from Fossil Fuel Combustion"(2009); 日本 外務省, "地球環境問題に對する日本の取組," 2010년 3월, p. 3에서 재인용, www.mofa.go.jp/mofaj/press/pr/pub/pumph/t_kankyo.html.

를 제시하면서 하토야마 수상은 "세계 속에서 상대적으로 높은 기술개발의 잠재력과 자금력을 가진 우리나라(일본)가 스스로 솔선하여 삭감목표를 제기하고, 혁신적 기술을 개발하면서 그 삭감을 실현해나가는 것이야말로 국제사회 속에서 추구하고 요구되는 역할이라고 인식하고 있다"는 입장을 밝혔다. 이처럼 하토야마 수상은 선진국의 솔선수범적인 자세와 "공통적이지만 차이 있는 책임"이라는 규범을 제시했던 것이다.

하토야마 수상은 2009년 12월 18일에 개최된 '기후변동틀조약 제15회 체약 국회의 수뇌회의'(이하 COP15)에 참석하여, 코펜하겐 합의의 성립을 촉구했다. 회의에 참석하기에 앞서 교섭이 난항을 겪고 있다는 것을 들었다고 밝힌 하토야마 수상은 자신의 경우 산업계의 염려를 달래 유엔기후변동정상회의에서 25% 삭감의 목표치를 제시하고, 코펜하겐으로 오기 직전에는 자신이 제시한 '하토야마 이니셔티브'를 좀 더 구체화했다고 알렸다.

구체화된 '하토야마 이니셔티브'의 내용은 ① 2012년 말까지 공적 자금 110억 달러(약 1조 3,000억 엔), 관민 합쳐 150억 달러(1조 7,000억 엔) 정도를 마련하여 개발도상국에 지원한다는 것이다. ② 지원대상국과 관련해서는 가스 배출삭감 등의 기후변동대책을 위해 노력하는 도상국과 기후변동의 악영향에 대해 특히 허약한 도상국을 대상으로 제시했다. 이러한 내용 역시 뉴욕 연설에서와 마찬가지로 "모든 주요국들에 의해 공평하고 실효성이 있는 틀이 구축되고 의욕적인 목표에 대한 합의"가 이루어지는 것을 전제로 한다고 밝혔다.

이러한 발언내용은 종전의 교섭과정에서 일본이 보여준 자세와는 다르다는 점에서 하토야마 수상의 민주당 정권이 보여주는 새로운 측면이라고 할 수 있다. 종전의 일본적 자세란 캘더 교수의 '반응적 국가(reactive state)'론으로 대표되는데, 이는 국제적인 논의를 주도하는 것이 아니라 전체적인 흐름을 따라가는 경향을 지칭한다.[39] 기타 국가들의 참여를 전제로 하긴 하지만, 25%의 삭감목표치를 먼저 제시한 하토야마 수상의 접근은 종전의 경향과는 다른 측면을 보이는 것이다.

하토야마 수상의 이러한 새로운 접근법은 ① 정권교체를 이룩한 민주당 정권으로서 종전에 자민당이 추진한 것에 거의 무조건 반대하려는 속성이 작용한 측면도 있고, ② 교토의정서의 성립을 전후로 하여 축적된 환경정책에의 관료적 경험이 기초를 형성했기 때문이기도 하다. 이러한 하토야마 이니셔티브에 대해서 일본 정부는 "선진국에 의한 도상국 지원에 대해 커다란 방향성을 제시"했고, 그것이 "'코펜하겐 합의'에 이르는 주요한 요인의 하나"였다고 자체 평가하고 있다.[40]

'COP15'는 2009년 12월에 덴마크 코펜하겐에서 개최된 것으로, 2013년 이후의 큰 틀을 정하는 정치합의를 도출하고자 연일 심각한 교섭이 진행되었다.[41] 일본에서는 하토야마가 출석하여 각국 수뇌들과 회담을 진행했고, 오자

---

39) 캘더 교수의 '반응적 국가'론에 대해서는 Kent Calder, "Japanese Foreign Economic Policy Formation: Explaining the Reactive State," *World Politics*, 40.4(July 1988), pp. 515~541 참조; 그리고 이에 따라 일본의 외교 스타일에 대한 논의와 관련해서는 Gerald Curtis, ed. *Japan's Foreign Policy After the Cold War: Coping with Change* (New York: M.E. Sharpe, 1993) 참조.

40) 日本 外務省, "地球環境問題に對する日本の取組," 2010년 3월, p. 3; www.mofa.go.jp/mofaj/gaiko/kankyo/index.html.

41) 日本 外務省, "地球環境問題に對する日本の取組," 2010년 3월, p. 4; www.mofa.go.jp/

와 환경대신, 후쿠야마 외무부대신, 후에코(增子) 경제산업부대신, 오타니 환경 담담정무관 등은 각국 대신 및 대표단장에 대한 접근을 시도했다. 이러한 움직임을 통해 일본은 교섭에 참획, 공헌하여 각 논점에서 적극적인 주장을 펼쳤다.

COP15의 교섭과정에서는 격렬한 대립 속에 때로 논의가 중단되었다. 하토야마 수상은 심야까지 진행된 교섭에 스스로 참여하여 정치합의의 작성 필요성을 호소하는 한편, '코펜하겐 합의'의 작성에 적극적으로 공헌했다. 이러한 수뇌부 협의를 통해 작성된 '코펜하겐 합의'에 대해서는 거의 모든 국가가 찬성했지만 일부 국가는 작성과정이 불투명하다는 등의 이유로 채택에 반대했다. 그러나 최종적인 체약국회의에서는 향후 교섭의 전진을 위해서 '코펜하겐 합의'에 '유의한다'는 결정이 내려졌다.

'코펜하겐 합의'는 다음 다섯 가지로 구성되어 있다. ① 세계 전체의 기온상승이 2도 이내에 멈추어야 한다는 과학적 견해를 인식하고, 장기적인 협력을 강화한다. ② 부속서I국가(선진국)는 2020년의 삭감목표를, 비부속서I국가(도상국)는 삭감행동을 각기 부표I 및 II의 양식에 따라 2010년 1월 31일까지 사무국에 제출한다. ③ 부속서I국의 행동은 MRV(측정, 보고, 검증)의 대상이 된다. 비부속서I국가가 자발적으로 행하는 삭감행동은 국내적인 MRV를 거친 후에 국제적인 협의 및 분석의 대상이 되지만 지원을 받아서 행하는 삭감행동은 국제적인 MRV의 대상이 된다. ④ 선진국은 도상국에 대한 지원에서 2010~2012년 사이에 300억 달러 상당의 신규 또는 추가 자금의 공여를 공동으로 추진하는 것에 협약하고, 또한 2020년까지는 연간 1,000억 달러의 자금을 공동으로 조달한다는 목표에 협약한다. 기후변동조약의 자금공여제도의 실시기관으로서 '코펜하겐 그린기후기금'의 설립을 결정한다. ⑤ 2015년까지 합의의 실시에 관한 평가의 완료를 요청한다.

일본 정부는 이상의 내용을 포함하는 코펜하겐 합의 이후의 과제로서 미국,

---

mofaj/gaiko/kankyo/index.html.

중국을 포함한 모든 주요 배출국이 참가하는 공평하고도 효율성이 있는 국제적 틀을 구축하자고 제안했다. '코펜하겐 합의'를 기초로 하여 새로운 하나의 포괄적인 법적 문서를 작성하도록 각국과 연대하고 협력하면서 국제교섭 속에서 추진하고, 하토야마 이니셔티브에 기초하여 향후 구제적인 지원에 대해서는 국제교섭의 진전상황을 주시하면서 실시한다는 것이다.

이처럼 하토야마 내각의 환경정책은 지구온난화 대책과 에너지정책이라는 두 부분으로 크게 구성된다. 이와 함께 신산업육성이라는 측면이 환경정책의 주요한 속성으로 제시된 것이 특성이라고 할 수 있을 것이다.

3. 비교적 관점: 자민당 정권의 환경정책 – 기후변화 관련 정책 중심으로

자민당 정권은 장기간에 걸쳐 유지되었기에 그 안에서 추진된 환경정책도 제법 긴 역사를 갖고 있다. 예를 들어 급속한 산업성장에 의해 발생된 '미나마타병'과 같은 질환이 자민당이 발족한 지 얼마 되지 않은 1956년에 공식 표명되었고, 그에 대한 행정적인 대응으로 '공해대책추진연락회의'가 설치된 것이 1960년대 중반이며, 그것이 환경청으로 발전된 것이 1971년이었다.[42] 이처럼 일본의 환경정책은 다양한 분야와 긴 역사를 갖고 있는데, 이에 따라 다음에서는 민주당 현 정권의 환경정책과 비교하는 차원에서 자민당 정권이 추구한 기후변화 관련 정책에 대해서 간략히 검토한다. 교토의정서의 성립과정에 대해서는 기존의 연구가 있기에 여기서는 그 이후에 대해 살펴본다.

---

42) 일본 환경성에 대한 간략한 소개는 위키백과(ko.wikipedia.org/wiki/)를 참조.

1) 교토의정서 체결 이후

(1) 교토의정서 체결 후의 전반적인 흐름 및 일본 정부의 대응

교토의정서는 1997년 12월에 채택되어 2005년 2월에 발효되었다. 일본은 2001년에 개최된 COP7에서 교토의정서의 구체적인 운용방침 결정이 받아들여져 교토의정서 체결에 대한 환경이 선진제국에서 정비됨에 따라 2002년 6월 4일 조약을 체결했다. 2005년 2월의 발효 시점에는 체약국이 140여 개국에 달했고, 2009년에는 180여 개국에 달했다.

일본 외무성은 2005년 2월 「지구환경문제·국제환경협력과 우리나라(일본)의 외교: 현상과 과제」라는 문서를 통해 교토의정서의 발효에 따라 "각 부속서I국(선진국 및 경제이행국)은 의정서가 제시하는 온실효과가스 배출삭감 약속을 국제법상의 의무로서 실현하게 되었다"고 평가하면서 향후의 과제로 다음 두 가지를 제시했다.[43]

첫째는 교토의정서상의 배출삭감 약속을 확실히 달성하는 것이다. 이와 관련하여 일본 정부는 일본이 의정서에서 1990년 대비 6%의 삭감을 약속했지만 그 후 배출량의 증가에 따라 2005년을 기준으로 14%에 가까운 삭감을 해야 한다고 지적하면서 그러한 수치를 달성하기 위한 시책의 마련이 필요하며 최대한 노력해야 한다고 밝혔다. 또한 일본의 약속달성은 국제적인 연대 및 협력강화를 통해 종합적으로 실현되어야 한다는 점을 강조하면서 '교토 메커니즘'을 제시하고 있다. 교토 메커니즘이란 개발도상국 및 경제이행국을 포함한 글로벌 차원에서 효율적인(비용대비 효과를 내는) 배출삭감 프로젝트를 실시하기 위한 것으로, 클린개발 메커니즘, 공동실시, 배출량 거래 등을 내용으로 한다.

둘째로는 교토의정서 이후를 감안하여 모든 국가가 참여하는 공통의 규범 구축을 제기하면서 이와 관련해 다음 세 가지를 제시하고 있다. ① 교토의정서

---

43) 日本 外務省, "地球環境問題.國際環境協力と我が國の外交: 現狀と課題," pp. 3~4.

이후를 위해 검토를 시작해야 한다는 것으로 교토의정서가 부속서I국에 대해 2008년부터 2012년까지의 배출삭감을 규정하는 데 그쳤기 때문에 그 이후의 중장기적인 차원에서 미국 및 주요 개발도상국의 참여를 이끌어내는 것이 중요하다는 주장이다. ② 이러한 차원에서 구체적인 행동목표를 논의하는 실천적인 논의의 장이 필요하다는 것으로, 이와 관련하여 2002년부터 도쿄에서 개최되는 '기후변동에 대한 행동에 관한 비공식회의'를 예시하고 있다. ③ 향후 발전도상국의 관여를 이끌어내기 위해 배출삭감대책과 관련된 지원을 좀 더 충실히 할 필요가 있고, 특히 기후변동에 의해 발생하는 악영향에 대한 대응과 같은 적응의 문제에서 지원이 필요하다고 밝히고 있다. 이런 적응 문제와 관련하여 '해안벽'의 건설 등을 예로 들었는데, COP10에서 책정된 5개년 행동계획, 즉 '대응책과 대응조치에 관한 부에노스아이레스 작업계획' 이 실효성을 거둘 수 있도록 지원할 계획임을 시사했다.

이외에도 이 보고서는 워싱턴조약이나 유해화학물질 등과 같은 환경분야 전반에 대해서 검토하고 있는데, 여기서는 기후변동과 관련된 부분에 초점을 맞춘다는 애초의 기준에 따라 보고서에서 제시한 추후과제가 이후 어떻게 추진되었는지 간략히 검토한다. 위에서 검토한 바와 같이 이 보고서는 향후 대응에서 국내적·국제적 대응의 두 방향을 제시하는데, 이에 따라 2005년 이후 일본의 환경정책도 크게 국내적 대응과 국제적 대응의 두 방향에서 검토 할 수 있다.

(2) 국내적 대응: '저탄소사회' 일본의 제시

후쿠다 수상은 홋카이도 도야호에서 개최될 예정이었던 G8 정상회담을 1개월 앞두고 2008년 6월 '저탄소사회 일본을 지향하며' 라는 제하의 연설을 진행했다. 그는 장기목표로 2050년까지 세계 전체의 온실효과가스 배출량을 반감하자고 제안하고 이러한 목표를 G8의 주요배출국과 공유하며, 선진국으로서 개발도상국 이상으로 공헌하고, 일본 자체적으로는 2050년까지 온실효과가스 배출량을 60~80% 삭감한다는 목표를 제시했다. 이를 위해 일본은 큰 폭의 배출삭감에 불가결한 혁신적 기술개발을 적극 추진하고, 저탄소사회의 실현에서 선도적인 역할을 한다는 결의를 나타냈다.

중기목표로는 섹터별 어프로치보다 배출삭감 가능량을 분석해 그 성과를 COP14에 보고하도록 각국에 협조를 구함과 동시에 섹터별 나눔방식에 대한 각국의 평가 등을 살피고 공동의 방법론을 확립하기 위해 각국의 이해를 얻을 것이라고 밝혔다. 더욱이 일본의 국별 총량목표에 관해서는 2009년의 적당한 시기에 발표하는 것으로 했다.

그리고 구체적인 정책으로 혁신기술의 개발과 기존 선진기술의 보급, 나라 전체를 저탄소화하기, 지방의 활약, 국민주역의 저탄소화라는 4개의 축을 제시했다.

첫 번째 혁신기술의 개발과 기존 선진기술의 보급과 관련해서는 개발도상국의 기후변화 문제를 지원하는 새로운 다국 간 기금에 최대 12억 달러를 갹출한다는 것이다. 또한 G8 홋카이도 도야호 정상회담에서 '환경에너지 국제협력 파트너십'을 제안하고, 태양광 발전 세계 1위를 차지하기 위해 도입량을 2020년까지 현재의 10배, 2030년에는 40배로 인상한다는 계획도 제시했다.

두 번째로 제시된 구체안은 나라 전체를 저탄소화로 바꾸기 위한 방안으로 우선 2008년 가을부터 배출량거래의 국내총합시장을 시행적으로 실시하고, 환경세 도입 등 세제의 그린화를 포함한 세제의 발본개혁을 실시한다는 것이다. 또한 CO_2 배출을 눈에 보이게 하기 위해 2009년부터 '카본풋프린트제도'를 시험적으로 실시한다는 계획이다.

세 번째의 구체안은 지방의 활약을 촉구하는 것으로, 10개의 '환경 모델 도시'를 선정하여 그 도시에 대한 대담한 개혁적인 방안을 정부가 백업한다는 계획이다. 마지막의 구체안은 국민주역의 저탄소화를 추진한다는 것으로, 새롭게 서머타임 제도의 도입을 검토하고 7월 7일을 '쿨어스 데이'로 정하자는 계획이 제시되었다.

한 달 후인 7월에는 후쿠다 수상의 연설과 '지구온난화 문제에 관한 간담회'의 제언에서 제시된 정책의 각 항목마다 구체적인 시책을 분명히 한 '저탄소사회만들기행동계획'이 책정되었다. 2009년 4월에는 아소 내각에 의해 내각부 및 경제산업성이 정리한 '미래개척전략'이 경제재정자문회의를 통과했다. 이는 2008년 말의 경제위기가 경제나 산업을 둘러싼 경쟁 구도를 일변시킬 가능성을 가진 것이라는 인식에 기초한다. 아소 내각은 이 전략을 '건강장수' 및 '매력발휘'라는 모토와 함께, 환경분야에서 태양광 발전·에너지 절약 세계 1플랜, 에코화 세계최속보급 플랜, 저탄소교통·도시혁명, 자원대국실현 플랜이라 칭했다. '저탄소에서 세계를 리드하는 나라'를 2020년에 일본의 지향해야만 하는 미래의 방향으로 제시한 것이다.

또한 교토의정서 목표달성계획에는 교토 메커니즘의 이용이 국내 대책에 대해 보조적이라는 원칙이 제기되어 있다. 즉, 6%의 삭감약속을 달성하기 위해 온실효과가스의 배출삭감대책 및 흡수원대책에 최대한 노력을 기울이고 목표달성이 부족할 것으로 전망되는 분야에 대해서는 교토 메커니즘을 활용해 대응할 것을 제시하고 있는 것이다.[44] 일본 정부는 이러한 차이를 신에너지 산업기술 종합개발기구(NEDO)를 활용하여 2009년 4월 1일까지 9,500만 톤 CO_2의 크레딧을 계약, 취득했다. 또한 환경성이나 경제산업성을 중심으로 민간사업자 등에 대한 청정개발체제/공동이행제도(CDM/JI) 프로젝트의 실시를 위한 지원이 행해지고 있다.

구체적으로는 CDM/JI 사업의 실시 가능성 조사에 따른 안건의 발굴이나 민간사업자가 참고로 하는 CDM/JI 사업실시 매뉴얼의 개정을 실시해 CDM/JI의 사업화 촉진을 꾀하고 있는 것이다. 또한 CDM/JI 수입과 관련된 제도의 구축 및 실시계획의 책정을 지원하고, 이외에도 수입국 측의 정보를 일본의 사업자용으로 넓게 제공하고 있다. 또한 CDM을 활용하여 코베네피트·어프로치(Cobenefit approach; 이중편익 접근)의 촉진을 목적으로 2008년부터 '코베네피트 CDM 모델사업' 2건(태국에서는 수질오독대책과 온실효과가스 삭감, 말레이시아

---

44) 교토 메커니즘이란 앞서 언급한 것처럼 시장 메커니즘을 활용해 교토의정서를 비준한 선진국으로서 삭감약속을 달성하는 방식으로, 클린개발메커니즘(CDM), 공동실시(JI) 및 국제배출량 거래의 3개 수법이 있다.

에서는 폐기물대책과 온실효과가스 삭감에 해당하는 사업)에 대한 자금지원을 결정했다.

(3) 국제적·다자적 접근 및 대응

앞서 언급한대로 1997년 교토에서 개최된 기후변동틀조약 제3회 체약국회의(COP3)에서 신진 각국의 온실효과가스 배출량에 대해, 법적 구속력이 있는 수량화된 삭감약속을 정한 교토의정서가 전회 일치로 채택되었다. 이후 2001년에 개최된 COP7에서의 성과에 따라 일본의 의정서 체결과 교토의정서의 발효가 이루어졌고, 발효 후 첫 회의인 COP11 및 교토의정서 제1회 체약국회의(COP/MOP1)에서는 제1 약속기간인 2013년 이후의 틀을 위한 공식토의가 개시되어, '교토의정서 아래의 부속서I국가의 새로운 약속에 관한 특별작업부회(AWG-KP)'가 성립되었다.

2007년 12월 인도네시아 발리 섬에서 개최된 COP13에서는 새로운 '조약하에 장기적인 협력행동을 위한 특별작업부회(AWG-LCA)'가 만들어졌다. 2007년에는 그때까지 지구환경 문제의 한 분야로 인식되었던 기후변화 문제가 국제사회가 직면한 큰 문제로 수뇌부급에서 논의되어 이에 대응해야 한다는 큰 정치적 기운이 나타났다. 위의 작업부회가 만들어진 것도 이러한 흐름에 따른 것이었고, 2009년까지 작업을 마칠 것 등의 내용을 포함한 '발리행동계획'이 합의되었다. 이는 2013년 이후의 차기 틀 교섭의 장을 세우는 데 기초를 형성했다는 의미에서 획기적인 것으로 평가할 수 있다.

2008년의 5월과 10월에는 프랑스 파리에서 섹터별 삭감 가능성에 관한 국제 워크숍이 개최되었다. 제1회 워크숍에서는 삭감 가능성 분석에 관한 최신 견해를 수집, 정리하여 이후의 국제교섭에 공헌하는 하나의 과학적 기반이 구축되었다. 또한 제2회 워크숍에서는 차기 틀 교섭에 공헌하기 위해 정책결정자가 각 모델 간의 결과의 차이를 이해할 수 있도록 삭감 가능성 분석에 관한 전제조건을 명확히 하는 활동의 지속에 대한 합의가 이루어졌다. 2008년 10월, 중국에서 개최된 ASEM 정상회담에서는 파리행동계획을 환영하여 2009

년까지의 교섭 타결을 약속하고, 장기목표를 포함한 공통 비전의 필요성이 강조되어 IPCC 보고서가 제시하는 야심찬 목표의 실현을 국제사회에 요구하는 '지속 가능한 개발에 관한 베이징 선언'이 정리되었다. 또한 제16회 APEC 정상회담이나 동아시아 정상회의(EAS) 환경대신회담 등에서도 주요 의제로 논의되었다.

2008년 12월에는 폴란드 포츠담에서 COP14 및 COP/MOP4가 개최되어, 2009년 말까지 차기 틀에 대한 합의를 형성하기 위해 각국의 견해를 제출하도록 하여 교섭의 본격화를 향한 공통의 기반이 정비되었다. COP14에 앞서 개최된 섹터별 협력에 관한 산업담당대신회의에서는 섹터별 어프로치에 관한 논의가 이루어져 그 결과로 산업계의 의견을 포함하는 의견교환의 장이 '월셔 대화'라는 이름으로 마련되었다.

일본은 이러한 국제적 흐름과 관련하여 다음과 같은 국제회의들을 주재했다. 첫째는 '클린개발과 기후에 관한 아시아태평양 파트너십(APP)'이다.[45] 이 파트너십은 2005년 7월에 일본, 호주, 중국, 인도, 한국, 미국 등 6개국이 아시아태평양 지역에서 증대하는 에너지 수요, 에너지 안전보장, 기후변화 문제 등에 대처하기 위해 결성한 것으로 지역협력을 위한 관민 파트너십 회의다.[46] 2007년 10월부터는 캐나다도 포함되어, 참가한 7개국은 효율적인 기술

---

45) 이외에도 '지구온난화 아시아·태평양지역 세미나' 등이 있는데, 이 세미나는 아시아 태평양 지역 내 각국의 지구온난화 문제에 관한 정보, 경험 및 의견을 교환하는 동시에 지역 내에서 취나나 협력을 추진하는 것을 주요한 목적으로 1991년부터 일본의 이니셔 티브 아래서 개최되고 있다. 2009년 3월의 제18회 세미나는 '실효성 있는 장래 틀의 구축'이라는 주제를 중심으로, 측정·보고·검증 가능한 환경행동, CDM이나 ODA 등을 통한 코베네피트·어프로치, 국내 배출량 데이터(inventory), 그리고 과학에 근거한 적응 계획에 대한 논의가 있었다.

46) APP의 큰 특징은 참가국의 이산화탄소 배출량의 약 6할을 커버하는 8개의 협력 대상 분야와 관련하여 태스크포스가 설치되어 있다는 점이다. 8개 분야는 ① 더욱 깨끗한 화석 에너지, ② 재생 가능 에너지와 분산형 전원, ③ 발전 및 송전, ④ 철강, ⑤ 알루미 늄, ⑥ 시멘트, ⑦ 석탄광업, ⑧ 건물 및 전기기기 등이다. 섹터 및 대상 분야와 관련해 의견 및 지식을 공유하고 에너지 절약에 관한 기술 이전 및, 에너지 효율로 관련

의 개발, 보급, 이전에서 이 지역의 온실효과가스 배출삭감을 효과적으로 실현하기 위해 다양한 협력을 추진하고 있다.

둘째는 G8 환경장관회의의 개최이다. 2008년 5월 고베에서 개최된 G8 환경대신회합에서는 G8 외에 중국·인도 등의 19개국 및 지역과 8개 국제기관이 참가해 2008년 7월에 개최될 예정이었던 홋카이도 도야호 정상회담을 위한 의견수렴의 과정이 추진되었다. 당시 일본의 스루카 환경장관이 의장직을 수행해 '기후변화', '생물다양성', '3R'에 대한 논의가 진행되었고 그 결과가 의장총괄로서 정리되었다. 기후변화와 관련해서는 G8 홋카이도 도야호 정상회담에서 2050년까지 세계 전체의 온실효과가스 배출량을 적어도 반은 줄이겠다는 장기목표 합의에 대한 강한 의지가 표명되었고, 이외에도 장기목표의 실현을 위해 저탄소사회로의 이행이 불가피하고 이에 따라 모든 나라가 저탄소사회에 대해 명확한 비전을 가져야 한다는 의견 등이 제출되었다.

또한 기후변동에 관한 정부 간 패널(IPCC)의 과학적인 의견을 고려한 실효적인 중기목표의 설정이 필요하다는 점도 제시되었고, 이후의 국제교섭을 촉진하는 관점에서 저탄소사회에 관한 국제연구 네트워크의 형성, 섹터별 삭감가능성에 관한 새로운 과학적 분석의 실시, 코베네피트·어프로치 촉진 및 도상국의 온실효과가스 배출량 데이터 정비에의 지원 등과 같은 4개의 주제에 관해 심도 있는 논의가 진행되었다. 이와 관련해서는 이러한 논의를 다루는 '고베 이니셔티브'를 개시하는 데 의견일치를 보았다.

셋째로는 G8 홋카이도 도야호 정상회담의 개최를 제시할 수 있다. 이는

지표의 검토 등에 대해 관민이 연계하는 '섹터별 어프로치'에 따라 각각의 섹터·대상분야의 고유 실정을 반영한 실효적인 삭감대책을 실시하는 것이 가능하다. 현재 100건이 넘는 프로젝트가 진행되고 있다. 예를 들어 일본이 의장인 철강과 시멘트 태스크포스에서는 중국과 독일의 공장전문가를 파견해서 에너지 절약 등 환경에 관한 조언을 하고 '에너지 절약 환경진단'을 실시했다. 더욱이 철강 섹터에서는 구별 에너지 절약기술의 삭효과 및 현재의 보급률을 사용함으로써 캐나다를 제외한 나머지 6개국 철강 섹터의 CO_2삭감 포텐셜은 연간 약 1.3억 톤(일본의 연간 CO_2 배출량의 약 10%)이 될 것으로 예상한다. 日本 外務省, "地球環境問題に對する日本の取組," p. 4.

2008년 7월에 개최된 도야호 정상회담에서 '환경·기후변화'가 주요 의제 중 하나로 대두되었기 때문이다. 당시 서밋에서는 중기별 총량목표를 실시한다는 정상회의 문서가 만들어졌는데, 이는 2050년까지 세계 전체의 배출량을 적어도 50%는 삭감하자는 장기목표에 대해 기후변화틀조약의 체약국은 물론 각국 스스로도 G8으로서 지도적 역할을 해야 한다는 인식에 기초한다. 물론 이와 함께 각국의 서로 다른 개별적 사정을 고려해 모든 선진국들의 비교 가능한 노력을 반영하면서 배출량의 절대적 삭감을 달성하자는 것이다.

이 서밋의 기후변화 문제에 관한 논의의 성과는 다음 세 가지로 요약될 수 있다. 첫째는 장기목표와 관련된 것으로, 2050년까지 세계 전체의 배출량을 적어도 50% 삭감하는 목표를 정하고, 기후변화 틀 마련 조약의 전체 조약국과 공유하며, 조약 아래 교섭에 관한 검토를 채택하는 것으로 합의했다. 둘째는 중기목표와 관련된 것으로, G8 각국이 자국의 지도적 역할을 인식하고 모든 선진국 간에 비교 가능한 노력을 반영하면서 배출량의 절대적 삭감을 달성하기 위해 국별총량목표를 실천하는 데 합의했다. 동시에 실효적이며 야심찬 2013년 이후의 틀을 위해서는 모든 주요 경제국이 의미 있는 완화 행동을 약속하는 것이 필요하다고 의견을 모았다.

2) 하토야마 정권의 정책적 특성

지금까지 자민당 정권하에서의 기후변화 관련 정책에 대해 검토했는데, 이는 대체로 다음 세 가지 특징으로 요약할 수 있다. 첫째는 교토의정서의 체결 등에서 보듯이 자민당 정권하에서의 일본도 기후변화 등과 같은 환경 문제에 국내적으로나 국제적으로 적극적인 입장을 보였다는 점이다. 둘째는 이러한 적극적인 입장에도 불구하고 일본이 중요한 선택에서는 대체로 중간자적인 입장을 취해왔다는 점이다. 예를 들어 앞서 검토한 것처럼 기후변화협약이나 교토의정서 체결에서 일본은 때로는 선진국과 개발도상국 사이에 놓여 있었고, 때로는 선진국 사이에서도 적극적인 입장과 소극적인 입장의 중간에 놓여 있었다. 셋째는 한편으로 이러한 중간자적 입장이 일본으로 하여금 리더십을 발휘하는 데 어려움을 제공하고, 다른 한편으로는 개발도상국에 대한 지원에 좀 더 많은 관심을 갖게 만들었다는 점이다.

이러한 점들을 고려한다면 하시모토 수상의 민주당 정권이 제시한 '하토야마 이니셔티브'나 환경 및 경제성장의 동시추진 등은 결코 새로운 것이 아니라고 할 수 있다. 기후변화 관련 정책에 국한해볼 때 민주당 정권의 특징은 정책의 내용보다는 하토야마 수상의 리더십으로 일본이 다른 누구보다 먼저 '25%의 삭감'이라는 목표치를 제시했다는 정책발표, 또는 외교수행의 태도 및 스타일이다. 물론 25%라는 목표치가 종전에 비해 큰 것이고 그만큼 산업계 등의 불만이 있었을 가능성이 높기에 정책적 변화로 볼 수 있는 측면이 없는 것은 아니지만, 그 이상의 의미가 스타일의 차이에서 나타난다.

4. 하토야마 수상의 환경정책에 대한 국내 반응

하토야마 수상 및 민주당 정권이 제시한 'CO$_2$ 25% 삭감안'은 국내적으로 다양한 반응을 불러일으켰다. 우선 일본 경제성장의 견인차였던 철강산업계와 전력산업계 등이 강력한 반발을 보였다.[47] 예를 들어 철도업체인 JR토카이 회장인 가사이(葛西敬之)는 한 논문에서 하토야마 수상의 'CO$_2$ 25% 삭감'은 가계를 위협하고 일본 경제를 파괴시킬 영향력을 가지고 있다고 주장했다.[48] 이 논문이 반대파의 논리를 잘 대변하고 있다고 생각되기에 여기서 간략히 소개한다.

---

47) 橫田由美子,「CO$_2$ 25% 削減, '友愛'外交の敗北」, ≪文藝春秋≫(2010.2), p. 157; 철강산업 등 경제계 주류가 반대를 표명한 예로는 이외에도 ≪毎日新聞≫, 2009.9.8; 2009.9.24; 2009.11.7 등에서 확인할 수 있다.

48) 葛西敬之,「鳩山 'CO2 25%'は國を誤る」, ≪文藝春秋≫(2010.1), pp. 156 이하. 이 절에서는 별다른 언급이 없는 한 이 논문의 자료 및 주장을 재인용함.

가사이가 하토야마 수상의 'CO$_2$ 25% 삭감'을 반대하는 이유는 크게 세 가지다. 첫째는 이 목표가 시대적으로 맞지 않는 높은 수치라는 점이다. 즉, '1990년 대비 25% 삭감'이라는 목표는 우선 기후온난화가 문제시된 '기후변동틀조약'이 성립된 1992년을 전후로 하여 제시된 것이기에 '1990년'이 기준이 되었는데, 이는 현재의 시점에서 볼 때 삭감목표를 필요 이상으로 높이는 결과를 낳고 말았다. 최근에는 미국의 경우처럼 2005년을 기준 연도로 하자는 제언이 있는데, 가사이는 이러한 주장이 좀 더 현실적이라고 본다.

우선 온난화방지에 대한 틀은 1992년에 만들어진 '기후변동틀조약'에서 시작되었는데, 이때에는 세계에 배출된 온난화가스의 추계치가 처음 나온 것이 1990년이기에 그것을 기준으로 하는 것이 자연스럽다고 인정한다. 하지만 그 연장선상에서 채택된 1997년의 '교토의정서'와 관련해서는 선진국 중 미국과 캐나다가 이탈했고, 중국이나 인도와 같이 온난화가스를 대량 배출하는 신흥국에게는 삭감의무가 부과되지 않는, 매우 불완전한 것으로 변질되었다. 그리고 교토의정서가 2008년에서 2012년까지의 삭감을 목표로 한 것이기에, 현재로서는 '1990년 대비'라는 낡은 기준 연도에 속박되지 말고 미국처럼 2005년을 새로운 기준으로 할 것을 제시하고 있다.

또한 현재 1990년을 기준으로 삼자고 주장하는 측은 EU뿐인데, EU가 1990년을 기준으로 제시하는 데에는 이유가 있다는 것이다. 예를 들어 냉전의 붕괴로 동구권 유수의 공업국들이 EU에 편입되었지만, 이들 국가의 생산량이 떨어지고 에너지 효율의 상승도 감소해 온난화가스 배출이 크게 떨어진 상태다. 또한 EU는 영국의 예처럼 발전의 주된 원동력이 석탄에서 천연가스로 전환되었고, 산업 측면에서도 제조업에서 금융 등의 서비스업으로 그 주체가 전환되어 배출량이 줄어들 수밖에 없었다는 것이다. 이러한 이유로 1990년이라는 EU의 기준은 일본에 비해서 '압도적으로' 유리한 숫자라는 주장이다.

이와 더불어 '25%'라는 목표도 IPCC가 "산업혁명 이전에 비해 지표의 기온 상승을 영상 2도 정도로 유지하기 위해서는 선진국의 온난화가스배출량을 최저 25% 삭감할 필요가 있다"고 보고한 것이 근거이지만, 이에 대해서도 의심을 제기한다. 즉, 동 IPCC의 데이터가 일부 과학자에 의한 '시산(試算)'에 불과하며, 의문을 갖는 전문가도 많다는 것이다.

둘째는 25% 삭감이라는 높은 목표로 일본의 가계는 물론 경제가 큰 타격을 입을 것이라는 주장이다. 가사이는 국립환경연구소나 일본 경제연구센터 등의 연구기관이 제시한 분석결과를 기초로, 2020년 실질 GDP에서 3.2%에서 6%까지 성장률 저하가 나타나고 실업자 수도 77만 명에서 120만 명까지 늘어나 1.3%에서 1.9%까지 악화될 것으로 전망했다.

가사이는 이러한 수치가 민주당이 제시한 태양광 발전이나 에코 자동차의 도입 등에 의한 신규수요를 감안한 것이라며, 민주당이 제시하는 미래상은 환상이 지나지 않는다고 주장한다. 그에 따르면 25% 삭감을 위해서는 첫째, 태양광 발전을 현재보다 55배 확대해야 하고, 둘째 신차 판매를 90% 높이고 현존 자동차의 40%를 차세대자동차로 전환해야 하며, 셋째 신축주택 모두를 단열주택으로 만들고 기존 주택 전체를 100% 단열주택으로 개수하는 등의 조치를 취해야 한다는 것이다. 이런 정도의 조치는 '통제경제'에 준하는 것을 필요로 할 것이고, 세제우대나 보조금은 재정을 악화시키는 등 어려움이 많다는 것이다.

또한 이러한 조치를 취해도 25% 삭감목표를 달성하기는 어려워 철강이나 시멘트 등과 같이 CO_2를 다량 배출하는 산업의 생산량을 줄일 수밖에 없다는 데 문제가 있다. 생산량을 억지로 줄일 수는 없기에 탄소세 등과 같은 세금의 도입으로 자제하게 만들 경우 생산감량은 이루어질 수 있지만, 생산시설의 해외 이전과 그에 따른 실업률 상승 등으로 또 다른 문제가 발생할 수 있다는 것이다. 탄소세의 도입이 생산량을 20~30% 정도 감소시킬 것으로 예상하면서 생산감량이 고용감소, 수요감소 등으로 연결되어 일본 경제에 큰 타격을 입힐 것이라는 주장이다.

셋째는 예산조치와 같은 국내 대책만이 아닌 '국제적 배출권 매매'를 통한 방법도 큰 효과를 거두기는 어렵고 무의미하다는 주장이다. 일본의 배출량을 삭감하기 위해 생산량을 줄여 그에 상당하는 분만큼 중국에서 생산한다면,

결과적으로는 더 많은 CO_2가 생산되므로 전체적으로는 삭감되는 효과를 보지 못한다는 것이다. 또한 배출권 자체가 투기의 대상이 되어 가격이 오르면 정부 재정이나 기업 수익에 큰 부담이 될 수 있다고 지적한다. 이에 더해 일본이 배출량 삭감을 추진하더라도 미국이나 중국의 참여가 없이는 효과가 크지 않으므로 이들이 참여할 수 있도록 독려하고, 그와 함께 에너지효율이 높은 부문은 각국이 서로 다르기 때문에 이를 활용하는 방안을 제시하고 있다.

이러한 가사이의 반대 입장에 대해 모로토미 교토대 교수는 다음과 같은 세 가지 측면에서 25% 삭감목표에 대한 지지입장을 제시하고 있다.[49] 우선 코펜하겐 회의에서 일괄적인 계획에 따라 온실효과가스 배출량 삭감목표에 합의하는 데는 실패했지만, 전 지구적인 평균기온 상승을 섭씨 2도 이내에서 억제할 필요성이나 선진국에서 도상국으로의 자금이전에 대한 합의를 이끌어 냈다는 측면에서는 결코 적지 않은 성과를 거둔 것으로 평가한다. 따라서 이러한 유엔의 노력을 실패로 보는 견해나 하토야마 수상의 25% 삭감목표의 악영향에 대해 너무 섣부른 판단이라고 주장한다.

25% 삭감목표의 악영향에 대해서는 다음과 같은 세 가지 의문을 제기한다. 첫째, 일본 경제에 악영향을 미친다는 주장은 피해를 입는 산업의 비용을 상승시키고 국제경쟁력을 약화시킨다는 전제에 입각해 있는데, 이들 주장이 각 산업의 국제경쟁력에 대한 분석을 제시하지는 못하고 있다는 것이다. 둘째, 이러한 주장들은 장기적인 시점이 아닌 단기적인 시점에서 분석하고 있는데, 이는 장기적으로 가능한 기술발전 등에 대해서는 고려하지 않는 것을 뜻한다. 셋째, 에너지집약형 산업의 비용을 높이기도 하겠지만, 이는 오히려 에너지집약형 산업이 새로운 투자기회나 기술혁신의 동기부여로 연결될 수 있다는 것이다.

모로토미 교수는 비용상승에만 초점을 맞추지 말고, 비용상승을 미래에

---

49) 諸富徹, 「'低炭素經濟'への移行は成長をもたらすか: 25%削減目標の意味」, ≪世界≫ (2010.3), pp. 160~168.

대한 투자나 환경개선 등에 의한 신수요창출의 관점에서 볼 것을 제시한다. 또한 진보적인 온난화 대책을 추진하여 일본 경제의 체질강화와 고도화를 추구해야 한다고 주장한다. 이는 「기후변동법」을 통과시킨 영국이나 「케리-복서(Kerry-Boxer)」 법안(Clean Energy Jobs and American Power Act)을 심사 중인 미국 등과 같이 일본도 환경정책에 적극적으로 임하여 '선행자 이득'을 취할 수 있도록 해야 한다는 것이다.

이에 더해 '환경 및 에너지 관련 시장'이 급속한 성장을 보이고 있다고 지적한다. 예를 들어 영국 정부의 위탁으로 제출된 연구성과에 따르면 '저탄소 및 환경 관련재, 서비스' 섹터의 세계적 시장가치는 약 3조 460억 파운드, 약 454조 엔에 달하고 세계 평균으로 연 4%의 성장률을 보인다는 것이다. 또한 독일 환경성 역시 2009년 초에 '2009년도 환경경제보고서'에서 최근 들어 급속히 성장하는 부문으로 '환경경제섹터'를 꼽았다. 이러한 관점에서 모로토미 교수는 환경정책에 의한 '저탄소경제화'의 길이 경제파탄이 아닌 경제활력으로 이어질 수 있는 가능성을 제기하면서 좀 더 적극적인 프로그램으로 임할 것을 제언한다.

이상에서 살펴본 것처럼 2020년까지 CO_2를 25% 삭감한다는 목표에 대해서는 반대와 찬성이 팽팽히 맞서 있는 상황이다. 그럼에도 하토야마 내각과 그 뒤를 이은 간 내각에서 기후변동 관련 환경정책이 채택되고 지속될 수 있었는데 요코다는 그 배경에 대해 다음 두 가지 이유를 제기하고 있다.[50]

첫째는 이 정책을 적극적으로 추진한 후쿠야마(福山哲郎) 외무부대신의 역할이다. 요코다에 의하면, 25% 삭감목표가 처음 제시된 것은 2009년 9월 7일 ≪아사히신문≫ 주최의 '아사히지구환경포럼 2009'에서 행한 하토야마 수상의 연설이라고 한다. 이 연설초안을 작성한 것이 당시 참원의원이었던 후쿠야마로, 그는 민주당의 지구온난화 대책본부 사무총장직도 역임하고 있었다.

---

50) 横田由美子, 「CO_2 25% 削減, '友愛'外交の敗北」, ≪文藝春秋≫(2010.2), pp. 154~163.

후쿠야마는 2007년 5월에 「탈지구온난화 전략」이라는 보고서를 제출했는데, 그 주된 내용은 "탈온난화로 지구와 사람과의 공생을" 추구하자는 것이었다.

후쿠야마 부대신이 이처럼 환경정책에 열정을 보인 것은 그의 경력 때문이었다. 후쿠야마는 1986년에 동지사대학을 졸업하고, 다이와 증권에 입사했으나 4년 후 마쓰시다 정경숙에 들어갔고 교토대학 대학원을 졸업했다. 그는 1996년의 중의원 선거에 출마했으나 낙선하고, COP3에서는 민주당 코디네이터로 참가한 경력이 있으며, 1998년의 참의원 선거에 첫 당선된 이후 환경정책에 열성을 보였던 것으로 알려져 있다. 민주당 정권이 성립된 이후에 형성된 '지구온난화 문제에 관한 각료위원회·부대신급 검토 팀'은 간 나오토 당시 부총리를 책임자로 하여 사무국장인 오자와 환경장관 등으로 구성되어 있지만, 후쿠야마 부대신이 논의를 주도한 것으로 알려져 있다.

후쿠야마 부대신이 환경분야에서 강력히 정책론을 펼 수 있었던 것은 그의 주변에 환경분야와 관련된 사람들, 즉 환경 NPO 관계자나 환경 비지니스 사업가 등이 포진되어 있기 때문이라고 한다. 예를 들어 후쿠야마의 선거구인 교토의 NPO법인 '기후 네트워크'의 아사오카(淺岡美惠) 대표, 도쿄의 NPO법인 '환경에너지 정책연구소'의 이이다(飯田哲也) 소장 등이 후쿠야마 부대신의 브레인으로 알려져 있다.[51]

둘째는 후쿠야마 부대신이 환경정책에 중요한 역할을 하는 배경에 민주당의 구조적인 문제가 자리 잡고 있다는 것이다. 즉, 민주당에는 '정책집단'을 형성할 만한 중견 및 젊은 인재들이 많지 않다. 예를 들어 "도로에 관한 것은 마부치(馬淵澄夫, 국토교통부 대신), 연금 문제라면 나가츠마(長妻昭, 후생노동 대신) 등 전문분야를 가진 한 사람의 정책통에 의존"한다는 것이며, "특히 환경

---

51) '기후 네트워크'는 교토의정서가 성립된 1997년의 다음해에 설립된 것으로, 설립취지서에 "이 목표수치(6% 삭감)는 매우 작은 한걸음이다. (중략) 이후 교토의정서를 빠져나갈 구멍을 막고, 조기발효를 추구하며, 제1기 목표의 달성을 위한 조치를 추진해야 한다"고 밝히고 있다. 이는 산업계와 전혀 다른 견해라고 할 수 있는데, 이에 대해서는 橫田由美子, 「CO₂ 25% 削減, '友愛'外交の敗北」, ≪文藝春秋≫(2010.2), p. 160 참조.

문제처럼 금방 표가 되지 않는 분야에서는 더욱 그런 경향이 크다"는 것이다.[52)]
또한 정부와 여당의 일체화에 의해 정보 및 부회를 폐지한 것도 영향을 미쳤다
고 본다.

이에 더해 앞서 '매니페스토'나 '신성장전략'에서 살펴본 것처럼 지구온난
화에 대한 적극적인 환경정책이 민주당 및 민주당 정권의 방침으로 정해진
측면도 있다. 이는 각료들의 입장표명에서도 알 수 있는데, 예를 들어 오자와(小
澤銳仁) 환경장관은 COP15 직전인 12월 8일의 인터뷰에서 "COP에서는 미국,
중국이라는 세계 최대의 배출국이 참가하는 것이 무엇보다 중요하다. ……
하지만 국제적인 합의에 도달하지 않는다 해도 25% 삭감의 기치는 인류의
존망에 관련되는 것으로 저로서는 그에 임하고자 한다. 경제계의 일부는 25%
가 큰일이라고 하지만 제 인상으로는 전체의 4분의 1 정도다. …… 4분의 3은
환경이라는 새로운 팩터가 일본의 경쟁력에 플러스가 되는 큰 기회"라는 입장
을 드러냈다.[53)]

오자와 환경장관의 입장은 환경정책의 책임자로서 당연한 것이겠지만, 나오
시마(直嶋正行) 경제산업대신 역시 "에너지 다소비형의 산업에서는 어려운 일
이겠지만, 따라서 여러 가지 의견을 내고 있다. 단지 경제와 환경을 양립시킨다
는 시점에서 전향적으로 임하겠다는 것이 제가 계속 주장하는 바"라며 친환경
적 입장을 보인다는 측면에서 민주당 정권 전반의 친환경적 성향을 파악할
수 있다.[54)]

민주당의 전반적인 경향에 더하여, 적극적인 환경정책과 관련해 논의되는
환경세나 배출권 매매시장의 도입을 둘러싼 경제관료의 지원도 적극적 환경정
책이 유지될 수 있는 배경이다. 금융계는 거대한 '배출권 매매시장'이 일본에서
가능하고 그것이 증권시장 활성화로 연결되리라는 희망을 갖고 있고, 재무성

---

52) 같은 글, p. 160.
53) 같은 글, pp. 160~161.
54) 같은 글, p. 161.

은 환경세(지구온난화 대책세)의 도입에 의해 세수부족을 만회할 가능성을 보고 있는 것이다.

이제까지 하토야마 수상의 민주당 정권이 제시한 환경정책의 방향, 종전의 자민당 정권이 추진한 환경정책의 대강, 그리고 환경정책에 대한 여론의 지지 현황과 그와 연관된 정치적 상황에 대해 간략히 검토했다. 이는 대체로 다음과 같은 세 가지로 요약해볼 수 있다.

첫째는 온실효과가스의 1990년 대비 25% 삭감목표에서 알 수 있듯이 하토야마 수상 및 그 내각의 환경정책이 적극적이라는 점이다. 그런데도 환경정책과 경제성장을 함께 묶어서 보려는 시도는 민주당 정권의 출범 이전에도 나타난, 다시 말해 종전의 자민당 정권과 정책적 연속성을 가지는 것으로 볼 수 있다.

둘째는 하토야마 수상의 환경정책은 25% 삭감목표라는 높은 수치와 산업계의 반발에도 불구하고 그것을 추진하려는 하토야마 수상의 리더십에서 찾아볼 수 있다는 점이다. 이는 달리 말하면 하토야마 수상의 환경정책이 다분히 리더십이라는 개인적 성향에 따른 측면이 강하며 또한 리더십 변화에 따라 환경정책의 방향도 변화될 수 있음을 시사한다.

이에 따라 민주당 내각의 '신성장전략'과 간 나오토 신임수상의 소신표명연설, 그리고 환경정책에 대한 여론의 지지 정도와 참의원 선거에서의 예상결과 등을 검토했다. 간 나오토 신임수상은 부총리 시절에 관계한 '신성장전략'에서나 수상 취임 후 발표한 '소신표명연설'에서 공히 환경정책의 중요성을 제기하고 있다. 특히 환경정책과 성장이라는 두 가지 목표를 상반된 것으로 보지 않고 서로 연관된 것으로 인식한다는 측면에서 하토야마 수상 및 그 내각과 정책적 연속성을 갖고 있는 것으로 파악된다. 이는 그가 전임의 하토야마 내각에서 중책을 맡았기 때문에, 또는 동일한 민주당 내각이라는 측면에서 나타나는 연속성으로도 파악할 수 있다.

또한 2020년까지 CO_2를 25% 삭감한다는 목표에 대해서는 국내적으로 반대와 찬성이 팽팽히 맞서 있는 상태였다. '환경세' 도입이 좌절된 것도 이러한 분위기에 따른 것이었는데, 그럼에도 하토야마 내각의 뒤를 이은 간 내각에서 기후변동 관련 환경정책이 유지될 수 있다고 생각되는 것은 위에서 언급한 것처럼 적극적인 환경정책이 민주당 정권의 주요 지침이기 때문이기도 하고, 후쿠야마 부대신과 같은 적극적인 추진자가 있기 때문이기도 하다.

이러한 요약에 근거한다면 일본의 정치대국화 노력은 민주당으로의 정권교체에도 불구하고 진행되고 있다고 할 수 있다. 본 절에서 검토한 것처럼 환경정책에 대한 관심은 냉전의 붕괴 이후 정치대국화를 추구하는 자민당 정권하에서 시작되었다. 하토야마 전 수상의 적극적인 리더십에서 알 수 있듯이 자민당 정권과의 차별성을 추구하는 민주당 정권이지만 녹색산업에서 새로운 성장동력을 찾고자 하는 민주당 정권은 환경정책 분야에서는 연속성 또는 좀 더 적극적인 역할을 추구했다. 이는 일본의 정치대국화 노력이, 또는 일본 외교의 적극성이 냉전의 붕괴 이후에 정권교체라는 정치적 상황의 변화에도 불구하고 추구되고, 추구될 수 있음을 보여준다.

제8장

일본의 지역협력

I. 일본의 대외정책과 동아시아[1]

이 절에서는 일본의 지역협력 방향을 검토하기 위해 일본의 동아시아관 및 동아시아 구상에 대해 검토한다. 구체적으로는 첫째, 전후일본의 대외정책에서 동아시아가 어떠한 위치를 차지하고 있는가를 검토하는 부분이다. 두 번째는 일본의 동아시아관이 현재적으로 어떠한 형태를 띠고 있는지 살피기 위한 사례연구의 하나로서 '아시아·태평양 경제협력 협의회(Asia-Pacific Economic Council, 이하 APEC)'의 성립과 전개과정 및 회의내용에서 나타나는 일본의 입장에 대해 알아보고자 한다. 마지막으로는 PECC이나 APEC에 대한 구상에서 일본이 지역 내 참가국 간의 발전모델로서 자주 언급하는 '기러기비행형' 모델에 대해서 검토해보고, 그와 함께 그것이 갖는 실효성과 한계를 살펴봄으

---

1) 이 절의 내용은 이면우, 「일본의 대외정책과 동아시아」, 이홍표 엮음, 『동아시아협력의 정치경제: 일본·중국·러시아를 중심으로』(성남: 세종연구소, 1997), 247~289쪽을 이 책의 전체적 구성을 고려하여 재정리함.

로서 일본의 동아시아 정책에 대한 한 단면을 점검해본다.

1. 전후 일본의 대외정책에서 나타나는 동아시아의 위치

제2차 세계대전에서의 패배 직후의 일본은 사회경제적으로 폐허와 같은 상태에 놓여 있었고, 정치적으로도 여러 정당들이 우후죽순처럼 난립하는 불안정을 겪어야 했다. 이러한 일본이 어떻게 현재와 같은 세계 제2의 경제대국으로 성장할 수 있었는가에 대해서는 많은 논의가 있지만, 그 중에서도 보편적으로 인정을 받고 있는 견해 중의 하나가 요시다(吉田茂)라인 혹은 독트린의 효용에 대한 것이다.[2]

요시다 독트린이란 일본의 전후 초기에 장기간 수상직을 지낸 요시다의 정책적 입장을 가리키는 것이다.[3] 이는 대체로 세 가지의 요소로 구성되어 있다. 첫 번째는 미일관계를 돈독히 하는 미일안보체제의 성립을 통해 일본의 안보라는 측면은 미국에 의존한다는 것이다. 이와 연관하여 두 번째 요소는 미군정에 의해 성립된 전후의 평화헌법을 준수한다는 것이다. 마지막 세 번째 요소는 일본이 이러한 안보적인 기반 위에 경제발전에 매진한다는 것이다.

---

2) 요시다 독트린에 대해서는 앞에서 정리했지만, 이 글의 구성상 다시 간략히 소개한다. 일본의 경제성장에 대해서는 문화적·경영학적·경제학적·정치학적 측면에서 다양하게 설명되고 있다. 여기서 언급하는 요시다라인은 정치학적인 측면에서의 설명에 속하는 것이라고 할 수 있는데, 이러한 다양한 설명에 대한 간단한 소개는 염재호, 「일본의 경제성장과 정부의 역할」, 최상용 외, 『일본·일본학』(서울: 오름, 1994), 161~187쪽을 참조 바람.

3) 전후 일본의 안정과 경제성장에 있어서 요시다 독트린의 역할에 대한 설명은 다음을 참조하기 바람. M. Muramatsu and E. S. Krauss, "The Conservative Policy Line and the Development of Patterned Pluralism," in K. Yamamura and Yasukichi Yasuba(eds.), *The Political Economy of Japan: Volume 1·The Domestic Transformation* (Stanford, Calif.: Stanford University Press, 1987); Kenneth B. Pyle, *The Japanese Question: Power and Purpose in a New Era* (Washington, D.C.: The AEI Press, 1992), pp. 20~41.

이러한 노선에 대해서 요시다 자신이 얼마만큼 충실했는가 하는 문제는 최근에 변화하는 국제질서에 부응하여 일본이 어떤 역할을 해야 하는가에 대한 논의가 진행됨에 따라 새롭게 조명되고 있다.

예를 들어 여전히 정계의 실력자인 오자와(小澤一郎) 의원은 그의 저서『일본 개조계획』에서 요시다 독트린은 그것을 제안한 요시다 자신이 스스로 한시적인 것, 즉 일본이 경제발전을 이룩할 때까지라고 한정지었음을 인정했다고 주장하고, 그 근거로 요시다의 자서전과 논설을 인용하고 있다.4) 우에주미(上住充弘) 역시 요시다가 말년에 그와 같은 주장을 보였다고 지적하면서, 요시다의 제자 또는 후계자로서 소득배가정책을 실행하여 요시다 독트린을 견고히 한 이케다(池田勇男) 수상이 그러한 요시다의 방향선회에 따라 자신의 내각에서 핵무장에 대한 논의를 진지하게 검토했음을 소개하고 있다.5)

이러한 주장들이 제시하는 증거들에 비춰볼 때 요시다가 자신의 기본적 입장을 당시 상황에 국한시켜 생각했음을 알 수 있다. 당시의 상황이란 전쟁에서의 패배로 일본의 사회와 경제가 절망감과 피폐함을 겪고, 미국과 소련의 갈등에 의해 냉전적인 조짐이 보이는 것이라고 할 수 있다. 따라서 이러한 상황을 극복하기 위한 방안으로 요시다는 경제발전에의 전념과 미국에 의한 안보 획득이라는 선택을 했던 것인데, 요시다가 이러한 방향에 충실했다는 사실은 여러 측면에서 나타난다.6) 냉전적 조짐이 짙어지면서 군대의 창설을 요구했던 미군정에 대해 평화헌법을 이유로 그러한 요구를 거절했던 것이나, 그럼에도 한국에서의 전쟁발발을 계기로 자위대의 창설로 나아간 것, 그리고

---

4) 예를 들어 요시다는 1963년에 쓴『세계와 일본』이라는 책에서 "당시의 일본이 재군비의 길을 걷는다는 것은 경제적으로도 사회적으로도 사상적으로도 불가능한 것이었다. …… 그러나 그것은 나의 내각재직시의 일이다. 그 이후의 사태와 연관해서 일본방위를 생각해보면 나는 많은 의문을 갖게 되었다. ……"라고 얘기하고 있다. 小澤一郎, 『日本改造計劃』(東京: 講談社, 1993), pp. 109~111에서 재인용.

5) 上住充弘, 『分裂政界の見取圖: 路線抗爭の行方』(東京: 時事通信社, 1995), pp. 7~15.

6) 미군정하의 상황에 대한 간단한 소개서로는 弁味準之輔, 『戰後政治: 1945-55』(東京: 東京大學出版會, 1983)를 참조 바람.

대만을 승인하라는 미국의 요구를 결국 받아들인 것 등을 예로 들 수 있을 것이다. 또한 정적이라 할 수 있는 하토야마(鳩山一郎)와 이시바시(石橋湛山) 등과 같은 구정치인들이 자주방위와 자주외교라는 기치를 내걸고 그의 친미일변도적인 정책에 대응했음에도 그는 자신의 입장을 견고히 지탱했던 것이다.

요시다 독트린이라는 기본 골격하에서 일본과 아시아의 관계는 대체로 두 가지의 특징을 갖는다. 하나는 대상 또는 범위의 변화라고 할 수 있다. 즉, 전전에 아시아와의 관계를 논할 때의 아시아는 한국과 중국을 포함한 동북아시아를 의미했지만, 공산화된 중국과의 관계가 냉전의 심화라는 당시의 국제정세상 어렵게 되자 동남아시아로 전환되게 되었다는 것이다.[7] 다른 하나는 대상의 변화에 따라 관계의 성격도 무역과 같은 경제적인 것이 위주가 되었다는 점이다. 즉, 중국을 대신하여 자원공급지로서 그리고 시장으로서 동남아시아의 역할이 강조되었는데, 이러한 경제적인 차원을 넘어서는 정치적 차원의 협력이 진지하게 진행되지 않았다는 것이다. 전쟁 중에 있었던 피해에 대한 보상이라는 문제가 있었지만, 이 역시 미국의 중재로 특히 동남아에서는 큰 마찰 없이 마무리되었다.

동남아시아와의 관계가 단순한 경제적 흐름 이상으로 발전한 것은 후쿠다(福

---

7) 일본이 공산화된 중국을 대신하여 동남아시아를 자원제공지로서 그리고 시장으로서 생각하게 된 데에는 미국의 역할이 있었다고 한다. 이에 대해서는 R. J. Samuels, *Rich Nation, Strong Army: National Security and the Technological Transformation of Japan* (Ithaca: Cornell University Press, 1994), pp. 130~139와 W. Mendl, *Japan's Asia Policy: Regional Security and Global Interests* (London and New York: Routledge, 1995), pp. 39~49를 참조 바람. 여기서 언급하는 중국에서 동남아시아로의 전환이란 중국이나 러시아와의 관계가 완전히 단절되었음을 의미하는 것은 아니며, 전체적으로 전후 일본의 기본적인 노선이 대미중심으로 되면서 소원해지고 제약받았다는 것을 뜻한다. 요시다 정권하에서도 이시바시와 같은 정치가와 기업인들은 중국과의 무역을 재개하고자 노력했고, 요시다가 물러난 다음에 들어선 하토야마 정권과 이시바시 정권은 대소외교와 대중외교에 각기 노력을 기울였다. 이에 대해서는 앞에서 제시한 마수미(弁味準之輔)의 논문과 增田弘, 「日本外交における中國」, 增田弘·波多野澄雄 編, 『アジアのなかの日本と中國: 友好と摩擦の現代史』(東京: 山川出版社, 1995), pp. 5~28을 참조 바람.

田赳夫) 독트린이 발표되면서부터라고 할 수 있다.[8] 후쿠다 독트린은 세 가지로 구성되어 있다. 첫째는 일본의 군사대국화는 없을 것이라는 점, 둘째는 경제적 관계를 넘어 마음과 마음으로 만나는 상호 이해를 추구하겠다는 점, 그리고 마지막으로는 아세안의 활력 강화와 더불어 아세안과 인도차이나 공산국가의 관계에 대해 일본이 가교역할을 함으로써 동남아시아의 안정과 발전에 이바지 하겠다는 점이다. 이러한 독트린이 나오게 된 동기는 후쿠다에 앞서 수상을 지낸 다나카(田中角榮)가 아세안국가를 방문했을 때 직면한 반일시위에 충격을 받았기 때문이다.

일본의 경제적 진출에 따라 동남아시아 국가들의 대일의존도는 상승하게 되었다. 그럼에도 현지의 관습과 현지인의 인격을 무시하는 일본인의 폐쇄성 이 현지민의 불만을 사게 되었는데, 이러한 불만의 누적되어 다나카 수상의 동남아 방문 시에 분출하게 되었다. 이에 대해 일본 정부는 1974년 말에 '대외 경제협력 자문위원회'에 의한 새로운 공공원조정책의 수립에 착수하고 그 이듬해에는 해외경제협력 각료회의를 설치했다. 1977년에 나온 후쿠다 독트 린은 이러한 노력의 연장선상에 놓여 있었던 것이라고 할 수 있다.

후쿠다 독트린이 이제까지 소홀히 했던 동남아시아에 대해 일본이 재고하도 록 했다면, 오히라(太平正芳) 수상의 '환태평양연대구상'은 두 차례에 걸친 오일 쇼크로 쇠락의 길을 걷게 되는 미국 경제와는 반대로 꾸준한 성장을 보인 일본 경제의 1970년대 상황에 대한 자신감을 나타낸 것이며, 이와 동시에 그러한 자신감을 기반으로 보다 적극적인 일본의 외교적 입장을 표명한 것이라 고 할 수 있다. 본 구상은 오히라 수상의 사적 자문기구인 '환태평양연구그룹'

---

8) 일본과 동남아시아의 관계가 후쿠다 독트린에 의해 본격화되었다는 것은 많은 학자들이 주장하고 있다. 예를 들어 C. E. Morrison, "Japan and the ASEAN Countries: The Evolution of Japan's Regional Role," in T. Inoguchi and D. I. Okimoto(eds.), *The Political Economy of Japan: Volume 2·The Changing International Context* (Stanford, Calif.: Stanford University Press, 1988), pp. 414~445; Sueo Sudo, *The Fukuda Doctrine and ASEAN: New Dimensions in Japanese Foreign Policy* (Singapore: ISEAS, 1992).

352 제3부 현대 일본의 다자외교

에 의해 제출되었는데, 그 주요 목표로 환태평양 지역의 나라들이 함께 참여할 수 있는 개발의 새로운 연대의 형성을 제시하고 있다. 이를 위해 이전의 보호주의와 배타적 민족주의를 철폐하는 대신에 경제교류와 문화교류 등을 활성화하고, 이러한 방향으로 나아가기 위해 각국이 개발한 정책을 채택하는 방안을 제안한 것이었다. 특히 후자와 연관해서는 선진국으로 하여금 개도국의 입장과 이익을 존중할 것과 이에 따라 솔선해서 개방을 실행하고 산업구조를 전환할 것을 권고했다.

환태평양지역에 속해 있는 국가들 간의 지역발전을 도모했던 환태평양연대구상은 일본의 대외정책이 냉전적 구조하에서 유지해온 이국관계 중심에서 다국 간 관계 중심으로 나아갈 것임을 알리는 신호탄이었다고 할 수 있다. 이는 본 구상의 배경과 이것을 전후로 일본이 실행한 일련의 조치들을 보더라도 알 수 있다. 1980년대에 들어 일본은 이 외에도 변화하는 국제관계에 대처하기 위해 대내적으로는 주요 공사의 민영화 등을 내용으로 한 행정개혁을 실시하고, 대외적으로는 대미무역흑자 개선을 위한 '마에카와(前川)' 리포트를 작성하는 등의 노력을 보였던 것이다. 또한 본 구상에 기초하여 PECC이 제안되었다고 할 수 있다. PECC은 비록 민간중심의 기구지만 아시아와 태평양 지역에 속해 있는 국가 간의 경제협력을 도모해나가는 데서 중요한 출발점의 역할을 한 것이었다. 예를 들어 비록 직접적으로 연계된 것은 아니지만 정부 간의 협의기구로서 1989년에 발족한 APEC은 이러한 PECC의 뒷받침이 있어 가능했던 것이라고 평가할 수 있다.

이상에서 살펴본 바와 같이 전후일본의 대외구상은 상대적인 차원에서 볼 때 대미관계 위주의 또는 서구지향적인 방향에서 아시아지역의 재발견이라는 방향으로 이동했음을 알 수 있다. 탈아론과 입아론이라는 두 가지 축으로 환원하자면, 탈아론적인 방향에서 입아론적인 방향으로 전이되고 있는 측면이 보인다는 것이다. 다음의 두 절에서는 전후의 이러한 조짐이 향후 어떠한 형태로 나타날 것인가를 점검하기 위해 일본의 향후 진로에 대한 논의와 APEC에서 나타난 일본의 입장을 정리해본다.[9]

2. 일본과 아시아·태평양 경제협력 각료회의(APEC)

이 절에서는 전후일본의 대외정책이 최근에 들어 어떻게 변화하고 있는가를 좀 더 세밀히 검토하기 위한 사례연구로서 APEC에서의 일본의 입장을 살펴본다. 우선 그 성립과정에서의 일본의 위치를 점검하고 다음으로 APEC회의에서 표출되는 일본의 입장을 고찰한다.

1) APEC의 성립과 전개

'아시아·태평양 경제협력 각료회의(APEC)'는 호주의 수상인 호크가 제안하여 실행을 보게 된 것이다. 1989년 1월에 한국을 방문한 호크 수상은 아시아와 태평양 지역 내의 협력을 다자적이고도 공식적인 차원으로 격상시키자는 의도에서 APEC을 제안했고, 이에 한국을 비롯한 아태지역의 국가들이 순차적으로 호응하면서 결실을 맺었다. 이러한 호크 수상의 제의에는 다음과 같은 두 가지 배경이 있다. 하나는 이제까지 PAFTAD나 PECC, PBEC 등과 같은 학술적인 또는 비정부 간의 모임이 아태지역의 경제협력을 논의하는 장으로서 다양하게 존재했는데, 이러한 노력이 정부 간의 협력을 끌어들일 수 있는 밑바탕을 마련했다는 점이다. 다른 하나는 유럽통합이나 미국과 캐나다 간의 자유무역지역의 형성과 같은 탈냉전적인 움직임이 나타나는 것에 대한 대응으로서의 성격이 자리 잡고 있었다는 점이다.

이러한 호주의 제의가 실현되기까지 약간의 우여곡절이 있었는데, 이는 선진국의 경제협력 모임인 OECD와 같이 사무국을 갖출 것과 미국과 캐나다 등을 제외한 아시아지역의 모임으로 만들자는 호주의 당초 구상에서 야기된 것이라고 할 수 있다.[10] 이러한 제안에 대해 일본을 비롯한 아시아지역 국가들

---

9) 일본의 향후 진로(1997년의 시점에서)에 대한 논의는 앞에서 다루었기에 여기서는 생략한다.

은 조심스런 입장을 표명했다. 미국과 캐나다가 배제되는 것을 두고 일본이나 한국, ASEAN 국가들은 그 실현성에 의문을 제기했는데, 특히 ASEAN 국가들은 PECC이 형성될 때와 마찬가지로 이러한 모임이 일본을 비롯한 선진국들의 주도로 진행될 것을 우려했던 것이다. ASEAN 국가들은 또한 싱가포르에 자체 사무국이 있음에도 별도의 사무국을 설치하고자 하는 의도에 대해 의심어린 눈초리를 보냈던 것이다. 따라서 일본 내에서는 통산성이 이 제안에 대해 적극적인 자세를 나타낸 반면에, ASEAN 국가들을 염두에 둔 외무성은 소극적인 자세를 보였다.

그러나 PATFAD, PECC, PBEC 등의 형성에 주도적으로 참여했던 일본으로서는 이러한 구상 자체에 반대했던 것은 아니었고, 호주 또한 다른 국가들의 반응을 수렴하여 애초의 구상을 철회함으로써 APEC의 첫 회의가 1989년 11월에 호주 캔버라에서 열리게 되었다.[11] APEC은 전개과정에서 대체로 두 가지 특징을 나타냈다. 하나는 수적인 팽창으로, 처음 출발할 당시에는 한국, 미국, 일본, 캐나다, 호주, 뉴질랜드 그리고 아세안 6개국을 포함해 11개국이었던 것이 계속 늘어나 1995년에 열린 오사카회의에서는 18개국으로 확대되었다. 예를 들어 서울에서 열린 1991년 제3차 회의에서는 중국과 대만, 홍콩이 새롭게 가입했고, 시애틀에서 열린 1993년 제5차 회의에서는 멕시코와 파푸아뉴기니아가 가입했다. 또한 1994년의 보고르회의에서는 칠레가 가입했으며,

---

10) 大來佐武郎, 「還太平洋の新時代」, 慶應義塾大學地域研究センター 編, 『アジア・太平洋經濟圈の新時代: 構想・課題・挑戰』(東京: 慶應義塾大學地域研究センター, 1991), pp. 20~21.

11) PAFTAD의 경우 미키(三目武夫) 당시 외상의 제의에 의해 고사카(小島淸) 교수가 추진해나갔고, PECC의 경우에는 오히라 수상의 제의와 오키다(大來佐武郎) 당시 외상의 주선에 의해 호주국립대학(ANU)의 총장인 크로포드 교수가 추진해나갔으며, PBEC의 경우에도 일본 재계의 태두인 나가노(永野重雄)의 주도에 의해 시작되었다고 한다. 이에 대해서는 앞서 언급한 오키다의 논문과 小島淸, 「太平洋經濟圈構想 生成」, 慶應義塾大學地域研究センター 編, 『アジア・太平洋經濟圈の新時代: 構想・課題・挑戰』, pp. 29~62, 그리고 Lawrence T. Woods, *Asia-Pacific Diplomacy: Nongovernmental Organizations and International Relations* (Vancouver: UBC Press, 1993)을 참조 바람.

오사카회의에서는 베트남의 가입이 결정되었다.

또 하나의 특징은 조직이나 구조 면에서 그리고 다루는 의제의 성격 측면에서 팽창일로에 있다는 것이다. 예를 들어 호주 캔버라에서 열린 첫 번째 APEC 회의에서는 각료회의와 고위 실무자 회담이 중심이 되었으나, 싱가포르에서 열린 제2차 회의에서는 이 회의를 정례화할 것이 결정되었을 뿐 아니라 7가지의 협력사업을 추진할 실무반의 활동이 본격화되었다. 또한 서울회의에서는 '경제 동향 및 현안 그룹'과 '역내 무역자유화 그룹'이 신설되었고, 방콕에서 열린 제4차 회의에서는 APEC의 기구화에 대한 '방콕선언'이 채택되어 APEC은 사무국과 기금을 가진 국제기구로서 전환되었으며, 이와 동시에 저명인사 그룹이 새롭게 발족되었다. 시애틀 회의에서는 '경제협력, 무역·투자에 관한 기본 선언'이 채택되었고 비공식적이었던 '역내 무역자유화 그룹'을 '무역·투자 위원회'로 승격시켰다.

또한 시애틀에서의 제5차 회의에서는 각료회의의 일정이 끝난 후에 각국의 정상이 모이는 정상회담이 개최됨에 따라 새로운 전기가 마련되었다. 정상회담은 1992년 당시 호주 수상이었던 키팅의 제의에 의해 처음 거론되었는데, 이에 대해 한국의 김영삼 대통령이 그 이듬해인 1993년의 PBEC회의에서 지지를 표명하고 같은 해 G7회의에 참석 차 방일한 클린턴 미국 대통령 역시 이를 다시 제의함에 따라 성사된 것이다. 이어서 열린 1994년의 제2차 정상회의에서는 무역과 투자의 개방시기를 구체적으로 포함한 '보고르선언'이 발표되었다. APEC의 기능 강화라는 측면은 미국과 아시아 국가들 간의 견해차에도 불구하고 앞으로도 계속될 전망인데, 그 예로서 경제적인 부문에서의 협의뿐 아니라 안보적인 부문에서의 협의를 목표로 하는 ARF에 대한 논의를 들 수 있다.[12]

---

12) 미국과 아세안 국가들의 이견은 여러 곳에서 나타나지만, 무역과 투자의 개방시기를 구체적으로 나타내고자 했던 미국의 입장과 이에 반대를 표명한 아세안 국가가들, 특히 말레이시아의 마하티르 수상의 입장이 대립되었던 '보고르선언'의 협의과정도 한 예라고 할 수 있다.

2) APEC회의에서 나타나는 일본의 입장

'아시아·태평양 경제협력 각료회의'에 대한 일본의 입장은 앞에서 살펴보았듯이 아시아와 태평양 지역을 잇는 경제권의 형성에 적극적이었던 그들의 노력에서도 알 수 있지만, 좀 더 구체적으로는 APEC회의가 처음 개최된 1989년에 다케시타 수상이 밝혔던 아·태협력 3원칙에서 엿볼 수 있다. 첫 번째 원칙은 아시아와 태평양 지역을 연결하는 다자적인 지역협력에서 아세안의 견해를 존중하여 그것이 반영되도록 힘쓰겠다는 것이다. 이는 앞에서도 언급한 동남아시아, 특히 아세안을 위한 일본의 적극적인 역할을 표명한 후쿠다 독트린의 연장선상에 있는 것이라고 할 수 있으며, 오히라 수상의 '환태평양연대구상'이 발표된 후 "만약 태평양공동체에 대해 아세안국가들이 호의를 보이지 않으면 실현 불가능한 것"이라고 말했던 오키타(大來佐武良) 당시 외상의 언급과도 연속성을 갖는 것이다.[13]

두 번째로 제시된 원칙은 개방된 자유무역체제의 유지를 추구하겠다는 것인데, 이는 오히라 수상의 '환태평양연대구상'이 보호주의와 배타적 민족주의의 배제를 주장하고 이와 함께 선진국들로 하여금 개방과 산업구조의 조정을 솔선하여 실행할 것을 주창한 것과 연관되는 점이다. 일본의 자유무역체제에 대한 지지 표명은 오자와 현 신진당 총재의 『일본개조계획』이라는 책에서도 잘 나타나 있다.[14] 오자와는 일본이 현재와 같은 경제대국이 된 것은 제2차 세계대전 이후 미국의 주도하에서 유지되어온 자유무역체제에 기인하는 바가 크다고 주장하면서 앞으로도 이것이 지탱될 수 있도록 일본이 적극적인 노력을 경주해야 한다고 제시하고 있다. 책에서는 그러한 노력의 일환으로 군사적 또는 국제적 공헌을 다할 수 있는 일본의 보통국가화가 논의되고 있지만,

---

13) 변진석, 「일본의 아시아 지역주의에 대한 정책분석」(고려대 박사학위논문, 1994), 41쪽에서 재인용.

14) 小澤一郎, 『日本改造計劃』, pp. 102~109.

여기서는 자유무역체제를 강조하고 있다는 측면만을 강조하는 것으로 그치고자 한다.

세 번째 원칙은 경제적인 협력 이외에 다면적인 협력 노력을 지속적으로 경주하겠다는 것이다. 여기서 다면적 노력이라는 것은 경제적인 교류를 넘어 문화적, 과학기술적, 인적인 것으로까지 협력의 폭을 확대해나가겠다는 것을 의미한다. 이 또한 새로운 개발을 위한 연대의 형성을 주창한 '환태평양연대구상'과 맥락을 같이하는 것이라고 볼 수 있다.

이상의 3원칙이 APEC에 대한 일본의 기본적인 입장으로 유지되고 있다는 것은 일본이 의장국이 된 제7차 회의의 준비과정에서 나온 논의에서도 알 수 있다. 예를 들어 가미야(神谷健一) 사쿠라은행 고문은 무역자유화를 각국의 경제발전 단계에 맞게 자발적으로 진행하려는 아시아 국가들과 각국에 공통된 자유화 조치를 구체화하려는 미국 사이에 서 있는 일본이 이 둘을 잇는 가교역할을 APEC회의에서 보여야 한다고 제언하고 있다.[15] 그 구체적인 내용으로 우선 일본이 솔선하여 우루과이 라운드에서의 합의를 실행하는 것은 물론 관세인하, 규제완화, 비관세장벽의 철폐 등을 실시하여 스스로 시장개방에의 노력을 보여야 한다는 것이다. 두 번째로는 자유화 조치의 적용의 측면에서 자유무역체제의 혜택을 받은 일본은 지역 외 국가들에게도 무차별적으로 운용하는 방향으로 나가야 한다는 것이다. 이렇게 해야 APEC의 기본이념인 '열린 자유주의(open regionalism 또는 あかれた地域主義)'에 위배되지 않고 세계무역기구(WTO)의 정신에도 합치된다는 것인데, 이는 상대국의 자유화 정도에 따라 대응해야 한다는 미국의 입장을 지양하는 대신에 무차별주의를 주장하는 아시아 국가들의 입장을 반영하는 것이라고 할 수 있다, 마지막으로 지역발전을 위한 과제들에 적극적으로 참여해야 한다는 것으로, 무역과 투자의 자유화와 원활화에 더하여 인재육성, 기술이전, 중소기업 육성, 그리고 사회간접자본의

---

15) 神谷健一, 「日本は開放的な市場形成の先導役になれ」, ≪外交フォーラム≫(1995.10), pp. 68~70.

정비 등과 같은 부문에서의 경제협력에 노력을 기울여야 한다는 것이다.

가미야의 이와 같은 제언은 야마자와(山澤逸平) 교수의 '개방경제연합(open economic association)'이라는 개념에서도 나타난다.16) 그에 따르면, OEA는 APEC에 참여하는 국가들 간의 격차가 심하다는 것과 그에 따라 역내의 무역장벽이 단기간 내에 철폐될 수 없다는 현실을 감안하여 무역자유화의 불안전성을 무역·투자의 원활화와 개발에의 협력이라는 원칙들로 보완함으로써 지역 내의 고도성장을 유지하자는 것이다. 즉, 자유무역체제의 실현이라는 목표는 유지하되, 아세안과 같은 개도국의 입장에 대한 고려가 나타나 있는 것이다. 쿠니히로(國廣道彦) 전 중국대사의 경우 일본이 목표로서의 무역자유화를 좀 더 강력히 표명해야 한다고 주장하지만, 이는 APEC회의에서 일본이 대응적인 자세만을 취할 것이 아니라 보다 적극적인 리더십을 보여야 한다는 것을 강조하는 것이지 아시아 국가들에 대한 배려를 고려하지 않는 것은 아니다.17)

일본이 이와 같은 입장을 취하게 된 배경 및 동기로는 다음과 같은 네 가지를 들 수 있다. 첫째는 오자와의 논의에서도 나타났듯이, 자원이 풍족치 않은 일본이 현재와 같은 경제대국으로 성장할 수 있었던 것은 자유무역체제에 기인하는 바가 크다는 것이며, 이는 앞으로도 마찬가지일 것이라는 인식이다. 또한 이와 연관해 둘째로 언급할 수 있는 것은 EU와 NAFTA의 형성에서 보듯이 세계적으로 진행되는 폐쇄적인 지역주의적 움직임에 제동을 걸고자 하는 것이다. 이는 싱가포르에서 열린 제2차 회의에서 APEC을 통해 유럽의 대의지향을 유도해야 한다는 무토(武藤嘉文) 일본통산상의 발언이나 서울에서 열린 제3차 회의에서 역내시장의 확대와 상호 의존관계의 발전을 통해 보호주의적 경제블록을 저지해야 한다는 와타나베(渡部恒三) 일본통산상의 발언에서도 알 수 있다.18)

---

16) 山澤逸平, 「APECの新展開と日本外交」, ≪外交フォ-ラム≫(1995.4), pp. 62~72.

17) 國廣道彦, 「APECに'對應'するのではなく'育ててにく'氣持ちであたれ」, ≪外交フォ-ラム≫(1995.10), pp. 71~73.

18) 변진석, 「일본의 아시아 지역주의에 대한 정책분석」, 51쪽에서 재인용.

세 번째는 미국의 개방압력 또는 통상압력을 다자적이고 제도적인 차원에서 대응 또는 규제하고자 하는 것이다. 예를 들어 무토 통산상은 선진국이 반덤핑 제도를 남용할 가능성에 대해 우려를 나타내면서 GATT의 분쟁해결 절차를 강화할 것을 주장했고, 앞서 언급한 구니히로 역시 일본이 APEC의 구상을 적극적으로 받아들이게 된 최대의 이유는 미일 경제마찰에 의해 양국관계가 험악해지는 것을 보고 이와 같은 제로섬 게임에서 탈피하기 위한 방법으로 APEC의 역할에 기대했기 때문이라고 주장했다.[19] 마지막으로는 경제대국이 된 일본에 대해 국제적 공헌을 높여야 한다는 요구가 국내외적으로 비등한데, 이에 대한 조치로 인재양성이나 사회간접시설의 확대 등과 같은 개발협력에의 제언이 나온 것이라고 할 수 있다.

1995년 11월에 일본 오사카에서 열린 제7차 회의에서는 앞서 언급한 일본의 입장과 동기가 대체로 반영된 '무역·투자 자유화 행동지침'이 합의되었다. 이는 한 해 전인 1994년에 채택된 '보고르선언'을 시행하기 위한 행동지침으로, 개방적이고 다각적인 무역체제의 강화와 2010년까지 자유롭고 개방된 무역과 투자의 달성 등을 내용으로 담고 있었다. 이것의 준비를 위해 1995년의 한 해 동안 5차례에 걸친 고위관리회의(SOM) 및 이와 관련된 여러 회의가 진행되었는데, 여기에 담긴 많은 내용은 다음과 같은 네 가지로 분류해볼 수 있다.[20]

첫째는 무역 및 투자의 자유화에 대한 사항으로, 무차별 원칙과 형평성의 원칙 등을 거론할 수 있다. 무차별 원칙이란 앞에서도 언급했듯이 무역자유화

---

19) 이러한 주장은 여러 곳에서 나타난다. 예를 들어 변진석, 「일본의 아시아 지역주의에 대한 정책분석」, 51쪽; 國廣道彦, 「APECに'對應'するのではなく'育ててにく'氣持ちであたれ」, p. 21; 大來佐武郎, 「環太平洋の新時代」, 慶應義塾大學 地域硏究センタ-編, 『ア ア·太平洋經濟圈の新時代: 構想·課題·挑戰』(東京: 慶應義塾大學 地域硏究センタ-, 1992), pp. 3~27; 小島淸, 「太平洋經濟圈構想の生成」, 慶應義塾大學 地域硏究センタ-編, pp. 29~62.

20) 행동지침에 대한 내용은 ≪日本經濟新聞≫, 1995.11.16; ≪매일경제신문≫, 1995. 11.15; 1995.11.17; ≪동아일보≫, 1995.11.20을 참조함.

라는 원칙의 적용을 역내외 국가들에게 무차별적으로 적용한다는 것이며, 형평성의 원칙이란 무역자유화 원칙을 모든 면에서 형평성 있게 시행한다는 것이다. 수출보조금을 원칙적으로 철폐하기 위해 공동 대처한다는 사항이나 WTO와의 일치성을 강조한 것 등도 무역자유화라는 원칙을 실효성 있게 하기 위한 조치라고 생각할 수 있다. 둘째는 각국의 경제상황에 대한 고려로서 농업분야 등에 대한 특별취급이 이에 속한다. 즉, 농업과 같이 정치적으로 민감한 부문에 대해서는 발전의 수준이나 상황을 고려해서 자유화와 원활화라는 원칙을 유연하게 진행시키자는 것이다. 셋째는 무역마찰과 연관된 부분으로 경쟁적 정책과 분쟁처리에 대한 언급이 여기에 속한다. 경쟁적 정책에 대한 부분에서는 반덤핑제재의 남용을 회피하기 위해 각국이 노력해야 한다는 사항이 포함되어 있고, 분쟁처리에 대한 부분에서는 역내의 분쟁처리를 해결하기 위한 구체안을 다음 회의까지 준비하도록 제안되었다. 마지막으로는 개발지원에 대한 것으로, 경제협력과 기술협력을 위한 노력과 이를 지원하는 차원에서의 인재양성 등이 이에 포함되었다.

이상의 내용에서 알 수 있듯 일본은 무역과 투자의 자유화 및 원활화라는 기본 원칙을 지킨다는 측면에서는 미국을 비롯한 선진국적인 입장을 견지하면서도 그와 동시에 각국의 경제상황을 고려해 농업과 같은 부문에 대해서는 특별히 취급하고자 한 측면에서는 아세안을 비롯한 발전도상국의 입장을 수용하는 양립적 입장을 고수하고 있다. 이러한 일본의 입장에 대한 해석은 상기한 양자적 방안 중 어느 것에 중점을 두느냐에 따라 다양하게 나타난다. 오사카 회의가 시작되기 이전부터 농업부문의 특별취급과 무역자유화의 구체적 시기에 대한 언명은 우루과이 라운드의 실행과 WTO의 출범과도 연관된 문제여서 많은 논란을 야기했고 과연 일본이 의장국으로서 이에 대해 어떤 지도력을 발휘할 것인가가 주목을 받았었다. 일본이 좀 더 적극적이고 독립적인 대외정책을 펴나가야 한다고 주장해온 후나바시(船橋洋一)는 이번 회의에서 과연 일본 정부가 국내적인 요구이기도 한 농업부문의 특별취급을 이겨내고 무역과 투자에 대한 자유화 원칙을 관철시킬 수 있는가가 향후 일본의 대외정책에 대한

시험대가 될 것이라고 전망했다.[21]

후나바시의 채점표에 따르면 농업부문의 특별취급이라는 부문이 삽입된 오사카회의는 만족스럽지 못한 것이고, 이를 수용케 한 의장국으로서의 일본도 정치대국으로서의 면모를 드러내기에는 미흡했다고 평가할 수 있다. 반면에 변진석 박사는 일본이 후쿠다 독트린 이후 계속해서 아세안을 비롯한 발전도상국의 이해를 대변한다고 하면서도 무역과 투자의 자유화 및 원활화를 기본 원칙으로 고수하고 있는 측면을 강조하여 일본의 대외정책의 근간에 탈아론적인 입장이 있음을 주장하는데,[22] 이는 후나바시와는 상반된 방향에서 일본의 입장을 비판하는 것이라고 하겠다. 그러나 일본의 입장을 평가하는 데 있어서는 그 양면성에 대해서라기보다는, 일본이 선진국 지향이라든가(또는 탈아론적이라든가) 아니면 아세안 내지는 발전도상국 지향적이라든가(또는 입아론적이라든가) 하는 것을 기준으로 하기보다는, 일본이 주장하는 '열린 지역주의'와 같은 방안의 실효성을 검토하는 데 기초해야 한다고 생각한다. 따라서 다음절에서는 일본이 동아시아 지역의 발전모형으로 제시하고 있는 '기러기비행형' 모델에 대해서 검토하고자 한다.

3. '기러기비행형' 발전모형에 대한 고찰

일본을 비롯한 동아시아 국가 간의 경제협력에 대한 논의에서는 '기러기비행형' 모델이 자주 언급된다. 이러한 '기러기비행형' 모델은 1930년대 후반에 나온 아카마추(赤松要)의 '산업구조의 안행형태론(雁行形態論)'과 버논(R. Vernon)의 '생산주기론(product cycle theory)'을 합성한 것이다.[23] 아카마추의 이론

---

21) 船橋洋一, 「日本が'國德'を示すとき」, ≪中央公論≫(1995.12), pp. 30~44.
22) 변진석 박사의 글은 오사카 회의에 대해서는 이와 같은 견해를 유지하고 있다. 예를 들어 변진석, 「일본의 아시아 지역주의에 대한 정책분석」, 49~55쪽을 참조 바람.
23) 여기서 언급하는 아카마추와 버논의 주장은 M. Bernard and J. Ravenhill, "Beyond

은 두 가지 물음을 출발점으로 하는데, 하나는 발전도상국은 과연 어떤 경로를 거쳐 발전해나가는 것인가이고 다른 하나는 세계경제는 왜 자유무역과 보호주의로 성격지을 수 있는 기간을 오가는 것인가 하는 점이다. 그는 이들 질문에 대한 설명으로 기러기가 비행하는 형태와 같은 과정이 세계경제 내에서 나타나고 있다고 지적한다. 즉, 새로운 제품과 기술의 분산은 발전도상국으로의 수출에서부터 시작되는데, 이것은 시간이 지남에 따라 발전도상국들로 하여금 자체적으로 그와 같은 제품을 생산할 수 있게 하는 수입대체산업을 성장하게 한다는 것이다. 이러한 수입대체산업의 육성은 또한 발전도상국들이 수출할 수 있는 능력을 제고할 수 있는 여지를 만들어 주는데, 발전도상국의 수출증가는 국가 간의 무역마찰을 야기하고 그러한 현상을 보편화시킨다는 것이다. 따라서 아카마추의 논의는 세계경제가 자유무역과 보호주의를 오가는 것은 제품 또는 기술의 국제적 파급에 소요되는 시간차에 기인하는 것이고 발전도상국 역시 선진국의 발전패턴을 뒤따라간다는 주장을 포함하고 있다.

아카마추의 이론이 국가를 단위로 했다면, 버논의 '생산주기론'은 개개인의 기업을 단위로 하고 있다. 그의 출발점은 한 제품의 주기(life cycle)가 그것을 생산하는 회사의 경쟁력과 제품생산의 범위에 어떠한 영향을 미치는가이다. 미국 다국적기업의 경험을 토대로 그는 제품의 생산에 다음과 같은 세 단계가 있다고 주장한다. 첫 번째는 제품의 개선이 고소득 국가에서 일어나고 다른 나라에서 오는 수요는 수출에 의해 충족되는 단계이다. 다음 단계에서는 제품과 그것의 생산에 사용되는 기술이 널리 보급되어 생산비용 중에서 노동력의 비용이 상대적으로 증가되는데, 이에 따라 수출은 해외에서 생산된 것이나 수입국 내에서의 현지 생산에 의해 점차 잠식당하게 되는 것이다. 마지막 단계에서는 수출 본국의 국내적인 수요가 노동력이 싼 국가들로부터의 수입에

Product Cycle and Flying Geese: Regionalization, Hierarchy, and the Industrialization of East Asia," *World Politics*, vol. 47, No. 2(January 1995), pp. 171~209; 윤영관, 「이행기의 정치경제: 1980년대 일본의 해외직접투자」, 『전환기 국제정치경제와 한국』(서울: 민음사, 1996), 193~236쪽을 참조한 것임.

의해 충족되는데, 이때는 제품회사의 독과점적인 위치가 사라지게 된다.

　고지마(小島淸)는 아카마추와 버논의 주장을 종합한 '일본형 해외직접투자론'을 제시하고 있다.[24] 그는 일본형 해외직접투자가 이전의, 예를 들어 미국의 다국적 기업에 의한 해외직접투자와는 다른 양상을 띠고 있다고 주장한다. 그에 따르면 이전의 다국적 기업에 의한 해외직접투자는 다음과 같은 네 가지를 특징으로 한다. 첫째로 제조업에서의 전형적인 직접투자는 독과점적인 비교우위를 무기로 이윤의 획득을 목표로 하며, 선진기술을 필요로 하거나 제품차별화가 심한 산업에서 행해지는데 투자본국의 비교우위가 유지되고 투자본국의 수출을 높이는 효과가 있다. 둘째로 세계적으로 포진되어 있는 자회사망을 통해 판매시장을 내부화하고 판매비용을 절약함으로써 이윤의 극대화를 노리고 있다는 것이다. 셋째로 다국적 기업은 시장을 내부화하고 기업 내의 분업을 통해 독점이윤을 획득하기 위해서 통일적 경영을 관철시키거나 기업비밀의 누출을 방지하고자 완전소유의 형태를 갖는 진출형태를 고집한다는 점이다. 마지막으로 미시적인 기업이익을 옹호하는 국제적 경영의 접근방식에 기초하여 기업의 해외직접투자를 정당화하는데, 이러한 것에는 투자국과 대상국 양국의 국민경제적인 이익은 전혀 고려되어 있지 않다는 점이다.

　고지마에 따르면, 이러한 이전의 다국적 기업의 특징들과 비교해볼 때 일본의 직접투자는 다음과 같은 특징을 갖고 있다고 한다. 즉, 일본이 더 이상 비교우위를 갖고 있지 못할 때나 투자대상국이 비교우위를 갖고 있음에도 기술과 자본, 경영상의 노하우 측면에서 비교우위를 차지하고 있지 못한 부문이 있을 때 비교우위를 갖춘 해외의 투자대상국으로 일본이 진출하게 된다는 것이다. 이렇게 되면 투자대상국으로서는 새로운 산업의 성장을 보게 되고 이는 수출로까지 연결될 수 있는데, 반면 일본에서는 비교우위를 갖는 다른 산업의 확대가 진행되고 해외로 진출한 산업으로부터 노동과 자본을 흡수할 수 있어서 국내의 산업구조가 조정될 수 있다는 것이다. 이는 곧 일본의 해외직

---

24) 小島淸, 『日本の海外直接投資: 經濟學的接近』(東京: 文眞堂, 1985), pp. 15~24.

접투자는 일본 자체뿐 아니라 투자대상국의 산업구조를 한층 높게 만들며 이에 따라 서로 조화로운 무역을 확대할 수 있을 것이라는 주장이다. 그가 일본형 해외직접투자를 무역지향형 또는 경제발전지향형이라고 하는 이유는 바로 일본의 해외직접투자가 일본 자체와 투자대상국에게 안겨주는 이러한 상승효과에 기인하는 것이다.

일본이 동아시아의 경제발전 패턴에 어떤 영향을 미쳤는지 또는 일본과 그 외의 동아시아 국가의 경제발전 패턴 간에 유사성이 있는가 하는 질문에 대해서는 상이한 답변들이 나오고 있다. 예를 들어 커밍스(B. Cummings)는 한국과 일본 그리고 대만 삼국에는 유사한 발전모델, 즉 '관료주의-권위주의 정권적 산업화의 모델(BAIRs model)'이 나타나고 있다고 주장한다.[25] 이 모델에는 국가의 상대적 자율성, 중앙에 의한 조정, 관료에 의한 장·단기적인 계획, 재벌의 존재, 노동집단의 제의, 여성노동력의 착취, 사회복지 부문의 낮은 수준, 권위주의적 압제 등이 포함된다. 그리고 이에 따른 경제발전은 지역적인 현상으로서, 그것이 나타날 수 있었던 이유는 제2차 세계대전 이전부터 일본을 중심부로, 한국과 대만을 준주변부로, 그리고 동남아시아를 주변부로 구축해온 네트워크 때문이라고 한다. 쿠즈네츠(P. W. Kuznets) 역시 고수준의 투자와 수출증대, 우수한 노동력 그리고 경제발전을 강력히 추진하는 발전국가 등과 같은 공통적인 요인들이 한국과 일본 그리고 대만 삼국의 경제발전 과정에서 나타난다고 본다.[26]

반면 다울링(J. M. Dowling)은 동아시아 국가들이 산업팽창의 패턴이라는 측면에서는 유사성을 보이지만, 산업팽창의 과정에서는 차이를 보인다고 주장한다.[27] 즉, 농업이 위주인 상태에서 풍부한 노동력과 낮은 임금을 이용하여

25) B. Cummings, "The Origins and Development of the Northeast Asian Political Economy: Industrial Sectors, Product Cycles, and Political Consequences," *International Organization*, vol. 38, No. 1(Winter 1984), pp. 1~40.

26) P. W. Kuznets, "Asian Industrialization: Is There a Paradigm?," *Journal of Asian Economics*, vol. 5, No. 4(1994), pp. 491~497.

수입대체산업에 돌입하고, 이것이 한계에 도달할 때에는 수출주도형 경제로 전환하게 되며, 수출주도형 경제가 성숙함에 따라 노동력의 증가보다 노동력 수요가 더 빨리 증대해 이에 따른 임금 상승이 경쟁력 약화와 경제성장의 둔화를 가져오는데 이것이 기술에의 투자 증가를 촉발하는 패턴은 동아시사 국가들의 경제발전에서 공히 나타난다는 것이다. 그러나 자금이 어떻게 조달 되는가, 국가의 전략과 경쟁에 대한 역할 및 기술이전을 위해 사용된 방법 등에서는 차이를 보인다는 주장인 것이다.

버나드(M. Bernard)와 레이븐힐(J. Ravenhil1)은 한국을 비롯한 동아시아 국가 들이 일본의 경험과 유사한 패턴을 따를 것이라는 주장에 강력한 반론을 제기 하고 있는데[28] 이들의 반론은 크게 네 가지로 요약할 수 있다. 첫째는 기술적 완숙도에 대한 것이다. 제품주기론에 따르면, 상품과 그것을 생산하는 데 소용 되는 기술은 일단 완숙기에 접어들면 발전도상국으로 이전되는데, 즉 기술은 일정 기간 동안 정태적이라는 주장에 대한 반박인 것이다. 다시 말하면 기술적 변화는 계속적이며 갑작스런 변화를 겪는 것이어서 단계적으로 논의하기 곤란 하다는 주장인 것이다.

둘째는 산업구조의 유사성에 대한 반론이다. 일본의 산업구조가 복제되는 것이 아니라, 동아시아 내에서의 기술적 분산은 부분적인 것에 그쳤고 그 정도가 국가마다 틀리며, 기본적으로는 일본 내에서 계속적으로 일어나는 기술개선의 네트워크와 연결되어 있다는 것이다. 따라서 일본의 경험은 다른 동아시아 국가들의 산업이 겪고 있는 진행과정과 다르다는 것이 그들의 주장이 다. 또한 경제발전에서 한국과 대만이 경험했던 것과 동남아시아의 신흥 공업 국가들이 현재 경험하고 있는 것 사이에도 차이가 있다고 주장한다. 예를 들어 동남아시아 국가들의 경우 한국이나 대만과는 다르게 수입대체산업의

27) J. M. Dowling, "Is There an Asian Industrial Growth Paradigm?," *Journal of Asian Economics*, vol. 5, No. 4(1994), pp. 525~535.

28) M. Bernard and J. Ravenhill, "Beyond Product Cycles and Flying Geese."

단계를 거치지 않고 일본에서 들여온 기술과 부품에 의존한 수출산업에 주력하고 있다는 것이다.

셋째는 선진국의 퇴장에 대한 반론이다. 기술이 완숙기에 접어들면서 그 기술을 처음에 만들어낸 선진국, 즉 일본의 기업들이 그 분야에서 퇴장할 것이라고 주장되지만, 일본의 기업들은 아직도 그 기술과 연관된 많은 분야에서 퇴장하지 않고 새로운 기술을 계속적으로 제공하고 있다는 것이다. 넷째는 동남아시아에서 일본으로 수출하는 역수출 현상이 현저하지 못하다는 것이다. 그 대신 기술과 부품 제공자로서의 일본, 생산기지로서의 동아시아, 시장으로서의 미국이나 유럽을 주축으로 하는 무역의 삼각관계가 형성되고 있다는 것이다. 따라서 버나드와 레이븐힐은 산업화가 발생하는 상황에 대한 이해가 중요하다고 강조한다. 즉, 상황의 변화가 산업화의 과정에 영향을 미친다는 주장으로, 지정학적인 요인이 중요한 변수이기는 하지만 그와 더불어 시간이라는 변수도 발전경로에 본질적인 영향을 미친다는 점을 강조하고 있다.

4. 전후 일본의 대외정책과 동아시아: 결론을 대신해서

지금까지의 논의는 다음과 같이 종합할 수 있다. 첫째, 일본의 대외정책에 대한 제 구상은 입아론과 탈아론이라는 두 가지 축을 중심으로 변화해온 것으로 이해할 수 있다는 점이다. 전후 일본의 대외정책이 요시다 독트린에서 후쿠다 독트린으로 발전된 것을 이와 같은 맥락에서 이해할 수 있다. 둘째, 이러한 두 개의 중심축 사이의 변동은 부국강병이라는 국가의 기본목표에 기반을 둔 일관된 것으로 이해해야 한다는 점이다. 즉, '부국'과 '강병'이라는 두 측면이 시대적 상황에 따라 상이한 중요도를 갖지만 일체적이라는 점이다. 셋째, APEC에서도 드러나듯이 일본의 최근 입장에는 자유무역체제의 유지라는 선진국적 견해와 ASEAN과 같은 개발도상국에의 배려라는 측면이 혼재되어 있는 것을 알 수 있다.

넷째, 이러한 이중적 입장 역시 앞에서 언급한 것처럼 부국강병이라는 국가목표의 차원에서 이해할 수 있다는 점이다. 단, 탈냉전과 탈근대라고 하는 상황이 부국강병의 의미를 새롭게 정의하도록 요구하고 있다는 것이 현재와 이전을 구분하는 차이점일 것이다. 이는 결국 일본의 대외정책에 대해 평가할 때 어느 편에 서 있느냐가 중심이 되기란 곤란함을 의미한다. 마지막으로 일본을 비롯한 동아시아 지역이 전후에 보여준 발전상은 일본형 발전모형에 기초해 있고 일본을 중심으로 한 네트워크가 기여한 바가 크지만, 이것이 앞으로도 계속될 것인지 여부는 미지수라고 할 수 있다. 즉, 발전에 있어서는 지역 내의 다이내믹스도 중요하지만 발전의 시기라는 것도 중요한 요인으로 작용할 수 있기 때문이다.

이제까지 일본이 동아시아에 대해 취해온 입장과 그 배경을 정리했는데, 앞으로 일본이 동아시아에 대해 어떠한 입장을 취하고 그에 따라 일본과 동아시아가 서로 어떠한 관계를 유지해나갈 것인가 하는 문제와 관련해서는 이제까지 일본이 취한 입장도 중요하겠지만 그와 동시에 앞으로 동아시아와 일본이 각기 어떻게 발전해나갈 것인가에도 달려 있다고 할 것이다. 현재로서 동남아시아를 포함한 동아시아의 향후 경제발전 여부는 불투명한 점이 있다. 그러나 내적 또는 외형적으로 나누는 발전의 성격을 불문하고, 아시아의 발전에 대해 낙관적인 입장이 일반적인 것을 볼 때 일본의 동아시아에 대한 관심은 지속될 것이라고 생각할 수 있다. 설혹 아시아 국가들이 발전 과정에서 위기에 봉착한다고 하더라도 일본의 지역적 관심은 그 위기 자체가 문제되기보다는 당시 일본의 상황에 의해 좌우될 가능성이 크다는 것이다.

우선 일본의 경제가 과연 이전과 같은 지속적인 성장을 유지할 수 있겠는가 하는 문제에 대한 견해는 다양하다. 예를 들어 이노쿠치(猪口孝)는 일본에서의 학문적인 노력이 높은 성과를 이루고 있다는 점을 상기시키면서, 일본 경제가 앞으로도 성장해나가는 데 중요한 역할을 할 기술개발과 그것의 기초가 되는 창의력이라는 측면에서도 일본은 앞으로도 발전할 가능성을 가지고 있다고 주장한다.[29] 반면에 윤영관 교수는 일본의 해외직접투자가 최근에 들어서 이전과는 다른 패턴을 나타내고 있다고 주장하면서 일본경제의 앞날에 대해 밝지 않은 전망을 제시하고 있다.[30] 고지마가 언급했듯이 1980년대 이전에 있었던 일본의 해외직접투자는 사양사업을 해외로 이전시켜 현지의 경제발전에 보탬을 주었지만 최근 일본의 해외직접투자는 첨단기술을 기반으로 현지의 시장을 공략하는 서구의 다국적 기업과 같은 양상을 보이고 있다고 지적한다. 엔고의 영향에 따른 이러한 변화는 일본 국내산업의 공동화를 초래할 것이고 이는 결국 일본의 생산성을 저하시킬 것이라는 것이 윤 교수가 일본경제의 앞날을 흐리게 보는 이유다.

일본의 정치대국화도 기본적으로는 위에서 언급한 경제성장의 정도에 의존하겠지만, 그것을 주시하는 주변국들로서는 문화적인 요소와 같은 그 외의 요소들을 더 중요하게 생각할 가능성이 매우 크다. 맥크리와 놀은 미국과 일본의 무역마찰이 제대로 해결되지 못하는 이유가 일본인의 심층에 자리잡고 있는 집단주의나 열등감, 피해의식과 같은 문화적인 요소들 때문이라고 지적하고, 이러한 문화적인 요소들이 근본적으로 해결되지 않는 한 미일 간 또는 여타 국가와의 무역마찰이 크게 개선되기를 바라기란 어렵다고 주장한다.[31] 이러한 주장은 지난 50년간 일본의 경제성장에서 원동력의 역할을 한 연공서열주의나 종신고용제가 위기에 봉착해 있다는 지적이나 한국을 비롯한 아시아 국가들과 항상 문제시되는 과거사에 대한 인식 문제도 연관된다. 따라서 앞으로 일본이 어떤 방향으로 나갈 것인가를 가늠하기 위해서는 위에서 언급한 두 가지 측면, 즉 경제적 성장의 가능성과 문화적 변화에 대해서 좀 더 세심한 주의가 필요하다고 하겠다.

---

29) Takashi Inoguchi, "Four Japanese Scenarios for the Future," *International Affairs*, vol. 65, No. 1(Winter 1988~1989), pp. 15~28.

30) 윤영관, 「이행기의 정치경제: 1980년대 일본의 해외직접투자」, 『전환기 국제정치경제와 한국』(서울: 민음사, 1996), 193~234쪽.

31) Don R. McCreary and Chris J. Noll, Jr., "Cultural, Psychological, and Structural Impediments to Free Trade with Japan," *Asian Perspective*, vol. 15, No. 2(Fall/Winter 1991), pp. 75~98.

II. 일본의 동아시아공동체 구상: 민주당 정권의 구상을 중심으로[32]

이 절에서는 일본 민주당 정권이 제시한 동아시아공동체 구상에 대해서 검토한다. 동아시아공동체 구상은 민주당 정권이 처음 제기한 것은 아니다. 일본 외무성이 제시하는 바에 따르면, 일본이 제안한 동아시아공동체 구상은 "함께 걷고 함께 나아간다"는 모토를 제시한 고이즈미 수상의 싱가포르 연설에서 시작되었다.[33] 이는 시기적으로 볼 때 앞 절에서 검토한 APEC과 같은 경제협력의 움직임은 포함시키지 않는다는 점에서 흥미로운데, 이 절에서는 일본의 지역협력의 현주소를 검토하는 차원에서 일본 민주당 정권이 제시하는 동아시아공동체 구상은 무엇인지, 그 제출배경은 무엇이고 자민당 정권의 구상과는 어떤 차별성이 있는지, 그리고 앞으로 어떻게 전개될 것인가를 중심으로 검토한다.

1. 하토야마 수상의 동아시아공동체 구상 및 배경

1) 하토야마 수상의 동아시아공동체 구상

하토야마 수상의 동아시아공동체 구상은 자신이 제시하는 '우애'라는 가치의 실현형태로 제시되었지만, 그 내용은 매우 제한적인 것이었다.[34] 초기 민주

---

32) 이 절의 내용은 세종연구소, 『일본 민주당 정권의 '동아시아공동체 구상': 그 의미와 실현가능성』, 2010년도 동북아역사재단 연구지원과제 연구결과보고서 중에서 필자가 담당한 부분(17~63쪽)을 중심으로 재구성한 것임.

33) "東アジア共同體構築に係る我が國の考え方", www.mofa.go.jp/mofaj/area/eas/pdfs/eas_02.pdf. 2010년 5월 20일 검색.

34) 예를 들어 하토야마 수상의 논문인 「나의 정치철학」은 동아시아공동체에 대해서 언급하고 있지만 그것이 필요하다는 정도의 주장을 하고 있다. 鳩山由紀夫, 「私の政治哲學」,

당의 매니페스토에서는 통상, 금융, 에너지, 환경, 등의 분야에서 동아시아 지역협력을 강화해나간다는 원칙이 설정되었고, 그 최종목표로 동아시아 공동 통화를 제시한 것이 전부였다.[35] 따라서 하토야마 수상의 동아시아공동체 구상은 2009년 11월에 싱가포르에서부터 구체적인 방향이 제시되기 시작했다고 할 수 있다. 이후 하토야마는 12월의 코펜하겐 정상회담, 2010년 1월의 중의원 연설 등에서 이 구상을 지속적으로 설명하고 주변국의 지지를 이끌어내고자 했지만, 여전히 구체적인 내용을 제시한 것은 아니었다. 다만 2009년 11월 싱가포르에서 하토야마는 동아시아공동체 구상을 '열린 지역협력'의 원칙에 입각하여 관계국이 여러 분야에서 협력을 하고, 동아시아 지역의 기능적인 공동체 망을 중첩적으로 만들자면서 다음과 같은 다섯 가지 분야의 협력 방향도 제시했다.[36]

첫째는 번영을 위한 협력으로, 하토야마 수상은 유럽이나 아세안의 예를 보더라도 경제관계의 진전이 원칙적으로 협력을 가져온다고 상정하고 있다. 경제적 번영을 위해 동아시아 지역에서 EPA/FTA와 같은 경제 관련 룰을 만들 것을 제시하면서, 이에 더하여 그것만으로 "일본을 열었다"고 하기에는 불충분하다고 주장한다. 이에 따라 한국, 인도, 호주와 EPA교섭을 가속하는 한편, 그 외의 국가와도 EPA교섭의 가능성을 시도한다는 방향을 제시하고 있다. 둘째는 녹색 아시아를 위한 협력이다. 지구상에서 기후변동의 위협으로부터 자유로울 수 있는 국가는 없다는 관점에서 일본이 2020년까지 온실효과가스를 1990년과 비교해 25% 삭감한다는 목표를 제시했다. 종래와 같은 성장 방식은 모두를 행복하게 하지 않고, 지속불가능하다는 전제하에 일본 기업이

『VOICE』(2009), pp. 132~141을 참조 바람.

35) 예를 들어 민주당의 매니페스토에서 동아시아공동체 구상이 언급되는 것은 2005년이 처음이다.

36) 2009년 11월 15일, 하토야마 수상의 "아시아에의 새로운 공약: 동아시아공동체 구상 실현을 위해" 싱가포르 연설, www.kantei.go.jp/jp/hatoyama/statement/200911/15singapore.html.

가진 우수한 에너지절약 기술, 스마트 시스템 등을 활용하여 '지속가능한 성장'을 실현하기 위해 기여할 것이라고 주장한다.

셋째는 생명을 위한 협력으로, 하토야마 수상은 동아시아 지역에서 자연재해와 전염병은 전쟁 이상으로 인간안보의 과제임을 제시하면서 재해발생 시 원활한 구조활동이 가능할 수 있도록 일본이 방재를 위한 새로운 틀을 만들 것임을 제시했다. 위생과 관련해서는 '우애포트'라 명명된 자위대함에 민간인 및 NGO를 태워 태평양 및 동남아시아 지역에서 의료활동과 문화활동을 해나갈 것을 제시했다. 넷째는 '우애의 바다'를 위한 협력이다. 그는 동아시아의 바다를 '우애의 바다'라고 부를 것을 주장하면서 일본이 해적대책과 같은 분야에서 적극적인 역할을 담당할 것을 제시했다. 또한 말라카 해협을 포함한 동남아시아 지역에서 실시되는 역내 협력이 좋은 모델이며 이것을 다른 지역으로 확대할 것을 제안하고 있다. 많은 아·태 지역 국가들이 소말리아 해안에서 해적소탕 활동에 종사하고 있는 것도 공동체 형성의 가능성을 보여주는 좋은 예로 제시하고 있다.

다섯째는 인적교류에 대한 부분이다. 하토야마 수상은 동아시아공동체 구상의 추진에서 인적교류가 중요한 열쇠라고 주장하면서, 아시아 각국으로부터 매년 6,000명의 인재를 초빙하는 사업을 지속할 것을 구체적인 안으로 제시했다. 지역 내의 대학 간 학점교환의 확대나 성적평가의 공통화를 위한 제도도 제안했다.

2) 동아시아공동체 구상의 배경과 일본 내의 쟁점

하토야마 총리가 주장하는 동아시아공동체 구상의 배경으로는 대체로 다음과 같은 세 가지를 제시할 수 있다. 첫째는 1997년의 아시아 경제위기로 일본이 동아시아공동체의 필요성을 강하게 인식했다는 것이다. 이에 더하여 2008년에 발생한 미국발 금융위기는 동아시아공동체의 필요성을 다시금 일깨워 준 계기가 되었다. 둘째는 팍스아메리카나의 쇠퇴와 중국의 급부상에 대한 대응이라는 측면이다. 주지하다시피 미국이 글로벌 금융위기로 정치적·군사적·도덕적으로 기존의 패권을 잃어가고 있는 상황에서 중국이 강력한 경제대국으로 부상하고 있는데, 이러한 파워전이 현상이 일본에게 새로운 국가전략을 모색하게 만들었다는 것이다.[37] 일본의 민주당 정권이 주장하는 미국과의 대등한 동맹관계는 이러한 측면의 한 예라고 하겠다. 또한 1990년대 이후 일본의 장기침체를 극복하고 경제재건을 이룩하기 위해서는 중국과의 경제협력이 필수적이라는 생각도 작용했다고 볼 수 있다.[38]

셋째는 하토야마의 신념에 근거하고 있다는 점이다. 하토야마 수상은 「나의 정치철학」이라는 글에서 조부인 하토야마 이치로가 강조한 우애(fraternity)를 자신도 신봉한다면서, 동아시아공동체 구상을 이러한 우애의 정신과 연결시키고 있다. 또한 유럽이 독일과 프랑스를 중심으로 우여곡절 끝에 EU로 이어진다는 것을 상기하면서 동아시아도 유럽의 화해와 협력의 경험을 배워야 한다고 주장한다. 이는 앞서 언급한 미국과의 대등한 관계라는 주장과 결국 연결되는데, 하토야마 수상의 개인적 신념이 크게 작용하고 있다는 것은 동아시아공동체 구상의 실현에서 그의 리더십이 중요한 부분임을 말하며 그 이후에는 과연 어떻게 될 것인지 의문을 낳는다.

동아시아공동체에 대한 일본 내의 논의는 네 가지로 정리될 수 있다.[39] 첫째는 일본이 적극적으로 동아시아공동체를 추진해야 하며, 앞으로의 동아시아공동체 형성을 낙관하는 아시아주의의 입장이다. 여기서는 동아시아공동체가 일본의 경제적인 이익이 될 뿐만 아니라 동아시아가 공생할 수 있는 길이라는 점이 강조된다. 미국의 쇠퇴와 함께 동아시아공동체의 움직임은 현재 실질적으로 작동하고 있으며, 이러한 흐름을 거스를 수는 없다는 것이다. 이들은 지금까지 일본의 동아시아 외교정책이 미일동맹에 의한 대미의존과 중국에

---

37) 寺島實郎, 「米中二極化「日本外交」とるべき道」, ≪文芸春秋≫(2009), pp. 114~120.
38) 榊原英資, 「「成長戦略」などなくても良い」, ≪文芸春秋≫(2009), pp. 122~126.
39) 이에 대한 논의는 필자가 참여한 다음 논문의 일부분을 활용. 세종연구소, 『일본 민주당 정권의 '동아시아공동체 구상': 그 의미와 실현가능성』, 10~12쪽.

대한 강한 대항의식에 초점을 맞추었다고 지적한다. 따라서 일본은 미국 일변도의 외교정책을 수정하여 동아시아국가와 상호 신뢰를 구축하고 특히 중국과의 협력관계를 적극적으로 모색해야 한다고 주장한다.[40]

둘째, 동아시아공동체는 필요한 흐름으로 정착되고 있지만, 각국이 서로다른 입장을 가지고 있기 때문에 그것이 가진 기능적이고 다자적인 역할에중점을 두는 입장이다. 이들은 동아시아공동체는 경제적인 접근이 용이하고정치안보분야에서도 아젠다에 따라 서로 협의할 수 있는 부분이 존재한다는것을 인정하고 있다. 그렇지만 아직 미국의 아시아에 대한 비중은 그다지줄어들지 않았다고 판단한다. 이들이 지향하는 동아시아공동체 구상은 미일협조에 기초한 포괄적이고 기능적인 동아시아공동체이다. 따라서 이들은 중국의부상이 아시아에 많은 변화를 가져온 것도 사실이지만, 중국과의 협력에는한계가 있다고 생각한다. 특히 이들은 안보분야에서 중국과 양국 간 협의를진행하기보다는 다자적인 협의를 통해 중국의 위협을 감소시키는 것이 필요하다고 강조한다. 또한 이들은 동아시아공동체의 추진과정에서 중국과의 치열한경쟁을 피할 수 없다는 전제를 가지고 있다. 따라서 미국을 포함한 다자적협의체를 형성함으로써 중국을 견제할 수 있고 안정된 동아시아공동체를 형성할 수 있다는 입장이다.[41]

셋째, 아시아공동체는 제한된 경제적인 측면에서만 가능하다고 보는 입장이다. 동아시아에서 중국과 일본은 서로 경쟁하고 있기에, 일본 중심의 동아시아경제공동체를 형성해야 한다는 입장이다. 이들은 일본이 세계 GNP의 약 15%를 차지하는 경제대국이기 때문에 일본 경제를 중심으로 동아시아 경제공동체가 형성될 수밖에 없다고 주장한다. 다만 경제적인 분야에서는 중국 부상과

---

40) 進藤榮一, 『東アジア共同体をどうつくるか』(ちくま親書, 2006); 寺島實郎, 『世界を知る力』(PHP親書, 2010); 谷口誠, 『東アジア共同体』(岩波新書, 2004).

41) 神余隆博, 『日本の外交戰略』(ちくま親書, 2009); 田中均『外交の力』(日本経濟新聞出版者, 2009), 白石隆, 「東アジア共同体の構築は可能か」, ≪中央公論≫(2006.1); 伊藤憲一, 『東アジア共同体と日本の進路』(NHK出版, 2005).

함께 동아시아 내에서 경제적인 이익을 공유하는 부분이 늘어가고 있다는
것은 인정한다. 그렇지만 중국의 리스크를 강조하면서 이를 줄이기 위해서
일본이 적극적인 경제공동체를 건설해야 한다는 입장이다.[42]

넷째, 동아시아공동체는 아직 형성될 수 없다는 입장이며, 여전히 미일동맹
을 중시해야 한다는 입장이다. 그들은 동아시아에서 여전히 미국 영향력과
시장은 중요하다고 본다. 동아시아에서 중국이 부상하고 있음에도 아직도
미국과의 관계에서 이익이 많다고 주장하고 있다.[43] 이들은 동아시아 국가
간에 공통된 가치의 부재와 만연한 일본에 대해 만연한 불신 역시 동아시아공
동체를 가로막는 주된 요인으로 본다. 따라서 중국의 부상을 민주주의와 시장
경제를 공유하지 않은 이질적인 강대국의 형성으로 보고 많은 우려를 하고
있으며, 동아시아의 안정적·평화적인 질서를 유지하기 위해서도 미국의 역할
은 절대적이라고 파악한다. 따라서 이들은 중국을 봉쇄하기 위해 인도, 뉴질랜
드, 호주와의 가치의 연대를 주장하고 있다. 그 대표적인 주창자는 아베수상이
라고 할 수 있다.

현재 일본 내의 주장은 백가쟁명의 시기에 있다. 자민당 시절에는 세 번째와
네 번째의 인식이 정치권에 팽배했던 것에 비해 현재는 점차 두 번째 논의도
활발하게 전개되고 있는 상황이다. 이처럼 하토야마 수상의 동아시아공동체
구상은 일본 정치권에서 새로운 논의를 활성화시켰지만, 이것이 컨센서스를
이루어가기에는 많은 난관이 있는 것이 사실이다. 오히려 하토야마의 논의는
소수에 불과하다고 볼 수 있으며, 일반적인 정치가들은 두 번째와 세 번째
논의의 선상에 머물고 있다는 인상이다.

---

42) 大沼保昭, 『東亞の構想』(筑摩書房, 2000).

43) 渡辺利夫, 『東アジア市場統合の道』(勁草書房, 2006); 安倍晋三, 『美しい國へ』(文春新
書, 2006); 栗山尚一, 「和解: 日本外交の課題」, ≪外交フォーラム≫(2006.2); 櫻井よし
こ, 「価値觀の異なる國, 中國との共同体の構築」, 『日本の論点』(文芸春愁, 2010), pp.
184~187.

2. 자민당 정권의 동아시아공동체 구상

앞에서도 언급한 것처럼 일본 외무성은 일본의 동아시아공동체 구상이 민주당 정권에서 처음 제기된 것이 아니라, 자민당 정권하에서 추진된 동아시아지역협력의 일환이고, 확대된 양상으로 제시한다.[44] 또한 동아시아지역협력이 확대되는 배경으로는 역내 국가들이 경제적으로 발전하고, 세계화(지구화)에 의해 상호 의존관계가 심화되며, 지역협력의 중요성에 대한 인식이 증가되었다는 세 가지 측면을 제시하면서,[45] 동아시아공동체와 관련된 동아시아지역협력이 'ASEAN+3협력', '일+ASEAN협력', '동아시아수뇌회의(EAS)'의 세 가지를 축으로 구성되어 있음을 제시한다.[46] 앞에서 언급한 것처럼 동아시아공동체 구상을 이전부터 추진된 APEC과 같은 경제협력의 노력과는 별도로 인식하고 있다는 것이 흥미롭다. 이 절에서는 자민당 정권하의 동아시아공동체 구상을 검토하는 차원에서 고이즈미 내각, 아베 내각, 후쿠다 내각, 그리고 아소 내각이 제시한 안들에 대해서 간략히 검토한다.

1) 고이즈미 수상의 동아시아 구상

동아시아공동체 구상의 출발점이라고 할 수 있는 고이즈미 수상의 싱가포르 연설은 크게 세 부분으로 나눌 수 있다.[47] 첫째는 일본과 싱가포르를 위시한 아세안의 관계가 긴 역사를 가지고 있고, 그에 비추어 앞으로도 협력을 강화해

---

44) "東アジア共同體構築に係る我が國の考え方", www.mofa.go.jp/mofaj/area/eas/pdfs/eas_02.pdf, 2010년 5월 20일 검색.

45) "東アジア地域協力の擴大の現狀", www.mofa.go.jp/mofaj/area/eas/pdfs/eas_01.pdf. 2010년 5월 20일 검색.

46) "東アジア地域協力の進展", www.mofa.go.jp/mofaj/area/eas/pdf/eas_shiten.pdf. 2010년 5월 20일 검색.

47) 小泉總理大臣のASEAN諸國訪問における政策演說:「東アジアの中の日本とASEAN」, 率直なパートナーシップを求めて; www.kantei.go.jp/jp/koizumispeech/2002/01/14speech.html.

나가야 한다는 도입부이다. 둘째는 협력강화를 위한 분야를 구체적으로 제시하는 부분이다. 이와 관련해서는 다시 크게 세 가지 분야를 제시하고 있는데, 첫 번째는 아세안 국가의 개별적 또는 협력적 개혁노력을 지원하겠다는 것이다. 법령의 정비, 행정능력의 향상, 경쟁력강화를 위한 다자무역체제에의 참가 등과 같은 노력을 예로 제시하고 있다. 두 번째는 '안정'을 위한 협력 분야로서 테러, 에너지안보, 전염병, 환경 등과 같은 초국적 문제에 대한 협력이나 빈곤감소와 분쟁예방 등과 같은 분야에서의 협력 등을 예시하고 있다. 세 번째는 미래를 향한 협력 부분으로, 이와 연관해서는 다섯 가지 구상을 제안하고 있다. 국가발전의 기초가 되는 교육 및 인재육성을 위해 아세안국가들에 일본의 정부조사단을 파견하고, 2003년을 '일-아세안교류년'으로 만들어 문화교류나 지적교류 등의 교류를 확대하며, 폭넓은 분야에서의 경제연대를 강화하기 위한 '일-아세안포괄적경제연대구상'을 제안했다. 또한 새로운 시대의 개발을 추구하기 위하여 '동아시아개발이니셔티브(IDEA)' 회의 개최를 제안했고, 위에서 언급한 '초국가적 문제'를 포함한 안보분야에서의 협력을 근본적으로 강화할 것도 제안했다.

연설의 셋째 부분은 일본과 아세안의 협력이 동아시아 전체의 협력으로 이어져야 한다는 주장이다. 동아시아를 '함께 걷고 함께 나아가는 공동체(커뮤니티)'로 만들자는 것으로, 이를 일본과 아세안의 협력을 기초로 하여 시작하자는 것이다. 구체적으로는 우선 '아세안+3'이라는 틀을 최대한 활용하자고 제안하면서, 이에는 한·중·일 3국의 협력증대가 추진력 역할을 할 수 있음을 제시하고 있다. 흥미로운 것은 이 지역에서의 경제연대 강화를 여전히 중요한 과제로 제시하고, 이러한 협력을 통해서 일본과 아세안을 위시해 한국, 중국, 호주, 뉴질랜드 등의 국가가 중심이 된 공동체(커뮤니티)를 형성할 수 있을 것이라는 기대를 나타내고 있다는 점이다.

또한 이 공동체가 배타적인 것이 아님을 강조함으로써 이들 중심국가 외의 국가들이 포함될 수 있는 여지를 보이고 있다. 이런 측면들을 고려할 때 고이즈미 수상에게 또는 2002년의 일본에게 동아시아공동체라는 개념은 경제 중심적이고, 구성원상에서도 매우 포괄적인 것임을 알 수 있다고 하겠다. 이런 측면에도 불구하고 고이즈미 수상은 이후 동아시아공동체에 대해 지속적으로 언급하며 불씨를 살려 나갔다. 예를 들어 2003년의 일+아세안 특별수뇌회의에서 작성된 도쿄선언에는 장래의 동아시아공동체 구축에 일본이 코미트할 것임을 표명했고, 2004년의 제59차 유엔총회 일반토론연설에서도 ASEAN+3을 기초로 하는 '동아시아공동체' 구상을 제창했으며, 2005년의 제162회 국회시정방침연설에서도 "다양성을 포함하면서 경제적 번영을 공유하고, 열린 '동아시아공동체'의 구축에 적극적인 역할을 담당하겠다"는 결의를 표명했다.

2005년에 출범한 동아시아서미트는 이러한 일본의 노력이 결실을 맺은 것이라고도 하겠는데, 동 정상회의에 대해서 일본은 다음과 같은 두 가지 측면에서 긍정적인 평가를 내리고 있다. 첫째는 동아시아서미트가 지역협력 및 공동체형성에 크게 기여할 것이라고 본 점인데, 이와 관련해서는 특히 동아시아서미트가 "공동체 형성에 중요한 역할을 완수할 수 있다"는 문장의 삽입에 의견일치를 보였다는 점을 제기하고 있다. 둘째로는 '쿠알라룸푸르 선언'(쿠알라룸푸르의 제1회 동아시아서미트에서의 선언)이 채택되는 과정에서 일본의 주장이 상당 부분이 반영되었다는 것이다. 예를 들어 조류인플루엔자와 관련된 선언이 별도로 제출되었고, 쿠알라룸푸르 선언에 일본이 원칙으로 주장해온 개방성, 투명성, 포함성, 보편적 가치의 중시 등이 포함되었다. 이러한 자평에 기초하여 일본 정부는 향후 EAS의 발전에 이바지할 것이라고 제시하고 있다.

요시노 교수는 이러한 일본 정부의 자평과는 다소 다른 평가를 내리고 있다. 우선 고이즈미 수상이 2002년 싱가포르에서 제안한 동아시아공동체 구상에 대해서는 위에서 언급한 두 가지 측면을 특징으로 제시하고 있다.[48] 즉, 여기서의 동아시아는 한·중·일 3국과 아세안뿐 아니라 호주, 뉴질랜드를 포함하는 것이고, 동아시아공동체라는 말 대신에 영어인 동아시아커뮤니티라는 용어를

---

48) 吉野文雄, 『東アジア共同體は本当に必要なのか』(東京: 北星堂, 2006), pp. 3~5.

사용함으로써 보통명사화했으며, '포괄적 경제연대'라는 용어가 사용되기는 했지만 당시 추진된 싱가포르와의 자유무역협정이 상징하듯이 경제적인 속성이 강했다는 것이다.

또한 고이즈미 수상의 이러한 언급은 동남아시아로부터 별다른 반응을 얻지 못했다고 비판된다.[49] 이는 무엇보다도 고이즈미 수상의 진의가 명확하지 않았기 때문인데, 첫째로 당시 중국과 아세안 사이의 자유무역협정 교섭이 시작된 연후에 나온 것이어서 중국 견제적인 차원으로 받아들여진 측면이 있고, 둘째로는 고이즈미 수상의 역사인식 등에서 나타나듯이 그의 아시아 인식이 과연 동아시아커뮤니티를 언급할 정도로 타당한 것인가 하는 의문이 제기되었기 때문이라고 주장한다. 요시노 교수의 이러한 지적에서도 알 수 있듯이 고이즈미 수상의 동아시아공동체 구상은 시효적인 의의가 있었음에도 많은 제약점을 가진 것이었다고 할 수 있다.

2) 고이즈미 수상 이후의 동아시아 구상: 아베, 후쿠다, 아소 내각에서의 움직임

2007년 1월 14일 및 15일 필리핀의 세부에서 개최된 제2회 동아시아·서미트(EAS), 제10회 ASEAN+3 정상회의, 제10회 일-ASEAN 정상회의 및 제7회 한·중·일 정상회의에 출석한 아베 수상은 크게 다음과 같은 두 가지 부분을 강조했다.[50] 첫째는 '개방적이고 매력적인 일본', '열린 아시아', '보편적 가치의 공유'의 세 가지 이념을 기본으로 상호이해와 신뢰를 높이고, 다양성을 수용하고 공생해나간다는 점이다. 둘째는 상기한 이념을 기본으로 아시아와의 연대강화와 그 발전을 위하여 중핵적인 역할을 담당하고 사람, 물류, 산업, 금융, 문화, 정보 등의 다양한 분야에서 시책을 추진한다는 것이다. 이러한

---

49) 같은 책, pp. 7~12.
50) 제2회 동아시아정상회의(EAS)에 출석한 아베 수상의 활동에 대해서는 www.mofa.go. jp/mofaj/area/eas/gh.html과 www.mofa.go.jp/mofaj/area/eas/pdfs/anken.pdf를 참조 바람.

아베 수상의 방향제시를 일본은 '아시안 게이트웨이'로 명명하고 있다.

이를 위한 세부적인 추진전략으로서는 다음과 같은 아홉 가지를 제기했다. 첫째는 에너지안전보장과 관련된 것으로 에너지절약을 추진하는데, 향후 5년 간 역내에서 1,000명의 연수생을 받고, 또한 '아시아에너지절약협력센터'를 설치할 것을 제시했다. 이와 더불어 바이오매스에너지를 추진하기 위해서 바이오매스 분야의 전문가를 육성하기 위하여 향후 5년간 500명의 연수생을 받으며, 석탄의 클린 이용을 위하여 석탄액화지원센터를 건설하고 전문가를 육성하며 클린 콜에 관한 기술협력을 실시할 것임을 표명했다. 또한 에너지 빈곤의 해소를 위하여 향후 3년간 20억 달러 규모의 에너지 관련 ODA를 실시할 계획도 제시했다. 이와 함께 청소년 교류, 일-아세안 포괄적경제연대협력 기금(5,200만 달러; 58억 엔), 조류인플루엔자 대책, 방재 관련 사항, 메콩 강 지역에 대한 ODA 확충, 평화구축 분야에서의 인재육성, 경제연대에 관한 민간전문가연구 개시, 보편적 가치의 공유라는 여덟 가지 사항에 대해서도 세부적인 전략을 제시했다. 이와 더불어 북한에 대해서도 납치 문제를 거론하여 참가국의 이해 및 지지를 호소하기도 했다.

특히 아베 수상은 EAS가 지역의 중요 과제에 대해 구체적 성과를 올리기 위해 이번 회의의 성과에 대해 각료 실무자가 팔로우 업 하는 것을 제안하고, 일본의 구체적인 동아시아 협력사항에 대해서도 제언했다. 경제연대에 관한 EAS 16개국의 민간 전문가에 의한 연구의 개시와 동아시아·아세안 경제 연구 센터(ERIA)의 설립에 대해서도 언급했다.

2007년 11월에 싱가포르에서 개최된 제3회 동아시아정상회의에 출석한 후쿠다 수상은 21일에 내외기자회견을 가졌다. 모두 발언에서 후쿠다 총리는 이번 싱가포르 방문을 계기로 적극적인 아시아 외교를 전개하는 첫걸음을 제대로 내딛을 수 있었다고 평가하면서, 이러한 인식 위에서 일본이 '일본 -ASEAN 포괄적 경제연대협정'의 교섭을 타결할 수 있었고, 아세안 제국 간에 채택된 'ASEAN 헌장'을 환영하며 이와 관련해서는 일본도 좀 더 발전되고 번영하는 아세안의 통합 노력을 강력하게 지원할 것을 표명했다.[51] 또한 후쿠다 수상은 동아시아 정상회의에서 동아시아에서 '지속 가능한 사회'를 실현하기 위해 함께 노력해나갈 것을 호소했다. 이와 더불어 기후 변화 대책을 시작으로 하는 환경 분야에서 구체적인 협력을 추진해갈 것을 제안했고, 에너지 분야나 청소년 교류 등에 대해서도 지역협력을 한층 발전시킬 수 있도록 일본이 리더십을 발휘해나갈 것이라고 밝혔다. 이에 따라 동 회의에서는 '기후 변화, 에너지 및 환경에 관한 싱가포르 선언'이 채택되었다.

또한 동 회의에서 일본은 "동아시아에서의 '지속가능 사회'의 실현에 대해서: 제3회 동아시아 정상회의에서의 일본의 환경협력 이니셔티브"를 제출했다. 이는 크게 세 부분으로 나뉘는데, 첫째는 저탄소·순환형 사회를 구축한다는 것으로 온난화 및 공해대책과 경제적 자립이라는 두 가지 방향을 함께 추구한다는 것이다. 구체적으로는 '아름다운 별 50'이라는 모토 아래 2007년 1월에 표명된 에너지절약 등의 협력을 추진함과 함께 온실효과가스의 배출 억제와 경제성장의 양립을 추구하는 개도국에 대해서는 새로운 '자금 메커니즘'에 의해 정책지원을 추진한다는 것이다. 또한 순환형 사회의 구축을 위한 협력방안으로 '아시아3R연구정보네트워크'의 구축을 제안했고, 수질오염이나 대기오염 등의 공해대책을 위해 향후 5년간 20억 달러 규모의 자금협력 및 500명 이상의 연수를 실시할 것을 제시했다.

둘째는 풍요롭고도 다종다양한 자연과 공생한다는 것으로, 이와 관련해서는 삼림보전, 산호초보전을 위한 '중요산호초네트워크 전략'을 책정했다. 또한 일본과 아세안 사이에 '환경대화'를 실시하고, 일-아세안통합기금(JAIF)을 우선적으로 활용하여 '아세안 지속적 환경도시상'에 대해 지원하며, 아세안 역내의 생물다양성 보전에 대한 사업의 지원 등에 대해서도 협력할 것을 제시했다. 미래지향의 환경보전을 위한 지적인프라의 구축도 제안했는데, 온실효과가스 측정기술위성의 발사(2008년), '동아시아 내 환경분야 대학원 간의 네트워크'

---

51) 제3회 동아시아정상회의에 출석한 후쿠다 수상의 활동에 대해서는 www.mofa.go.jp /mofaj/area/eas/shono_3rd.html과 www.mofa.go.jp/mofaj/area/eas/pdfs/initiative_3rd. pdf를 참조 바람.

구축, 그리고 '21세기 동아시아 청소년 대교류계획(JENESSY)'을 활용하여 환경분야에 대한 교육을 제공한다는 방안도 제시되었다.

아소 수상은 고이즈미 내각에서 외무대신을 역임했는데, 외무대신으로 2005년에 행한 연설에서 자신의 동아시아구상을 제시한 바 있다.[52] 연설은 "제 의견으로는 '동아시아서미트'가 역사의 한 획을 긋는 모임이라고 생각합니다. 그것은 이 회의가 ASEAN의 리더들이 지금까지 길러온 어느 조직보다 더 '함께 미래를 꿈꾸는' 장소가 되는 것"이라는 언급으로 시작되는데, 크게 세 부분으로 구성된다. 첫째는 아시아인이 낙관론자라는 점을 제기하고 있다. 아시아는 지금 자신감으로 가득 차, 내일이 오늘보다 반드시 더 좋을 것이라는 믿음을 갖고 있다면서 아시아인을 '낙관론자의 다른 이름'이라고 명명하고 있다.

둘째는 일본의 역할에 대해서 다음과 같은 두 가지를 제기하고 있다. 하나는 일본이 '사상 지도자(thought leader)'여야 한다고 주장한다. "일본은 첫 번째로, 아시아제국에서의 '실천적 선구자'이고, 앞으로도 그래야만" 한다는 것이다. 다른 하나는 아시아의 안정자(stabilizer)로서의 역할을 제시하고 있다. 경제발전에 의한 ODA의 제공이나 미일동맹을 통한 안보의 제공이라는 측면에서 공히 일본이 아시아의 안정화를 가져오는 세력이라는 주장이다. 셋째는 대등한 동료의식을 존중하는 나라로서의 일본을 제시하고 있다. 즉, 일본은 아시아 각국과 실로 동년배끼리의 관계, 대등한 동료로서의 관계를 이어왔고 앞으로도 이어 갈 나라라는 것이다.

3) 자민당 정권과 민주당 정권의 구상 비교

이상에서 살펴본 것처럼 2009년의 민주당 정권이 성립되기 전의 자민당 정권이 추진한 동아시아구상은 크게 다음과 같은 세 가지 측면을 공통적으로

---

52) http://www.mofa.go.jp/mofaj/press/enzetsu/17/easo_1207.html.

포함한다고 할 수 있다. 첫째는 열린 지역주의라는 특징으로, 동아시아서미트를 아세안을 중심으로 진행하지만 아세안이나 한·중·일 3국과 더불어 호주나 뉴질랜드 등의 참가를 추구한 것처럼 열린 구조를 가지고 있다는 점이다. 이러한 열린 지역주의와 더불어 아세안 중심이라는 점도 특징 중의 하나라고 할 수 있다.

둘째는 포괄적 경제연대라는 용어에서 알 수 있듯이, 경제적 접근만이 아닌 좀 더 포괄적인 기능주의적 접근이 두드러지게 나타난다는 점이다. 제3차 동아시아서미트에서 '지속가능한 사회의 실현'이라는 일본의 제안서를 제시한 것에서도 나타나듯이 환경, 에너지, 빈곤퇴치 등과 같은 경제 외적인 부분에 좀 더 역점을 두는 것으로 보인다.

셋째는 보편적 가치를 강조한다는 점이다. 이는 동아시아공동체 구상이 고이즈미 수상하에서 처음 시동될 때 중국의 아세안 접근에 대응하는 측면이 있었던 것과도 연관되는 측면이다. 물론 이러한 보편적 가치라는 것이 중요한 것임에는 분명하지만 중국 견제적인 측면도 있다는 것이다. 이러한 세 가지 측면을 고려할 때 민주당 정권의 동아시아 구상은 자민당 정권의 그것과 연속선상에 있는 측면이 강하다고 할 수 있다.

반면에 하토야마 수상의 동아시아공동체 구상이 지니는 차이점은 첫째, 경제 위주의 구상에서 비전통적인 안보까지 포함하는 포괄적인 안이 되었다는 점이다. 기존의 안은 주로 국내불황을 타개하기 위한 경제대책이라는 측면이 강했다. 하토야마 구상에서 경제대책을 생각하긴 했지만, 이것보다는 공생을 강조하는 것이 특징이라고 할 수 있다. 그렇지만 현재에도 여전히 기능주의적인 접근을 강조하고 있다는 점에서는 이전과 비슷하다고 볼 수 있다.

둘째, 기존의 동아시아공동체 구상은 고이즈미 수상에서도 볼 수 있듯이 주로 ASEAN을 중심으로 일본의 협력을 생각한 것이었다면, 이제는 한·중·일 협력이 중요한 부분을 차지하게 되었다는 점이다.[53] 기존의 안이 중국과 대응

---

53) 2002년 1월 싱가포르에서 고이즈미 수상의 연설했던 "일 ASEAN 포괄적 경제제휴구

하기 위해 ASEAN의 포섭에 일본의 중점을 두었다고 한다면, 이제는 중국과의 협력을 강조하는 측면이 존재한다. 그렇다고 중국에 대한 우려가 없는 것은 아니지만, 비전통적인 분야에서 중국을 포함한 협력을 강조한 것이 특징이라고 할 수 있다.

셋째, 중국과의 대응이라는 측면에서 열린 협력을 강조하고 있다. 앞서 언급한 것처럼 이전의 일본은 ASEAN+6을 강조하는 측면이 있었다. 이는 시장경제와 민주주의를 공유하는 국가들이 함께하면서 중국에게 글로벌 스탠더드를 강조하려는 의도를 가진 것인데, 이를 통해 일본은 중국을 견제할 수 있다는 측면도 강했다. 이 점에서 하토야마의 동아시아 구상은 중국을 경계의 대상으로 상정하지 않기 때문에 멤버가 정하지 않은 상태에서 우선 협력할 수 있는 상황을 만드는 데 초점을 두고 있다.

넷째 동아시아공동체 구상은 장기적으로 지향해야 할 목표가 다르다. 지금까지 자민당 정권하에서 동아시아공동체 구상은 중국의 ASEAN에 대한 세력 확대를 우려하여 단기적인 대응에 중심을 둔 정책이었다. 여기에 하토야마 수상의 동아시아공동체 구상은 장기적인 것을 시야에 두고 진행하려는 의도를 가지고 있다. 그렇기 때문에 지금 당장에는 정확한 이미지와 내용이 나타나지 않는 것도 사실이지만 이것은 비전적인 성격을 띠고 있다. 다섯째 하토야마의 동아시아공동체 구상과 지금까지 구상과의 가장 큰 차이점은 하토야마 총리의 신념에 의거하고 있다는 점이다. 이러한 점에서 민주당 정권 내에서조차 하토야마의 동아시아공동체 구상에 대해서는 적극적이지 않다. 따라서 동아시아공동체 구상은 하토야마의 정치적인 생명과 같이할 가능성이 높다.

상"에 근거하여 한, 일·ASEAN 간에 폭넓은 분야에서의 경제제휴를 강조함.

3. 동아시아공동체 구상의 정치적 여건

하토야마 수상이 싱가포르에서 밝힌 동아시아공동체 구상에 대한 다섯 가지의 방향은 2010년 3월에서야 각 성청에 지시되어 구체적인 정책으로의 추진이 검토되었다.[54] 따라서 하토야마의 동아시아공동체 구상에 대해 내용이 없고, 담당하는 부서도 애매하다고 하는 비판은 시기상조라고 할 수 있다. 민주당 정부는 2010년에 들어서면서 동아시아공동체 구상의 내용을 채워가고자 움직이고 있기 때문이다.

이 절에서는 아직 명확하지 않은 동아시아공동체 구상이 앞으로 어떻게 될 것인지 살펴보기 위하여 다음과 같은 두 가지 측면을 검토한다.[55] 첫째는 동아시아공동체 구상이 민주당 정권이 추구하는 정책들 중에서 어떤 위치를 차지하고 있는가를 검토하는 것이다. 둘째는 동아시아공동체 구상을 포함한 일본 민주당 정권의 정책에 대한 여론의 지지 정도를 검토하는 것이다.

1) 동아시아공동체 구상의 민주당 내 위상

(1) 민주당 정권의 '신성장전략'

하토야마 수상의 민주당 내각은 2009년 12월 말에 간 부총리를 실장으로 하는 국가전략실을 운영하여 '신성장전략'이라는 문건을 정리하고, 내각에서 통과시켰다. 동 문건은 향후 적어도 3년간 유지될 민주당 정권의 정책적 방향을 제시한 것인데, 이 절에서는 동아시아공동체 구상이 '신성장전략' 속에서 어떠한 정책적 위상을 가지는가를 검토하는 차원에서 동 문건을 간략히 검토한다.

---

54) 일본 외무성 및 내각관방장관실의 관계자들에 대한 필자 등의 인터뷰. 인터뷰는 2010년 4월 18일, 19일에 진행됨.

55) 이와 관련해서는 민주당 정권 내의 주요 인사들이 동아시아공동체 구상과 관련하여 어떤 생각을 갖고 있는가에 대해 검토하는 것이 필요하다고 하겠는데, 이와 관련해서는 이 책의 다른 부분에서 검토하기에 여기서는 생략한다.

2009년 12월 30일에 내각을 통과한 '신성장전략'이라는 문건은 총 29페이지에 달하는데, 크게는 서론, 본론, 향후 추진방향의 세 부분으로 나뉘지만 핵심은 본론인 '6개의 전략분야의 기본방침과 목표'라는 제2장이다. 이에 앞선 서론에서는 종전의 자민당 정권이 공공사업을 중심으로 한 경제성장의 길과 구조개혁에 의한 생산성 향상의 길이라는 두 가지 노선을 추진한 것과는 달리, 환경과 건강, 관광이라는 세 분야를 중심으로 한 '제3의 성장노선'을 추구하겠다는 것을 내용으로 한다. 본론인 제2장에서는 새롭게 성장을 추구할 분야로서 환경 및 에너지, 건강, 아시아, 관광 및 지역활성화, 과학 및 기술, 고용 및 인재 등의 6개 분야를 제기하면서, 이를 다시 이미 비교우위를 가진 '강함을 살릴 수 있는 성장분야', 새롭게 개척해나갈 수 있는 '프론티어의 개척에 의한 성장분야', 그리고 성장의 기초가 되는 '성장을 지원하는 플랫폼'이라는 세 가지로 나누고 있다.

첫 번째의 '강함을 살릴 수 있는 성장분야'로는 환경 및 에너지 부문과 건강부문을 제시하는데, 우선 환경과 관련해서는 그린 이노베이션이라는 모토 하에 2020년까지의 목표로 첫째, "50조 엔 이상의 환경관련 신규시장"을 만들고 둘째, "환경분야에서 140만 명의 신규고용"을 창출하며 셋째, "일본의 민간베이스 기술을 살려서 세계의 온실가스 삭감량을 13억 톤 이상으로 만든다는 목표"를 추구한다는 것이 제시되어 있다. 또한 이러한 목표를 추진하기 위한 시책으로서 "전력의 고정가격구매제도의 확충 등에 의해서 재생가능에너지"를 보급하고, '에코 주택' 등의 보급에 의해 주택 및 오피스 등에서 제로 에미션화를 추구하며, 축전지나 차세대자동차, 화력발전소의 효율화 등과 같은 혁신적 기술개발을 앞서 개발하며, 규제완화 및 세재의 그린화를 포함한 종합적인 정책 패키지를 활용, 저탄소사회 실현에 집중투자한다는 것을 주요한 사항으로 제시한다. 건강과 관련해서는 라이프 이노베이션을 기치로 내걸어 2020년까지의 목표로 "의료, 개호, 그리고 건강 관련 서비스의 수요에 걸맞은 산업육성과 고용의 창출"을 제시하면서 신규시장을 약 45조 엔으로, 신규고용을 약 280만여 명 제시하고 있다.

두 번째 '프론티어의 개척에 의한 성장' 분야로는 아시아와 관광이라는 두 부문을 제기하고 있다. 아시아에 대한 경제전략의 목표로 2020년까지 '아시아태평양자유무역권'을 구축하고, "아시아의 성장을 이끌어내기 위해" 국내개혁을 추진하여 사람과 물품, 돈의 흐름을 배증시키며, "'아시아의 소득배증'을 통한 성장기회의 확대"를 제시하고 있다. 또한 이를 위한 시책으로 "2010년의 APEC 주최국으로서 무역 및 투자의 자유화를 적극적으로 추진하고, 아시아태평양 자유무역권(FTAAP)에 대한 로드맵을 책정하며 "아시아 제국과 공동으로 일본의 '안전 및 안심'의 국제표준화"를 추진한다는 등의 내용이 제안되고 있다. 관광과 관련해서는 관광입국 및 지역활성화 전략을 바탕으로 "방일 외국인을 2020년 초까지 2,500만 명, 그리고 장래에는 3,000만 명"으로 늘리겠다는 목표를 제시하고 있다. 동 문건에 따르면 2,500만 명의 관광객에 의한 경제파급 효과는 약 10조 엔, 그리고 신규고용은 56만 명이 될 것으로 예상하고 있다. 또한 이를 위한 시책으로 '방일관광사증의 취득'을 용이하게 하고, '휴가 취득의 분산화' 등에 의해 '로컬 홀리데이' 제도를 검토하는 방안을 제시하고 있다.

세 번째 '성장을 위한 플랫폼'에는 과학 및 기술입국 전략과 고용 및 인재전략이 포함되어 있다. 과학 및 기술에 의한 입국전략에서는 "세계를 선도하는 그린 이노베이션과 라이프 이노베이션", "독자 분야에서 세계 제일이 될 수 있는 대학 및 연구기관의 증가", "이공계 박사과정 수료자의 완전고용 달성" 등이 2020년까지의 목표로 제시되고 있다. 고용 및 인재전략에서는 "젊은 프리터의 약 반감", "수요 감소", "고령자취업 촉진", "장애자취업로 촉진", "잡 카드 취득자 300만 명" 등을 목표로 제시하면서, 젊은이나 여성, 노령자나 장애자의 취업을 향상시키고 지역고용의 창조와 '디센트 워크'의 실현 등을 주요 시책으로 제시하고 있다.

이상에서 보듯이 민주당 정권의 '신성장전략'은 동아시아공동체를 직접적으로 언급하지는 않지만, 아시아를 일본의 경제성장의 주요한 동인으로 제시하고 있다는 점에서 아시아 중시적인 측면을 보인다. '신성장전략'이라는 문건이 하토야마 수상하에서 만들어진 것이지만, 주되게는 간 나오토 국가전략상에 의해 추진되었다는 측면에서 단순히 하토야마 수상의 개인적인 것이라고 하기보다는 민주당 차원의 것으로 보는 것이 타당하다고 할 것이다. 그리고 그런 점을 고려한다면 일본의 아시아에 대한 관심 또는 동아시아공동체 구상은 하토야마 수상에 국한된 것이 아니라 민주당 정권 차원의 것이라고 할 수 있다.

(2) 간 수상의 시정연설

앞 절에서 하토야마 수상의 동아시아공동체 구상 또는 아시아중시적 측면은 단순히 하토야마 수상 개인에 의한 것이라기보다는 민주당 정권 차원의 것이라고 제시했는데, 이를 재검토하기 위해서 하토야마 수상의 사퇴에 따라 수상직에 취임한 간 수상이 동아시아공동체 구상 등과 관련하여 어떤 생각을 나타내는지 검토한다. 상기한 '신성장전략'에서처럼 아시아 중시적인 측면을 보인다면 동아시아공동체 구상의 추진 가능성은 그대로 남아 있을 것이기 때문이다.

간 나오토 신임수상은 국회에서의 첫 소신표명연설에서 신내각의 정책과제로서 "전후행정의 대청소의 본격실시", "경제·재정·사회보장의 일체적 재건", "책임감에 입각한 외교안정보장"의 세 가지를 제시하고 있다.[56] 첫 번째의 "전후행정 대청소의 본격실시"라는 부분은 서두와 같은 것으로 개혁의 지속을 제시한다. 즉, 낭비의 근절이나 행정 개선 등의 방향에서 지역주권 및 우정개혁 등을 추진할 것을 제시하고 있다. 두 번째의 "패색상황의 타파: 경제·재정·사회보장의 일체적 개혁"에서는 1990년대 초의 버블붕괴 이후 20년간 일본이 경험하고 있는 패색상황을 타파하고 기대에 응하고자 하는 것이 신내각의 임무라며, 이를 위해 '제3의 길'이라는 '신성장전략'에서 언급한 새로운 설계도를 제시하고 있다.[57] 세 번째의 "책임감에 입각한 외교안정보장"이라는

---

56) "第174回國會における菅內閣總理大臣所信表明演說," 2010年 6月 11日; www.kantei. go.jp/jp/kan/statement/201006//11syosin.html.

부분에서 미일동맹의 중요성을 제시함과 동시에, 동아시아공동체 구상의 추진 필요성도 제기했다. 이와 관련해서는 중국과의 전략적 호혜관계와 한국과의 미래지향적 파트너십 구축강화를 제시하고 있다.

이상에서 검토한 바와 같이 간 나오토 신임수상은 부총리 시절에 관계한 '신성장전략'에서나 수상취임 후 발표한 '소신표명연설'에서 공히 아시아중시적인 방향의 중요성을 제기하고 있다. 특히 환경정책과 성장이라는 두 가지 목표를 상반된 것이 아닌 서로 연관된 것으로 인식하면서 이를 추진하기 위한 시장으로 아시아를 제기한다는 측면에서 하토야마 수상 및 그 내각과 정책적 연속성을 갖고 있는 것으로 파악할 수 있다. 이는 전임의 하토야마 내각에서 중책을 맡았기 때문에, 또는 동일한 민주당 내각이라는 측면에서 나타나는 연속성으로도 파악할 수 있다.

2) 민주당 정권의 정책에 대한 여론의 지지 정도

정책을 실현하기 위해서는 정책담당자의 권력 및 리더십이 중요하고, 그러한 리더십은 여론의 지지와 정치세력의 지지에 의해서 뒷받침된다. 이에 따라 본 절에서는 먼저 여론의 지지를 살펴본다.

이에 따라 <표 8-1>은 하토야마 내각과 그 정책, 그리고 민주당에 대한 지지도 등을 제시하고 있다. 가장 눈에 띄는 경향은 하토야마 내각에 대한 지지도가 1년이 되지 않은 기간 동안 지속적으로 감소경향을 나타내고 있다는 점이다. 집권초인 2009년 10월 초에 71%에 달했던 지지율이 1년도 되지 않은 2010년 4월에 이미 33%로 내려갔다.

이러한 감소는 <표 8-1>에서 보듯이 대체로 민주당이 내건 정책 및 모토, 예를 들어 탈관료 또는 정치주도라는 모토에 대한 기대가 감소했기 때문으로

---

57) 패색상황이란 1990년대 이후의 일본상황을 묘사하는 대표적인 개념인데, 간 나오토 수상은 이를 "일본경제에 저미가 지속된 결과, 국민은 예전의 자신감을 잃고 장래에 대해 막연한 불안에 떨고" 있는 상황으로 묘사하고 있다.

〈표 8-1〉 여론조사 결과, 《요미우리신문》(2009.10~2010.4)

	내각 지지도	지지이유	지지정당	고속도로 무료화	자위대 급유활동	온실가스 25% 삭감
2009. 10.4.	지지 71 부지지 21	정책기대 32 정치주도 25 비자민 21	47 자민 17 무당파 26	찬성 26 반대 69	찬성 48 반대 37	찬성 75 반대 19
2009. 11.6.	지지 63 부지지 27	정책기대 29 정치주도 21 비자민 31	민주 43 자민 19 무당파 28	찬성 21 반대 73	찬성 47 반대 34	찬성 75 반대 34
2009. 12.4.	지지 59 부지지 29	정책기대 27 정치주도 26 비자민 35	민주 42 자민 19 무당파 29	공약 12 반대 48	(기지이전) 합의26 대폭26	(세율폐지) 공약36 불실시 21
2009. 12.18.	지지 55 부지지 33	-	민주 43 자민 18 무당파 28	-	합의 34 국외 35	-
2010. 1.8.	지지 56 부지지 34	정책기대 23 정치주도 21 비자민 39	민주 39 자민 16 무당파 35	(아동수당) 평가 34 불평가 27	합의 44 국외 30	평가 41 불평가 46
2010. 2.5.	지지 44 부지지 47	정책기대 22 정치주도 17 비자민 43	민주 33 자민 20 무당파 38	-	합의 31 국외 35	(참원선) 민주 27 자민 22
2010. 3.5.	지지 41 부지지 50	정책기대 18 정치주도 17 비자민 47	민주 31 자민 20 무당파 36	-	나호 24 국외 35	민주 25 자민 22
2010. 4.2.	지지 33 부지지 56	정책기대 20 정치주도 14 비자민 47	민주 24 자민 16 무당파 50	평가 43 불평가 52	평가 30 불평가 49	민주 22 자민 19

볼 수 있다. 정책에 대한 기대는 32%에서 20%로, 정치주도에 대한 기대는 26%에서 14%로 각기 10% 이상 감소했다. 반면에 다른 이유보다도 비자민정권이기에 지지한다는 비율이 35%에서 47%로 10% 이상 크게 증가한 것 또한 민주당 정책에 대한 기대가 크지 않음을 보여주는 것이다.

하토야마 내각의 정책 및 모토에 대한 기대가 감소하는 이러한 경향은 민주당에 대한 지지도의 감소에서도 반영된다. 민주당에 대한 지지는 47%에서 24%로 반수 정도 감소한 반면에, 지지정당이 없다(무당파)는 답은 29%에서 50%로 두 배 가까이 증가했다. 이는 민주당에 대한 지지감소가 자민당 지지가 아닌 무당파 지지로 넘어갔음을 보여주는데, 이처럼 자민당에 대한 지지는

17%에서 한때 20%까지 증가했지만 다시 16%로 감소했다.

이는 또한 민주당이나 자민당과 같은 기존 정당에 대한 실망을 나타내는 것이라고 하겠는데, 이에 따라 2010년 7월에 예정된 참의원 선거에서 민주당이나 자민당에 투표하겠다는 비율은 2010년 2월에 각기 27%, 22%였고 2010년 4월에는 22%, 19%였다. 하토야마 수상이나 오자와 민주당 간사장과 연관된 정치자금문제가 불거져 하토야마 내각과 민주당에 대한 비판이 커졌음에도 자민당이 이러한 비판표를 받지 못한다는 점은 무당파의 증가와 함께 기존정당에의 실망을 보여주는 것이다.

지금까지 세 가지 방향에서의 검토를 중심으로 하토야마 수상 및 민주당 정권의 동아시아공동체 구상에 도움이 되는 추진요인과 악영향을 주는 장애요인으로 분류해보았다. 정치적 세력과 관련해서 민주당 내의 세력분열에도 불구하고 아시아중시적인 입장에서는 거의 공통된 의견을 갖고 있다는 점은 동아시아공동체 구상의 첫 번째 추진요인이다. 하토야마 전 수상이나 오자와 전 간사장만이 아니라, 그 뒤를 이은 간 신임수상이나 센코쿠 신임관방장관 등과 같은 후속 내각의 구성원들도 아시아중시적인 입장을 보인다는 것도 긍정적인 측면이다. 그러나 이러한 공동인식에도 불구하고 민주당이 기본적으로 다양한 세력(약 8개 정책그룹)으로 분열되어 있고, 그중에서도 간 신임수상을 지지했던 마에하라 국토교통상 등이 미일관계를 중시한다는 것은 불안요인이라고 할 수 있다.

동 구상의 당내적 정책위상과 관련해서는 첫째, 민주당의 매니페스토에 아시아중시정책 및 동아시아공동체가 포함되어 있고, 둘째 2009년 말에 제출된 '신성장전략' 역시 아시아를 환경 및 경제성장을 위한 주요 시장으로 제시하고 있으며, 셋째 간 신임수상의 시정연설에서도 동아시아공동체와 같은 아시아와의 관계를 중시하는 언급이 있었다는 점 등이 추진요인으로 제시되었다. 또한 동아시아에 대한 관심이 고이즈미 자민당 정권에서부터 시작된 것이어서 관료들의 지지를 받는 측면이 있다는 것도 추진요인이라고 할 수 있다.

그러나 동아시아공동체 구상 자체가 하토야마 전 수상의 개인적 관심에 의한 부분이 크다는 점은 동 구상의 추진에서 가장 큰 장애가 될 것으로 생각된다. 이에 더하여 비록 간 신임수상이 경제활성화와 그를 위한 아시아중시를 주장하지만, 현재로서는 '환경세' 도입 등에 더 많은 관심을 갖고 있다는 점도 추진에 악영향을 미칠 것으로 생각된다.

여론의 지지와 관련해서는 시간경과에 따라 민주당에 대한 지지가 낮아지지만 민주당 정책에 대한 초기 기대는 높다거나 하토야마 내각에 대한 지지도 하락이 간 신임수상의 취임으로 회복되었다는 점은 추진요인으로 볼 수 있다. 하지만 민주당에 대한 지지가 정책보다는 자민당에 대한 염증의 측면이 더 크고 참의원 선거에서의 민주당 패배 가능성은 동아시아공동체 구상을 추진하는 데 악영향을 미칠 것으로 생각된다.

이상에서 살펴보았듯이 동아시아공동체 구상 또는 아시아중시 정책은 민주당의 기본방향이고, 관료들도 이러한 방향에 전향적이라는 차원에서 추진될 가능성이 높다. 하지만 동아시아공동체 구상이 전면에 등장할 수 있었던 요인 중에 가장 중요했던 것이 하토야마 수상의 리더십 및 관심이었다면 그의 사퇴는 동 구상의 추진속도를 늦추게 만드는 중요 요인이라고 하겠다. 더욱이 간 신임수상이나 민주당 정권에서 환경정책이 좀 더 우선순위를 갖고 있다는 점도 동 구상의 추진이 어렵게 될 가능성을 예상하게 만든다.

III. 동북아 다자안보협력에 대한 일본의 입장[58]

다자주의는 대체로 "셋 이상의 집단에서 국가정책을 조율하는 관습"으로 정의된다.[59] 이에 기초한다면, 다자안보협력체제는 집단 내의 안전보장 확보

---

58) 이 절은 이면우, 「동북아 다자안보협력에 대한 일본의 입장」, 세종연구소 정책보고서 2006-03, 통권 제68호(2006.9)를 본 절에 맞게 재구성함.

라는 목표를 달성하기 위해 공통된 위협에 대응하고자 안보 관련 정책을 조율하는 협력체제라고 정의할 수 있다. 따라서 동북아 다자안보협력이란 동북아시아를 하나의 지역 또는 집단으로 하여 이 지역의 안보를 확보하기 위해 공통위협에 대응하고 안보 관련 정책을 조율하는 협력 노력이라고 할 수 있을 것이다.

이 절에서는 이러한 개념하에 동북아 다자안보협력에 대한 일본의 입장을 다음과 같은 두 단계로 검토한다. 첫째는 현재 진행 중인 동북아 다자안보협력에는 어떠한 것들이 있고, 이에 대해 일본이 어떠한 입장을 취하고 있는지 검토하는 것이다. 둘째는 일본의 안보정책이라는 전체적인 틀에서 다자안보협력이 차지하는 위치를 파악하는 것이다. 이는 첫 번째의 검토사항이 그 자체로서도 충분할 수 있지만 그 성격을 제대로 파악하기 위해서는 안보정책의 전체적인 틀에서 차지하는 비중을 검토할 필요가 있다고 생각하기 때문이다. 이에 따라 두 번째 부분에서는 일본의 안보정책을 구성하는 주요한 기제들에 대해 간략히 정리한다.

1. 동북아 다자안보협력의 현황과 일본의 입장

1) 동북아 다자안보협력 현황

동북아를 포함한 동아시아라는 좀 더 광역의 지역 개념에서는 2006년 현재 다양한 노력들이 다자안보협력과 관련해서 진행되고 있다. 정부 간 다자안보협력기구로는 '아시아지역포럼(ASEAN Regional Forum)', '아시아교류 및 신뢰구축회의(CICA)', '상해협력기구(SCO)'가 있고, 비정부 간 기구로는 '동북아협

---

59) Robert Keohane, "Multilateralism: An Agenda for Research," *International Journal*, Vol. 45(Autumn 1990), p. 731.

력대화(NEACD)', '아태안보협력이사회(CSCAP)' 등이 있다.

이들에 대해 간략하게나마 살펴보면, 우선 '아시아교류 및 신뢰구축회의'는 1992년 10월의 제47차 유엔총회에서 카자흐스탄의 나자르바에프 대통령이 아시아에서의 상호 신뢰 구축과 분쟁예방을 위해 유럽안보협력기구(OSCE)와 유사한 지역안보협의체의 설립을 제의한 것을 계기로 추진되었다.[60] 이에 따라 1993년 3월의 제1차 전문가회의를 시작으로 1999년까지 고위관리회의, 차관급회의, 외무장관회의 등의 준비회의가 카자흐스탄 알마티에서 개최되었고, 1999년 9월의 외무장관회의에서는 '회원국 간 관계의 원칙에 관한 선언서'에 대한 서명이 이루어졌으며, 2002년 6월에는 제1차 정상회의가 개최되었다. 현재 회원국으로 러시아, 중국, 이집트 등 16개국이 참여하고 있으며, 한국과 일본 등은 옵저버로 참여하고 있다.[61]

'상해협력기구'는 1996년에 중국, 러시아, 카자흐스탄, 키르기스스탄, 타지키스탄 등 5개국 수뇌들이 상해에서 처음 모여 '1+4 국경회담'을 가진 것을 계기로 시작되어, 2001년 6월에 창립되었다.[62] 창립 당시 옵저버였던 우즈베키스탄을 새롭게 참여시켜 총 6개 회원국으로 구성된 상해협력기구는 유라시아 대륙에서의 새로운 지역적 다각협력기구를 표방하는데, 창립선언과 함께 '테러와 분열주의, 그리고 극단주의에 대한 상해공약'을 발표한 것에서도 알 수 있듯이 테러 및 군사 문제 등에 대한 회원국 간의 양자적·다자적 협력에 초점을 맞추고 있다. 또한 2005년 7월 5일의 정상회담에서 중앙아시아에서의 미군기지 철수를 요구한 점을 고려할 때 미국에 대한 중국과 러시아의 견제 역할도 있는 것으로 보이고, 따라서 이러한 점에서도 주목할 만한 새로운 움직임이다.

---

60) http://m.mofat.go.kr/mw2/country_327..., 2001년 12월 12일 재검색.
61) 2010년 현재 20개국으로, 한국은 회원국이 됨. 옵저버로는 일본과 미국을 위시한 9개국 및 유엔과 같은 3개 국제기구가 참여하고 있다. 앞의 한국 외교통상부 사이트 참고.
62) http://ja.wikipedia.org/wiki/%E4%..., 2010년 12월 12일 재검색.

'동북아협력대화'는 미국 캘리포니아 대학의 국제분쟁 및 협력 연구소 (IGCC)에 의해 주관되는 비정부 차원의 다자안보협력기구이다.[63] 1993년 7월에 시작된 이 회의는 한국, 북한, 일본, 중국, 러시아, 미국 등 6개국의 비정부 관계자들이 동북아 정세에 대해 각국의 시각을 교환하고, 기타 안보분야에 대한 협력방안에 대해서 토의한다. 비정부 차원의 기구임에도 고위급 인사들이 개별적으로 참여한 준정부 차원의 회의라는 점과 미국이 참여한다는 점 때문에 주목을 받고 있다.

'아태안보협력이사회'는 1991년 이래 아태지역의 학자 및 정부관계자를 중심으로 진행된 회의들이 지역의 신뢰육성과 안보장치를 검토하는 상시기구로 전환된 것으로, 한국, 일본, 미국 등의 10개국 연구소가 창립 멤버로 발족되었다.[64] 동 이사회 역시 학자들은 물론 국방관계자들을 중심으로 한 전직·현직 관료들이 참여하는데, 아시아의 대표적인 비정부 차원의 다자안보협력기구로 연구 및 정책건의를 통해 정부 차원의 안보협의를 촉진하고 지원하는 역할을 수행한다.

여기서는 동북아 다자안보협력의 현황을 좀 더 구체적으로 검토하고 그에 대한 일본의 입장을 정리하기 위해 위에서 소개하지 않은 아시아지역포럼에 대해서 검토한다. 이는 아시아지역포럼이 동북아 지역을 대표하는, 그리고 일본이 주요 구성원으로 포함된 정부 간 다자안보협력이기 때문이다.[65]

---

63) http://www.mofa.go.jp/mofaj/gaiko/bluebook/2003/gaikou/html/topic/top03_01.html, 2010년 12월 12일 재검색.

64) http://www.jiia.or.jp/report/j-newsletter/01-01/cscap.html, 2010년 12월 12일 재검색. 좀 더 구체적으로는 cscap의 홈페이지, www.cscap.org를 참고.

65) 북핵 문제를 다루는 '6자회담'에 대해서도 북핵 문제의 해결 이후에 이를 동북아의 다자안보협력체로 만들자는 제안이 최근 들어 제시되고 있지만 아직은 그 전도가 불투명하기에 여기서는 제외한다.

2) 아세안지역안보포럼(ARF)의 경과

ARF, 즉 '아세안지역안보포럼'은 정치 및 안전보장 문제에 관해서 대화와 협력을 통해 지역의 안전보장 환경을 향상시키는 것을 목적으로 1994년부터 시작된 정부 간 포럼이다.[66] 여기에는 외교 및 안보 담당자들이 출석하며 2010년 현재 참가국으로는 ASEAN 국가들을 비롯한 26개국과 유럽연합이 포함된다. 1994년의 방콕회의를 시작으로 이제까지 총 17번의 회의가 개최되었다.

논의의 내용으로 볼 때, 캄보디아가 새롭게 참가한 제2차 회의에서는 ARF의 중기적 접근방법으로서 신뢰육성의 촉진, 예방외교의 촉진, 그리고 분쟁에의 접근 충실이라는 세 단계를 점진적으로 추진하며 당분간은 신뢰육성 조치에 중점을 둔다는 합의가 이루어졌다.[67] 인도와 미얀마가 새롭게 참가한 제3차 회의에서는 신규참가의 기준으로 첫째, ARF의 목적 및 활동에 대한 지지, 둘째 아시아태평양의 안전보장과의 관계, 셋째 점진적 확대, 넷째 합의(con-sensus)에 의한 결정이라는 네 가지 사항에 대해 합의가 도출되었다.

하노이에서 개최된 제8차 회의에서는 포괄적핵실험금지조약(CTBT)을 시작으로 하는 군비관리 및 군축 문제, 대량살상무기 및 그 운반수단의 확산 등에 대해 논의함과 동시에 예방외교에 대한 개념 및 원칙, 의장의 역할 강화, 그리고 전문가 및 저명인의 등록제도 등과 관련한 3개 문서가 채택되어 ARF의 기본 방향으로 제시되었다. 프놈펜에서 개최된 2003년의 제10차 회의에서는 한반도 정세와 관련하여 핵 문제를 둘러싼 한반도의 비핵화 및 평화적 해결을 촉구하는 의견이 의장성명에 반영되는 가운데, '해적행위 및 해상보안에의 위협에 대한 협력 관련 성명'과 '국경관리에 관한 테러대책협력성명'이 전원일

---

66) http://www.clearing.mod.go.jp/hakusho_data/2010/2010/html/m3332000.html, 2010년 12월 12일 재검색.
67) ARF의 지난 경과에 대해서는 www.mofa.go.jp/mofaj/area/asean/arf/pdfs/gaiyo.pdf를 참고. 2010년 12월 12일 재검색.

치로 채택되었다.

자카르타에서 개최된 2004년의 제11차 회의에서는 파키스탄이 새롭게 참가한 가운데 한반도 정세와 관련한 관계국의 노력이 권장되었고, 미얀마의 민주화에 대해서 실질적인 조치도 촉구되었으며, 테러 및 대량살상무기의 확산 등에 대해서도 '국제테러에 대한 수송의 안전강화에 관한 ARF 성명'과 '불확산에 관한 ARF 성명'이 채택되었다. 또한 ARF의 강화를 위한 방법으로서 ARF 유닛의 설치에 대한 지지가 있었으며, 한국이 제안한 전문가 및 저명인 등록제도(EEP)의 운용 가이드라인이 채택되었다.

말레이시아의 쿠알라룸푸르에서 개최된 2006년의 제13차 회의에서는 방글라데시가 새롭게 참가했고, 동 회의에서는 상기한 문제들이 지속적으로 논의된 가운데, '인간안보'와 연관된 조류인플루엔자 등에 대한 참가국들의 노력이 촉구되었다. 2007년의 제14차 회의에서는 스리랑카가 새롭게 참가했다.

첫 10여 년간의 경과를 보면 참가국이 점차 확대된다는 두드러진 특징 외에도, 논의주제 역시 군비관리 및 불확산 등과 같이 일반적으로 안보와 관련된 사항에 대한 것이며, 한반도 정세 및 미얀마 정세 등과 같이 지역 내의 불안정 요인들에 대한 논의도 점차 포함되고 있음을 알 수 있다. 이에 따라 ARF가 신뢰육성의 첫 번째 단계에서 예방외교의 두 번째 단계로 이행 중이라는 것이 대체적인 평가이다.

이러한 점진적인 성과에도 ARF가 국가 간의 분쟁과 갈등을 사전에 방지하여 무력분쟁으로의 격화를 막는 예방외교의 역할을 하기에는 한계가 있다는 지적이 여전히 우세하다. 이는 무엇보다도 잠재적 갈등의 당사자들이 자국의 문제가 국제화되는 것을 원치 않기 때문이며, 예방외교의 원칙으로 제시된 것들 자체가, 예를 들어 총의(consensus) 원칙이나 자발적 참여와 같은 것들이 포럼의 활동 및 역할을 매우 제한하고 있기 때문이기도 하다.

또한 동북아의 관점에서 볼 때 ARF는 역외라는 측면의 불만족스러움이 존재한다. 예를 들어 한반도 문제 또는 북핵 문제에 대해서 논의하기는 하지만, 아세안의장국이 의장을 겸직하는 체제하에서 문제의 본질에 좀 더 다가가도록 하는 추진력 및 리더십이 부재하는 현상이 나타난다는 것이다. 최근 들어서 의장국의 권한을 강화하는 방안들이 제시되고 있지만, 얼마만큼의 성과를 거둘지 현재로서는 미지수다.

위에서 살펴본 바에 따르면, 아시아 및 동북아에서의 다자안보협력은 유럽에서의 다자안보협력이 제시한 조건들, 즉 상기한 네 가지 조건들(정체성, 공통위협, 협력 위한 양보, 추진자) 중에서 잠재적 분쟁당사자 사이의 양보와 추진국가 및 집단의 부재라는 두 가지 핵심요인을 결여하고 있는 상황이고, 이에 따라 좀 더 높은 단계의 협력체제를 실현하지 못하는 상황이라고 할 수 있다. 이러한 상황에 기초하여 동북아에서는 ARF나 6자회담과 같은 다자주의적 논의의 틀 외에도 군사동맹이나 전략적 파트너십 등과 같은 양자주의적 틀이 혼재된 양상을 보이고 있으며, 이것이 동북아 다자안보협력의 현황이라고 할 수 있을 것이다.

3) ARF 및 동북아다자안보협력에 대한 일본의 입장

일본은 두 가지 측면에서 ARF에 적극적으로 참가하고 있다. 하나는 지속적인 참여의 측면이다. 예를 들어 일본 방위청의 경우 여러 회기간회의(ARF-ISG나 ARF-ISM)에 개시 당초부터 줄곧 참가하고 있는 것이다. 다른 하나는 아이디어의 제공 측면으로, 예를 들어 1995년 제2차 고위관계자회의(ARF-SOM)에 일본의 방위정책을 간단히 정리한 문서를 제출함과 동시에 지역에서의 군비 및 방위정책의 투명성 향상을 위해 임의적인 차원에서 각국이 스스로의 방위정책 등에 대한 문서를 ARF-SOM에 제출하자고 제안했다.

또한 제5차 회의에서는 ARF의 하부조직으로 국방부·군 고위당국자회의를 설치하여 아시아태평양 지역의 안보정세, 각국의 방위정책, 재난 구조에 따른 부대 운용 및 교류 등에 대해 의견을 교환하고 검토 결과를 본 회의에 보고하자고 제언했다. 이러한 두 가지 측면은 일본의 적극성을 나타내는데, 이는 2006년 쿠알라룸푸르에서 개최된 제13회 회의에서도 나타나듯 앞으로도 유지될 것으로 생각된다. 즉, 일본이 싱가포르와 함께 2007년에 '테러대책 및 국경을 초월한 범죄에 관한 인터세션널 회의(ISM on CTTC)'의 공동의장직을 수행하기로 계획되어 있다는 것이 한 예다.

일본의 이러한 적극성은 두 가지 측면에서 비롯된다. 첫째는 미일동맹으로 대표되는 2국관계를 보완하는 형태로서 아시아태평양 지역의 유력한 다자안보협의체인 ARF에 진력을 다한다는 것이다. 즉, 미국의 이탈을 염두에 둔 보험장치로 생각하는 측면이 있다는 것인데, 이러한 가능성은 일본이 신방위대강을 발표하기 이전에 그 준비를 총체적으로 검토한 방위문제간담회의 보고서가 미일안보와 더불어 다자 간 안보의 중요성을 강조한 데서도 알 수 있다.

둘째는 중국에 대한 포석이라는 측면이다. 아직도 미일방위협력신지침(신가이드라인)의 주변사태에 대한 정의 부분이 일중 사이에서 쟁점이 되고 있지만, 대규모의 군사력을 보유한 중국은 경제 및 사회의 측면에서 불확실성을 갖고 있다는 점에서 주변국에게 위협적인 존재라는 것을 부인할 수 없다. 그러한 중국을 ARF와 같은 대화의 장으로 끌어들여 더욱 투명성을 높이려는 의도가 있는 것이다. 중국이 당초에 ARF에 적극적이지 않았던 데는 ASEAN 국가들의 영향력 증가에 대한 우려 외에도 이러한 투명성에 대한 부담도 작용했을 것으로 생각된다. 또한 아시아 지역을 둘러싼 일본과 중국 간의 주도권 경쟁도 그 배경으로 자리 잡고 있다고 보인다.

그러나 ARF에 대한 일본의 기대는 기본적으로 아직은 보완적인 기능이다. 예를 들어 다가기는 미일안보와 ARF가 병행되어야 하는 이유로 다음과 같은 세 가지를 지적하고 있다.[68] 첫째는 ARF가 기대 이상으로 발전하기는 하지만 아직은 초기의 신뢰육성 단계에 머물고 있기 때문에 평화와 안정의 유지를 위해서도 현존의 미일안보체제가 필요하다는 것이다. 둘째는 앞에서도 언급했듯이 집행수단이 없는 ARF로서는 불안정 요인이 될 가능성이 있는 행동을

---

68) 高木誠一郎, 「多樣性の管理: 東アジア安全保障の課題」, 岡部達味 外 編, 『日米中安全保障協力を目指して』(東京: 勁草書房, 1999), pp. 176~190.

억제하고 때로는 그에 대해 강제력을 갖기 위해서도 종래의 안보체제가 필요하다는 것이다. 셋째는 미일안보체제와 같은 2국 간 안보체제가 ARF의 발전을 저해하지는 않을 것이라는 점이다.

미일안보와 ARF에 대한 다카기의 이러한 생각은 다른 학자들과도 공유되고 있다.[69] 예를 들어 이오키베는 현재 일본이 추구하는 안보외교가 미일안보, ARF, 그리고 다른 주변국과의 2국 간 관계라는 세 가지 축으로 형성되어 있다고 본다.[70] 이와 같이 ARF가 보완적인 기능인데도 일본이 진력을 다하는 것은 탈냉전기라는 국제상황이 갖는 불투명성에도 기인하겠지만, 앞에서 언급했듯이 중국을 제도 틀 안에 끌어들임으로써 아시아에서의 영향력을 증진시키려는 측면도 작용한다.

이외에도 ARF는 아세안지역포럼이라는 명칭이 시사하듯이 아세안을 중심으로 또는 시작으로 형성된 지역안보협력체이기 때문에 일본으로서는 보조적인 역할을 할 수밖에 없는 한계가 있다. 이는 미국이나 중국에게도 해당되는데, 이러한 한계 때문에 한국, 일본, 중국을 중심으로 한 동북아안보협력체의 필요성이 제기되는 것이다. 이에 따라 현행의 6자회담을 동북아 지역의 지역안보협력체화한다는 제안이 있지만, 앞서도 언급했듯이 북한 문제의 해결이 불투명한 현 시점에서는 그 가능성이 불투명하고 요원해 보인다.

69) 加藤朗,「安全保障における多國間協調主義」,《國際問題》, No. 470(1999.5), pp. 29~44; 國分良成,「日米中協力の限界と可能性」, 岡部達味 外 編,『日米中安全保障協力を目指して』(東京: 勁草書房, 1999), pp. 295~311; 五百旗頭眞,「冷戰後の日本外交とリーダーシップ」,《國際問題》, No. 468(1999.3), pp. 22~37.

70) 五百旗頭眞,「冷戰後の日本外交とリーダーシップ」, p. 33.

2. 일본의 다자안보협력에 대한 기타 노력

동북아다자안보협력에 대한 일본의 입장은 상기한 바와 같이 ARF라는 지역안보협력체를 중심으로 직접적으로 살펴볼 수도 있지만, 다른 여타 다자안보협력에 대한 일본의 노력 등을 비교해 검토함으로써 그 상대적인 위치에 대해 좀 더 명확하게 파악할 수 있을 것이다. 이에 따라 이 절에서는 서론에서 언급했듯이 일본이 노력을 경주하는 다양한 다자안보협력에 대해서 방위백서 및 외교청서를 중심으로 간략히 검토한다.

방위백서는 일본의 방위정책 및 태세를 보여주는 것이기에 다양한 부분들을 포함하여 2003년의 경우 크게 여섯 개의 장으로 나뉘는데 동북아 지역의 지역안보협력체로서 제시하는 것은 ARF가 거의 유일하고 중심을 이룬다. 그럼에도 그에 대한 언급은 매우 적은 부분을 차지하고 있는 반면, 방위청을 중심으로 추진 중인 다양한 다자안보협력대화체들이 제시되고 있다.

<표 8-2>는 2003년의 시점에서 진행되는 다자안보협력대화를 방위청이 주도하여 진행하는 것과 방위청이 일원으로 참여하는 것 두 가지로 분류한 내용인데, 이는 대체로 다음 두 가지 특징을 지닌다. 첫째는 거의 모든 다자안보협력대화체가 1990년대에 들어 만들어졌다는 점이다. 특히 방위청 중심으로 다자안보협력대화체는 1990년대 후반 또는 21세기에 들어 추진된 것을 알 수 있는데, 이는 최근 들어 일본의 다자안보협력에 대한 관심이 커지고 있음을 시사해준다. 한 가지 흥미로운 것은 해상자위대의 다자안보협력에 대한 관심이 다른 분야보다도 크고 빨랐다는 점이다. 예를 들어 일본 해상자위대는 각국 해군참모총장 등이 해군의 공통과제에 대해서 의견을 교환하는 국제시파워심포지움이 처음 개최되었던 1969년부터 참여하고 있다. 둘째는 협력대화의 대상이 대체로 동북아 지역을 넘어선 아시아태평양 지역이라는 점이다. 동북아에 좀 더 국한된 것으로는 한·미·일방위실무자협의나 북태평양안전보장3극포럼, 북동아시아협력대화(NEACD) 등이 있는데, 한 가지 흥미로운 것은 이들 중 NEACD를 제외한 2개가 중국을 제외하고 있다는 점이다.

〈표 8-2〉 방위청 주최 및 참가의 다자안보협력대화

방위청 주최의 다자안보대화

아시아태평양 지역 방위 당국자 포럼	방위청 내국 주최로 1996년부터 매년 개최, 아시아태평양 지역의 국방정책, 방위교류담당국장급의 참가.	국방 면에 초점, 신뢰육성 조치를 위한 틀 등에 대해서 의견 교환
아시아태평양 지역 방위 당국자 포럼(도쿄 디펜스포럼 분과회)	방위청 내국 주최로 2002년부터 매년 개최, 아시아태평양 지역의 국방정책, 방위교류 담당과장(대좌)급의 참가	다양화되는 군의 역할 등에 초점, 신뢰육성 조치의 틀 등에 관해서 의견 교환
육군병참실무자교류	육자 주최로 1997년부터 매년 개최, 아시아태평양 지역과 구주지역의 병참관계자를 각 연도 별로 초청	병참체제에 관한 의견 교환
지휘막료과정학생 다국간 세미나	육자 주최로 2001년부터 매년 개최, 아시아태평양 지역 등의 육군대학 학생 등 참가	부대훈련 방식 등에 관해서 의견 교환
아시아태평양제국 해군 대학세미나	해자 주최로 1998년부터 매년 개최, 아시아태평양 지역 등의 해군대학 교관 등 참가	해군력의 역할 등에 관해서 의견 교환
국제항공방위교육 세미나	공자 주최로 1996년부터 매년 개최, 아시아태평양 지역의 공군대학 관계자 등의 참가	간부교육 등에 관한 의견 교환
지휘막료과정학생 다국간 세미나	공자 주최로 2001년부터 매년 개최, 아시아태평양 지역 등의 공군대학 학생 등 참가	안보와 각국의 역할 등에 대해서 의견 교환
국제방위학 세미나	방대 주최로 1996년부터 매년 개최, 아시아태평양 지역의 군학교 교관 등 참가	사관학교에서 교육 등에 관한 의견 교환
국제사관후보생회의	방대 주최로 1998년부터 매년 개최, 아시아태평양 지역의 사관후보생을 초청	21세기에서의 군대 역할 등에 관한 의견 교환
아시아태평양제국 안전 보장세미나	방연 주최로 1994년부터 매년 개최, 아시아태평양 지역 등의 군관계자 등의 참가	아태지역의 안보 질서 등에 관해서 의견 교환
전쟁사연구 국제포럼	방연 주최로 2002년부터 매년 개최, 군관계연구자 등의 참가	전쟁사의 비교에 의한 상호 이해 등을 목적으로 진행

방위청이 참여하는 다자안보대화

일미한방위실무자협의	일본, 미국, 한국 3개국의 방위당국 실무자 참가, 1994년 개시, 1996년 이후 정부 간 회합으로	안전보장상의 제 문제에 대해서 폭넓게 의견 교환
아시아태평양 지역후방 보급 세미나(PASOLS)	참가국의 순회 개최, 아시아태평양제국이 참가, 1995년의 제24회부터 정식회원국으로 참가	후방지원활동에 관한 정보 교환
아시아태평양방위분석 회의(APMORS)	참가국의 순회 개최, 아시아태평양제국이 참가, 1993년의 제2회부터 참가	방위오퍼레이션리서치 기법에 관한 정보교환 등 진행
아시아태평양제국 참모장등회의(ACDC)	미국의 주최 또는 참가국과의 공동개최로 개최, 아시아태평양제국의 참모총장 등이 참여, 1998년의 제1회부터 참가	안전보장 분야에서 의견 교환
태평양지역육군관리 세미나(PAMS)	미국과 다른 참여국의 공동개최로 개최, 아시아태평양 지역의 각국 육군이 참여, 1993년의 제17회부터 참가	지상부대를 육성하기 위한 효율적이고도 경제적인 관리기법에 관한 정보 교환
태평양지역육군참모 총장 등 회의(PACC)	미국과 다른 참여국의 공동개최 PAMS 개최에 맞추어 격년으로 개최, 1999년의 제1회부터 참가	태평양 지역의 각 육군참모총장 등의 의견교환 장

국제시파워심포지엄 (ISS)	미국 주최로 격년 개최, 각국 해군참모총장 등이 참가, 1969년의 제1회부터 참가	해군의 공통 과제에 대해서 의 견 교환
서태평양해군심포지엄 (WPNS)	참여국이 순번대로 ISS가 개최되지 않는 해에 개 최, 1990년의 제2회부터 참가, 2002년 10월에 두 번째로 일본에서 개최	서태평양제국의 해군참모총장 등이 모여 의견 교환
서태평양국제소해 세미나(IMCMS)	WPNS 참가국의 순회 개최, 서태평양소해훈련이 진행되는 해에, 2000년의 제1회부터 참가	소해와 관련된 의견 교환
태평양지역공군참모총 장 등 회동(PACC)	미국의 주최로 격년마다 개최, 1989년의 제1회 부터 참가	각국 공군참모총장 등이 공통 의 과제에 대해서 의견교환
환태평양공군작전부장 회의(DOC)	미국과 참가국의 순회 공동개최로 매년 개최 (1996년 내지 1997년은 2회 개최), 1995년의 제1 회부터 참가	환태평양 지역의 공군작전부 장이 의견 교환
아시아안전보장회의	영국의 국제전략연구소의 주최로 2002년에 개 최, 아시아태평양 지역의 국방대신 등의 참가	지역전체의 평화와 안정을 위 한 틀 등에 관한 의견 교환
북태평양안전보장3극 포럼	미국, 러시아, 일본 3개국의 민간연구기관(일본 국제 문제연구소등)의 주최로 3개국의 외교 및 방위 당국자와 민간연구자 참가, 1994년의 제1회 부터 참가	북태평양 지역의 안전보장에 관련된 제 문제에 관해 자유롭 게 의견 교환
북동아시아협력 다이알로그(NACD)	미 캘리포니아 대학 샌디에이고의 세계분쟁협력 연구소(IGCC)와 미국, 러시아, 중국, 한국, 일본 5개국의 민간연구소 등(일본국제 문제연구소 등)이 중심, 1993년의 제1회부터 참가	민간연구자나 정부관계자가 참가, 동 지역의 안정보장정세 및 신뢰구축육성 조치 등에 대 해서 자유롭게 의견 교환

자료: 防衛廳 編, 『平成15年度 防衛白書』; www.clearing.mod.go.jp/hawusho_data/2003/html/15451
300/html, 2010년 12월 15일 재검색(2005년부터는 도쿄디펜스 포럼으로 명명).

3. 동북아 다자안보협력과 일본: 결론을 대신하여

이제까지 동북아 지역안보협력에 대한 일본의 입장을 검토하기 위해 첫째, 대표적인 동북아 지역안보협력체라고 할 수 있는 ARF에 대해서 검토하고, 둘째 이에 대한 좀 더 명확한 위치파악을 위해 방위백서와 외교청서를 바탕으로 여타 다른 다자안보협력 채널에 대해서 검토했다. 이상에서 검토한 사항은 다음 네 가지로 정리할 수 있을 것이다.

첫째, 대표적인 동북아다자안보협력체인 ARF에 대한 일본의 관심과 노력이 매우 크다는 것이다. 이는 다양한 아이디어 제공 등의 노력에서 그 예를 찾을 수 있다. 둘째, 그럼에도 다자안보협력체에 대한 일본의 시도는 기본적으로 안전보장을 위한 환경의 조성이라는 성격을 가진다. 이는 ARF는 물론이고,

〈표 8-3〉 다자안보협력에 대한 일본의 입장 변화 가능성

		미일동맹의 양상	
		강화	약화
정치대국화의 방향	비군사적	보조적 · 국제적 안보기제	적극적 · 지역적 안보기제
	군사적	정당화, 국제적 안보기제	정당화, 지역적 안보기제

방위청 등이 시도하는 다양한 다자안보협력대화의 채널들이 의견을 교환하는 가운데 신뢰육성을 주목적으로 한다는 데서도 알 수 있다. 이는 또한 단순하지만 방위백서에서 이들에 대한 언급이 안보의 환경조성이라는 제하에서 제시된다는 점에서도 알 수 있다. 셋째, 결국 일본의 안보에서 다자안보협력체는 부수적인 것이며, 이는 달리 말하면 미일안보동맹 및 전수방위의 능력제고가 일본 방위 및 안보에 가장 기본적인 틀을 형성하고 있다는 것을 재삼 확인시켜 주는 것이다. 넷째, 이러한 가운데 일본이 추구하는 유엔 상임이사국에의 진출 노력이나 유엔평화유지활동에의 적극적인 참가, 그리고 최근 인간안보에 대한 급증하는 관심표현은 걸프전 이후 정치대국으로서의 이미지를 제고하고 실현하려는 의도라 할 수 있다.

앞에서 언급했듯이 ARF 등과 같은 동북아다자안보협력에 대한 일본의 입장은 현재와 같은 안보상황이 변화하지 않는 한 크게 달라지지 않을 것이다. 즉, 정치대국화라는 목표가 유지되는 한 유엔안보리 상임이사국에의 진출 등에 대한 노력은 계속 될 것이며, 일본의 방위에서 미일안보동맹이라는 일차적 수단이 유지되고 유효하게 인식되는 한, ARF와 같은 다자안보협력은 부차적 또는 보조적인 기능을 담당할 것이다. 이는 달리 말하면 이들 두 가지 요인에 변화가 발생할 경우 지역안보협력에 대한 일본의 입장 역시 변화할 가능성이 있음을 시사한다. 이에 따라 그 변화 가능성을 정리한 것이 <표 8-3>이다.

<표 8-3>은 미일동맹의 양상이 약화될 것인가 강화될 것인가, 그리고 일본의 정치대국화 방향이 비군사적일 것인가 군사적일 것인가를 중심으로 일본의 다자안보협력에 대한 입장을 네 가지로 정리했다.

첫째, 미일동맹의 양상이 강화되고 일본의 정치대국화 방향이 비군사적인 측면에서 추구되는 경우는 현재의 상황인데, 이 경우에는 현재와 같이 다자안보협력이 만약의 경우를 대비한 보조적인 기능을 담당할 것으로 생각된다. 또한 일본의 방위에서 미일동맹이라는 안보기제가 있기에 다자안보협력 중에서도 국제적인 것에 좀 더 관심이 있을 것으로 생각된다.

둘째, 미일동맹의 양상이 강화되고 일본의 정치대국화가 군사적인 것으로까지 확장되는 경우는 한동안 얘기되었던 미일 간의 동등한 파트너십, 즉 소위 말하는 바이헤게모닉(bi-hegemonic)한 세계를 상정한 것이다. 이 경우에는 다자안보협력이 미일 양국의 의향을 정당화하는 부차적인 기능을 담당하고 첫 번째와 같이 국제적인 다자안보협력에 좀 더 많은 관심을 가질 것으로 보인다.

셋째, 미일동맹이 약화되는 가운데 일본의 정치대국화가 비군사적인 것에 머무르는 경우는 냉전의 붕괴 후에 한동안 제기되었던 통상국가론과 유사한 상황이다. 이 경우에는 다자안보협력, 특히 동북아다자안보협력에 대한 일본의 입장이 현재와는 비교할 수 없을 정도로 매우 적극적으로 변할 것으로 상정했다. 일본의 안보 및 방위를 위해 다자안보협력이 주요한 기제로 작용할 것이기 때문이다.

넷째, 미일동맹이 약화되는 가운데 일본의 정치대국화가 군사적인 것으로 확장되는 경우는 전전과 유사한 상황이다. 이 경우 군사증강 등에 의해 안보를 확보하려 하지만 그것만으로 충분하게 생각되지 않기에 지역적 다자안보협력의 중요성은 세 번째 경우처럼 강하게 인식될 것으로 보인다. 차이는 군사적 방향에 대한 지역적 불신을 제어하기 위한 기능 역시 담당할 것이라는 점이다.

일본의 다자안보협력에 대한 입장이 현재와 같은 보조적인 기능에서 다른 세 가지 방향 중 어느 것으로 언제, 어떻게 변화할 것인가 하는 점은 앞서도 언급했듯이 국제적 안보환경이 언제, 어떻게 변화할 것인지, 그리고 그에 대한 일본 국내의 인식이 어떻게 변할 것인지와 연관된다고 하겠다.

안보라는 관점에 볼 때 한국의 대외정책은 일본을 위시한 주변국이 한국의 안보에 위협이 되지 않고 함께 동북아 지역의 평화와 안정을 확립하고 유지할 수 있는 동반자로서의 역할을 담당하도록 만드는 것이다. 이러한 관점에서, 즉 일본이 한국의 안보에 위협이 되지 않도록 만든다는 점에서 볼 때 우선은 일본이 다자안보협력에 대해 어떠한 입장을 취하는 것이 바람직한가를 검토할 필요가 있다.

위에서 언급한 유형에 따라 말하면 현재 일본은 다자안보협력을 보조적 안보기제로 인식하고 있다. 그리고 최근 들어 군사적 공헌에 대해 좀 더 적극적인 측면을 보인다는 것을 감안하면 정당화 안보기제로 이용하는 차원으로의 조심스런 변화가 감지된다고도 볼 수 있다. 상기한 유형 중에서 어느 것이 한국에 가장 위협적일 것인지 확정하기란 쉽지 않은 일이다. 그럼에도 위에서 언급했듯 정당화 안보기제로서 활용하고자 하는 최근의 움직임은 한국에게 결코 유리하다고 할 수 없다.

그러나 이러한 변화 가능성과 그에 대한 대응을 검토할 때 중요한 것은 무엇이 이러한 변화의 배경에 자리 잡고 있는가를 살피는 것이다. 즉, 미일동맹의 강화와 일본의 군사적 공헌 증대가 왜 나타났는가에 대해 심도 있는 검토가 필요하다는 것이다. 이와 연관해서는 무엇보다 미국과 일본의 내재적인 제국주의적 경향으로 단순하게 매도하는 것은 결코 한국의 안보에 도움이 되지 않는다는 점이다. 오히려 이들 국가의 정세 인식이 어떠한 배경에 기초하는지 검토하고, 그러한 인식에서 한국에 영향을 미친 점은 없는지를 먼저 검토하는 것이 관점의 확립이라는 차원에서 매우 중요하다고 생각된다.

제9장

일본의 공공외교*

1. 서론: 공공외교의 정의

공공외교(public diplomacy)가 과연 무엇인지, 특히 현재 어떠한 의미로 사용되고 있는지에 대해서는 다양한 의견이 제시되고 있다. 예를 들어 폴 샤프(Paul Sharp)는 공공외교를 "국민들의 이익을 증진하고 가치를 높이기 위해 다른 국가의 국민들과 직접적인 관계를 맺는 과정"이라고 정의하고 있다.[1] 한스 투흐(Hans Tuch) 역시 "자국의 국가적 목표와 정책뿐 아니라 사상과 이상, 제도와 문화에 대한 이해를 증진시키기 위해 정부가 타국의 대중과 의사소통하는 과정"이라고 정의하면서[2] 공공외교의 담당자를 국가로 지목하고 있다.

반면에 얀 멜리센은 공공외교를 정의하는 데 있어 첫 번째 요소가 국가행위

---

* 이 장의 내용은 이면우, 「일본의 공공외교 추진체계: 캐나다, 노르웨이와의 비교적 관점에서」, 한국학술연구원, 『한국의 공공외교 활성화 방안』(제10차 한국학술연구원·코리아포럼, 2009), 39~68쪽을 재구성함.
1) 얀 멜리센, 「신공공외교: 이론과 실제」, 얀 멜리센 엮음, 『신공공외교: 국제관계와 소프트파워』, 박종일·박선영 옮김(인간사랑, 2005), 45쪽.
2) 같은 글, 45쪽.

만으로 규정할 수는 없다고 주장한다.3) 예를 들어 미디어를 중시하는 코피아난 사무총장 휘하의 유엔은 초국가적 공공외교의 작동 사례를 보여주었고, 바로소가 이끄는 유럽 집행위원회도 EU의 공공 커뮤니케이션 전략을 최우선으로 여겨왔다는 것이다. 이외에도 그린피스나 국제사면위원회와 같은 전 세계적인 비정부기구(NGO)들도 타국의 대중에게 영향력을 행사하는 데 상당히 능숙하다는 것을 보여주었고, 최근에는 지뢰사용을 금지한 1997년의 오타와 협약이나 국제형사재판소의 설립에서 보듯이 국가와 NGO 간에 이해관계의 수렴 현상도 나타나고 있다는 것이다.

이와 더불어 멜리센은 공공외교가 갖는 두 가지 추가적 특징에 대해서 지적하고 있다. 하나는 타국의 대중을 다루기 위한 전략이라는 점에서 외교의 국내사회화와는 구별되어야 한다는 것이다. 그러나 최근 들어서는 캐나다, 칠레, 인도네시아 등의 국가에서 나타나듯이 외교정책을 개발할 때의 관점을 가지고 국내 지지층에게 접근하고 대외적 정체성을 형성하는 경향이 공공정책 추진전략의 일부가 되었다고 지적한다. 영국 외무성의 경우에는 자국 내의 온건한 무슬림 기구들과 함께 영국의 대중동 정책이 형성되기도 했다고 언급하고 있다. 타국의 대중이 공공외교의 일차적 대상이긴 하지만 공공외교 역시 외교이므로 외교가 갖는 국내외 간의 상호 연관성으로 인해 국내 부문에 대한 고려를 무시할 수 없다고 지적하는 것이다.

다른 하나는 공공외교가 대체적으로 정보의 일방적인 흐름을 갖는 것으로 묘사된다는 점이다. 쌍방향으로 여겨지는 경우도 있지만, 이 경우에도 공공외교의 본질적인 목표가 타국의 대중에게 한 나라의 긍정적인 측면을 전송하는 것이라는 점에는 변화가 없기에 일방적인 측면을 부정할 수는 없다는 것이다. 하지만 특히 최근의 '신공공외교'는 정보를 외국인에게 퍼트리지만, 해외언론을 통제하는 방식을 추진하지 않으면서 타국의 대중에게 다가가는 방향으로 변화하고 있다고 그 특성을 설명한다.

---

3) 같은 글, 45~51쪽.

이러한 정의와 연관해서 멜리센은 공공외교와 유사한 개념들, 예를 들어 프로파간다, 국가 브랜드 구축, 문화교류 등과의 차별화도 시도한다. 여기서는 공공외교의 정의를 명확히 한다는 차원에서 이러한 차별화에 대해 간략히 검토한다.[4] 멜리센에 따르면, 공공외교와 프로파간다의 근본적인 차이는 의사소통의 방식에 있다. 즉, 공공외교는 '쌍방향'으로 이루어진다는 것이다. 무엇을 생각해야 하는지에 대해 사람들을 설득하려 한다는 점에서 공공외교는 프로파간다와 비슷하지만, 피설득자의 목소리에도 귀를 기울인다는 점에서 근본적으로 프로파간다와는 다르다고 본다.

다시 말하자면 공공외교 역시 "선전가와 그들의 정치적 주인에게 직접적 혹은 간접적으로 도움을 주기 위한 목적에서 관념과 가치를 전달하여 선전 대상자들의 의견에 영향을 미치려는 의도적인 노력"을 의미한다는 점에서는 프로파간다와 유사하지만, 상대방이 무엇을 원하는지에 대해서도 고려한다는 점에서 일방적이지 않다는 것이다.[5] 그리고 이러한 이유로 공공외교는 프로파간다가 갖는 은폐성이나 조작성 등의 부정적 이미지와도 다르다고 한다.

국가 브랜드 구축과 관련해서는 그것이 공공외교보다 훨씬 더 광범위하고 조화로운 노력이 필요하다는 전제하에서 대체로 두 가지 차이점을 지적하고 있다. 첫째는 국가 브랜드 구축의 목표는 대부분 공공외교 캠페인의 제한적인 목표를 훨씬 뛰어넘는다는 것이다. 많은 공공외교 캠페인들의 가정은 외국의 인식을 결정하는 명확한 요소가 존재하지 않는다는 점에 기초하는데, 브랜드 구축 작업의 주요한 특징은 반대로 전체적인 접근을 추구한다는 것이다. 그럼에도 한 국가의 브랜드를 재구축하는 데 성공한 사람을 한 명이라도 거론하기는 쉽지 않다는 점 또한 지적된다.

두 번째 차이점은 국가 브랜드 구축이 국가의 정체성을 강조하고 그 염원하

---

4) 같은 글, 51~62쪽.

5) David Welch, "Powers of Persuasion," *History Today*, 49, August 1999, pp. 24~26; 얀 멜리센, 「신공공외교: 이론과 실제」, 52쪽에서 재인용.

는 바를 반영하지만 사회적 현실에서는 그다지 벗어나지 못한다는 점이다. 국가 브랜드 구축과 공공외교는 사실상 상호 보완적이라고 할 수 있다. 둘 다 타국 대중을 목표로 하고, 전통외교와는 달리 자기 인식보다는 해외의 인식을 출발점으로 한다. 또한 당면한 문제에 좌지우지되기보다는 장기적으로 접근할 때 더 성공적일 가능성이 높다는 점에서도 공통점을 갖지만, 공공외교 는 정체성을 표현하는 데 목표를 두는 것이 아니라 순조로운 국제관계를 유지 하고 증진하는 데 우선순위를 두기에 좀 더 수월하다고 보는 것이다.

문화외교 혹은 문화적 관계에 대해서는 공공외교의 최근 추세와 가장 가까 운 것으로 평가하고 있다. 단순히 메시지를 판매하는 것보다도 타국 대중을 끌어들이는 데 초점을 맞추고 있다는 것이다. 비록 전통적인 문화적 관계는 국가 간 관계의 부속물로 폄하되는 경향이 강했지만, 타국의 대중을 끌어들이 는 데 문화적 관계야말로 중요하다는 인식이 높아지고 있으며, 이에 따라 오늘날의 문화적 관계는 완전히 새로운 영역과 사회적 책임까지도 포함하게 되었다고 주장한다. 국경을 뛰어넘어 시민사회 사이의 연계를 촉진하는 일이 외교의 핵심 업무가 되었고, 국가는 다른 국가의 내부에 '영원한 친구'를 만들 필요가 더욱 커졌다는 것이다.

이상에서 제시된 공공외교의 테두리를 고려하여 이 장에서는 일본, 캐나다, 노르웨이의 공공외교를 간략히 검토해본다. 따라서 공공외교는 그 주체를 국가 및 정부로 하고 타국의 대중을 대상으로 하여 자국에 대한 긍정적 이미지 및 인식을 유도하여 자국의 국가이익에 보탬이 되도록 추구하는 행위들을 일컫는다고 정의할 수 있을 것이다. 이에 따라 다음에서는 일본을 중심으로 캐나다와 노르웨이에서 공공외교가 어떠한 정부 조직체에 의해 운영되고 공공 외교라는 명목으로 어떠한 활동을 전개하는지에 대해 간략히 검토한다.

2. 일본의 공공외교 추진체계

1) 공공외교의 담당부서

일본에서의 공공외교는 일본 외무성 내에 위치한 '홍보문화교류부'가 담당하고 있다. 무엇보다 부서의 영어명이 'public diplomacy department'이라는 점에서 그것을 알 수 있는데, '홍보문화교류부'라는 일본어명과 '공공외교부(public diplomacy department)'라는 영어명의 차이가 공공외교에 대한 일본 및 일본 정부의 인식을 말해준다고 하겠다. 즉, 일본에서 공공외교는 '일본'이라는 자국에 대한 홍보와 자국의 '문화'를 해외국가와의 교류 속에서 널리 알리는 행위로 인식하고 있다는 점을 이러한 번역상의 괴리가 알려주고 있다.

홍보문화교류부는 자체 역할에 대해 대시민외교의 수단인 해외홍보와 문화교류를 종합적으로 추진함으로써 효과적으로 일본에 대한 이해와 신뢰를 높이고, 각국과의 교류를 촉진하게 만드는 것이라고 제시하고 있다. 구체적으로는 외교정책 및 일본의 사정을 해외에 홍보하기 위해 각종 외국어 홍보자료를 작성하고 유식자를 해외에 파견하며, 외국의 유식자나 보도관계자들을 초빙하는 일 등을 추진하고 있다. 또한 문화교류를 촉진하기 위해 각종 일본 문화 소개사업, 일본어 보급, 일본 연구지원, 심포지엄 개최, 그리고 그 밖의 지적 교류사업을 추진하고 있다.

인물교류의 촉진을 위해서는 외국의 젊은 리더들을 초빙하거나 어학지도 등을 실시하는 JET 프로그램을 추진하고 있으며, 유학생 교류와 관련된 사업 등을 추진하고 있다. 마지막으로 문화 측면에서의 국제협력을 증진하기 위해 세계문화유산을 보존하거나 수리·복원하고, 개발도상국에 대해서는 문화와 관련된 무상자금협력을 추진하고 있으며, 유네스코나 유엔대학 등과 같은 관계국제기관을 통해 협력을 진행하고 있다.

홍보문화교류부는 두 개의 과와 두 개의 실로 나뉘어져 있는데, 이들 과와 실이 사업 및 기능을 어떻게 분담하는지 홍보문화교류부의 공식 사이트에 따라 간략히 살펴보면 다음과 같다. 첫 번째는 종합계획과로, 홍보 및 문화 분야에서 국제교류에 의한 대일이해의 증진과 관계되는 종합적인 계획을 책정하고 실시한다. 좀 더 구체적으로는 일본의 사정 및 외교정책에 대해서 해외에 홍보하는 것과 그 계획이 주된 업무라고 할 수 있다. 두 번째는 문화교류과로, 문화교류와 관계된 외교정책을 다루는 곳인데, 그중에서도 국제교류기금과의 연계하에서 해외에서의 일본어 보급사업이 주요한 업무로 제시되어 있다. 세 번째는 국제문화협력실로, 유네스코(유엔교육과학문화기관)나 유엔대학과 관련된 외교정책을 주로 담당하는데 위에서 언급한 세계문화유산의 보존 및 수복 등이 이 부서의 사업에 속한다. 마지막 네 번째는 인물교류실로, 인물교류 사업의 촉진을 담당하는데 그 주요 사업으로는 국비유학생, JET 프로그램, 스포츠 교류 등과 연관된 것들이 포함된다. 이외에도 지역 내의 국제교류 지원, 예를 들어 자매도시 간의 교류에 대한 지원 등이 이에 속한다.

이처럼 일본의 공공외교는 정부 내에서는 위에서 검토한 일본 외무성의 홍보문화교류부가 담당하지만, 2003년의 행정개혁에 의해 독립행정법인이 된 국제교류기금(Japan Foundation)이 실제적인 사업을 추진한다는 것을 알 수 있다. 또한 홍보문화교류부가 공공외교로 제시하는 사업들 중에는 일본어 교육이나 인적 교류 외에도 연수사업이나 장학사업 등이 포함되므로, 비록 위에서는 언급되지 않았지만 또 다른 독립행정법인인 국제협력기구(JICA)가 개도국에 대해 ODA(무상자금지원 부문)를 중심으로 펼치는 활동도 일본의 공공외교에 포함시킬 수 있을 것이다. 개도국에 국한되고 개발 및 빈곤퇴치 등의 별도 목적이 제시되기는 하지만 수혜국의 정부만이 아니라 그 국민들에게도 자국(일본)의 이미지를 좋게 하는 데 이바지 한다는 점에서 주요한 공공외교의 축이라고 생각되기 때문이다. 이에 따라 다음에서는 이들 두 기관, 즉 국제교류 기금과 국제협력기구의 활동에 대해 간략히 검토한다.

2) 주요 활동

(1) 국제교류기금의 활동내역

일본의 국제교류기금은 자체 웹사이트를 통해 스스로를 '국제문화교류를 담당하는 기관'으로 규정하고, 폭넓은 분야에서의 교류를 기본으로 하는 문화 사업을 실시한다고 밝혔다.[6] 또한 이와 함께 연례보고서가 제시하는 주요 사업내용으로는 일본어 프로그램, 문화 및 예술교류, 일본 연구 및 지적 교류, 해외 프로그램, 여론조사 및 정보화 등이 포함되어 있다.

박철희는 일본국제교류기금의 사업에서 나타나는 다음과 같은 두 가지 특징을 지적했다.[7] 첫째는 지리적인 자금배분과 연관된 것으로, 지역적으로는 아시아 및 오세아니아 지역이 가장 많은 배분(26.5%)을 받지만 단일 국가로는 미국이 전체의 11%에 가까운 배분을 받는다는 것이다. 다른 하나는 각 지역별로 중점사업이 다르다는 점이다. 즉, 미국이 중심이 되어 있는 북미에 대해서는 일본 연구 및 지적 교류에 60% 이상의 자금이 배분되지만, 동구지역에는 50% 가까운 자금이 일본어 교육에 배분되어 있다는 것이다. 아울러 중동이나 아프리카 지역에 대해서는 문화 및 예술 교류가 50% 이상의 비중을 차지하는 것으로 나타났다. 이와 관련해서 박철희는 일본이 국가별 중요도 및 일본과의 접촉도 등을 고려하여 중점사업을 다르게 수행하고 있다고 제시했다. 다음에서는 2004년 자료를 중심으로 검토한 이러한 박철희의 관찰이 2007년 자료에도 적용되는지 살펴본다.

<표 9-1>은 일본의 국제교류기금이 19개국을 대상으로 실시한 사업들을 보여준다. 표를 보면 위에서 언급한 일본국제교류기금의 자금배분 특징이 대체로 유지되고 있음을 알 수 있다. 즉, 미국에 대한 배분은 다른 어떤 국가보

---

6) http://www.jpf.go.jp/j/about/index.html.
7) 박철희, 「한국의 Public Diplomacy 현황 및 국가이미지 제고전략」, 한국국제교류재단 엮음, 『공공외교와 한국국제교류재단』(한국국제교류재단, 2006), 93~106쪽.

<표 9-1> 일본국제교류기금의 19개국 분야별 사업 배분(실적분, %)

국명	계 (백만 엔)	문화예술 교류	일본어 교육	일본 연구	지적 교류	재외사업	기타
한국	337	25.7	27.1	15.5	4.6	23.2	3.9
중국	855	23.7	16.1	27.3	28.9	3.3	0.7
인도네시아	349	25.0	49.3	7.6	2.4	4.2	1.5
태국	228	21.5	37.3	4.3	8.1	27.2	1.6
필리핀	128	30.2	36.6	13.7	7.3	9.7	2.5
말레이시아	227	15.6	55.5	8.1	1.7	17.1	2.0
인도	251	42.9	26.2	9.6	5.9	15.0	0.4
호주	243	12.8	35.9	7.1	2.2	38.2	3.8
캐나다	168	14.7	17.0	27.7	2.7	32.8	5.1
미국	1,027	12.5	3.9	9.6	64.0	9.4	0.6
멕시코	58	33.2	13.0	14.7	0.0	33.2	5.9
브라질	277	37.6	9.6	5.2	1.6	44.4	1.6
이탈리아	217	41.0	10.4	4.5	0.0	40.4	3.7
영국	200	19.2	15.9	12.0	1.9	49.8	1.1
독일	271	22.2	18.4	10.6	4.9	36.5	7.3
프랑스	241	28.4	2.9	2.7	1.0	31.9	3.1
헝가리	79	11.3	44.6	11.0	1.7	28.9	3.0
러시아	166	21.9	45.6	25.0	5.3	2.2	0.1
이집트	108	18.4	41.1	10.9	12.9	15.0	1.8

자료: http://www.jpf.go.jp/j/about/outline/result/br/2007/reportall.pdf, p. 31; 국제교류기금의 차보고서
중 일부 발췌.
주: 굵게 표한 것은 비중이 가장 높은 사업 분야를 지칭함.

다도 가장 높은 액수를 나타냈다. 비록 표에서는 정확하게 나타내주지 못했지만, 2007년의 지역별 배분에서는 유럽지역의 서구가 가장 높은 14.9%를 차지했고, 아시아지역의 동아시아와 미주지역의 북미가 각각 11.9%와 11.3%로 그 뒤를 이었다.[8] 이들 지역은 전년도인 2006년보다 비중이 높아졌는데, 이와는 반대로 대양주나 중동 및 아프리카 지역의 비중은 낮아졌다.

또한 중점사업도 지역별 내지는 대상 국가의 발전도나 요구에 따라 다르다는 점이 드러났다. 즉, 동남아시아 국가들에 대해서는 일본어 교육이 다른

---

8) http://www.jpf.go.jp/j/about/outline/result/br/2007/reportall.pdf, p. 29.

사업보다도 월등히 높은 비중을 차지하는 것으로 나타났다. 한국의 경우 다른 사업과 거의 비슷한 수준이지만, 일본어 교육이 가장 큰 비중을 차지한다는 점에서는 마찬가지다. 이러한 현상은 동구의 국가들에서도 동일하게 나타나는 것으로 보인다. 표에서는 헝가리와 러시아의 경우밖에는 볼 수 없지만, 이들 국가에서도 일본어 교육이 가장 높은 비중을 차지했다.

반면에 북미의 캐나다나 유럽의 영국 및 프랑스에서는 재외사업이 가장 높은 비중을 차지했다. 재외사업은 해외에 설치된 국제교류기금의 사무소를 중심으로 추진된 전시회, 공연, 세미나 등을 지칭하는 것이다. 일본국제교류기금의 해외사무소는 위의 <표 9-1>에서 제시된 국가들의 주요 도시에 하나씩 설치되어 있는데, 러시아의 경우 최근에 설치되었고 미국의 경우에는 뉴욕과 LA 두 곳에 설치되어 있다.

(2) 국제협력기구

국제협력기구(Japan International Cooperation Agency: JICA)라는 명칭은 2003년에 진행된 행정개혁의 일환으로 새롭게 만들어진 것이고, 그 이전의 명칭은 국제협력사업단으로 일본의 ODA, 그중에서도 무상자금협력 및 기술협력을 실시하는 기관이었다. 이 기구의 시작은 1954년 일본이 콜롬보플랜에 가맹하면서부터인데, 이후 1962년에 해외기술협력사업단(OTCA), 1963년에 해외이주사업단(JEMIS), 1965년에 일본청년해외협력대(JOCV)가 설립 및 발족되었던 것을 1974년에 국제협력사업단으로 통합, 설립하게 되었던 것이다. 국제협력기구는 50년 이상 활동하면서 많은 성과를 거두었는데, 예를 들어 1994년에는 연수생 10만 명이라는 기록을 돌파하게 되었고 2007년에는 청년해외협력대의 파견인 수가 3만 명을 돌파하게 되었다.

2003년에 설립된 국제협력기구는 2008년에 들어 새롭게 거듭나게 되는데, 가장 큰 변화는 위에서 언급한 종전의 두 개 업무에 더해 유상자금협력 부문이 추가되었다는 점이다. 즉, 흔히 엔차관으로 불리는 경제협력자금(해외경제협력기금, OECF)을 관장하던 일본국제협력은행(JBIC)이 국제협력기구와 통합되면서 그 명칭이 국제협력기구(JICA)로 불리게 된 것이다. 이는 ODA정책을 일관성 있게 추진한다는 목적도 있지만, 악화된 재정사정으로 일본의 ODA 예산은 감소추세에 있는 반면, 서구 국가들은 원조예산을 확대하는 경향을 보이는데 대해 최소한으로 대응하려는 노력이다.[9]

새로운 출범에 따라 국제협력기구(신JICA)는 새로운 비전을 제시했는데, 여기서는 이를 통해 신JICA의 활동 및 일본의 국제협력활동과 공공외교의 한 단면을 간략히 검토한다.

신JICA는 그 비전으로 "모든 사람이 혜택을 받을 수 있는, 다이내믹한 개발을 추진"할 것을 제시하면서, 이를 달성하기 위해 다음 네 가지 사명을 제시하고 또한 네 가지 전략을 제기하고 있다. 첫 번째 사명은 글로벌화(지구화)가 가져온 과제들에 대응해야 한다는 것이다. 글로벌화의 진전은 경제발전을 촉진시켰다는 긍정적인 면 외에도 부의 편중이나 국경을 초월하는 기후변동과 전염병 확산, 테러 등의 부정적인 문제를 동반해왔는데, 이는 개도국에서 더 큰 위협이 되고 있기에 그 해결을 위해 국제사회와 함께 적극적인 역할을 수행하겠다는 것이다.

두 번째 사명은 공정한 성장과 빈곤의 삭감을 위해 노력해야 한다는 것이다. 개도국의 빈곤은 경제위기나 재해에 더 허약하고 따라서 더 심한 빈곤에 처할 위험이 있는데, 이는 그 자체로도 문제지만 그 사회의 불안정은 물론 국제사회의 불안정으로도 연결될 수 있기에 가장 근본적으로 해결해야 할 사항이라는 것이다. 이에 대해 개도국의 인재육성이나 제도의 개선, 경제 인프라의 정비 지원 등을 추진하겠다고 밝히고 있다.

세 번째 사명으로는 거버넌스의 개선을 제시한다. 이는 개도국의 안정적인 발전이 거버넌스의 확립에 있다는 입장으로, 이를 위한 제도정비 및 인재육성 등의 방법을 제안하고 있다.

네 번째 사명은 인간안보를 실현해야 한다는 것이다. 인간안보란 사람 한

---

9) http://www.jica.go.jp/about/jica/oda.html.

사람 한 사람을 중시하는 태도로, 분쟁이나 재해 등의 '공포'와 빈곤이나 기초 인프라의 결핍이 주는 '위협' 등으로부터 인간을 보호하고, 스스로 대처할 수 있는 능력을 강화하여 생명의 존엄성을 지킬 수 있는 사회를 만들자는 생각인데, 신JICA 역시 이러한 이념에 동참한다는 것이다.

이러한 네 가지 사명을 수행하기 위한 전략으로는 '포괄적 지원', '지속적 지원', '개발 파트너십의 추진', '연구기능 등의 강화'를 제시하고 있다. 첫 번째의 포괄적 지원은 기술협력, 유상자금협력, 무상자금협력의 세 가지 원조 수법을 일체적으로 운용하여 개도국에 대해 종합적으로 지원할 수 있도록 한다는 것이다. 두 번째의 지속적 지원은, 문제에 대한 접근은 상황별, 단계별로 대응해야 하지만 가장 중요한 것은 장기적인 안목에서 지속적으로 관심을 보여야 한다는 것이다. 세 번째의 개발 파트너십의 추진은 개도국에서의 최우수 파트너십을 목표로 '현장'을 중시하여 개도국의 자조노력을 최대한 효과적으로 지원한다는 것이다. 이와 관련해서는 대학이나 NGO 등과의 연대나 볼런티어의 참가 확대 등도 한 방법으로 제시되고 있다. 마지막의 네 번째는 환경의 변화 등에 맞추어 'JICA 연구소'를 설립해 일본뿐 아니라 세계의 국제협력에 새로운 지적 가치를 제공하겠다는 것이다.

이상에서 살펴본 것처럼 일본국제협력기구는 공공외교라는 용어를 사용하지는 않지만, 일본의 ODA를 이용하여 일본의 '평화적', '친환경적' 이미지 등을 개도국 국민들에게 심어주는 데 지대한 역할을 하고 있음을 알 수 있다. 물론 일본 역시 초기에는 소위 말하는 '구속적(tied)' 원조 때문에 경제동물의 이미지를 조장했지만, 그러한 경험을 바탕으로 이제는 위에서 언급한 빈곤이나 인간안보, 전염병과 재해, 테러와 같은 세계적 문제에 관심을 갖고 대응함으로써 '평화'나 '친환경', '민주' 등의 이미지를 조성하고 있는 것이다. 따라서 비록 일본 정부의 공식적인 공공외교 창구는 '홍보문화교류부'와 '일본국제교류기금'이라고 하겠지만, 일본의 좋은 이미지를 대외적으로 심어주고 홍보하는 데 일본국제협력기구가 수행하는 역할은 결코 작지 않다고 하겠다.

3. 일본의 비교적 특성

1) 캐나다의 공공외교

캐나다의 외교 담당부서는 한국과 같이 외교통상부(Department of Foreign Policy and International Trade)라는 명칭을 갖고 있다. 캐나다 외교통상부의 홈페이지가 제시하는 주요 활동부서를 보면 생화학무기의 폐기나 비확산 문제를 담당하는 군축부서, 기후변화나 에너지 문제를 다루는 환경부서, 경제와 관련된 통상부서, 여성평등이나 인권 문제를 다루는 인도주의 관련 부서, 그리고 테러나 평화유지활동 문제 등을 담당하는 국제안보부서 등이 있다.[10] 또한 캐나다 외교통상부(이하 외통부)의 우선순위로 경제적 기회의 증진, 미국 및 서반구 국가들과의 우호관계, 아프간 사태에의 관여 등의 문제를 제시하고 있다.

홈페이지에서 제시하는 이러한 측면들을 보면 캐나다의 외교는 공공외교의 측면보다는 전통적인 측면에 중점을 두고 있는 것으로 보인다. 아프간 사태의 관리에 적극 개입하는 것이나 캐나다가 위치한 서반구 국가들과의 관계를 중시하는 측면들은 전통적인 국가 및 외교의 역할을 강조하는 예다. 또한 일본의 경우에서 보았던 것처럼 문화외교라는 부서가 두드러지지 않는다는 점에서도 최근에 부각되는 공공외교의 측면이 다소 소원하게 다루어진다는 인상을 주는 것이 사실이다. 하지만 이러한 인상은 소위 말하는 외교중진국으로서 공공외교에 노력하고 있다는 최근의 보고들과는 대조를 이루는 것이다.[11] 이러한 점을 고려하여 이 절에서는 캐나다 외통부가 1998년부터 2005년까지

---

10) http://www.international.gc.ca/fa-ae/act_prog.aspx?lang=eng.

11) 예를 들어 엘렌 핸릭슨, 「세계 공공적 영역에서의 틈새외교: 세계의 코너, 캐나다와 노르웨이」, 얀 멜리센 엮음, 『신공공외교: 국제관계와 소프트파워』, 박종일·박선영 옮김(인간사랑, 2008), 127~159쪽; Evan Potter, "Canada and the new public diplomacy," *International Journal*, Winter(2002-2003), pp. 43~64.

잠정적으로 실시했던 공공외교 프로그램(public diplomacy program)에 대한 자체 평가보고서를 중심으로 캐나다의 공공외교에 대해 간략히 검토한다.[12]

캐나다 외통부가 공공외교 프로그램(이하 PDP)을 실시한 것은 1998년부터 인데, 그 시작은 국제적 차원을 도입함으로써 캐나다의 국내적 통일성을 찾아 보자는 의도에서 비롯되었다. 따라서 동 프로그램은 캐나다에 대한 일체감이 나 정체성을 형성하며 해외에 통합된 캐나다의 이미지를 보여주고, 그럼으로 써 캐나다인에게 국내적 통합성을 좀 더 선명히 각인시키려는 목적으로 추진되 었다. 이에 따라 예술이나 문화, 학문과 관련된 종래의 영역에서 캐나다인, 특히 불어를 사용하는 기관들이 국제적 활동에 참여할 수 있는 프로그램을 시험적으로 가동했다. 이러한 목적에서 보면 캐나다 외통부의 공공외교 프로 그램은 대외적인 것이라기보다는 대내적인 측면이 강한데, 이 프로그램을 통해 캐나다 공공외교의 추진체계에 대한 단면을 간략히 살펴볼 수 있다.

캐나다 외통부의 공공외교 프로그램이 1998년에 시작되었다고 해서 그 이전에 캐나다의 공공외교 또는 문화외교가, 또는 그 담당부서가 없었다는 것을 의미하지는 않는다. 국제문화교류부(International Cultural Relations Bureau) 가 있어서 동 프로그램도 국제문화교류부의 활동지침을 기본적으로 준수했고, 동 프로그램은 문화교류의 측면을 좀 더 강화 내지는 활성화시켰다고 할 수 있다. 예를 들어 동 프로그램의 추진에 따라 주요 해외활동 거점(framework post, 이하 FP)의 위치를 승인받은 것이 일차년도인 1999~2000년에는 유럽 및 미주의 세 개(뉴욕, 런던, 파리)였던 데서 마지막 연도인 2004~2005년에는 인도, 중국, 브라질 등을 포함하는 12개로 확장되었던 것이다.[13]

---

12) Office of the Inspector General, Evaluation Division(ZIE), *Evaluation of the Public Diplomacy Program of Foreign Affairs* (Canada: Final Report, July 2005).

13) 해외활동 거점은 대사관이나 문화센터 등을 지칭하며, 이 중에서 특히 주요 해외활동 거점(framework post)으로 지정된 것들이 있다는 것이다. 또한 새롭게 지정된 12개는 기존의 3개에 더해 멕시코, 브뤼셀, 베를린, 마드리드, 산티아고, 부에노스아이레스, 워싱턴, 베이징, 델리를 포함한다.

이들 주요 해외활동 거점에서 실시된 프로젝트 및 행사는 2000년부터 2004년까지 약 125개가 제안되고 승인되었는데, 그 내용이 매우 다양해서 필름페스티벌, 기자의 캐나다 방문, 캐나다 유명인사의 해외방문(초청), 세미나, 전시회, 공연 등을 포함한다.[14] 동 프로그램은 이러한 프로젝트 및 행사와 관련하여 첫째, 캐나다의 문화 및 가치 등을 신장할 수 있는지, 둘째 민주주의 등을 신장시킬 수 있는지, 셋째 불어사용을 신장시킬 수 있는지, 마지막으로는 국제 정치적 차원에서 공공대화를 창출할 수 있는지의 기준을 갖고 심사한다.

동 평가보고서는 총 29개의 발견사항(findings)과 6개의 권장사항(recommendations)을 제시하고 있는데, 이 중에서 주목할 만한 것들을 간략히 소개하면 다음과 같다. 우선 발견사항과 관련해서는 PDP에 의한 추가적 자금지원이 FP의 활동을 좀 더 유연하고 적극적으로 만들며, PDP에 의한 문화행사가 해당 국가의 정책결정자들에 대한 접근을 용이하게 만들고 캐나다의 영향력 또는 이미지를 향상시키는 데 이바지 했다는 관찰이 나타난다는 것이다. 또한 PDP를 통해 이에 참여한 캐나다인들의 국제적 안목이 향상되었고, 캐나다의 문화적·사회적 다양성에 대한 이해와 소수민족의 가시성도 높아졌다는 평가를 받았다. 그럼에도 프로그램 집행상의 투명성이나 목표의 불명확성 및 프로젝트 기준의 모호성 등은 비판점으로 제기되었다. 대체적인 긍정적 평가에 따라 동 프로그램의 존속이 권장되었고, 특히 동 프로그램을 추진하는 과정에서 형성된 대내외적 네트워크 등은 유지되어야 한다고 제언되었다.

이상에서 살펴본 캐나다의 공공외교는 일본의 경우와 마찬가지로 문화외교에 준하는 사항들이 주 내용을 이루고 있다. 하지만 이는 핸릭슨이 지적한 캐나다의 공공외교가 이룩한 주요한 성과라는 것과는 다소 거리감이 있는데, 이에 따라 핸릭슨의 논의를 간략히 소개한다.[15] 핸릭슨은 캐나다 공공외교가

---

14) 포터 역시 캐나다 공공외교의 주요 도구로 이러한 사항들을 제시한다. Evan Potter, "Canada and the new public diplomacy," pp. 51~55.

15) 엘렌 핸릭슨, 「세계 공공적 영역에서의 틈새외교: 세계의 코너, 캐나다와 노르웨이」, 140~146쪽.

성공을 거둔 사례로 다음 두 가지를 제시하고 있다. 첫째는 산성비 문제에서 출발하여 미국 주재 캐나다 대사관이 미국 의회를 대상으로 적극 활동한 사례이다. 즉, 미국의 국내법 및 행정법규가 캐나다의 국익에 크게 영향을 미치는 것을 막기 위해서 민간기업이나 NGO들과 연대하여 자연자원과 환경보존을 중시하는 캐나다의 국익이 미국 의회에 선출되고 통용될 수 있도록 했다는 것이다.

두 번째는 대인지뢰 문제와 연관해 오타와에서 대인지뢰금지협약이 체결된 사례이다. 미국의 반대에도 캐나다는 지뢰의 심각성이라는 인도주의적 인식을 바탕으로 노르웨이 등의 지지국가와 비정부기구들과 함께 이메일 등을 사용하는 엄청난 홍보활동을 벌였고 역사상 '가장 빠르게 비준된' 국제협약을 이루어 냈던 것이다. 핸릭슨은 자연자원이나 환경보존, 인도주의를 내세우는 캐나다의 외교를 틈새외교라고 지칭하면서, 이러한 바탕을 둔 활동이 전통적인 정부 대 정부의 채널을 통해서 진행되지 않고 비정부기구 등을 동원해 그들과 함께 움직였다는 차원에서 공공외교의 성공사례로 제시했다.

2) 노르웨이의 공공외교

노르웨이의 외교 담당인 외무부(Ministry of Foreign Affairs) 역시 외무부서와 국제개발부서의 두 부분으로 크게 나뉜다. 이는 특히 외무부 내에 외무담당 장관과 국제개발담당 장관의 두 자리가 설치되어 있기 때문인데, 하지만 외무부의 조직표는 이러한 구분을 명확히 보여주지는 않는다.[16] 즉, 노르웨이 외무부는 총무와 같은 관리적인 부문을 제외하면 크게 6개 부문으로 나뉜다. 첫째는 유럽 및 통상 부문, 둘째는 북구 및 안보 부문, 셋째는 지역문제 및 개발 부문, 넷째는 유엔 및 평화와 인도주의 부문, 다섯째는 법적 부문, 그리고 여섯 번째가 문화 및 공공외교 부문이다. 조직표를 통해 볼 때 지역에 따라

---

16) http://www.regjeringen.no/upload/UD/Vedlegg/Organisasjon/200901E_v3.pdf.

노르웨이가 중점을 두는 사항들이 다르게 나타난다는 것을 알 수 있는데, 여기서는 노르웨이 외무부의 홈페이지가 제시하는 문화공공외교부서(Depart-ment for Culture, Public Diplomacy, and Protocol, 이하 DCPDP)의 활동에 대해 간략히 정리한다.

DCPDP는 경제통상과, 외교관계과, 공식방문과, 지구문화협력과, 공공외교 및 웹정보과 등의 다섯 개 과로 구성되어 있는데, 명칭에서 알 수 있듯이 공공외교는 지구문화협력과와 공공외교과에서 담당한다. 공공외교와 관련된 사이트가 제시하는 2007년의 활동내용을 보면, 6월에 실시된 북구중국음악축제, 8월의 북구영화축제(Nordic Film Festival), 9월의 그리그(Grieg) 페스티벌, 10월의 건축 및 디자인 순회전시회, 그리고 11월의 노라(Nora) 문학행사 등이 실시되었다.[17] 또한 9월에는 중국에서 노르웨이어를 배우는 첫 수업이 베이징 외대에 개설되었다. 특징적인 것은 그리그 페스티벌이나 스페인에서 개최된 노라 문학행사에서 보는 것처럼 세계적으로 알려진, 즉 노르웨이가 내세울 수 있는 것을 공공외교에서 최대한 활용한다는 점이다.

또 다른 특징으로는 기업의 사회적 책임에 대해서 높은 관심을 보이고 있다는 점이다. 2007년 3월 오슬로에서 개최된 회의는 정치(正治; good governance)와 사회적·환경적 책임을 강조하는 가운데 안정된 발전을 이루자는 모토를 가지고 추진되었는데, 동 회의에는 유엔환경부서나 노르웨이 정부는 물론이고 재계, 학계, 노조, NGOs 등이 함께 참여했다. 이에 더해 노르웨이 정부는 2009년 1월에 기업의 사회적 책임과 관련된 '백서'를 처음 출간했다.

그러나 노르웨이의 공공외교에서 가장 특징적인 부문은 중동 및 평화협상에 대해 적극적인 관심을 갖고 활동한다는 점이다. 핸릭슨도 이스라엘과 팔레스타인 사이의 평화를 중재하려는 노르웨이의 노력이 낳은 1993년의 오슬로 평화협정(Oslo Accord)을 노르웨이 공공외교의 중요한 성과로 제시하고 있다.[18]

---

17) http://www.regjeringen.no/en/dep/ud/selected-topics/Public-diplomacy-and-cultural-co operatio.html.

핸릭슨은 이러한 노르웨이의 노력이 선교활동이라는 오랜 역사적 전통과 그것에 기초해 노벨평화상을 낳은 사회적 전통에 기초한다고 보았다. 즉, 노조운동과 기독교운동에 몸담았던 노르웨이의 정치인들이 이스라엘 인사들과 오랫동안 친밀한 관계를 유지하는 가운데 소위 말하는 오슬로 채널을 형성하게 만들어서 오슬로 프로세스가 가능했다는 것이다. 노르웨이는 이러한 전통에 따라 2008년 10월에 이스라엘과 비즈니스 및 연구조사 세미나를 개최했고, 2009년 3월에는 이집트와 문화협력사업을 추진했다.

3) 공공외교의 유형화와 일본적 특성

이상에서 캐나다와 노르웨이의 공공외교를 간략히 정리했는데, 이를 일본의 공공외교, 특히 문화외교와 비교하면 대체로 다음과 같은 세 가지 일본적 특성을 엿볼 수 있다. 첫째는 일본의 공공외교는 문화외교라는 측면을 강조하고 있다는 점이다. 즉, 캐나다와 노르웨이도 공공외교와 관련하여 문화외교의 측면을 강조하기는 하지만 그 이상으로 정치 및 평화나 환경 등과 같이 최근 부상하는 비전통적 안보와 관련된 분야에서 적극적으로 활동하고 있다. 일본은 이와는 달리 문화외교를 공공외교의 중심축으로 활용하고 있는 것이다.

둘째는 일본의 공공외교 또는 문화외교에서 일본어 교육이 중요한 부분으로 강조되고 있다는 점이다. 노르웨이의 경우에도 위에서 검토한 것처럼 중국의 베이징외대에 노르웨이어 강좌가 최초로 개설된 예가 있기는 하지만, 그 비중은 크지 않은 것으로 보인다. 하지만 일본의 경우 앞서 살펴본 바와 같이 일본국제교류재단이 사용하는 비용 중에서 일본어 교육이 차지하는 비중이 매우 높다. 이는 일본의 이미지를 심어주기 위한 공공외교 및 문화외교의 일환으로 일본어의 보급에 큰 관심을 가지고 있음을 보여주는 것이다.

---

18) 엘렌 핸릭슨, 「세계 공공적 영역에서의 틈새외교: 세계의 코너, 캐나다와 노르웨이」, 147~148쪽.

셋째는 일본의 공공외교가 문화외교와 비전통안보라는 두 가지 축을 중심으로 구별되어 추진되고 있다는 점이다. 일본 정부(또는 외무성)가 공공외교라는 명칭하에 '홍보문화교류부'와 '국제교류재단'을 축으로 다양한 문화행사 및 학술 관련 사업을 지원하고 있지만, 그 밖에도 국제협력사업단의 노력에서 알 수 있듯이 일본의 이미지를 알리기 위해 좀 더 폭넓은 활동이 전개되고 있다는 것이다.

이러한 논의를 바탕으로 공공외교의 측면을 다음과 같은 몇 가지 측면으로 나누어볼 수 있다. 이를 위해 다음과 같은 두 가지 축을 중심으로 네 가지 유형을 만들어볼 수 있다. 첫 번째 축은 공공외교 또는 문화외교를 통해 무엇을 전달하고자 하는가인데, 이를 수출국의 민족적 자산을 중심으로 하는 경향과 그보다는 좀 더 포괄적인 이슈를 알리고자 하는 경향으로 나눌 수 있다. 다시 말하면 일본어를 보급하려는 일본의 경향을 민족적 성향으로 보고, 환경이나 평화를 이끌어내려는 노력에 초점을 맞추는 캐나다나 노르웨이의 경향을 초국가적 성향으로 파악할 수 있는 것이다.

다른 하나의 축은 이러한 가치의 발신과 수신을 양자적인 관계에서 추진하는지, 아니면 다자적인 관계에서 추진하는지와 연관된다. 비록 몇 개 나라를 순방하는 경우더라도 자국의 문화유산이나 예술을 해외에 알리는 것은 기본적으로 양자적인 것이 되는데, 예를 들어 유교가 갖는 보편성과 같은 주제로 국제적인 회의를 주재한다면 그것은 다자적인 접근이라고 할 수 있을 것이다. 캐나다가 추진한 지뢰 관련 오타와 프로세스나 노르웨이가 추진한 오슬로 협정도 이러한 다자적 접근의 예라고 볼 수 있다.

<그림 9-1>에서 보듯이 이러한 두 가지 축을 중심으로 하면 한 국가가 공공외교와 관련하여 추진할 수 있는 네 가지 유형의 공공외교적 가치와 수단이 형성된다. 이 그림에 따르면, 일본의 공공외교 및 문화외교는 문화외교라는 차원에서 민족적 가치의 양자적 보급에 치중하는 A의 면에 속해 있고, 캐나다와 노르웨이는 초국가적 가치의 다자적 보급에 치중하는 D의 면에 속해 있다. 그러나 앞에서 언급했듯이 일본의 공공외교가 A면에만 있는 것은 아니고,

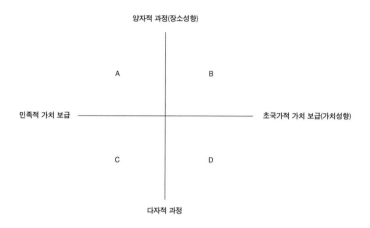

〈그림 9-1〉 공공외교의 유형화

양자적 과정(장소성향)

A   B

민족적 가치 보급 ────────────────────── 초국가적 가치 보급(가치성향)

C   D

다자적 과정

캐나다나 노르웨이 역시 D면만을 추구하는 것은 불문가지다.

4. 한국에의 시사점

이상에서 일본, 캐나다, 노르웨이의 공공외교가 어떻게 전개되고 있는지, 그리고 그 특징은 무엇인지를 간략히 살펴보았다. 이 절에서는 이를 요약하면서 한국에 어떤 시사점들이 나타나는지 간단히 정리한다.

첫 번째로 주시할 부분은 공공외교라는 것이 위에서 검토한 일본, 캐나다, 노르웨이의 경우를 보면 크게는 문화교류와 그 외의 활동 두 가지로 나뉜다는 점이다. 그리고 문화교류 이외의 활동은 다시 일본의 국제협력기구(JICA)가 진행하는 개발협력지원 활동과 캐나다나 노르웨이의 예에서 보듯이 외교부서가 종래의 전통적인 강대국 안보외교에 얽매이지 않고 초국가적인 문제들에 적극적인 역할을 추구함으로써 국제적으로 자국의 이미지 및 위상을 제고하려는 활동으로 다시 나눌 수 있다.

두 번째는 일본, 캐나다, 노르웨이는 이들 세 개 부문의 공공외교를 추진하고 있지만, 공공외교라는 이름으로 진행하면서 이들 세 부문 중 어디에 강조점을 두는가는 상이하게 나타났다. 일본 정부의 공공외교는 일본을 알리기 위한 문화외교의 성격이 강했던 것에 반하여, 노르웨이는 초국가적인 문제들에 적극적인 관심과 역할을 추구하는 경향을 나타냈다. 앞에서 제시한 도표에 따르면 일본은 A형, 노르웨이는 D형이다. 캐나다는 1998년부터 2005년까지 실시된 공공외교 프로그램을 기준으로 하면 A형에 가깝지만, 핸릭슨 등의 논의를 따르면 D형을 좀 더 중시한다는 주장도 있다.

세 번째는 상기한 강조점의 차이에도 일본 등의 국가들은 공공외교라고 볼 수 있는 세 가지 부문을 추진한다는 점이다. 위의 언급에서는 캐나다의 경우가 이를 잘 나타내지만, 일본 역시 교토의정서의 통과에 기울였던 노력 등을 고려하면 D형을 결코 무시하지 않는다는 것을 알 수 있다. 국가의 공공외교, 또는 국가 이미지 향상을 위한 이러한 복합적인 노력은 앞에서 제시한 유형화(네 가지 유형)와는 별도로 공공외교에 대한 정의를 협의와 광의의 두 가지로 나누어볼 수 있음을 의미한다.

네 번째는 국가들의 이러한 다양한 노력에도 자국의 이미지를 개선하려는 원래의 목적을 공공외교라는 것이 어느 정도 달성하고 있는가에 대한 평가는 대체적으로 부정적이라고 할 수 있다. 이는 국가 브랜드 구축에 한정해서 언급한 것이지만 얀 멜리센이 밝힌 것처럼 아직 국가 브랜드 구축에 성공한 사람이 없다는 단언에서도 알 수 있고, 아직도 캐나다를 기술강국이 아닌 자원부국 정도로 인식하는 딜레마를 제시하는 포터의 언급에서도 알 수 있다.[19] 또한 공공외교를 논하는 대개의 사람들이 공공외교란 장기적인 안목에서 추구해야 한다는 점을 강조하는 것도 공공외교가 쉽사리 성과를 내기 어려운 것임을 반증한다.

이와 관련해서는 캐나다의 공공외교 프로그램(PDP)이 공공외교의 또 다른

---

19) 얀 멜리센, 「신공공외교: 이론과 실제」, 57쪽; Evan Potter, "Canada and the new public diplomacy," pp. 55~62.

측면을 보여준다는 점에서 흥미롭다. 즉, 앞서 언급한 것처럼 PDP는 애초에 캐나다의 대외 이미지를 개선하려는 목적 외에도 캐나다의 국내적 통합성을 증진시킨다는 목적도 같이 있었는데 이에 대한 평가가 매우 긍정적으로 나타났다는 점이다. 특히 이는 공공외교의 추진에 국내의 인적 자원을 대거 활용했기 때문에 가능했다고 생각되는데, 공공외교가 갖는 또 다른 가능성, 즉 국내 통합용으로서의 가능성도 결코 간과할 수 없다는 점을 보여주는 사례다.

마지막으로는 주요 해외거점의 중요성이다. 캐나다의 PDP는 장기적인 자국의 홍보에서 주요 해외거점을 확보하는 것이 중요하다는 점을 강조했다. 이는 위에서도 언급했듯이 공공외교 및 국가 이미지 홍보라는 것이 장기적인 시간을 요한다는 점과 일맥상통하는 것이다. 이는 또한 일본의 공공외교 또는 문화외교에서 살펴보았듯이 유럽과 같은 선진국에서는 해외거점을 활용하는 재외사업에 중점을 두고 동남아와 같은 개도국에 대해서는 일본어 교육에 중점을 둔다는 것과도 괘를 같이한다. 일본의 이러한 노력은 대상국의 수요를 파악한 측면도 있겠지만, 대상국의 환경을 고려할 때 장기적인 안목에서 자국의 이미지를 최대화할 수 있는 것이 무엇인가에 대한 고려에 기초한 것이라고 생각된다.

이러한 내용들은 결국 한국이 장기적·지속적인 안목과 복합적·다차원적 노력, 이미지 품목의 개발 등의 관점에서 공공외교를 추진할 것을 제시한다. 한국 공공외교에의 제언이라는 주제는 이 글의 범주와는 다소 거리가 있으므로 여기서는 위의 세 가지 관점을 포함하는 한 가지 예만을 제시하는 것으로 제언 및 결론을 가름하고자 한다. IT산업 및 통신산업, 게임산업에 대한 자부심이 한국 내에서 매우 강하고, 그만큼 이 분야에서의 한국 경쟁력은 강하다고 할 수 있으므로 이러한 것을 최대한 살리는 한국문화관 또는 한국전시관을 해외의 주요거점에 설치하여 그 도시(국가) 문화의 하나로 활동하게 만들자는 것이다.

구체적으로 어느 정도의 비용이 들지 알 수 없지만, 정부가 부처 간의 경계를 뛰어넘어 민간기업과 시민단체들과 협력해서 추진한다면 위에서 언급했듯이 한국에 대한 해외홍보는 물론, 국내적 통합 및 역량증진에도 매우 긍정적인 효과를 볼 수 있을 것으로 생각된다. 특히 최근 몇 년 사이에 진행된 다양한 측면의 양극화를 해소하는 데에도 도움이 될 것으로 생각된다. 최근 한국 ODA를 중심으로 부처 간, 관민 간의 협력 움직임이 어느 정도 진행되는 것으로 보이는데, 공공외교라는 차원에서도 이와 같이 종합적인 또는 단일화된 창구를 통한 대책과 노력이 필요하다고 생각된다.

제4부

한일협력의 현황과 미래

제10장

한일관계의 현황과 과제*

최근 들어 한국과 일본 사이의 관계가 극심한 부침을 거듭하고 있다. 한 예로 2005년도가 한일 간의 '우정의 해'로 쉽사리 합의되는가 싶었는데, 막상 2005년이 되어서는 독도 문제와 역사교과서 문제로 해방 이후 한일 양국이 겪어야 했던 어떤 시기보다도 심각한 갈등이 나타나고 말았다.

이 장에서는 해방 이후의 한일관계가 어떠한 변화를 겪었는지 살펴보는데, 이를 통해 위에서 언급한 최근의 극심한 부침이 어떤 이유에서 생겨난 것인지, 그리고 앞으로 어떻게 전개될 것인지에 대한 의문도 아울러 검토한다. 이를 위해 우선 한일관계처럼 두 나라의 관계에 영향을 미치는 것은 무엇인가에 대한 이론적인 검토부터 시작해 해방 이후의 한일관계에서 대두된 쟁점들을 정리하고, 이러한 쟁점들이 시기적으로 어떻게 변화했는지 살펴본다.

---

* 이 장의 내용은 이면우, 「한일관계」, 현대일본학회 엮음, 『일본정치론』(논형, 2007), 536~583쪽을 재구성함.

1. 2국 간 관계의 주요 요인들

두 나라의 관계, 즉 2국관계가 어떤 성격을 갖는지, 그리고 그것이 변화하는
데 영향을 미치는 요인에는 무엇이 있는지를 직접적으로 다룬 논의는 많지
않다. 반면에 국제정치 또는 국제관계에 대한 대부분의 논의들은 부분적으로
나마 이에 대해 언급하고 있다. 따라서 2국관계를 설명하기 위해서는 많은
선행연구들을 검토할 필요가 있는데, 이 절에서는 이를 대체로 다음 세 부분으
로 나누어 간략히 고찰해본다.

첫째는 동맹에 대한 논의이다. 동맹이 왜, 어떻게 형성되고 유지되는가에
대한 논의는 주로 2국 간에 형성되므로 2국 간 관계를 설명해줄 수 있는
매우 유용한 이론적 장이다. 동맹이론은 대체로 2국 간의 동맹이 공통된 위협인
식에 의해, 즉 공통위협에 대처하기 위해 형성된다고 설명한다.[1] 또한 동맹의
유지여부는, 달리 말하면 동맹국 간의 관계양상은 그들 국가가 각자 인식하는
'폐기(abandonment)'될 것의 두려움과 '속박(entrapment)'될 것의 두려움이라는
두 가지 변수에 의해 좌우된다. 즉, 동맹관계가 좀 더 협력적으로 될지 아니면
소원해질지는 동맹상대국이 동맹을 폐기할 것에 대한 두려움과 더불어, 그
동맹에 의해 끌려 다닐 위험성이라는 두 가지 측면에 대한 고려에 따라 변화한
다는 것이다.

둘째는 외교정책에 대한 논의이다. 동맹에 대한 논의도 외교정책과 연관된
것이기는 하지만, 동맹이론들이 대체로 동맹을 게임으로 인식하여 논리를
전개하는 반면, 외교정책에 대한 일반적인 논의는 정책결정 과정에 대한 논의

---

1) 동맹이론에 대해서는 많은 논의가 있지만 여기서는 다음을 주로 참고했다. Courtney
Purrington, "The Future of Japan-U.S. Security Relations: The Challenge of Adversity
to Alliance Durability," in J. D. Pollack and H. Kim(eds.), *East Asia's Potential for
Instability and Crisis* (Santa Monica, CA: RAND, 1995), pp. 197~228; Victor D. Cha,
Alignment Despite Antagonism: The United State-Korea-Japan Security Triangle (Stanford, CA:
Stanford University Press, 1999).

로서 어떤 요인들이 주요한 역할을 하는가에 초점을 맞춘다. 예를 들어 찰스 허만(Charles F. Hermann)은 정치지도자, 정책결정 구조, 국제체계 등과 같은 요인들이 외교정책에 영향을 미친다고 설명하며, 일소평화협약을 검토한 헬먼(Donald C. Hellmann)은 정책결정에 참여한 행위자들이 어떻게 여론에 대응했는가를 중점적으로 설명하고 있다.[2] 반면 일본의 대중정책을 검토한 자오(Quansheng Zhao)는 비공식 채널의 중요성을 강조한다.[3] 이러한 다양한 요인 및 변수들은 대체로 국제적인 것과 국내적인 것의 두 가지로 요약할 수 있는데, 이를 고려한다면 2국관계는 국가가 처한 국제정세와 각 국가가 처한 국내정치적 상황 및 정치지도자의 성격 등에 의해 영향을 받는다고 하겠다.

셋째는 인식 및 이미지에 대한 논의이다. 이 또한 다양한 논의가 존재하지만, 요점은 2국 간 관계는 상대가 있는 것이기 때문에, 실재하는 것보다는 상대방에 대한 인식이 중요하다는 것이다. 예를 들어 리처드 허만은 미국에 대한 소련의 대응이 미국 또는 미국의 행동에 대해 소련이 갖는 이미지나 인식을 비롯해 상대방 미국의 능력에 대한 평가에 기초한다고 주장한다.[4] 즉, 위협적으로 인식되는 가운데 상대방의 능력이 동등하다고 한다면 적대자적인 이미지가 부상하여 방어적인 대응수단이 나타나고, 상대방의 능력이 동등하지만 기회를 제공하는 것으로 인식하면 쇠퇴하는 이미지가 부각되어 그 기회를 활용하려는 팽창적인 대응수단이 나타난다는 것이다.

이상의 논의를 재정리하면, 2국 간 관계는 크게 공통위협 인식을 포함하는 국제정세에 대한 인식과 각국의 국내정치적 환경, 그리고 상대방에 대한 인식 및 이미지에 의해 그 양상이 변화한다고 할 수 있다. 이를 해방 이후의 한일관계

---

2) Charles F. Hermann et. al, *Why Nations Act* (Beverly Hills: Sage Publications, 1978); Donald C. Hellmann, *Japanese Domestic Politics and Foreign Policy* (Berkeley, CA: University of California Press, 1969).

3) Quansheng Zhao, *Japanese Policymaking: The Politics behind Politics* (Oxford: Oxford University Press, 1995).

4) Richard K. Herrmann, *Perceptions and Behavior in Soviet Foreign Policy* (Pittsburgh, Pa.: University of Pittsburgh Press, 1985).

에 적용해보면, 이제까지의 한일관계 및 앞으로의 전개는 상대국가에 대한 한일 양국의 위협인식 및 협력 가능성 인식 정도, 한일 양국을 포함하는 동북아 및 국제정세에 대한 양국 각자의 인식, 양국의 국내정치적 상황, 그리고 이러한 요인들에 대해 상대방이 어떻게 대응할 것인가에 대한 인식 및 평가에 따라 영향을 받을 것이라고 생각할 수 있다.

이 장에서는 이러한 틀에 기초하여 우선 해방 이후의 한일관계를 점검한다. 과연 해방 이후의 한일관계가 위에서 언급한 요인들에 의해 변화를 거듭한 것인지 검토하고, 그렇다면 앞으로의 한일관계는 어떠한 양상으로 변화할지 또는 어떻게 전개되어야 할지에 대해 살펴본다. 그러나 이에 앞서 다음 절에서는 한일관계에서 지금까지 쟁점이 되었던 것들을 정리한다. 이는 시기별로 한일 간에 부각되는 쟁점들이 달라짐으로써 한일관계의 양상 및 성격 또한 시기에 따라 달라질 수 있음을 의미하기 때문이다.

2. 해방 이후 한일관계의 주요 쟁점

해방 이후 한국과 일본 사이에는 많은 일들이 있었고, 많은 문제들이 쟁점으로 떠올랐다. 이들을 모두 열거하기는 곤란하지만 대체로 다음과 같은 다섯 가지 측면, 즉 한국의 국가위상에 대한 논란, 식민지배에 따른 피해를 둘러싼 문제들, 경제와 관련된 문제들, 역사인식과 관련된 문제들, 그리고 안보와 관련된 문제들로 크게 나누어볼 수 있을 것이다.

1) 한국의 국가위상에 대한 논란

(1) 한국 정부의 관할권 문제 혹은 유일합법정권 여부

한일기본조약의 내용은 그 후의 한일관계를 규정했지만 조약의 체결이 한일 간의 모든 문제를 해결했던 것은 아니었다. 이러한 잔존하는 많은 문제들

중에서도 가장 기본적이고 중요했던 것은 한국 정부가 한반도를 대표하는 유일합법정권인가 하는 점이었다. 이는 남북한이 대치하는 한반도의 현실을 그대로 반영한 것이라고 할 수 있다. 문제의 조항인 한일기본조약의 제3조는 국제연합(유엔)총회결의 195호(III)에 명확히 시사된 바와 같이 대한민국 정부는 한반도에 있는 유일한 합법적인 정부임을 확인한다고 기술하고 있다.[5] '한반도에 있는 유일한 합법적 정부'라는 명백한 문구에 기반하여, 한국 측은 한국 정부가 한반도의 유일한 합법정부라는 입장을 유지하면서 이러한 내용에 따라 일본과 북한의 외교관계가 유지될지도 모른다는 불안감을 해소했다고 보았다.

그러나 일본은 유엔결의 195호(III)라는 전제를 붙인 것에 의미를 두고 있었다. 유엔결의 195호(III)는 "유엔임시한국위원회가 관찰하고 협의가 가능했던 곳으로, 한국민의 대다수가 거주하고 있는 한반도의 부분에 유효한 지배와 관할권을 가지는 합법적인 정부(대한민국)가 수립되었다는 것 …… 이 정부가 한반도에서 유일한 그런 류의 정부임을 선언하며"라고 기술하고 있는데, 이는 명백히 대한민국 정부의 합법성이 휴전선 이북에 대해서는 미치지 못함을 나타내는 문구였던 것이다.[6] 따라서 일본은 한국의 관할권이 휴전선 이남에 국한된다는 해석을 하고 있다. 예를 들어 사토(佐藤榮作) 수상은 1965년 10월 28일의 중원한일특별위원회에서 한일기본조약이 체결되었지만 그것이 북한을 포함시킨 전체적인 협정이 아님을 이해 바란다는 입장을 표명했다.[7]

이러한 일본 정부의 입장은 1974년 9월의 중원외무위원회에서 답변한 외무성 간부의 말에서도 나타난다. 즉, 1974년 9월 5일의 중원외무위원회에서 당시 외무성 조약국장이었던 마쓰나가는 실은 그와 같은 점을 명확히 하려는 목적과 취지에서 제3조의 규정이 설치된 것이라고 답변했다.[8] 이러한 한일

---

5) 이원덕, 『한일과거사처리의 원점』(서울대학교 출판부, 1996), 266쪽.
6) 山本剛士, 『日韓關係: 協力と對立の交涉史』(東京: 教育史, 1978), p. 73.
7) 같은 글, pp. 73~74.
8) 같은 글, p. 75.

간의 해석 차이는 한반도 내의 대치상황에 기인하는 것으로 종종 한일 간의 관계악화를 가져왔다.

(2) 독도 문제

최근에 문제시된 것에서도 알 수 있듯이, 독도를 둘러싼 영토분쟁은 전후의 한일관계에서 가장 지속적으로 쟁점화되는 문제라고 할 수 있다. 전후 연합군 최고사령부(SCAP)는 그 훈령 제677호에 의해 독도에 대한 일본의 행정권을 정지시키고, 맥아더 라인의 설정을 통해 이 섬을 일본 어선의 조업이 허가된 이외의 지역으로 조치했다.9) 앞에서도 지적했듯이 한국은 샌프란시스코 강화조약이 체결되기 이전에 이승만 라인에 독도를 포함시키고 실질적으로 점유했던 것이다.

일본 정부는 SCAP의 훈령 제677호가 문서로서 최종적 귀속을 결정하는 것은 아니며, 따라서 독도는 일본의 고유영토라고 주장하고 있다. 일본이 고유영토라고 지적하는 근거는 에도 시절에 백노(伯耆)번이 막부로부터 독도를 받아서 경영했고, 메이지시대인 1905년 2월 22일에는 시마네(島根)현의 고시 제40호에 의해서 시마네현에 편입되었다는 것이다. 시마네현의 이와 같은 고시는 그해 1월의 내각 결정, 즉 독도를 시마네현에 편입해도 지장이 없다는 결정에 기초한 것이라고 한다. 반면 한국 정부는 조선시대에 이미 우산국, 삼봉도 등의 이름으로 국가가 편찬한 지리지에 한국령으로서 기입되어 있고, 1900년의 대한제국칙령에 의해서도 독도는 울릉도와 함께 한국령으로 명기되어 있음에 따라 당연히 한국령이라는 주장을 하고 있다.

한일 양국이 서로 확고한 자기 입장을 유지함에 따라 한일기본조약에서도 독도의 영유권 문제는 결말을 보지 못한 채 보류된 형태로 끝이 났다. 단, 양국 간의 분쟁은 우선 외교상의 경로를 통해 해결하고 그것이 여의치 않을 때에는 양국 정부가 합의하는 수순에 따라 조정해서 해결한다는 '분쟁의 해결

---

9) 같은 글, p. 35.

에 관한 교환공문'에 따라, 일본은 독도 문제를 이에 준하는 것으로 해석하고 국제사법재판소에 해결을 구하려는 태도를 갖고 있다. 그러나 독도는 고래로부터 한국 영토였다고 생각하는 한국 정부는 독도 문제와 연관해 일본과 협의하거나 교섭할 필요가 없다는 주장이며, 따라서 국제사법재판소에의 요청이란 방법에도 응할 필요가 없다는 입장을 견지하고 있다.

독도 문제가 한일 간의 커다란 쟁점임에도 이는 기본조약의 체결 이후 주요한 쟁점으로 크게 부각되지 않고 수면 밑으로 잠재되어왔다. 이것이 주요 쟁점으로 불거진 것은 최근의 일로서, 그 계기를 마련한 첫 번째는 차후에 언급할 유엔해양법의 발효에 따른 신어업협정의 채결 문제였고, 두 번째는 시마네현이 2005년에 '독도(다케시마)의 날'을 제정한 사건이었다.

2) 식민지배 피해와 관련한 문제

(1) 재일동포 지위 문제

재일동포에 대한 처우 문제는 국교정상화 시기에도 논의되어 일단 해결을 보았다. 재일한국인의 법적지위협정의 주요한 내용을 살펴보면 다음과 같다. 전전부터 계속해서 일본에 거주하는 자 또는 그 자녀로서 동 협정 발효 후 5년 이내에 일본에서 출생하여 계속해서 거주하는 자에게는 영주권을 허가한다. 또한 영주를 허가받은 자의 자녀도 60일 이내에 영주허가 신청을 하면 그것을 허가한다는 것이다. 그리고 이러한 영주권자에게는 일본의 초·중등학교 입학 권리를 인정하고, 국민건강보험이나 생활보호의 대우를 부여한다는 것이다.

이러한 협정내용에 대해서는 많은 비판이 제기되었다. 첫째는 영주권 자격을 획득할 수 있는 대상이 한국 국민에 국한되어 있다는 것이다. 즉, 북한 국적을 가지고 있는 조총련계 재일동포는 같이 식민지 지배에 희생되었는데도 혜택을 받지 못하는 것을 말한다. 둘째는 영주권자가 안정된 생활을 영위하기 위해서는 의무교육이나 국민건강보험 가입의 권리만으로는 부족하다는 것이다. 이외에도 일반 일본인들에게 주어지는 국민연금 가입이나 공영주택 입주권 등과 같은 혜택을 주어야 한다는 것이다. 재일동포들은 "현재 재일한국, 조선인에 대해서는 약 백여 개의 항목에 이르는 사회보장 또는 사회복지 혜택의 많은 부분이 적용되고 있지 않다"고 주장한다.[10]

또한 취업상의 차별 문제도 김경득의 소송에 의해 제기된 바 있다. 외국인은 사법연수생으로 채용되지 않아, 영주권을 갖고 있는데도 일본 국적을 획득하지 않은 한국인은 사법시험에 합격했더라도 일본으로 귀화해야 하는 것이다. 그러나 사법시험에 합격한 김경득는 법률적으로 외국인이라는 점이 결격사유가 되지 않는다는 것을 이유로 소송을 제기했던 것인데, 이에 대해 최고재판소는 김경득의 경우를 개별적 경우로 인정하여 사법연수생으로 채용되도록 판결을 내렸다.

최근 들어서는 재일동포의 지위 문제와 관련하여 새로운 양상이 나타났다. 그 대표적인 것이 5년마다 지문을 날인하도록 되어 있는 법적 규정과 항상 신분증을 지참하여 요구 시에 제시하도록 되어 있는 조항에 대한 철폐요구인데, 이 규정 때문에 재일동포들은 매번 도쿄에 들러야 했다. 일본은 1990년 4월 제3세대에 속하는 재일동포에 대해서는 지문날인 규정을 철폐하고 그 법적 지위를 향상시킬 것을 약속했으며, 그해 9월에는 한국의 요청에 따라 제1세대와 제2세대에 대해서도 지문날인 규정을 철폐할 것이라고 밝혔다. 이에 따라 일본은 1991년 1월 재일동포에 대한 외국인 등록체계를 바꾸어 1992년까지 지문날인을 요구하지 않고 사진만으로 족한 가족등록체계로 대체할 것을 약속했다.

(2) 원폭피해자에 대한 보상 문제

원폭피해자에 대한 보상 문제도 식민지배에 의한 피해와 관련된 문제로

---

10) 재일한국인의 제 권리에 관한 심포지엄, 성명서, 1977.11.24. 山本剛士, 『日韓關係: 協力と對立の交涉史』, p. 80에서 재인용.

제기할 수 있다. 히로시마와 나가사키에 투하된 원자폭탄으로 피해를 입은 한국인의 수는 히로시마 7만 명, 나가사키 3만 명으로 총 10만 명에 달한다고 한다.[11] 이 중에서 절반에 해당하는 5만 명은 1970년대 말에 이미 사망했고, 나머지 중에서 8,000명은 일본에 영주했으며 한국으로 귀국한 사람은 3만 명에 달한다. 한국으로 귀국한 사람들도 일부는 사망하여, 생존해 있는 피폭자는 2만 명 정도에 이르는 것으로 추계된다.

한일국교정상화의 시기에는 이들 문제가 논의되지 않았다. 당시 한국에 원폭의료체제가 발달되지 않았고, 피폭자 자신들도 원폭병에 대한 자각이 없었던 것이 이유라고 할 수 있을 것이다. 그러나 일본 피폭자의 실태가 한국에 전해지면서 그에 대한 조사도 진행되었다. 하지만 일본은 한일기본조약이 이미 성립되었고 그에 따라 한국에 대한 일본의 보상 문제는 법률적으로는 일단락되었다는 입장을 나타냈다. 따라서 한국은 일본에 정치적이고 도덕적인 책임만을 추구해야 했다. 일본 후생성은 결국 이러한 요구에 대해 1974년부터 한국인 피해자에게 피폭자건강수첩을 교부하기 시작했지만, 여기에는 일본에 1개월 정도 체재한 경우에 한한다는 단서가 붙어 있었다.

(3) 사할린동포의 송환 문제

사할린동포의 송환 문제도 과거 식민지배의 유산 중 하나다. 이 문제 역시 한일국교정상화의 시기에 다루어지지 않아 일본의 정치적·도덕적 책임만을 추구해야 했다. 전쟁 중에 당시 일본령이었던 사할린의 광산 등에 징용된 한국인의 수는 약 4만 3,000명에 달했는데, 그들 대부분이 일본의 패전 이후 그곳에 잔류했다. 이들 중에서 소련 국적이나 북한 국적을 취득한 사람들을 제외한 무국적자들이 약 1할 정도에 달했는데, 이들 약 7,000명 정도가 귀국을 희망했던 것이다.

한국 정부는 당시 구소련과 외교관계를 맺지 않아 직접교섭할 방법이 없었

---

11) 山本剛士, 『日韓關係: 協力と對立の交渉史』, p. 84.

으므로 이 문제의 해결을 일본 정부에게 요청했다. 일본 정부로서도 자신들에 의해 징용된 사람들을 그대로 방치한다는 것이 인도적 차원에서 문제가 된다고 인식하여, 소련이 허락한다면 한국에의 귀국을 조건으로 하지 않고 일단 일본에서 받아들여 그 후에 다른 조치를 한다는 방침을 정했다. 그러나 소련이 북한과의 관계를 고려하여 난색을 표명함으로써 해결되지 못한 채 쟁점으로 남아 있다.

(4) 위안부 문제

위안부 문제는 비교적 최근에 대두된 것이다. 정확한 숫자에 대해서는 아직 논란의 여지가 있지만, 1992년 3월 한국의 시민단체가 유엔인권위원회에 제시한 청원서에 따르면 약 10만에서 20만 명에 달하는 여인들이 위안부로 차출되었는데 그중의 80%가 한국인이라고 한다.[12] 이들은 대개 패전 즈음 일본군들에 의해 죽음을 당했거나 스스로 목숨을 끊은 것으로 알려져 있는데, 돌아온 사람들도 새로운 삶을 이어가기 위해 엄청난 고통을 감수해야 했다.

일본 정부의 공식반응은 일본 정부가 이들 여성을 충원하거나 수송하여 고용하지 않았으므로 민간기업이나 개인중개자들이 이 모든 일에 책임이 있다는 것이었다. 그러나 1992년 1월 일본인 조사자들이 방위청과 같은 정부의 서고에서 이와 연관된 일련의 문서들을 찾아냄으로써 일본 정부가 관여했음을 실증하게 되었다. 또한 위안부를 충원하는 데 관여했던 일본인들도 일본 정부의 개입에 대해 공개적으로 증언하기 시작함에 따라 변화가 일어났다.

이러한 사실의 축적에 따라 한국 정부는 1992년 1월 미야자와 일본 수상의 방한 때 이를 공식적으로 제기했고, 미야자와 수상은 한국 국회에서의 연설에서 이러한 잘못된 과거의 행위에 대해 고통스럽게 생각하며 이 문제를 좀 더 면밀히 조사하겠다는 의지를 표명했다. 하지만 대중매체가 위안부에 대한

---

12) H. N. Kim, "Korean-Japanese Relations under the Kim Young-Sam Government and Beyond," *International Conference on Korean in the Age of Globalization and Information*, (1997.3.21), p. 17.

일본의 사과와 보상을 강력하게 요구하자, 한국 정부는 이 문제에 대해 더욱 신중하게 접근하기 시작했다. 즉, 일본 정부로부터 전적인 보상을 획득하기 위해 이와 관련된 문서들을 수집하고 증언을 확보하는 팀을 구성하게 되었던 것이다. 하지만 많은 위안부 할머니들이 자신의 과거를 밝혀야 하는 고통을 감수하기를 원하지 않았기에 1992년 7월까지 겨우 155명의 이름만 밝혀졌다.[13]

한편 일본의 미야자와 정부는 1992년 7월 이 문제와 관련된 보고서를 내놓았는데, 비록 강제모집이라는 측면에 대해서는 부인했지만 전시 중의 일본 정부가 체계적으로 위안부를 모집했다는 것을 시인했다. 이러한 일본 정부의 움직임에 대해 한국 정부는 일본 정부의 보고서가 충분하지 않다고 비판하고, 7월 말에 나온 백서에서 일본 정부가 여성들을 모집하기 위해 강제적인 수단을 사용했다는 증거들을 제시했다. 이러한 과정을 거쳐 1993년 8월에는 일본 정부의 최종보고서가 제출되었다. 이는 비록 대다수의 한국인 위안부가 일본 군의 요청에 따른 개인중개자들에 의해 모집되었지만 몇몇 경우에는 군이 직접적으로 모집에 관여했었다는 점을 공식적으로 인정하는 내용을 담고 있었다. 또한 이 보고서는 이러한 상황을 보상이 아닌 다른 방법을 통해 해결할 의지가 있음도 천명했다.

이후 일본 정부는 무라야마 총리 시절에 아시아여성기금이라는 민간단체를 통한 해결방안을 추구했다. 그러나 한국의 피해자 및 지원시민단체들은 보상만이 문제가 아니라 일본 정부의 공식적인 사과를 증표할 수 있는 일본 정부의 보상을 주장하고 있다.

3) 경제 관련 문제군

(1) 어업협정 문제

한일 간의 어업협정 문제가 단순히 경제 문제인가 하는 점은 논란의 여지가

---

13) 같은 글, p. 16.

있겠지만, 이와 관련된 독도 문제는 이미 언급했고 경제적 측면을 가지는 것이기에 여기서는 어업협정 문제에 국한하여 간단히 소개한다. 일본이 한일 간의 국교정상화를 통해 추구한 것 중의 하나가 소위 말하는 이승만 라인의 폐기라는 것은 익히 알려진 바다. 이러한 일본의 노력은 한일기본조약의 체결과 더불어 성립된 한일어업협정에 의해서 성과를 보았다. 한일어업협정의 내용은 다음과 같다. 첫째로 쌍방은 연안으로부터 12해리를 어업전관수역으로 하고 배타적인 관할권을 행사할 수 있는 권리를 갖는다는 것이다. 둘째로 전관수역의 외측에 공동규제수역을 설치하여 어업자원 보존을 위해 어업을 규제한다는 것이다. 마지막으로 협정의 유효기간은 5년으로 하고, 그 후에는 폐기통고로부터 1년이 지난 후에 실효된다는 것이다.

독도 문제를 피해간 어업협정은 세간의 주목을 받지는 못했는데, 이것이 1977년 소련의 움직임에 따라 다시 주목을 받게 되었다. 당시 논의 중이던 국제해양법에 따라 소련은 이제까지 3해리였던 영해의 범위를 12해리로 확대하고, 어업전관수역 역시 200해리로 변경했던 것이다. 소련의 이러한 움직임에 영향을 받은 일본은 소련에 대항하는 차원에서 동일한 조치를 취했다. 이 경우 동해와 남해를 사이에 두고 접해 있는 한국과 일본은 그 간격이 좁기 때문에 200해리를 적용하면 문제가 발생하게 되는데, 일본은 이에 대해 영해 12해리, 어업전관수역 200해리를 선포하면서도 한국에 대해서는 그 적용을 유보하는 조치를 취했다.[14] 한국 역시 12해리 영해법을 통과시켰지만 어업전관수역을 200해리로 확대하지는 않음으로써 일본과의 마찰을 피했다.

그러나 1996년에 들어 유엔해양법이 공식화되면서 한국과 일본은 경제적 배타수역의 제정을 진행하게 되었는데, 이에 따라 독도 문제가 재연되어 한일 간의 어업협정은 난항을 겪게 되었다. 일본의 이케다 외상은 독도가 일본 영토이므로 독도에서의 접안시설 공사를 중지할 것을 요청했고, 이에 분노한 한국민들은 서울에서 일장기와 이케다 외상의 초상을 불태웠다. 1997년에는

---

14) 森實孝郎, 『新海洋法秩序と日本漁業』(東京: 創造書房, 1977), pp. 41~42.

어업협정의 개정과 관련해 한국 어선이 일본 해안경찰에 의해 나포되는 사태가 발생하면서 한일 간에 커다란 정치적 쟁점이 되었다. 한국 어선이 일본이 1997년부터 채택한 직선기선에 따른 영해를 침범하여 조업했기 때문에 일본의 법을 저촉했다는 것이 일본 측의 설명이다.

이 사건은 4차례의 공판을 거쳐 결국 일본 마쓰에 지방법원 하마다 지부가 1997년 8월 15일에 피고인 측의 주장을 모두 받아들여 공소기각 판결을 선고하고, 일본 정부의 나포행위가 일본 국내법상으로도 근거가 없는 것임을 선언함으로써 일단락되었다.[15] 그러나 한일 간의 어업협정 문제는 단순히 법적인 문제만은 아니다. 이는 상기한 분쟁의 연장선에서 일본 정부가 1998년 1월 결국 한일어업협정의 파기를 선언하고 한국 정부는 이에 대응하여 한국 어선의 자율조업규제를 해제하는 방향으로 전개된 데서도 나타난다.

(2) 한일 간의 무역역조

좀 더 직접적인 경제적 측면으로 한일 간의 교역에서 한국의 일방적인 무역적자 상태가 쟁점으로 부각되어왔다. 한국의 대일무역적자는 지난 1965년부터 1975년까지는 전체 무역수지 적자폭의 2분의 1에 지나지 않았으나, 1976년부터는 전체 무역적자 규모를 상회했다. 예를 들어 중동의 건설경기 호조로 한국의 수출이 호조를 보인 1977년에는 전체 무역적자의 2.3배에 달했다. 이러한 적자폭은 제2차 오일쇼크로 한국 경제가 침체 국면에 접어든 1979년에는 전체 무역적자의 62%까지 떨어졌으나, 1985년 일본을 제외한 다른 국가와의 무역수지가 점차 개선되면서 대일무역적자는 다시 전체 무역적자의 3.5배에 달하게 되었다.

한일 간의 무역역조 현상이 나타나는 것에 대해 한국과 일본은 서로 다른 입장을 나타내고 있다. 일본 측의 주장은 다음과 같다. 즉, 한국 경제를 지탱하

---

15) 본 건에 대한 좀 더 구체적인 사항은 최상용·이원덕·이면우, 『탈냉전기 한일관계의 쟁점』(집문당, 1998), 61~63쪽을 참조.

고 있는 전자, 수송기계 등의 수출산업은 주로 일본으로부터 수입된 생산기계를 가지고 역시 일본에서 수입한 하이테크 제품, 반제품을 조립·가공하는 것인데, 이와 같이 기술 및 부품류를 압도적으로 대일수입에 의존하기 때문에 그것을 투입하여 만든 조립제품의 수출이 늘어날수록 자동적으로 대일수입이 늘어나도록 되어 있다는 것이다.

이에 더해 한국의 민주화가 노사분쟁의 다발, 임금상승, 시설투자의 순연, 기술 및 품질상의 문제, 한국 내 소비성향의 증가 등이 합쳐 대일적자가 증대되었다는 것이다. 즉, 자유무역주의하에서는 이국 간 균형을 주장해서는 안 되며, 다국 간 균형이 중요하다는 것이다. 반면 한국 측은 다음과 같은 주장을 하고 있다. 즉, 만성적인 대일적자가 일본 의존적인 산업 및 무역구조와 기술격차에 기인하기도 하지만, 그것보다도 일본의 지나친 기술보호주의, 무역장벽, 시장의 폐쇄성, 공존·공영의식의 결여에 근본 원인이 있다는 것이다.

이들 양자의 주장을 비교하면, 일본의 주장은 주로 한국의 대일수입이 왜 증가하는가에 초점이 맞추어져 있는 반면, 한국의 주장은 대일수출이 왜 늘어나지 못하는가를 중심으로 논의되었다는 것을 파악할 수 있다. 일본의 주장이 설득력이 좀 더 있으나, 일본의 비관세장벽(유통구조나 고물가)은 문제라고 지적할 수 있다. 또한 기술 이전상의 문제도 지적할 만하다. 한국 경제의 발전과정에서 일본으로부터의 기술도입이 큰 기여를 한 것은 부정할 수 없다. 또 한국에 기술 이전한 선진국가들 중에서 일본이 가장 큰 비중을 차지하는 것도 사실이다. 그러나 기술 이전과 적자증감 간의 문제에는 이론의 여지가 있다. 일본에 비해 건수는 적으나 금액은 더 많고 건수만도 상당한 미국으로부터의 기술 이전은 비례적인 수입증가를 가져오지 않았으며, 오히려 미국으로부터의 기술도입으로 대미흑자도 발생하고 있는 것이다.

(3) 일본 대중문화 개방

한국에서의 일본 대중문화 개방은 1990년대 말부터 단계적으로 실행된 것이지만, 그 이전부터 일본 정부가 한국 정부에 지속적으로 요구해온 사항이었다. 국내 문화산업이나 국민정서 및 교육상의 부정적 영향을 감안하여 일본 대중문화의 수입에 부정적이었던 한국 정부가 이를 단계적이나마 전격적으로 용인하게 된 데에는 1997년의 외환위기 및 이를 타개하기 위해 일본의 경제협력이 필요했었기 때문인데, 따라서 당시 개방에 대해 많은 논의와 다양한 의견의 제시가 있었다.16)

한국 내에서의 의견은 대체로 허용론과 불허론의 두 가지로 대별되지만, 같은 허용론이라 해도 그 편차는 매우 다양했다.17) 불허론은 국민정서상의 부정적 영향의 측면을 제외하면 국내 문화산업에 미칠 부정적 영향을 우려하는 것이었는데, 이는 대체로 한국과 일본 사이의 자본력 및 기술격차가 너무 심하여 경쟁이 거의 불가능하다는 우려다. 예를 들어 가장 큰 영향을 받을 것으로 지적되는 애니메이션 분야의 경우, 일본의 극장판 애니메이션의 수준은 일본 국내 시장에서의 흥행을 기준으로 할 때 미국의 디즈니 만화영화를 넘어선 것이라는 지적이다. 즉, <추억은 방울방울>이 <미녀와 야수>(1991

---

16) 개방논의가 결코 순조로운 진행만을 보인 것은 아니다. 개방 가능성이 언론에 보도되자, 광복회, 한국독립유공자협회 등의 민족단체들이 거세게 항의했다. 그 뒤에도, 예를 들어 3월 20일에는 37개의 민족·사회단체들이 서울 세종문화회관에서 '일본 대중문화 전면개방 저지를 위한 애국시민단체협의회'까지 출범시켰다. 이러한 반대에 따라 정부의 대응도 다소 주춤하기 했으나, 쓰가·고헤이 극단의 일본어 연극인 '매춘수사관'의 한국 공연을 허가한 것에서도 알 수 있듯이 정부는 개방에 전향적인 입장을 취했다. 이러한 입장 고수는 사회 전반적인 기류변화라고 생각된다. 예를 들어 당시 서울대생을 상대로 실시한 여론조사에서는 응답자의 69.5%가 일본문화 개방에 찬성한다는 결과가 나왔던 것이다.

17) 한경구의 요약에 따르면, 허용론 혹은 개방론은 크게 여섯 가지로 나뉜다. 첫째는 개방반대를 국수주의 내지 시대착오적인 저항적 민족주의로 치부하는 지구촌시대 탈민족주의론, 둘째는 일본을 미국 등 다른 국가와 동등하게 취급하자는 일본보통국가론, 셋째는 좋은 것은 수입하고 나쁜 것은 수입하지 말자는 선택론, 넷째는 단계적으로 개방하자는 단계론, 다섯째는 개방 및 양성화를 통해 일본문화시장에의 진출을 발판으로 삼자는 신민족주의적 개방론, 마지막 여섯째는 자본주의 경제를 택한 데 따른 피치 못할 결과라고 보는 세계체제론적 대세론이다. 이에 대해서는 다음을 참조. 한경구, "일본문화 개방을 생각한다," http://welove.korea.ac.kr/~jskim/mydata/japaneseculture.htm, 2004년 3월 10일 검색.

년)를, <붉은돼지>는 <알라딘>(1992년)을, <평성너구리대전쟁 폼포코>는 <라이언킹>(1994년)을, <귀를 기울이면>은 <포카혼타스>(1995년)를 각각 흥행에서 눌렀던 것이다.

이러한 지적은 가요 부문에서도 마찬가지였다. 예를 들어 일본에서 히트 제조기로 이름을 날리는 프로듀서 고무로 데츠야가 이끄는 군단이나 '비잉' 프로덕션 등의 자본규모는 한국의 프로덕션과는 비교가 되지 않을 정도여서, 국내 제작사들을 크게 잠식할 가능성이 높다는 것이다. 이에 따라 "일본 가요제 작사의 국내 진출을 한국 업체와 동업형식으로 제한하고, 지분율도 49% 이하로 억제하는 법률적 보호책을 강구해야 할 것"이라는 관계자들의 요구가 있기도 했다.

하지만 만화의 경우처럼 일본 대중문화가 한국에서 이미 많이 친숙해져 있다거나 애니메이션의 경우처럼 개방을 늦춘다고 해서 그 분야의 발전에 큰 도움이 될 것인가 하는 지적도 제기되었다. 예를 들어 만화의 경우, 동네 문구점에는 일본 만화인 『드래곤볼』, 『슬램덩크』, 『세일러문』, 『소년탐정 김전일』 등이 가득하며, 일본의 최신 만화들은 거의 일본과 국내에 동시에 소개되고 있는 실정이라는 것이다. 이는 일본 대중음악의 경우도 마찬가지여서, 일본가수의 CD가 서울 명동과 압구정동, 부산 광복동 등에서 은밀히 팔리고 있는 실정이다. 이러한 의견은 기왕에 개방할 것이면 되도록 빨리 추진하여 한국의 대중문화 발전에 기여할 수 있도록 해야 한다는 허용론으로 연결되었는데, 한국 정부의 단계적인 개방방침은 이러한 허용론을 수용한 것이라고 할 수 있다.

4) 역사인식 관련 문제군

(1) 사과표명 관련

역사인식 문제는 한일관계에서 가장 지난한 문제 중의 하나다. 이와 관련해서는 일본의 사과발언 수준, 역사교과서의 기술, 일본 보수정치가들의 망언,

그리고 고이즈미 총리의 야스쿠니 신사 참배 등이 포함된다. 사과표명과 관련해서는 1984년 전두환 대통령의 공식 방일 시에 있었던 고 히로히토 천왕의 사과표명을 예로 들 수 있다. 한국 국민들은 천왕의 진정한 사과의 말을 기대했었지만, 정작 만찬장에서 나온 것은 고작 "금세기에 한일 양국 간에 불행한 과거가 있었다는 것에 대해 유감의 정을 느끼며, 결코 재발되어서는 안 된다고 믿는다"라는 말을 했을 뿐이다. 이에 대해 한국에서는 누가 누구에게 어떠한 행동을 했는지 명확히 드러나지 않았다는 비판이 제기되었고, 따라서 전 대통령은 이를 사과로서 받아들였지만 대다수의 한국 국민에게는 불만족스런 결과였다.

1990년 5월 노태우 대통령의 공식 방일 시에도 한국 국민은 아키히토 천왕에게 좀 더 확실한 사과의 말을 기대했다. 당시 가이후 수상은 "양국의 역사에서 일본의 행동이 한반도의 국민들에게 참을 수 없는 고통과 슬픔을 안겨준 기간이 있었다는 것에 대해 정중한 사과"를 표명했다. 아키히토 천왕 역시 "우리나라(일본)에 의해 자행된 것으로 인해 당시 당신 나라의 국민들(한국인들)이 겪어야 했던 고통에 대해 생각하면 '통석의 념'을 금할 수 없다"라고 말함으로써 자신의 아버지보다는 좀 더 진전된 형태에서 사과를 표명했다. 노 대통령 역시 이를 사과로 받아들이고 양국 간의 우호와 협력을 강조했지만, 한국민들은 여전히 그러한 표현에 만족하지 못했다. 가장 큰 이유는 아키히토 천왕이 사용한 '통석의 념'이라는 말이 진정한 사과의 표현으로는 좀처럼 사용되지 않는 것이기 때문이었다.

사과표명의 문제는 어느 수준이 합당한가에 대해 한국 내에서도 합의된 바가 없다는 점이 문제로 지적되었지만, 일본의 식민지화를 '침략'으로 표현한 호소카와 전 수상 및 무라야마 전 수상의 발언 등을 거쳐, 1998년 김대중 대통령의 방일 시에 미래지향적인 관계를 천명한 한일 간의 '파트너십' 선언 이후 표면화되지 않고 있다.

(2) 정치가의 망언

일본의 보수정치가들에 의해 피력되는, 식민지배를 정당화하는 발언들을 총괄하여 망언이라고 할 수 있다. 이는 일본 정치를 담당하는, 특히 일본 국가의 운영을 담당하는 정부요인들이 과거에 대한 반성 없이 정당화에만 주력하여 문제시되는 것인데, 이제까지 나타난 망언은 대체로 다음 세 가지 부류로 나누어볼 수 있다.[18] 첫째는 전전 일본의 행위에 대해 인정하지 않는 경우다. 예를 들어 합병 이후의 일본 비행에 대해 들은 바 없다는 이케다 전 수상의 발언이나 한일합병을 합법적인 것으로 묘사한 사토 및 무라야마 전 수상들의 발언이 이에 속한다.

둘째는 과거를 미화하는 경우다. 일본에 의해 아시아가 독립을 얻었고 교육이나 식자율도 높일 수 있었다는 사쿠라이 전 환경청장관의 망언이나 한국의 눈부신 경제발전이 일본 교육의 결과라는 사쿠라다 전 경단련 회장의 망언, 그리고 한국합병 등을 제국주의라고 한다면 그것은 영광된 제국주의라는 시이나 전 중원의원의 망언 등을 그 예로 제기할 수 있다.

셋째는 한국 식민지화의 책임을 한국 및 당시 상황으로 전가하는 경우이다. 즉, 한일합병은 당시의 한국 정세에 기인하는 측면이 있었다는 마쓰노 전 국토청장관이나 후지오 전 문부상, 에토 전 총무청장관 등의 망언들을 꼽을 수 있다. 당시 일본의 행동을 서구열강의 침략에 대한 반응이라고 주장하는 오쿠노 전 문부상 등의 망언은 여기에도 속한다.

(3) 역사교과서 문제

역사교과서 문제는 일본의 중·고등학교에서 사용하는 역사교과서에서 나타나는 역사기술에 대한 미비점들에 의해 발생되는 문제들을 총칭하는 것이다.

---

18) 高崎宗司, 『'妄言'の原形: 日本人の朝鮮観』(東京: 木犀社, 1996). 한국의 일간지 중에 이 글에서 자료로 활용한 것은 ≪한겨레신문≫과 ≪동아일보≫의 망언 관련 기사이다. 시기는 1993년 말부터 1999년 초까지로, 망언을 주제어로 관련기사를 탐색했으며, 출처를 별도로 언급하지 않았다.

예를 들어 한국에 대한 침략을 진출로 표현한다거나 위안부 문제 등에 대한 기술을 삭제하는 것, 그리고 고대사에 대한 기술에서 한국 역사를 비하하거나 왜곡하는 등의 기술이다.

일본의 역사교과서를 둘러싼 한일 간의 갈등은 항시 잠재되어 있던 것이라고 할 수 있지만, 정치적으로는 1980년대에 두 차례(1982년과 1986년), 그리고 21세기 들어와서 두 차례(2001년과 2005년)에 걸쳐 크게 문제시되었다. 흥미로운 것은 이 두 시기를 서로 비교할 때 일본 정부의 대응이 사뭇 다르다는 점이다. 즉, 1980년대 초중반의 경우 그것이 한일관계에 영향을 미칠 것으로 판단한 일본 정부가 자체적으로 수정 노력을 기울였고, 이에 따라 한동안 역사교과서 문제는 쟁점화되지 않았다. 그러나 21세기 초반의 경우에는, 차후에 좀 더 자세히 검토하겠지만 일본 정부가 한국의 비판에 대해 일본의 검정제도를 이유로 비교적 완강히 거부의 입장을 표명했던 것이다.

일본 정부의 이러한 입장 변화는 다양한 요인에 기인하는데, 무엇보다 냉전의 붕괴 이후 진행된 다양한 정치사회적 변화와 그에 동반된 보수주의적 사고의 회귀를 주요 원인으로 제기할 수 있을 것이다. 즉, 냉전의 붕괴는 일본에서도 반공논리의 퇴색과 민주세력의 확장을 가져왔는데, 자민당에 의한 일당우위체제의 붕괴를 가져온 1993년의 정치 변화 이후 태동된 연립정권 시대와 그에 따른 무라야마 사회당 당수의 수상 취임, 그리고 그에 의한 '부전결의'의 추진이 그 예다.

이러한 민주세력의 확장에 대해 보수 및 우익세력이 대응하는 과정에서 역사교과서 문제도 발생했는데, 우익적 역사교과서를 만든 새역모(새로운 역사교과서를 만드는 모임)의 형성이 그러한 대응의 예라고 볼 수 있다.[19] 이와 더불어 냉전의 붕괴 이후 진행된 국제정세의 불확실성이 일본 국민으로 하여금 좀 더 보수적으로 변하게 만들었는데, 이러한 변화가 보수 및 우익세력의

---

19) '새로운 역사교과서를 만드는 모임'의 태동 등에 대해서는 한상일, 「일본사회의 우경화: 역사수정주의를 중심으로」, 김호섭·이면우·한상일·이원덕 지음, 『일본우익연구』(중심, 2000), 209~274쪽을 참조.

주장이 유포되게 만들었다는 것이다.

(4) 야스쿠니 신사 참배 문제

야스쿠니(靖國) 신사는 1868년 메이지 유신 당시 정부군과 막부군이 충돌한 무진전쟁이나 청일전쟁 및 태평양전쟁 등에서 희생된 전몰자 246만 명의 위패는 물론, 태평양전쟁을 기획하고 주도해서 연합군에 의해 사형선고가 내려진 도조(東條英機) 등과 같은 1급 전범들을 비롯한 1,068명의 위패도 위의 일반 전몰자들과 함께 합사되어 있는 곳이다. 또한 전시관에는 가미가제, 인간어뢰로 쓰였던 실물전투기와 어뢰가 진열되어 있어 군국일본을 기리는 우익들의 수련장 역할을 하는 곳이기도 하다.

이러한 점 때문에 일본 내에서는 물론 국외에서도 정치가들, 특히 각료들의 야스쿠니 신사 참배에 대해서는 지속적인 비판의 목소리가 제기되었다. 그런데도 일부 각료들을 위시한 정치가들의 참배행렬은 매년 진행되고 있는 실정이다. 예를 들어 1997년 4월 하순에는 '보-보연합'을 주창하는 자민당과 신진당 의원 총 230명이 야스쿠니 신사를 합동 참배했다.

근년에는 위에서도 언급했듯이 일본 정부를 대표하는 내각총리, 즉 고이즈미 수상이 참배를 강행함으로써 한일관계의 양상을 좌우하는 핵심 쟁점으로 부각되었다. 고이즈미 수상의 설명은 군국주의로의 회귀가 아닌, 평화를 기원하기 위한 것이라고 하지만, 피해당사자인 한국이나 기타 주변국으로서는 야스쿠니 신사가 갖는 상징성이나 최근 일본의 보수회귀 성향 등을 고려할 때 액면 그대로 받아들이기 어려운 점이 있기 때문이다.

5) 외교 및 안보 관련 문제군

외교 및 안보정책과 관련해서도 다양한 문제들이 한일 간에 쟁점으로 부각되었다. 그중에서도 대북정책에서의 조정과 한일 간의 안보협력 두 가지가 가장 지속적으로 관심을 모았으며 때로는 갈등을 빚었다.

해방 이후 초기의 한일관계에서 양국 간에 대북정책이 문제가 되었던 것은 위에서 언급한 한국 정부의 관할권 문제와 연관된다. 즉, 한국을 한반도 내의 유일한 합법정부로 주장하는 한국 정부로서는 그에 걸맞게 일본 정부가 대북정책에서 한국과 협력하고 조율하기를 바랐지만, 일본 정부로서는 한국 정부의 관할권을 남한지역에만 국한시켰기에 대북정책 및 관계형성에서 독자적인 또는 북한과의 별도 접촉을 추진했다. 그 대표적인 예가 재일한국인의 북송을 용인한 사건이다. 한국 정부가 일본의 대북정책에 민감했던 것은 상기한 관할권 문제가 정통성과도 연관되기 때문이기도 하지만, 그보다도 한국 정부로서는 대북정책 및 통일이 주요한 과제였기 대문이다. 이러한 일본의 대북정책 및 대한반도정책은 한국에서 등거리외교로 비추어졌고, 일본에 대한 불신감을 한국 내에서 키운 한 원인이었다고 할 수 있다.

이러한 대북정책이 한일 간의 갈등요인에서 해소된 것은 노태우 정권에 들어 한국 정부가 북방정책을 표명하여 일본의 대북접촉을 용인하게 되면서부터다. 그러나 이후에도 한국 정부는 일본의 지나친 독주를 항시 경계했는데, 그 대표적인 예가 김영삼 정부하에서 나타난 속도조절 요구이다. 즉, 한국 정부의 북방정책 이후 일본이 추진한 북한과의 국교정상화 교섭 및 인도적 지원 등에서 한국과의 협의를 요구했던 것이다. 당시 일북 국교정상화 교섭이 좌절된 이유는 물론 북핵이라는 문제에 대한 미국의 간섭이라는 변수가 주효한 것이었지만, 앞서 언급한 한국의 요청도 결코 적지 않은 영향을 미쳤다고 생각된다.

1990년대 초반부터 발생한 북핵 문제는 그 대응에서 한일 간의 외교적 협력을 요청했는데, 더 나아가서는 한일 간의 안보협력을 논의하게 만든 계기이기도 했다. 현재로서 한일 간의 안보협력은 실제적으로는 안보담당자들이 인적 교류 및 대규모 공동연습에 함께 참여하는 수준이지만, 논의상으로는 한국과 일본이 미국과 각기 동맹을 맺고 있다는 측면에서 준동맹으로 간주하는 주장까지 대두된 상황이다.

3. 해방 이후 한일관계의 전개과정

전후의 한일관계가 전개된 과정은 다양한 구분이 가능하다. 앞서 도입 부문에서 언급한 시기 구분은 한일기본조약의 체결과 일본에서의 자민당 일당우위 체제의 붕괴라는 양국 관계에서 주요한 정치적 사건들을 중심으로 한 분류이다. 이외에도 경제교류에서 나타나는 특성에 따른 분류나 한국의 정치변동 상황에 따른 분류 등 다양한 시기 구분이 가능하다.

1) 냉전기 한일관계의 전개과정[20]

이 절에서는 이 중에서도 전체적인 한일관계를 조명한다는 차원에서 주요 정치적 사건을 중심으로 한 시기 구분에 기반하여 전후의 한일관계를 살펴보겠다. 특히 다음에서는 냉전 시기에 초점을 둔다는 차원에서 이들 세 시기 중에서도 첫 번째와 두 번째의 시기에 중점을 두어 간략히 검토한다.

(1) 제1시기: 1945~1965년

전후 한일관계에서의 제1시기는 해방 후부터 한일기본조약이 성립되는 1965년 이전까지의 기간이라고 할 수 있다. 이는 대체적으로 한국에서의 제1공화국 시절에 해당되는데, 이 시기의 한일관계는 협조보다는 대립과 견제의 성격을 농후하게 나타내는 것이 특징이다. 그리고 이는 이 시기에 대통령직을 수행한 이승만 대통령의 대일자세에서 비롯되는 측면이 강하다.

1948년의 첫 국회의원 선거에서 선출된 국회의원들에 의하여 그해 7월 24일에 대통령으로 선출된 이승만 대통령은 대일자세에서 매우 강경한 입장을 견지했다. 예를 들어 이승만 대통령은 한국 정부가 수립된 이틀 후의 기자회견

---

20) 이 절의 내용은 다음 논문을 수정한 것이다. 최상용·이원덕·이면우, 『탈냉전기 한일관계의 쟁점』(집문당, 1998), 21~75쪽.

에서 배상청구는 물론 대마도의 반환을 요구하고 나섰던 것이다. 신라시대에는 대마도가 한국령이었다는 것이 이 대통령의 주장이었다.[21] 이 대통령의 강경한 입장은 소위 말하는 이승만 라인의 설정에서도 나타난다. 맥아더 라인을 승계한 이승만 라인은 일본 어업의 조업구역을 지정한 맥아더 라인이 샌프란시스코 강화조약에 의해 소멸되는 것을 우려하여 한국이 그 전에 설정한 것이다. 일본 측은 강화조약의 발효에 의해 맥아더 라인은 자연 소멸되어야 한다는 입장이었고, 반면에 한국은 독도가 포함되는 맥아더 라인은 이미 국제적 경제선이라는 주장으로 맞섰다. 이승만 라인의 설정으로 다수의 일본 어선들이 한국에 나포되었는데, 이에 따라 일본은 그 근원이 되는 이승만 라인의 폐기를 한일교섭의 주요 목표로 했다.[22]

이승만 대통령은 강경한 대일자세와 더불어 한일교섭에서도 결코 서두르지 않은 것으로 나타난다. 한국과 일본은 미군정의 주선하에 한일예비교섭을 1951년부터 시작했는데, 이 예비회담에서는 국교정상화를 위한 논의의 대체적인 주제가 성립되었다. 이에 따라 일본은 미국과의 강화조약이 성립되는 1952년에 한국과의 국교정상화 역시 달성하고자 했고, 미국도 이에 대해 호의적이었다. 그러나 이러한 일본과 미국의 성급한 요청에 대해서 이승만 대통령은 "내가 해야 할 일들이 산적해 있지만, 한일회담은 열한 번째 정도에 해당한다"고 반발했다.[23] 물론 이 대통령이 무조건적으로 한일교섭을 회피한 것은 아니었다. 한일국교교섭에 대한 이승만 대통령의 완만한 접근에는 여러 가지 요인이 작용한 것으로 생각된다. 기본적으로는 강경한 대일자세에서 비롯된 것이라고 할 수 있을 것이다. 그러나 그 외에도 성급한 교섭의 진전이 결코 득이 되지 않는다는 계산도 있었을 것으로 생각되며, 이에 더해 당시 일본 수상인 요시다(吉田茂)에 대한 불신에서도 비롯된다고 할 수 있다.

---

21) 山本剛士, 『日韓關係: 協力と對立の交涉史』, p. 40.

22) 이원덕, 『한일과거사처리의 원점』(서울대학교 출판부, 1996); 홍인숙, 「한일회담에 대한 미일의 구도와 대응」, ≪역사비평≫, 봄호(1995), 23~37쪽.

23) 山本剛士, 『日韓關係: 協力と對立の交涉史』, pp. 51~52.

예를 들어 기시(岸信介) 수상의 개인특사로 방한한 야츠기(矢次一夫)에게 이 대통령은 "요시다라는 사람은 왠지 믿을 수가 없을 것 같았다"라고 언급하면서 기시 내각하에서는 한일관계의 과제를 해결해나가도록 하자고 말했던 것이다.[24] 여기에서도 나타나듯이 이승만 대통령은 집권 후반기에 들어 한일관계의 개선을 위해 노력하는 방향으로 선회하는 것을 볼 수 있다. 이러한 방향선회의 배경에는 앞서 언급한 상대방, 즉 요시다라는 인물의 퇴진이라는 인적 요인도 작용했다고 볼 수 있다. 그러나 이보다는 자기 정권의 업적으로 한일관계 개선을 성사시키려 했던 측면도 있다고 생각된다. 즉, 이승만 대통령은 자신의 생일인 1960년 3월 26일에 "나는 오래 살 수 있을 것 같지 않다. 미국인도 빨리 매듭지으라고 독촉하고, 자유당도 야당도 나로서는 믿을 수 없다. 내가 살아 있는 동안, 올해 중에 어떻게 해서든지 회담을 체결하고 싶다"는 생각을 내비쳤다.[25]

이 대통령의 집권하에서는 모두 네 차례에 걸쳐 수교교섭이 진행되었다. 제1차 회담은 1952년에 양유찬 주미한국대사와 마쓰모토(松本俊一)를 각기 양국의 수석대표로 하여 진행되었으나, 일본 측의 역청구권 주장에 의해 결렬되었다. 제2차 회담은 제1차 회담이 결렬된 지 1년 후인 1953년 4월에 김용식 주일대표부 공사와 구보다(久保田貫一郎) 외무성참여를 각기 양국의 수석대표로 하여 진행되었으나, 당시 한국전쟁의 휴전이 확정되었던 관계로 휴회되었다. 제3차 회담은 1953년 10월에 제2차 회담의 연속이라는 형태로 진행되었으나, 본격적인 토의가 진행되기도 전에 일본의 식민지배가 한국민에게 유익했다는 구보다 발언에 의해 무산되었다. 구보다 발언의 여파 등으로 제4차 회담은 1957년에 들어서야 가능했는데, 이 역시 재일한국인의 북송문제로 지연되다가 4·19혁명에 의해 자연 중단되었다.

---

24) 같은 글, p. 53.

25) 같은 글, p. 54.

(2) 제2기: 1965~1993년

한일기본조약의 성립은 여러 가지 측면에서 한국과 일본의 관계를 긴밀하게 만들었다. 무엇보다 한일 간의 국교정상화는 무역 면에서의 신장을 가져왔다. 예를 들어 국교정상화가 성사되기 바로 전인 1964년의 경우, 일본의 대한수출은 1억천만 달러로서 한국의 총수입에서 27%를 차지했다. 그러나 국교정상화이후 2년만인 1967년에는 한국의 총수입에서 일본이 차지하는 비율이 50%를 상회하여 미국을 제치고 제1의 무역상대국의 위치를 차지하게 되었던 것이다. 이러한 변화는 물론 국교정상화에 따라 일본이 제공한 총 5억 달러(무상 3억 달러, 유상 2억 달러)의 정부자금과 3억 달러의 민간차관이 일본의 플랜트 수출을 유도했기 때문이지만, 그럼에도 이는 국교정상화를 전후로 나타난 관계변화를 웅변해주는 부문이라고 할 수 있다.

이외에도 국교정상화는 이전에는 보지 못했던 정치적 채널을 형성시켰다는 측면에서 한일관계를 명실공이 긴밀하게 만들었다. 그 대표적인 예로 '한일정기각료회의', '한일의원연맹', '한일협력위원회' 등을 꼽을 수 있다.

'한일정기각료회의'는 한국과 일본의 관계를 정부 차원에서 연결하는 공식적인 기구라고 할 수 있다. 1966년 9월에 서울에서 개최된 '경제각료간담회'를 그 전신으로 하는 것이다. 동 간담회는 한일국교가 정상화된 이래 대일재산청구권 및 경제협력 문제를 협의하기 위한 공식채널로서 발족한 것이었는데,[26] 이러한 배경에 따라 한일 간을 연결하는 공식 정부기구로서 기본적으로는 매년 도쿄와 서울을 번갈아 가면서 개최되었다. '각료회의'에는 일본 측에서 외상, 장상, 농림수산상, 통산상, 경제기획청장관 또는 차관, 현직 대사가 출석했고, 의제상으로 볼 때 양국관계 및 국제정세와 안보 문제의 검토, 양국의 경제정세, 경제협력문제, 무역문제, 농림수산문제, 교통운수문제, 재일한국인 문제 등이 주로 논의되었다.

'한일정기각료회의'가 한일 간의 정치적·경제적 및 안보적 차원에서의 협력

---

26) 신희석, 「현대일본의 정치와 '한국로비스트'연구」, ≪외교≫, 제7·8호(1988), 44~57쪽.

관계를 정부 수준에서 구축하기 위한 연차정례기구라고 한다면, '한일협력위원회'는 민간 차원에서 이에 버금가는 역할을 추구하는 상설기구라고 하겠다. 한일협력위원회는 1965년에 한국과 일본이 국교를 정상화하는 가운데 민간 차원의 대화창구가 필요하다는 것이 제기되면서, 1969년 2월 도쿄에서 기시 전 수상을 설립준비위원장으로 하여 설립되었다.[27] 동 위원회는 그 목적으로 한국과 일본의 정치·경제·문화·사회 전반에 관해 협력과 친선을 적극적으로 도모하고 문제 해결을 위해 노력하며, 양국 합동회의에서 결의 또는 합의된 사항을 각기 정부로 하여금 결의, 실현하도록 노력할 것을 내세웠다.

한일협력위원회는 일본 측 일한협력위원회를 상대위원회로 하는 민간단체로서 회장은 각각 국무총리를 역임한 사람으로 하고, 각 위원은 정치·경제·사회·문화 등 각계 원로 지도층을 초당적으로 망라하여 인적 구성에서도 국가적 차원의 양국협력을 이끌어내고자 했다. 이러한 기반위에 추진된 주요한 협력사업으로는 한일대륙붕협정 문제 협의, 지하철 건설차관 및 기술의 도입교섭, 포항종합제철 건설사업의 협력, 마산 수출산업공단에서의 일본 업체 유치사업 지원, 미곡수입교섭협의 등과 같은 사항의 타결에 기여한 것을 들 수 있다.

또한 한일무역 불균형 시정, 재일교포 법적 지위향상 촉구 등 정부정책 및 입장에 대한 합리적인 인식과 협력을 요청해왔으며 한일각료회의 재개를 위해 협력하는 등 양국 간의 우호친선과 협력증진의 기반조성을 위해 노력했다. 이외에도 KAL기 격추 시 소련의 만행 폭로, 아웅산 사건 시 일본 외교관의 북한 외교관 접촉 금지, 북한항공기·선박 등의 일본 기항 금지령, 그리고 일본의 전략무기 북한 반출을 금지하는 등 여러 면에서 한국과 일본의 협조에 기여했다고 할 수 있다.

'한일의원연맹'은 이름이 시사하듯이 국회 차원의 통로이다. 동 연맹은 1972년 3월16일, '한일·일한의원간친회'로 출범된 이래, 1975년 제5차 합동총회 때부터 '한일·일한의원연맹'으로 발전되었고 간사장제에서 회장제로 확대 개

---

27) 한일협력위원회가 발행한 안내책자, 『한일협력위원회』에서 발췌.

편되었다. 1972년 당시 한일관계는 냉각상태에 있었으나 한국으로서는 무엇보다 경제 문제에 대한 일본 정부의 지원 및 협력이 대단히 긴요한 상태였다. 일본 권력구조의 특성상, 의회 및 의원 개개인의 정책결정에 대한 영향력이 클 수밖에 없으며 따라서 양국 정부 간의 외교협상만으로는 현안 문제 해결에 많은 어려움이 따르기 때문에 국회 차원의 정부외교에 대한 측면지원의 필요성이 절실히 요청되는 국면에 있었다. 한일의원연맹은 이와 같은 필요성에 따라 정부 및 국회의 공동노력에 의해 창립되었다.[28]

다른 채널과 같이 한일 양국 간의 상호 이해를 깊게 하고 친선을 도모하며, 나아가서는 그러한 상호 교류를 통해 양국 및 아세아와 세계평화, 번영에 기여한다는 목적하에서 한일의원연맹은 설립되었는데, 그동안의 활동 실적으로는 한일무역 불균형의 시정을 위해 정부의 노력에 대한 측면지원을 실시했으며, 일본의 교과서 왜곡 시정 촉구, 3세 이하 재일한국인의 법적·사회적 지위의 향상을 위한 활동을 펼쳤다. 또한 '한일문화교류기금'의 설립을 발의하고 지원했으며, 일본 정부의 대북한 접근의 자제를 촉구했고, 남북대화를 위한 분위기 조성에서 일본 정부의 역할을 유도하기도 했다. 이외에도 재일한국인의 서울 올림픽 지원활동을 위해서 일본 정부의 협조를 유도했고, 사할린 잔류 한국인의 귀환을 위한 활동과 한일 양국의 조사단을 현지에 파견하여 조사활동을 시행하기도 했다.

이상에서 살펴보았듯 한일 간에 국교정상화가 성립된 이후에는 정치권을 중심으로 하여 다방면에서 협조가 이루어진 것을 알 수 있는데, 이는 결국 그 이전 시기와 구별되는 특성이라고 할 수 있다. 신희석 교수는 한일관계의 제2시기에서 이와 같은 긴밀한 협조가 가능했던 이유로 다음과 같은 세 가지를 열거하고 있다.[29] 첫째는 한일 양국의 정치지도자 간에 사상적·의식적·체질적 및 가치관의 측면에서 상호 공통되는 요인을 갖고 있는데, 그중에서도 반공적

---

28) 한일의원연맹에서 발행한 보고서, 『현황』, 1996.11.
29) 신희석, 「현대일본의 정치와 '한국로비스트' 연구」, 49~51쪽.

인 이데올로기와 우익지향적인 성향은 양자가 공유하는 가장 두드러진 특질이라고 할 수 있다는 것이다.

원래 일본의 극우세력과 친한파 집단의 근원은 메이지유신 이후 소위 정한론자로 일컬어지는 사이고(西鄕隆盛)의 정한당과 동양3국동맹론자인 가시라야마(頭山滿)의 현양사, 그리고 '대아시아주의'의 제창자인 우치다(內田良平)의 흑용회라고 할 수 있는데, 이들 대륙낭인의 우익지향적인 체질이 한일국교정상화이후에는 고다마(兒玉譽士夫)와 기시 전 수상에 이어졌고 근자에 들어서는 세이란가이(青嵐會)에까지 이어지고 있다고 한다. 이와 같은 우익적인 정치체질은 반공주의와 표리일체의 관계를 갖는데, 앞에서 언급한 '한일협력위원회'나 '한일의원연맹' 등 각종 한일단체에 관련된 일본의 지식인들은 거의 예외 없이 우익지향적 정치체질을 갖고 있으며 반공이념이 비교적 투철한 사람들이라는 것이다.

신 교수가 두 번째 공통점으로 지적하는 것이 한국과의 정치적·경제적 이해관계의 일치성이다. 일본으로서는 자유우방국인 한국과 긴밀한 유대를 맺어야할 필요성을 갖게 되었고 한국 정부 역시, 특히 한일국교정상화에 적극적인 태도를 보인 박 정권의 경우에는 일본과의 경제교류를 통해 국내정치의 안정을 기할 필요가 있었기 때문에 인맥상의 긴밀한 협조관계가 가능했다는 것이다. 마지막으로는 한국과 일본의 엘리트들이 교육 및 성장배경에서도 유사성을 갖고 있다는 것이다. 즉, 미국 유학 또는 근무라는 공통된 경험이 한일 간의 엘리트들을 연결하는 공통분모로 작용한다는 것이다.

물론 제2기의 한일관계가 항상 우호적인 상태만을 지속했던 것은 아니다. 예를 들어 김대중 사건과 문세광 사건이 있었던 1973년과 1974년은 한일관계의 제2기에서 가장 긴장된 국면을 초래했다. 그러나 이러한 불행한 사건에도 제2기의 한일관계는 기본적으로 협력의 틀 안에서 전개되었다. 이와 같은 '긴장속의 협력'이라는 한일관계상의 기본 방향은 전두환 대통령의 제5공화국과 노태우 대통령의 제6공화국이 출범한 후에도 지속되었다. 예를 들어 1982년에 있었던 교과서 파동에서 나타나듯이 일본인의 역사인식이 문제시되는 가운데서도 전두환 대통령의 차관요청이나 노태우 대통령의 방일 등이 성사되었던 것이다.

2) 탈냉전기 한일관계의 전개[30)]

다음에서는 탈냉전기하의 한일관계로서 김영삼 정부와 김대중 정부하에서 진행된 흐름을 정리한다. 냉전체제의 붕괴에 따른 탈냉전기라고 하면 노태우 정부도 포함되겠지만, 노 정부에 대해서는 앞에서 간략히 언급했고 또한 앞 정권과의 연속성을 좀 더 가지기에 여기서는 김영삼 정부와 김대중 정부에 국한한다. 또한 2006년의 시점에서는 노무현 정부도 포함시켜야 하겠지만 아직 임기가 끝나지 않았기에 이에 대해서는 결론 부분에서 간략히 언급한다.

(1) 김영삼 정부하의 한일관계

1993년 2월에 출범한 김영삼 정부는 한일 간의 긴장관계를 완화하는 데 일익을 담당했다. 즉, 김영삼 대통령은 일본이 과거의 행위에 대해 솔직히 시인하고 한국에 진정한 사과를 한다면 위안부 문제 등을 포함한 여타 문제들이 해결될 수 있도록 노력할 것임을 시사했던 것이다. 또한 일본이 한국이 제시한 행동을 취한다면 한국 정부로서는 일본으로부터 물질적인 보상을 추구하지 않을 것이라고 제안했고, 1993년 3월에 이미 생존해 있는 위안부에 대해 보조금과 연금을 지급할 것을 결정했다. 김영삼 정부는 불행했던 과거에 의해 끌려 다니는 것보다는 미래지향적인 차원에서 한일관계를 발전시켜 나갈 것을 천명했던 것이다.

이러한 김 대통령의 태도는 일본의 정치지도자들에게 높은 평가를 받았지만, 당시 일본은 정계개편의 와중에 있었기에 한일 간에 의미 있는 관계가

---

30) 이 절은 다음의 논문을 취지에 맞게 수정한 것이다. 이면우, 「냉전 이후 한국의 대일정책과 한일관계」, 이숙종 엮음, 『전환기의 한일관계』(세종연구소, 2002), 19~36쪽.

구축되기 시작한 것은 호소카와(細川熙護) 내각이 출범하면서부터다. 개혁지향 적인 일본 수상의 등장은 한국인들에게도 일본에 대해 보다 신선한 이미지를 제공했는데, 앞에서 언급했듯이 제2차 세계대전에 대한 일본 측의 책임과 잘못에 대해 보인 그의 좀 더 분명한 태도는 그러한 이미지의 제공에 보탬이 되었다. 김 대통령은 호소카와 수상의 진솔한 태도에 깊은 인상을 받았다는 말로 호소카와 수상의 언급을 평가하면서, 동시에 두 지도자가 앞으로 양국관 계를 진정한 이웃국가의 관계로 발전시켜 나갈 것에 동의했음을 시사했다.[31]

1994년 3월에 있었던 김 대통령의 공식방일을 환영하는 만찬장에서는 아키 히토 일본 천왕이 이미 1990년에 언급했던 것처럼 전전기에 일본이 한국민들 에게 자행한 고통과 역경에 대해 깊은 슬픔을 느끼고 있다고 표명하면서, 불행한 과거에 대한 깊은 죄책감을 기반으로 한국민들과 우호관계를 구축해나 갈 것을 약속했다. 한국민들에게 후회라는 표현으로 '죄책감'이라는 단어를 사용한 것은 일본 천왕으로서 처음 있는 일로서, 김 대통령은 과거의 역사가 앞으로의 양국관계를 더 이상 구속하지 않을 것이라는 말로 응답했다. 일본 국회에서의 연설에서도 김 대통령은 일본과 한국이 과거역사를 뒤로 하고 아시아의 평화와 번영을 선도해나가는 새로운 양국관계를 구축해나갈 것을 촉구했다. 또한 김 대통령은 통일 한국이 일본의 이익에도 가장 부합되는 것이므로 일본이 한국의 재통일에 대해 좀 더 적극적으로 지지해줄 것을 요청 했다.

이러한 양국 간의 우호적인 분위기는 무라야마 수상의 연립내각에서도 유지 되는 측면이 있었다. 예를 들어 사회당 출신의 무라야마 수상이 이끄는 연립정 부는 1994년 9월에 일본 침략의 피해자들에 대한 보상이 계속적으로 요구되는 것에 대응하여 천억 엔에 달하는 프로젝트를 발표했다. 이 프로젝트는 일본에 의해 자행된 피해에서 발생하는 문제들을 해결하는 데 초점이 맞추어진 것이

---

31) Hong Nack Kim, "Korean-Japanese Relations under the Kim Young-Sam Government and Beyond," *International Conference on Korean in the Age of Globalization and Information*, (1997.3.21), p. 10.

다. 이는 구체적으로는 일본의 전시행위에 대한 조사를 위한 기금을 제공하고 위안부를 모집했던 과거의 행위에 대한 보상 차원에서 여성을 위한 직업훈련소를 아시아 국가들에 창설하는 것 등을 내용으로 하고 있었다.

그러나 한일 간에는 식민지 지배에 대한 인식과 그에 대한 피해보상이라는 측면에서 괴리가 있다는 것이 탈냉전기하의 전개과정에서도 나타났다. 우선 앞에서 언급한 프로젝트에 대한 한국의 반응을 그 예로 들 수 있다. 프로젝트에 대한 한국민의 반응은 복합적인 것이었다. 한국 정부는 공식적인 언급을 회피했지만, 많은 한국민들은 이를 불만족스럽게 받아들였다.[32] 그 이유는 피해자들에 대한 개별적인 보상이 없었다는 것 때문인데, 많은 한국민들은 일본이 이들 피해자들에게 적합하고 타당한 보상을 할 때까지 결코 이 문제가 해결되었다고 볼 수 없다는 입장이었다.

이외에도 역사인식이라는 차원에서는 많은 갈등이 한일 간에 노정되었다. 예들 들어 김영삼 대통령은 일본의 자민당이 선거유세를 위한 강령에서 독도를 일본 영토로 명기한 것에 대해 불만을 토로했다. 따라서 그해(1996년) 10월에 발표된 외무부 대변인의 성명은 이러한 자민당의 움직임을 '무책임'한 것으로 비난하고 있으며, 일본 각료들의 야스쿠니 신사에의 참배를 용인하는 자민당의 입장에 대해서도 비판했다. 이러한 자민당의 입장에 대한 한국의 불만은 1995년 여름 일본 국회에서 논의된 '부전결의'의 심의과정에서 드러난 자민당의 태도에서도 나타났다. 무라야마 수상이 자신의 내각에서 '부전결의'가 채택될 수 있도록 노력한 것은 사실이지만, 그 결과는 앞에서도 언급했듯이 일본의 아시아 침탈을 솔직히 시인한 것이 아니라 일본이 당시의 제국주의적 성향에 편승한 것이라는 내용을 포함함으로써 그에 대한 책임을 전가하고 있었던 것이었다.

또한 1997년 1월 벳푸에서 있었던 한일정상회담에서 김영삼 대통령은 위안부들이 자발적으로 참가한 것이라는 견해를 표출한 가지야마 관방장관의 언급

---

32) 같은 글, p. 15.

을 지적하면서 불만을 토로했다. 이러한 가지야마의 언급은 위안부 문제 자체에 대한 일본의 죄의식을 감소시키기 위한 것만이 아니라, 당시 문제가 되었던 교과서에의 위안부 관련 문구 삽입을 겨냥한 것이다. 김 대통령의 비판에 대해 하시모토 수상은 가지야마 장관의 그러한 언급에 대해 사과했지만, 일본은 정부 차원에서 위안부에 대한 보상을 해결하기 전까지는 개별적인 보상을 하지 않도록 요구한 한국의 입장을 수용하지는 않았다. 하시모토 수상은 오히려 '아시아여성기금'이 일본 국민의 진정한 마음을 반영한 것이므로 한국의 반대에도 불구하고 추후에도 개별적인 보상을 계속할 것이며 한국민도 이를 이해하고 받아주기를 당부했다. 이들은 또한 독도 문제에 대한 입장표명에서도 평행선을 그었다. 이러한 양국의 차이는 외무장관회의에서도 그대로 나타났다.

그러나 양국은 이러한 갈등 속에서 협조적인 자세도 유지했다. 예를 들어 독도 문제가 문제시된 1996년 3월, 방콕에서 있었던 김영삼 대통령과 하시모토 수상 간의 정상회담에서 각각 독도가 자국의 영토라는 공식적인 입장을 서로 확인했지만, 영유권 문제는 일단 접어둔 채 경제수역의 획정과 독도 주변에서의 어업활동에 대한 논의를 진행시킬 것에 대해서는 합의를 보게 되었다. 또한 하시모토 수상은 북한과의 관계에서 한국과 긴밀한 접촉을 가질 것을 약속했다. 특히 후자에 대해서는 1996년 여름의 제주정상회담에서도 다시 확인되었다. 즉, 북한과의 관계 구축에서 일본이 한국과 긴밀한 협조를 진행해나갈 것이라는 것을 재확인함과 동시에, 한반도의 평화정착을 위해 한국과 미국이 제안한 '4자회담'을 지지한다는 공식입장을 밝혔다.

특히 하시모토 내각의 조심스런 대북정책과 그를 위한 한국과의 협조 방침에 대해 김영삼 정부는 매우 만족해했다. 예를 들어 1996년 4월 초에 있었던 북한군의 휴전선 도발행위에 대해 한국은 분노를 표명하고 군을 일급경계태세에 들어가게 했는데, 일본의 하시모토 수상은 그러한 북한의 행동에 대해 "그러한 행동은 매우 위험하다"라고 말함으로써 불만을 표명했던 것이다. 또한 한국군이 강릉에 침투한 북한의 잠수함과 그 대원들의 수색에 정신없었던

1996년 9월에도 일본은 이를 한국에 대한 북한의 무모한 도발행위로 보고 비난했다. 이러한 연장선에서 하시모토 내각은 일북관계에 대해 매우 소극적으로 접근했다. 즉, 비공식적인 실무자 간의 접촉은 유지되었지만 고위급 접촉은 없었던 것이다. 1996년의 제주정상회담에서 다시 '미래지향적'인 관계가 표명되고, 2002년의 월드컵 공동주최를 위해 공동으로 노력하며, 청소년의 교류 프로그램을 확대하고, 한일 간의 역사문제에 대한 공동연구조사단을 창설한다는 등의 합의가 가능했던 것은 이러한 일본의 입장표명에 기초한 것이다.

(2) 김대중 정부하의 한일관계

김대중 정부하에서의 한일관계는 난항을 거듭하여 급기야 파기까지 치달았던 한일어업협정의 체결교섭이 타결됨으로써 시작되었다. 1998년 9월 24일에 타결된 교섭에는 한국 측에서 김선길 해양수산부 장관과 김봉호 국회부의장 겸 대통령특사가 참석하고, 일본 측에서는 오부치 수상, 나카가와(中川昭一) 농수상, 사토(佐藤孝行) 자민당 국제어업문제특별위원장이 참석했다. 수상관저에서 열린 회담에서 양국은 서로가 영유권을 주장하는 독도 부근에 잠정수역(한국에서는 중간수역으로)을 설치하고 공동으로 자원관리를 한다는 것에 합의했다.[33]

어업협정의 타결은 김대중 한국 대통령의 방일을 앞두고 서로 문제를 해결하자는 양측의 의도가 합치된 것에서 비롯되었다. 예를 들어 한국 측으로서는 독도를 잠정수역 내에 포함시킨 것에 대해 일부의 거센 비판이 있을 것을

---

33) 구체적으로는 잠정수역을 양측 연안에서부터 35해리 폭을 기준으로 여러 개의 직선으로 연결된 다각형 모양으로 하며, 동쪽한계선은 동경 135도 30분으로 서쪽한계선은 동경 131도 40도로 하며, 대화퇴어장의 반 정도를 포함한다는 것이었다. 이외에도 잠정수역에서의 기국주의, 남부수역의 획정, 그리고 일정기간 동안의 전통적 조업실적 보장 등이 합의되었다. 이면우, 「냉전 이후 한국의 대일정책과 한일관계」, 이숙종 엮음, 『전환기의 한일관계』(세종연구소, 2002), 19~36쪽.

예상한 가운데 용인한 것이었으며, 일본 측으로서는 대화퇴어장의 양보에 대한 반발을 오부치 수상의 책임하에 타협점으로 제시했던 것이다. 이러한 협정교섭의 타결에 이어서 실행된 10월 8일의 김대중 대통령의 방일에서는 이외에도 다양한 내용을 포함한 '21세기의 새로운 한일파트너십 공동선언'과 그에 따른 '행동계획'이 발표되었다.

11개항에 이르는 '공동선언'은 크게 두 부분으로 나뉜다. 처음 4개 항목은 과거사에 대한 일본의 반성과 그에 대한 한국 측의 평가 및 미래지향적인 관계의 촉구, 전후 양국이 이룬 성과에 대한 상호 평가, 평화와 번영을 향한 양국 간의 파트너십을 아시아태평양 지역으로까지 파급시킨다는 것을 내용으로 하고 있다. 후자의 7개 항목은 양국 간의 파트너십을 진전시키기 위해 안보 및 방위, 경제, 교육 등과 같은 다양한 분야에서 교류를 확대한다는 것이었다. 예를 들어 수뇌회담의 정기화, 양국 각료들의 간담회, 의원들의 교류, 안보정책협의회와 방위교류, 청소년의 교류 등을 확대한다는 것이었다.

또한 한일정상회담을 매년 개최하기로 합의했는데, 이에 따라 1999년 3월에는 오부치 일본 수상이 2박 3일의 일정으로 한국을 방문했다. 김대중 대통령의 방일에 대한 답방형식으로 치러진 일본 수상의 방한은 몇 가지 새로운 측면이 부각되었다는 점에서 의의가 있다.

방한 둘째 날인 3월 20일의 정상회담과 그에 따른 공동발표문의 내용이 나타내주듯이, 이번에 진행된 한일 간의 수뇌회담은 무엇보다 그 논의에서 현안 중시적이라든가 혹은 그 반대로 산발적인 주제의 총망라가 아니라, 작년의 회담에서 제시된 공동선언과 행동계획의 내용에 대한 검토를 주 대상으로 했다는 점에서 이전과는 다른 점진적인 발전의 형태를 띠었고 바로 그러한 점에서 진일보의 측면이 있다.[34] 물론 양국의 대북정책 조정이 주요한 현안으로 제시되었지만, 그러한 것이 지난번의 회담에서 제기된 항목의 테두리 안에

---

34) 공동발표문의 자세한 내용에 대해서는 이면우, 「냉전 이후 한국의 대일정책과 한일관계」를 참조.

서 용해되었던 것이다.

2000년 5월 29일에는 모리 수상의 방한으로 한일정상회담이 개최되었다. 방한 당일에 일본으로 돌아간 짧은 일정에서도 알 수 있듯이 이 정상회담은 오부치 전 수상의 갑작스런 서거로 수상직에 오른 모리 수상이 큐슈·오키나와 G8회담 및 그해 6월에 예정된 남북수뇌회담을 앞두고 서로의 신뢰관계를 확인하기 위해 실시된 것이라고 할 수 있다. 따라서 회담내용은 대체로 양국 간의 주요 현안문제들을 총망라하여 의견을 교환한 형태를 취했다. 한 가지 특징적인 것은 당시 한일 간에 관심을 모은 재일한국인의 지방참정권 문제가 다루어졌다는 점이다.

2000년 9월 23일에는 김대중 대통령의 방일에 의해 한일정상회담이 개최되었다. 남북정상회담 이후의 첫 만남이어서 대북정책에서의 한·미·일 3개국 간의 긴밀한 연대가 주요한 주제였지만, 그러한 가운데서도 1998년의 공동선언 및 행동계획이 착실히 진척되나가고 있음을 확인했다. 따라서 투자협정이나 자유무역협정, 상호인증협정 등과 같은 경제 문제와 월드컵 공동개최와 관련된 협조사항, 국민교류 등이 거론되었다. 이전의 5월 정상회담에서 언급된 재일한국인의 지방참정권 문제도 다시금 거론되었는데, 이 회담에서 새로운 것은 '한일 IT협력 이니셔티브'가 발표된 점이다. 이는 모리 수상의 IT정책 중시를 나타낸 측면이 있다고 하겠는데, 정보통신기술의 연구개발에 대한 협력, IT 인재교류의 촉진, 전자상거래 분야에 대한 협력 등이 주된 내용을 이루고 있다.

2000년 한 해에 두 번이나 서로 왕래를 할 정도로 긴밀해진 한일관계는 모리 수상이 실각하고 고이즈미 내각이 출범한 2001년에는 이전까지와는 다르게 줄곧 갈등 및 긴장관계로 점철되었다. 이는 '새로운 역사교과서를 만드는 모임'(이하 새역모)이 후소샤 출판사를 통해 제출한 역사왜곡 교과서가 검정을 통과하고, 그에 더해 고이즈미 수상이 야스쿠니 신사를 수상으로서 공식참배하겠다고 언급한 데서 비롯된다.

2000년 4월에 검정신청을 한 새역모의 역사교과서는 이후 한국과 중국의 거센 항의에 의해 137개 부분을 수정했지만, 그럼에도 여전히 임나일본부에 대한 실질적 주장, 종군위안부에 대한 기술 누락, 침략과 식민지배에 대한 반성보다는 시혜론의 제시 등과 같은 부분들을 포함하고 있었다. 이러한 교과서가 2001년 3월 말에 정부의 검정절차를 최종 통과하자, 이에 대한 비판이 한국과 중국에서 강력히 제기되었다.

한국 정부의 대응은 처음엔 미온적인 것이었다. 즉, 2000년 9월부터 2001년 2월까지 외교통상부 장관의 신중 대응 요청이나 주일대사의 일본 측 인사 접촉을 통한 우려 표명이 주를 이루었던 것이다. 이러한 미온적 대응은 2001년 2월 말에 들어서 강경한 방향으로 전환된다. 이정빈 당시 외통부 장관은 고노 외상과의 전화통화와 주한 일본대사를 불러들인 가운데 한국 측의 우려를 강력히 전달했고, 김대중 대통령도 3·1절 기념사에서 일본의 올바른 역사인식을 촉구해 우회적으로 유감을 표명했던 것이다.

4월 3일 새역모 교과서의 검정통과가 공식적으로 발표되자, 한국 정부의 대응은 좀 더 강경하고도 신속해졌다. 당일 외교부 대변인의 유감표명이 있었고, 다음 날에는 외통부장관의 유감표명 및 성의 있는 조치의 촉구가 발표되었다. 4월 9일에는 주제네바 대사가 유엔 인권위에서 강력한 유감을 표명하면서 즉각적인 시정을 촉구했고, 4월 10일에는 주일대사의 일시귀국 조치가 취해졌다. 또한 4월 11일에는 교육부차관을 반장으로 하는 '일본역사교과서 왜곡 대책반'이 출범되었으며, 당일 김대중 대통령은 한일경제인협회의 일본 측 회장단을 접견한 자리에서 검정결과가 공동선언의 정신에 비추어 크게 미흡하다고 언급하면서 재수정을 통해 원만히 해결해줄 것을 바랐다.

정치권에서도 강력한 비판이 나왔다. 야당인 한나라당은 4월 5일 일본 제품 불매운동의 전개를 촉구했고, 4월 9일에는 한일의원연맹의 총회를 연기하기로 결정했다. 또한 4월 10일과 11일에는 국회의원 4명이 항의단을 구성하여 일본 외무성과 문부과학성을 방문하여 항의문과 재수정 요구서를 전달했고, 민주당 김영진 의원은 11일에서 16일까지 일본 국회의사당 앞에서 1인 시위를 벌였다. 4월 17일 외교통일위원회는 공동선언의 파기를 정부에 요청했다.

일본 정부가 한국 정부의 재수정 요구를 사실상 거부할 뜻을 전달한 7월 초부터는 한국 정부의 대응이 좀 더 강경해졌다. 예를 들어 문화관광부는 12일에 일본어 음반 및 비디오 등의 한국 진출을 허용하는 제4차 일본 대중문화의 개방을 연기하기로 결정했고, 국방부도 7월 중순에 예정되었던 조영길 합동참모본부의장의 방일을 중지시키고 9월로 예정된 해상자위대의 인천 입합을 불허한다고 발표했다.

일본 정부의 수정요청 거부와 그에 대한 한국 정부의 강력한 비판이 서로 평행선을 그은 채 2001년 여름의 한일관계는 경색되었고, 그러한 가운데서도 8월 15일의 결과 여부가 관심을 모았다. 8월 15일은 고이즈미 수상의 야스쿠니 신사 공식참배가 과연 실행될 것인지 그리고 후소샤의 왜곡교과서가 얼마만큼 채택될 것인지를 알 수 있는 날이었기 때문이다. 하지만 한국을 비롯한 외국의 비판은 물론 야당으로부터 외교미숙 등으로 비판받던 고이즈미 수상이 결국엔 8월 15일이 아닌 8월 13일에 참배를 강행했고, 왜곡교과서의 채택률은 예상을 훨씬 밑돌게 나타났음에도 한일관계는 복구의 기미를 보이지 않았다.

고이즈미 수상은 자신의 야스쿠니 신사 참배나 교과서 문제에 대해 잘 설명하면 될 것이라는 입장에서 한국에의 방문과 한일정상회담의 성사를 추진했지만, 좀처럼 이루어지지 않았다. 여전히 8월 15일이라는 참배일의 상징성을 피해가기는 했지만 고이즈미 수상이 참배한 것이나, 채택률이 낮더라도 정부의 왜곡교과서 검정통과는 사실로 남아 있기 때문이다. 따라서 한국 정부는 국내 여론의 악화로 고이즈미 수상의 방한은 물론이고 재수정요구를 철회할 수 있는 입장이 되지 못했다.

이러한 경색국면의 타개는 아이러니컬하게도 9월 11일에 발생한 미국 테러 참사사건이었다. 고이즈미 수상은 신속히 미국의 테러대응조치를 지지하고 나섰고, 이에 대한 협력차원에서「테러대책특별조치법안」을 제출했다. 이러한 움직임 자체는 한국으로 하여금 일본이 테러사태를 기화로 군사대국화를 기도하는 것이 아니냐는 의구심을 불러일으켰지만, 다른 한편으로는 이에 대한 설명 등을 이유로 한국방문에 대한 고이즈미 수상의 의욕과 명분이 좀 더 강해졌기 때문이다.

국립묘지와 독립공원(구서대문형무소)을 방문한 고이즈미 수상의 방일 행보는 나름대로 의미를 갖는 것이기도 했지만, 교과서 문제나 야스쿠니 신사참배에 대한 한국 측의 요구, 즉 야스쿠니 신사 참배의 중지 선언 같은 것이 나오지는 못함으로써 한국민의 불만을 해소시키기에는 역부족이었다. 그럼에도 한국 정부는, 예를 들어 김대중 대통령은 고이즈미 수상의 진솔한 태도를 이유로 일본에 대한 강경한 입장을 점차 완화해나갔다.

4. 한일관계의 현황: 결론을 대신해서

60여 년에 걸친 해방 이후의 한일관계사는 위에서 검토한 바와 같이 다양한 쟁점들이 부각되었고, 그에 따라 갈등과 협력의 사이를 오가는 부침을 거듭했다. 이러한 흐름 속에서 다음과 같은 몇 가지 특성을 찾아볼 수 있다. 첫째는 한국과 일본 사이에 합의점을 찾기 어려운 난제들이 가로놓여 있고, 이로 인하여 갈등의 불씨가 항상 잠재되어 있다는 점이다. 독도 문제가 그 대표적인 것이지만, 역사인식과 관련된 문제들도 양국의 경험 및 세계관 등이 서로 다르기에 결코 쉽게 풀리지 않는 예라고 하겠다.

둘째는 이렇게 해결하기 곤란한 문제들이 곧바로 갈등과 연관되는 것은 아니며, 설혹 갈등이 조장된다고 하더라도 그 갈등 강도가 항상 일관되게 지속되는 것은 아니라는 점이다. 이는 달리 말하면 한일관계는 이처럼 해결하기 곤란한 요인들에 의해 갈등이 조장되기도 하지만, 서로 이웃해 있다는 점 때문에 협력의 필요성이나 효용성이라는 차원도 중요하게 작동하고 있다는 것을 의미한다. 예를 들어 독도 문제나 역사인식 문제가 때때로 갈등을 가져왔던 것이 사실이지만, 이 문제들로 항상 갈등 국면을 겪었던 것은 아니고 갈등 국면이 장기간 지속되지도 않았다는 것을 지금까지의 한일관계의 흐름이 보여주고 있다. 이는 문제 해결의 어려움을 서로 인지했기 때문이기도 하지만,

서로 협력을 필요로 하는 사안들이 있고 그것 또한 매우 중요하다는 공통인식이 자리 잡고 있기 때문이다.

셋째는 위에서 언급한 다양한 쟁점들의 중요도가 시기적으로 항상 같지는 않다는 것이다. 예를 들어 한국 정부의 관할권 문제는 초기에 매우 민감한 사안이었고, 따라서 한일 간에 갈등과 불신을 낳는 주요 요인이었지만 한국이 경제성장을 이룩한 후, 특히 한국의 성장이 북한을 크게 상회한 1980년대 후반 이후에는 크게 문제시되지 않았다. 한일 간의 무역역조 문제나 식민지배에 대한 보상 문제에서도 이러한 측면이 나타나는데, 한일 간에 자유무역지대를 논하게 된 것이나 정부 차원에서 보상 문제를 거론하지 않겠다는 언명 등이 그 증거라고 할 수 있다.

반면에 앞서도 언급했듯이 서로 양보할 수 없는 사안이며, 따라서 서로 의견을 좁히는 데 한계를 가진 독도 문제나 역사인식 문제는 초기에는 그러한 어려움을 고려하여 조심스럽게 접근함에 따라 크게 쟁점으로 표면화되지 않았는데, 최근 들어 갈등의 진원지가 되고 있다. 이러한 변화에는 국제정세의 변화와 그에 대한 각국의 인식, 그리고 그에 따른 국내동향의 변화 등이 크게 작용했다고 볼 수 있다. 흥미로운 것은 인식의 차이나 국내사정의 변화 자체가 갈등과 곧바로 연결되는 것은 아니라는 점이다. 독도 문제 등이 탈냉전기에 접어들어서 곧바로 문제시되지 않았다는 것에서도 이러한 점은 알 수 있다. 이는 곧 갈등의 표면화에는 이러한 차이점이나 변화 등을 이용하는 에이전트의 역할이 중요하다는 것을 의미한다고 하겠는데, 그 대표적인 예로 '새로운 역사 교과서를 만드는 모임'을 제시할 수 있다.

이러한 특징들로 볼 때 노무현 정부하에서 전개된 한일관계는 지난 60여 년의 한일관계의 축소판이라고 할 수 있다. 지난 4년간의 한일관계가 2005년 1월을 전후로 해서 극명하게 서로 상반되는 양상을 나타내기 때문이다. 노무현 정부의 대일정책은 김대중 정부하에서 진행된 '미래지향적'인 한일관계를 강조하는 것에서 출발했다. 이는 고이즈미 수상의 야스쿠니 신사 참배에 대해 "유감으로" 생각하지만, "이런 일이 있을 때마다 만나지 않는다든가 감정적 방식으로는 해결하기 어렵다"는 언급이나 현충일에의 방일에 대한 비판에 대해 "우리는 언제까지 과거의 족쇄에 잡혀 있을 수는 없다. 과거를 직시하고 불행했던 과거를 교훈삼아 새로운 미래를 향해나가야 한다"고 대응한 것에서도 잘 알 수 있다.

그리고 이러한 입장은 2004년 7월의 제주도 정상회담 이후의 기자회견장에서 나온, "임기 동안에는 한국 정부가 한일 간 과거사 문제를 공식적인 의제나 쟁점으로 제기하지 않으려고 한다"는 발언에서 최고점을 이루었다. 노 대통령의 이러한 입장 표명에 의해 처음 2년간의 한일관계는 '셔틀 외교'라는 명칭이 시사하듯 협력적 분위기에서 진행되었고, '우정의 해'로 지정된 2005년과 그 이후에도 지속될 것으로 예상되었다. 그러나 다카노 대사의 독도발언으로 시작된 2005년은 시마네현의 '독도(다케시마)의 날' 제정과 우익교과서 검정통과 등의 문제들이 터져 나왔고, 이에 따라 한국 내의 대일비판 여론이 비등해져 '우정의 해'가 아닌 '갈등의 해'가 되었다. 노무현 정부의 대일정책도 이러한 분위기 속에서 거의 180도 전환되었는데, 이는 2005년 3월에 나온 '한일관계 관련 국민들에게 드리는 글'에서 표현된 "각박한 외교전쟁"이라는 말이나 "국민들이 수용할 만한 결과가 나올 때까지 꾸준히 대처해나갈 것"이라는 언급에서 알 수 있다.

흥미로운 것은 2005년에 발생한 사건들이 결코 새로운 것이 아님에도, 따라서 외교적으로 단호하나 조용히 해결해나갈 수 있는 것임에도 왜 '외교전쟁'이라는 용어까지 동반된 입장의 선회를 가져왔는가 하는 점이다. 이에 대해서는 다양한 설명이 가능하겠지만, 한 가지 분명한 것은 2005년의 갈등이 일본에서 시작된 것이긴 하지만 이를 더욱 부추긴 요인으로 한국, 특히 노 대통령의 대응을 제기하지 않을 수 없다는 점이다.[35] 극과 극을 치달은 지난 4년간의 한일관계는 그 양상이 인적인 요소에 의해 얼마만큼 좌우될 수 있는가를 보여

---

35) 노무현 정부하에서 진행된 한일관계에 대한 구체적인 논문으로는 다음을 참조. 김호섭, 「노무현 정권 2년의 대일 외교정책의 평가와 전망」, 김영작·김기석 엮음, 『21세기 동북아공동체 형성의 과제와 전망』(서울: 도서출판 한울, 2006), 184~211쪽.

준다. 이와 더불어 이처럼 각박한 정치적 갈등 속에서도 전체적인 한일관계가 크게 훼손되지 않았다는 것은 한일관계의 미래를 위해 무엇을 선행하고 추구해야 하는가를 보여주었다고도 할 수 있다.

제11장

일본의 한반도정책 결정 메커니즘*

　이 장에서는 일본의 대한정책과 대북정책을 포함하는 한반도 정책이 어떻게 결정되는지, 어떤 기구 및 인물들이 중심을 이루는지를 점검한다. 일본의 한반도 정책이 어떻게 결정되는지 알기 위해서는 우선 일본의 주요 정부정책이 어떻게 결정되는가에 대해서 검토하는 것이 순서다. 일본의 주요 정부정책이 어떻게 결정되는가, 특히 참여행위자 중 누구의 영향력이 지배적인가에 대해서는 비교정치학 일반에서 제시된 주요 견해들, 즉 엘리트주의적, 국가주의적, 조합주의적, 다원주의적인 관점들이 차용되어 그에 상응하는 다양한 견해들이 병존하고 있다. 그리고 이들 견해 중에서 어느 것이 더 우세한지에 대한 주장들도 분분한 실정이다.

　이에 대해서는 이미 서장에서 검토한 바 있기에, 여기서는 그러한 이론적 맥락을 전제로 해서 일본의 대한반도정책을 크게 다음과 같은 세 가지 차원에서 검토한다. 첫째는 대한정책을 담당하는 조직 및 기구들에 대해 검토하는

---

* 이 장은 이면우, 「일본의 한반도정책 결정과정: 기제와 인물」, 정은숙 엮음, 『미·중·일·러의 한반도정책 결정과정』(성남: 세종연구소, 2010), 105~168쪽을 전체 구성에 맞게 재정리한 것임.

것으로, 일본 외무성의 아주국이나 일한의원연맹 등을 대상으로 한다. 둘째는 정책결정 과정에 대한 검토로, 1997년에 한일어업협정이 파기되는 과정이나 1998년의 일북정상회담이 성사된 과정 등에 대해서 간략히 정리한다. 셋째는 한국에 대한 친밀감을 비교적인 차원에서 여론조사를 중심으로 검토하는 것이다.[1]

1. 주요 정책결정 행위자

1) 일본 외무성의 구조와 한반도정책 담당부서

이 절에서는 동북아지역, 특히 한국을 담당하는 관료 및 관료조직을 중심으로 검토하는데, 검토는 크게 두 측면에서 진행한다. 첫째는 한국을 담당하는 부서로는 어떤 것들이 있는지, 그리고 어떤 사람들이 그 부서를 담당하는지를 검토하는 것이다. 관료들은 정치가들과 달리 성장배경이나 교육배경, 그리고 사상적 배경을 검토하기가 쉽지 않다. 따라서 어떤 커리어 코스를 거치는지를 검토함으로써 일본 외무성이 어떤 의도로 한국담당자를 배치하는지, 즉 한국을 어떻게 생각하는지를 검토하는 것이다.

둘째는 중국담당자들과의 비교하에서 한국의 위치를 검토하는 것이다. 즉, 대한반도정책에 대한 검토와 마찬가지로 중국담당자들의 캐리어 코스를 간략히 검토함으로써 그들의 위상을 한국담당자들과 비교해 일본 외교에서 한국의 위치 또는 대한반도정책의 특징을 살펴보고자 한다.

일본 외무성은 2009년 10월 현재 <표 11-1>에서 보는 바와 같이 대신관방 외에 10개국, 3개부, 62개과로 구성되어 있는데, 이는 2004년의 조직개편에

---

1) 원래는 한일관계에서 중요한 인사들의 정책성향을 검토하는 구성이었으나 이에 대해서는 이미 다른 장에서 진행했기에 여기서는 여론의 향방에 국한하여 검토한다.

<표 11-1> 외무성 조직표(2009.10 현재)

외무대신	
외무부대신 2 대신정무관 2	심의회(해외교류심의회, 외무인사심의회, 독립행정 법인 평가위원회)
외무사무차관	재외공관
외무심의관 2(정무, 경제)	외무성연구소
대신관방	공보문화교류부, 감찰사찰관, 의전장, 외무보도관
종합외교정책국	군축불확산 · 과학부
아시아대양주국	지역정책과, 북동아시아과, 중국 · 몽골과, 대양주과, 남부아시아부
북미국	북미 제1과, 제2과, 일미안전보장조약과
중남미국	중미카리브과, 남미과
구주국	정책과(아시아구주협력실), 서구과, 중동구과, 러시아과
중동아프리카국	중동 제1과, 제2과, 아프리카심의관(아프리카 제1과, 제2과)
경제국	정책과, 국제경제과, 국제무역과, 경제연대과, 경제안전보장과
국제협력국	정책과, 개발협력총괄과, 긴급 · 인도지원과과, 국별개발협력 제1과, 제2과, 제3과, 지 구규모과제심의관(지구규모과제총괄과, 지구환경과, 기후변동과)
국제법국	국제법과, 조약과, 경제조약과, 사회조약관대리
영사국	정책과, 해외거주자안전과, 여권과, 외국인과
국제정보총괄관	국제정보 제1관, 제2관, 제3관, 제4관
공보문화교류부	
군축불확산과학부	군비관리군축과, 불확산 · 과학원자력
남부아시아부	동남아시아 제1과, 제2과, 서남아시아과

자료: 일본 외무성홈페이지 http://www.mofa.go.jp/mofaj/annai/honsho/meibo/list.html#01; 2009.10.30
검색.

따른 것이다. 동 조직개편은 2002년 8월에 책정된 '외무성 개혁에 관한 '행동계획''에 기초해서 '의식·제도면의 개혁'과 '조직·기능면에서의 개혁'이라는 두 개의 축을 중심으로 이루어졌다.

본 절의 목적이 일본 외무성의 조직개편 또는 개혁에 대한 검토가 아니기에 깊이 분석하진 않지만, <표 11-1>과 <표 11-2>를 비교하면 아시아대양주국 (이하 아주국)의 경우만을 보더라도 몇 가지 변화가 있는 것을 알 수 있다· 첫째는 동남아시아와 관련된 부서들의 독립이고, 둘째는 일중경제조정실의 설립이다. 동남아시아 관련 부서들이 과단위에서 부단위로 상승 및 독립된 것은 그 지역의 중요성이 높아진 때문으로 파악할 수도 있지만, 아주국 주요

외무대신	
외무부대신, 외무대신정무관	재외공관
외무사무차관	
외무심의관	
의전장	외무성연구소
외무대신비서관	

대신관방	문화교류부, 영사이주부, 총무과, 인사과, 정보통신과, 회계과, 재외공관과, 해외공보과, 국내공보과, 보도과, 의전과, 외무보도관
종합외교정책국	국제사회협력부, 총무과, 기획과, 안전보장정책과, 유엔정책과, 군비관리구축과, 과학원자력과
아시아대양주국	지역정책과, 북동아시아과(일한경제실), 중국과, 동남아시아 제1과, 동남아시아 제2과, 서남아시아과, 대양주과
북미국	북미 제1과, 북미 제2과, 일미안전보장조약과
중남미국	중남미 제1과, 중남미 제2과
구주국	서구 제1과, 서구 제2과, 중동구과, 러시아과
중동아프리카국	중동 제1과, 중동 제2과, 아프리카 제1과, 아프리카 제2과
경제국	국제경제 제1과, 제2과, 국제에너지과, 개발도상지역과, 국제기관 제1과, 제2과
경제협력국	정책과, 조사계획과, 국제기구과, 기술협력과, 개발협력과, 유상자금협력과, 무상자금협력과
조약국	조약과, 국제협정과, 법규과
국제정보국	국제정보과, 분석 제1과, 제2과
국제사회협력부	유엔행정과, 인권인도과, 지구환경과
문화교류부	정책과, 인물교류과
영사이주부	정책과, 내국인보호과, 여권과, 외국인과

자료: 政官要覽 平成14(2002; p. 768).

임무의 초점을 한국과 중국이 포함된 북동아시아에 맞추기 위한 시도라고도 해석할 수 있다. 또한 기존의 일한경제조정실에 더하여 일중경제조정실이 추가된 것은 아주국의 지역적 기능에 경제부분을 강화한다는 의미이므로 동북아지역의 경제교류 등이 강화될 것이라는 예상과 강화한다는 의미도 함께 시사하는 것으로 파악할 수 있을 것이다.

<표 11-1>과 <표 11-2>의 비교에서도 알 수 있듯이 이러한 조직개편에도 불구하고 일본 외무성 내에서 한국 및 한반도와 관련된 사항은 지속적으로 아주국과 그 소속의 북동아시아과가 담당하는 것으로 보인다. 이에 따라 본

<표 11-3> 아주국의 구조(2009.10 현재)

과실명	업무내용
지역정책과 Regional Policy Division	아시아지역에 있어서의 종합적인 외교정책(아세안, 한·중·일 3국협력, 아시아여성기금 등 포함)
외지정리실 Former Overseas Territories Service Division	외지정리사무(종전까지 일본이 통치했던 외지의 상실에 따른 외지관서의 정리 및 그 곳의 일본인에 대한 원조 등의 업무)
북동아시아과 Northeast Asia Division	한국, 북한에 관한 외교정책
일한경제실 Japan-Korea Economic Coordination Division	한일경제에 대한 외교정책
중국.몽골과 China and Mongolia Division	중국, 몽골에 관한 외교정책
일중경제실 Japan-China Economic Affairs Division	일중경제에 관한 외교정책
대양주과 Oceania Division	호주, 사모아, 솔로몬군도, 통가 뉴질랜드, 피지 등에 관한 외교정책

자료: 일본 외무성홈페이지 http://www.mofa.go.jp/mofaj/annai/honsho/sosiki/asia.html.

절에서는 아주국, 북동아시아과, 일한경제조정실, 주한일본대사관의 기능 및 역할에 대해서 간략히 알아보고 그 담당자들에 대해서도 간략히 검토한다.

(1) 아시아대양주국

우선 아시아대양주국(이하 아주국)의 담당업무 및 역할은 "일본에 지리적으로 가깝고, 경제적·문화적·역사적으로 관계가 깊은 아시아대양주 지역을 담당하고, 동 지역 전체의 평화와 번영을 구축하기 위한 정책"을 입안하는 것이다.[2] 외무성 홈페이지의 아주국은 이 지역의 동향이 일본에 직접적으로 관계되기 때문이며, 이 지역의 발전이 유지되는 것은 일본의 평화와 번영에 매우 중요하기 때문이라는 설명을 제시하고 있다. <표 11-3>에서 보듯이 아주국은 4개과 (지역정책과, 북동아시아과, 중국·몽골과, 대양주과)와 3개실(외지정리실, 일한경제조

---

2) 외무성 홈페이지, http://www.mofa.go.jp/mofaj/annai/honsho/sosiki/asia.html, 2009.10. 20 검색.

〈표 11-4〉 아주국장의 경력(1999~2008)

기간	성명	이전경력	이후경력
~1999	阿南惟茂(1941년생) (아나미 코레시게)	아주국 중국과장, 중국대사관 공사	내각외정심의실장, 중국대사
2000~2001	槇田邦彦 (1944) (마키타 구니히코)	홍콩총영사	싱가포르대사, 이집트대사
2001~2002	田中均 (1947) (다나카 히토시)	경제국장	외무심의관(정무)
2002~2004	藪中三十二 (1948) (야부나카 히토지)	아주국심의관, 시카고총영사	외무심의관(경제), 외무심의관(정무)
2005~2007	佐々江賢一郎 (1951) (사사에 겐이치로)	북동아시아과장, 경제국장	외무심의관(정무)
2008~	齊木昭隆 (1952) (사이키 아키다카)	미대사관 특명전권공사, 아주국심의관	―

자료: 정관요람 平成11(2002)~平成20(2008), 일본 외무성 홈페이지 http://www.mofa.go.jp/mofaj/annai/honsho/meibo/index.html.

정실, 일중경제조정실)로 구성되어 있다.

<표 11-4>에서 보듯이 최근 10여 년간 아주국장을 역임한 인사들의 경력은 현재 아주국장을 담당하고 있는 사이키(齊木昭融)처럼 미국지역에서 온 경우, 아나미(阿南愉茂)처럼 중국과장 및 중국지역을 담당해온 경우, 그리고 다나카(田中均)처럼 북동아시아과장을 거쳐 온 경우의 세 가지로 구분할 수 있다. 이러한 경력상의 차이가 일본의 동북아정책, 예를 들어 한국 중시 또는 중국 중시와 같은 차이를 가져오는지는 명확히 알 수 없다. 하지만 일북정상회담을 이끈 다나카가 일본 외교에서 한반도의 안정 및 평화가 중요하고 일북 국교정상화는 주요 과제 중 하나라는 생각에서 정상회담을 추진했다고 밝힌 것을 보면 적지 않은 영향을 미치는 것으로 파악할 수 있다.[3]

(2) 북동아시아과

아주국 내의 북동아시아과는 <표 11-3>에서 보듯이 한국과 북한에 대한 외교정책을 담당하는 곳이다. 그야말로 일본의 대한반도정책을 수립하고 추진

---

3) 田中均·田原總一朗, 『國家と外交』(東京: 講談社, 2005), pp.16~17.

제11장 일본의 한반도정책 결정 메커니즘 477

<표 11-5> 북동아시아과장의 경력(1999~2008)

기간	성명	이전 경력	이후 경력
~1999	佐々江賢一郎(1951년생) (사사에 겐이치로)	유엔난민고등변무관사무소	아주국장
2000~2001	梅本和義(1951) (우메모토 가즈요시)	경제국국제기관제1과장	북미국장
2001~2003	平松賢司(1956) (히라마츠 겐지)	대신비서관사무취급	경제국심의관
2004~2006	伊藤直樹(1960) (이토 나오키)	아주국남동아시아제2과장	국제협력국종합계획과장
2006~2008	山田重夫(1964) (야마다 시게오)	북미국일미지위협정실장, 남동아제2과장	―

자료: 政官要覽 平成11(2002)~平成20(2008), 일본 외무성 홈페이지 http://www.mofa.go.jp/mofaj/annai/honsho/meibo/index.html.

하는 전초기지와 같은 곳이라고 하겠다. 최근 10년간 북동아시아과장을 역임한 사람들의 경력을 보면 남동아시아 제2과장을 담당했던 이토(이등직수)를 제외하면 다른 부서, 예를 들어 북미국이나 경제국 등에서 일했던 사람들이 다수를 점하고 있는 것을 알 수 있다. 이는 한국 및 한반도를 담당하는 사람들이 좀 더 폭넓은 배경을 바탕으로 한반도를 담당하게 된다는 것을 시사한다.

(3) 일한경제조정실

일한경제조정실 역시 <표 11-3>에서 보듯이 한일 간의 경제관계와 관련된 정책을 담당하는 곳이다. 일한경제조정실이 북동아시아과에 속해 있는 것에서 알 수 있듯이 실단위 또는 실장은 과단위 또는 과장 밑에 위치한다. 한 가지 문제는 <표 11-6>에서 보듯이 그러한 이유로 이들 실장의 이전 경력을 알기 쉽지 않다는 점인데, 오카다(岡田誠司)처럼 대개 고참사무관 이후에 취임하는 것으로 보인다. 이들의 실장 이후 경력은 대체로 다양한 경향을 보인다. 타루미(垂修夫)가 유일하게 아주국에 남아 중국과장에 취임했고, 이를 참고하면 오카다의 경우 차후 아주국에서 다시 볼 가능성이 있다고 하겠다.

〈표 11-6〉 일한경제조정실장(2001~2008)

기간	성명	이전 경력	이후 경력
2001~2003	竹若敬三(1960년생) (다케와카 케이조)	–	국제정보국분석제 2과장, 경제국 경제안보과장
2003~2004	垂 秀夫(1961) (다루미 히데오)	–	아주국 중국몽골과장
2004~2006	倉光秀彰(1958) (쿠라미추 히데아키)	–	대신관방기획관, 오키나와사무소장
2006~2007	岡田誠司(1956) (오카다 세이지)	중국과수석사무관	중동아프리카국 제2과장
2007~2008	赤堀毅(1966) (아카호리 다케시)	미국대사관참사관	문화교류과장

자료: 政官要覽 平成11(2002)~平成20(2008), 일본 외무성 홈페이지 http://www.mofa.go.jp/mofaj/annai /honsho/meibo/index.html.

〈표 11-7〉 주한대사의 경력(2001~2008)

기간	성명	이전 경력	이후 경력
2001~2003	寺田輝介(1938년생) (테라다 테루수케)	보도과장, 중남미국장, 멕시코대사, KEDO일본대표	Foreign Press Center 이사장
2003~2005	高野紀元(1944) (다카노 토시유키)	북동아시아과장, 북미국장, 싱가포르대사	독일대사
2005~2007	大島正太郎(1943) (오오시마 쇼우타로)	남동아시아1과장, 경제국장, 주제네바대사	특명전권대사(국제 무역경제담당)
2008~	重家俊範(1945) (시게이에 토시노리)	대양주과장, 북미국 안보과장, 중·아국장, 남아공대사	–

자료: 政官要覽 平成11(2002)~平成20(2008), 일본 외무성 홈페이지 http://www.mofa.go.jp/mofaj/annai/ honsho/meibo/index.html.

(4) 주한일본대사

일반적으로 대사관의 역할은 자국을 대표하여 자국의 정책을 알리고 주재국과의 관계를 원활히 유지하는 것이고, 이는 주한일본대사관의 경우에도 마찬가지다. 최근 8년간 주한일본대사를 맡은 사람들의 이력을 보면, 독도문제로 재임기간 중 물의를 빚었던 다카노(高野紀元) 대사를 제외하면 거의 모두 아주국 또는 한국과는 좀 거리가 있는 경우다. 이는 다카노 대사의 경우 때문에 주한일본대사에 한국과는 오히려 거리가 있는 사람들이 부임하고 경제적 측면에 중점을 둔다는 얘기가 있는데 그러한 세간의 얘기를 어느 정도 보여주는

<표 11-8> 중국 관련 담당자들의 주요 경력

기간	성명	이전 경력	이후 경력
중국과장			
1999~2000	사도시마 시로(1953년생) (佐渡島 志郎)	유상자금협력과장	-
2000~2002	요코미 유타카(1955) (横井 裕)	유상자금협력과장	경제협력국정책과장, 상해총영사
2004~2006	이즈미 히로야스(1957) (泉 裕康)	재외공관과장	-
2006~2008	아키바 다케오(1958) (秋葉 剛男)	조약국 조약과장, 국제법국제법과장	미국대사관 공사
2008~	타루미 히데오(1961) (垂 秀夫)	아주국일한경제조정실장, 남동아제1과장	
일중경제조정실장			
2006~2008	마쓰모토 모리오(1952) (松本 盛雄)	중국과 지역조정관	심양총영사
2008~	오가와 마사시(1953) (小川 正史)	미얀마대사관참사관	-
주중대사			
2001~2006	아나미 고레시케(1941) (阿南 惟茂)	아주국장, 내각외정심의실장	
2006~	미야모토 유지(1946) (宮本 雄二)	미얀마대사, 오키나와특명대사	

자료: 政官要覽 平成11(2002)~平成20(2008), 일본 외무성 홈페이지 http://www.mofa.go.jp/mofaj/annai/honsho/meibo/index.html.

것이다.

(5) 중국담당자들과의 비교

<표 11-8>은 중국과 관련된 부서의 담당자들, 예를 들어 중국과장 등의 역임자들을 간략히 정리한 것이다. 표를 보면 다음과 같은 두 가지 특징이 나타난다. 첫째는 중국과장의 경우 기능국의 과장을 경험한 사람들이 대부분을 차지한다는 점이다. 앞서 언급한, 아주국 일한경제조정실장을 경험한 다루미를 제외하면 대부분 사도시마(佐渡島志郎)처럼 유상자금 협력과장 등의 경력을 갖고 있다.

둘째는 주중대사의 재임기간이 매우 길다는 점이다. 앞서 언급한, 아주국장

을 역임한 아나미(阿南惟茂)의 경우 내각외정심의실장을 거쳐 2001년에 주중대사로 부임해서는 5년간 재임했고, 현재의 미야모토(宮本雄二) 역시 2006년에 부임한 이후 현재까지 재임하고 있다. 주한일본대사의 경우 최근 10년간 2년에서 3년간의 재임기간을 가졌던 것과 비교하면 재임기간이 길다고 할 수 있다. 또한 앞서 언급했듯이 주한일본대사의 경우 한국 내지는 아주지역 이외의 인물들이 부임했던 것과는 달리 중국 또는 아주지역에 관계있는 인물들이 부임하는 것도 차이를 나타내는 점이라고 하겠다.

이상에서 한국과 관련된 부서의 담당자들을 살펴보고 이들을 중국의 경우와 비교해보았다. 이를 간략히 종합하면 일본 외무성의 정책은 첫째, 경제 또는 정치 이외의 분야를 중심으로 움직이는 것으로 파악할 수 있다는 점이다. 이는 아주국 내에 일한경제조정실이 일찌감치 설치된 것이나 최근 부임하는 주한일본대사의 경력이 보여주는 점이다. 둘째, 특히 중국과의 비교하에서 보면 한국전문가라고 할 수 있는 사람들이 부임하는 경우가 적다는 점이다. 이는 정치가들의 세대교체와 함께 한일관계가 예전처럼 과거에 얽매여 또는 과거를 고려하여 진행되지 않을 것임을 시사하고, 그런 차원에서는 언제고 갈등이 재연될 수 있는 측면을 포함한다고 볼 수 있다.

2) 의회 내 한반도 관련 그룹

일본 국회 내에서 한국과 북한을 포함하는 한반도 관련 의원단체로는 '일한의원연맹'과 '일조우호의원연맹'이 대표적이다. '일한의원연맹'에 대해서는 앞에서 간략하게나마 검토했기에, 본 절에서는 최근 활발한 움직임을 보이는 '민주당일한의원교류위원회'와 '일조우호의원연맹'에 대해서 간략히 정리한다.

(1) 민주당일한의원교류위원회

최근에는 민주당을 중심으로 한 '민주당일한의원교류위원회'가 설립되었다. 2009년 8월의 총선거로 민주당으로의 정권교체가 이루어짐에 따라 민주당

<표 11-9> 민주당일한의원교류위원회(2003)

직위	성명
위원장	鳩山由紀夫(하토야마 유키오, 1947년생)
부위원장	中川正春(나카가와 마사하루, 1950년생), 土肥隆一(도이 류이치, 1939), 円より子(마도 가요리코, 1947)
최고고문	羽田孜(하네다 츠토무, 1950)
고문	菅直人(간 나오토, 1946), 伊藤英成(이토 에이세이, 1941), 中野寛成(나카노 간세이, 1940), 岡田克也(오카다 다츠야, 1953)
사무총장	末松義規(스에마츠 요시노리, 1956), ツルネンマルテイ(1940년생)
사무국장	近藤昭一(콘도 쇼이치, 1958)
사무부국장	今野東(콘노 아즈마, 1947), 井上和雄(이노우에 가즈오, 1952), 内藤正光(나이토 마사미츠, 1964), 岩本司(이와모토 츠카사, 1964)
간사	白眞勲(하쿠 신쿤, 1958), 蓮舫(신호우, 1967), 仙谷由人(센고쿠 요시토, 1946), 前田武志(마에다 다케시, 1937), 岡崎トミ子(오카자키 도미코, 1944), 渡辺周(와타나베 슈, 1961), 田島一成(타지마 잇세이, 1962), 泉健太(이즈미 겐타, 1974), 福山哲郎(후쿠야마 데츠로, 1962)

자료: 일본 위키피디아, http://ja.wikipedia.org/wiki/, '民主党日韓議員交流委員会' 부분, 2009.8.26 검색.

의 '일한의원교류위원회'에 좀 더 주목할 필요가 있다는 차원에서 이를 간략히 검토한다. '민주당일한의원교류위원회'는 2003년 6월에 일본의 민주당 의원들과 한국 의원들 사이의 교류를 확대한다는 목적에서 설립된 것으로 위원장에는 하토야마(鳩山由紀夫) 의원이 취임했다. 위원회의 주요 인사 명단은 <표 11-9>와 같다.

주요 활동은 한국을 방문하여 주요 정당의 인사들과 한일 간의 주요 현안들에 대해 의견을 나누는 것이다. 예를 들어 2004년에는 위원장인 하토야마 의원을 단장으로 한 방한단이 당시 한국의 여당인 우리당의 신기남 의장과 회담을 갔고, 야스쿠니 신사 참배와 같은 역사인식 문제 등에 대해 의견을 교환했다. 2005년에는 나카가와(中川正春) 부위원장을 단장으로 한 방한단이 한국의 우리당과 심포지엄을 갖고 청계천을 방문했으며, 박근혜 한나라당 총재, 김근태 보건복지부 장관 등을 표경 방문했다.

(2) 일조우호의원연맹

일본에서 일북관계를 담당하는 혹은 적극 추진하는 것은 사회당이라고 할수 있다. 이는 일조의원연맹이 사회당의 선창으로 결성된 것에서도 알수 있다. 즉, 일조의원연맹은 일본사회당이 1970년의 방북 이후 초당파적인 국회의원 모임의 결성을 추구한 것에서 비롯되었는데, 이에 따라 1971년 11월에 자민당의 구노추지(久野忠治)를 회장대리로 하여 '일조우호촉진의원연맹'이 결성된 것이 그 시초다.[4] 동 연맹의 결성에는 이미 지적한 것처럼 사회당 이외에도 자민당, 공명당, 민사당 소속의 의원들이 참가하여 총 280명이라는 큰 규모를 이루었다. 이에 대항해 형성된 한일의원간담회가 자민당을 위주로 한 약 72명의 규모를 가진 것에 비하면 매우 큰 규모임을 알 수 있다. 일조의원연맹은 창립 이후 일북국교정상화, 경제·문화·스포츠 등의 교류, 그리고 재일조선인의 권리 및 생활보호 등을 추진했다.

동 연맹은 다음해인 1972년 1월에 방북을 추진했다. 당시 자민당 지도부를 이끌었던 사토 수상의 후쿠다 진영은 동 방북단에 자민당 의원들이 참여하는 것을 반대했다.[5] 반대이유는 동 방북이 "한반도의 분단에 책임이 있는 일본이 분단국가의 한편과 일방적으로 친교를 맺는 것"은 좋지 않고 "한민족 전체와 평화적 관계를 맺어야 한다"는 '한일기본조약' 체결 당시의 기본정신에 저촉된다는 것이었다. 이러한 반대로 방북단에는 회장대리를 맡았던 구노만이 참여했는데, 자민당 내부의 이러한 갈등은 당시 추진되었던 일중국교정상화 움직임과도 연관된 것이었다. 즉, 자민당 내에서 '일중국회복촉진의원연맹'과 '아시아·아프리카문제연구회'를 이끌었던 친중국적 반주류파들이 북한과의 관계개선도 지원했기 때문이라는 것이다. 방북단은 이러한 배경하에서 조선대외문화연락협회와 '일조 간 교류확대 공동성명'을 발표했고, 조선국제무역촉진위원회와 '일본무역촉진에 관한 협의서'를 체결했다.

---

4) 신정화, 『일본의 대북정책 1945-1992』(오름, 2004), 56쪽.
5) 같은 책, 57쪽.

〈표 11-10〉 일조우호의원연맹(2002년 10월)

정당명	중의원	참의원
자민당	河井克行(가와이 가츠유키), 中川秀直(나카가와 히데나오), 河村建夫(가와무라 다케오), 野中廣務(노나카 히로무), 河野洋平(고노 요헤이), 武部勤(다케베 츠토무), 森喜朗(모리 요시로), 山崎拓(야마자키 다쿠) 등 45명	景山俊太郎(가케야마 순타로), 山崎力(야마자키 츠토무), 景山俊太郎(가케야마 순타로), 山山崎力(야마자키 츠토무), 龜谷博昭(기타니 히로아키), 齊藤滋宣(사이토 게노부), 森下博之(모리시타 히로유키), 馳浩(하세 히로시), 山下義彦(모리시타 요시히코), 田村公平(다무라 고헤이) 등 20명
민주당	横路孝弘(요코미치 다카히로), 鳩山由紀夫(하토야 마유키오), 前原誠司(마에하라 세이지), 中川正春(나카가와 마사하루), 近藤昭一(곤도 쇼이치), 海江田万里(가이에다 반리), 鉢呂吉雄(하치로 요시오), 桑原豊(구와바라 유타카) 등 25명	管川健二(스게가와 겐지), 峯崎直樹(미네자키 나오키), 小林元(고바야시 겐), 久保恒(구보 히사시), 藤井俊男(후지이 도시오), 広中和歌子(히로나카 와카코), 齊藤勤(사이토 츠토무), 今井澄(이마이 기요시), 前川忠夫(마에카와 다다오) 등 17명
사민당	土井たか子(도이 다카코), 三重野榮子(미에노 시게코), 村山富一(무라야마 도미이치), 深田肇(후카다 하지메), 辻元淸美(츠치모토 기요미), 中川智子(나카가와 도모코) 등 14명	田英夫(덴 히데오), 淸水澄子(시미즈 스미코), 谷本勉(타니모토 츠토무), 大脇雅子(오와키 마사코), 山本正和(야마모토 마사카즈) 등 11명
자유당	西野陽(니시노 아키라), 松浪健四郞(마츠나미 겐시로), 野田毅(노다 다케시)	(參會)高橋紀世子(다카하시 기요코), 堂本曉子(도모토 아키코)
공명당	若松謙維(와카마츠 가네시게), 小澤辰男(오자와 다쓰오), 東順治(히가시 준지), 大野百合子(오오노 유리코) 등 8명	加藤修一(가토 슈이치), 福本潤一(후쿠모토 준이치) 등 4명
무소속	武村正義(다케무라 마사요시)	
공산당	松本義明(마츠모토 요시아키), 金子滿廣(가네코 미츠히로), 矢島恒夫(야지마 츠네오), 大森猛(오오모리 다케시) 등 6명	井上美代(이노우에 미노), 宮本岳志(미야모토 다케시), 山下芳生(야마시타 요시오) 등 9명

자료: www5f.biglobe.ne.jp/~kokumin-shimbun/H14/1410...; 2009.10.6일 검색.

　　사회당을 중심으로 한 일북관계의 개선 움직임은 1990년대 초에 있었던 소위 말하는 '가네마루방북단'에서도 이어졌다. 당시에는 한국의 노태우 정부가 북방정책을 내세움에 따라 일본의 대북접근이 좀 더 용이해졌던 것인데, 이를 계기로 납북선원들의 귀향을 목표로 방북했던 의원단은 김일성의 전격적인 국교정상화 교섭 추진의사를 전달받았고 이로해서 이후 수차례에 걸친 국교정상화 교섭이 진행될 수 있었던 것이다.

그러나 사회당을 중심으로 한 대북 관련 의원단은 상시적이라기보다는 임시적인 측면이 크다. 예를 들어 2000년에는 일북국교정상화의 실현을 위한 환경을 조성하자는 취지에서 일조우호의원연맹의 결성총회가 다시금 열렸다는 보도가 있었고, 1999년에 방북했던 일본정당대표단의 단장을 역임한 무라야마 전 수상을 회장으로 선임했던 것이다. 이러한 임시적 측면 때문에 동 의원연맹의 전모를 파악하는 것이 용이하지 않은데 <표 11-10>은 가장 최근의 자료를 바탕으로 동 의원연맹의 회원들을 정리한 것이다.

2. 정책결정과정의 예

1) 한일협정 파기의 예, 1998년[6]

1998년 1월 23일, 일본 외무성이 한일어업협정의 파기를 선언했다. 일본 외무성은 파기통보의 불가피성을 '기다릴 만큼 기다렸기 때문'이라고 설명했다. 즉, 1996년 5월부터 시작한 한일 양국 간의 어업교섭이 1998년 초까지 타결되지 못했고, 기존의 협정하에서는 한국 어선에 의한 남획과 위법조업을 저지할 수 없기 때문이라는 것이었다. 본 절에서는 한일 간의 어업협정이 왜 이러한 첨예한 갈등으로까지 치달았는지 그 과정을 간략히 검토한다.

어업협정의 개정을 둘러싼 한일 간의 협상은 1994년 11월에 발효된 유엔 해양법 협약에 기인한다. 개정의 필요성은 일본 정부가 먼저 제기하였지만, 한국 정부도 1996년 1월 유엔 해양법 협약을 비준한 입장에서 이를 외면할

---

6) 본 절에서 다루는 한일어업협정파기의 경과에 대해서는 진창수, 「한일 어업협정과정에서 나타난 한일관계의 왜곡구조」, ≪정세와 정책≫, 제2호(1992.2) 참고.

수 없었다. 한일 간의 새로운 어업협정은 종래의 기국주의 원칙에 입각한 1965년의 한일어업협정체제로부터 연안국의 전속적 관활 제도인 200해리 배타적 경제수역체제로 변환시키는 것을 의미하는 것이었기 때문이다.

1996년 5월에 시작된 협정 개정회의에서 협상에 임하는 양국의 자세는 상당히 달랐다. 우선 일본은 기존 체제인 1965년 한일어업협정에서는 상대적으로 손해를 보고 있었기에 적극적이었던 데 반해, 한국은 소극적이었다. 예를 들어 한국 어선들의 일본 근해 어획량이 한해 20만 톤인 데 비해, 일본 어선들의 한국 근해 어획량은 10만 톤 정도였다. 따라서 한일 간의 새로운 어업협정이 개정되고 200해리 배타적 경제수역이 새로 확정될 경우 한국은 홋카이도 등의 일본 근해의 공동조업 황금어장을 잃게 되어 연간 5,000억 원을 손해 볼 것이라고 추산되었다. 이에 비해 새 기준이 설정되면 일본은 손해보다는 황금어장을 독식하는 측면이 있었다.

따라서 한국의 협상전략은 현상유지의 측면이 강했는데, 이에 따라 배타적 경제수역(EEZ)의 경계를 획정한 후 어업협정을 타결하자고 주장했다. EEZ의 경계선과 관련해서는 양측 영해 기선의 중간선을 잠정적인 경계선으로 정하자고 주장했는데, 이는 독도영유권의 문제가 단기간에 해결을 볼 수 없는 것이기에 어업협정을 지연한다는 의도를 포함한 것이기도 했다. 이에 비해 일본은 개정문제를 양국 간의 현안으로 부각시켜 새로운 협정을 서둘러 더 이상의 손해를 줄이겠다는 입장이었다. 따라서 EEZ경계의 획정은 일단 보류하고 어업협정을 먼저 잠정 타결하자는 방안을 제시했다. 또한 독도와 관련해서는 독도를 일본의 EEZ 내에 포함시키지는 못하더라도 최소한 독도 인근 수역을 국제적인 분쟁수역으로 만들기 위해 '잠정 수역안'을 들고 나왔다.

이처럼 1996년에 진행된 3차례의 회담은 EEZ 경계의 획정문제가 독도문제와 연계되면서 아무런 진전이 없었다. 이에 따라 한국 정부는 1997년에 들어서서 기존의 입장을 물리고 EEZ경계획정과 어업협상을 동시에 진행하지만, 협정 개정과 관련해서 양국 간 역사적 특수성의 고려와 기존 어업패턴의 존중, 그리고 한·중·일 3국에 공통된 질서의 적용이라는 세 가지 3원칙이 관철돼야 한다는 입장으로 선회했다. 한국의 이러한 입장변화는 당시 일본과 중국 사이에 진행된 어업협의에 대한 부담감과 유엔해양법의 비준에 따라 1965년의 한일어업협정을 그대로 지속할 수 없다는 위기감 때문이었다.[7]

그러나 이러한 한국의 입장변화에도 불구하고 일본은 1997년 6월부터 일방적으로 선포한 직선영해기선을 침범했다는 이유로 한국 어선들을 잇달아 나포하기 시작했다. 이는 한국 어선의 일본 근해 조업으로 불만이 쌓인 일본 수산업계의 압력 때문이라는 측면도 있지만, 난항을 겪고 있는 한일어업협정 개정협상에서 유리한 고지를 점하고 협상을 빠른 시일 내에 마무리하겠다는 의도에서 나온 '고의적인 조치'라고 볼 수도 있었다. 즉, 직선기선에 의한 영해 내로 들어오는 한국 어선을 계속 나포함으로써 한국이 어업협정 개정을 수용하지 않을 수 없도록 압박하려는 것이다. 또한 일본 정부는 7월 20일까지 어업협정을 개정하지 않으면 기존의 어업협정을 폐기할 의사가 있다는 것을 카드로 사용하였다.

한국 정부는 1997년 7월에 들어서자 일본이 주장하는 '잠정 수역안'을 받아들이지 않을 수 없는 상황에 놓였다. 한국 정부 자체도 어업협정개정을 타개해야 한다는 부담감이 있었지만, 그보다는 1997년 봄부터 중국이 일본 정부의 잠정수역 설정요구를 받아들여 일본의 새로운 영해법이 발효되어 기존의 한일어업협정을 유지하기가 현실적으로 어려워졌다고 판단했기 때문이다. 이에 따라 10월 도쿄에서 열린 9차 회담에서 한국은 독도영유권 문제에 대한 훼손불가를 조건으로 '잠정 수역안'을 받아들였고, 서울에서 열린 11월의 10차 회담에서는 독도 주변해역을 현행대로 공해 상태로 두고 한국 어민들의 기존 조업 실적을 최대한 인정하는 방향으로 이견을 좁혀갔다.

그러나 잠정어업수역의 폭과 협정대상수역의 동쪽 한계를 놓고 치열한 신경전이 벌어졌다. 한국은 대상 수역의 동쪽 한계와 관련해서 동경 1백 36도를 주장했지만, 일본은 동경 1백 35도를 고집했다. 배타적 경제수역의 폭과 관련

---

7) 같은 글 참조.

해서는 한국의 34해리와 일본의 35해리가 대립했다. 이에 1997년 12월 초 일본 외무성 고무라 마사히코 정무차관이 특사자격으로 방한해 정치적 타결을 모색한 결과 '1백 36도와 35해리'의 절충안이 모색되었다. 하지만 12월 22일 방한한 아나미 일본 외무성 아주국장은 "한국 정부가 제시했던 최종안은 관계 부처로부터 거부되었다"면서 "한국 정부가 일본 안을 받아들이지 않는다면 어업협정을 파기할 수밖에 없다"는 강경입장을 전달했다.

1998년 초 한일어업협정의 파기가 예상되는 가운데, 한국의 김종필 자민련 명예총재가 1월 중순에 일본을 방문하여 마지막으로 일본 정부와 '한일어업협 정 상호효력 정지안'을 놓고 협의했다. 그러나 이 안에 대해서는 일본은 물론, 한국 내에서도 이견이 속출하여 결국 합의를 보지 못했다. 이로 해서 결국 일본 정부는 1998년 1월 23일 한일어업협정파기를 선언하게 되었다.

2) 우익역사교과서의 검정통과와 그 여파, 2001년[8]

2001년 3월 말, '새역모'가 만든 우익적 역사교과서가 검정과정을 통과했 다.[9] 2000년 4월에 제출된 동 교과서는 한국과 중국의 거센 항의에 의해 137개 부분이 수정되었지만, 그럼에도 여전히 임나일본부에 대한 실질적 주장, 종군위안부에 대한 기술 누락, 그리고 침략과 식민지배에 대한 반성보다는 시혜론의 제시 등과 같은 부분들을 포함하고 있었다. 따라서 동 교과서의 검정통과는 한국과 중국으로부터 강력한 비판을 야기했다.

역사교과서를 둘러싸고 한일 간 내지는 일본과 주변국 사이에 갈등이 초래 된 것은 이것이 처음은 아니었다. 1982년과 1986년에도 심한 갈등이 발생하여

---

8) 본 절에서 다루는 우익역사교과서의 검정통과 및 그 여파에 대한 경과는 하종문, 「일본 역사교과서 왜곡의 바로 보기」, ≪한국근현대사연구≫, 제18집(2001년 가을호) 참조.
9) '새역모(새로운 역사교과서를 만드는 모임)'에 대해서는 한상일, 「일본사회의 우경화: 역사수정주의를 중심으로」, 김호섭·이면우·한상일·이원덕 지음, 『일본우익연구』(중심, 2000), 209~272쪽; 하종문, 「일본역사교과서 왜곡의 바로보기」, 2001을 참조.

일본 정부의 사과성명과 관계 장관의 사임으로 이어졌다. 본 절에서는 2001년 의 역사교과서 문제가 어떠한 과정을 거쳐 진행되었는지를 간략히 정리한다.

일본의 역사교과서에 대해 문제점이 지적된 것은 2000년도 후반기부터였 다. 하지만 당시 한국 정부의 대응은 미온적이었다. 즉, 2000년 9월부터 2001년 2월까지 외교통상부 장관의 신중 대응 요청이나 주일대사의 일본 측 인사 접촉을 통한 우려 표명이 주를 이루었던 것이다. 이러한 미온적 대응은 2001년 2월 말에 들어서 강경한 방향으로 전환된다. 이정빈 당시 외교통상부 장관은 고노 외상과의 전화통화와 주한 일본대사를 불러들인 가운데 한국 측의 우려를 강력히 전달했고, 김대중 대통령도 3·1절 기념사에서 일본의 올바른 역사인식 을 촉구해 우회적으로나마 유감을 표명했던 것이다.

4월 3일 새역모 교과서의 검정통과가 공식적으로 발표되자, 한국 정부의 대응은 좀 더 강경하고도 신속해졌다. 예를 들어 당일 외교부 대변인의 유감표 명이 있었고, 4월 9일에는 주제네바 대사가 유엔 인권위에서 강력한 유감을 표명하면서 즉각적인 시정을 촉구하였으며, 4월 10일에는 주일대사의 일시귀 국 조치 등이 취해졌다. 일본 정부가 한국 정부의 재수정 요구를 사실상 거부할 뜻을 전달한 7월 초부터는 한국 정부의 강경한 대응이 좀 더 구체화되었다. 예를 들어 문화관광부는 7월 12일 일본어 음반 및 비디오 등의 한국진출을 허용하는 제4차 일본대중문화의 개방을 연기하기로 결정했고, 국방부도 7월 중순으로 예정되었던 조영길 합동참모본부의장의 방일을 중시시키고, 9월로 예정된 해상자위대의 인천 입항을 불허한다고 발표했다.

일본 정부의 수정요청 거부와 그에 대한 한국 정부의 강력한 비판이 서로 평행선을 그은 채 2001년 여름의 한일관계는 경색되었고, 그러한 가운데서도 8월 15일의 결과여부가 관심을 모았다. 8월 15일은 고이즈미 수상의 야스쿠니 공식참배가 과연 실행일 될 것인지 그리고 후쇼샤의 왜곡교과서가 얼마만큼 채택될지를 알 수 있는 날이었기 때문이다. 하지만, 한국을 비롯한 외국의 비판은 물론 야당 등으로부터 외교미숙 등으로 비판받던 고이즈미 수상이 결국엔 8월 15일이 아닌 8월 13일에 참배를 강행하고, 왜곡교과서의 채택률이 예상을 훨씬 밑돌게 나타났음에도 한일관계는 복구의 기미를 보이지 않았다. 8월 15일이라는 참배일의 상징성을 피해가기는 했지만 고이즈미 수상이 참배한 것이나, 채택률이 낮더라도 정부의 왜곡교과서 검정결정은 여전히 사실로 남았기 때문이다. 악화된 국내여론의 온존으로 한국 정부는 고이즈미 수상의 방한은 물론이고 재수정요구를 철회할 수 있는 입장이 되지 못했다.

이러한 경색국면의 타개는 아이러니컬하게도 9월 11일에 발생한 미국 테러참사사건이었다. 고이즈미 수상은 발 빠르게 미국의 테러대응조치를 지지하고 나섰고 이에 대한 협력의 일환으로 테러대책특별조치법안을 일본국회에 제출했는데, 이러한 일본의 조치를 설명하는 차원에서 방한이 성사될 수 있었던 것이다. 국립묘지와 독립공원(구서대문형무소)을 방문한 고이즈미 수상의 방한 행보는 나름대로 의미를 갖는 것이기도 했지만, 교과서 문제나 야스쿠니 신사참배에 대한 한국 측의 요구, 즉 야스쿠니 신사 참배의 중지 선언과도 같은 것이 나오지는 못함으로써 한국민의 불만을 해소시키기에는 역부족이었다. 그러나 한국 정부는, 예를 들어 김대중 대통령은 고이즈미 수상의 진솔한 태도를 이유로 대일강경입장을 점차 완화해나간다는 입장을 취했고, 이로서 한일관계의 경색국면은 완화되었다.

3) 일북정상회담의 예, 2002년

2002년 9월, 고이즈미 수상의 평양방문으로 역사적인 일북정상회담이 열렸다. 본 절에서는 부시 미행정부의 강경한 대북정책하에서 대화와 압박이라는 선택지 중 압박에 좀 더 무게를 실었던 고이즈미 정부가 어떤 생각과 과정 속에서 북한과의 정상회담을 추진하게 된 것인지를 간략하게나마 검토한다.

다나카에 따르면 2002년의 일북정상회담은 그가 아주국장으로 취임하고 얼마 지나지 않아서 추진되었다고 한다.[10] 흥미로운 점은 자신 이전의 아주국

---

10) 田中均·田原總一朗,『國家と外交』(講談社, 2005), p. 30.

장들도 일북 간의 정상회담을 추진하려고 했지만 여건이 맞지 않았다는 것이다. 다나카는 여건의 미완숙이라는 차원에서 두 가지를 언급하고 있다. 첫째는 국제정세 및 주변상황이 맞아야 한다는 것으로, 그가 아주국장으로 취임했을 때는 미국 부시 행정부의 대북강경책이 엄존했지만 한국의 햇볕정책 등으로 나쁘지 않은 여건이었다고 한다. 둘째는 일본이 미국의 강경책에도 불구하고 독자적으로 북한과 접촉을 추진할 수 있었던 데에는 북한의 위협에 대비할 수 있는 사전 준비가 진척을 보였다는 것이다. 예를 들어 유사법제의 도입으로 북한의 미사일 위협 등에 대응해 위축되지 않고 직면할 수 있는 제도적 준비가 되어 있었다는 언급이다.

다나카의 이러한 언급, 특히 전자의 외교환경의 중요성은 일북정상회담 이전의 일북관계를 검토하면 충분히 긍정할 수 있는 부분이다. 전후의 일북관계는 대체로 1950년대부터 북한과의 가교역할을 해오던 사회당이 일본 정부를 대신하여 앞장서왔는데, 그 중심이 정부로 넘어오게 된 것도 한국 정부의 대북정책 변화에 따른 것이기 때문이다. 즉, 1989년 3월 중의원 예산위원회에서 다케시타 총리가 북한과 관련하여 과거사에 대한 사죄발언과 교섭의향을 밝혔는데, 이는 당시 노태우 정부의 북방정책이 계기가 되었던 것이다.

물론 초기에는 여전히 사회당이 중심적으로 움직였다. 예를 들어 1989년에 사회당의 다나베 위원장이 방북했는데 그 자리에서 북한 측은 일본과의 관계개선 의사를 표명했고, 이것이 1990년의 가네마루 자민당 부총재와 다나베 사회당위원장을 공동대표로 하는 방북단의 방북실현을 가져왔다. 동 방북단의 '자민·사회·조선노동당 3당 공동선언'은 너무 앞서 나간 측면 때문에 비판을 받기는 했지만, 북한의 전격적인 국교정상화 요구로 일북 간에 국교정상화 협상이 이루어지는 계기가 되었던 것이다. 하지만 1991년부터 2000년 10월까지 총 11차례에 걸쳐 진행된 수교회담은 납치 문제나 북핵 문제 등을 둘러싼 이견으로 결국 좌절되었고, 그 뒤를 이은 것이 정상회담의 개최를 둘러싼 협상이었다.

일북정상회담의 개최가 공식적으로 발표된 것은 2002년 5월의 과장급 회담

에서였다.[11] 이후 2002년 7월 브루나이에서 열린 아세안지역안보포럼(ARF)에
서 일본과 북한 양국의 외무상이 만나 외무성 국장급 회담의 개최에 합의했다.
이에 따라 2002년 8월 평양에서 열린 국장급 회담에서는 정상회담의 개최가
최종적으로 결정되었고, 이때 관계개선을 희망하는 고이즈미의 친서가 김정일
에게 전달된 것으로 알려졌다. 이에 따라 2002년 9월의 역사적인 고이즈미
일본 수상의 평양방문과 그에 따른 일북정상회담이 이루어졌던 것이다. 그
성과로 작성된 일북평양공동선언은 납치자 문제와 북핵 및 미사일 문제, 그리
고 경제 문제와 관련된 사항들을 포함하고 있었다.

4) '독도의 날' 제정의 예, 2005년

2005년 2월 23일, 일본 시마네현(島根縣)은 독도를 시마네현으로 편입시킨
시마네현 고시 제40호의 100주년을 기념하여 2월 22일을 '독도의 날'로 제정
하는 조례안을 현의회에 상정했다. 동 조례안은 3월 10일에 관련 상임위를
통과하고, 3월 16일에는 동 조례안을 만장일치로 의결해 통과시켰다. 본 절에
서는 어떠한 경위에서 이러한 조례안이 성립되었는지 간략히 검토한다.

2003년에 열린 '독도(竹島)북방영토반환요구운동 시마네대회'의 주최자에
따르면, 시마네현은 독도(다케시마)의 영토권 확립 및 북방영토의 반환을 위해
시마네현을 대상으로 관련된 현민대회를 1988년부터 1997년까지 5회에 걸쳐
서 개최했다고 한다. 그러나 현 내의 오동촌과 현민의회 구성단체들의 전면적
인 협력을 얻어 추진된 동 현민대회는 약간의 성과를 얻기는 했지만 전국적인

---

11) 다나카에 따르면 이러한 공식적인 발표 및 과장급 회담이 있기 전까지 다나카 및
일본 외무성의 아주국은 2001년 9월부터 2002년 5월까지 북한의 소위 말하는 '미스터
X'와 근 30여 차례에 걸쳐 물밑접촉을 진행했다고 한다. 또한 이러한 접촉사실 및
그 협의내용은 정책결정 라인, 즉 아주국장 이후의 사무차관, 외무대신, 관방장관,
수상의 순으로 보고가 되고 그에 따라 지시가 이루어졌다는 것이다. 그리고 고이즈미
수상이 북한에 가도 좋다는 의사를 분명히 한 것은 2002년 6월경이라고 한다. 田中均·
田原總一朗, 『國家と外交』, pp. 25~50.

국민운동으로는 발전하지 못해 1997년을 마지막으로 중단되었다고 한다.

하지만 2003년 즈음에 한국 정부가 독도의 국립공원화를 검토하기 시작하고, 우편번호를 만드는 등 다양한 움직임을 보이자 시마네현 내에서는 현의회에 '독도영유권확립시마네현의회 의원연맹'이 설립되는 등 독도의 영토권 확립을 향한 여론이 형성되기 시작했다. 이를 계기로 전국적인 국민운동의 환기를 시도하기 위해 관련단체 모두가 참여하는 실행위원회 방식에 따라 개최된 것이 바로 2003년의 '독도북방영토반환요구운동대회'라고 한다.

시마네현의 이러한 움직임에 대한 일본 정부의 반응은 이중적 혹은 복합적이었다. 예를 들어 당시의 마치무라(町村) 외무장관은 3월 2일에 "실효적으로 아무런 의미가 없다"고 언급하여 시마네현의 움직임을 견제했다. 그러나 당시 관방장관이었던 호소다는 3월 10일에 "시마네현 차원의 문제"라며 관망적인 태도를 표명했다. 이러한 호소다의 입장은 자신의 지역구가 시마네현이라는 점에 기인했다고 전해진다. 또한 당시의 실력자였던 아오기(靑木) 참의원 의장 역시 시마네현 출신이라는 점도 일본 정부의 미온적 움직임에 크게 작용했다고 알려져 있다.

이러한 시마네현의 움직임에 대해 한국의 외무부는 조례안이 상정되기 전부터 외교경로를 통해 중단을 촉구했다고 한다. 즉, 한국 외교부는 차관이 주한대사를 부르고 아태국장이 주한공사를 불러 항의하거나, 주일한국대사관에서는 주일대사가 일본의 사무차관을 만나고 주일공사가 외무심의관을 만나는 등의 활동을 추진했다는 것이다. 또한 2월 23일의 조례안 상정에 대해서는 깊은 유감을 표명하고 조례안의 폐기를 강력히 촉구하는 외교부대변인 논평을 발표했다. 3월 4일에는 외무부 장관의 방일을 연기한다는 통보가 있었다.

한국의 지방정부도 시마네현의 움직임에 대해 강력한 항의와 조치를 취했다. 2월 23일 시마네현과 자매도시로 결연을 맺은 경상북도는 도지사의 명으로 경북도와 시마네현 사이의 교류를 중단하고, 교환공무원을 소환한다는 항의성명을 발표했다. 3월 1일에는 울릉군이 독도에서 항의집회를 개최했다. 경상북도는 조례안이 통과하자 시마네현과의 자매결연 관계를 단절한다고 발표했다.

시마네현의 '독도의 날' 조례안 상정 및 제정은 같은 날인 2월 23일에 있었던 다카노 주한일본대사의 발언으로 한국에서는 더욱 증폭되었다. 외신기자클럽의 초청간담회에 참석한 다카노 대사는 독도문제와 관련하여 "독도는 역사적으로도, 법적으로도 일본의 영토"라고 발언했던 것이다. 한국 외무부는 다음날인 2월 24일 아태국장이 우리에 주한공사를 조치하여 강력하게 항의했고, 주일대사는 2월 25일에 일본 외무성의 사무차관을 면담하고 강력히 항의했다. 이러한 일로 한국에서는 독도에 관한 관심이 높아졌는데 시마네현의 조례안이 이를 더욱 증폭시켰던 것이다.

지금까지 한일관계에서 최근 10년간 발생한 네 건의 사례를 검토했는데, 이는 대체로 다음과 같은 세 가지로 요약할 수 있다. 첫째는 한일어업협정의 파기나 일북정상회담의 예에서 보듯이 일본의 대한정책 및 대한반도정책에서 관료의 역할이 매우 중요하다는 점이다. 일반적으로 외교정책에서는 관료보다는 정치가들의 역할이 크다는 지적이 많지만 일북정상회담의 예에서 보듯이 다나카 아주국장과 같은 관료의 적극적인 역할이 두드러지게 나타나는 것을 확인할 수 있다. 한일어업협정파기의 예에서는 외무성보다도 다른 관련 성청의 역할이 컸던 것으로 나타났다.

둘째는 우익역사교과서의 검정통과나 독도의 날 제정과 같은 예에서 보듯이 한일관계에 영향을 미치는 행위자가 외무성 외에도 새역모와 같은 민간단체나 시마네현 의회와 같은 지방단체 등 다양하게 존재한다는 점이다. 중요한 것은 이 두 가지 예에서 일본 외무성이 별다른 역할을 하지 못했다는 점이다. 이는 그들이 이들 단체에 동조적이었다고도 해석할 수 있지만, 그보다는 권한 밖의 일이나 제도적으로 보장된 것에 대해서는 관료의 역할이 제한적일 수밖에 없다고 해석하는 것이 좀 더 타당해 보인다.

셋째는 정치가의 역할은 비록 두드러지지 않지만 중요한 부분을 형성한다는 점이다. 한일어업협정 파기나 일북정상회담의 예에서 보듯이 해당 사안에 대해서 최종적으로 결정을 내리는 것은 정치가들이라는 점에서도 그렇고, 독도의 날 제정과 같은 경우에서처럼 시마네현이 당시 실력자라고 할 수 있는

〈그림 11-1〉 주요국과의 친근감 정도

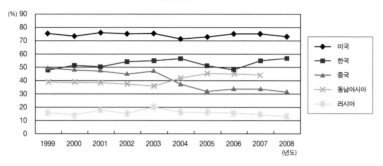

각 국과 친근함을 느낌

아오키 참의원의장이나 호소다 관방장관의 지역구라는 점이 정부의 미온적
대응에 작용한 것도 그들의 중요성을 보여주는 예다.

3. 여론의 향방: 여론조사에 나타나는 주요국 친밀도

정책결정에서 여론이 어느 정도의 영향력을 가지고 있는가는 논란의 여지가
많은 부분이다. 그럼에도 본 절에서는 위에서 검토한 민주당 실세들의 아시아
중시정책 등이 어느 정도의 실행 가능성을 갖는지 점검하기 위하여 다음과
같은 두 종류의 여론조사 결과를 검토한다. 하나는 한국을 비롯한 주요 국가들
에 대해 보이는 친밀감을 검토하는 것이고, 다른 하나는 하토야마 내각에
대한 전반적인 지지도 및 동 내각이 추진하는 정책에 대한 지지도를 검토하는
것이다.

<그림 11-1>은 여론조사에서 나타난 한국을 비롯한 주요국에 대한 친근감
정도를 표와 그림으로 나타낸 것이다.12) 위의 표와 그림에서 흥미로운 것은

---

12) <그림 11-1>과 <그림 11-2>를 위한 자료는 일본 내각부(內閣府)의 「外交に關する世

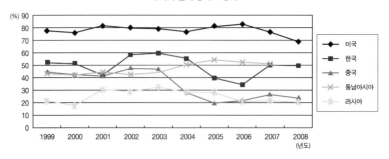

〈그림 11-2〉 주요국과의 관계 인식

각 국과 관계 좋다고 생각

미국
한국
중국
동남아시아
러시아

한국의 경우, 또는 한일관계의 경우 영토문제 등으로 갈등이 야기되었을 때 일본인의 한국에 대한 친근감이 떨어진다는 점이다. 예를 들어 위에서 살펴보 았듯이 2005년은 '우정의 해'였음에도 시마네현의 '독도의 날' 제정과 역사교 과서 문제 등으로 매우 험난한 해였다. 따라서 2004년까지의 여론조사에서는 지속적으로 친근감이 높아졌지만, 2005년과 2006년의 여론조사에서는 급속 히 감소함을 볼 수 있다. 2001년의 감소도 고이즈미 수상의 야스쿠니 신사 참배도 야기된 갈등이 원인이었다고 할 수 있을 것이다.

또한 <그림 11-1>은 일본인에게 한국이 매우 친근한 국가임을 보여준다. 미국에 이어 두 번째로 친근한 국가라는 것인데, 이는 2005년의 갈등 이후 2007년부터는 예전의 친근감 정도를 회복하는 기초가 된다. 동남아시아 지역 이 한국에 이어 두 번째로 친근한 국가들로 나타나고, 중국이 한동안 상승세를 타다가 감소하는 경향을 보이는 것이 흥미로운 점이다.

<그림 11-2>는 일본인들이 주요국과의 관계를 어떻게 인식하는가를 표와 그림으로 나타낸 것이다. 위의 친근감 정도와 유사한 변동을 보이는 것은

<hr />

論調査」(www8.cao.go.jp/survey/index-gai.html)가 국가별, 연도별로 제공하는 것을 정 리한 것임. 이에 따라 이들 그림에서는 출처를 별도로 밝히지 않음. 원 논문에서는 표가 제시됐으나 이는 제5장(일중관계)에서 이미 소개했기에 여기서는 생략한다.

그들의 친근감 정도가 관계에 대한 인식을 기초로 한 것임을 보여준다.

그럼에도 흥미로운 것은 수치로 볼 때 한국과의 관계가 좋다고 생각하는 수치보다는 친근감의 수치가 더 높다는 점이다. 예를 들어 2007년과 2008년의 경우 한일관계가 좋다는 수치는 40%대 후반에 그쳤지만 친근감에서는 50%대 중후반을 나타내고 있다. 이는 위에서 언급한 것처럼 한국에 대한 친근감이 이제는 어느 정도 정착된 것을 시사하는 것이라고 해석할 수 있을 것이다.

4. 결론 및 정책시사점

이 장에서는 일본의 대한정책 및 대한반도정책이 어떻게 결정되는지를 검토하기 위해 이를 담당하는 일본 외무성 내의 담당부서 및 그 담당자들을 살펴보고, 한일관계에 영향을 미치는 주요 단체들의 기능 및 역할도 살펴보았다. 이에 더하여 이들의 역할을 좀 더 구체적으로 파악하기 위하여 최근 10여 년간 발생한 주요 사건을 중심으로 그 과정이 어떻게 진행되었는지를 검토했고, 최근의 여론 동향에 대해서도 살펴보았다. 본 절에서는 각 부분별로 요약된 것을 간략히 정리하고, 그 시사점과 관련하여 대일정책이라는 관점에서 몇 가지 대응책을 제시하고자 한다.

먼저 한국과 관련된 부서의 담당자들을 검토한 부분을 간략히 종합하면 일본 외무성의 대한정책은 첫째, 경제 또는 정치 이외의 분야를 중심으로 움직이는 것으로 파악할 수 있다는 점이다. 이는 아주국 내에 일한경제조정실이 일찌감치 설치된 것이나 최근 부임하는 주한일본대사의 경력이 잘 보여준다. 둘째, 특히 중국과의 비교하에서 보면 한국전문가라고 할 수 있는 사람들이 부임하는 경우가 적다는 점이다. 이는 정치가들의 세대교체와 함께 한일관계가 예전처럼 과거에 얽매여 또는 과거를 고려하여 진행되지 않을 것이라는 점을 시사하고, 그런 차원에서는 언제고 갈등이 재연될 수 있는 측면을 포함하고 있다.

한일관계에서 최근 10년간 발생한 네 건의 사례를 검토한 부분에서는 다음과 같은 세 가지가 제시되었다. 첫째는 한일어업협정의 파기나 일북정상회담의 예에서 보듯이 일본의 대한정책 및 대한반도정책에서 관료의 역할이 매우 중요하다는 점이다. 일반적으로 외교정책에서는 관료보다는 정치가들의 역할이 크다는 지적이 많지만 일북정상회담의 예에서 보듯이 다나카 아주국장과 같은 관료의 적극적인 역할이 두드러지게 나타나는 것을 볼 수 있다. 한일어업협정파기의 예에서는 외무성보다도 다른 관련성청의 역할이 컸던 것으로 나타났다.

둘째는 우익역사교과서의 검정통과나 독도의 날 제정과 같은 예에서 보듯이 한일관계에 영향을 미치는 행위자가 외무성 외에도 새역모와 같은 민간단체나 시마네현 의회와 같은 지방단체 등 다양하게 존재한다는 점이다. 중요한 것은 이 두 가지 예에서 일본 외무성이 별다른 영향력을 발휘하지 못했다는 점이다. 이는 그들이 이들 단체에 동조적이었다고도 해석할 수 있지만, 그 보다는 권한 밖의 일이나 제도적으로 보장된 것에 대해서는 관료의 역할이 제한적일 수밖에 없다고 해석하는 것이 좀 더 타당하다고 보인다.

셋째는 정치가의 역할은 비록 두드러지지 않지만 중요한 부분을 형성한다는 점이다. 한일어업협정 파기나 일북정상회담의 예에서 보듯이 해당 사안에 대해 최종적으로 결정을 내리는 것은 정치가들이라는 점에서도 그렇고, 독도의 날 제정과 같은 경우에서처럼 시마네현이 당시 실력자라고 할 수 있는 아오키 참의원의장이나 호소다 관방장관의 지역구라는 점이 정부의 미온적 대응에 작용한 것도 그들의 중요성을 보여주는 예다.

여론의 성향에 대해서도 검토했는데, 이는 주요 주변국에 대한 일본 국민의 친밀감을 살펴보는 것이었다. 일본인에게 미국은 여전히 압도적으로 친밀한 국가이고 미일관계도 좋은 것으로 인식되고 있다는 점이 나타났다. 한국은 미국에 이어서 두 번째로 친밀한 국가로 나타났으며, 중국은 한국에 이어 세 번째로 친밀한 국가로 나타났다. 중국의 경우 특이한 것은 2000년대 초까지 높아졌던 친밀감이 중·후반에 들어 감소하는 경향을 나타냈다는 점이다. 앞으로 경제적으로 중국의 중요성이 더해질 것을 고려할 때 이러한 감소경향이 어떻게 변화할지 주목된다.

이상에서 정리한 것처럼 1990년대의 일본의 대한반도정책은 경제 중심적이었다. 친한적 성향을 보이는 현재의 민주당 정권의 등장이 한일관계를 좀 더 포괄적인 관계로 발전시켜 나갈 것인지는 좀 더 두고 봐야 할 것으로 보인다. 적어도 야스쿠니 신사를 참배하지 않겠다는 언급 등은 지켜질 것으로 예상되지만, 외국인참정권 문제에 대해서는 좀 더 시간을 달라는 식으로 이전의 강력한 발언과는 다소 차이를 보이기 때문이다. 그럼에도 한일관계를 좀 더 협력적인 양상으로 발전시킬 소재를 가지고 있는 것은 틀림없다고 생각되는데, 그런 차원에서는 한국의 적극적인 인도도 요구된다고 하겠다.

부록 1_ 한일어업협정 일지

1994년 11월 16일   국제연합 해양법조약 발표

1996년 2월 28일   한국, 국제연합 해양법조약의 발효(비준: 1월 29일)

1996년 3월 2일   한일정상회담(방콕), EEZ경계획정 조속협의 합의

1996년 5월 9, 10일   1차 한일어업협정 실무자협의(도쿄)

1996년 6월 23일   한일정상회담(제주도)

1996년 7월 20일   일본, 국제연합 해양법조약 발표(배타적 경제수역 설정)

1996년 7월 24일   외무장관회담(자카르타) 어업 회담 및 EEZ경계획정 회담 개최 합의

1996년 8월 8일   2차 한일어업협정 실무자협의(서울)

1996년 8월 13일   1차 EEZ(배타적 경제수역) 경계획정 교섭(도쿄)

1996년 11월 7, 8일   3차 한일어업협정 실무자협의(도쿄)

1997년 3월 6일   4차 한일어업협정 실무자협의

1997년 4월 30일   5차 한일어업협정 실무자협의

1997년 5월 26일   2차 EEZ 경계획정 교섭

1997년 6월 13일   6차 한일어업협정 실무자협의

1997년 6월 8일~7월 8일   일, 한국어선 5척 나포

1997년 7월 8일   한일 외무장관회담 어선나포 재발방지 합의

1997년 8월 13, 14일   7차 한일어업협정 실무자협의(도쿄)

1997년 9월 10, 11일   8차 한일어업협정 실무자협의, 잠정어업협정 체결방안 합의

1997년 10월 8~10일   9차 한일어업협정 실무자협의

1997년 10월 29일   어선나포

1997년 11월 3, 4일   3차 EEZ 경계획정 교섭

1997년 11월 26~29일   10차 한일어업협정 실무자협의(서울)

1997년 11월 30일~12월 5일   고무라 일본 외무차관 두 차례 방한 협의

1997년 12월 29일   한일 외무장관회담(서울)

1998년 1월 6일~14일   김종필 자민련 명예총재 방일

1998년 1월 22일   일본, 한일어업협정 파기

부록 2_ 북-일 국교정상화 회담의 의제와 양측의 입장(1~11차)

협상	일시/장소	내용
제1차	1991.1 평양	북한: 일본의 외교문제를 통한 사회, 식민지 지배에 대한 보상과 재산청구권, 교전국 간의 배상요구, 문화재 반환, 전후 45년간에 대한 보상 요구
		일본: 일본과 조선은 전쟁상태가 아니었으므로 보상 및 배상은 불가능함. 전후보상의무 없음. 국제원자력 기구와 핵사찰 협정 체결요구
제2차	1991.3 도쿄	북한: 핵사찰 문제는 북미 간의 문제, 한일합방조약 등 과거의 조약은 일본이 무력을 사용하여 강제로 체결한 것이므로 무효임
		일본: 과거의 조약과 관련하여 당시는 유효하게 체결, 실시. 경제적 제 문제는 재산청구권으로 처리
제3차	1991.5 베이징	북한: 기본 문제 합의를 통해 외교관계를 수립하고, 그 후 보상 문제를 협의하는 방식을 제안. 북한의 관할권은 한반도의 1/2임 을 인정
		일본: 일괄해결을 통한 정상화 방안을 제시. 남북대화 진전, 남북한 유엔 동시 가입, IAEA에 의한 핵사찰 수용은 국교정상화의 전제조건, 의제외 안건으로 '이은혜'의 생존확인 요구
제4차	1991.8 베이징	북한: 일본은 한반도의 비핵지대화를 지지해야만 함
		일본: 재산청구권 범위 내에서 물적 피해를 고려, 재산청구권 요구에는 증거물품이 있을 경우 보상이 가능
제5차	1991.11 베이징	북한: 인적·물적 피해의 가해국인 일본이 보상해야만 함
		일본: 핵사찰, 남북대화 문제의 진전을 요구
제6차	1992.1 베이징	북한: 일본의 요구(남북한의 유엔 가입, 남북대화, 핵사찰협정 체결 문제 등)는 전부 해결되었음
		일본: 공동문서에 샌프란시스코 강화조약의 내용을 반영시켜야만 함
제7차	1992.5 베이징	북한: 일본은 한일조약과의 정합성 주장을 철회해야만 함
		일본: 핵 문제 해결 없이 국교정상화는 곤란
제8차	1992.11 베이징	북한: 일본은 보상책임을 회피할 수 없음
		일본: 이은혜 문제를 제기하여 회담이 결렬
제9차	2000.4 평양	북한: 과거문제와 관련하여 4항목 요구(일본 정부의 공식 문서에 의한 사과, 인적·물적 손실에 대한 보상, 문화재 반환, 재인조선인의 법적 지위 보장)
		일본: 사죄는 무라야마 담화로, 보상 문제는 청구권으로 처리되었음. 납치 문제를 포함한 일북 간의 모든 현안이 논의의 대상
제10차	2000.8 도쿄	북한: 과거청산이 최우선 과제
		일본: 사죄는 무라야마 담화로, 보상 문제는 청구권으로 처리되었음. 경제협력 방식에 의한 과거청산
제11차	2000.10. 베이징	북한: 사죄와 보상, 문제의 최우선 처리
		일본: 경제협력 방식의 의한 과거 청산, 국교정상화와 납치 문제를 일괄해서 해결

제12장

한일협력론

결론을 대신해서

1. 일본은 변화하고 있는가

이 책에서는 냉전 이후의 일본 외교가 그 전과 비교할 때 변화했다고 볼 수 있는지를 중심 테마로 검토하고, 변화의 기준으로 다음과 같은 세 가지 틀을 제시했다. 첫째는 일본의 정책결정 과정이라는 큰 이론적 맥락에서 외교 부분도 변화를 논할 수 있는가 하는 점이었다. 일본에서의 정책결정 과정에 대해서는 다양한 논의들이 제시되었지만 대체적으로는 관료우위론과 다원주의론의 양자로 대별되어 어느 한쪽이 우세하다고 할 수 없는 형편이다. 이 책은 냉전 이후의 일본 외교에서 어떤 정책결정 과정의 양상이 좀 더 주되게 나타나는가에 초점을 맞추었는데, 이와 연관해서는 소위 말하는 '외압론'의 역할이 얼마나 되는지도 검토하고자 했다.

둘째는 외교 스타일에 대한 변화 여부를 검토하는 것이었다. 캘더 교수에 의해 명명된 '반응적 국가'론은 일본의 외교 스타일을 묘사하는 대표적인 개념인데, 이 책에서는 냉전 이후의 일본 외교 역시 외부적 환경 변화에 소극적으로 적응하고자 하는 '반응적 국가'의 스타일을 주되게 보여주었는지 검토했다. 셋째는 외교지침과 관련된 사항이다. 메이지유신에 의해 근대국가를 출범시킨 일본은 외무성을 중심으로 '헤롯주의' 또는 '현실주의'적 외교를 추구했다. 그러나 일본 전체적으로 볼 때는 그에 더해 '탈아론'과 '입아론'의 논의가 전전의 일본을 유도한 측면이 강하고, 전후에는 미일관계 또는 평화헌법이라는 틀이 주효하게 작용했음을 볼 수 있다. 일본이 냉전의 붕괴 이후 이러한 지침에 어떠한 변화를 주려 했는지 검토하는 것도 이 책의 또 다른 관심사였다.

이러한 세 가지 논점에 대해 지금까지 검토한 사항들을 간략히 정리하면 다음과 같다. 우선 냉전의 붕괴 이후 일본 외교의 정책결정 과정에서 나타난 사안들을 중심으로 보면 관료들의 역할 및 영향력이 매우 크다는 것을 알 수 있다. 그 대표적인 예가 고이즈미 내각하에서 두 차례에 걸쳐 진행된 일북정상회담이다. 당시 북동아시아 국장을 지낸 다나카의 책에 따르면 일북정상회담을 향한 일본 외무성의 역할은 북한과의 물밑 접촉부터 시작하여 최종적인 수행까지 전체를 포괄하고 있다. 물론 다나카가 지적하듯이 이러한 외무성의 움직임은 고이즈미 수상 및 후쿠다 관방장관을 포함한 정권수뇌부에 보고되고, 각 단계별 주요사안에 대한 결정도 수상의 결단에 의한 것이었지만 실질적으로 일북관계의 정상화와 그를 위한 정상회담의 추진 등이 실행될 수 있었던 것은 외무성 관료들의 가치성향과 열성에 의한 것이었다는 점에서 그 역할 및 영향력을 여전히 높게 평가할 수 있다.

'반응적 국가'의 외교 스타일과 관련해서는 이를 극복하려는 노력이 다양하게 나타남을 알 수 있었다. 이는 크게 세 부분으로 나누어 지적할 수 있는데, 첫째는 소위 말하는 '정치대국화'의 노력이다. 경제대국에 걸맞은 정치대국을 지향해야 한다는 반성에서 추진된 '정치대국화'의 방향은 국제평화유지활동(PKO)에의 적극적 참여나 유엔안보리 상임이사국에의 진출 노력, 그리고 빈곤퇴치 등과 같은 유엔의 구호에 발맞춘 ODA의 적극적인 활용 등에서 나타나고 있다. 둘째는 환경 문제와 같이 비군사적인 이슈지만 국제적으로 아주 주요한 이슈에 대해 적극적으로 참여하고 논의를 이끌어나가려는 노력이 돋보인다는 점이다. 그 대표적인 예가 교토의정서의 채택과 그 후속조치를 위한 일본의 노력이었다. 셋째는 동아시아 지역에서의 경제위기에 대항하기 위한 지역경제 협력에 있어 일본은 아시아판인 AMF를 제시하거나 미야자와 플랜 및 치앙마이 이니셔티브 등을 제안하여 소기의 성과를 거두었는데, 이는 일본의 역할로 인정할 수 있는 부분이다.

일본이 이처럼 국제적으로 적극적인 개입의 모습을 보이는 것은 냉전의 붕괴 이후 발생한 걸프전에서의 충격이 그만큼 대단했기 때문이다. 130억 달러의 지원을 전체적으로 제공했음에도 일본에 대한 평가가 결코 높지 않았다는 것에 정치가를 비롯한 많은 일본인들이 충격을 나타냈는데, 이에 더해 변화하는 냉전 이후의 국제관계 양상이 일본으로 하여금 좀 더 적극적인 역할론에 주시하게 된 이유다. 이러한 적극적인 역할론에는 미일관계의 강화도 포함된다.

일본의 외교지침과 관련해서도 변화된 모습을 다음과 같은 세 가지 부분에서 찾을 수 있다. 첫째는 전후 일본 외교의 중심축이라고 할 수 있는 미일관계의 중시라는 관점이 앞서 언급한 적극적 역할에의 대내외적 요구와 냉전의 붕괴라는 국제질서의 변화에 의해 좀 더 복잡한 중층적 관계의 형성으로 변화했다는 것이다. 이는 결코 미일관계의 중요성을 감소시킨 것이 아니라 오히려 증가시킨 것이라고도 볼 수 있는 변화인데, 즉 미일관계를 중심으로 다양하고도 복잡한 중층적 관계의 형성을 추구하고 있다는 것이다. 그 대표적인 예가 고이즈미 정권하의 일본이 부시 정권하의 미국에 발맞추어 이라크파병에 최대한 적극적으로 참여하면서도 북한과의 관계정상화를 추구하고 국제적으로는 동아시아공동체의 형성을 구상한 것이다. 즉, 냉전의 붕괴 이후의 일본 외교는 불확실성을 기본으로 하는 국제질서의 속성에 따라 최대한 다방면의 복잡한 외교적 노력 및 대비를 추진하고 있는 것이다.

둘째는 미일관계를 중시하는 가운데 나타난 현상으로 아시아에서의 역할을 강화하는 노력이 두드러지게 나타난다는 점이다. 이는 앞에서 언급했듯이 냉전의 붕괴 이후 진행된 경제블록화 움직임에 대하여 APEC의 구상을 제시하고, 1990년대 말에 닥친 경제위기에 대하여 AMF 구상이나 미야자와 플랜

등을 제시한 것 등이 대표적인 예인데, 여기에는 중국 견제적인 측면이 나타난다는 점에서 특징적이다. 예를 들어 동아시아공동체 구상과 관련하여 중국의 주도를 견제하기 위해 호주 등과 같은 태평양 지역의 구성원을 제시하고 있는 것이다.

셋째는 바로 앞서 언급한 것처럼 아시아를 중시하면서도 중국을 견제하는 경향이 나타나면서 한국에 대한 관심도가 높아졌다는 점이다. 이는 외무성의 조직도에서도 나타나는데, 한국 및 동북아의 위상이 경제적으로나 정치적으로 높아졌기 때문이다.

이상에서 검토한 것은 한마디로 일본의 외교가 냉전의 붕괴라는 국제질서의 변화에 부응하여 적응하기 위해 적극적인 변화를 시도하고 있고 요약할 수 있을 것이다. 그리고 한국으로서는 다행스럽게도 그러한 변화가 한국을 배척하거나 반대하는 방향이 아니라 함께 노력하려는 방향을 제시한다는 점이다.

2. 일본의 정권교체와 한일관계의 향방

2009년 9월 16일 일본 민주당의 하토야마 대표가 중참 양원에서 일본의 제93대 총리로 선출되었다. 이는 8월 30일의 중의원 총선거에서 일본 민주당이 이룩한 308의석이라는 경이로운 성과의 결과로서, 308의석이라는 성과는 1955년에 성립된 자민당이 지난 54년간 정권을 거의 독점하면서도 달성하지 못한 것이었다. 이로서 민주당으로의 정권교체가 이루어졌는데, 정권교체는 16년 전인 1993년의 중의원 총선거에서 당시 집권당이었던 자민당이 과반수를 획득하지 못함으로써 발생하긴 했지만 야당이 선거에서 국회 내 제1당을 차지하여 정권교체를 이룬 것은 자민당이 성립된 1955년 이후 처음 있는, 즉 54년만의 일이다. 가히 혁명적이라고 할 만한 역사적 사건이 선거를 매개로 시민에 의해 일본에서 일어난 것이다. 여기에서는 민주당의 대승이 어떤 연유에서 비롯된 것인지, 과연 민주당 정권의 성립 이후 일본정치가 어떤 방향으로

흘러갈지, 그리고 그에 따라 일본의 아시아정책은 어떤 변화를 보일지 간략히 검토한다.

민주당으로의 정권교체는 대체로 다음과 같은 두 가지 요인에 의해 가능했다고 할 수 있다. 첫째는 자민당 정치에 대한 염증이다. 자민당은 1993년의 중의원 총선거에서 패배할 때까지 장장 38년간 정권을 담당하면서 1950~1960년대의 고도 경제성장과 1970년대의 석유위기 극복, 그리고 1980년대의 경제버블기를 뒷받침하는 정치적 안정과 리더십을 제공한 정당이었다. 그러나 이러한 성공과 함께 금권정치와 정치부패라는 부작용이 뒤따랐는데 이러한 문제들은 저성장기로 접어든 1980년대 이후, 특히 버블경제가 붕괴된 1990년대에는 거센 불만을 낳았다.

1980년대 후반의 '리크루트' 사건이나 '사가와규빈' 사건 등의 정치부패 사건들이 1993년의 정권교체에 도화선이 되었고, 이번에는 이러한 정치부패의 측면에 더하여 자민당 리더들의 리더십에 의문이 제기되면서 '바꿔'라는 정치바람으로 연결된 측면이 있다. 국민적 인기를 기반으로 선출된 아베 수상과 후쿠다 수상이 각각 1년도 가지 못해서 좌초된 것에 더하여, 아소 수상의 경우에는 특히 부적절하고 가벼운 언동이 자민당의 리더십에 대한 의문을 더욱 확대시킨 결정적 계기가 되었다. 한 신문조사에 따르면 이번 선거에서 자민당 지지층은 37%로 2003년의 41%와 2005년의 43%에 비해 각각 4%와 6% 감소하는 데 그쳤지만, 그중 54%만이 자민당 및 그 후보에 투표하고 29%가 민주당에 투표한 것으로 나타나 자민당에 대한 염증을 잘 보여주고 있다.

두 번째 요인은 1980년대 이후 시작된 신자유주의적 정책, 특히 냉전 후 진행된 세계화와 그에 대응한 고이즈미 수상의 구조개혁 노력 등이 가져온 후유증이다. 전후 일본은 1960년대까지 고도경제성장기를 구가했지만 1970년대에 두 차례에 걸쳐 발생한 석유위기로 인해 저성장기를 맞이했는데, 이러한 경제위기를 극복하는 과정에서 국채를 늘리는 재정확대정책을 추구했다. 그러나 1980년대 이후에는 국채증가에 대한 부담 때문에 소비세 등의 도입과 민영화 등의 구조개혁를 추진했는데, 고이즈미 수상의 우정민영화가 이러한 구조개혁 노력의 대표적 사례라고 할 수 있다. 이러한 과정 속에서 자민당의 전통적인 지지기반이라고 할 수 있는 농민이나 도시의 중소기업층, 그리고 이들을 대표하는 조직들이 종전과 같은 혜택을 받지 못함으로써 집표조직으로서의 역할을 할 수 없게 만들었던 것이다.

이러한 두 가지 측면에서 보면 이번 선거결과는 민주당의 노력보다도 자민당의 자멸이라고 요약할 수 있다. 그러나 국민이 신뢰할 수 있는 민주당이 없었다면 자민당의 집권이 연장될 가능성이 여전히 높았다는 점을 감안할 때, 민주당은 그 노력과 더불어 존재 자체로도 중요한 의미를 갖는다고 볼 수 있다. 이 외에도 1990년대 이후 지속된 마이너스에 가까운 초저성장률과 높은 실업률 등의 경제상황은 '격차사회'나 '하류사회'와 같은 개념의 등장에서 보듯이 사회적 불만 및 불안을 고조시킨 것으로 이번 선거결과의 또 다른 주요 요인으로 지적할 수 있다.

또한 민주당의 승리는 양대정당제의 확립을 보여준다는 측면에서도 큰 의미를 갖는다. 1994년에 도입된 소선거구비례대표제는 자민당과 민주당을 중심으로 한 대립구도를 가져왔지만 자민당의 지속적인 수적 우위로 양당제라고 하기에는 미흡한 점이 없지 않았다. 이는 1955년 이후 사회당과 양대 정당 대립구조를 유지하면서도 수적 우위로 장기간 집권했던 것과 유사하다고 할 수 있는데, 이번의 민주당 승리는 야당 민주당의 집권 가능성을 명확히 보여줌으로써 1994년 이후의 구도가 그 전과는 다름을 보여주었다는 것이다. 즉, 민주당의 승리로 명실상부한 양당제 구도의 확립이 확인되었다는 것이다.

물론 민주당의 승리로 일본 정국이 양당제로 안착했다고 하기에는 이른 감이 없지 않다. 2010년의 참의원 선거결과에 따라 민주당이 내부갈등을 겪을 가능성이 많고, 이에 따라 정계개편의 소용돌이가 몰아칠 가능성을 배제할 수 없다. 이는 민주당이 다양한 성향을 가진 세력들로 구성되어 있기 때문인데, 이러한 이유로 민주당 간사장에 임명된 오자와 전 민주당대표의 행보가 최근 주목을 받고 있다. 지난 20년간 일본 정계에 풍운을 일으킨 오자와 간사장이 당내 최대세력을 이끌고 있기 때문인데, 그럼에도 집권당이 지니는 장점을 쉽게 저버릴 수 없고 변신을 위한 명분이 명확해야 한다는 점을 고려하면 단기적인 정계개편은 쉽게 생각하기 어려운 측면도 있다. 이는 또한 자민당의 자구노력과도 연관되는 것으로, 경우에 따라서는 오히려 민주당이 또 다른 장기집권당이 될 가능성도 배제할 수 없다.

민주당으로의 정권교체는 국내정치는 물론 외교분야에서도 많은 변화를 예고하고 있다. 특히 대아시아정책의 중시로 주목을 받고 있는데, 이와 관련해서는 민주당이 선거유세 때 제시한 '매니페스토'의 내용을 참고하는 것이 순서다. 공허한 정책공약과는 달리 해당 정책의 추진현황 및 공정표를 공개하여 자신들이 제시한 정책과 그에 대한 국민의 지지에 책임을 다하겠다는 것이 '매니페스토'의 기본정신이고 그러한 이유로 지난 몇 차례의 선거에서 매니페스토의 제시를 중시했기 때문이다. 이번 '매니페스토'에는 크게 두 가지 버전이 있다. 하나는 '민주당의 정권정책, 매니페스토'라는 제목인데, 자신들이 추구하는 정책들을 간략히 일목요연하게 요약한 것으로 약 15페이지에 달한다. 다른 하나는 '민주당정책집, 인덱스 2009'라는 제하의 것으로, 요약본보다는 좀 더 구체적으로 정책내용에 대해서 설명한 것으로 약 60페이지에 달한다. 양자가 거의 같은 내용이지만, 후자의 '인덱스 2009'가 좀 더 구체적이기에 이를 중심으로 살펴본다.

'인덱스 2009'는 약 22개의 항목으로 나뉘어 있는데, 대아시아정책과 관련해서는 '외교 및 방위' 항목과 '내각' 항목이 연관된다. 우선 '외교 및 방위' 부분에는 일본의 주체적인 외교전략에 기초한 대등한 파트너십을 주창하는 미일관계를 비롯하여 총 20개 항목이 포함되어 있다. 이어서 언급되는 대아시아정책에서는 중국과 한국을 시작으로 아시아제국과의 신뢰관계 구축에 전력을 기울이겠다는 내용이 담겨 있다. 아시아제국과의 신뢰관계를 바탕으로 통상, 금융, 에너지 등의 다양한 분야에서 협력하는 동아시아공동체의 구축을 목표로 제시하고 있는 것이다. 또한 아시아 제국과의 협력을 시작으로 세계 각국과의 자유무역협정(FTA)이나 경제연대협정(EPA) 체결을 추진한다는 방향이 제시되고 있다.

이러한 과정은 아시아와의 협력을 우선적으로 명확하게 제기하고 있다는 점에서 종전의 서구지향적 방향과는 다른 새로운 접근이라고 할 수 있다. 그러나 이를 예전의 용어를 사용하여 탈아입구적 방향에서 탈구입아적 방향으로의 전환이라고 말하기에는 어려운 측면이 있다. 무엇보다 예전의 탈아론과 탈구론이 양립불가론적인 측면이 있었다고 한다면, 지금의 입구론이나 입구론은 상호배척적이라기보다는 상호보완적인 차원에서 접근방식의 우선순위에 차이를 나타내는 보다 복잡한 측면이 있기 때문이다. 미일관계에서 주체성과 대등성을 주창하면서도 미일관계가 가장 중요하다는 점을 강조하는 것이 이러한 복잡한 구도를 보여주는 예다.

동아시아공동체의 구축이라는 목표와 그것의 기초가 되는 아시아제국과의 신뢰관계 구축을 위해서 한국과의 신뢰구축 강화가 가장 먼저 제시되고 있다는 점은 한국으로서는 고무적이다. 동아시아와 세계의 안정 및 평화를 지향하는 일본의 외교전략과 관련해서 한일협력, 한·중·일협력, 동아시아협력, 그리고 세계적 협력의 위계 속에서 생각하고 있음을 보여주기 때문이다. 전후문제의 하나로 위안부문제의 해결이 제시되고, 야스쿠니 신사 참배와 관련하여 새로운 추도시설의 건립이 제안된 것 등도 아시아제국과의 관계 개선이라는 전반적인 측면도 있지만 한국과의 신뢰구축 강화라는 특별한 맥락에서도 이해할 수 있다. 다른 어떤 아시아 국가들보다도 한국이 이들 문제의 해결에 적극적이기 때문이다.

독도와 관련하여 '인덱스 2009'가 일본의 영유권을 확실히 주장하면서 조속하면서도 평화적으로 해결하겠다고 강조하는 것과 관련해서도 이러한 차원에서 후자에 좀 더 중점을 두는 것으로 해석할 수 있다. 이 문제를 한일관계와 관련해서는 마지막 부분의 한일FTA 체결노력과 함께 언급하고, 영토문제에서는 북방영토와 함께 제기하면서 영토문제의 해결이 "곤란함을 동반함과 동시에 시일을 필요로 하는 것"이라고 전제한 뒤 언급하기 때문이다.

일중관계와 관련해서는 "중국은 일본에 있어서 극히 중요한 인접국이며,

동아시아지역의 평화와 번영을 위해서도 더욱 우호관계를 촉진"시켜야 한다는 문구로 시작한다. '평화'만이 아니라 '번영'이라는 용어가 사용된 것은 중국과의 관계에서 안보뿐만이 아니라 경제의 측면이 고려되고 있음을 보여준다고 할 수 있는데, 이와 더불어 일중 간에 갈등을 낳는 동중국해 가스개발 문제나 군사력의 투명화 문제 등이 제기되는 것은 중국과의 관계에서 정리해나갈 많은 문제들을 인식하고 있음을 보여준다. 그럼에도 우호관계의 촉진이나 민주당과 중국공산당 사이의 '교류협의기구'라는 기존의 채널을 통한 신뢰관계의 긴밀화가 제시되는 것은 민주당 정권하에서의 일중관계가 좀 더 적극적으로 추진될 가능성을 시사한다고 하겠다. 대만과의 경제 및 문화적 교류를 촉진하겠다는 언급과 함께, 대만의 일방적 독립에 대해서 반대한다는 의사를 명확히 한 것도 이러한 맥락에서 이해할 수 있다고 본다.

일북관계와 관련해서는 핵실험과 미사일발사에 대해서 중점적으로 언급하고 있다. 이들 문제가 "우리나라(일본) 및 국제의 평화와 안정에 대한 명백한 위협이며, 결코 용인할 수 없다"는 점을 명확히 하면서, 북한의 대량학살무기와 미사일의 개발, 보유, 배치 등을 포기시키기 위한 조치로서 한·미·중·러 4개국을 비롯한 국제사회와의 협력을 추구하고 유엔안보리결의에 기초한 화물검사나 추가적 제재조치를 단호히 실시하겠다고 주장하고 있다. 다음으로 납치 문제에 대한 언급이 뒤를 잇는데, 일본의 국권침해이자 인권침해라고 규정하면서 국가적 차원에서 해결되도록 전력을 기울일 것을 천명하고 있다.

흥미로운 것은 북한과의 국교정상화 문제를 전후문제의 해결이라는 항목에서 다루면서 중요한 과제의 하나로 제시한다는 점이다. 이것이 앞서 얘기한 핵무기 및 미사일 문제의 인식을 바꾸지는 않겠지만, 일본의 대북정책에서 기본노선인 '대화와 압박'의 양방향 중에서 '대화'의 측면이 종전과는 다르게 좀 더 적극적인 양상을 띨 가능성을 시사한다고 볼 수 있다. 이는 특히 위에서 언급했듯이 납치 문제를 대북정책과 관련하여 후순위로 제시하고 있다는 점과 연관해서 생각할 때 더욱 그 가능성이 높아 보인다.

현재의 일본 민주당은 자민당을 탈당한 의원들이 창립한 구신당사키가케 및 구신진당과 그 후신이라고 할 수 있는 구자유당 등의 보수정당들은 물론, 구사회당이나 구민사당과 같은 혁신계 정당들이 동시에 또는 순차적으로 합쳐져 만들어진 정당이다. 따라서 이념적 또는 정책적으로 매우 복합적이고 복잡한 성격을 가지고 있는데, 이러한 성격이 위에서 소개한 정책방향을 실제로 어떻게 실행하게 만들지 살펴볼 필요가 있다. 그러나 이를 검토하기 위해서는 우선 하토야마 내각의 출범에 즈음하여 민주당이 국민신당 및 사민당과 연립을 형성하면서 작성한 정책합의문 내용을 검토하는 것이 필요하다. 특히 사민당의 이념적 위치 혹은 정책적 지향은 민주당 내의 편차보다도 더욱 클 것이기 때문이다.

10개 항목으로 요약되는 정책합의문은 일본의 외교정책과 관련하여 자립외교를 맨 먼저 제시하면서 세계에의 공헌과 대등한 미일관계를 언급하고 있다. 또한 미일지위협정의 개정과 미군기지의 이전에 대해서는 재검토할 것을 제기하면서도, 미일 간의 좀 더 시급한 문제라고 할 수 있는 일본 해상자위대의 급유지원활동 연장문제와 관련해서는 구체적으로 언급하지 않은 채 아프간사태의 실태를 파악하여 지원책을 검토한다는 조항이 포함되어 있다. 이는 미국과의 대등한 관계에 대한 강조와 함께 제기된 미국과의 신뢰관계 육성의 중요성과 관련된다는 점에서 매우 시사적이다. 즉, 하토야마 연립내각에서도 일본 외교의 기본축이었던 미일관계의 중요성은 그대로 유지될 것이라는 예상이 가능한 것이다.

아시아정책과 관련해서는 동아시아공동체를 목표로 추진하고, 북한의 핵무기와 미사일 개발을 저지하면서 납치 문제의 해결에 전력을 기울인다는 내용이 간략히 포함되어 있다. 미일관계와 비교하면 매우 간단한 내용이어서 앞으로 대아시아정책이 어떤 방향으로 전개될 것인지를 가늠하기 쉽지 않지만, 전체적인 방향은 민주당이 제시한 것과 동일하다는 점에서 연립내각에서도 위에서 언급한 민주당의 정책이 추구될 것으로 예상할 수 있다. 이상의 두 가지 측면에서 볼 때 참의원을 대비하여 형성된 연립내각은 주요 여당인 민주당의 정책지향에 큰 지장을 주지 않을 것으로 파악된다. 따라서 다음으로는 민주당의 내부사정을 검토할 필요가 있다.

민주당에는 자민당의 파벌과는 달리 결속력이 다소 약한 정책그룹 약 10개가 활동하는 것으로 알려져 있는데, 이들은 외교정책과 관련하여 크게 세 그룹으로 다시 나누어볼 수 있다. 첫째는 현실주의적 그룹으로, 오자와 현 간사장이 이끄는 일신회의 오자와 그룹이 대표적이다. 둘째는 좀 더 보수적인 그룹으로, 마에하라 현 국토교통상이 이끄는 능운회의 마에하라 그룹이 대표적이다. 이들의 구분은 2006년의 북한 핵실험을 둘러싼 논쟁에서 극명하게 나타난다. 당시 대표를 맡았던 오자와는 북한의 핵실험과 관련하여 집행부를 형성했던 간 나오토와 하토야마 간사장과 함께 '주변사태'에 해당하지 않는다는 견해를 밝혔지만, 마에하라는 '주변사태'로 파악해야 한다고 주장하면서 집행부의 견해를 민주당의 공식견해가 아니라고 비판했던 것이다. 셋째는 예전의 혁신세력에 속한 그룹으로, 이번 선거를 통해 국회의장에 취임한 요코미치 그룹이 대표적이라고 할 수 있다.

이러한 정책지향상의 차이에도 민주당이 매니페스토로 제시한 내용은 합의하에 작성된 것이므로 정책의 실행과 관련하여 중요한 것은 하토야마 내각의 중요 인사들이 지니는 정책적 성향이다. 외교와 관련된 하토야마 수상의 생각은 크게 두 가지 특징적인 측면을 갖고 있다. 첫째는 '우애'라는 개념으로, 이는 아소 수상의 '가치외교'에 대한 비판에서 잘 드러난다. 가치를 함께하는 국가들이 외교관계를 강화하는 것은 당연하며, 외교는 가치를 달리하는 국가들이 어떻게 공존공영할 수 있는가를 검토하면서 공생하는 것이라며 아소 수상의 가치외교를 비판했던 것이다. 이러한 성향은 일북의원연맹의 고문이라는 경력과 함께 북한에 대한 적극적인 대화노선으로의 전환 가능성을 시사한다.

둘째는 아시아공동체에 대한 선호이다. 개헌과 관련하여 현재의 자위대를 실질적인 군대로 인정할 것을 주장함과 동시에, 유럽과는 다르겠지만 아시아에서도 경제공동체를 형성하는 데 통화권 발행과 같은 주권의 일부를 이양하는 방안을 제기했던 것이다. 이러한 그의 생각이 우애라는 개념과 어우러져 민주당의 매니페스토에 담긴 아시아중시관과 동아시아공동체의 개념으로 나타났다고 생각되는데, 이는 그만큼 하토야마 내각하에서 친아시아적 정책이 추구될 가능성이 높음을 제시하는 것이다.

3. 한일협력론[1]

최근 한국에 대한 일본의 접근이 적극적이다. 마에하라 외무대신은 한일 간의 군사동맹 필요성을 제기했고, 조만간 한국을 방문할 기타자와 방위대산은 한일 간의 군사협정을 타진할 것으로 알려져 있으며, 향후 예상되는 이명박 대통령의 방일 시에는 안보공동선언을 준비한다는 소식이 들리고 있다. 흥미로운 것은 일본의 이러한 적극적인 태도와는 달리 한국 정부는 미온적이거나 불만 섞인 태도를 보이고 있다는 점이다. 이는 무엇보다 대국민홍보 등과 같은 차원에서 아직 준비가 되지 않았는데 언론에 먼저 보도되었기 때문일 것이다. 하지만 그에 앞서 국민정서가 그것을 용납할 것인지에 대해 우려하거나 국민을 설득하려는 용기가 부족하기 때문인 것으로도 보인다.

과연 이러한 일본의 적극적인 자세에 대해 어떻게 대응하는 것이 적합할 것인가. 이 절에서는 앞서 언급한 변화하는 일본 외교를 전제로 이러한 일본의 요구에 대해 어떻게 대응하는 것이 한국의 안보를 고려하는 데 중요할지 검토함으로써 이 책의 결론을 대신하고자 한다.

한일 간의 군사협정 등에 대한 국내의 비판은 대체로 다음 세 가지로 분류해볼 수 있다. 첫째는 앞서 언급한 것처럼 아직 국민정서가 일본과의 군사협정을 용인하지 않을 것이라는 관점에서 시기상조라는 비판이다. 한국과 일본 양국 사이에는 국교정상화 이후 지속적으로 긴밀해진 경제적·정치적 관계강화에도 교과서 문제나 독도 문제 등이 갈등요인으로 자리 잡고 있다. 따라서 일본에

---

1) 이 절은 이면우, 「한일조사협정 적극 추진하자」, ≪세종논평≫, 제211호(2011.1.3)를 재구성한 것임.

대한 한국 내의 인식이 예전과는 달리 많이 호전되었고 긍정적으로 변화되었다고는 하지만 이러한 요인들이 재등장할 때마다 한일관계가 경색되는 상황이 반복되었다. 따라서 과연 이러한 상황을 초래하는 일본과 군사협정을 체결하는 것이 타당하냐는 비판인 것이다.

둘째는 일본의 군사대국화에 대한 우려이다. 일본의 제국주의화와 군국주의화에 따른 식민지배와 그와 연관해 창씨개명이나 위안부 등과 같이 많은 고난을 경험한 한국으로서는 아주 당연한 것이겠지만, 평화주의 노선을 벗어나는 듯한 일본의 변화 경향은 또 다른 제국주의화 또는 군국주의화의 길로 비추어지기 쉽다. 냉전의 붕괴 이후 일본이 추구한 정치대국화 또는 보통국가화가 우선적으로 군국주의화로 우려되었던 것도 그러한 이유 때문이다. 따라서 일본과의 군사협정은 일본이 평화주의 노선에서 벗어나 군사대국화 또는 군국주의로의 길을 열어주는 것이 아니냐는 비판이다.

셋째는 일본과의 군사협정이 한반도를 위시한 동북아 지역에서 '한·미·일'과 '북·중·러'라는 새로운 냉전적 대립구도를 가져오는 것이 아닌가 하는 우려이다. 2010년에 발생한 천안함 사태와 연평도 사태의 사후구도가 제시하는 것처럼 남북의 대결구도는 최근의 경우에도 여전히 예전과 같은 냉전적 대결구도, 즉 '한·미·일' 대 '북·중·러'라는 대결구도로 자연스럽게 연결되는 것으로 보인다. 연평도 사태의 경우에서는 러시아가 북한 측을 비판하는 태도를 취하긴 했지만, 이러한 자연스러운 대결구도의 형성은 한일군사협정의 성립에 의해 더욱 공고히 될 가능성이 많다는 우려인 것이다.

이러한 우려 및 비판들이 일견 타당성을 가지는 것이 사실이지만 한국과 일본 양국 사이의 군사협정에 대해서는 한일 간의 특수한 관계 속에서 형성되는 것이 아닌, 한국의 안보를 위해 일반적 이국관계라는 차원에서 고려되어야 한다는 전제하에 위에서 언급된 세 가지 측면을 돌이켜본다. 그 순서를 거슬러 올라가 우선 '한·미·일'과 '북·중·러'의 신냉전적 대결구도가 형성될 것이라는 비판에 대해서 검토해보겠다.

이 비판이 제시하듯 한일 양국이 군사협정으로 맺어진다면 무역 등을 통해 이미 공고해진 양국관계가 더욱 강화될 것은 말할 것도 없고, 북한이나 중국으로 하여금 경계감을 갖게 만들 것이 분명하다. 냉전이 붕괴된 이후 지난 20여 년간 관계가 원활해진 측면이 있지만 한국과 북한이나 일본과 중국, 또는 '한·미·일'과 '북·중·러'는 자유나 인권, 민주주의 등과 같은 가치적인 측면에서 서로 다른 개념을 갖는다. 따라서 대체로 각국은 세계화 속에서 경제성장을 추구하면서도 그러한 차이점을 유지하려 하고 있다. 그러나 이와 관련해서는 다음과 같은 세 가지 반론 및 질문을 제기할 수 있을 것이다.

첫째는 가치의 차이 및 국익에 대한 관점의 차이에 따른 대결구도에도 '한·미·일' 대 '북·중·러'의 관계가 항상 대결적인 양상을 보인 것은 아니라는 점이다. 냉전의 붕괴 이후 한국, 북한, 일본, 중국, 미국, 러시아 6개국의 관계는 양자적이든 다자적이든 때때로 경색된 국면을 보이기는 했지만 세계화의 조류 속에서 다양한 교류를 진전시키고 있다. 예를 들어 일본과 중국의 경우 천안문 사태, 대만에의 미사일 공격, 역사교과서 갈등 등과 같은 사건들로 정치적으로 경색된 국면이 때때로 보였지만, 그것이 양국관계의 전적인 동결을 가져오지는 않았다. 경제적으로는 무역 등의 교류가 진행되었고, 정치적 혹은 외교적으로는 비공식 채널을 통해 지속적인 접촉이 진행되었다. 이는 곧 대립구도가 형성된다고 하더라도 관계의 단절이라는 극단적 조치를 상정할 필요는 없음을 의미한다.

둘째는 '한·미·일' 대 '북·중·러'의 대결구도가 군사협정의 체결여부와는 상관없이 생래적이라는 것이다. 달리 얘기하면 군사협정이 없다고 그러한 대결구도를 회피할 수 있는가라는 질문이다. 한 예로 앞서 언급한 것처럼 2010년에 발생한 천안함 사태나 연평도 사태에 대해 중국이나 러시아는 사태에 대한 명확한 판단 없이 또는 명확한 판단과 상관없이 북한의 주장을 지지하는 입장을 취했던 것이다. 즉, 중국의 경우 특히 동 사태들이 북한에 의해 도발된 것이 확실해졌음에도 시비를 가려 편들기보다는 북한이 주장하는 6자 회담의 제의나 평화공세에 편승했다. 이는 결국 중국의 행동양식은 사태에 대한 옳고 그름의 판단보다는 국익에 대한 판단에 따라 취해진다는 것을 의미한다. 따라서 한일 간의 군사협정은 '한·미·일' 대 '북·중·러'의 대결구도를 가져오는 것이 아니라, 이미 주어진 조건으로서 존재하는 대결구도를 확인하는 계기라는 것이 정확한 표현이다.

셋째로는 '한·미·일' 대 '북·중·러'의 대결구도를 회피하는 것이 한국의 안전보장을 담보하는가 하는 질문이다. '한·미·일' 대 '북·중·러'의 대결구도를 제기하면서 한일군사협정을 비판하는 시각에는 그러한 대결구도의 회피가 곧 평화적인 조치이며 한국의 안보가 거기에 기초하는 듯한 입장이 자리 잡고 있다. 대결구도의 회피는 불필요한 분쟁요인을 줄이는 평화적 조치임에 틀림없지만, 위에서 언급한 것처럼 동북아 지역의 대결구도는 생래적인 측면이 있고 거기에 더해 그것을 더욱 심화시키는 것은 한일군사협정과 같은 움직임이 아니라 연평도사태와 같은 북한의 도발이다. 따라서 한일군사협정에 의해 동북아 지역의 신냉전적 대결구도가 심화된다는 주장은 주객을 전도하는 것이며, 안보와 관련된 한국의 선택지를 심히 제한할 수 있는 위험한 생각이다.

이상에서 살펴본 것처럼 일본과의 군사협정이 '한·미·일' 대 '북·중·러'의 대결구도를 심화시킨다는 주장은 국제관계에 대한 지나친 단순화이며, 한국의 안보적 선택지를 제한하는 것이다. 특히 현재 일본 측이 예상하는 군사협정이라는 것이 정보교환과 관련된 군사비밀보호협정(GSOMIA)과 군수품에 대한 상호 지원과 관련된 ACSA를 중심으로 한 낮은 단계의 것임을 고려할 때 상기한 비판은 더욱 그 타당성을 의심받는다. 정보교환과 관련하여 한국은 이미 20여 개 국가와 협정을 맺고 있는데, 한국과 가장 가까이에 위치해 안보적으로도 긍정적이든 부정적이든 중요한 일본과 이러한 협정을 맺고 있지 않다는 것은 합리성을 결여한 것이다. 물론 이는 한일관계의 특수성을 고려하지 않았을 경우의 얘기다.

한일관계의 특수성이란 과거 식민지배의 역사를 반성하지 않고 오히려 정당화하려 하고 한국이 실질적으로 점유하고 있는 독도에 대해서도 영유권을 주장하는 일본을 신뢰하기 어려운 한국의 정서와, 그러한 과거사를 애써 기억하려 하지 않는 일본의 정서가 서로 만들어내는 것이다. 특히 주목되는 것은 이러한 특수성이 문화적이거나 정치적인 측면만이 아니라 경제적으로나 안보적인 측면에도 강한 영향을 미쳐 합리성을 왜곡한다는 점이다.

대표적인 예가 결국 실패로 끝난 한일 간의 무역역조에 대한 다양한 조치들이다. 일본에 대한 만성적인 무역적자는 현재까지 지속되는 문제인데, 이는 때때로 한국의 민족주의를 자극하여 정부가 수입다변화 등의 조치를 취하게 만들었다. 하지만 이들은 결국엔 경제성의 반격으로 크게 성공을 거두지 못하고 대체로 실패했다. 한일 간의 군사협정에 반대하는 것도 이와 같은 형국이다. 일본은 한국과 지리적으로 인접해 있기에 북한과 같은 공통된 위협에 대해 함께 대처할 수 있는 파트너가 될 수 있다. 즉, 북한의 동향에 대한 정보 등에 대하여 서로 교환하고 공유할 수 있다는 것이다. 이러한 합리적 근거에도 감정적인 측면만을 강조한다는 것은 우리 국익에 도움이 되지 않을 것으로 판단된다.

물론 이러한 합리성의 판단에는 과연 일본이 믿을 만한 파트너인가 하는 점이 고려되어야 할 것이다. 앞서 언급한 일본에 대한 국민정서가 결코 근거 없는 무조건적인 혐일감정이 아니라 역사적 경험으로 쌓인 판단이기 때문이다. 때때로 발생하는 교과서 문제나 독도 문제 등은 일본에 대한 신뢰성을 되묻게 만드는 것이 사실이지만, 안보와 관련된 파트너를 고려한다는 차원에서는 일본이 추구하는 가치가 자유·인권·민주주의이며, 군사력과 관련해서는 방위백서 등을 통해 다른 어떤 동북아 국가들보다도 투명성이 확실하다는 측면에서 충분히 믿을 만하다고 생각된다. 반면에 북한은 고사하고 중국의 군사력도 실제적으로 어느 정도인지 불명확하다는 것은 이미 잘 알려진 사실이다.

핵을 제외하면 일본의 군사력이 동북아 지역에서 가장 강력하다는 것은 여전히 사실이다. 그러나 그것이 일부에서 우려하는 것처럼 군사대국화를 지향한다거나 예전과 같은 군국주의로의 회귀를 위한 것이라고 보기는 어렵다. 여전히 우익들이나 우파 정치가들이 존재하는 것은 사실이지만, 그들을 제어할 수 있는 제도와 세력들이 예전보다 강력한 영향력을 가지고 있기 때문이다. 또한 위험하다고 해서 소외시키는 것보다는 가까이 두어서 무슨 행동을 하는

지, 어떤 의도를 갖고 있는지를 파악하는 것이 더 효율적인 방어법이라는 차원에서도 투명성 높은 일본을 가까이 두는 것은 합당하다고 생각된다.

.

참고문헌

김우상. 1998. 「미국의 동북아시아 지역질서 구상」. ≪전략연구≫, 5권 2호, 65~95쪽.

김장권. 1996. 「일본행정지방정책의 변화와 향후 전망」. 이숙종·이면우 엮음. 『일본의 정계개편과 정책변화』. 세종연구소.

김현진. 2001. 「기후변화레짐의 성립과정과 일본의 대응」. ≪평화연구≫, 제10호, 73~94쪽.

김호섭. 2006. 「노무현 정권 2년의 대일 외교정책의 평가와 전망」. 김영작·김기석 엮음. 『21세기 동북아공동체 형성의 과제와 전망』. 도서출판 한울.

_____. 1999. 「일본의 정치」. 서울대 국제지역원 엮음. 『아시아·태평양 1998-1999』. 서울대 출판부.

남창희. 2005. 「미일동맹관계의 강화와 주일미군 재배치의 배경과 전망: 한국의 동맹전략에 대한 함의」. 주한미군대책기획단 워크숍 프로시딩(2005.4.9).

박철희. 2006. 「한국의 Public Diplomacy 현황 및 국가이미지 제고전략」. 한국국제교류재단 엮음. 『공공외교와 한국국제교류재단』. 한국국제교류재단.

멜리센, 얀 엮음(Jan Melissen). 2008. 『신공공외교: 국제관계와 소프트파워』. 박종일·박선영 옮김. 인간사랑.

손기섭. 2003. 「북일 국교교섭의 중단과 동북아에서의 북핵위기」. 2003년도 한국국제정치학회 연례학술회의 발표문(2003.12.12).

송화섭. 2005. 「주일미군 재편과 지역안보」. 한일군사문화학회 2005년도 춘계 세미나 프로시딩(2005.5.13).

신정화. 2003. 『일본의 대북정책: 1945-1992』. 오름.

신희석. 1988. 「현대일본의 정치와 '한국로비스트' 연구」. ≪외교≫, 제7·8호, 44~57쪽.

야마구치 지로(山口二郞). 2002. 『위기의 일본 정치』. 이원덕 옮김. 일조각.

양기웅. 1995. 「북일국교정상화교섭: 1991~1995」. 통일원 엮음.『통일환경 및 통일교육 분야』. 통일원정보분석실.

이면우. 1997. 「일본의 대외정책과 동아시아」. 이홍표 엮음.『동아시아 협력의 정치경제』. 세종연구소.

_____. 1998. 「일본의 행정개혁」, 이숙종 엮음.『일본의 신정치경제』. 세종연구소.

_____. 1999. 「일본의 신안보정책: 국제적 변수의 영향력이라는 관점에서」. 진창수 엮음. 『전환기의 일본 안보정책』. 세종연구소.

_____. 1999. 「하시모토 내각의 동아시아정책」. 최선근 엮음.『주변 4강 1997-1998』. 세종연구소.

_____. 2000. 「일본의 다자외교」. 김성철 엮음.『일본의 외교정책』. 세종연구소.

_____. 2000. 「일본의 정치」. 서울대 국제지역원 엮음.『아시아·태평양 2000』. 서울대 출판부.

_____. 2001. 「일본의 정치와 정책, 2000: 대북정책을 중심으로」. 정은숙 엮음.『미중일러의 대북정책: 주변4강 2000』. 세종연구소.

_____. 2002. 「냉전 이후 한국의 대일정책과 한일관계」. 이숙종 엮음.『전환기의 한일관계』. 세종연구소.

이서항. 2005. 「ARF의 발전방향: 동아시아 다자안보 협력체 실태분석과 관련하여」.『정책연구시리즈 2004-07』. 외교안보연구원.

이숙종. 2000. 「일본의 국제환경협력과 환경외교」. 김성철 엮음.『일본의 외교정책』. 세종연구소.

이오베 마코도 외(五百旗頭眞). 1999.『일본 외교: 어제와 오늘』. 조양욱 옮김. 다락원.

이원덕. 1996.『북일국교교섭과 일본의 대북정책』. SNU IAS.

_____. 1996.『한일과거사 처리의 원점』. 서울대 출판부.

이종석. 1995. 「북에서 본 한일협정과 조일회담」. ≪역사비평≫, 28권, 57~69쪽.

전동진. 1993.『일본의 대북한정책』. 민족통일연구원.

진창수. 1999. 「북일관계: 국교수립의 정치적 요인」. 백학순·진창수 엮음.『북한문제의 국제적 쟁점』. 세종연구소.

차기벽·박충석 엮음. 1980.『일본현대사의 구조』. 한길사.

최상용·이원덕·이면우. 1997.『탈냉전기 한일관계의 쟁점』. 집문당.

한상일. 2000. 「일본사회의 우경화: 역사수정주의를 중심으로」. 김호섭·이면우·한상일·이원덕 지음.『일본우익연구』. 중심, 209~274쪽.

한일의원연맹. 1996.『현황』.

핸릭슨, 앨런(Alan K. Henrikson). 2008. 「세계 공공적 영역에서의 틈새외교: 세계의 코너, 캐나다와 노르웨이」. 얀 멜리센 엮음.『신공공외교: 국제관계와 소프트파워』. 박종일·박선영 옮김. 인간사랑.

현인택. 1994. 「미국 클린턴 행정부의 대한 안보정책: 평가와 전망」. ≪전략연구≫, 1권.

≪연합뉴스≫, 2004.7.18.

≪조선일보≫, 2005.2.22.

≪중앙일보≫, 1999년 7월 26일.

Xing-guang, Ling. 1996.6.11.「'中國威脅論'は日本がつくったと中國のインテリは思い始めた」. pp. 76~79.

加藤紘一. 1995.5.「北朝鮮を積極的に支援すべきた: 加藤紘一, 自民黨幹事長にきく」. ≪現代コリア≫. pp. 16~21.

加藤朗. 1999.5.「安全保障における多國間協調主義」. ≪國際問題≫, No. 470. pp. 29~44.

葛西敬之. 2010.1.「鳩山 'CO₂ 25%'は國を誤る」. ≪文藝春秋≫, pp. 156~.

岡崎久彦·中嶋嶺雄. 1996.『日本にアジア戰略はあるのか: 幻想の中國·有事の極東』. PHP研究所.

岡田充.「'中國脅威論'と中臺關係の展望: 日美安保再定義にも波紋」.『軍縮問題資料』, pp. 32~37.

高橋進. 1994.11.22.「'地球民生大國'の視點からの論議: ドイツでも同樣の論爭が」. ≪エコノミスト≫. pp. 72~75.

高崎宗司. 1996.『'妄言'の原形: 日本人の朝鮮觀』. 東京: 木犀社.

高木誠一郎. 1999.「多樣性の管理: 東アジア安全保障の課題」. 岡部達味 外 編.『日米中安全保障協力を目指して』. 東京: 勁草書房.

國分良成. 1999.「日米中協力の限界と可能性」. 岡部達味 外 編.『日米中安全保障協力を目指して』. 東京: 勁草書房.

吉村道男. 1982.「日本外交の思想, 覺書」. 日本國際政治學會 編.『日本外交の思想』. 東京: 有斐閣.

大獄秀夫. 2003.『日本型ポピユリズム: 政治への期待と幻滅』. 東京: 中央公論新社.

毛里和子. 1996.3.「不定形のアジア: 中國は'脅威'か?」. ≪世界≫. p. 43.

武者小路公秀. 1993.8.31.「常任理事局を望む日本が考えるべきこと」. ≪世界週報≫. pp. 10~13.

武村正義. 1994.『小さくともキラリと光る國: 日本』. 東京: 光文社.

防衛問題懇談會. 1994.『日本の安全保障と防衛力のあり方: 21世紀へ向けての展望』. 東京: 大藏省印刷局.

防衛廳 編. 1996.『平成8年度 防衛白書: 新たな時代への對應』. 東京: 大藏省 印刷局.

粕谷一希·波多野敬雄. 1994.9.「對談: 日本の常任理事局入りどう考えるか」. ≪GAIKO FORUM≫. pp. 40~55.

北岡伸一. 1998.8.「橋本外交の現狀と課題」. ≪アジア時報≫. pp. 20~47.

山内昌之. 2001.『政治家とリーダーシップ: ポピユリズムを超えて』. 東京: 岩波書店.

山本岡史. 1992.4.「日朝不正調關係史」. ≪世界≫, 日本關係: その歷史と現在(特輯).

山田勉. 1993.1.「'常任理事局' 入り: 外務省の執念」. ≪世界≫. pp. 229~233.

山田辰雄·天兒慧·田中明彦. 1996.3.「變容する?中國というシステム: 日本は'强い中國'と
　　いかに連帶すべきか?」. 座談會, ≪世界≫. pp. 23~40.

森實孝郎. 1977.『新海洋法秩序と日本漁業』. 東京: 創造書房, pp. 41~42.

上田秀明. 1999.5「日本のマルチ外交の最前線: '人間の安全保障の視點より'」. ≪國際問
　　題≫, No. 470. pp. 2~15.

船橋洋一. 1996.5.「日米安保再定義の全解剖」. ≪世界≫. pp. 22~53.

_____. 1996.『日本の對外構想: 冷戰後のビジョンを書く』. 東京: 岩波書店.

小林直樹. 1997.11.「新ガイドラインは'絶望への道': 日米安保の根本的轉換を」.『軍縮問
　　題資料』. pp. 4~13.

小此木政夫. 1996.8.「朝鮮半島情勢と日韓.日朝關係」. ≪アジア時報≫. pp. 44~60.

_____. 1991.『日本と北朝鮮: これからの5年』. 東京: PHP出版社.

小澤一郎. 1993.『日本改造計劃』. 東京: 講談社.

植木安弘. 1995.1.31.「こうすれば日本は常任理事局になれる」. ≪世界週報≫. pp. 62~68.

岩見隆夫. 1993.7.「'PKO'が浮き彫りにした政治改革の緊急性」. ≪潮≫. pp. 132~135.

五百旗頭眞. 1999.3.「冷戰後の日本外交とリーダーシップ」. ≪國際問題≫, No. 468. pp.
　　22~37.

外務省. 1997.『外交靑書 1997: 相互依存の深まる世界における日本の外交』(第40号, 第1
　　部). 東京: 大藏省印刷局.

外務省. 1988.『外交靑書』, No. 32, p. 177.

友田錫. 1995.12.「對中戰略 最良のシナリオ最惡のシナリオ」. ≪中央公論≫. p. 55

伊藤憲一. 1995.10.「'アジアを再考する」. ≪諸君≫. pp. 98~107.

田久保忠衛. 1998.「日本の'自主性' 認めた新日米同盟」. 田久保忠衛·新井弘一·平松茂雄
　　編.『戰略的日本外交のすすめ』. 東京: 時事通信社.

前田壽夫. 1997.8.「ガイドライン見直し=戰爭への道」.『軍縮問題資料』. pp. 18~25.

_____. 1997.11.「'97年版防衛白書を問う: 新ガイドラインに向けて」.『軍縮問題資料』. pp.
　　38~45.

前田哲男. 1995.6.「PKO協力法の3年間」. ≪世界≫. pp. 260~264.

田中明. 1995.9.「北朝鮮コメ援助は平和ボケ」. ≪諸君≫. pp. 68~77.

田中明彦. 1991.『日中關係: 1945-1990』. 東京: 東京大學出版社.

_____. 1996.『日中關係, 1945-1990』. 東京: 東京大學出版會.

諸富徹. 2010.3.「'低炭素經濟'への移行は成長をもたらすか: 25%削減目標の意味」. ≪世
　　界≫. pp. 160~168.

佐藤誠三郎·松崎哲久. 1986.『自民黨政權』. 東京: 中央公論社.

佐佐木芳隆. 1993.8. 「政界流動と大國.國軍志向: 國連PKOと自衛隊」. ≪世界≫. pp. 86~99.

_____. 1995. 『新秩序への道: 多國間安保と日米同盟』. 東京: 中央公論社.

中馬清福. 1993.7. 「PKO 第2次論戰へ: 何がポイントか」. ≪世界≫. p. 35.

重村敏光. 「外交をあそんだ與黨訪朝團騷動」. pp. 99~105.

總理府弘報室 編. 1997. 『月刊 世論調査: 外交に곤する世論調査』. 東京: 大藏省印刷局.

波多野敬雄·佐佐木毅. 1994.8.16. 「對談: 柵上げできない日本の國連安保理入り」. ≪世界週報≫. pp. 23~31.

坂野潤治. 1982. 「明治初期(1873-85)の'對外觀': 方法的覺書き」. 日本國際政治學會 編. 『日本外交の思想』. 東京: 季刊 國際政治.

蒲島侑夫. 1999.5. 「全國會議員イデオロギー調査: 連立時代の議員と政黨」. ≪中央公論≫. pp. 46~61.

河辺一郎. 1994.11. 「論議抜きの常任理入りに反對する」.≪世界≫. pp. 105~109.

横田由美子. 2010.2. 「CO$_2$ 25% 削減, '友愛'外交の敗北」. ≪文藝春秋≫. p. 157.

榊原夏. 2004. 『岡田克也, 父と子の野望』. 扶桑社.

「對談: 'ガイドライン'見直しは憲法を超えるか」. ≪潮≫, 1997.9, pp. 124~133.

「政治季評: 日米防衛協力 新ガイドラインは政治的踏み繪だ」. ≪中央公論≫, 1997.8, pp. 32~41.

"自衛隊のアフガン派遣, 政府が'合憲'解釋." ≪讀賣新聞≫, 2007.12.22.

"次期首相とも目される'ミスター゜クリン', 民主黨·岡田克也氏の素顔." ≪AFPBB News≫, 2009.5.2.

"融通效かない'ロボカップ岡田' 民主後繼爭い激化." ≪産經新聞≫, 2009.5.12.

≪讀賣新聞≫, 2004.6.9

≪東京新聞≫, 2005.4.29

≪毎日新聞≫, 2005.4.9

≪産經新聞≫, 1997.9.25

≪産經新聞≫, 1999.7.6

≪日本經濟新聞≫, 2005.5.1

≪朝日新聞≫, 1997.6.9; 1999.9.8

Baker, Howard H. Jr. and Ellen L. Frost. 1992. "Rescuing the U.S.-Jajpan Alliance." *Foreign Affairs*, Vol. 71, No. 2(Spring), pp. 97~113.

B. M. Richardson and Scott C. 1984. *Flanagan, Politics in Japan.* Boston: Little, Brown and Company.

Brown, Eugene. 1993. "The Debate over Japan's Strategic Future: Bilateralism Versus

Regionalism." *Asian Survey*, Vol. XXXIII, No. 6(June), pp. 543~559.

Calder, Kent E. 1993. *Strategic Capitalism: Private Business and Public Purpose in Japanese Industrial Finance*. Princeton, NJ: Princeton University Press.

Calder. Kent. 1988. "Japanese Foreign Economic Policy Formation: Explaining the Reactive State." *World Politics*, 40.4(July), pp. 515~541.

Conniff, Michael I.(eds.). 1982. *Latin American Populism in Comparative Perspective*. Albuquerque: University of New Mexico.

Curtis, Gerald(ed.). 1993. *Japan's Foreign Policy After the Cold War: Coping with Change*. New York: M.E. Sharpe.

Fukui, Haruhiro. 1997. "Policy-Making in the Japanese Foreign Ministry." in Robert A. Scalapino(ed.). *The Foreign Policy of Modern Japan*. Berkeley, Calif.: University of California Press.

Hayward, Jack. 1996. "The Populist Challenge to Elitist Democracy in Europe." in Jack Hayward(eds.). *Elitism, Populism, and European Politics*. Oxford: Clarendon Press. pp. 10~32.

Hellmann, Donald C. 1969. *Japanese Domestic Politics and Foreign Policy*. Berkeley, CA: University of California Press.

Hermann, Charles F. et. al. 1978. *Why Nations Act*. Beverly Hills: Sage Publications.

Herrmann, Richard K. 1985. *Perceptions and Behavior in Soviet Foreign Policy*. Pittsburgh, Pa.: University of Pittsburgh Press.

Hideo, Otake. 2004. "Cycles of Populism in Japan, 1975-2004: Prime Minister Koizumi in Historical and Comparative Perspective." 한국정치학회 연례학술회의.

Garrett, Banning and Bonnie Glaser. 1997. "Chinese apprehensions about revitalization of the U.S.-Japan alliance." *Asian Survey*, Vol. XXXVII, No. 4(April), p. 387, pp. 383~402.

Garten, Jeffrey E. 1989. "Japan and Germany: American Concerns." *Foreign Affairs*, Vol. 68, No. 5(Winter).

Kim, Hong Nack. 1997. "Korean-Japanese Relations under the Kim Young-Sam Government and Beyond." International Conference on Korean in the Age of Globalization and Information(1997.3.21), p. 10.

Komachi, Kyoji. 1999. "Chapter 6, Japan towards a more proactive foreign ministry." in Brian Hocking(eds.). *Foriegn Ministries: Change and Adoptation*. N.Y.: St. Martin's Press, pp. 102~116.

Lee, Myonwoo. 2002. "Japanese-North Korean Relations: Going in Circles." in Samuel S. Kim and Tai Hwan Lee(ed.). *North Korea and Northeast Asia*. New York: Rowman

& Littlefield Publishers, Inc.

Leitenberg, Milton. 1996. "The Participation of Japanese Military Forces in United Nations Peacekeeping Operations." *Asian Perspective*, Vol. 20, No. 1, pp. 5~50.

Miyashita, Akitoshi. 2002. "Japanese Foreign Policy: The International-Domestic Nexus." in Ryan K. Beasley, Juliet Kaarbo, Jeffrey S. Lantis, and Michael T. Snarr(ed.). *Foreign Policy in Comparative Perspective: Domestic and International Influences on State Behavior*. Washington, D.C.: CQ Press, pp. 144~169.

Mulgan, Aurelia George. 1997. "The Role of Foreign Pressure (Gaiatsu) in Japan's Agricultural Trade Liberalization." *The Pacific Review*, Vol. 10, No. 2, pp. 165~209.

Office of the Inspector General, Evaluation Division(ZIE). 2005. *Evaluation of the Public Diplomacy Program of Foreign Affairs*. Canada: Final Report, July.

Okimoto, Daniel. 1988. "Political Inclusivity: The Domestic Structure of Trade." in Takashi Inoguchi and Daniel I. Okimoto(eds.). *The Political Economy of Japan: Volume 2, The Changing International Context*. Stanford, Calif.: Stanford University Press, pp. 305~344.

Olsen, Edward A. 1991. "A New American Strategy for Asia." *Asian Survey*, Vol. 31, No. 12(December), pp. 1139~1154.

Oxnam, Robert B. 1993. "Asia/Pacific Challenges." *Foreign Affiars*, Vol. 72, No. 1(Spring), pp. 58~73.

Paterson, M. 1997. *Global Warming and Global Politics*. London: Routledge.

Potter, Evan. 2002. "Canada and the new public diplomacy." *International Journal*, Winter(2002-2003), pp. 43~64.

Pyle, Kenneth B. 1988. "Japan, the World, and the Twenty-first Century." in Takashi Inoguchi and Daniel I. Okimoto(eds.). *The Political Ecnonomy of Japan: Volume 2, The Changing International Context*. Stanford, Calif.: Stanford University Press, pp. 446~486.

Richardson, Bradley M. 1997. *Japanese Democracy: Power, Coordination, and Performance*. New Haven. NJ: Yale University Press.

Rowlands, I. 1998. *The Politics of Global Atmospheric Change*. Manchester: Manchester University Press.

Rydgren, Jens. 2004. *The Populist Challenge: Political Protest and Ethno-Nationalist Mobilization in France*. New York: Berghahan Books.

Samuels, R. J. 1994. *Rich Nation, Strong Army: National Security and the Technological Transformation of Japan*. Ithaca: Cornell University Press.

Scalapino, Robert. 1990. "Asia and the United States: The Challenges Ahead." *Foreign Affairs*,

Vol. 69, No. 1(1990), pp. 89~115.

Schlesinger, James. 1993. "Quest for a Post-Cold War Foreign Policy." *Foreign Affairs*, Vol. 72, No. 1(Spring), pp. 17~28.

Schoppa, Leonard J. 1997. *Bargaining with Japan: What American pressure can and cannot do*. New York: Columbia University Press, p. 4.

Song, Young-sun. 1996. "Japanese Peacekeeping Operations: Yesterday, Today, and Tomorrow." *Asian Perspective*, Vol. 20, No. 1, pp. 51~69

Sorensen, Theodore C. 1990. "Rethinking National Security." *Foreign Affairs*, Vol. 69, No. 3(Summer), pp. 1~18.

Tarnoff, Peter. 1990. "America's New Special Relationship." *Foreign Affairs*, Vol. 69, No. 3(Summer).

Weinstein, Martin E. 1993. "Japan's Foreign Policy Options: Implications for the United States." in Gerald L. Curtis(ed.). *Japan's Foreign Policy After the Cold War: Coping with Change*. New York: M.E. Sharpe.

Welch, David. 1999. "Powers of Persuasion." *History Today*, 49(August), pp. 24~26.

Zhao, Quansheng. 1995. *Japanese Policymaking: The Politics behind Politics*. Oxford: Oxford University Press.

일본 외교청서. 1990년판. http://www.mofa.go.jp/mofaj/gaiko/bluebook/1990/h02-1-1htm, p2.

_____. 1991년판(제1장 제1절). www.mofa.go.jp/mofaj/gaiko/blubook/1991/h03-1-1.htm, pp. 1~2.

_____. 1992년판(제1장 제1절). www.mofa.go.jp/mofaj/gaiko/bluebook/1992/h04-1-1.htm, p. 1.

_____. 1993년판(제1장 제1절). www.mofa.go.jp/mofaj/gaiko/bluebook/1993_1/h05-1-1.htm, p. 1.

_____. 1996년판. 제1장. www.mofa.go.jp/mofaj/gaiko/bluebook/97/1st/chapt1-1.html, p. 1

_____. 1997년판. 제1장. www.mofa.go.jp/mofaj/gaiko/bluebook/98/1st/bk98_1.html, p. 1.

_____. 1999년판. 제1장. www.mofa.go.jp/mofaj/gaiko/bluebook/00/1st/bk00_1.html, p. 1.

_____. 2000년판. 제1장. www.mofa.go.jp/mofaj/gaiko/bluebook/01/1st/bk01_1.html, p. 1.

미일안보협의위원회(2+2) 공동발표문. www.mafa.go.jp/mofaj/area/usa/hosho/2+2_05_02.html.

日本 外務省. "地球環境問題.國際環境協力と我が國の外交: 現狀と課題." 2005년 2월. www.mofa.go.jp/mofa/gaiko/kankyo/pdfs/mon_gaiko.pdf. 2010년 6월 30일 재검색.

_____. "地球環境問題に對する日本の取組." 2010.3. www.mofa.go.jp/mofaj/press/pr/pub/pumph/t_kankyo.html.

"國連氣候變動首腦會議の鳩山總理大臣演說." 平成21年9月22日. www.kantei.go.jp/jp/ha
      toyama/statement/200909/ehat_0922.html.

"第174回國會における管內閣總理大臣所信表明演說." 2010.6.11. www.kantei.go.jp.

"駐留米軍は第7艦隊で十分", 民主.小澤代表, 産經ニュース, 2009.2.25. sankei.jp.msn.com/
      politics/situation.

"(民主黨解剖) 第1部 '政權のかたち'(1)'小澤首相'は大丈夫か." 産經ニュース, 2009.3.2.
      sankei.jp.msn.com/politics/sitation/090302.

"What ever happened to the Asian miracle?." http://web.mit.edu/krugman.

오카다 외상의 연설. www.mofa.go.jp/mofaj/press/enzetsu/21/eokd._1007.html.

수상관저 홈페이지. http:www.kantei.go.jp.

www.kantei.go.jp/jp/souri/981001kokuren.html.

www.mofa.go.jp/mofaj/index.html.

http://www.jpf.go.jp/j/about/index.html.

www.mofa.go.jp/mofaj/area/n-korea/index.html.

www.mofa.go.jp/mofaj/area/china/index.html.

www.mofa.go.jp/mofaj/area/vietnam/index.html.

지은이 **이면우**(李勉雨; Lee, Myonwoo)

1959년생. 현재 세종연구소 연구위원. 일본의 국내정치 및 정책결정과정 전공. 서울 대학교 무역학과 졸업, 미국 오하이오 주립대 졸업(정치학박사).
저서 및 논문: "Policy Change and Political Leadership in Japan: Case Studies of Administrative Reform and Tax Reform"(학위논문), 「일본의 정계개편: 정치적 배경과 그 전망」, 「일본 NPO활동의 현재: NPO 법안의 정치과정」, 「하시모토 내각하의 정치구도: 정치엘리트의 배경 및 성향분석을 중심으로」, 「21세기 일본의 지방자치: 지방분권개혁의 내용, 과정 및 평가」, 「일본의 신안보정책: 국제적 변수의 영향력이라는 관점에서」, 『일본우익연구』(공저) 외.

한울아카데미 1358
현대 일본 외교의 변용과 한일협력

ⓒ 이면우, 2011

지은이 | 이면우
펴낸이 | 김종수
펴낸곳 | 도서출판 한울

편집책임 | 김현대

초판 1쇄 인쇄 | 2011년 6월 10일
초판 1쇄 발행 | 2011년 6월 20일

주소 | 413-756 파주시 교하읍 문발리 535-7 302(본사)
    121-801 서울시 마포구 공덕동 105-90 서울빌딩 1층(서울 사무소)
전화 | 영업 02-326-0095, 편집 031-955-0606, 02-336-6183
팩스 | 02-333-7543
홈페이지 | www.hanulbooks.co.kr
등록 | 1980년 3월 13일, 제406-2003-051호

Printed in Korea.
ISBN 978-89-460-5358-8 93340(양장)
ISBN 978-89-460-4443-2 93340(학생판)

* 책값은 겉표지에 표시되어 있습니다.
* 이 도서는 강의를 위한 학생판 교재를 따로 준비하였습니다.
  강의 교재로 사용하실 때에는 본사로 연락해주십시오.